教育部人文社科项目“清末民初社会主义传播研究”
（项目编号：14YJA710028）最终成果

清末民初
社会主义在中国的传播

QINGMO MINCHU SHEHUIZHUYI ZAI ZHONGGUO DE CHUANBO

王先俊　著

安徽师范大学出版社
ANHUI NORMAL UNIVERSITY PRESS
·芜湖·

图书在版编目(CIP)数据

清末民初社会主义在中国的传播 / 王先俊著.— 芜湖：安徽师范大学出版社，2020.9
ISBN 978-7-5676-3482-4

Ⅰ.①清… Ⅱ.①王… Ⅲ.①社会主义理论 - 传播 - 研究 - 中国 - 近代 Ⅳ.①D0-0

中国版本图书馆CIP数据核字(2018)第063938号

清末民初社会主义在中国的传播　　王先俊◎著

责任编辑：陈　艳　马飞飞　　责任校对：郭行洲
装帧设计：张　玲　　责任印制：桑国磊
出版发行：安徽师范大学出版社
芜湖市九华南路189号安徽师范大学花津校区
网　　址：http://www.ahnupress.com/
发 行 部：0553-3883578　5910327　5910310(传真)
印　　刷：安徽新华印刷股份有限公司
版　　次：2020年9月第1版
印　　次：2020年9月第1次印刷
规　　格：700 mm×1000 mm　1/16
印　　张：29.75
字　　数：460千字
书　　号：ISBN 978-7-5676-3482-4
定　　价：99.00元

目　录

绪　论

对社会主义在中国的传播进行研究，是一个非常有意义的课题，也是一个有相当难度的课题。为了使本书的研究内容得以有序、规范和合乎逻辑地展开，先就本课题研究的意义、本书的结构和研究方法、主要概念等进行适当的交代和分析，这不仅必要，而且必需。因为它是考察与分析本论题的前提和立论的基础。

一、研究社会主义在中国传播的意义

在一定意义上说，是思想推动着历史的发展，因为任何历史活动都是人的有意识和有目的的活动，被思想掌握着的人群创造着人类的历史，但是历史对于任何“思想”和“主义”则不会显示出特别的偏爱，相反却会对其作出非常严格的检验和选择。梁启超在《清代学术概论》的开篇曾说道：“今之恒言，曰‘时代思潮’，此其语最妙于形容。凡文化发展之国，其国民于一时期中，因环境之变迁，与夫心理之感召，不期而思想之进路，同趋于一方向，于是相与呼应汹涌，如潮然。始焉其势甚微，几莫之觉；寖假而涨——涨——涨，而达于满度；过时焉则落，以渐至于衰熄。凡‘思’非皆能成‘潮’，能成‘潮’者，则其‘思’必有相当之价值，而又适合于其时代之要求者也。凡‘时代’非皆有‘思潮’，有思潮之时代，必文化昂进之时代也。”[①]后来，梁启超还说，从鸦片战争以来这几十年间的思想剧变，“确为从前四千余年所未尝梦见”，“从前思想界是一个死水的池塘，虽然许多浮萍荇藻掩映在面上，却是整年价

① 梁启超：《清代学术概论》，上海古籍出版社2005年版，第1页。

动也不动，如今居然有了‘源泉混混，不舍昼夜’的气象了。虽然他流动的方向和结果，现在还没有十分看得出来，单论他由静而动的那点机势，谁也不能不说他是进化”。[①]近代中国确实是一个思想繁荣、文化昂进、主义丛生、思潮跌宕的时代，确实呈现出“源泉混混，不舍昼夜”的气象。短短百余年间，中华民族的精神世界一扫龚自珍时代那种万马齐喑的沉寂，各种“思想”和“主义”奔涌而出，交错迭代、争持消涨，但真正“适合于其时代之要求者”，真正能够影响和决定“流动的方向和结果”并能够在中国这块古老的土地上开花结果的并不多，大多“以渐至于衰熄”，而社会主义则是其中最具代表性和最有影响力的一个。没有哪一个思想和主义像社会主义这样对中国社会、中国革命、中国建设和改革，对实现中华民族伟大复兴，对中国人的思想和行为产生如此大的影响，引起如此大的变化，而且它本身还在发展，这种影响和变化还在继续，还将深入。因此，对于这样一种思想和主义的引进和传播进行研究无疑就显得非常有意义。

毛泽东曾经指出：“在一个很长的时期内，即从一八四〇年的鸦片战争到一九一九年的五四运动的前夜，共计七十多年中，中国人没有什么思想武器可以抗御帝国主义。旧的顽固的封建主义的思想武器打了败仗了，抵不住，宣告破产了。不得已，中国人被迫从帝国主义的老家即西方资产阶级革命时代的武器库中学来了进化论、天赋人权论和资产阶级共和国等项思想武器和政治方案，组织过政党，举行过革命，以为可以外御列强，内建民国。但是这些东西也和封建主义的思想武器一样，软弱得很，又是抵不住，败下阵来，宣告破产了。”[②]正是在这种情境下，中国人选择了马克思主义的社会主义。历史的发展表明，只有社会主义才真正改变了中国的命运和历史的发展方向。邓小平指出：“不走社会主义道路中国就没有前途”。“如果我们不坚持社会主义，最终发展起来也不过成为一个附庸国，而且就连想要发展起来也不容易”。[③]习近平也指

① 李华兴、吴嘉勋编：《梁启超选集》，上海人民出版社1984年版，第833页。

②《毛泽东选集》第4卷，人民出版社1991年版，第1513—1514页。

③《邓小平文选》第3卷，人民出版社1993年版，第311页。

出："一个国家实行什么样的主义，关键要看这个主义能否解决这个国家面临的历史性课题。历史和现实都告诉我们，只有社会主义才能救中国，只有中国特色社会主义才能发展中国，这是历史的结论、人民的选择。"[①]也就是说，社会主义不是别的什么主义，它是救中国和发展中国的"主义"，是保证中国独立自主实现中华民族伟大复兴中国梦的"主义"。

1923年2月梁启超曾在《五十年中国进化概论》中说："近五十年来，中国人渐渐知道自己的不足了。这点子觉悟，一面算是学问进步的原因，一面也算是学问进步的结果。第一期，先从器物上感觉不足。这种感觉，从鸦片战争后渐渐发动，到同治年间借了外国兵来平内乱，于是曾国藩、李鸿章一班人，很觉得外国的船坚炮利，确是我们所不及，对于这方面的事项，觉得有舍己从人的必要，于是福建船政学堂、上海制造局等渐次设立起来。但这一期内，思想界受到的影响很少，其中最可纪念的，是制造局里头译出几部科学书"。这几部译本书"实在是替那第二期'不懂外国话的西学家'开出一条血路了"。"第二期，是从制度上感觉不足。自从和日本打了一个败仗下来，国内有心人，真象睡梦中着了一个霹雳，因想道，堂堂中国为什么衰败到这田地，都为的是政体不良，所以拿'变法维新'做一面大旗，在社会上开始运动，那急先锋就是康有为、梁启超一班人。"他们"大声疾呼，说：'中国旧东西是不够的，外国人许多好处是要学的'"。"这些话虽然象是囫囵，在当时却发生很大的效力。"第三期新运动的种子是"从这一期播殖下来"的。"第三期，便是从文化根本上感觉不足。第二期所经过时间，比较的很长——从甲午战役起到民国六七年间止。……这二十年间，都是觉得我们政治、法律等等，远不如人，恨不得把人家的组织形式，一件件搬进来，以为但能够这样，万事都有办法了。革命成功将近十年，所希望的件件都落空，渐渐有点废然思返，觉得社会文化是整套的，要拿旧心理运用新制度，决计不可能，渐渐要求全人格的觉悟。恰值欧洲大战告终，全世界思潮都添许多活气，新近回国的留学生，又很出了几位人物，鼓起勇气做全部

①《习近平谈治国理政》，外文出版社2014年版，第22页。

思想解放的运动。所以最近两三年间，算是划出一个新时期来了。”[①]梁启超的这一论述大致勾勒出了从鸦片战争至五四时期这段时间中国人向西方学习的总体进程和阶段性特征。鸦片战争后，面对西方资本主义国家船坚炮利，先进的中国人首先看重的是西方的科学技术，认为“师夷长技”，学习西方的“器物”就能救中国、富强中国。后来随着中国人对于西方国家的了解更加深入，以及洋务运动的失败，有人认识到：“西方立国，有本有末，其本在朝廷政教，其末在商贾。造船制器，相辅以益其强，又末中之一节也。”[②]因而，一些先进的中国人也更加重视西方国家那种“育才于学校，论政于议院，君民一体，上下一心，务实而戒虚，谋定而后动”的政治体制，而对仅袭西方国家皮毛的“师夷长技”的做法日渐感到不足和不满。在一些先进分子看来，西方国家之所以强大，主要在于它们通过允许人民参政议政而保证了“合君民为一体，通上下为一心”[③]，进而取得了共同的思想意志和集体行动的能力。在这种背景下，政治上先是康、梁发动了维新变法，后是孙中山领导组织了辛亥革命，政治制度和体制变革一步步深入。思想文化方面，西方资产阶级的民主政治学说则成了中国人关注的焦点。当时，人们翻译和介绍的也多半是这方面的书籍。梁启超等人曾明确提出，目前的主要工作，就是“必尽取其国律、民律、商律、刑律等书而广译之”。据不完全统计，自1898年至1903年，被人们翻译成中文的有关政治法律一类的欧美学术著作有40多种。人们几乎一致认定：“夫卢梭诸大哲之微言大义，为起死回生之灵药，返魄还魂之宝方。”[④]此后，随着资产阶级革命活动的进一步展开，欧美和日本有关政治法律方面的书籍更是在中国广泛传播开来。以上毛泽东所说的，西方资产阶级革命时代武器库中的进化论、天赋人权论和资产阶级共和国等思想武器和政治方案，更多的也是在这个时候被介绍到中国的。这些思想和方案也确实给近代中国带来了新的讯息、

① 李华兴、吴嘉勋编：《梁启超选集》，上海人民出版社1984年版，第833—834页。

②《福建按察使郭嵩焘条说海防事宜》，《洋务运动》(一)，上海人民出版社1961年版，第148页。

③《张靖达公奏说》，光绪己亥刻本，卷8。

④ 参见杨奎松、董士伟：《海市蜃楼与大漠绿洲——中国近代社会主义思潮研究》，上海人民出版社1991年版，第8页。

新的实践和新的气象。但是，如毛泽东在前文所说，它“和封建主义的思想武器一样，软弱得很，又是抵不住，败下阵来，宣告破产了”。这是问题的一个方面。

问题的另一个方面在于，西方资本主义制度也并非那么完美无缺。当中国先进分子满腔热情地从西方国家寻求救国救民真理的时候，西方的资本主义社会已经跨过了它的上升阶段。在资产阶级统治下，社会两极分化严重，日渐显露出“富者极富，贫者极贫”的“贫富悬殊”的情况，人与人相互倾轧，尔虞我诈，弱肉强食，资本主义社会内部的阶级对立和阶级矛盾越来越尖锐地暴露出来。同时，在马克思和恩格斯的共同努力下，社会主义已由空想发展成科学，社会主义运动正以空前广阔的规模在欧洲展开。在这种情势下，欧洲几乎所有国家的社会主义者、无政府主义者和共产主义者都坚信：“革命临近了，两大团云的相撞足以导致人类的爆炸……社会革命近在眼前了，不出十年就会爆发”，至少“下个世纪将是新时代的开始”。[①]美国作家爱德华·贝拉米公开发表了关于2000年社会主义社会的描述性的小说《回顾》[②]。书中说的是一个青年人于1888年在波士顿入睡，到2000年在同一城市醒来，发现黄粱米熟，世界大变，罪恶的私有制已经废除，再也没有绝对贫困，个人富裕代替了社会贫穷。也就是说，贝拉米认为，到2000年那个时候，人类将不可避免地生活在社会主义制度之下。一时间，社会主义在西方国家汇集成了一种强大的反资本主义的思想潮流。这种情况对于正在寻求救国救民真理的中国人来说不可能不产生重要的影响。实际上，中国先进分子就是在此种背景下，开始关注并介绍和传播社会主义的。这期间，虽然经历了对于社会主义的种种误读，但在十月革命后，当中国的工人阶级走上历史舞台时，一批早期共产主义知识分子通过反复比较最终还是找到了社会主义的“真经”，而且逐步把握了社会主义的“真谛”，并在这一方

① [法]米歇尔·博德著，吴艾美、杨慧玫、陈来胜译：《资本主义史1500—1980》，东方出版社1986版，第167页。

② Edward Bellamy, *Looking Backward*(London & New York, 1888)。《回顾》，商务印书馆1997年将其翻译出版。《万国公报》将《回顾》译为《回头看纪略》，又名《百年一觉》。

向指导下实现了马克思主义与中国工人运动的结合，成立了中国共产党，从此中国的面貌焕然一新。如毛泽东所说："一九一七年的俄国革命唤醒了中国人，中国人学得了一样新的东西，这就是马克思列宁主义。中国产生了共产党，这是开天辟地的大事变。孙中山也提倡'以俄为师'，主张'联俄联共'。总之是从此以后，中国改换了方向。"[①]在中国共产党的领导下，中国人民经历了千辛万苦、浴血奋斗，先是取得了新民主主义革命的胜利，建立了新中国，实现了从"东亚病夫"到站起来的伟大飞跃，接着是取得了社会主义改造的胜利，建立了社会主义制度，一个崭新的社会主义国家在东方屹立。此后，以毛泽东为代表的中国共产党人明确提出了探索中国特色社会主义建设道路的伟大任务，提出了马克思主义同中国具体实际实现"第二次结合"的明确要求。虽然也取得了一个良好的开头，但在这个过程中我们还是走了弯路，经受了挫折，甚至发生了"文化大革命"这样关涉全局的错误。不过，从十一届三中全会开始，这种情况得到了根本的改变。经过改革开放40多年的快速发展，我国经济一直保持中高速增长，国家的综合实力显著提高，国内生产总值已超过90万亿元，稳居世界第二，人民的生活水平逐渐提升，贫困人口发生率下降到了4%以下，国际影响越来越大，对世界经济增长贡献率接近和超过30%。社会主义中国正以崭新的姿态和面貌走向世界舞台的中央。同时，中国道路、中国理论、中国制度、中国文化不断发展，拓展了人类走向现代化的途径，为世界上那些既希望加快发展又希望保持自身独立的国家和民族提供了全新选择，在世界现代化历史上贡献了中国智慧和中国方案。中华民族不仅站起来了，而且实现了由"站起来"到"富起来"的伟大飞跃，正迎来了由"富起来"到"强起来"的新时代。历史的结论是：只有社会主义才能救中国，只有社会主义才能发展中国、强大中国。因此，对于中国人来说，关于社会主义的研究，不是对什么别的问题的研究，而是对中国历史和现实的研究，说得确切一些，是对"救"中国、"发展"中国、"强大"中国的"思想"和"主义"的研究。对这样一种"思想"和"主义"进行研究，其意义显而易见。

①《毛泽东选集》第4卷，人民出版社1991年版，第1514页。

虽然社会主义与中国的历史和当代命运有着如此密切的关系，但是中国人介绍、选择、发展社会主义并非一帆风顺，而是呈现出明显的阶段性和曲折性。著名学者张静如在一篇文章中说：“马克思主义在中国的发展，至今经历了两个大的阶段，即引进阶段、同中国实际相结合的阶段。后者又分为毛泽东思想阶段和邓小平理论阶段。没有引进，就没有结合。”[①]在此，张先生所讲的“引进”字面上用的是“马克思主义”，而不是“社会主义”，也不是从社会主义传播的角度说的，但仍然能够引起我们的思考，给予我们有益的启示。由于在最初一段时间人们的视野里，马克思主义往往被视为社会主义的一个派别，二者经常被混用。所以，张先生在这里所讲的马克思主义的“引进”，换个角度也可以理解为就是社会主义在中国的传播，“引进阶段”可以说就是最初的“传播阶段”。自从19世纪中叶有关社会主义的讯息开始传到中国以后，中国先进分子更多的是把社会主义作为一种能够改造世界的新思想“引进”到中国来的，“引进”的过程就是介绍和传播的过程。在此基础上，经过五四时期马克思主义的广泛传播及其与中国工人运动结合，创建了中国共产党，马克思主义才真正开始了它的“中国化”历程。虽然马克思主义在其“中国化”的过程中也仍然存在着一个传播问题，事实上也是如此。不过相对于开始阶段来说，这一阶段的主要任务是把马克思主义的基本原理与中国具体实际相结合，以实现马克思主义的民族化、具体化、时代化、大众化，是运用和发展。因此，社会主义在中国先是经历了一个“传播”的阶段，并通过这种传播逐渐被中国人所掌握，然后才开始其不断中国化的进程。二者的联系在于，没有“传播”，可以说就不可能有什么“中国化”、“时代化”、“大众化”。故而，如从社会主义在中国的整个发展过程来看，本课题的研究实际上是对“中国化”前提的研究、源头的研究，是马克思主义中国化的“前史”。马克思主义中国化是一个非常复杂的课题，既是一个理论问题，又是一个实践问题，理论的发展和实践的进步，都或多或少地与其传播时的状况有关系。没有对传播问题特别是早期传

① 张静如、齐卫平：《论马克思主义在中国发展的引进阶段》，《张静如文集》第3卷，海天出版社2006年版，第863页。

播的研究，或者说这方面的研究不够深入，就很难揭示马克思主义中国化、时代化、大众化的特征、经验、规律、路径和方法等。人们大都认为，马克思主义中国化不同于“俄国化”，也不同于“日本化”，为什么不同？究竟有哪些不同？原因很多，不同点也很多。从“传播”开始探寻这些不同的方面和原因，不仅是必要的，而且还是一个很好的研究马克思主义中国化的视域和角度。

从19世纪六七十年代国人初识社会主义到社会主义在中国更加广泛的传播，其本身又经历了不同阶段。在中国共产党成立前，就有清末的传播、民国初年的传播、五四时期的传播等，本课题的研究主要是清末至民初这一段时间的社会主义传播，相对于其后的五四时期社会主义的传播，这一段是最初的传播，是社会主义在中国早期传播的一部分。虽然，这一时期的传播无论是规模和影响，还是人们对于社会主义的理解，与五四时期相比都有差距，但是中国人了解社会主义学说和运动则是由此才开始的。所以，如果把社会主义在中国的传播史作为一个单独的研究对象和研究内容来把握，由“清末”到“民初”的传播又是整个传播史的源头。历史学强调对历史作纵深的梳理和探源，本课题的研究事实就是对社会主义传播史的“探源”。这样的研究对于厘清中国社会主义传播史的脉络进程，深化传播史研究的内容，认识传播史的特征等，无疑都具有极为重要的意义。

二、本书的结构安排和研究方法

本书的研究，在内容上讲的是关于社会主义的传播，而不是别的什么“思想”和“主义”的传播；在时限上主要是“清末”至“民初”这个时段。传播活动是人类特有的一种活动，这种活动的展开需要主体（单个人、人的群体）的努力，还需要传播媒介、传播渠道、传播方法、传播环境等因素的支持，传播的效果更是受到包括传播主体、传播媒介、传播渠道、传播方法、传播环境等在内的各种因素的制约。社会主义在“清末”至“民初”的传播也是如此。相对于以往的中国历史来说，“清末”至“民初”是一个比较特殊的时期，其特殊性概括地说，是社会出现了“千年未有之大变局”。社会主义传播就是在这样的背景下发生的。同时，参与传播的又不是哪一个阶级和阶层，从清末出国使臣、地主阶级改革派以及西方传教士到20世纪初留日学生群体，从资产阶级维新派到资产阶级革命派，再到无政府主义者等都对社会主义有所涉及。20世纪初，留学日本的中国学生和资产阶级维新派、革命派代表人物更是对社会主义高度关注。在中国社会主义传播史中，这些阶级阶层和政治派别都留下了不可泯灭的历史印迹。这段时间，中国人对于社会主义的了解和传播主要集中在西方和东方两个渠道，所凭借的媒介主要是书籍和报刊。因此，这一阶段的社会主义传播不可避免地受到这种状况的影响，因而在传播主体、传播方法、传播渠道、传播效果等方面具有不同于此后社会主义在中国传播时的特点。“清末”至“民初”阶段的社会主义传播是初步的、不成熟的，甚至是被误解的，但是于社会主义在中国的传播史中，这一阶段的传播仍然有着它特殊的历史位置，总体上讲，是社会主义在中国最初的传播。如果说，社会主义在中国的传播是马克思主义中国化的“前史”，那么这个时期的社会主义传播，则是马克思主义在中国传播的“前史”。

基于以上认识，本书以社会主义在中国传播为主题和主线，分七章分别对社会主义传播的背景、不同主体传播社会主义的情况，以及这一时期社会主义传播的特征和影响等问题进行介绍和评述。第一章“清末民初政治思想发展与社会主义的传入”，简要分析了清末民初政治思想发展的历史轨迹以及西学东渐的状况，并以此为背景叙述了国人初识社会主义的基本情况，包括对巴黎公社情况的介绍、对欧美社会民主党活动的描述、《百年一觉》和《大同学》等翻译情况和主要内容等。第二章“清末民初资产阶级维新派与社会主义的传播”，通过《时务报》和《新民丛报》等媒介对社会主义报道的介绍，我们会对维新派传播社会主义的情况有一个基本的了解，在此基础上，本章重点介绍了康有为、梁启超对社会主义的传播情况。第三章“清末民初留日学生对社会主义的译述”，主要分析的是“清末”至“民初”留日学生包括一些流亡日本的人士对日本社会主义者撰写的有关社会主义著作的译介情况，正是这种广泛的译介活动推动了这个时期社会主义的传播，同时也正由于此种情况，使得社会主义在中国的传播深深地受到了日本这一“中转站”的影响。第四章“清末民初资产阶级革命派与社会主义的传播”，分析问题的思路与第二章大体相同，先介绍的是《民报》等革命报刊宣传社会主义的情况，后重点阐述的是孙中山等资产阶级革命派代表人物在这个时期对社会主义在中国传播所作的贡献。因为资产阶级革命派中关注社会主义的人要远比维新派多得多，一一介绍已不可能，所选择的只是这一阶段中的一些代表人物，包括孙中山、马君武、朱执信、廖仲恺、宋教仁、黄兴、胡汉民、戴季陶等。1906年前后，日本的社会主义阵营发生了社会主义与无政府主义的分化，这一分化也对中国资产阶级和小资产阶级革命分子产生了深刻的影响，其中一些较为激进的分子成了无政府主义者。本来无政府主义与社会主义是两个迥然不同的思想体系，可是在当时一些中国人的心中，无政府主义却成了社会主义的一个派别，而且是最具代表性的派别。也许正因为这样，无政府主义者在宣传无政府主义的同时，对于社会主义包括马克思主义也作了有益的传播。在这个过程中，《天义报》和《新世纪》等无政府主义者主办的报刊发挥了重要的作用。第五章“清末民初无政府主义者与社会主义的传播”介绍和阐述的就是这些情况。第六章“清末民初社会主义传播的基本特征”和第七章“清末民初社会主义传播的社会效果和历史定位”，是对社会主义在“清末”至“民初”阶段的传播情况作总体上的判断和分析，包括特征的把握、社会效果的评判、历史地位的阐释等。很难说这种总体上的判断和分析非常准确，但我们还是想通过这种判断和分析对本书的论题作一个适当的概括和总结，以便给人留下一个总体的印象。

《辞海》中说，所谓“研究”，是指“用科学方法探求事物的本质和规律”[①]。这一解释充分表明，“科学的方法”之于“研究”的重要意义，没有适当而科学的方法，很难得出准确的和有意义的结论。钱穆曾说道，

①《辞海》(缩印本)，上海辞书出版社1989年版，第1848页。

"近人治学，都注重材料和方法"[①]，这确实是一个好现象。对于研究"方法"的含义，徐复观曾经指出："方法是研究者向研究对象所提出的要求，及研究对象向研究者所呈现的答复，综合在一起的一种处理过程。所以真正的方法，是与被研究的对象不可分的。"[②]实际上，科学方法的选择不仅与研究对象不可分，而且还与研究者的世界观、价值观密切地联系在一起。对于社会主义传播史的研究，属于历史学的范畴，自然要运用历史学的研究方法，包括历史主义的方法、历史比较的方法等。但是，最根本的还是要以马克思主义的唯物史观为指导。学术界有些人不喜欢这个提法，不愿意用马克思主义的唯物史观指导史学研究，或者是用马克思主义唯物史观指导了自己的研究也不愿承认。这一方面可能是一段时间人们把马克思主义的唯物史观简单地等同于阶级斗争学说和阶级分析方法所致，另一方面则可能是对于马克思主义唯物史观的无知。其实，马克思主义唯物史观要回答的问题如张静如先生所言："就是社会存在和社会意识的关系、社会基本结构及其运行机制"。"我以为，唯物史观对社会存在和社会意识的关系、社会基本结构及其运行机制的解释最科学。如唯物史观认为，生产力与生产关系、经济基础与上层建筑，是人类社会的基本结构。而这两对矛盾构成了社会基本矛盾，它们的运动推动着社会发展。在社会基本矛盾的运动中，生产力是最活跃、最革命的因素，是这一运动的起点。生产力的变化和发展，必然要引起与其相适应的生产关系的变化和发展，并迟早要发生社会变革"。[③]社会主义在中国的传播，说到底是由生产力和生产关系发展变化所引发的一种思想活动，是"社会存在"在人们主观思想领域的反映。所以，要从本质上把握社会主义在中国传播的历史环境、具体情境、深层原因和基本规律，坚持马克思主义唯物史观的指导不仅是必要的，而且也是必需的。离开了马克思主义唯物史观的指导，有许多问题实际上是说不清楚的，所得出的结论或许就是不科学的。

---

① 钱穆：《中国历史研究法》，生活·读书·新知三联书店2001年版，第1页。

② 徐复观：《中国思想史论集》，九州出版社2001年版，第2页。

③《张静如文集》第3卷，海天出版社2006年版，第764页。

由于研究的是社会主义的“传播”，所以又不可能不涉及传播学的基本理论和基本方法。传播学是研究社会信息系统及其运行规律的科学。其研究对象简言之，就是人类“社会信息系统”。①其宗旨是，“从人类社会的普遍联系中，从人类传播的内在机制和外在联系以及各种传播因素之间的相互关系中，探索和揭示传播的本质和规律。”②“传播者”、“受众”、“传播媒介”、“传播渠道”、“传播模式”、“群体传播”、“大众传播”、“传播环境”、“传播制度”、“传播效果”等是传播学的一些核心概念。传播学认为，传播者是传播活动的发起人，它包括个人、组织或社会的混合体，不管是个人、组织或是社会的混合体，其具有的权威性、可信性、接近性、孰知性和悦目性程度，对传播活动的开展和效果均有着至关重要的影响；传播媒介在传播过程中起着特别的作用，没有传播媒介，传播活动不可能进行，不同的历史阶段，信息传播的媒介并不一样，不同的传播媒介，传播效果也不一样；受众是接受信息的人，传播的效果如何，接受受众的反馈和评价；人类的传播活动必然依赖一定的环境来进行，理想的环境有利于提高传播的质量，有助于提高传播者和受众的积极性和主动性；在传播活动中，人的因素、讯息因素、媒介因素、环境因素等都对传播效果有直接影响；大众媒介的传播效果主要从两个方面得以显示：一是传播对象接触媒介的效果，一是媒介影响传播对象的效果。如此等等，都是传播学的一些基本原理。本书即尝试着用上述一些基本概念和基本理论去叙述和阐释社会主义在清末民初这个时期传播的历史状况。事实上，传播学与历史学“天生”就有着密切的联系。“作为研究和阐明人类社会发展过程的历史学，它可以帮助传播学来研究已经过去的传播活动，探寻传播现象发生的先后次序和历史因素，揭示传播媒介变革的历史过程和基本规律，从而使传播学能够‘论从史出’，使传播者能够‘以史为鉴’，获得历史知识、历史智慧和历史经验，进而提高传播效果。作为以追求和提升人类传播智慧为主旨的传播学，它也可以让历史学者看到在人类社会发展过程中所起的‘社会水泥’和

① 参见郭庆光：《传播学教程》，中国人民大学出版社2006年版，第6页。

② 邵培仁：《传播学》，高等教育出版社2000年版，第3页。

‘人际润滑’的作用，和在政治、宗教、教育、文学、艺术等历史活动中的主导作用，进而在‘以论观史’中会发现：传播既是人性的建筑材料，也是历史的建筑材料；人类一切与精神活动或精神文化有关的历史，其实都是传播的历史。历史学是一种静态的内向的研究，通过关注和分析已逝历史事实为现实服务；传播学是一种动态的外向的研究，通过关注和分析正在发生的传播活动现象为现实服务。”①

社会主义首先是一种思想和主义，因此对社会主义传播史的研究，在历史学的大家庭中，它又属于思想史这一专门史的范围。尽管柯林伍德所说的“一切历史都是思想史”并不一定正确，但历史研究无论如何也绕不开思想史则是不争的事实。思想史的研究需要遵循历史学的理论和方法，同时它也有其自身的一些特殊要求。

其一，要重视对思想家们所留下的文本的研读。1884年8月13日，恩格斯在给友人的一封信中说：要“研究原著本身，不会让一些简述读物和别的第二手资料引入迷途”②。1890年9月21日，恩格斯在给约·布洛赫的信中再次说道：“我请您根据原著来研究这个理论，而不要根据第二手的材料来进行研究——这的确要容易得多。……可惜人们往往以为，只要掌握了主要原理——而且还并不总是掌握得正确，那就算已经充分地理解了新理论并且立刻就能够应用它了。在这方面，我是可以责备许多最新的‘马克思主义者’的；而他们也的确造成过惊人的混乱……”③1894年10月4日，恩格斯在为《资本论》第三卷写的序言中指出：“一个人如想研究科学问题，首先要在利用著作的时候学会按照作者写的原样去阅读这些著作，首先要在阅读时，不把著作中原来没有的东西塞进去。”④对于“古人”的思想，只能在文字的把握上立基，而不可先在自己的思辨上立基。有人认为，研究思想史可以充分发挥主体的想象，可以不那么注重材料，这是极大的误解和偏见，思想史也必须充分地占有

① 邵培仁：《传播学》，高等教育出版社2000年版，第6—7页。
② 《马克思恩格斯全集》第36卷，人民出版社1975年版，第200页。
③ 《马克思恩格斯选集》第4卷，人民出版社1995年版，第697—698页。
④ 《马克思恩格斯全集》第25卷，人民出版社1974年版，第26页。

材料。思想的材料主要是人们留下的“文本”，所以认真梳理文本、研究文本就显得更为重要。“思想家的思想往往是一般社会思想和动向最集中、最典型的反映，是它们的浓缩体。这也是思想家的思想所以能影响社会的根本原因。”[①]所以通常研究思想史，主要是从思想家留给我们的文本入手，通过解读这类文献，确定能够代表某一时期、某个人、某一派别的最高水平的若干论著，勾画出它们之间的运行轨迹和前后传承，阐明其辩证关系及是非得失。这里的前提，首先是必须完整、全面地占有材料，接着就是准确地引述研究对象的话语、文本，而不能任意剪裁和拼接，不可取一点而不及其余，阐释时要忠于原意，实事求是，不可歪曲、夸大，更不可无中生有，打“折扣”的解读和“过度”解读都是不可取的。研究社会主义在中国的传播同样需要如此。因此，认真研究有关社会主义传播的文献文本资料、忠实于文本资料就显得非常重要。我们要在文本的基础上来梳理和分析社会主义传播的脉络和特征，而不是用某种“预设”的模式来安排我们的材料。只有在比较全面而准确地研读这些文献资料的基础上，才能把握和解读出蕴含其中的“微言大义”。

其二，要注意与社会史研究的结合，在纵向上对思想史作社会史的“还原”。我们所说的“思想”，是“社会”的思想，所谓“社会”也是有“思想”的社会。因此，我们所提倡的思想史，应该是有其社会根据的思想史。其基本要求是，一方面，利用社会史研究的成果，从社会生活诸领域进行分析，找出某个阶段、某个人、某个群体派别，形成某个（某些）思想状态的复杂的综合的原因，并描述其产生的影响在“社会存在”诸领域的反映。从“清末”到“民初”，中国为什么会“引入”社会主义，谁引入的，如何引入的，20世纪初年为什么会出现传播社会主义的热潮，它又发生了什么样的影响，又为什么会出现对社会主义的“误读”？都需要从这个时期中国社会生活诸方面去解释。另一方面，还要注意“思想与社会的互动”。要把思想看作观念化了的社会，将社会当作物质化了的思想来看待、来研究、来说明，使思想史变成思想与社会互动

① 郑大华：《晚清思想史》，湖南师范大学出版社2005年版，第13页。

的历史。具体地说，就是要注意社会的思想（观念）化和思想的社会（物质）化的形态、过程、现象、问题等方面的研究。中国近代史的一个突出特征就是思想对于现实生活与历史演进的突出作用。急迫的民族危机与追求独立富强民主的浓烈愿望，外在的富强民主模式的吸引以及外来思想的影响，造成了近代中国思想超越现实经济社会生活领域发展的状况，形成了显著的思想先行并直接引发社会经济政治文化变革的局面。对社会主义传播来说，这里有着无数深邃的等待解决的课题。

其三，在横向上还要有比较的视野。伴随着“清末”至“民初”中国的开放，加之社会主义本身就是一种“外来物”，这种比较显得更加重要。贺麟先生曾经说过，大多数近代中国思潮都具有世界性的特征。[①]他说的主要是哲学思潮，其实社会主义在中国的传播也是如此。从发生学角度看，社会主义源于西方，但自“引入”中国后，与它们的异域相比，就因发生了种种变化而带有“中国”的民族特征。比如社会主义在西方原本是资本主义相对发达的产物，是对自由竞争时代资本主义批判的结果，而中国人则认为它是在资本主义发育以前就可以实现的一种“超越”。社会主义与无政府主义有着“天壤之别”，可是中国人一开始却把它当作社会主义来介绍和传播。本书第六章关于“特征”的分析，主要运用的就是比较的方法。总之，关于研究方法，本书力求有所综合和创新，只是究竟结果怎样，心中并没有什么把握。

三、本书主要概念解读

概念作为对同类事物一般特征和本质属性的概括，不仅是进行科学研究最基本的要素，而且在任何一门科学理论体系中都居于重要地位。它既是人们认识和分析问题的工具，又是话语体系、理论体系生成建构的逻辑起点和重要元素。因而，在对本书的论题作进一步展开和系统分析之前，有必要先对其中所涉及的基本概念作出界定和说明。

以学科的视野看，本书所涉及的基本概念主要分属三个不同学科：历

① 参见贺麟：《当代中国哲学》，胜利出版公司1947年版，第68页。

史学、政治学和传播学。具体包括：

（一）晚清、清末、民初

虽然本书更多地使用“清末”这个概念，但也在文中使用过“晚清”这一表述，同时要给“清末”一个明确的界定，也离不开对“晚清”概念作相对清晰的定义。近年来史学界经常使用“晚清”这个词，但是对其确切含义大多没有给出明确的解释。从字面上理解，“晚清”指的是清朝的晚期。究竟它从何时开始又到何时结束？绝大多数的史学论著在使用“晚清”概念时，大体上是指从鸦片战争到清朝倾覆的70年时间，即从道光二十年（1840年）至宣统三年（1911年）。比如中国社会科学院历史研究所编译室在《剑桥中国晚清史》的“出版说明”中说道：“本书原为《剑桥中国史》的第十卷和第十一卷，起自清代的道光时代，止于辛亥革命。这两卷能够自成体系，可以单独成书，我们特先译出，以饷我国读者。为了兼顾《剑桥中国史》原书名和它所论述的晚清时代的实际内容，此书定名为《剑桥中国晚清史》。”[①]王尔敏在《晚清政治思想史论》中有“晚清七十年间”的说法，大致指的是从鸦片战争（1840年）到辛亥革命（1911年）这段时间。[②]龚书铎在《社会变革与文化趋向——中国近代文化研究》中明确提出：“晚清，起自1840年鸦片战争，迄于1911年辛亥革命。”[③]这样的理解几乎与以往人们对“近代”的理解同义，“晚清中国”也就是“近代中国”，“晚清史”就是“中国近代史”。所以，上述论著书名中冠以“晚清”字样，但书中在叙述某些内容时往往又使用“近代中国”或“中国近代”的表述，如龚书铎虽然在《社会变革与文化趋向——中国近代文化研究》一书中对“晚清”进行了界定，但书名所使用的副标题即“中国近代文化研究”。王先明、张海荣的《晚清“中体西用”论的再思考》一文虽然标题中使用了“晚清”的概念，可文

① ［美］费正清、刘广京编，中国社会科学院历史研究所编译室译：《剑桥中国晚清史（1800—1911）》上卷，中国社会科学出版社1985年版，第1页。

② 参见王尔敏：《晚清政治思想史论》，广西师范大学出版社2005年版，第2页。

③ 龚书铎：《社会变革与文化趋向——中国近代文化研究》，北京师范大学出版社2005年版，第121页。

章的一开头就说："作为近代以来一个颇有代表性的学术主张，'中体西用'论的提出在中西文化史上无疑具有划时代的意义。"本书所讲的"晚清"也是指鸦片战争到辛亥革命的这段时间。需要说明的是，"晚清"并不等于"近代"，撇开关于"近代"起始时间的争议不说，即使是以1840年作为近代的起点，那么它的时间下限也在1949年。这是目前史学界几乎一致的看法。所以，相对于"近代"来说，"晚清"只是"近代"的一个部分。关于"清末"，从所接触到的论著看，基本上是与"晚清"混用，也有一些人把"清末"视作20世纪初至清政府覆灭（辛亥革命）的10年，就是清政府统治的最后10年。就本书所讲的社会主义学说传播来说，"清末"主要是指19世纪后20年至20世纪头10年的时间。"民初"是"民国初年"的简称，大约从"中华民国"建立时起至新文化运动开始结束，其时间跨度前后大约有4—5年。对"民初"这样的限定，并不是有什么特别的理论上的依据，只是有些著作也是如此安排的。如著名民国史研究专家张宪文等在4卷本的《中华民国史》中，对于"民国初年"有关历史的叙述就是这样理解的。综合以上分析，本书所指的由"清末"到"民初"这个时期，大约起于19世纪七八十年代，止于1915年前后，总共30多年的时间。本书重点讨论的就是这30多年间社会主义学说在中国的传播情况。

（二）政治思想、社会主义

必须对"政治思想"概念作适当的界定和说明，是因为本书所讨论的社会主义，本身属于政治思想的范畴，是中国政治思想发展的一部分，同时社会主义的传播也是在清末民初政治思想演进和变化的大背景下进行的。就"思想"这个概念而言，它是比较宽泛的，有哲学思想、经济思想、文化思想、艺术思想、教育思想、军事思想、学术思想等。所谓政治思想，人们对其含义的理解并不统一。金岳霖先生曾在其《论政治思想》一文中说："政治思想是指对政治的思想，应该有别于对政治思想的思想"，同时"还必须首先区别于政治思考，再区别于政治观念，再区别于政治理论或政治哲学"。"政治思想是一个政治观念的体系"，"必须总是趋向于要求它为之服务的那些目的”。[①]所以，更多学者认为，它指的是人们对于国家政治现象和政治问题思考所形成的观念体系，包含三个方面的内容：

第一，政治思想是处于不断发展的观念体系。尽管政治思想具有作为动态的政治思考的含义，但主要是特定的社会主体根据自身的利益需要，在政治实践基础上形成的、反映自身价值取向特别是政治取向的观念体系。同时，随着社会主体政治利益需求的变化，社会共同体内形成新的政治利益关系和矛盾，为调节政治利益关系，解决社会主体之间的政治矛盾，新的政治思想也将随之产生，因此，政治思想又总是处于不断发展变化的进程之中。

第二，政治思想是特定社会主体的政治思想。在社会共同体中，由于各社会主体的政治利益需求不同，由此便形成反映不同政治利益需求的政治思想，因而政治思想又具有鲜明的阶级性。阶级性是政治思想的本质属性。

第三，政治思想为政治实践服务。某一政治思想的形成，除具有从理论上论证和说明其政治利益需求的合理性和科学性以外，更主要的是具有被这一社会主体运用于指导参与政治活动的功能。

还有人认为，“政治思想在广义上包括政治心理和政治理论两个层面，是人们对一切社会政治现象的感觉、情绪、期待和理性认识的总和”，它具有“时间性和空间性、发展性和不平衡性、民族性和世界性、多样性和统一性、依附性和功能性等”[②]特征。实际上，政治思想确实是一个开放的综合概念，如有人所说，其内容不仅包括政治哲学、政治信仰的规范及目标的设定、政治制度及运作机制的认知，以及对政治是非得失的评判等。其外延更加宽泛，诸如立法意图与程序，在法律面前是保留等差还是人人平等；政治机构如何设置，权力如何分配；经济生产

① 金岳霖、赵文洪译，何兆武校：《论政治思想》，《清华大学学报》（哲学社会科学版）1986年第1期。此文用英文写成，发表于*Tiem Hsia Monthly*（《天下》月刊1939年9卷3期）。

② 王楷模、张师伟：《政治思想一般性质的哲学分析》，《宝鸡文理学院学报》（社会科学版）2004年第3期。

如何划定政府经营与民间经营的界限，赋税征收和财政开支依据何种思路而定；还有治理人民还是使人民自治；如何推进教育文化进步，如何选拔、监督官吏等。它虽然不能代替其他种种思想，但它显然能够广泛而有力地影响乃至制约和决定其他各种思想，进而在思想史中占据重要位置。[①]社会主义自引入中国后作为清末民初政治思想的一个重要内容，不仅逐渐形成具有中国特色的“观念体系”，而且也基本呈现出与上述相同或相似的特性，同时其自身也是开放的和发展的。

在清末民初的诸多中国人看来，“社会主义”对中国人来说并不是什么新东西，认为《礼记·礼运》篇中下面的这段话就是中国古代的社会主义思想：“大道之行也，天下为公，选贤与能，讲信修睦。故人不独亲其亲，不独子其子。使老有所终，壮有所用，幼有所长。鳏寡孤独废疾者皆有所养。男有分，女有归。货恶其弃于地也，不必藏于己；力恶其不出于身也，不必为己。是故谋闭而不兴，盗窃乱贼而不作。故外户而不闭，是谓大同。”据此，近代中国很多知识分子认为社会主义思想中国古已有之。蔡元培就曾明确地说：“我们中国本身有一种社会主义的学说”，并举例说“如论语记：‘有国有家者不患寡而患不均；不患贫而患不安。盖均无贫；和无寡；安无倾。远人不服，则修文德以来之。既来之，则安之。’就是对内主均贫富，对外不取黩武主义与殖民政策”[②]。然而，严格地说，这根本不是什么社会主义思想，而是人类各个文化和时代都有的大同思想。严格意义上的社会主义是近代社会的产物，确切地说，是近代工业社会的产物。它是在近代社会才出现的新思想和新名词。社会主义产生后有许多流派，他们的主张也各不相同，因此要给“社会主义”下一个准确的定义并不是十分容易的事。有人认为，“社会主义的全部意义不仅是工人对资本主义的反抗；它是一种社会的概念，在这个社会里所有足以引起那种反抗的对立状态可以得到调和。”“它

① 参见章开沅、严昌洪主编：《辛亥革命与中国政治发展》，华中师范大学出版社2011年版，第1页。

② 林代昭、潘国华编：《马克思主义在中国——从影响传入到传播》下册，清华大学出版社1983年版，第98页。

(社会主义)的任务是改造社会,把社会从资本主义控制劳动和产业的状态变成劳动和产业控制资本的状态。”“社会主义号召人们毫无保留地服务,换取一种合理的以生活为衡量标准的报酬,社会主义者最不能容忍所谓一个人没有相当报酬就不可能出力的那种谬论。”[①]有人认为,“社会主义的目的,在于取消私有财产制度,特别是因为这个制度,造成极大的不平等。它的主要目的,是在消灭不劳动的阶级以及得自利润或地租的进款。”“社会主义不需要革命和强力”就能实现。有人认为,凡是对资本主义社会进行改造的主张,就是社会主义,即“一切指示无产阶级运动目的,号召他们起来斗争,指示可以达到这个目的的道路等等之理论企图,综合起来,成为我们所说的现代社会主义。”“社会主义是这样的一种社会组织,在这社会中经济是根据于集体的财产,因社会财富之助而大规模地进行的。”[②]有人甚至认为,“真正的社会主义,与真正的自由主义或真正的保守主义一样,也是不存在的。”[③]

“社会主义”一词也是随着近代资本主义的发展,最先在欧洲出现的。在英文中,社会主义(Socialism)一词是由“社会”(Social)加上后缀ism而成。“社会”一词源于拉丁文Socialis,原意是“同志”、“同伙”、“善于社交”等。据欧洲人考证,最早使用“社会主义”一词的是德国神学家、天主教本尼迪克派教士[④]安塞尔姆·德辛[⑤]。他在1753年与别人进行论战时使用了“社会主义者”一词,当时主要的意思是指人的社会性,与后来“社会主义”的含义有很大不同。当时所谓的“社会主义者”也就是指那些倡导尊重自然规律的人,也即指那些承认人具有社会性的人。作为与资

① [英]麦唐纳著,于树生译:《批评的和建设的社会主义》,上海人民出版社1959年版,第209、210页、“原序”第2页。

② 吴黎平:《社会主义史》,北京出版社1986年版,第2—5页。

③ [英]戴维·米勒、韦农·波格丹诺编,中国问题研究所等译:《布莱克维尔政治学百科全书》,中国政法大学出版社1992年版,第716页。

④ 旧译本尼迪克丁安塞尔姆·德生,这样本尼迪克丁就成为德生此人的名字,不准确,应译为本尼迪克派教士(Benedictine)。本尼迪克又译为本笃,意大利一个天主教隐修院院长,公元529年自立一派,开创天主教修会制度的新方式,除自身虔修外,还从事社会活动,吸收贫民入会,重视文化教育工作。本笃派天主教于1909年传入中国。

⑤ 旧译德生,按照德文发音译为德辛更准确。

本主义制度对立的一种政治思想，“社会主义”在欧洲产生和发展先是经历了空想社会主义的阶段。恩格斯在《社会主义从空想到科学的发展》中曾详细阐述了它的发展进程、阶段性特征及其影响。他说道：“伴随着一个还没有成熟的阶级的这些革命发动，产生了相应的理论表现；在16世纪和17世纪有理想社会制度的空想的描写，而在18世纪已经有了直接共产主义的理论（摩莱里和马布利）。平等的要求已经不再限于政治权利方面，它也应当扩大到个人的社会地位方面；必须加以消灭的不仅是阶级特权，而且是阶级差别本身。禁欲主义的、禁绝一切生活享受的、斯巴达式的共产主义，是这种新学说的第一个表现形式。后来出现了三个伟大的空想主义者：圣西门、傅立叶和欧文。在圣西门那里，除无产阶级的倾向外，资产阶级的倾向还有一定的影响。欧文在资本主义生产最发达的国家里，在这种生产所造成的种种对立的影响下，直接从法国唯物主义出发，系统地阐述了他的消除阶级差别的方案。”[①]恩格斯认为，圣西门、傅立叶和欧文有一个共同点，即“他们都不是作为当时已经历史地产生的无产阶级的利益的代表出现的。他们和启蒙学者一样，并不是想首先解放某一个阶级，而是想立即解放全人类。他们和启蒙学者一样，想建立理性和永恒正义的王国；但是他们的王国和启蒙学者的王国是有天壤之别的”[②]。恩格斯强调：“空想主义者的见解曾经长期支配着19世纪的社会主义观点，而且现在还部分地支配着这种观点。……这种社会主义实际上直到今天还统治着法国和英国大多数社会主义工人的头脑。”[③]虽然英、法空想社会主义者的理论有这样那样的缺陷，但“社会主义”一词的使用，则主要归功于他们，同时他们也为科学社会主义的形成提供了重要的思想资源。1832年2月圣西门派的法文杂志《环球》和1833年8月欧文派的英文杂志《贫民卫报》，几乎不约而同地在所刊登的文章中把“社会主义”作为未来理想社会的名称。到40年代，社会主义已成为西欧盛行的新思潮。无产阶级思想家马克思和恩格斯于1842—1847年间在参加工人运动和科

①《马克思恩格斯选集》第3卷，人民出版社1995年版，第721页。

②《马克思恩格斯选集》第3卷，人民出版社1995年版，第721页。

③《马克思恩格斯选集》第3卷，人民出版社1995年版，第732页。

学研究的基础上，充分吸收德国古典哲学、英国古典政治经济学和英、法空想社会主义的思想养料，以历史唯物主义和剩余价值学说为基石，将社会主义由空想变为科学，其标志是1848年2月《共产党宣言》的发表。

"社会主义"一词在中国逐步流行是19世纪七八十年代以后。70年代的西风东渐，使欧洲的社会主义传到中国。当时中国人把"社会"译成"人群"，称"社会主义"为"人群之说"和"人群主义"，有的报刊则把"社会主义"（Socialism）音译为"索昔阿利司脱"①或译为"安民新学"、"养民学"②。"社会主义"这个词是日本人对"Socialism"的通用译语。自1902年9月15日出版的《新民丛报》第18期开始，梁启超因受日本人的影响明确使用"社会主义"一词，此后，这一名词逐渐在中国流传开来。

总之，自欧洲出现社会主义思潮以后，人们对它的理解并不一致，社会主义形成系统的"学说"、"主义"以后，也有各家各派，在中国最初传播的时候大致也是这种状况。不过，就历史上各种社会主义思想家提出的社会主义思想而言，有些方面却是共同的。如张汝伦所概括的，社会主义者一般都会同意这样的观点："社会主义的目标是实现人的真正自由和平等，为此，要按照社会的要求，而不是个人活动来组织劳动，实现劳动收益的平均分配，从而为所有人提供基本保障和平等的机会。现代工业和现代科学技术则是实现上述目标的基本条件。社会主义一般主张生产资料公有制，但对私有财产的态度并不一致。所有社会主义都追求不同于现行秩序的新的社会秩序和道德秩序。"③具体包括三个方面的内容：一是对现实的资本主义生产关系和社会制度的揭露和批判；二是对取代资本主义制度的预测和主张；三是对改变资本主义和实现社会主义道路的设想和方案。④社会主义学说在清末民初中国传播时基本上也是这些内容。由于社会主义事实上并没有形成一个统一的流派，在"清末"

① 黎庶昌：《西洋杂志》，湖南人民出版社1981年版，第57—58页。

② [英]颉德普、李提摩太、蔡尔康纂述：《大同学》，《万国公报》第121、123卷，1898年2月、4月。

③ 张汝伦：《现代中国思想研究》，上海人民出版社2001年版，第246页。

④ 参见高放、黄达强主编：《社会主义思想史》上册，中国人民大学出版社1987年版，第1—4页。

到“民初”这段时间的传播时，中国人对其理解也有差异。所以，本书所涉及的“社会主义”，更多地是指广义的社会主义，而非专指马克思主义的科学社会主义。事实上，按照无产阶级科学社会主义的理解，在本质上，社会主义一方面继承了资本主义的成果，吸收了资本主义的精华；另一方面它又克服了资本主义的弊端，解决资本主义存在的矛盾和问题，是与资本主义相对立的高于资本主义的一种新的思想体系和社会形态。社会主义与资本主义之间并不是简单的对立关系，而是有着继承、破除和发展三个方面的关系。

（三）传播、传播者、受众、传播渠道、传播媒介、传播环境、传播效果

传播、传播者、受众、传播渠道、传播媒介、传播环境、传播效果等，这是一组重要的传播学概念。

1.传播。所谓“传播”，指的是人类通过符号和媒介交流信息以期发生相应变化的活动。它是人类的表征，也是人类的特权，随着人类产生而产生，是构成人类社会活动的一种特有现象。它无处不在，无时不有，与人朝夕相处，如影相随。具体说：第一，传播是人类的活动。人既是信息的传播者，又是信息的接受者；既是行为的施控者，又是行为的受控者；既是产生传播的原因，又是导致传播的结果。第二，传播是信息的交流，没有信息即没有传播。同时，这种交流是双向的，传播的过程既是人与人之间信息交流的过程，也是人与人之间相互影响、相互制约、交替作用的过程。第三，传播离不开符号和媒介。媒介负载符号，符号负载信息，符号是信息的具体袒露，而媒介则是符号的物化载体。没有符号，信息内容会无所依附；没有媒介，符号就无法进入人的感觉器官。符号和媒介是一切传播活动赖以实现的中介。第四，传播的目的是希望发生相应的变化，也就是希望出现传播的效果。这种“相应的变化”，包括行为的改变、感情的沟通、情况的了解、事实的澄清，等等。传播作为人类特有的活动，具有社会性和阶级性、目的性和计划性、主动性和

创造性、协同性和互动性、永恒性和历史性等特点。[①]

2. 传播者。传播者是相对于受传者而言的。一般来说，凡凭借生理或一定的符号、媒介手段传递信息的，均可称为传播者。他处于信息传播链条的第一环节，是传播活动的发起人，是借助某种手段或工具、通过发出信息主动作用于他人的人。因此，传播者不仅决定着传播活动的存在和发展，而且决定着信息内容的质量和数量、流量和流向，还决定着对人类社会的作用和影响。在社会传播中，传播者既可以是个人，也可以是群体或组织。传播者往往具有一定的代表性、专业性等特点。[②]

3. 受众。受众也称“受传者”，指的是接受信息的人，既包括信息接受的群体，又包括信息接受的个体。它是信息传播链条的一个重要环节，是信息传播的“目的地”，又是传播效果的“显示器”，没有受众的认知和评判，就不能真正了解传播活动的效能和效率。受众和传播者并不总是固定不变的，在传播过程中这两者往往能够发生角色的转换或交替，一个人、一个组织或群体在发出讯息时是传播者，而在接受讯息时则又扮演着受众的角色。受众作为构成传播过程的两极中的一极，在传播中占有非常突出的位置，既是信息产品的消费者、传播符号的“译码者”，也是传播活动的参与者和传播效果的反馈者。从空间分布看，受众的特点主要表现为众多性、混杂性、分散性和隐匿性；就受众接受信息的内在机制看，受众又具有自在性、自主性、自述性和归属性。[③]

4. 传播媒介。媒介是传播学的核心概念之一，大致有两种含义：第一，它指信息传递的载体、中介物、工具或技术手段；第二，它指从事信息采集、加工、制作和传播的社会组织，即传媒机构。这两种含义指示的对象和领域是不同的，但无论哪一种意义上的媒介，都是社会信息系统不可或缺的重要环节和要素。[④]传播媒介一般由物体、符号、信息三者构成。作为介于传播者和受众之间用以负载、传递、延伸、扩大特定

---

① 参见邵培仁:《传播学》,高等教育出版社2000年版,第31—33页。

② 参见邵培仁:《传播学》,高等教育出版社2000年版,第72—75页;郭庆光:《传播学教程》,中国人民大学出版社1999年版,第58页。

③ 参见邵培仁:《传播学》,高等教育出版社2000年版,第196—199页。

④ 参见郭庆光:《传播学教程》,中国人民大学出版社2006年版,第147页。

符号的物质实体，传播媒介具有实体性、中介性、负载性、还原性和扩张性等特点。它包括书写媒介、印刷媒介、广播媒介、影视媒介、互动媒介等几种常见类型。①

5. 传播渠道。在传播学理论中，传播渠道是一个与传播媒介既有联系又有区别的概念，其定义并不是那么清晰和统一，一般是指传播过程中传受双方沟通和交流信息的各种通道，如人际传播渠道、组织传播渠道、大众传播渠道等。不同的传播渠道需要用不同的传播媒介与之配合，而不同的传播媒介又对不同的传播渠道进行定型。②

6. 传播环境。它指的是存在于传播活动周围的特有的情况和条件的总和。人类的传播活动必然要依赖一定的环境来进行，或者说，它必然要以某种形式存在于一定的环境之中。环境是媒介生存和发展的基础和条件，也是人类进行传播活动的基础和条件。同时，它又像一张无形的网络控制着传播的效果。环境具有宽广的、复杂的结构和形貌特点，根据不同的标准，可以分为不同的类型，如大环境、小环境，硬环境、软环境，行为环境、媒介环境、心理环境、地理环境、物理环境，社会环境等。③

7. 传播效果。效果是一切活动的试金石，是所有传播者的共同追求。传播效果位于传播过程的最后阶段，它是诸种传播要素相互作用的集合效应，也是受众受到信息作用后所产生的反应和在某些方面发生的具体变化。在传播学领域，传播效果具有双重含义：一是指带有说服动机的传播行为在受传者身上引起的心理、态度和行为的变化；二是指传播活动尤其是报刊、广播、电视、新媒体等大众传播媒介的活动对受传者和社会所产生的一切影响和结果的总体。传播效果的双重含义，构成了有关这方面研究既相互联系又相互区别的两个重要方面，一方面是对效果产生的微观过程分析，一方面是对它的综合、宏观过程的考察。前者主要研究具体传播过程的具体效果，后者主要研究综合的传播过程所带来

① 参见邵培仁：《传播学》，高等教育出版社2000年版，第147—157页。

② 参见邵培仁：《传播学》，高等教育出版社2000年版，第147页。

③ 参见邵培仁：《传播学》，高等教育出版社2000年版，第234—248页。

的综合效果。在大众传播效果研究中，尤以大众传媒的活动对社会的运行、变化和发展所产生的宏观效果为主要考察对象。传播效果的分类是多种多样的：从时间上讲，可以分为短期效果和长期效果；从与传播者意图的关联上讲，可以分为预期效果和非预期效果；从传播的内容和指向上讲，可以分为规范性效果、确认性效果、共鸣性效果、理解性效果和享用性效果；从效果的性质上讲，可以分为积极效果和消极效果或者是正效果和负效果等。由于信息传播是一个非常复杂的系统工程，所以其中便有诸多因素对传播效果发生影响，主要包括人的因素、讯息因素、媒介因素、环境因素等。[①]对传播效果的研究不能只关注个人层面的心理、行为等方面的变化，更要作多角度多层面的考察和分析，一般应联系整体关系、互动关系和从不同纬度与层面展开。[②]

上述概念和理论都是本书要使用的一些基本概念和基本理论。对这些概念、原理的界定和说明，不仅为本论题的展开奠定了逻辑的基础，而且也会使这种展开，自觉地遵守着一种历史的、逻辑和方法的规范。

① 参见郭庆光:《传播学教程》,中国人民大学出版社2006年版,第188—189页。

② 参见邵培仁:《传播学》,高等教育出版社2000年版,第271页。

第一章　清末民初政治思想发展与社会主义的传入

社会主义不是中国封建社会的自发产物，也不是中国传统儒家大同思想的直接延续，而是从工人运动高涨的西欧产生，并主要通过西方的欧洲诸国、东方的日本、北方的俄国传入中国。对清末民初政治思想发展来说，社会主义的传入是一件具有不同寻常意义的事情，它本身不仅构成清末民初政治思想的重要组成部分，而且直接影响了近现代中国政治思想实践发展的走向和中华民族的历史命运。

一、鸦片战争前后的中国和世界

梳理清末民初政治思想演进的历史轨迹及其发展趋向，离不开对鸦片战争前后中国和世界的考察。

1840年的鸦片战争是中国历史发展的分水岭。此前的中国是“传统的中国”。“传统的中国”是一个统一的中国，统一的疆域、统一的文字、统一的纪年，甚至有统一的思想。传统中国的“统一”无疑是中华文明最重要的历史成就，同时也是一件令人十分关注的大事。因为没有这些方面的“统一”，在一定程度上就没有传统中国“周而复始”的和平与稳定，就没有疆土的幅员辽阔和经济政治文化的繁荣发展。造成这种境况的因素是多方面的，其中一个重要的原因便是自秦始皇开始，经过几千年封建社会发展而形成了稳固的官僚政治体制，正是这种相对稳固的官僚政治体制，比较好地实现了对一个人口众多、幅员辽阔的农业社会的整合，为传统中国的统一、稳定提供了有效的制度保障。在这种体制中，封建皇帝拥有绝对的权威和涵盖一切的权力，并始终居于权力的顶峰，而在他的下面，依照品级和人数成反比，是上下相承、左右相连的一层连着一层的众多官僚阶层。他们都是皇帝的臣子，为皇帝办差，对皇帝负责，并无限效忠皇帝。这是传统中国政治构造最主要的特征。亨廷顿在《变化社会中的政治秩序》一书中曾经提出，纵观世界政治发展历史，呈现在我们面前的主要有两种传统的政治体制，即官僚帝国制和封建等级制。如果说，西欧、日本属于封建等级制的话，那么传统中国就是帝国政体的典型之一。这种帝国体制的特征，亨廷顿以比较的视野，从民主发展、政治参与和政治现代化的角度作了分析。他指出："可以公允地下一个结论说，一个传统的政治体制，其结构越是多元化，权力越是分散，则其政治现代化引起的动乱就越小，适应政治参与的扩大也就越容易。这些条件使一个现代化的参与体制的出现成为可能。这种体制更可能是民主的而不是集权的。那种以社会等级森严、社会流动性很小为特征的松散的或封建的传统制度更容易产生现代民主政体，而那种高度集权的、较为专业化的、平等的、开放式的、流动性强的传统官僚体制，反而难以做到这点，尽管这种现象颇令人费解，但确是事实。"[①]中国著名学者王亚南则从另一个角度对中国传统的帝国体制特征进行了阐释。他认为，一方面"中国古典官僚政治形态"具有鲜明的三种典型"性格"：（1）"延续性——那是指着中国官僚政治延续时间的悠久。它几乎悠久到同中国文化史相始终"。（2）"包容性——那是指着中国官僚政治所包摄范围的广阔，即官僚政治的活动，同中国各种社会文化现象如伦理、宗教、法律、财产、艺术……等等方面，发生了异常密切而协调的关系"。（3）"贯彻性——那是指着中国官僚政治的支配的深入的影响，中国人的思想活动乃至他们的整个人生观，都拘囚锢蔽在官僚政治所设定的樊笼中"。[②]另一方面，在传统中国这样一个官僚帝国内部，相对于王权之外，还有一个由乡绅、商人、行会、宗法组织构成的所谓的"民

---

① ［美］塞缪尔·P.亨廷顿著，王冠华、刘为等译：《变化社会中的政治秩序》，生活·读书·新知三联书店1989年版，第160页。

② 王亚南：《中国官僚政治研究》，中国社会科学出版社2010年版，第29页。

间社会”。这种以农业文明为基础的民间社会，以家庭为基本单元、以家长制的宗法血缘或地缘关系为纽带，编织成庞大的类似帝国体制的宗法关系网络。这种宗法、政治一体化的官僚政治体制和宗法式的家庭结构与社会政治结构，为大一统帝国的存在和延续提供了坚强的政治组织保障，同时也在很大程度上抑制了中国封建社会内部的生机和活力。

同上述社会政治结构和官僚体制紧密联系在一起的是庞大的自给自足的自然经济，或者说这种政治结构和官僚体制本身就是自然经济的产物。在漫长的中国封建社会，土地既是人们最基本的生产资料，也是人们的主要财富。所以，拥有土地便几乎成为所有人努力追寻和奋斗的主要目的。土地同劳动的结合是以不平等的分配为前提的：占人口少数的地主拥有最大部分的土地，占人口大多数的农民只占有少量的土地。虽说不同朝代和不同地域，土地分配的不均和不平等程度各有不同，但往往在一个王朝的休养生息之期过去之后，通过土地的兼并而使其相对集中，农民逐渐失去土地，地主和豪绅拥有更多更好的土地则是中国封建社会的一种“常态”。这种状况的结果是，缺乏土地的农民与拥有土地的地主豪绅结成租用关系，而后，佃农和自耕农一起在零切碎割的土地上耕耘劳作，自给自足，繁衍不息，组成了小农经济的汪洋大海。正如著名历史学家陈旭麓所指出的：“土地提供了生存资料，但被割碎了的土地同时又限制着小农的视野、活动和发展。因此，小农经济总是：以一家一户的个体农民为基本的生产单位，这种生产单位同时又是自我消费单位；周而复始的简单再生产；以家庭手工业附属于农业。三者构成了自然经济的内涵和本色，这就是支撑整个社会的基本经济构造。”①这种自给自足的自然经济以它自身的封闭性和保守性，一方面为稳定的社会秩序奠定了相对坚实的物质基础，另一方面又束缚和限制了生产力的发展，对新的生产方式具有较强的排斥力和抵抗力。除此以外，在中国封建社会，地主、商人和高利贷者这三者还常常结合在一起。商人往往把财富转向土地的购买，以从事风险更小的地租剥削，而地主一般也同时经营商业和高利贷，以获取更多的货币财富。封建政府还要向农民征收各种各样

① 陈旭麓：《近代中国社会的新陈代谢》，上海人民出版社1992年版，第4页。

的苛捐杂税和摊派徭役。广大农民除了没有任何政治权利外，生活也极端穷苦和落后。整个社会内部缺乏促使工业发展和社会结构深刻变动的有效机制和物质基础，这是造成中国封建社会发展长期迟滞的一个重要原因。

基于经济、政治、社会存在之上的，是相应的意识形态构造。虽然人们对意识形态的理解至今仍存在差异，但基本的共识是，所谓意识形态无疑是指那些可以成为政治经济构造、社会组织合法性根据和运作基础的观念系统。在传统中国，这种观念系统便是自春秋战国开始逐步形成、并被日益强化的以儒家学说为核心内容的政治思想。春秋战国时期，以儒、墨、法、道为主流，百家争鸣。秦始皇统一中国，带来了法家学说的全盛。西汉初年黄老之学兴，自汉武帝起，通过“罢黜百家，独尊儒术”，儒学走到了前台，成为适应传统中国大一统社会需要的观念系统，成为统治者倡导的国家主导的意识形态。其主要内容，陈旭麓曾经概括为“天道观念”、“大一统思想”、“纲常伦理”三点。他说，儒家言天，有的时候是指自然之天，更多的时候是指主宰之天。这种主宰不像基督教的上帝，有一个具体的形象，但是它在冥冥之中安排祸恶福善、安排人间的一切，其意志谓之“天命”。在这一观念之下，借助于天的权威而树立起皇帝的权威。“唯天子受命于天，天下受命于天子”①。皇权在观念上是与天道连在一起的，在世代承袭的过程中积淀而成传统。“大一统思想”在早期儒家中已经存在，经过董仲舒之手后更加契合专制君权的需要。董仲舒曾言道：“春秋大一统者，天地之常经，古今之通谊也。今师异道，人异论，百家殊方，指意不同，是以上亡以持一统；法制数变，下不知所守。”所以，“诸不在六艺之科孔子之术者，皆绝其道，勿使并进。邪辟之说灭息，然后统配一而法度可明，民知所从矣”。②大一统的归指是“一统乎天子”。这种大一统理论曾是漫长中国封建社会的凝固力，反对和阻止着可能出现的分离倾向。“纲常伦理”自两汉以来就是维系封建制度的精神力量，而经宋明理学激扬之后，纲常伦理遂同于“天

① 董仲舒：《春秋繁露》卷11。

② 班固：《汉书》卷56。

理”，愈发膨胀而苛严，是可谓“存天理，灭人欲”。陈旭麓认为，以上三者相互联系，深刻影响着中国两千年来的封建社会。[①]这种状况，李卓吾曾经描述过：“二千年以来无议论，非无议论也，以孔夫子之议论为议论，此其所以无议论也。二千年以来无是非，非无是非也，以孔夫子之是非为是非，此其所以无是非也。”[②]当代学者曹德本对中国传统政治思想的内容也做过详细的分析。他把这一思想概括为“究天人之际”、“明修身之道”、“施治国方略”、“求天下为公”四个方面。他认为，中国传统政治思想以天人合一为哲学基础，并由此出发对人道服从天道、人命服从天命、人理服从天理进行论证。而其所讲的“修身”又是与齐家、治国、平天下联系在一起，强调一个人只有其修身达到了理想境界，才能担当齐家、治国、平天下之大任。治国所要实现的最高理想就是追求“天下为公”。[③]总之，中国传统政治思想是以家庭为依托，以礼、仁为根本，以“天人合一”、“内圣外王”的贤人之治为途径，以“天下太平”、“天下为公”、“世界大同”为旨归。这一思想在汉代被奉为正统后，经历宋明两代理学的发展，使上述思想更加成熟和强固，并很好地与中国的小农经济相融合，占据着传统文化和民族精神的中心位置，一方面孕育出光辉灿烂的政治文化，形成了全面完整的观念系统，有力维护了中国封建社会的稳定；另一方面它也排斥了一些不应该排斥的东西，抑制了中国政治文化的生机和活力，并由此阻滞了中国封建社会的发展进步。

以上所论官僚体制、自然经济、儒家政治学说等几个方面相互联结、相互支撑，共同构成中国封建社会的整体。虽然中国历史上一直存在着治乱循环的周期，但由上述方面构成的“传统中国”的“社会整体”却很少改变，只是到了鸦片战争后才出现了“千年未有之变局”，一个相对稳定的传统的中国在急促的跌宕起伏中逐渐演进为近代的中国。

鸦片战争前后的中国还是“世界中国”的展开。中国的历史在经历汉唐繁荣之后，大约从宋代开始便少有盛世。但是在17、18世纪，当封建

---

① 参见陈旭麓:《近代中国社会的新陈代谢》,上海人民出版社1992年版,第15—18页。

② 转引自赵清、郑城编:《吴虞集》,四川人民出版社1985年版,第65页。

③ 参见曹德本:《中国政治思想史文化体系》,《清华大学学报》(哲学社会科学版)2003年第5期。

社会快要败落的时候，却出现了康乾盛世[①]。无论是疆域的辽阔、国家的统一、人口的增长，还是经济的繁荣、社会的安定，康乾盛世与中国历史上曾经出现的历次盛世相比都毫不逊色。然而，此时的中国自身却已隐含着种种危机。学术界普遍认为，18世纪是传统中国经济扩张和繁荣时期的终结。这其中有三个因素起着决定性的作用：一是中国的领土扩大了一倍；二是中国人口急剧增加；三是西方资本主义的侵入。领土的扩大加大了国家治理的难度，中央权威在那些边疆及少数民族地区受到严峻挑战；人口的快速增加带来土地供应紧缺，人民生活水平下降；而西方资本主义的入侵，则打乱了中国历史发展的正常进程，从根本上颠覆了“传统的中国”。

传统中国经济的主体是农业，其他生产部门和生产领域要么依赖农业提供原料，要么处于为农业部门服务的从属地位，而大量的材料表明，中国农业生产的潜力在18世纪以前的几个世纪则已挖掘殆尽。同时，自14世纪以来，农业生产技术也没有什么大的突破性的发展[②]，农业的大部分增长都是在技术停滞的条件下靠投入资本和劳动力的结果。到18世纪，农业耕作已集约化到了边际报酬收缩的程度。虽然面向农村集镇的手工业以及必要的商业已经有了一定程度的发展，但整个经济环境还是一种非商业的自然经济环境。清代还是中国人口增长的第四个高峰期，人口骤增使土地供应相对短缺。1812年，中国人口已达33370万，而土地却只有79152万亩，人均耕地只有2.3亩。这种人地比例表明，整个社会的生

① “康乾盛世”也称“康雍乾盛世”。

② 这个问题，美国学者德·希·珀金斯在其所著的《中国农业的发展 1368—1968年》书中曾进行了阐述。他说，从三部农书中可以看出中国农业生产技术的停滞性：王祯的《农书》（1313年），徐光启的《农政全书》（1628年），鄂尔泰等编的《授时通考》（1742年）。后面两部书所开列的农具清单，几乎全是前两部书的重复。经过比较，珀金斯得出的结论是：这一时期的生产工具品种没有增加，性能没有改变，生产技术的发展处于停滞状态。参见许纪霖、陈达凯主编：《中国现代化史 第1卷 1800—1949》，上海三联书店1995年版，第31页。

活水平已经下降到“饥寒界限”[①]（人均4亩），人口数量已超过经济负载力。人口骤增和疆域扩大并未引起清朝统治制度的相应发展，相反民政、军事却日渐腐败，国内问题日益尖锐。这些问题的累积成堆，再加上西方资本主义的入侵，传统中国政治和社会制度遇到了前所未有的危机。

中国是一个幅员辽阔、人口众多、物产丰富的国家。这对拓展市场、寻求贸易伙伴的西方资本主义国家来说无疑充满了不可遏止的诱惑。“从17世纪中叶到19世纪初，西方使节抵达北京要求通商传教的不下十数次”[②]，但无一不是失望而归。中国在开放的世界面前关闭了自己的大门。还在康乾盛世尚未出现的时候，西方已发生了资产阶级革命，建立了当时最为先进的资本主义制度，随后又经过工业革命的洗礼，彻底摧毁了传统社会的基础，实现了社会经济政治文化的全面变革。对于资产阶级和资本主义制度的巨大威力，马克思曾作过这样的描述：“资产阶级，由于开拓了世界市场，使一切国家的生产和消费都成为世界性的了。”“古老的民族工业被消灭了，并且每天都还在被消灭。它们被新的工业排挤掉了，新的工业的建立已经成为一切文明民族的生命攸关的问题；这些工业所加工的，已经不是本地的原料，而是来自极其遥远的地区的原料；它们的产品不仅供本国消费，而且同时供世界各地消费。旧的、靠本国产品来满足的需要，被新的、要靠极其遥远的国家和地带的产品来满足的需要所代替了。”“过去那种地方的和民族的自给自足和闭关自守状态，被各民族的各方面的互相往来和各方面的互相依赖所代替了。物质的生产是如此，精神的生产也是如此。”“资产阶级，由于一切生产工具的迅速改进，由于交通的极其便利，把一切民族甚至最野蛮的民族都卷到文明中来了。它的商品的低廉价格，是它用来摧毁一切万里

① 每个社会都有一个由生产力水平决定的温饱常数，即“饥寒界限”。明清时期农业生产以江浙最为发达，其亩产量可代表全国最高水平，一般为年产两石左右，而维持一个人生计所需的口粮，据宁可在《汉代农业生产漫谈》中的估计，需要原粮186斤才可以勉强达到维生经济的最低界限，再加上赋税、衣物、购置生产工具等各项开支，大概如洪亮吉所说：“率计一人一岁之食，约得四亩。”美国学者贝克、中国学者吴慧也都肯定了四亩之说。参见许纪霖、陈达凯主编：《中国现代化史 第1卷 1800—1949》，上海三联书店1995年版，第39页。

② 转引自何晓明：《百年忧患——知识分子命运与中国现代化进程》，东方出版社1997年版，第56页。

长城、征服野蛮人最顽强的仇外心理的重炮。它迫使一切民族——如果它们不想灭亡的话——采用资产阶级的生产方式；它迫使它们在自己那里推行所谓的文明，即变成资产者。一句话，它按照自己的面貌为自己创造出一个世界。”①这种先进的阶级和制度首先在欧洲的英国出现和确立。

殖民扩张是资本主义的本性。列宁指出：“资本主义如果不经常扩大其统治范围，如果不开发新的地方并把非资本主义的古老国家卷入世界经济的漩涡，它就不能存在与发展。”②这是资本主义的固有“特性”。英国在新的生产方式确立之后，资产阶级就企图以廉价的商品敲开中国的大门，进而纳入其统治范围。1793年派遣马戛尔尼使团访华，提出开放宁波、舟山、天津等地为商埠，割让舟山附近岛屿和广州附近地方给英国人居住，降低海关和广东内河的税率，准许传教和使臣驻京等要求，1816年又派阿美士德率团来华再次提出类似要求，如此等等就反映了英国资产阶级的这种企图。这时的清王朝已从康乾盛世的鼎盛状态中跌落下来，呈现出严重的衰败气象，而这种状况到鸦片战争之后更是雪上加霜。由于清朝在很长时间内奉行闭关锁国政策，使得中外交往特别是中外贸易中积累下来的问题，均无法通过正常的外交途径获得解决，这些矛盾最后在鸦片贸易这个聚焦点上迸发。1840年终于爆发了第一次鸦片战争，其结果是清政府被迫与西方列强签订了一系列不平等条约。从此，中国社会发展的正常秩序被打乱，开始一步步沦为半殖民地半封建社会。马克思曾在《中国革命和欧洲革命》一文中指出：“满族王朝的声威一遇到英国的枪炮就扫地以尽，天朝帝国万世长存的迷信破了产，野蛮的、闭关自守的、与文明世界隔绝的状态被打破，开始同外界发生联系，这种联系从那时起就在加利福尼亚和澳大利亚黄金的吸引之下迅速地发展起来”，由资本主义入侵而带来的各种破坏性因素“同时影响着中国的财政、社会风尚、工业和政治结构”，而“到1840年在英国大炮的轰击之下得到了充分的发展；英国的大炮破坏了皇帝的权威，迫使天朝帝国与地

①《马克思恩格斯选集》第1卷，人民出版社1995年版，第276页。

②《列宁选集》第1卷，人民出版社1995年版，第232页。

上的世界接触。与外界完全隔绝曾是保存旧中国的首要条件，而当这种隔绝状态通过英国而为暴力所打破的时候，接踵而来的必然是解体的过程，正如小心保存在密闭棺材里的木乃伊一接触新鲜空气便必然要解体一样”①。事实也确是如此，中国社会从此陷入极度混乱和深刻变革之中。从政治到经济，从乡村到城市，从沿海到内地，战争、灾荒、改良、革命，凡是在社会变革时代所发生的现象这个时期几乎无所不有，最后帝制被推翻，维系传统官僚制度的一整套观念系统也随之崩溃。对此，费正清曾有论述。他说：“在充满‘不平等条约’的整整一世纪中，中国这一古代社会和当时居于统治地位的，不断扩张的西欧与美国社会接触日益频繁。在工业革命的推动下，这种接触对古老的中国社会产生了灾难深重的影响。在社会活动的各个领域，一系列复杂的历史进程——包括政治的、经济的、社会的、意识形态的和文化的进程——对古老的秩序进行挑战，展开进攻，削弱它的基础，乃至把它制服。中国国内的这些进程，是由一个更加强大的外来社会的入侵所推动的。她的庞大的传统结构被砸得粉碎……经过三代人的更替，旧秩序已经改变模样。”②在这种情境之下，中国人便面临着国家秩序的重建以抵御内忧外患、发展经济以使全体人民走向富裕的双重任务，而且这一任务比以往任何一个时期都要急迫。中共十五大报告指出：“鸦片战争后，中国成为半殖民地半封建国家。中华民族面对着两大历史任务：一个是求得民族独立和人民解放；一个是实现国家繁荣富强和人民共同富裕。前一任务是为后一任务扫清障碍，创造必要的前提。”③讨论清末民初政治思想的发展和社会主义的传播，离不开这个历史和时代的大背景。

同清末民初政治思想发展密切相关的还有新的社会阶级阶层和新的文化传媒的出现。虽然这些都是近代中国社会演进的一部分，但却与思想的发展和繁荣特别是社会主义思潮的涌入密切相关。鸦片战争后，近代

①《马克思恩格斯选集》第1卷，人民出版社1995年版，第691—692页。

②转引自[美]柯文著，林同奇译：《在中国发现历史——中国中心观在美国的兴起》，中华书局1989年版，第1—2页。

③《十五大以来重要文献选编》上，人民出版社2000年版，第2页。

中国的新陈代谢从两个方面表现出来：社会结构的变化与社会制度的更迭以及由此带来的新的社会阶层与文化传媒的出现。由于开放口岸的逐渐增加，加之洋务运动的兴起和发展，中国出现了最初的比较纯粹的资本主义工商业，社会也随之缓慢地产生了结构性的变化。从形态上看，它首先表现在沿海与内地、城市与乡村的反差逐渐被拉大，一方面是传统的自然经济在内地和乡村依然占据主要位置，另一方面城市和沿海则呈现出资本主义经济的一派“繁华”，更为重要的是，与之密切联系，一种新的社会文化境况在城市和沿海呈现：“它在经济基础上是商业超过农业；在行政和社会管理方面是现代性多于传统性；其思想倾向是西方的（基督教）压倒中国的（儒学）；它在全球倾向和事务方面更是外向而非内向。”虽然一时间中国文化的重心仍然“植根于内地”，但“随着时间的推移，沿海日益重要地成为内陆变革的促进因素，就像细菌学上的‘酵母’一样”[①]。与此同时，一些新的社会阶级阶层也在资本主义刺激下产生，他们虽然主要集中在城市里，但因其同新的生产方式和经济关系血肉相连，从而成为近代中国社会新陈代谢的主要力量，深刻影响着政治、经济、教育、科技和思想文化等各个领域的演进变化。

第一，民族资产阶级。这个阶级同中国民族资本主义工商业的产生发展相伴而生。在19世纪六七十年代到90年代之间，中国先后出现过300余家新式工业企业，截至1894年，还存在的约有260余家。至民国初年，由于南京政府颁布了许多有利于振兴实业、发展资本主义的政策法令，在一定程度上消除了清政府时期束缚民族资本主义发展的障碍。同时，在资产阶级革命势力较为活跃的上海、湖北、福建、广东、浙江等地，地方政府也制定一些保护和激励民族工商业发展的政策，为民族资本主义发展创造了有利环境。这些因素交织作用，使中国民族资本主义从民国初年开始进入发展的黄金时期，前后大约有10年左右的时间。1914年至1919年，民族资本共新设厂矿379家，平均每年63家，新投资本8580万元，平均每年1430万元，年平均设厂数和投资额比此前的19年增长了

①［美］柯文著，雷颐、罗检秋译：《在传统与现代性之间——王韬与晚清改革》，江苏人民出版社1998年版，第217页。

一倍以上。其间，民族商业资本发展也很快。据统计，在全国，资本在10万元以上的商业公司，1914年有169家，1915年增加到206家，到1916年又发展到220家。[①]与中国民族资本主义工商业发展同步，中国民族资产阶级也开始出现在中国历史的舞台上。虽然现在找不到准确的材料来说明这个阶级究竟有多少人数组成，其成分又如何复杂，但不容否认的是，在一段时间里这个阶级确实是当时中国社会一支新的社会力量。他们不仅为近代中国社会的新陈代谢提供了物质基础，也使清末民初思想文化领域的变革包括社会主义的传播有所依附。

第二，无产阶级。新的生产方式在一头产生了资产阶级，而在另外一头则产生了工人阶级。资产阶级和无产阶级同为“双生子”的法则在近代中国却有了变化。近代中国新的生产方式首先是伴随西方资本主义国家的炮舰而来的。作为被入侵的一方，清政府被迫打开国门。随着口岸开放，外国资本首先在这些口岸办起了轮船修造业。这些企业所雇佣的劳动力大多来自当地，他们成了中国最早的一批产业工人。因此，当中国资产阶级还在孕育之中的时候，中国工人阶级却早已出世了。如毛泽东指出的：“中国的资产阶级和无产阶级，作为两个特殊的社会阶级来看，它们是新产生的，它们是中国历史上没有过的阶级。”但是，“中国无产阶级的很大一部分较之中国资产阶级的年龄和资格更老些，因而它的社会力量和社会基础也更广大些。”[②]后来，由于通商口岸不断增加、外国资本相继在中国设立工厂、兴办企业，中国产业工人队伍也随之扩大。随后在洋务运动兴办的军事工业、民用工业和中国民族近代企业中，工人的人数也日渐增加。至1894年，除码头工人缺乏统计数字外，产业工人大约有10万人，到民国初年又发展到100万人以上。社会主义学说本来就是为这个阶级所创造的思想武器，所以它的产生和发展无疑为社会主义在中国的传播厚植了物质的基础，只不过在清末民初这段时间，这个新生的阶级还没有正式登上中国历史的舞台。所以，在社会主义早

① 参见中共中央党史研究室：《中国共产党历史 第1卷 1921—1949》上册，中共党史出版社2011年版，第24—25页。

②《毛泽东选集》第2卷，人民出版社1991年版，第627页。

期传播过程中，它们的作用还没有完全显现出来。

第三，新知识分子。所谓新知识分子，是指学识和见识能够超越传统的知识分子。中国的读书人早已有之，但并不以“知识分子”或“知识阶层”相称，而被称为“士人”、“文人”或者“儒生”，文化人群体多被称为“士林”。“知识分子”或“知识阶层”的称谓大约在19世纪末20世纪初才出现。改变的并不单是名称，而是其实质的变化。传统士人多有旧式学塾包括私学、官学培养，所受教育多为“四书五经”、八股制艺；而新式知识分子在普通教育阶段一般不学“四书五经”和八股制艺，至少是不全学这些。他们广泛涉猎世界各国的政治、经济、历史、地理，还有数学、理化、外语、自然等课程，至专业教育阶段，则学习教育、军事、政法、工商业、医学、测绘、交通、通讯、文学、艺术等。他们有着与旧式文人不同的知识结构和品质特征，知识面广，思想活跃，容易接受新事物，追求人格独立和信仰自由，敢于表达自己对时代和社会的见解，关注现实并以新的理念评判现实，充满理想并以解决中国及世界的各种问题为职志。这些知识分子中一部分由旧式文人因受工作或生活环境的影响，通过学习转化而来，另一部分则由新式教育和国外留学培养而来。最早的一批新式知识分子，当推林则徐、魏源、徐继畬等人，这些人在同西方国家打交道的过程中接触到一些新事物、新知识，外国人在中国所办的报刊对他们也有所帮助。继之而起的是冯桂芬、王韬、郑观应、郭嵩焘、薛福成等。他们的新知识同前述诸人差不多，不过他们中的一些人已经有了出国学习考察的经历，较之林则徐、魏源、徐继畬等，他们对西方资本主义国家的政治经济、历史地理、思想文化、文学艺术、风俗习惯有了更多的感觉和认知。

以上所描述的大体是中国最早一批新式知识分子的情况。对中国新知识分子群体形成壮大有重要影响的是新式教育的兴起和留学运动的发展。鸦片战争后，外国传教士、洋务派官员和维新人士曾办过一些新式学堂，但为数不多，主要集中在口岸城市，尤其是像上海、天津、武汉这样的大城市。进入20世纪特别是废除科举制度以后，新式教育得到迅速推广。以上海为例，1900年以前，上海各类学堂共18所，至1911年，上海各类学堂增加到242所（不包括幼儿园）；1910年，全国学堂总数42696所，其中各省42444所，京师252所；学生总数为1300739人。[①]经过新式教育而成长为新式知识分子的这批人后来活跃于中国社会的各个角落、各个领域和各行各业，是包括社会主义思潮在内的新思潮的重要传播者和受众，也是近代中国社会变革的一支主要力量。因为国门打开，清政府急需有人了解西方，洋务推进又需要服务于此的人才，清政府除了派使团出使西方国家，了解西方国家情况以外，也开始意识到派遣人员出国留学之必要。1872年，中国第一次正式派遣幼童留学美国，第一批30名，其后每年一批，共四批，共120名，是为中国派赴美国留学之始。其后，清政府先后选派人员赴法国、日本留学，到20世纪初留学日本乃成为一种潮流，人数远远超过欧美。留日学生中相当一部分人后来不仅成为中国改良和革命事业的骨干力量，更是清末民初乃至五四时期在中国传播社会主义的主力军。

这一时期新的文化传媒主要指的是一些新式报刊。这些报刊的出现具有双重意义，它既是一大批新式知识分子新的生存方式的依托，又是一种非官方的新的传播媒介。鸦片战争后出现的最早的非官方报刊大都由西方传教士主办。鸦片战争先是撞开了东南沿海锁闭的大门，外国人由华南沿海进入华东沿海，上海成为集中地。第二次鸦片战争的影响之一是外国人由沿海深入内地，“文字布道”成为他们的重要活动，代表人物有林乐知、李提摩太、艾约瑟、丁韪良、慕维廉、傅兰雅等，报刊则是其“文字布道”的重要凭借和主要媒介。至1860年外国人在中国出版报刊30种，1890年达到76种，编印出版中文书籍1000多种，其中影响最大的是广学会于1874年9月在上海创办的《万国公报》。[②]这类报刊虽然本质上充当的是西方殖民者、帝国主义入侵中国的吹鼓手，但不容否认在传播西学中，它们确实也起到了开风气之先的作用，马克思、恩格斯的名字最早就是在《万国公报》中被提及。后来，报刊迅速成为锐意改革的知识分子群体的喉舌，也是传播新思想的主要阵地。从1895年到1898

① 参见李侃、李时岳、李德征等：《中国近代史》第4版，中华书局1994年版，第420—421页。

② 参见徐松荣：《维新派与近代报刊》，山西古籍出版社1998年版，第13页。

年，资产阶级维新派集中主要力量办报，使之成为戊戌变法宣传发动的主要方式。从北京的《中外纪闻》到上海的《时务报》、湖南的《湘学新报》、天津的《国闻报》、澳门的《知新报》，维新派总共创办了50多种报刊，在中国历史上形成第一次办报高潮。[①]戊戌政变后，梁启超流亡日本后又创办了《清议报》和《新民丛报》，继续宣传新思想。梁启超撰写的大部分介绍社会主义的文章也多刊发在这两个报刊上。资产阶级革命派同样重视报刊的作用。1900年兴中会的第一个机关报《中国日报》创刊，同盟会成立时又创办《民报》作为机关报。20世纪初，留日学生也创办了众多宣传革命思想的报刊，《国民报》、《游学译编》、《浙江潮》、《江苏》、《湖北学生界》等，这些刊物除宣传资产阶级革命等思想外，诸多文章涉及社会主义的有关内容，《民报》还曾兴起了社会主义讨论的热潮。同当时的一些“官报”不同，对于包括社会主义在内的新思潮的传播，这些新式报刊的推波助澜之功，怎样评价也不为过。在很大程度上，没有这些新式报刊，西学便不可能那么快地来到中国并造成那么大的影响，中国人也可能不会那么早地就知道社会主义，知道马克思、恩格斯的名字和学说。民国初年，新式报刊的创办又起高潮。辛亥革命打碎了封建文化专制主义的桎梏。《临时约法》明文规定：“人民有言论、著作、刊行及集会结社之自由。”思想自由、言论自由、新闻自由成为民国初年最具进步意义的社会景象，而其重要表现之一就是新式报刊的剧增，“一时报纸，风起云涌，蔚为大观”[②]。据统计，在民国建立后一年左右的时间里，全国的报纸由清末的约100种，迅速增加至500种，总发行量达4200万份。[③]这些报刊内容丰富、言论自由、政见迥异、各抒己见、争论激烈，有宣传资本主义、自由主义、民主主义的，也有宣传社会主义、共产主义、无政府主义的，各种思想学说凭借报刊媒介在民国初年的中国呈现出多姿多彩的局面。

---

① 参见徐松荣：《维新派与近代报刊》，山西古籍出版社1998年版，第54页。

② 戈公振：《中国报学史》，生活·读书·新知三联书店1955年版，第178页。

③ 参见戈公振：《中国报学史》，生活·读书·新知三联书店1955年版，第178—181页。

二、政治思想演进的历史轨迹

1935年郭湛波在其所著《近五十年中国思想史》中指出："中国社会变动最剧烈，莫过于春秋战国；而中国思想史上，也以春秋战国为最。其次就是近代了，尤其近五十年来，中国思想变动之剧烈，别派之复杂，较之春秋战国只有增加，而无逊色。"①就政治思想领域来说，亦是如此。近代中国，面对国门洞开、列强入侵、山河破碎、民族危亡的严峻现实，先进的中国人为实现民族解放和国家富强，纷纷提出各种维护民族独立、改革社会弊端、争取国家强盛、社会进步的政治主张和政治方案，从而形成政治思想领域"变动之剧烈，派别之复杂，较之春秋战国只有增加，而无逊色"的局面。究其直接源头无疑与鸦片战争有关。马克思曾在《中国纪事》一文中指出，鸦片没有起催眠作用，反而起了惊醒的作用。列宁说过，战争是一所艰苦的学校。毛泽东说，战争的力量是很大的，"它能改造很多事物，或为改造事物开辟道路"②。的确，正是鸦片战争的炮火硝烟助燃了经世致用的熊熊烈火，开启了中国政治思想的"近代发展"之路。如梁启超所说："'鸦片战役'以后，志士扼腕切齿，引为大辱奇戚，思所以自湔拔；经世致用观念之复活，炎炎不可抑。"③从这时起，一批先进的中国人，包括开明的封建地主官僚、维新人士、革命志士终于冲开了闭关自守的藩篱，努力走出"中世纪"，在思考自身改革和民族自强的同时，把视野投向国外，"先进的中国人，经过千辛万苦，向西方国家寻找真理。洪秀全、康有为、严复和孙中山，代表了在中国共产党出世以前向西方寻找真理的一派人物。"④与这些"向西方寻求真理"的人相伴随，在清末民初这段时间里，思想文化领域潮起潮落，先

① 郭湛波：《近五十年中国思想史》，上海古籍出版社2005年版，第1页。该书最初书名是《近三十年中国思想史》，1935年出版于北京，三个月后随即再版，再版时作者对原书作了一些增补，并接受了著名哲学家冯友兰的建议，将书名改为《近五十年中国思想史》。这就是我们现在看到的版本。

②《毛泽东选集》第2卷，人民出版社1991年版，第457页。

③ 梁启超：《清代学术概论》，中国人民大学出版社2006年版，第194页。

④《毛泽东选集》第4卷，人民出版社1991年版，第1469页。

后涌现出一些有代表性的政治思想，即地主阶级经世致用派政治思想、太平天国农民政治思想、洋务派政治思想、早期资产阶级改良派政治思想、戊戌维新派政治思想、资产阶级革命派政治思想等。

在嘉庆、道光时期，亦即19世纪上半叶，以林则徐、龚自珍、魏源等为代表的地主阶级经世致用派面对社会黑暗，首先起而抨击封建弊政，主张“更法”、“改革”，倡导学习西方。龚自珍指出：“自乾隆末年以来……自京师始，概乎四方，大抵富户变贫户，贫户变饿者。四民之首，奔走下贱，各省大局，岌岌乎皆不可支月日，奚暇问年岁？”[①]这是当时的经济状况。政治上则是君权独揽，“一人为刚，万夫为柔”[②]，“天下无巨细，一束之于不可破之例，则虽以总督之尊，而实不能行一谋，专一事”[③]，官员队伍腐败不堪，“今政要之官，知车马、服饰、言词捷给而已，外此非所知”，即只知“浮沉取容，求循资序”，而且“官益久，则气愈偷，望愈崇，则谄愈固；地益近，则媚亦益工”，节操大义“扫地尽矣”。[④]官员、士人学用脱节，“上不与君处，下不与民处”，以致“王治不下究，民隐不上达”[⑤]，举国上下万马齐喑，整个清王朝如“将萎之华”，“乱亦竟不远矣”[⑥]。为此，他们主张改革吏治、漕运、河工、盐法、筹饷五大政，认为“小变则小革，大变则大革，小革则小治，大革则大治”[⑦]，称“变古愈尽，便民愈甚”[⑧]。另一方面，他们认为，战争失败的原因在于中国人对国门以外的世界懵然无知。当时的姚莹就曾说过：“中国书生狃于不勤远略，海外事势人情平日置之不讲，一旦海舶猝来，惊若鬼神，畏若雷霆，夫是以偾败至此耳！……自古以来，先审敌情，未有知己知彼而不胜，聩聩从事而不败者也。英吉利、佛朗西、米利坚，皆在西南至极，去中国五万里，中国地利人事，彼日夕探习者已数十年，无不知之；而吾中

①《龚自珍全集》上册，中华书局1959年版，第106页。
②《龚自珍全集》上册，中华书局1959年版，第20页。
③《龚自珍全集》上册，中华书局1959年版，第35页。
④《龚自珍全集》上册，中华书局1959年版，第31—32页。
⑤《龚自珍全集》上册，中华书局1959年版，第6页。
⑥《龚自珍全集》上册，中华书局1959年版，第7页。
⑦《魏源集》下册，中华书局1976年版，第432页。
⑧《魏源集》上册，中华书局1976年版，第48页。

国曾无一人焉留心海外事者，不待兵革之交，而胜负之数已较然矣。”[①]魏源也说：“筹夷事必先知夷情”，“欲制外夷者，必先悉夷情始”。[②]基于此，他们积极倡导睁开眼睛看世界，并编撰了大量的诸如《四洲志》、《海国图志》、《海国四说》、《瀛环考略》、《瀛环志略》等书籍，探究世界和介绍世界各国边疆史地知识和另外一种文明，明确提出了“师夷长技以制夷”的主张。正是上述以“师夷长技”为核心内容的“开眼看世界”思想，改变了中国人对世界知识暗昧无知的状态以及传统的“天朝”观念，开始了解外部世界，认识到自己不过是世界大家庭中的一员，架起了中国传统政治思想走向近代的桥梁，深深影响着此后中国政治思想发展的走向。当然，这种影响并非立即就显示了出来。

到了咸丰、同治、光绪年间，亦即19世纪50—90年代，起先出现的是以洪秀全、洪仁玕为代表的太平天国农民政治思想，以旧时代农民阶级可能达到的最高水准，破天荒地建立了一套自己的政治思想理论，其内容包括反侵略的民族平等思想、反封建的阶级平等思想、要求消除一切剥削压迫的小农乌托邦（农业空想社会主义）思想等，特别是其《资政新篇》中所提出的向西方学习，发展中国资本主义的政治主张，在清末民初中国政治思想史上占有重要的位置。《资政新篇》对西方资本主义“技艺精巧，国法宏深”表现出深情的赞许和热烈的向往，认为英国是世界上“最强之邦”，所以如此，在于其“法善”和“人智”（“由法善也”，“其人多有智力”）；美国是世界第二强盛之邦，所以如此，在于其政治上实行了议会民主制度，经济上注重发展工商业。“邦长五年一任，限以俸禄，任满则养尊处优，各省再举。有事各省总目公议，呈明决断。取士、立官、补缺及议大事，则限月日。置一大柜在中廷，令凡官民有仁智者写票公举，置于柜内，以多人举者为贤能也，以多议者为公也。”俄国、日本原本落后，屡次被人欺凌，但是因其主动向西方学习，“声威日著”。对比之下，中国则“衰弱不振”，究其原因，主要是未得贤人创立大法，并由后人“继起而扩充其制，精巧其技，因时制宜，度势行

① 姚莹：《复光律原书》，《东溟文后集》卷8，同治丁卯安福县署刊本。

②《魏源集》下册，中华书局1976年版，第865—866页。

法”。所以，现在的中国务必要跟上“各邦大势”，“乘此有为之日，奋为中地倡”，[①]兴办资本主义近代工商业，实行资本主义某些政治经济制度。这些思想代表了太平天国向西方学习的最高成就，它上承以龚自珍、魏源为代表的地主阶级经世致用思想，下启资产阶级变法维新思想，是近代中国政治思想发展的重要一环。

几乎与太平天国同时出现并前后延续多年的是以奕䜣、曾国藩、左宗棠、李鸿章、张之洞等为代表的洋务派的政治思想。他们继承了地主阶级经世致用派提出的“师夷长技”的思想主张，并付诸实践，举办了洋务运动。虽然对洋务派政治思想和洋务运动的评价至今仍有分歧，但其提出的自强观、求富观以及中体西用论在清末民初中国政治思想史上仍然留下了深深的印迹，洋务派为了变革而与守旧派的论战更是值得研究和肯定。洋务运动期间，“自强”和“求富”既是洋务派提出的两大口号，也是他们努力追求的两大政治目标。面对农民运动的风起云涌和外国列强的坚船利甲，洋务派发出了非“自强”无以自保的呼声。奕䜣等指出：“查治国之道，在乎自强。”“洋人之向背，莫不以中国之强弱为衡，故非独一日本为然。我能自强，可以彼此相安，潜慑其狡焉思逞之计；否则，我无可恃，恐难保无轻我之心，设或一朝反复，诚非仓猝所能筹画万全。”[②]如何自强，主要是“练兵制器”和“采西学”。曾国藩提出：“欲求自强之道，总以修政事、求贤才为急务，以学作炸炮、学造轮舟等具为下手工夫。”[③]李鸿章提出“中国欲自强，则莫如学习外国利器；欲学习外国利器，则莫如觅制器之器。师其法而不必尽用其人。欲见制器之器与制器之人，则或专设一科取士，士终身悬以为富贵功名之鹄，则业可成，艺可精，而才亦可集。”[④]在这种“自强”观的指导下，洋务派不仅通过“练兵制器”直接推动了中国近代军事工业的发展，而且通过“请洋人来教”和选派“幼童出国学习”的方法，打通了“中学”和

① 洪仁玕：《资政新篇》，《太平天国》资料第2册，第523—541页。

②《筹办夷务始末》（同治朝）卷25，第1页。

③《曾国藩全集》，日记，同治元年五月七日。

④《筹办夷务始末》（同治朝）卷25，第9页。

“西学”的联系。鉴于筹办军事工业而面临的资金不足、原料缺乏等问题，李鸿章等洋务派又提出了“寓富于强”的口号和“求富”的方针。他指出：“古今国势，必先富而后能强；尤必富在民生，而国本乃可益固。”①“求富”思想的提出，标志着洋务派政治思想进入一个新的时期，而且在其影响下，当时各省的近代民用工业也开始有了较快的发展。“中体西用”既是洋务派学习西方技艺、举办洋务、实行变法时所表现出的指导思想，也是在洋务运动中诞生的独特的文化观。在中国举办洋务，首先必须解决的一个前提就是这些洋务是否适用于中国。只有在实践中证实和在理论上阐明，在洋务名义下所介绍和引进的在西方行之有效的一套，如技艺、学理、政策、制度等同样在中国行之有效，能够与中国传统文化相融合，能够解决国家民族的危机，西方这些文明成果才能为国人所接受。而且中国还是一个有着几千年历史的文明古国，所以这种“证实”和“阐明”的任务就更加急迫和艰巨。正是在这种情境之下，鸦片战争后举凡提倡学习西方文化的创议，都无一例外地必须回答“中学”与“西学”的关系问题。从林则徐、魏源接触“夷务”之初，到整个洋务运动的全过程，都是如此。另一个方面，促使“中体西用”文化观形成的直接动因是守旧派对西学的顽固排斥。他们认为，引进西学是“师事夷人”、离经叛道、弃本逐末、以夷变夏、失体败国。由于洋务派中的大多数人均是接受过传统儒学教育并心存庙堂、忠实于朝廷的官僚重臣，在思想上和道义上也都是孔孟之道的信徒，故而他们也不可能放开手脚去触动“道统”而客观地阐明中学与西学的关系，剩下的唯一选择只能是去千方百计地证明二者的互补性，于实践中就是一方面极力表白自己深信中国固有“道统”在立国治国中具有主导的作用，另一方面又想方设法地去说明“西学”在富国强兵中具有不可替代的作用，是唯一可取的富强之道。“中体西用”论的“中学西学”观所反映的正是洋务派所处的这种“困境”，当然也有在变革中减轻来自守旧派方面压力的策略考虑。1861年，冯桂芬在《校邠庐抗议·采西学议》中指出：“如以中国之

①《李文忠公全集》，奏稿卷43，第43页。

伦常名教为原本，辅以诸国富强之术，不更善之善哉?”[①]这是“中体西用”思想的发端。后来李鸿章又指出：“中国文物制度迥异于外洋榛狉之俗，所以郅治保邦，固丕基于勿坏者，固有自在；必谓转危为安，转弱为强之道，全由于仿习机器，臣亦不存此方隅之见。顾经国之略，有全体，有偏端，有本有末，如病方亟，不得不治标，非谓培补修养之方即在是也。如水大至，不得不缮防，非谓浚川浍、经田畴之策可不讲也。”[②]“尝谓自有天地以来，所以弥纶于不敝者，道与器二者而已。……中国所尚者道为重，而西方所精者器为多。……欲求御外之术，唯有力图自治，修明前圣制度，勿使有名无实；而于外人所长，亦勿设藩篱以自隘。斯乃道器兼备，不难合四海为一家。盖中国人民之众，物产之丰，才力聪明，礼义纲常之盛，甲于地球诸国，既为天地精灵所聚，则诸国之络绎而来合者，亦理之然也。”[③]李鸿章的这些议论，已经勾画出了“中体西用论”的基本格局。此后，尽管讲“体用”、讲“本末”、讲“道器”，衍化虽多，分析论证也越来越周密详细，但大的路数基本上没有离开这种格局。当然，“中体西用”作为一个专有名词的出现要比这些论述晚一些。1895年4月，沈寿康在《万国公报》上撰文指出：“夫中西学问本自互有得失。为华人计，宜以中学为体，西学为用。”[④]1896年，孙家鼐在复议京师大学堂的奏折中提出：“今中国京师创立大学堂，自应以中学为主，西学为辅；中学为体，西学为用；中学有未备者，以西学补之，中学其失传者，以西学还之，以中学包罗西学，不能以西学凌驾中学。”[⑤]后来，盛宣怀在《奏筹集商捐开办南洋公学摺》中称述“西学为用必以中学为体”[⑥]。张之洞在《劝学篇》中更是将“中体西用”置于治国之本的高度进行了论述。他说：“中学为内学，西学为外学；中学治身

①《采西学议——冯桂芬马建忠集》，辽宁人民出版社1994年版，第84页。

②《李文忠公全集》，奏稿卷9，第31—35页。

③《庸庵全集·文编》卷2。

④《万国公报》第75册。

⑤《戊戌变法》(二)，上海人民出版社1957年版，第426页。

⑥ 盛宣怀：《愚斋存稿》，奏疏卷2，第19页。

心，西学应世事。”[①]“今日学者，必先通经，以明我中国先圣先师立教之旨；考史，以识我中国百代之治乱，九州之风土；涉猎子集，以通为中国之学术文章。然后择西学之可言补吾阙者用之，西政之可以起吾疾者取之。”[②]他认为，设学堂要“新旧兼学。四书、五经、中国史事、政书、地图为旧学；西政、西艺、西史为新学。旧学为体、新学为用，不使偏废”[③]。“今欲强中国，存中学，则不得不讲西学，然不先以中学故其根柢，端其识趣，则强者为乱首，弱者为人奴，其祸更烈于不通西学者矣。”[④]虽然，“中体西用”自身具有不可克服的内在矛盾，是一个不成熟的具有“二重性”的政治文化方案，但在整个洋务运动期间，它对于传播西方近代文明，对于中国文化以及政治思想的近代化，还是起到了标新立异的作用，其自身也成为洋务派政治思想的核心部分。不过，当历史发展到“西用”不仅不能维护“中体”，反而要冲击“中体”去突破它的束缚时，“中体西用”论自我构筑的文化堤防就成了中国近代政治思想发展的桎梏，一种新的政治思想取而代之也就成了历史的必然。

本来洋务派就有当权的官僚和不当权的知识分子两个部分，洋务派政治思想一开始也由左、右两翼构成。早期维新派如郭嵩焘、王韬、薛福成、马建忠、郑观应、陈虬、汤寿潜、陈炽、何启、胡礼垣等大多是洋务派的左翼。他们对“洋务”，对“西学”与曾国藩、左宗棠、李鸿章等洋务官僚原本有着许多共同的看法和认知。但是，随着他们对西方国家了解和对西学认识的深入，特别是1884年中法战争的失败促使他们对洋务运动的反省，使这些人逐渐从洋务派中分化出来，形成资产阶级早期维新派，而他们的政治思想也表现出不同于洋务官僚的思想特质，进而成为后来康、梁等维新派政治思想直接的源头。早在19世纪70年代，王韬就对某些洋务措施提出过批评意见。他认为，中国办洋务，学习西法后仍然“萎靡不振”的原因，不是西法不善，也不是学习西法不对，而

① 张之洞：《劝学篇·会通》。

② 张之洞：《劝学篇·循序》。

③ 张之洞：《劝学篇·设学》。

④ 张之洞：《劝学篇·会通》。

是"徒袭皮毛"。他说道:"惟是经营二十余年,尚多袭其皮毛而未能征诸实用。"[①]到了80年代,几乎所有的早期维新派人士都不同程度地对洋务运动进行了批评。比如,陈炽认为,洋务运动学习西方是"弃其菁英而取其糟粕,遗其大体而袭其皮毛"。他又说:"今之言洋务者,动曰讲求公法,整顿海防,制器练兵,购船造炮,自以为当务之急,而不知皆缓图也;自以为得气之先,而不知皆后著也。"[②]郑观应在其代表作《盛世危言》中发出忠告:"若再不悉心考究,徒效皮毛,仍如隔靴搔痒,有名无实,或言不顾行,势必至国困民穷,不堪设想矣!"[③]从对洋务运动的反省出发,早期维新派提出了他们的主张,即在经济上"以商为本",政治上实行"君民共主"。马建忠指出:"初到(法国)之时,以为欧洲各国富强专在制造之精,兵纪之严。及披其律例,考其文事,而知其讲富者,以护商会为本。求强者,以得民心为要。……其制造、军旅、水师诸大端,皆其末焉者也。"[④]薛福成说:"西洋各国之所以致富强者,以工商诸务振兴也"。"数十年来,通商之局大开,地球万国不啻一家。而各国于振兴商务之道,无不精心研究","论一国之贫富强弱,必以商务为衡。商务盛,则利之如水在就下而不能止也;商务衰,则利之去如水之日泄而不自觉也。"[⑤]所以,为救亡图存,必须发展民族工商业。郑观应说:"欲制西人以自强,莫如振兴商务。"[⑥]何启、胡礼垣说:"商务不兴,则不能与敌国并立。"[⑦]如何发展工商业?首先就得"变政"。"工商之世,而政治不与之相宜,则工商不可兴,故不得不变政"[⑧],即实行西方的"君民共主"的君主立宪制。王韬指出:"泰西之立国有三:一曰君

①《弢园尺牍续钞·拟上当事书》。

② 张登德编:《中国近代思想家文库 陈炽卷》,中国人民大学出版社2015年版,第116、174页。

③ 郑观应:《盛世危言》卷3。

④ 马建忠:《上李伯相言出洋工课书》,郑振铎编:《晚清文选》,中国社会科学出版社2002年版,第503页。

⑤ 马忠文、任青编:《中国近代思想家文库 薛福成卷》,中国人民大学出版社2014年版,第414、418页。

⑥ 郑观应:《盛世危言》卷3。

⑦ 何启、胡礼垣:《新政真诠·新政论议》,《戊戌变法》(一),上海人民出版社1957年版,第208页。

⑧ 转引自郭汉民:《晚清社会思潮研究》,中国社会科学出版社2003年版,第105页。

主之国，一曰民主之国，一曰君民共主之国。”“一人主治于上而百执事万姓奔走于下，令出而必行，言出而莫违，此君主也。国家有事，下之议院，众以为可行则行，不可则止，统领但总其大成而已，此民主也。朝廷有兵刑礼乐赏罚诸大政，必集众于上下议院，君可而民否，不能行，民可而君否，亦不得行也，必君民意见相同，而后可颁之于远近，此君民共主也。”“君为主，则必尧、舜之君在上，而后可久安长治；民为主，则法制多纷更，心志难专一，究其极，不无流弊。惟君民共治，上下相通，民隐得以上达，君惠亦得以下逮。”[①]“泰西议院之设，亦与中国皇古之道暗相吻合，故中国设此足富强之本。”[②]薛福成也说：“西洋各邦立国规模，以议院为最良。然如美国则民权过重，法国则叫嚣之气过重。其斟酌适中者，惟英、德两国之制颇称尽善。”“君民共主，无君主、民主偏重之弊最为斟酌得中。”[③]郑观应更是大声疾呼：“君民共主之国，普天下十居其六”，“今日本行之，亦勃然兴起……而犹谓议院不可行哉？而犹谓中国商不可行哉？”[④]为此，早期维新派还提出了在中国设立议院的具体方案。有人主张将设立的议院与现行的科举制度结合起来；有人认为要扩大各级官吏的职权，将议会制度与现行官僚机构融为一体；等等。正是这些“以商为本”和“君民共主”的思想把早期维新派的政治思想与洋务派的政治思想区别开来，更多地体现和反映了中国民族资产阶级这个新兴阶级的政治愿望。当然，这些思想还是不成熟的、初步的，而这种不成熟性，正如恩格斯所说，它是同“不成熟的资本主义生产状况、不成熟的阶级状况相适应的”[⑤]。

光绪中后期，即19世纪末到20世纪初，这是清末政治思想发展的一个重要时期。甲午战争的失败、《马关条约》的签订，使得举国震动，大梦惊醒，保种保国保教成为当务之急，朝野上下言变法者纷纷，形成了

---

① 王韬：《弢园文录外编》，中州古籍出版社1998年版，第65页。

②《格致书院课艺》癸巳冬季课艺王韬评语。

③ 马忠文、任青编：《中国近代思想家文库 薛福成卷》，中国人民大学出版社2014年版，第380、411页。

④ 郑观应：《盛世危言·议院上》。

⑤《马克思恩格斯文集》第3卷，人民出版社2009年版，第528页。

以康有为、梁启超、谭嗣同、严复为代表的戊戌维新派[①]。他们以西方的进化论为学理基础，以满腔的爱国主义热情，提出了一系列政治经济文化变革主张。面对甲午战败的现实，康有为说："吾中国四万万人，无贵无贱，当今一日在覆屋之下，漏舟之中，薪火之上，如笼中之鸟，釜中之鱼，牢中之囚，为奴隶，为牛马，为犬羊，听人驱使，听人割宰，此四千年中二十朝未有之奇变。……奇惨大痛，真有不能言者也。""吾四万万之人，吾万千之士大夫，将何依何归何去何从乎？故今日当如大败之余，人自为战。救亡之法无他，只有发愤而已。"[②]如何发愤？唯有变法。如梁启超所言："法者，天下之公器也；变者，天下之公理也。大地既通，万国蒸蒸，日趋于上。大势相迫，非可阏制。变亦变，不变亦变。变而变者，变之权操诸己，可以保国，可以保种，可以保教。不变而变者，变之权让诸人，束缚之，驰骤之，呜呼，则非吾之所敢言矣！"[③]也就是说，不仅要变法，而且要主动去变，要"全变"。概括地说，主要就是在政治上，将君主专制的政治制度改变为"君民共主"的政治制度，具体措施是设议院和开制度局以定宪法。康有为说："东西各国之强，皆以立宪法开国会之效，国会者，君与国民共议一国之政法也。盖自三权鼎立之说出，以国会立法，以法官司法，以政府行政，而人主总之，立定宪法，同受治焉。人主尊为神圣，不受责任，而政府代之，东西各国，皆行此政体。故人君与千百万之国民，合为一体，国安得不强？吾国行专制政体，一君与大臣数人共治其国，国安得不弱？盖千百万之人，胜于数人者，自然之数亦。"他还认为实行君主立宪制度，这是千万件变法之事的根本，即"政有本末，不先定其本，而徒从事于其末，无当也"。为此，应该开制度局，"立定宪法，大开国会，以庶政与国民共之，行三权鼎立之制，则中国之治强，可计日待也。"[④]在经济上，就是以"富国

---

① 维新派又称改良派、改革派，或改良主义者，虽然称谓不同，但所指的内涵并无本质区别，查戊戌时期人们所论，一般称主张学习西方倡导变法的人为"维新党"或"维新派"、"新党"。严复在其《论中国分党》一文中就说："支那现所称之维新党，大约即指变法诸人而言。"

② 康有为：《京师保国会第一集演说》，《康有为政论集》上册，中华书局1981年版，第237、240页。

③ 李华兴、吴嘉勋编：《梁启超选集》，上海人民出版社1984年版，第10页。

④ 转引自许光帐、林浣芬等主编：《中国近代政治思想史》，南京大学出版社1990年版，第111页。

养民为宗旨”来发展资本主义，并确立“定为工国”的战略目标。康有为强调：“国尚农则守旧日愚，国尚工则日新日智。”因此，“非讲明国是，移易民心，去愚尚智，弃守旧，尚日新，定为工国，而讲求物质，不能为国”。[①]梁启超则大力宣扬资本主义工业化的意义，认为“机器固为富国第一义”，强调发展工业可以带动其他各行各业的发展，“沾其益者至不可纪极”。[②]除此以外，维新派还提出了废除科举、兴办新式学校以培育人才，建立一支“内可弭乱，外可御侮”的近代化军队等主张。由于这些主张以“进化论”为理论基础，这就在中国历史上第一次将政治家和思想家们的政治思想置于比较科学的思想理论基础之上。如果说，中国传统政治思想从鸦片战争开始了它的转型，那么维新派的政治思想则是这一转型过程中的一个重要阶段。戊戌维新派政治思想的发展以戊戌政变为界，分前后两个时期。此后这一思想并没有随着戊戌变法的失败而消失，相反它在经过短暂的低落之后于20世纪初年又重新高涨起来，而且在理论上还获得了深入的发展，比如以梁启超为代表的维新派在20世纪初，明确提出民族主义的概念和民族主义的建国目标，并进一步从理论上论证了救亡图存的必要性和紧迫性；引进和提出了国民与奴隶、权利与义务等概念，进一步发挥国民自由权利思想，批判专制政术与奴隶根性；提出塑造“新民”的历史任务，广泛介绍西学，并以资产阶级世界观改造传统旧学，在意识形态诸多领域取得了开拓性的成就。[③]这一复兴了维新派的政治思想与正在兴起的资产阶级革命派的政治思想相辅相成，共同构成了20世纪初年多姿多彩的景观。

资产阶级革命派的政治思想是在继承和超越维新派政治思想的基础上发展起来的，同时又吸收了西方政治思想中有关民主、自由、平等的思想精华。其主要内容是民族、民权、民生三大主义。孙中山在为同盟会机关刊物《民报》撰写的发刊词中指出：“余维欧美之进化，凡以三大主义：曰民族，曰民权，曰民生。罗马之亡，民族主义兴，而欧洲各国以

① 康有为：《请厉工艺奖创新折》，《康有为政论集》上册，中华书局1981年版，第289—290页。

② 赵靖、易梦虹主编：《中国近代经济思想资料选辑》中册，中华书局1982年版，第253—254页。

③ 参见郭汉民：《晚清社会思潮研究》，中国社会科学出版社2003年版，第182—187页。

独立。洎自帝其国，威行专制，在下者不堪其苦，则民权主义起。十八世纪之末，十九世纪之初，专制仆而立宪政体殖焉。世界开化，人智益蒸，物质发舒，百年锐于千载，经济问题继政治问题之后，则民生主义跃跃然动，二十世纪不得不为民生主义之擅场时代也。……今者中国以千年专制之毒而不解，异种残之，外邦逼之，民族主义、民权主义殆不可以须臾缓。而民生主义，欧美所虑积重难返者，中国独受病未深，而去之易。”“吾国治民生主义者，发达最先，睹其祸害于未萌，诚可举政治革命、社会革命毕其功于一役。”①这是孙中山第一次明确提出三民主义的概念。在此，他是从世界历史和人类文明发展的高度提出问题的，认为只有用民族主义来反对异族统治，才有民族国家的建立，如欧美各国之于罗马帝国；只有用民权主义来反对专制压迫，才有“世界开化，人智益蒸，物质发舒，百年锐于千载”的突飞猛进，如欧美立宪政体之于专制；只有用民生主义来解决经济问题和社会问题，即所谓“贫富不均”，才能避免欧美那种国家虽然富强，但“其民实困”的前途，以防“祸害于未萌”。由此出发，孙中山强调中国必须立即进行反对满族的民族革命和推翻帝制的民权革命，同时着手进行民生主义的社会革命，“举政治革命、社会革命毕其功于一役”，以防止当今欧美国家那样的经济社会问题的发生。这是孙中山领导资产阶级民主革命总的指导思想。后来，他又多次对这一思想进行了阐述，使三民主义思想更加明晰和理论化，而在辛亥革命前后，其民族主义的主要内容则是“驱除鞑虏，恢复中华”，民权主义和民生主义的主要内容则分别是“创立民国”和“平均地权”。这也就是同盟会的“驱除鞑虏，恢复中华，创立民国，平均地权”的十六字纲领。“三民主义”以及十六字纲领，是孙中山对中国资产阶级革命派政治思想的高度系统化，也是活跃在光绪末至宣统年间的主流思想，其规模之大、范围之广、影响之巨，在清末政治思想发展史上可以说是空前的。在“三大主义”的指导下，辛亥革命爆发，结束了二千多年的封建帝制，近代中国历史上的“清末”时段也就此结束。

民国成立之初，中国社会确实出现了一番新的气象。执政的资产阶级

---

①《孙中山选集》上，人民出版社2011年版，第79—80页。

利用手中政权的威力，公开、合法地大规模宣传、普及和力图实现其梦寐以求的自由、平等、博爱的思想主张，《临时约法》更是以国家大法的形式将西方资产阶级国家的一系列民主宪政原则确立和固化下来。曾经是少数政治家和思想者们所信仰的资产阶级民主共和观念逐渐变成社会民众的集体追求。然而，由革命造成的新气象并没有持续多久。袁世凯窃取民国政权后，接连颁布《暂行新刑律》、《治安警察法》、《出版法》、《戒严法》等诸多反动法规法令，解散国会，以《袁记约法》代替《临时约法》，并重演复辟丑剧，共和民国又重新回到封建专制主义的轨道。与袁世凯政治上的反动相适应、相配合的是，政治思想领域尊孔复古思潮猖獗一时。武昌起义后，康有为在各省纷纷独立之际，撰写《救亡论》，提出革命有五难，共和必致生民于悲惨之地。民国建立不久，康有为又撰写《中华救国论》，声讨民国政府是"无政府之政，可以亡国"。他写道："今共和数月矣，所闻于耳、触于目者……小民之流离饿毙也，纪纲尽废，法典皆无，长吏豪猾，土匪强盗，各自横行，相望成风，……号为共和，而实共争共乱；号为自由，而实自死自亡；号为爱国，而实卖国灭国。"[①]1913年康有为在上海创办《不忍》杂志，继续反对共和、反对民国，宣称民国的一切均"不能忍"。同一时期的严复、章太炎也表现出与康有为基本相同的态度。严复指出："自辛亥武汉造攻，不半载而变中国数千年之旧法，号曰'共和'，虽一切外缘内因，举不备具，骤用新制，无异驭电车以行于蚕丛巑嶐之区，而举国嚣嚣，以此为跻盛向明之左券"[②]，实在是相当危险。章太炎指出："政治法律，皆依习惯而成"，"若横取他国已行之法，强施此土，斯非大愚不灵弗为"。[③]与康有为、严复相呼应，清朝遗臣劳乃宣、沈曾植、梁鼎芬，袁世凯的外籍顾问古德诺等，纷纷撰文攻击和诋毁民主共和。一时间，复辟思潮甚嚣尘上。复辟论者本能地认为，造成革命后这种"礼崩乐坏"局面的根本原因在于资产阶级民主政治思想的盛行。因此，要"挽救人心，维持国是"，唯一

---

①《康有为政论集》下册，中华书局1998年版，第703页。

②《严复集》第2册，中华书局1986年版，第299页。

③《章太炎政论选集》下册，中华书局1977年版，第532—533页。

选择就是尊崇孔子，“扶翼圣道”，恢复封建主义的纲常名教。在1912年9月袁世凯发布《崇孔伦常文》之后不久，康有为同其弟子陈焕章、麦孟华等发起成立孔教会，刊行《孔教会杂志》，主张定孔教为国教。康有为等人怀念孔子，既有其对共和的厌恶之情，又掺杂着对民初中国所出现的种种乱象的忧虑，而袁世凯尊崇孔子，寄托的则是帝王之想。两种复辟势力各有怀抱，而又合力以助波澜，掀起民国初年政治思想领域尊孔复古的历史回流。与此同时，也有一批新的思想家正在悄悄聚拢，预示着更大的思想风暴即将来临。随着《新青年》的创刊和新文化运动的揭幕，近代中国的历史步入一个新的时期，而近代中国的政治思想也将面临又一次的新生。

总之，从嘉庆、道光、咸丰、同治、光绪、宣统到民国之初，中国经历了鸦片战争、太平天国运动、洋务运动、维新运动、辛亥革命、民国建立等几次大的政治变革，政治思想也经历了与上述变革基本对应的几个阶段。如果说地主阶级经世思想的主流还是传统的，仅仅透露出某种近代的气息，那么此后涌现的洋务思想和太平天国农民的政治思想则表现出明显的近代色彩，而且往后这种色彩越来越浓，先进思想家们从倡导“更法”、“改革”、“变法”、“维新”到宣传“民权”、“自由”、“平等”乃至“立宪”、“民主”、“共和”。这种带有鲜明特色和近代意义的政治思想的出现，一方面体现了“传统中国”政治思想在清末民初中国的嬗变和转型，另一方面也是清末民初中国由传统走向近代的生动反映，而民国初年的尊孔复古思潮的出现，不过是近代中国社会前进之后的片段回流，激起的只是政治思想领域的点点涟漪。

需要指出的是，以上对清末民初这段时间政治思想演进历史的考察并未涉及社会主义学说的传播，这并不意味着这一时期社会主义学说没有传入中国，也未引起清末民初中国政治家和思想家们的关注。实际情况是，随着清末民初中国的不断开放和剧烈变动，那些出使西方的清朝使臣和来华传教的西方神职人员已经在他们留下的文字中，记录了西方有关社会主义运动的讯息，而后来的资产阶级维新派和革命派以及其他小资产阶级知识分子，对社会主义学说则有了基本的接触，并尽可能地融入自身的思想学说之中，成为其政治思想的一个部分，比如康有为、梁启超、孙中山等，他们的政治思想几乎都受到了当时流行的社会主义学说的影响。这方面的情况，后文将作集中介绍。如果置于社会主义学说传播和发展的长过程中看，正是当时这种最初的接触、介绍和宣传，开启了社会主义学说在中国的传播和发展之旅。如前文所说，这也正是开展本书论题研究的真正意义所在。

三、在西学东渐中国人初识社会主义

中国人接触、了解和传播社会主义是近代中国政治思想领域深刻变动的重要部分，而这种变动又是在“西学东渐”或者说是在“开眼看世界”的大背景下开始的。

“西学”一词的出现，并非始于清末，晚明时即有此词。艾儒略曾经编辑过一本西方大学教科书纲要，书名就是《西学凡》。高一志编辑有以“西学”为名的书籍多种，如《西学修身》、《西学持家》、《西学治平》等。此后，“西学”一词成为国人对西方学术文化的略称。西学所包罗涵盖的范围非常广泛，梁启超曾在其所编的《西学书目表》中将“西学”分为算学、重学、电学、化学、声学、光学、天学、地学、医学、史志、法律、矿政、兵政等27门，徐维则在其所编的《东西学书录》又将其扩展为31门。[①]同样，西学东渐的过程也并非始于清末，早在16世纪中叶，天主教传教士们便一手捧着圣经，一手挟着天算舆地之学来到中国。这是近世西方造访中国的第一批文化使者。据王韬所言，从1552年西班牙传教士济各·沙勿略（Francis Xavier）第一个莅临中国的海岛，到1702年康熙皇帝颁布禁教令，耶稣会士们在中国留下了数以百计的汉文著述和译著。[②]西方的天文、数学、舆地、历法等知识，起初就是这样托庇于基督的福音出现在中国的。然而，西学在中国的境遇一开始却很窘迫。那些在虔诚的基督徒们看来足以引起中国人兴趣的东西，却像飘进一潭死

① 参见熊月之:《西学东渐与晚清社会》,上海人民出版社1994年版,第2页。

② 参见王韬:《西学辑存六种·泰西著述考》。

水的些许水沫，并没有激起层层涟漪。虽然其中著名的传教士利玛窦曾受封于明神宗，康熙年间南怀仁也曾蒙宠于清圣祖，但这主要是对投合皇帝兴味的“技艺”的一种赏识，或者是向外表表姿态显示天朝抚慰臣夷的上国风度。“西学”因其沾染了“洋味”，同时更由于当时的中国缺乏对西学主动认知的动因，而终被大多数传统中国人所排拒。这种状况直到鸦片战争之后才得以迅速改变。

鸦片战争爆发后的10余年间，中国思想界出现了一种引人注目的新动向。在西方的枪炮声中，一部分中国人开始“开眼看世界”，倡言向西方学习，“师夷长技”。为此，他们主动编纂了一批介绍外部世界史地和域外文化的著作。梁启超曾言，张穆、魏源、何秋涛等人“以边徼或域外地理学名其家”，他们“相为师友，而流风所被，继声颇多，兹学遂成道光间显学”[①]。实际情况是，当时的确有一大批研究和介绍边疆和世界史地与域外文化的著作相继问世。其中有代表性的是：林则徐的《四洲志》、魏源的《海国图志》、梁廷枏的《海国四说》、徐继畬的《瀛环考略》和《瀛环志略》、汪文泰的《红毛英吉利考略》、杨炳的《海录》、肖会裕的《英吉利说》、姚莹的《康辖纪行》、张穆的《蒙古游牧记》、李兆洛的《西洋奇器术》、陈逢衡的《英吉利纪略》、王蕴香的《域外丛书》、郑祖光的《舟车所至》，等等。这些著作较为系统地介绍了世界各国的概况，所涉及的国家和地区遍及全世界，不仅有亚洲的日本、朝鲜、印度及南洋地区、西域（西亚），而且有前人知之不详的欧洲、非洲、南北美洲及大洋洲的国家，其内容也由方位地形、山川河流、地域物产扩充至历史、政事、财政、商务、军事、文化、教育、宗教、风俗等方面。后人评价为“综古今之沿革，详形势之变迁，凡列国之强弱盛衰，治乱理忽，俾于尺幅中”[②]，“不但供博览之资，且足备经世之略”[③]。与传统的志书及明末清初传教士所带来的“西学”相比，上述著作所涉及的范围和内容都大大地前进了一步。一方面，通过对境外情况的描述和介绍，

① 梁启超:《中国近三百年学术史》,天津古籍出版社2003年版,第357页。

② 王韬:《弢园文录外编》,中州古籍出版社1998年版,第352页。

③ 掞公楼主人:《瀛环志略》,光绪春鸿宝斋石印本。

这些著作不仅在中国人面前较为完整地展示了世界的大势，提供了一种关于“世界”的新观念，而且更重要的是，在中国人面前展示出一种与中国传统文化迥然不同的文明。以林则徐、魏源等为代表，他们承认这种文明在很多方面比中国固有文明优越。另一方面，这种状况还表明中国人对待外部世界的冷漠态度开始扭转，即对世界知识由以往的被动接受转向主动探寻。这是中国历史发展特别是思想演变过程中一个具有重要意义的转折。虽然这种转折多半为形势所迫，但毋庸置疑的是，自此开始“西学”便以更加迅猛的态势涌入中国。

19世纪50—60年代前期，中国大地上酝酿和爆发了空前的太平天国农民革命运动，几乎与此同时由清政府一部分带有买办倾向的当权派，采用资本主义外壳以保持封建统治的洋务运动也正式开始。洋务派和太平天国的农民英雄们从各自的立场和需要出发都不同程度地引入了西学。只是太平天国领袖们因受小生产者识见所囿，其视界要比洋务派狭隘得多。这可从以下事例得到一定程度的说明。洋务派思想家容闳曾赴天京谒见洪仁玕，建言组织良好军队、颁定教育制度等七事，干王除了给他一个“义”字爵的封赠外，一无所获，只得归还。稍后，容闳便投奔了曾国藩，参加创造江南制造局，出洋购置机器，带留学生出国，又翻译哥尔顿之《地文学》、派森之《契约论》。容闳在太平天国和洋务派两者比较中作出的选择耐人寻味。它表明洋务派在学习西方的倾向上要比农民领袖们高出一筹。

当时，洋务派以更加积极的态度介绍西学，直接因素在于清政府所面临的巨大危机。1860年是清末历史中重要的一年。这一年，清政府在东南战场赖以支撑战局的八旗、绿营兵遭到太平军毁灭性的打击；同时在北方，英法联军再次冲破国门，横扫僧格林沁“劲旅”，火烧圆明园，占领了北京城门。咸丰皇帝率领一群后妃仓皇“北狩”。奕䜣代表清政府与英、法等国签订了《北京条约》。对于当时的清政府和士大夫来说，这的的确确是痛彻心扉的经历，令人震撼的打击。为此，他们大声疾呼：这是“有天地开辟以来未有之奇愤，凡有心知血气莫不冲冠发上指者，则今日之以广运万里地球中之第一大国受制于小夷也”[①]。如当时许多有识之士所说的：中国正面临着“千古变局”、“大变局”。面对着江海“门户洞开”，敌兵器“无坚不摧”的生存危机，无论是当时清政府中的开明人士，还是先进的知识分子都陷入了深深的思考之中，大家共同的结论是：“变法”、“自强”、“采西学”。

洋务派积极介绍和引进西学还与太平天国农民运动有关。第二次鸦片战争以后，由于清政府向西方资本主义国家的臣服，一时间出现了所谓“中外和好”的局面。曾国藩、李鸿章、左宗棠等在勾结外国侵略者镇压太平天国的过程中，看到了西方坚船利炮的重大作用，对其大加赞赏。曾国藩说，火轮船“可以剿发逆，可以勤远略”，为“今日救时之第一要务”。[②]李鸿章说：“中国文武制度，事事远出西人之上，独火器不能及”[③]，因而必须购买外国枪炮，设局制造枪炮，“以资攻剿”。奕䜣也指出：“自强之术，必先练兵。”这些都表明，清政府一部分官员逐渐认识到要维护和巩固清朝的统治，平息太平天国之乱，必须“采西学”，首先要在军事上和工业技术等方面向西方资本主义国家学习。

总之，西方资本主义国家为实现其自身目的，要竭力打开中国大门，在倾销其廉价商品的同时，在中国开展“文字布道”，积极推销西方文明；而清政府则为了维护其自身统治，先进的中国知识分子则为了挽救民族危亡，主张向西方资本主义国家学习。就是在这样的情势下，西学东渐迎来了它的高潮。

由于洋务派以及其他知识分子对西学的认识仍然非常浅薄，如梁启超所说：“当时之人，绝不承认欧美人除能制造能测量能驾驶能操练之外，更有其他学问，而在译出西书中求之，亦确无他种学问可见。”[④]同时，出于挽救清朝的统治和民族危机，当时对于西学的引进主要从实用的目的出发，所以重在“技艺”，即主要是西方资本主义国家的科学技术，翻译出版的西学著述也大都偏重于此。从19世纪60年代起，中国便开始了

---

① 冯桂芬：《校邠庐抗议》，中州古籍出版社1998年版，第197页。

②《曾文正公全集·奏稿》卷14，第10—11页。

③《筹办夷务始末》（同治朝）卷25，第9页。

④ 梁启超：《清代学术概论》，上海古籍出版社2005年版，第82页。

较大规模的翻译出版工作，承担这些工作的主要是京师同文馆、江南制造局、广学会等。由于引进西学的宗旨不同，各家所选择的内容也有很大区别。同文馆30年间翻译出版各种各样的西学著作近200部，内容侧重于外交、世界史、时事方面；广学会的翻译工作开始得较晚（1887年以后），侧重于宗教、外国史、医学等方面。与同文馆、广学会等译介机构相比，江南制造局所做的工作更多也更有价值。当时，近代科学技术的引进工作大部分是江南制造局完成的。该局在20余年间共翻译各类书籍163种，另附刊32种，其中影响很大的《西国近事汇编》季刊出了108期。这些书籍是当时中国人学习西学的主要来源。梁启超在谈到当时译著时说："西人教会所译者，医类为多。由教士多业医也。制造局首重工艺，而工艺必本格致，故格致诸书虽非大备，而崖略可见。"[①]江南制造局早期翻译的著作中，除了外交几乎都是军事方面的东西，如《防海新论》（同治十二年）、《水师操练》（同治十三年）、《轮船布阵》（同治十三年）、《克卢卜炮图说》（同治十三年）、《行军测绘》（同治十三年）、《水师章程》（光绪五年）、《爆药纪要》（光绪五年）、《水雷秘要》（光绪六年）等。具体情况见表1–1[②]：

表1–1　译书事略

（单位：部）

序号	分类	已刊部数	待刊部数
1	算学测量	22	2
2	水陆兵法	15	9
3	工艺	12	9
4	天文行船	9	3
5	地理	8	0
6	汽机	7	3
7	博物学	6	4
8	年代表新闻纸	6	1
9	化学	5	1

①《梁启超全集》第1册，北京出版社1999年版，第83页。

② 参见黄见德：《西方哲学东渐史》上，人民出版社2006年版，第159页。

续　表

序号	分类	已刊部数	待刊部数
10	地学	5	0
11	医学	2	1
12	国史	0	5
13	造船	0	3
14	交涉公法	0	2
15	零件	0	2
总计		97	45

上表亦称“傅兰雅表”，基本反映出1878年以前20年，即洋务运动初期的西学书籍在中国翻译出版的情况。从中可以看到，其中最多的是算学测量、水陆兵法、工艺、天文行船、地理、汽机、博物学等，占已刊书籍的41%，占未刊书籍的80%，而在西方资本主义国家已经蓬勃发展起来的自然科学，除地理学外，其他各科输入到中国的则很少。

随着时间的推移和国人对西学认识的深化提高，上述状况开始发生变化。自然科学的许多学科，不论是应用的，如工艺制造、采矿等，还是基础的，如格致、数学等都被陆续引入了中国。具体情况见表1–2①：

表1–2　西学书目表

（单位：部，%）

序号	分类	已刊部数	占比
1	兵政	53	15.5
2	医学	39	11.4
3	工政	38	11.0
4	史志	25	7.3
5	算学	22	15.5
6	法律	13	11.4
7	化学	12	11.0
8	格致	11	7.3

① 参见黄见德:《西方哲学东渐史》上，人民出版社2006年版，第160—161页。

续 表

序号	分类	已刊部数	占比
9	全体学	11	6.4
10	西人议论	11	3.8
11	地学	9	3.5
12	船政	9	
13	矿政	9	
14	重学	8	
15	游记	8	
16	动植物	7	
17	学制	7	
18	农政	7	
19	天学	6	
20	图学	6	
21	报章	6	
22	光学	5	
23	商政	4	
24	声学	3	
25	汽学	3	
26	电学	3	
27	官制	1	
28	其他	18	
合计		354	

此表于1896年制成，反映的是1878年至1895年，即洋务运动后期西学输入中国的情况。与表1-1比较看，其显著变化在于，这个阶段输入的西学，增加了格致、重学、电学、声学、光学、全体学等，内容涵盖数学、物理、化学、天文学、矿物学、古地质学、医学等。

数学方面被介绍过来的主要有代数、微积分、概率论等。当时有两位科学家为此作出了重要贡献：一是李善兰，一是华蘅芳。李善兰翻译的数学著作主要有《几何原本》后九卷（与伟烈亚力合译）、棣莫甘著的

《代数学》十三卷、罗密士著的《代微积拾级》十八卷（与伟烈亚力合译）等。华蘅芳翻译的数学著作大都是和英国人傅兰雅合作的，主要有《代数术》二十五卷、《微积溯源》八卷、《三角数理》十二卷、《代数难题解法》十六卷、《算式解法》十四卷、《算式集要》四卷（与江衡合译）、《数学理》十卷（与赵元益合译）等。

物理学方面的一些常识在江南制造局早期有关军工的译著中已有涉及，如《炮法求新》中就对金属的性能和膨胀系数作过介绍，但这些还是零乱和不系统的，到后来才出现了艾约瑟口译、李善兰笔述的《重学》二十卷，艾约瑟口译、张福僖笔述的《光学》，傅兰雅口译、徐建寅笔述的《电学》十卷，傅兰雅口译、徐建寅笔述的《声学》等，还有同文馆翻译出版的《格物入门》、《格物测算》等。通过这些译著，近代物理学的几个基本组成部分被介绍到了中国。光绪二十七年至二十九年，江南制造局翻译出版了日本饭盛挺造的《物理学》上、中、下三编，“物理学”的名称第一次在中国出现。

化学书籍的翻译以江南制造局徐寿翻译的为主，有10余种著作。代表性的有：徐寿、傅兰雅合译的《化学鉴原》六卷、《化学鉴原续编》二十四卷、《化学鉴原补编》六卷、《化学考质》八卷、《化学术数》十五卷、《物体遇热改易记》四卷。其他还有徐建寅、傅兰雅合译的《化学分原》八卷，汪振声、傅兰雅合译的《化学工艺》三集十三卷等。此外还有江南制造局出版的《化学材料中西名目表》、《化学须知》、《化学卫生论》、《化学易知》、《化学器》等。这些化学书籍，代表了洋务运动时期传入中国的西方近代化学知识的情况。在当时，它们都是比较新的知识，反映的是西方19世纪六七十年代的化学发展水平，而且是比较系统的。

天文学方面对包括哥白尼学说在内的西方近代天文学知识进行较全面介绍的是李善兰、伟烈亚力合译的《谈天》一书。该书系统而详细地论述了太阳系的结构以及太阳系各行星的运动规律。此外，对万有引力概念、光行差、太阳黑子理论、行星摄动理论、彗星轨道理论等也都有论述。此书的翻译和出版标志着西方从哥白尼开始到牛顿完成的、建立在牛顿力学基础上的近代天文学已系统传入我中国。它的影响并不仅仅在于推进中国近代天文学的研究，更主要的是一些维新派、改良派和革命派人士往往以此作为反对封建文化统治的思想武器。如康有为在1885年就曾写过《讲诸天》一书，运用西方先进的天文学知识作为自己阐述维新变法政治思想的哲学基础。

近代矿物学的引进是从华蘅芳译《金石识别》一书开始的，后有《地学浅识》等。最早出现的西医西药方面的书籍是英国传教士合信编译的《全体新论》，后有《西药大成》、《内科理法》、《妇科》、《法律医学》、《临阵伤科》、《保全生命论》等。[①]此外，西方近代植物学、动物学等生物学知识也在同期被介绍到了中国。

要指出的是，以上各个学科的引进水平是很不均衡的，有的学科较及时、全面，也有的比较陈旧、粗浅，而且由于当时对“西学”的翻译并不都是有计划进行的，在选择时考虑功利实用的因素过多，因此学科的系统性是很不够的，同时也没有认识到作为一个学科基础存在的基本理论的作用，对这方面的科学知识引进和介绍偏少。当然，即使这样，也不能低估它的影响。姑且不论这种对于“西学”中种种“技艺”的引进，是怎样推动了洋务运动的发展，进而怎样推动中国近代化特别是工业化过程的，就是从思想层面来说，它的作用也不可小视。中国封建社会价值观念中有一个非常重要也是极其有害的观念——崇尚“义理”，轻视“末艺”。科学技术历来被贬为“方技”。可是，随着近代工艺和新式学堂的兴办而传播开的西方科学技术知识，迫使中国人不得不放弃对传统文化的妄自尊大，重新估量科学技术的价值。人们开始醒悟：“省虚文而收实效，自强之策，固无有急于此者。”[②]左宗棠曾针对轻视科技的倾向说：“中国之睿知运于虚，外国之聪明寄于实；中国以义理为本，艺事为末；外国以艺事为重，义理为轻。彼此各是其是，两不相喻，姑置弗论可耳；谓执艺事者舍其精，讲义理者必遗其粗，不可也。”[③]在此，左宗棠对于

---

① 参见杜石然、林庆元、郭金彬：《洋务运动与中国近代科技》，辽宁人民出版社1991年版，第226—262页；阮芳纪、左步青、章鸣九编：《洋务运动史论文选》，人民出版社1985年版，第355—359页。

② 中国史学会主编：《洋务运动》（二），上海人民出版社1961年版，第206页。

③《左宗棠集》，奏稿卷3，岳麓书社2014年版，第55页。

“虚”、“实”的评价并不恰当，但他承认西方“艺事”也就是科学技术为有用之学，却是改变传统价值观念的第一步，也是重要的一步。可以说没有这一步，也很难说就有后来的由“器”而至“道”的深入。

如果说以上所描述的是洋务运动时期中国人引进“西学”的主流情况，那么这时期中国人对西方哲学社会科学零星的引进则是其“支流”。随着洋务运动的发展和中国人对西学认识的深入，原来本是洋务派营垒中的一些人开始向民族资产阶级立场转化。以冯桂芬、王韬、薛福成、马建忠、郑观应等为代表开始转变为中国早期的资产阶级改良主义者。他们虽然忠于清政府，但在他们的心中却不断地呈现出对欧美资本主义更加急迫的向往，特别是他们中有的人或参与过民族工商业的活动，或与西方人士有较多的接触，或到西方访问和游历过，对西方社会和文化有着更直接和更深入的了解。因此，从思想到行动，表现出了明显的超越洋务派的倾向。这些人认为，中国要富强起来，除了要向西方学习“坚船利炮”外，还要振兴中国的工商业，应该废除中国的科举制度，改变“贱工贵士之心”，学习西方的议会制度等。如薛福成和马建忠所言：“夫泰西百工之开物成务，所以可富可强，可大可久者……中国果欲发愤自强，则振百工以前民用，其要端矣。欲劝百工，必先破去千年以来科举之学之畦畛，朝野上下，皆渐化其贱工贵士之心。”[①]“学校建而智士日多，议院立而下情可达；其制造、军旅、水师诸大端皆其末焉者也。”[②]与此同时，他们中的有些人，如王韬，还在这种认识的基础上，开始把西方的哲学引进到了中国。

王韬从小在家乡曾接受过系统的儒学教育，18岁时考取秀才，在当地颇有才名。1849年，因时在上海设馆受徒的父亲突然病故，他来到上海，进入英国传教士马礼逊创办的墨海书馆从事编辑工作。起初，他对西方事物并不认同，认为其“天下大害之所在”，“西人之互市于中国”，对西方文化的影响也持怀疑的态度，说：“吾恐日复一日，华风将浸成西

① 丁凤麟、王欣之编：《薛福成选集》，上海人民出版社1987年版，第483页。

② 中国史学会主编：《洋务运动》(一)，上海人民出版社1961年版，第428页。

俗，此实名教之大坏也。”[①]1862年王韬因上书太平军而遭清政府的通缉，被迫避居香港，期间曾先后访问和考察过英国、法国、日本等，使其对西方文化有了深切的了解，进而对西学的态度也有了重大改变，他本人也逐渐偏离中国传统文人的思想轨道而变成一个热心倡导学习西方的进步思想家。1884年，王韬回上海后担任格致书院院长，直到1897年在上海西草堂病逝。他对西方哲学的传播，主要是在香港及两度在上海期间进行的。在墨海书馆期间，王韬撰有《西学原始考》、《泰西著述考》和《西学图说》三本著作，另有英国人伟烈亚力口述、由他笔译的《西国天学源流》、《重学浅说》和《华英通商事略》三本著作，晚年他将这六种书汇集起来，取名《西学辑要》于1890年刻印出版。在香港期间，王韬撰有《英人倍根》（培根）等。在上海担任格致书院院长期间，由王韬主持，1885年建立了以命题课士的考课制度，编辑有《格致书院课艺》一书。从这些书的内容看，着重介绍的是英国哲学，主要是近代培根和现代达尔文、斯宾塞的哲学思想。[②]除王韬外，当时还有一些外国的传教士和中国的其他人士，使用不同的方式也谈到或介绍过一些西方哲学的思想。如英国传教士慕维廉译述的《格致新法》（即培根的《新工具》），于1877年在《格致汇编》月刊第三、四、八、九、十期刊出。翌年，略加修改后，又在《万国公报》第504卷至513卷上继续发表。此文比较系统地介绍了培根《新工具》第一卷中的思想。还如1857年英国传教士艾约瑟的《百拉多传》（即《柏拉图传》），发表在《六合丛谈》第11号上。再如1882年由颜水京翻译的斯宾塞著的《肄业要览》一书正式出版。这些书籍的发表和出版进一步推动了当时中国人对于西方哲学和社会科学的了解。

科学知识是一个有机整体，一般都是由若干交叉联系的部分组成的，西学也是这样。存在于其中的各个部分之间彼此相互依赖和支撑，自然科学与哲学社会科学的关系亦是如此。存在于这个整体内部的各个知识层次和体系之间是互为前提和互相依赖的。特别关键的是，如果没有哲学和社

① 王韬：《弢园文录外编》，辽宁人民出版社1994年版，第412页。

② 参见黄见德：《西方哲学东渐史》上，人民出版社2006年版，第142—146页。

会科学理论提供世界观和方法论的指导，任何其他科学的发展都要受到影响。因此，这一期间西方哲学思想的零星传播不仅在一定程度上弥补了“西学”传播的不足，更重要的是，与西方科学技术的传入相比，西方哲学思想的输入在更深层次上推动了当时中国人思想方法和思维方式的变革，而且在更大程度上推进了“西学”（自然科学）功用的发挥。

总之，洋务运动时期中国人无论是对西方国家“技艺”的引进，还是对西方哲学社会科学的介绍，“西学东渐”的历史意义是巨大的。洋务运动最初引进科技的动机是浅薄和保守的，可它最终引起的客观反应却远远超出了人们的主观预料。科学的传入，使其渗透到科举之中，导致了取仕标准的改变；而取仕标准的改变又势必打破人们对封建文化的盲目崇拜和追求。西方哲学和社会科学的引进，对中国传统文化的颠覆更是根本性的，它直接引起的是中国传统“道”的改变，从而在根本上开始动摇中国人价值观念的根基。社会主义学说的引进，就是在这种背景下进行的，也是在这样的背景下逐渐发生作用的。虽然当时中国人对“西学”的介绍，其内容主要是资本主义文化，但也不自觉地最早开启了一道接触西方近代社会主义学说的窗口。正是在这个窗口中，封闭的封建中国，才有人知道世界上有巴黎公社，有社会民主党，有社会主义运动，有马克思、恩格斯。以下我们就专门对中国人初识社会主义的情况作一简要介绍。

(一)张德彝的《三述奇》[①]对巴黎公社的记录

1871年是世界史上不平凡的一年。在这一年的3月18日，法国巴黎

---

① 张德彝撰有七部述奇，即《航海述奇》、《欧美环游记》(《二述奇》)、《随使法国记》(《三述奇》)、《随使英俄记》(《四述奇》)、《随使德国记》(《五述奇》)、《随使英国记》(《六述奇》)、《使欧回忆录》(《七述奇》)。很长时间里只有三部印行，《三述奇》不在其列。所有的述奇，在张德彝生前，已经抄成清稿七十四卷，分装成若干函。张德彝死后，全稿由其次子仲英保存。北京解放之初，张仲英已年过七旬，为了不使先人手泽在社会动荡中流失，便叫其子祖铭(张德彝之孙)将其送给了公家，几经辗转，最后入藏北京柏林寺书库。1979年冬，钟叔河等搜寻清人出国载记，在柏林寺发现了这些稿本，并将其列入《走向世界丛书》。《三述奇》由湖南人民出版社于1982年正式出版，书名定为《随使法国记》(《三述奇》)。以上内容见钟叔河：《从东方到西方——“走向世界丛书”叙论集》，岳麓书社2002年版，第154页。

工人不满法国政府在普法战争失败后奉行的阶级压迫和民族投降政策，举行了武装起义。3月26日进行公社选举，28日巴黎公社成立。他们推翻了资产阶级的统治，建立了世界上第一个无产阶级政权。公社委员中包括布朗基主义者、蒲鲁东主义者等小资产阶级和无政府主义者，可起领导作用的却是工人阶级及其代表。5月28日，凡尔赛政府在普鲁士军队的帮助下攻入巴黎，起义失败。巴黎公社虽然只存在了72天，但它打碎了资产阶级的国家机器，将逃亡业主的企业交给工人管理，并颁布了一系列保护工人利益的法令，初步推行了社会主义原则，是世界无产阶级革命的一次伟大尝试，为其后无产阶级的斗争和无产阶级政权的建立提供了宝贵的经验。巴黎公社失败后，马克思发表了《法兰西内战》这部著作，详细叙述了巴黎公社在其存在的72天中的实际行动，热情讴歌了巴黎工人英勇斗争的精神，在高度评价巴黎公社伟大成绩的同时，还全面总结了巴黎公社的经验教训，进一步发展了马克思主义关于无产阶级革命、无产阶级国家和无产阶级专政学说。马克思指出，只有“公社才是帝国本身的真正对立物，也就是国家政权即集权化行政权力的对立物”。“这次革命的对象不是哪一种国家政权形式——正统的、立宪的、共和的或帝制的，而是国家本身这个社会的超自然怪胎。这次革命是人民为着自己的利益而重新掌握自己的社会生活的行动”，它“不是为了把国家政权从统治阶级这一集团转给另一集团而进行的革命”，它是“为了粉碎这个阶级统治的凶恶机器本身而进行的革命”。只有“工人阶级才能以‘公社’这个字眼来表达，并以战斗的巴黎公社来开创这一新的憧憬。”“公社——这是社会把国家政权重新收回，把它从统治社会、压制社会的力量变成社会本身的生命力；这是人民群众把国家政权重新收回，他们组成自己的力量去代替压迫他们的有组织的力量；这是人民群众获得社会解放的政治形式”。[①]巴黎公社革命新的特点在于“人民在首次起义之后没有解除自己的武装，没有把他们的权力拱手交给统治阶级的共和主义骗子们”，在于“人民组成了公社，从而把他们这次革命的真正领导权握在自己手中”。同时，巴黎公社失败也表明，“工人阶级不能简单

①《马克思恩格斯选集》第3卷，人民出版社1995年版，第93—95页。

地掌握现成的国家机器，并运用它来达到自己的目的。”[①]马克思在《法兰西内战》中阐述的这些思想，那个时候的中国人并不能够了解和认识，但对于巴黎公社这一伟大事变，当时正在法国的中国人张德彝在其所著的《三述奇》中则做了记述。

1870年6月21日，即同治九年五月二十三日，法国传教士在天津主办的育婴堂，虐死婴儿几十名，激起民愤。天津民众赴教堂说理，法国驻天津公使丰大业竟持枪威胁三口通商大臣崇厚，开枪打死群众。群众怒不可遏，焚烧了英、法、美教堂和法国领事署。这次“教案”发生后，英、法、美等国军舰在天津附近海域示威恫吓，同时七个国家的公使联名向总理衙门提出强烈抗议，要求赔偿损失和惩治凶手。对此，屈辱投降的清政府先后派遣曾国藩、李鸿章进行查办，以便向侵略者求和避战，并于1870年底，派以太子太保、三口通商大臣、兵部左侍郎崇厚为首的代表团，赴法赔礼道歉，张德彝就是该代表团的随员和英文翻译，这是张德彝第四次进入法国。张德彝是洋务运动中兴办的京师同文馆毕业的学生，1866年首次游历欧洲，写下了他的第一部游记《航海述奇》，讲述了他接连两次旅法的经过。1869年，他又随中国第一个到西方的外交使团出国，并第三次到法国，写成《再述奇》，即《欧美环游记》。这一回是他第四次到达法国。从1月24日至12月10日，他在法国呆了差不多一年时间，亲闻亲见了普法交兵、法国投降、巴黎工人起义、凡尔赛反动军队进攻巴黎以及巴黎公社失败后反对派屠杀革命者的历史场景。这一切都记录在他写成的游记《三述奇》——《随使法国记》中。[②]

《三述奇》一书分为8卷，14万字，其中有1万多字是有关巴黎公社的记载。1871年3月17日，张德彝奉崇厚之命先于中国代表团其他成员抵达巴黎，为其寻租住处。第二天，也就是巴黎工人起义的日子，他正在为租订寓所而奔忙，但起义的枪声却震撼了这个局外人。他听说当天国防政府发出通知告示要逐散巴黎革命人民的武装——国民自卫队，并发兵4万分四路进攻革命武装，企图夺取革命者的四百门大炮。书中的

①《马克思恩格斯选集》第3卷，人民出版社1995年版，第52页。

② 参见钟叔河：《走向世界——近代知识分子考察西方的历史》，中华书局1985年版，第178页。

《马赛波尔多纪事》写道："二十八日[①]戊午，晴。午初，同德威理亚、费亚柏步至丹胆街，租寓已定，并告以如何安排修饰。……闻是日会堂会议，出示逐散巴里（巴黎）各乡民勇（按指巴黎人民组织的国民自卫军）；又各营派兵四万，携带火器，前往北卫、比述梦、苇莱暨纲马上下四路，拟取回大炮四百馀门，因此四处皆系乡勇看守。官兵到时，乡勇阻其前进。将军出令施放火器，众兵抗而不遵，倒戈相向。将军无法，暂令收兵。叛勇犹追逐不已，枪毙官兵数十人。武官被擒二员，一名腊公塔（勒康特），一名雷猛多（克列芒·托马），亦皆以枪毙之。戌正，叛勇下山，欲来巴里。一路民勇争斗，终夜喧阗。彝飞禀星使，请仍在波尔多暂驻数日，俟军务稍定，在禀移入法都。"[②]

3月19日，张德彝又写道："闻昨夜叛勇已入巴里，至王宫左万洞坊（旺多姆广场）之铜柱下，约千万人，哗言鼓噪，声言将吏、兵二部大僚，并民勇将军、巴里提督、按察司皆改用其党。各官畏惧，皆避往卫洒（凡尔赛）等处，巴里遂无主矣。叛勇行令，官兵皆倒举火枪，以示无与战意。人心惶恐，畏其抢夺杀害；富者已经他徙，贫者无以自卫。王、霍二家，亦不日即逃去。彝恐大乱无可避居，即拟出巴里，苦无车马，万难步奔，遂函禀星使，拟回波尔多再为料理。"翌日，张德彝从动乱中的巴黎来到波尔多后，"谒见星使，面禀一切。星使甚喜，温语慰之"。[③]

以上是对马克思称之为"本世纪最伟大革命"的巴黎工人起义历史场景的记录。这些记录虽说只是一些片段，但与信史基本相符，为人们提供了只有亲历者才能知道的细节。

巴黎革命后，张德彝随崇厚于二月初十（1871年3月30日）到达巴黎政府所在地凡尔赛，并且先后见到了梯也尔、法夫尔等人。在书中《凡尔赛纪事》一篇中，他站在凡尔赛的角度来看巴黎，但在记述官兵

---

① 指同治十年正月二十八日，即公元1871年3月18日。

② 转引自钟叔河：《从东方到西方——"走向世界丛书"叙论集》，岳麓书社2002年版，第142—144页。

③ 转引自钟叔河：《从东方到西方——"走向世界丛书"叙论集》，岳麓书社2002年版，第144页。

（凡尔赛军队）与“红头”（巴黎起义军）的战斗时，既写了官兵的得胜，又写了官兵的失利。如二月十九日记纳里（讷伊炮台）之战，说“红头”四万七千，枪炮六万馀具，颇属利害；官兵过桥时，“误触”炸炮（地雷），伤数百人，提督（将军）也阵亡了二员。三月十六日又记官军利用奸细偷袭巴黎失败，“先与党中数人定计；暗中开城；不意谋泄，俟兵到时，‘红头’连施炸炮地雷，所伤甚多”。三月二十二日，他目睹并记录下了巴黎战斗之状况，“浓烟冲突，烈焰飞腾，似焚房屋数千间状，亦一浩劫也”。[①]对于梯也尔率军进攻巴黎，镇压巴黎公社，巴黎公社社员英勇反抗的情况，书中也有反映。五月二十一日，凡尔赛分子利用叛变经由克鲁门侵入巴黎，城市战斗不停。张德彝写道：“入夜北望，烈焰飞腾，炮声不绝。盖巴里虽克，而‘红头’（指革命武装力量）仍据城外炮台数座，故火器犹不时施放也。”[②]对于公社战士面对屠刀视死如归的英雄本色，张德彝在四月初五记述道：“未刻见有兵万馀人，随行鼓乐而归，虽列队而步伐不齐，更有持面包、饮红酒者。其被获叛勇二万馀人，女皆载以大车，男皆携手而行，有俯而泣者，有仰而笑者。”四月十五又记：“申初，又由楼下解叛勇一千二百馀人，中有女子二行，虽衣覆残破，面带灰尘，其雄伟之气，溢于眉宇。”十六日、十九日记述道：“晚，又解过叛勇二千五百馀人，有吸烟者，有唱曲者，盖虽被擒，以示无忧惧也。”“未正，由楼下解去叛勇一千八百人，妇女有百馀名，虽被赭衣，而气象轩昂，无一毫袅娜态。”[③]巴黎公社战士视死如归的英雄本色跃然纸上。

要指出的是，作为清朝外交官员的张德彝，虽然比较平实地记录了他所目睹的巴黎公社的有关情况，对工人阶级的起义也表示出了一定程度的同情，但是由于受各种因素的限制，他总是站在清政府的立场上，把梯也尔政府作为正面，而把起义者作为反面来描述，更不可能认识到巴黎公社革命背后深刻的社会原因，如他在解释巴黎工人起义的缘由时只

① 转引自钟叔河：《从东方到西方——“走向世界丛书”叙论集》，岳麓书社2002年版，第145页。
② 转引自钟叔河：《走向世界——近代知识分子考察西方的历史》，中华书局1985年版，第185页。
③ 转引自钟叔河：《走向世界——近代知识分子考察西方的历史》，中华书局1985年版，第186页。

是说："夫乡勇之叛，由于德法已和；盖和局既成，勇必遣撤。撤而穷无所归，衣食何赖？因之铤而走险，弄兵潢池。"[1]虽然张德彝在《三述奇》中对巴黎公社的记录不够系统，也不完全确当，不过对于中国人接触社会主义运动和马克思主义来说，它却具有重要的意义，是它最早在中国人面前展现了受到马克思关注和指导的巴黎公社这一伟大历史事件基本真实的情况，也从而纠正了中外史学界一直断定当时中国人不知道巴黎公社的不实之论，否定了"中国人没有直接观察并记述过巴黎公社"的说法。

(二)王韬的《普法战纪》对巴黎公社的报道

如果说张德彝在《三述奇》中对巴黎公社的记载还仅限于个人范围，当时并未公诸国人，直到1982年才由湖南人民出版社以《随使法国记（三述奇）》一名收入《走向世界丛书叙论集》出版。当时国内较早报道巴黎公社有关情况的是外国人创办的《中国教会新报》，时间是同治十年五月二十一日（1871年7月11日），这已经是巴黎起义失败40多天以后。该报从欧洲报纸上摘译并登载了有关"法京民变"的新闻。报道称起义军为"贼党"、"乱党"，肆意破坏京城文物，遂引起政府军出面平叛，"以肃典章，而除凶孽"。由于报道内容简单，其口吻仿佛平息一般叛乱，所以在国内并没有引起什么反响。

真正使国人了解巴黎公社情况的是王韬所撰写的《普法战纪》。该书较为直接地向国人展示了巴黎公社的实况。当巴黎工人起义时，刚从欧洲回国的王韬在精通外语的朋友张之轩、陈霭廷两人的帮助下，"午夜一灯，迅笔瞑写"，译撰了大批包括巴黎公社有关内容的报道。每完成一篇，即在香港《华字日报》、《中外新报》等上发表。稍后，王韬将这些已发表的报道和文章汇集起来，并补充以其他资料，汇编成《普法战纪》十四卷，由中华印务总局于1873年刊刻发行。1886年他又在前十四卷的基础上，补入初编时遗漏的英国《邮报》和不曾注意到的普法军队随营记录、各国撰述及评论，以及他自己的见闻与述评，扩为二十卷本。《普

① 转引自钟叔河:《走向世界——近代知识分子考察西方的历史》,中华书局1985年版,第186页。

法战纪》[1]一书曾使王韬名声大振，“其书虽未付于民，而钞本流传南北殆遍”，书成刊行之后，文武大员、文人学士更是争欲一览。此书还风靡日本，并直接促成王韬的东瀛之行。在以往的研究谱系中，王韬往往被视为近代具有西学思想的标志性人物，其译书和时论是学术界反复聚焦讨论的热点，《普法战纪》便是其中的一个代表。

《普法战纪》记述了1870年10月31日巴黎工人和部分国民军推翻国防政府的起义，这是建立巴黎公社的第一次尝试。书中写道：“蔑士[2]既降于普，法京民人知之大乱。十月三十一日，法人富洛伶[3]率群众閧于朝，问：蔑士何以失守？巴哲[4]（即李波节别名）何以败北？爹亚[5]劝和何以不成？暂行息兵之举何不果？统领德禄苏[6]遣人将前后情事一一告之，众闻之，益不悦。”“时聚者愈众。廷臣咸往惟利院中筹议军政（惟利院，法京中大酒楼，一名豪爹儿威厘）”，“榷商得失”。“众亦踵至，扰攘于街衢间。忽闻鸣枪声，众谓其恃火器杀人，噪益甚。一时喧声鼎沸”。“廷臣始禁民人毋辄入院中，然终不得阻。不期而集者无数，……几无可容之地。富洛伶突至廷臣前，乱民左右拥卫之，坚请廷臣辞职，当另简贤者，以主国是。廷臣咸不应”。“有童子年约十五龄，呼于众中曰：‘老而不死，恋职何为？’”，“富路伶问于民曰：汝众欲逐此廷臣，无许在位乎？”，“民皆踊跃欢呼曰：‘固所愿也’，于是迳前执诸廷臣，将幽之别室”。[7]

《普法战纪》较为详细地记述了巴黎公社的伟大斗争和梯也尔对公社的镇压。书中记载说，巴黎公社成立前，“内患忽作，法乱党之起，如蜂屯蚁聚”。在这种情况下，“叛首勉拿地[8]振臂一呼，乱者四应，从之者十

①《普法战纪》初版于1873年，为14卷本；第二、第三版分别刊于1886年和1895年，均为20卷本，内容基本上无出入；另日本军部1878年曾予以翻印；1887年日本大阪曾再版。

② 蔑士，今译作“麦茨”。

③ 富洛伶，今译作“弗路朗斯”，巴黎群众领袖。

④ 巴哲，今译作“巴赞”，守卫麦茨要塞的法军元帅。

⑤ 爹亚，今译作“梯也尔”。

⑥ 德禄苏，今译作“特罗胥”，时为“国防政府”总统。

⑦ 姜义华编：《社会主义学说在中国的初期传播》，复旦大学出版社1984年版，第1—2页。

⑧ 勉拿地，今译作“勉诺蒂”，即国民自卫军总司令加里波的。

余万。各村乱民，无不斩木揭竿，蠢然竞起，弹指之间，其乱已成。”对巴黎工人起义的情景，书中记录说：“三月十八日，法京民心大震。法廷大臣遣兵往御，……悉拨重兵镇守。”“始仅民乱，及遣护勇，前往弹压，而护勇闻变亦叛”。而起义的“乱民”则夺取炮台上的枪炮弹药，释放狱囚，传檄远近，示期于三月二十二日公举人员。“爹亚请于普国调兵至北方，以清乱源，而酬佛狼[1]五十万以犒军。三月三十一日，乱党据法京城外诸炮台，如美律炮台，华剌连炮台，皆守以乱众，环施枪炮，以示声威。翼日即止不放。乱党虽据形胜，然药弹不敷，军资竭蹶，器械多钝敝不堪用。华西路官军知之，示期于四月二日进兵往攻。”“四月四日，法京乱党十万众，驾运大炮二百尊，由法京长驱直抵华西路”，与国防政府军作战。“乱党分三路并进，以攻官军，官军亦分道御之。一鼓既作，两军相鏖，乱党势锐气猛，无一不拼命相扑。”五月二十二日，起义军遭到政府军的镇压，“官军以八万人攻入法京，取悍党六百人悉诛之”。“官军前后擒获贼众甚多，获即击杀，极形残酷。兵刃相接，杀人如麻，积骨成丘陵，流血成沟浍”。“五月二十八日，乱党悉平，谋叛者咸正典刑，胁从概予诛戮。前后共杀六万余人”。[2]

王韬在《普法战纪》中对巴黎工人起义的评述，虽然站在梯也尔政府的正统立场上，将起义的巴黎工人和国民自卫军称为“匪党”、“乱民”、“叛首”，对事件原因的解释中又不无偏见地认为是“乱民”们要自由、自主，走入歧途，结果为政府所不容，遭到杀戮，叹之曰：“非自主之一念误之哉。”但是，文中字里行间对起义者也不无赞美之词。如对巴黎妇女从军入伍的描述就饱含着钦佩之情。书中写道：“乱党之以女子从军也，殊胜于男子。其临阵从容，决机猛捷，皆刚健中含婀娜之气。非及笄之妹，即待字之女，力强而气锐。其鸣枪发炮，娴熟而敏速，虽久历疆场之士，无此精练。”当巴黎工人遭到政府军的屠戮时，作者情不自禁地流露出同情：“定乱法军之剿贼也，过于残酷。所擒无论妇女童稚，苟持械于手者，立置死地，无一毫怜悯心。……擒得贼党，概治以军律，

① 佛狼，今译作“法郎”。

② 姜义华编：《社会主义学说在中国的初期传播》，复旦大学出版社1984年版，第4—6页。

用枪击杀。每次以五十人或至一百人为一队，火枪所拟，溃肠洞腹，碎首裂脑，诛戮亦殊惨矣。”“官军破城而入，火焰烛天，所擒贼党，不及以次诛戮，尽驱之入火中。擒得妇女，有不肯行者，即倒曳之，或即击之以枪。死亡之惨，目不忍睹。”[①]

这些片段记述，多少可以印证马克思在《法兰西内战》中对巴黎公社所作的全面概述，也是当时国人对巴黎公社有关情况的公开报道。

(三)《西国近事汇编》对欧美劳资冲突及社会民主党活动的译介

《西国近事汇编》，自1873年开始到1899年，每年一卷，由江南制造局编译出版。此刊物的编译人员以西方来华人士为主，通晓西方语言的华人为辅，刊有不少由美国传教士林乐知、金楷理口述，蔡锡龄等笔述的文章，对西方资本主义国家政治、经济、历史、文化、军事等方面的动态进行了报道，按季度出版，每年汇总成一卷，是当时中国人了解西方世界现状的一个窗口。康有为曾将自己“渐收西学之书，为讲西学之基”的思想变化和发展，归结为受此书的影响。梁启超曾说：“欲知各国近今各国情状，则制造局所译《西国近事汇编》最为可读，为其翻译西报事实颇多也。”[②]康有为、梁启超以及他们同时代的许多人，都曾把它看作了解西方各国现状的一部重要参考书。

巴黎公社失败后，欧洲各国统治阶级加紧了对无产阶级的统治和进攻。然而，结局与他们的愿望相反。国际共产主义运动在度过巴黎公社失败后的短暂低潮时期之后又逐渐走向高潮，不仅马克思主义传播的范围不断扩大，而且无产阶级的斗争也更加有序和“组织化”，一些国家建立独立的无产阶级政党的基础更加坚实，条件更加成熟。德国社会民主党成长为走在世界无产阶级政党前列的第一个马克思主义政党；俄国、西班牙等国家年轻的工人阶级也开始走上政治舞台，成为影响本国政治发展走向的一支重要力量。国际政治发展中的这些重要动向，在江南制

---

① 姜义华编:《社会主义学说在中国的初期传播》,复旦大学出版社1984年版,第6—7页。

② 梁启超:《读西学书法》,转引自熊月之:《西学东渐与晚清社会》,上海人民出版社1994年版,第524页。

造局编译的《西国近事汇编》中都有所涉及和反映。

《西国近事汇编》向中国人介绍了欧美劳资冲突的现象。文中写道："英国煤矿各匠作，勒加工值，一律停工，日久迁延，尚未妥为调处，以致举国缺煤。""英国煤矿停工，实由矿主以煤值日贱，深虞亏折，遂议减矿夫工价百分去十，而矿工不从，坐是停工。兹复改减百分之五，已有照常开矿者；而有数厂辍业如前，盖矿工不从减值之议也。""英实非儿特城机器厂匠以勒加工值，停工者千有余人。按：厂工每七日勒加工值二喜林[①]，而厂主不从，罢工所以示挟制也。""西班牙阿勒蒯郡民约二万五千余众，城中故多民厂，厂工亦不乏人。七月初九日，各工聚其众三千人会议罢工，复与居民寻衅互斗，杀伤五十余人。""英敦的贝济民船厂工匠罢工。按：该厂工匠，每一点钟给七本士[②]，刻请加半本士，厂主不从，以致停歇。斯哥得兰煤铁各矿，停工计二万人。"[③]

《西国近事汇编》向中国人介绍了社会主义运动的"均贫富"的主张。1873年3月22日至28日的报道说："西班牙瓦稜萨部之阿勒蒯城各工会，议藉境内富室积产，按名公晰，以赡贫困，其工值所得亦公晰，以均有无。识者知乱萌所由起矣。"[④]3月29日至4月4日的报道说："西班牙巴士罗拿郡各工会欲仿照亚拉蒯[⑤]居民，藉富室私产而公晰之。城中巨家，深虞祸作，分别移徙避难而去者数百家。""西班牙义斯德勒、马都拉部各工会欲仿照阿勒蒯居民，藉富室私产而公分之。无赖贫民藉端启衅，有夺地以养牲畜者，有越畔以夺耕种者，邪党日众，动辄争斗，而富家无一夕之安。""西班牙南境加的斯郡居民会保塞尔波克亚为典郡官，盖欲仿照亚拉蒯居民，籍富室私产而公晰之，故先保其同谋者，以期事在必行耳。"[⑥]7月12日至18日报道说："西班牙木尔西亚部喀尔他坚那居民，亦欲仿照阿勒蒯人公晰富室私产，藉端为乱，其魁曰恳特利拉士，

① 喜林，今译作"先令"。

② 本士，今译作"便士"。

③ 姜义华编：《社会主义学说在中国的初期传播》，复旦大学出版社1984年版，第9—12页。

④ 姜义华编：《社会主义学说在中国的初期传播》，复旦大学出版社1984年版，第9页。

⑤ 亚拉蒯，即阿勒蒯，今译作"亚尔科"。

⑥ 姜义华编：《社会主义学说在中国的初期传播》，复旦大学出版社1984年版，第10页。

宿将也。城中尚未戒严，惟海滨向屯兵艘，难免为乱民所夺。水师兵曹闻警，遂驰往整顿，以备防堵。”[①]1875年7月30日至8月5日的报道中，谈到俄国有“奸民”创“贫富均财之说，欲藉其本境殷富，夺其资财，以予贫乏，是相率而出于乱也。邪说诱民，莫此为甚。本部职司风化，讵忍不教而诛？已饬地方教习官，训迪愚蒙，恪遵宪典，毋为所摇，保全身家，为国髦士，幸甚望甚云云。”[②]

《西国近事汇编》对欧美社会民主党活动进行了报道，这方面的内容最多。1873年7月12日至18日报道说：“西班牙议官，现分为四党：一党于丕相，主民政者；一次于丕相党，而亟欲更民政者；一党于工会，欲公晰富室私产者；一则主王政者。然植党多属莠民，良士去之若凂。”[③]1877年5月9日至15日的报道称：“美国费拉特尔费亚省来信，谓美有数处民心不靖，恐康密尼人[④]乱党夏间起事，国内有无赖之人为奸徒唆使行凶，以偿其贫富适均之愿。此党人啸聚甚众，恐各省同时发作。计旧金山人数最多，余则山鲁危省、昔卡谷省、新星纳替省、纽约克省”等。为防“各省同时发作”，“巡捕在各大城内加意逻察。喷昔尔阜尼亚监督司的文斯于教会聚时语人曰：‘乱事每起于微，而后渐滋大不可制。今乱党以体恤工人为名，实即康密尼党唆令作工之人与富贵人为难。去年工人滋闹，尚无头绪，今有数处康密尼人练演为兵，此种人为教训约束所不及，须用武以制之，或用教会以开导之。’监督说出热心，众为感动。乱党初起，必先在旧金山，以曹类众也。”“美按察作色严谕曰‘康密尼人乱种，非可行于美国，美国断不容也’。”[⑤]在此，虽然称“康密尼人”为“乱党”，并强调“断不容也”，但这是中国人的刊物上第一次使用“康密尼人”的提法。1874年1月19日至25日、5月30日至6月5日，1877年6月27日至7月3日的报道等均记述了德国社会民主党活动的情况，说“德合众新举议员，党天主者九十二人，党波兰者十二人，主分

① 姜义华编：《社会主义学说在中国的初期传播》，复旦大学出版社1984年版，第11页。

② 姜义华编：《社会主义学说在中国的初期传播》，复旦大学出版社1984年版，第12—13页。

③ 姜义华编：《社会主义学说在中国的初期传播》，复旦大学出版社1984年版，第11页。

④ 康密尼人，今译作“共产主义者”。

⑤ 姜义华编：《社会主义学说在中国的初期传播》，复旦大学出版社1984年版，第13页。

裂者四人，主欧罗巴大同之议会者八人[①]。与毕相（俾斯麦）为敌者约三分之一，而天主教人亦盛于前云”[②]。又说“六月初二日，德王乘车出游，行至临顿路第十二号二层楼房前，忽窗口有人开枪击王，连开四次。其时百姓见王声贺，王以手揭帽答谢，忽枪中其臂，王即倒于车中”。还说：“德人茂林著一书，名《日耳曼民党通议》[③]。其党目有一百五十人，此外有数新报馆，亦其党羽。有成册者，名《新世界录》[④]，购观者甚众，每售三万五千本。”[⑤]1881年11月5日至12月2日的报道又称：“德国民党[⑥]为国家逐出柏林者一百五十五人，汉倍克[⑦]者一百五十五人，拉泼雪茄[⑧]者七十人，共四百二十人，皆有家属妻子赖以养赡，自被逐后，分往英、美。”[⑨]

《西国近事汇编》有关报道中所称的“康密尼党”、“康密尼人”，是共产主义一词最初的音译，而“贫富均财之说”，“主欧罗巴大同”，“贫富适均”等，则是对社会主义学说的最初概括。报道中有不少“奸民”、“乱党”、“邪说”等提法，反映了作者所站的立场带有明显的阶级偏见，但这些报道毕竟使中国人知道了在欧美各国，还有着与统治者相对立的另一个世界、另一种理想、另一种社会力量。

（四）《富国策》和《佐治刍言》对“均富”之说的评析

《富国策》原著系英国剑桥大学政治经济学教授亨利·福西特于1863年撰写的《政治经济学指南》，是一本详细叙述古典政治经济学的教科书，由汪凤藻翻译。汪凤藻（1851—1918），江苏元和（今吴县）人，

---

① 1874年1月10日，德国帝国议会改选，社会民主党人在八个选区中当选。这里所说的“主欧罗巴大同之议会者”，即指德国社会民主党人。

② 姜义华编：《社会主义学说在中国的初期传播》，复旦大学出版社1984年版，第12页。

③ 茂林，今译作“梅林”；《日耳曼民党通议》，即梅林1877年所著《德国社会民主党史》。

④《新世界录》，今译作“《新世界》”。

⑤ 姜义华编：《社会主义学说在中国的初期传播》，复旦大学出版社1984年版，第15页。

⑥ 民党，指社会民主党。

⑦ 汉倍克，今译作“汉堡”。

⑧ 拉泼雪茄，今译作“莱比锡”。

⑨ 姜义华编：《社会主义学说在中国的初期传播》，复旦大学出版社1984年版，第17页。

1863年入上海广方言馆英文班，是该馆最早一批学生之一，1868年被选入京师同文馆。1878年大考汪凤藻获英文第一名、汉文第二名，后以户部主事身份毕业留馆，任算学副教习，并从事西学图书的翻译，译有《公法便览》、《新加坡刑律》等。1883年汪凤藻中进士，选庶吉士，授编修，曾任驻俄使馆二等参赞、出使日本国大臣等，还担任过上海南洋公学校长。《富国策》是其在任算学副教习期间翻译的，大概是用作同文馆同名课程的教材。此书翻译后由丁韪良校订，实际上是汪凤藻与美国传教士丁韪良二人合作的产物。有关于社会主义的介绍，内容主要集中在该书的"论制产之义与均富之说"部分。这一部分主要阐释"制产"与"均富"之间的矛盾对立关系。作者认为，世界上之所以存在"贫富平均"，主要原因是"人之有私产"；"国愈富则愈不能均"，这是"天下古今之常势"。针对此种情况，于是便产生了各种各样的"均富之说"，但是"终不可行"；即便把全英国的民间财产"按数而均分之"，经过"日积月渐"，最后依然"归于贫富悬殊而止"。所以如此，是因为各人的"材力赋禀"不同，其"强而明者，以精勤而日致其富"，其"愚而柔者，以怠忽而渐归于贫"，这是必然趋势。既然"制私产，许民各治其生计，即不能无贫富之悬殊"，加上民间以"遗令传产"，富者益富，贫者益贫，贫富悬殊必然更加明显。接着，作者列出了"至富之国"出现的两种"均贫之说"，并加以评论。作者指出："仁人长者，深悯夫贫人之苦，虽在至富之国，而亦不免也。因思不去私产之制，必无以均民财。遂创议立策，革除私产，使人共享其利，此均富之说所由来也。英国温氏[①]首创此说，其法令若干家联络一气，通力合作，计利均分，相功相济，如家人然。""法国傅氏[②]之说较为变通，其法以二千人为一邑，每邑受地方九里，制为恒产，世世相传，或劳心，或劳力，或供资本，如合夥经商然。其地出产，无分老弱壮者，各给以衣食之需，有余则计邑人之工力、资本、才能而分之，以为酬分之法。"[③]也就是说，两种"均富之说"，一种

① 温氏，即欧文。

② 傅氏，即傅立叶。

③ 姜义华编：《社会主义学说在中国的初期传播》，复旦大学出版社1984年版，第28—29页。

主张“革除私产，使人共享其利”，这种“均富之说”是英国欧文首创的，其具体做法是“令若干家联络一气，通力合作，计利均分，相功相济，如家人然”。作者认为，这种“均富之说”，只能行之于“一家之亲”，如果行之于“陌路之人而不分畛域，以今日人情而言，势必不能”。因为，行此之法在今天缺乏道德基础。今日“人心不古”，岂能做到“为己谋者兼为人谋”。[①]另一种“均富之说”是法国傅立叶创立的。与前者比较，这种“均富之说”较为“变通”。其具体办法是，仍然保留私产之制度，“以二千人为一邑，每邑受地方九里，制为恒产，世世相传，或劳心，或劳力，或供资本，如合夥经商然。其地出产，无分老弱壮者，各给以衣食之需，有余则计邑人之工力、资本、才能而分之，以为酬分之法。”对于傅氏“均富之说”，作者指出，其最难者在于“人未必甘服于所列之等，则争竞在所不免，一也；人生日用之计，最忌他人侵预，欲以邑长维制之，其势甚难，二也；出产苟富，分财既均，则婚嫁之费易给，而邑之生齿必繁，其地将不足以为券，三也；食不足则价易昂，不久而人困于贫乏，四也；有此数难，其法必不可行。”作者最后的结论是，“欲去民之私产，以均民富，乃断断乎其不能者”。不过，创立这种学说的人，其“悯世之心，爱人之意，则正未可厚非耳”。[②]在此，涉及三大空想社会主义思想家中的两位，虽然这里的介绍非常粗略，而且作者对“均富之说”也基本上持否定态度，但在清末这个时期，该书所介绍的有关空想社会主义的内容在中国则算是比较早的。

《佐治刍言》原名*Political Economy*，为英国人钱伯斯兄弟所编教育丛书的一种，原作者不详，由傅兰雅于1885年翻译后出版。傅兰雅是英国传教士，1868年受聘江南制造局翻译馆，前后28年，翻译了大量的作品，先后共译77种图书，占全馆译书的三分之一以上，而且所译图书大多具有较高的学术价值，为此曾于1874年被清政府授予三品官衔。《佐治刍言》是其作品中享有盛誉的一部。译本在晚清思想界产生了很大影响，多次重版。康有为、梁启超、章太炎等曾认真读过此书，而且评价很高。

① 姜义华编:《社会主义学说在中国的初期传播》,复旦大学出版社1984年版,第28—29页。

② 姜义华编:《社会主义学说在中国的初期传播》,复旦大学出版社1984年版,第29页。

梁启超说："《佐治刍言》言立国之理及人所当为之事，凡国与国相处，人与人相处之道悉备焉。皆用几何公论，探本穷源，论政治最通之书。"①有人认为，康有为的《大同书》是受过《佐治刍言》影响的，前苏联汉学家齐赫文斯基、美国学者贝奈特均持此看法。《佐治刍言》第十八章"论平分产业之弊"较为集中地介绍了西方的"均富之说"。作者引述法国"一大工程家"的话说："人积钱以为产业，与夺人财物以为己有者无异"，将产业资本积累等同于夺人财物据为己有。作者又说，法国一向有人言："一国产业，必与一国人平分，令各人皆得等分，方为公道。"对此，作者评析道，这种主张"以平分产业为一视同仁之事"的人，纯属"博一时名誉"，而"不计其事可行与否"。所以，鼓吹此种学说，只是获得"阅者心目为之一快"。"此论一出，国中愚妄之人，遂不肯认真作事，徒冀分人所有之财以为己用"。由此，"争夺攘窃之衅，从此开矣。"②接着，作者从各个方面论证"国家欲将富贵人产业平分百姓，其事极难办理"。作者强调，若将厂房田亩一类产业割裂平分，或归于无用极难评分，必不便于耕种。产业平分会造成现有财产损坏和贬值；产业平分会伤及国脉，使国中无富裕之民，穷民不能自给自足者，便无富民捐助救济；产业平分，会使人变得懒惰，不认真做事；平产之害最大者在于，将国内之钱财分散，从此极难成聚。③作者对"平分产业"的基本态度一目了然。

《富国策》提出的"均富"之说同《佐治刍言》提出的"平分产业"，意思大致相近，二者都对其持批评态度，只是《富国策》对英国欧文和法国傅立叶的空想社会主义观点的介绍更为详实，《佐治刍言》则较为笼统。

(五)《伦敦与巴黎日记》等对欧美工人运动的记载

如果说《西国近事汇编》、《富国策》、《佐治刍言》等有关欧美工人

① 梁启超:《读西学书法》,转引自李伟:《中国近代翻译史》,齐鲁书社2005年版,第108页。

② 姜义华编:《社会主义学说在中国的初期传播》,复旦大学出版社1984年版,第27页。

③ 参见傅兰雅:《佐治刍言》,上海书店出版社2002年版,第71—73页。

运动及社会主义的介绍和描述，主要是当时的一批“译才”与传教士合作根据一些西方媒体的报道转译过来，或是西方作者原著的中文译稿，那么《伦敦与巴黎日记》、《西洋杂志》、《使德日记》等对欧洲工人运动和社会主义的介绍则是中国人的记载。

《伦敦与巴黎日记》系郭嵩焘所作。郭嵩焘（1818—1891），湖南湘阴人，乳名龄儿，学名先杞，后改名嵩焘，字筠仙，号云仙，也作筠轩等，道光进士。1853年初，他随曾国藩办团练，曾建议兴办湘军水师，与太平天国对抗。1857年授编修，次年入值南书房。1876年首任驻英公使，后兼任驻法公使，是“天朝上国”派赴泰西的第一位正式外交使节，1879年离任。在出使英、法两国期间，他经常参观考察工厂、学校、议院等，接待、访问各界名流，记录他所观察到的西方政治、经济、学术、民俗、商情等，并不断将这些所见所闻所思发回国内，提醒李鸿章等注意学习西方教育、铁路、电报等创制，奏请朝廷学习西方的通商则例等。他努力工作的情景曾受到英、法两国人民的赞誉，伦敦、巴黎两都人士，称其不愧为“国使”。他留有日记60万言，生前仅以《使西纪程》为名出版刊行过大约2万字，其未刊稿直至20世纪80年代后才陆陆续续地得以整理出版，其中《伦敦与巴黎日记》部分（包括《使西纪程》在内）占了郭氏全部日记的三分之一，乃是研究郭嵩焘生平思想的重要史料。虽然国门已被打开，但中国依然视听闭塞。中国最早出使欧洲的一些使节，在传递有关国际共产主义运动、工人运动和社会民主党方面捷足先登，郭嵩焘就是其中的一个代表。他在《伦敦与巴黎日记》中写道：“英国织布机厂曰满吉斯得、曰百兰弗尔得。百兰弗尔得工匠，数十年前纠众滋哄，减工加价。近年，机厂以贸易日渐消落，与工匠议照旧价，工匠不允，遂至停机。于是工匠大汹，毁机厂而焫厂主房屋。”他又说：“去年美国火轮车工匠毁坏铁路，情形与此正同。”作为半殖民地半封建中国的使臣，郭嵩焘当然不能理解欧美国家工潮发生的真正原因和时代意义，但他还是觉得此乃“西洋之一敝俗”，隐隐约约地感知到了西方资本主义的某些弊病。在日记中，郭嵩焘还对法国的君党、民党进行了分析，认为君党、民党又各分三派。民党中有一派，“主通贫富上下，养欲给求通为一家，不立界限者”，或云“统贫富无分，金帛皆公用之”。[1]郭嵩焘并不以欧美国家的工运、工潮为然，对于工运、工潮的记录也不是其日记的主要内容，不过其所记录的内容，还是向我们透露出了欧美国家有关劳资矛盾和工人罢工的一些信息。由于他对西方文明有着比较客观的看法，主张学习西方的科学技术，因而触怒了朝廷和当时的顽固派，不久即被解职归国，再未被启用。

《西洋杂志》是当时另一外交官黎庶昌的作品。黎庶昌（1837—1897），贵州遵义人，早年为曾国藩的幕僚，受到了曾国藩的器重，与武昌的张裕钊、桐城的吴汝纶、无锡的薛福成并称“曾门四子”。1877年初，黎庶昌作为参赞随郭嵩焘出使英国，后又相继任德、法、西使馆参赞和出使日本的大臣，曾游历瑞、意、荷、比等国。《西洋杂志》一书收集了他旅欧期间所写的杂记、游记、包括有关书简和三篇地志，此外还摘录了郭嵩焘、刘锡鸿、陈兰彬、李凤苞、曾纪泽、罗丰禄、钱德培等人记述的一些片段。在当时出使西方国家的人中，这种记录的形式是别具一格的。《西洋杂志》就像是反映19世纪西方社会生活的一卷风俗画，其中除了以大量的篇幅记载西方资本主义世界的国风民俗、地理山川以及政治、经济、文化等方面所取得的巨大成就外，对于德国社会革命党人和俄国民意党人行刺皇帝的事件，也分别作了一些客观的记述。黎庶昌在《开色遇刺》一篇中写道：“四月初十日，开色[2]偕其长公主乘车游替爱加尔敦，回至石牌五道门前，忽一男子持手枪击之，连发不中。巡捕闻声毕集，犯遂就获。”“开色于五月初二日归至近郊，距宫门数十武，车经一寓楼下，忽枪声訇然自窗中出，伤开色右臂及腮。左右大惊，咸入捕贼，逆旅主人亦登楼相助。行刺者伤逆旅主人，旋以枪自击不殊。”“行刺者就获后，刑司讯之，以‘为民除害’为词，迄无他语，刑司也不株连，久乃知为‘索昔阿利司脱’[3]会党。索昔阿利司脱译言‘平会’也，意谓天之生人，初无歧视，而贫贱乃胼手胝足，以供富贵人驱使，

① 郭嵩焘：《伦敦与巴黎日记》，湖南人民出版社1986年版，第576、886、698页。

② 开色，今译作“恺撒”，为德皇之称号。

③ 索昔阿利司脱，即社会主义者。

此极不平之事；而其故实由于国之有君，能富贵人、贫贱人。故结党为会，排日轮值，倘乘隙得逞，不得畏缩；冀尽除各国之君，使国无主宰，然后富贵者无所恃，而贫贱者乃得以自伸。彼会之意如此，非有仇于开色也。其党甚众，官绅士庶皆有之，散处各国。一曰黑得尔，系工人。一曰诺毕令，系刀克特尔[①]，犹如中国之进士。黑得尔被诛，诺毕令以创死。"[②]记录德皇遇刺本身并没有什么特别的意义，有意义的是，黎庶昌在记录这件事时，第一次接触到了社会主义概念。如前文中所引，"行刺者就获后，刑司讯之，以'为民除害'为词，迄无他语，刑司也不株连，久乃知为'索昔阿利司脱'会党。""索昔阿利司脱"为"Socialist"的中文音译，其"会党"意指社会主义者或社会党人。同时，文中所说的"冀尽除各国之君，使国无主宰，然后富贵者无所恃，而贫贱者乃得以自伸"等等，则是当时中国人对社会主义革命思想最早作出的浅显说明。

在《俄皇遇刺》一篇中，黎庶昌又记述了俄皇被民意党人行刺的情况。文中记道："俄皇阿赖克桑得尔第二，即位二十六年，拓土开疆，横徵无度，事皆独断独行，又不设立议院，民情不能上达，素为国人所忌。其国有名索息阿利司脱尼喜利司木（索息阿利司脱者，会。尼喜利司木者，会之名）者，译言'平会'，欲谋害俄皇者屡矣。去年曾开地道深入王宫，用地雷轰塌其厅堂。又伏地雷于火轮车道，发皆未中。由是国禁愈严，坐此入狱者甚众。而该党亦誓不两立，志在必行。辛巳二月十四日，西历一千八百八十一年三月十三也，两点半钟俄皇出外阅兵而还，随从武官数人，兵二十余名。……行至不拉司密晒尔之法国戏馆前，猝有一人抛掷炸弹于车下，火药猛发，击伤从官两人，兵数名，俄皇幸免。马惊车裂，御者犹欲鞭马疾驰以过，俄皇止，令驻车下视武官之被击伤者。……俄皇甫下，从官下犹未毕，复一炸弹至，正中俄皇，立将两腿少腹迸裂，筋肉皆碎，额旁亦穿一巨穴。……扶载入宫，已不能言。医者缚束其血管，溢不止，须臾而薨，年六十三。谋逆者立时擒获，其第一人则矿务馆学生也。次者亦自受弹伤，送入医院，逾二时死。二人俱

① 刀克特尔，今译作"博士"。

② 黎庶昌：《西洋杂志》，湖南人民出版社1981年版，第57—58页。

服极褴褛之衣，诈为扫街工人状，使人不疑，故得遂其谋。在旁受伤之民人，有两人巡捕叩其姓名不答，亦会党也。……二太子即日继立，……会党竟于是夜遍张示谕，谓俄皇于一千八百七十九年九月初七日已定死罪，今始行诛，若嗣立者仍不革前皇之所为，罚亦不远。”[①]与《开色遇刺》相比，一方面此处关于俄国民意党人行刺俄皇的记述更为精彩酣畅，另一方面则再次引出了社会主义和民粹主义概念。“索息阿利司脱尼喜利司木”一词，是“Socialist”和“Nihilism”的中文音译合称，意指社会主义的民粹主义。当然，这样的“混搭”并不正确。

关于欧洲工人运动和社会民主党的活动，在李凤苞的《使德日记》中也有记载。李凤苞（1834—1887），江苏崇明（今属上海）人，精通历算与测绘，曾获江苏巡抚丁日昌的赏识，捐资得道员，先后在江南制造局、吴淞炮台工程局任职，1875年调任福州船政局总考工，1877年任留英、留法学生总监督，次年任出使德国大臣，不久兼任出使奥、意、荷三国大臣，1884年任出使法国大臣，后因中法战争爆发奉命回国，著有《使德日记》等。在光绪四年十一月十二日（1878年12月5日）的日记中，李凤苞写道：“十二日，晴。午刻，德君伤愈回都。先是欧洲有‘莎舍尔德玛噶里会’[②]，译音‘平会’，欲天下一切平等，无贵贱贫富之分。其愚者遂以为夷灭君相，则穷黎皆得饱暖，故屡刺德君。惟夏间温得尔令登[③]之车中一次，右臂受枪子数枚，被创最重，泄血甚多，旋往波希米阿[④]之退伯力止疴，而令储君监国，今始就痊。”在光绪四年十二月初十日（1979年1月2日）的日记中，李凤苞又写道：“初十日，仍投刺贺年。德国查屡次谋杀之‘平会’，西语‘莎舍尔德玛噶里’，各国皆有之。瑞士为民政国，故混迹尤多。在俄国曰‘尼赫力士’[⑤]，在法国曰‘廓密尼士’[⑥]，今各国禁逐，令民间不得自备军火枪械；如备猎枪，亦应报领凭

① 黎庶昌：《西洋杂志》，湖南人民出版社1981年版，第58—59页。

② 莎舍尔德玛噶里会，今译作“社会民主党”。

③ 温得尔令登，今译作“菩提树下街”。

④ 波希米阿，今译作“波希米亚”。

⑤ 尼赫力士，今译作“民意党”。

⑥ 廓密尼士，今译作“共产主义”。

照。又闻柏林有平会五万八千人，且有充议员者，德君不能禁也。”[①]“平会”，在欧洲叫“莎舍尔德玛噶里会”；在俄国叫“尼赫力士”，系“Nihilism（民粹主义）”的音译；在法国叫“廓密尼士”，即“Communist（共产主义）”的音译。“平会”的宗旨是反对贵贱贫富之间的不平等，以取消国家政权作为“平会”实现其目标的主要手段，所以不论以什么形式出现，叫什么名称，在欧洲都遭到“各国禁逐”。

黎庶昌、李凤苞有关欧洲工人运动和社会民主党活动的记录大约在19世纪70年代末。80年代后，欧洲工人运动重新活跃，国际工人运动出现新的高潮，欧洲不少国家相继建立了独立的工人阶级政党和社会主义组织。按理说，这种形势会引起中国驻外使节更多的关注，但事实并非如此。据目前见到的资料，整个19世纪80年代，前人并未给我们留下更多关于西方社会主义运动的记载，直到90年代初期，才在清朝驻外使节的日记中发现关于欧美工人运动和社会主义的内容。薛福成的出使日记，是一个例证。

薛福成（1838—1894），江苏无锡人，字叔耘，号庸庵，幼年接受中国传统教育，后因拟就《上曾侯书》而得曾国藩赏识，进入曾国藩幕府，长期为曾国藩幕僚，是“曾门四子”之一。因为随曾国藩镇压捻军有功，他被保举为候补直隶州知州，1882年升道员，1884年中法战争期间，任浙江江宁绍道台，1888年调任湖南提刑按察使，1890年1月以三品京堂衔出使英、法、意、比四国，1894年7月回国。在欧洲四年半时间，他广泛考察了英、法、意、比等西方国家的工业、商业、军事、经济、教育、文化等情况，主张中国应向西方学习，是当时著名的早期资产阶级改良派思想家。他记下的所见所闻，在其生前和死后被分两次整理成16卷、50余万字的出使日记，其中有诸多有关欧洲工人运动和俄国民粹派以及虚无党活动情况的记录。在光绪十七年（1891年）四月初六的日记中，薛福成记道：“近百年来西洋诸国，多得养民新法。”因其实施这些“养民新法”，西方的产业快速增长，如美国产业80年内增长43倍，英国85年内增长6倍，法国60年内增长3倍。德国两家企业共得银二千五百兆

① 姜义华编:《社会主义学说在中国的初期传播》,复旦大学出版社1984年版,第18—19页。

两，法国一家企业得银一千兆两。薛福成认为，“诸商之致此巨富，实众工人胼胝辛勤所致”。西洋诸国的所谓“养民新法”实为压迫和剥削工人的“新法”。工人为了保护自己的权益，纷纷设立“同心会”或“同合会”，德、美两国各有会员60余万人，英国有80余万人，法国的人数更多，他们“动辄停工”，这样做并不是“与上为难”，不过是“求工资饶裕”，“以资养息”。[①]在光绪十九年（1893年）六月十二的日记中，薛福成记录了俄国“党祸”问题，认为俄有“党祸”由来已久，过去有守旧、维新二党，今天守旧党销声匿迹，维新党全国皆然，谓之“希利尼党”。该党的目标是“改君主为民主”。[②]“希利尼党”实为民粹派或“虚无党”。这两则日记，一方面较为典型地反映了那个时期西方资本主义国家生产力和工人运动蓬勃发展的情况，包括各国工人组织的建立、参加这些组织的人数急增等，另一方面也表露了薛福成对工人运动所表现出的一定程度的同情，认为工人组织工会，开展斗争，以罢工手段要求增加工资，非与资本家为难，而是“以资养息”，保护自己，并没有完全站在“诸商”即资本家的立场上。[③]

“索昔阿利司脱”是社会主义者（Socialist）的音译，“会党”、“莎舍尔德玛噶里会”、“尼赫力士”、“廓密尼士”等指的是当时的一些社会主义革命党。19世纪70年代至90年代，欧洲的资本主义制度仍然具有强大的生命力，它表现了对于封建专制制度的巨大优越性，吸引了包括郭嵩焘、黎庶昌、李凤苞、薛福成等在内的中国第一批专任外交官。但是，资本主义制度毕竟是一种人剥削人的制度，西方国家生产力取得巨大成就的背后是资本家对劳苦大众的压迫和对工人剩余价值的榨取。在其繁荣进步的表面同样存在着“贫贱乃胼手胝足，以供富贵人驱使，此极不平之事”，“富者益富，贫者益贫”是普遍现象，即使是一些看起来“一切平等”的国家，其平等也只是对于那些富人而言的，决不是贫贱者的

① 薛福成:《出使英法意比四国日记》,岳麓书社1985年版,第364页。

② 薛福成:《出使英法意比四国日记》,岳麓书社1985年版,第802页。

③ 参见谈敏:《回溯历史——马克思主义经济学在中国的传播前史》,上海财经大学出版社2008年版,第96—97页。

"乐土"。郭嵩焘、黎庶昌、李凤苞、薛福成等当然看不透这个道理，更不可能知道西方资本主义国家劳资对立的阶级实质和根本矛盾，但是他们却从贫富悬殊的表面看到了这个世界的阴暗面，并站在封建官员的立场上对眼中看到的社会主义运动作了较平实的记录，有的对欧美工人运动还给予了某种程度的同情，对"均富"之说给予某种意义上的肯定，这些着实难能可贵。从历史学的角度看，这些记录是学界研究中国人了解认识西方社会主义思想和运动的宝贵资料，而他们对欧美工人运动所表露出的某种意义的赞许，无疑也预示着社会主义在中国未来的美好前途和命运。

（六）《万国公报》对西方社会主义思想的介绍

早在鸦片战争以前，英、美资本家及其传教士就曾组织过一个"益智书会"。该会（School and Textbook Series Committee）英文名直译是"学校和教科书委员会"，于1877年在上海成立，主席为丁韪良，委员有韦廉臣、狄考文、林乐知、黎力基和傅兰雅等。作为西方国家向中国进行文化传播和渗透的机构，"益智书会"于编辑出版西方教会学校教科书的同时，在传播西方基督教义和价值理念方面更是做了大量工作。为了加强这方面的工作，1887年他们又在上海创立了"广学会"。该会初名为同文书会，1894年易名为广学会。与"益智书会"相比，这是一个规模更加宏大的社群团体。在以后约半个世纪里，广学会成为西方国家在宗教外衣掩护下对中国人民进行文化渗透的一个重要机关。其董事会的董事除传教士外，还有英、美等国驻华职业外交官、上海租界工部局官员和在华外籍知名人士，会长长期由英国殖民主义者赫德担任，副会长由佛克、哲美森等担任，韦廉臣、慕维廉等人为协理，韦廉臣兼任书记即秘书，后称总干事，负责日常工作。1890年韦廉臣病逝，其工作由李提摩太接替。李在任长达25年，是广学会最重要的人物之一。该会最初的英文名称是"The Society for the Diffusion of Christian and General Knowledge Among the Chinese"，直译为"在中国人当中广传基督教及一般知识的会社"。1905年改为"The Christian Literature Society for China"，直译为"中国基督教文学协会”。会员人数历年不等，1890年以前，均不超过百人，1892年以后，人数有较大幅度增加，最多的是1905年，有254人。会员主要是在华的西方人，主要是传教士，他们分属于英、美、加等国不同教派的教会组织，也有少数华人参加，蔡尔康、凤仪等便名列其中。广学会的宗旨是编译出版书刊，介绍西方文化，强调“输入最近知识，振起国民精神，广布基督恩纶”。广学会的组织者曾经对中国社会进行了分析，认为中国人最大的特点是注重学问，尊崇学者，士大夫们充斥于帝国各地，“受到高度的尊敬，事实上他们乃是这个帝国的真正的灵魂，并实际地统治着中国”。有鉴于此，广学会把工作的重点放在文人和官员身上。李提摩太对中国文人和官员的数量，以及广学会的工作重点有一个估计：县级以上文官2289人，营级以上的主要武官1987人，府视学以上的教育官吏1760人，书院教习2000人，派驻各省城的高级候补官员2000人，经科举考试获得秀才以上头衔的文人约60万人，以其中的5%为重点，计30000人，经过挑选的官吏与文人家庭的妇女儿童，以10%计算，4000人，这样，广学会的工作重点对象共计44036人。他认为，这个数字，从整个中国来说，平均每县只有30人，但是，影响了这4万多人，就等于影响了中国3亿多人。为此，广学会将中心工作放在翻译、编写、出版书刊，赠书、售书，举办征文三个方面。[①]在不到40年的时间里，广学会先后编译包括神道、哲理、法律、政治、教育、实业、天文、地理、博物、理化等十几个方面的两千多种书籍，出版了《成童画报》、《万国公报》、《中西教会报》、《大同报》、《道声》、《平民家庭》等十几种中文报刊，自1888年至1900年，赠书累计30多万册，在全国设立经销处1898年是28处，1899年增加至35处，还以西学和中国现实要务为题举办过多次征文活动。虽然广学会对“西学”的传播主观上是为西方国家侵略中国服务的，具有明显的反动性质，但从目前掌握的材料看，它不仅在西学东渐中的地位举足轻重，而且最早向中国人介绍马克思及其社会主义学说也与广学会有密切的关系。

关于马克思及其学说究竟何时开始正式传入中国，学术界说法不一。

① 参见熊月之：《西学东渐与晚清社会》，上海人民出版社1994年版，第553页。

在很长一段时间，人们认为是1898年。1898年夏，广学会出版了第一部系统讲解欧洲各种社会主义学说的著作《泰西民法志》。[①]这是英国传教士李提摩太委托中国人胡贻谷翻译的，原著是英国人克卡朴（又译柯卡普、刻卡朴等）撰写的《社会主义史》（1892年布克莱书局初版本）。由于印数很少，传播范围不广，影响不大。1920年，李季将此书的重订本翻译成中文，由上海青年出版社出版，影响才趋于显现。该书对于马克思主义各个组成部分均进行了客观的介绍，并对马克思主义的创始人——马克思、恩格斯予以高度评价。书中第七章写道："马克思是社会主义史中最著名的最具有势力的人物，他及他同心的朋友昂格斯[②]都被大家认为'科学和革命的'社会主义派的首领。这一派在文明各国中都有代表，而大家对于这一派认为是社会主义中最可怕的新派。"[③]学术界经过多年的考证，目前基本确认《泰西民法志》首次在中国问世的时间并非1898年，而是1912年。所以，目前学术界普遍的看法是，1899年《万国公报》刊载的根据英国社会哲学家基德所著《社会进化》一书改编的《大同学》，首次提到马克思、恩格斯及其社会主义学说。

《万国公报》是广学会的主要机关报。该刊创办于1868年9月5日，原名《中国教会新报》，是一个周刊，1872年8月31日第201卷改称《教会新报》，由林乐知任主编。林氏创办此报的初衷，是藉此联络教会及造就教徒，因此，初期的《教会新报》，内容注重宗教方面。1874年9月5日，《教会新报》出满300期，从301期起改名为《万国公报》，仍为周刊。内容也从鼓吹基督教义为主转而以综合报道各国时事、介绍西方科学技术为主。1883年至1888年这六年间，因经费困难停刊，1889年2月复刊后，改为双月刊，并成为成立不久的广学会的机关报，一直到1907年7月停刊。它先后存在近40年，累计出版刊物近1000期，是外国传教士所办中文报刊中历史最长、发行最广、影响最大的一份刊物。参加编辑和撰稿的林乐知、慕维廉、韦廉臣、李提摩太、丁韪良、狄考文、艾

---

① 参见唐宝林主编：《马克思主义在中国100年》（修订版），安徽人民出版社1998年版，第55页。

② 昂格斯，今译作"恩格斯"。

③ 转引自唐宝林主编：《马克思主义在中国100年》（修订版），安徽人民出版社1998年版，第54页。

约瑟、潘慎文、花之安等，都是当时知名的外国传教士。《万国公报》名义上是一个教会报纸，但是有关教会的新闻和阐明教义的文章却不多见，刊物上大量刊载的是评论中国时局的政论，以及介绍西方国家学术动态等方面情况的文章，实际上是一个名副其实的综合性刊物。

与这一时期其他教会刊物一样，《万国公报》同样热衷于"西学"的介绍和传播。1868年其前身《中国教会新报》创刊时，就在封面上印有"万事知为先"五个大字，反映了它对"传播知识"的重视。1874年改名为《万国公报》后，又在每一期的扉页附印一行说明："本刊是为推广与泰西各国有关的地理、历史、文明、政治、宗教、科学、艺术、工业及一般进步知识的期刊"，并标榜"以西国之文学广中国之文学，以西国之新学广中国之旧学"，表明了它对介绍"西学"的关心和重视。因其历时长久，卷帙浩繁，涉及西学的内容相当丰富，不但有关于西学著作的连载，而且消息报道、时事述评中亦有西学的内容。如在科学总论方面译载了培根的《格致新法》①、韦廉臣的《格物探源》、慕维廉的《格致新学》和林乐知的《格致源流说》。自然科学具体学科方面包括物理学、天文学、地理学、医学、农学等译作，如叶之圃的《电报节略》、慕维廉的《天文地理》、林乐知的《论日蚀》、德贞的《西医举偶》、李提摩太的《农学新法》等；社会科学方面有教育学、政治学、经济学、历史学、哲学等译作，像艾约瑟的《泰西诸国校塾》、《富国养民策》，狄考文的《振兴学校论》，花之安的《国政要论》，朱逢甲的《富国要策》，李提摩太的《论生利分利之别》、《三十一国志要》、《大同学》、《百年一觉》等。②伴随着这种对"西学"集中规模的介绍，社会主义学说也被其引进和介绍到了中国。

《万国公报》对于社会主义运动和学说的关注很早就开始了。1871年，该报前身《教会新报》曾经转载过有关巴黎公社的报道，登载有"官军戡乱，八万人入京，执其乱党六百人"的"新闻"。③1878年后，有

①《格致新法》，今译作"《新工具》"。

② 参见熊月之：《西学东渐与晚清社会》，上海人民出版社1994年版，第395—396页。

③ 转引自钟叔河：《从东方到西方——"走向世界丛书"叙论集》，岳麓书社2002年版，第150页。

关社会主义者、无政府主义者和虚无主义者的报道逐渐多了起来。5月，《万国公报》刊载了一则伦敦电讯称：“在法国有一个以不分贫富为主义的政党。”此后，《万国公报》频繁出现“赛会”和“赛党”这些词语，并用其来描述西方社会主义、无政府主义或反专制主义的派别。1889年《万国公报》复刊时，它在继续刊载关于无政府主义和民粹主义文章的同时，也发表关于西方劳工运动，特别是“五一”国际劳动节的鼓动及为争取八小时工作日而联合斗争等常见的报道。[①]1891年12月该报从第35期开始连载贝拉米著、李提摩太翻译的《回头看纪略》，描绘了一个人人平等、处处平等的空想社会主义社会。1892年1月该报第36期刊载了李提摩太翻译的《救世教益》，宣传其拯救世界的灵丹妙药，概言之即“养民”、“安民”、“新民”、“教民”四法。李氏认为，这“四法”是当今五洲中西大事之“四要”，一再著文论述，而且在中日甲午战争战败之际，以“新政策”为名上书清朝政府，作为兴利除弊的四条改革措施，足见李氏对其重视的程度。在论证“四要”中的第二件要事“安民”时，介绍了当时西方流行的社会主义观点，并以此作为自己的论据。1894年至1899年，该报刊载了英国传教士马林的《以地租征税论》、《再论以地征租之利》、《富民策》、《各家富国策辨》、《地工本之说》等文章，系统介绍了美国经济学家亨利·乔治的土地国有论及单一税论，等等。其中最著名的是1899年2月至5月该报第121至124期连载的、根据英国社会哲学家基德所著《社会进化》一书撰写的《大同学》。该书由李提摩太节言、蔡尔康编撰。[②]《社会进化》一书出版于1894年，作者的目的是要将非理性主义的宗教与生物进化学说结合起来。书中引用了大量的马克思的言论和其他社会主义流派的观点，其直接用意和藉以论证的观点是：要消除社会的分裂状态，必须求助于超理性的力量——宗教。以下重点对《回头看纪略》和《大同学》二书有关内容作一简要介绍。

《回头看纪略》译本先于1891年12月至1892年4月连载于《万国公

① 参见[美]伯纳尔著，丘权政、符致兴译：《一九〇七年以前中国的社会主义思潮》，福建人民出版社1985年版，第22—25页。

② 参见唐宝林主编：《马克思主义在中国100年》（修订版），安徽人民出版社1998年版，第55页。

报》，1894年广学会出版了此书的单行本，改名为《百年一觉》，发行2000册。本书的作者贝拉米是美国19世纪著名作家和空想社会主义者。原书是一部幻想小说，出版于1888年，书名*Looking Backward 2000—1887*，共28章，出版后风行一时，至1891年李提摩太着手翻译此书时已发行数十万册。它曾被翻译成德、俄、意、阿拉伯、保加利亚等多种文字，总共销售100万册以上，影响极其广泛。原书约16万字，李提摩太所译，只是其概略。为了叙述的方便，李提摩太在翻译此书时将原作第一人称的写法，改为第三人称，同时较好地保留了原作的基本精神。书中的内容说的是，一个美国人原本生活的现实社会，人与人之间存在着“贫富之分”和“智愚之判”，生产力落后，人们的物质和精神生活贫困，阶级阶层矛盾尖锐，到处都存在着“工匠停工与富户相争”的现象。书中主人公在1887年他30岁的那天，因病难以入睡，医生用一种奇妙的“入蛰”之法，使他昏然睡去，一觉醒来，已是公元2000年。这位美国人头脑中留存的是1887年以前的人、事、物，眼前出现的却是2000年的情况，时隔113年，人们的物质和精神生活都发生了巨大的变化。作者通过描述这种变化，加上自己的评论和感慨，表达了对人类未来社会的美好憧憬。书中述及的百年巨变，主要集中在物质生活、精神生活、社会关系等几个方面。物质生活包括衣、食、住、行的变化。从前街道狭窄，房屋简陋，衣食粗疏；现在街道宽敞，房屋精美，环境优雅，而且设施巧妙，技术先进，房屋均无烟筒，不烧煤木，全用电力，虽在夜晚，光明如同白昼，遇到雨天，不用雨伞雨鞋，只需手按一机，街道上立即撑起防雨器具，人行其中，如在巷内。社会产品极为丰富，人们的饮食均在饭店，交易无需货币，只需持有出入账簿等。精神生活方面，以前尔虞我诈，互相争斗，道德沦丧，犯罪者很多；现在人们道德高尚，十分文明，没有狱卒和囚犯，人们的文化生活极其丰富，随处可见形形色色的娱乐场所，各种娱乐设施齐全，供人选择和享用。社会关系、阶级关系方面，从前是等级森严，富户与工匠之间尖锐对立，工匠“劳苦如牲畜，所生之财，均归富户”，工匠与富户常常为工价而产生磨擦和争斗；现在已无贵贱之分，通国之人一律平等，各大企业均归国家办理，各行业尽归国家统辖，“所获利息，各工匠大众均分，不至有贫富不等”。社会上只有两种分工，“一作官，一作工”，21岁以前为读书、学习时期，21岁至45岁为作官作工时期，45岁以后为养老时期。劳力、劳心，各随本人志愿。男女平等，各展所长。用力之事，男子为之；轻松之事，女子为之。国家由按行业选举出来的“总办”管理，国君在已退位的45岁以上的“总办”中选举产生。总之，百年之间，一个不平等、不自由、不文明、恶浊的、混乱的、生产力低下的社会，变成了平等的、自由的、文明的、清明的、秩序井然的、生产力高度发达的社会。用书中的话说便是：昔日为民主之俗，此时“真所谓大同之世也”。①

《百年一觉》虽然是一部幻想小说，可它在清末社会主义传播过程中的作用却不可小视。与《富国策》和《佐治刍言》译本为了批驳空想社会主义而对其某些观点所作点滴摘录有很大不同，它是传入中国的第一部从正面介绍西方空想社会主义思想比较完整的译本。该书的发行量巨大、影响巨大，有人读后“为之舞蹈，为之神移”②；有人认为此书“极有理趣，勿以谰言轻之”③；有人赞扬书中“多叙养民新法”④。1898年光绪皇帝曾订购西书129种，其中就有《百年一觉》。当时中国思想界的许多著名人物，如梁启超、谭嗣同等都阅读过此书，而且受到了该书的影响。谭嗣同在《仁学》中概述此书内容时说：“千里万里，一家一人。视其家，逆旅也；视其人，同胞也。父无所用其慈，子无所用其孝，兄弟忘其友恭，夫妇忘其倡随。若西书中百年一觉者，殆仿佛《礼运》大同之象焉。”⑤《百年一觉》对于康有为的影响则更大。如果考察《大同书》，便会发现其主要的思想来源，一个是中国传统的大同思想，另一个就是西方的空想社会主义。虽然我们不能说《百年一觉》中所描述和展现的对未来社会的美好憧憬，是《大同书》空想社会主义唯一的思想之源，但是，正如康有为自己所说的“美国人所著《百年一觉》书，是大

① 参见熊月之：《西学东渐与晚清社会》，上海人民出版社1994年版，第410—411页。

② 孙宝瑄：《忘山庐日记》上册，上海古籍出版社1983年版，第97页。

③ 黄庆澄编：《中西普通书目表》卷2，木刻本，1898年，第17页。

④ 徐维则辑：《东西学书录》下册，石印本，1899年，第40页。

⑤《谭嗣同全集》（增订本）下册，中华书局1981年版，第367页。

同影子”[①]。另外，该书的基本写作手法，是将百年前后进行对比，批评旧时的落后、愚昧、丑恶，颂扬未来的先进、文明、美善，《大同书》采用的也是这种手法。这也从另一方面证明了《百年一觉》之于《大同书》的重要价值和意义。

《大同学》由《社会进化》一书的前四章节译而成，1899年2—5月连载于《万国公报》第121至124期，随后译者将原书十章全部译出，同年上海广学会校刊出版了单行本。从《大同学》的完整译本看，主要在第一、第三、第八章里涉及马克思及其学说。

第一章“今世景象”，载于1899年2月，重点叙述了当时资本主义社会存在的严重贫富不均的现象，并在此基础上介绍了国际工人运动领袖马克思。该章开篇对资本主义的发展进行了描述，说道“百年以前，五洲睽隔，寂寞荒寒，西被东渐，徒传虚语，今则轮声帆影，陆詟水慄，无远弗届，有感斯通。而且电线之长，以一京五兆里计，传消递息，万国比邻，利便斯民，莫可伦比”。然而，生产力的发展并未给人们带来幸福，相反却使贫富差距加大。“今世金银气重，压损愁眉，有财者富驾侯王，罔知餍足，无财者贫如乞丐，莫可告哀。且也乡闾务农之人，日见其少，城市佣工之子，日见其多。究之居肆以事成者，巧虽恃乎机器，力终出于工人。相彼百工，乃何可餬其一口乎?”越来越多的工人是“生利者也”，而“豪富之家，安坐而享其成，特所谓分利之人耳。分利之人日益富，生利之人日益贫，事之不平，孰甚于此?”[②]文中还对豪富们组织纠股公司，实行垄断，坐收“美利”的现象进行了揭露，指出：“富豪家更施一网打尽之计，一事也，独力不能胜，则合十百千万之众，尽力以霸占之，是曰纠股公司，工匠辈恒詈之为股盗。昔日，欧洲有大商局，肆行垄断之毒，众商呼之曰：局盗。又有世爵之家，怙势殃民，万民呼之曰：爵盗。今日之股盗，犹局盗也，犹爵盗也。工匠则茕茕孑立，生命悬于呼吸，坐视天下之美利，云驱风卷，以尽入于富室之贪囊。呜呼!天下之人，大抵不外二等耳：有一等之闲人，斯有一等之佣人；有一等

① 吴熙钊点校:《康南海先生口说》,中山大学出版社1985年版,第81页。

② 姜义华编:《社会主义学说在中国的初期传播》,复旦大学出版社1984年版,第35—36页。

篡位之人，斯有一等失位之人；有一等剧盗，斯有一等之事主。有志安民者，于此能了然于心，则孰当爱护，孰当惩创，自不烦言而解矣。”于是，形成了严重的贫富对立。但“物极必反，间有图泄其忿者”。更重要的是，工人联合起来举行罢工，“合众小工而成一大力，往往停工多日，挟制富室，富室竟一筹莫展。似此举动，较之用兵鸣炮，尤为猛厉”。[①]

在上述基础上，文中介绍了国际工人运动领袖马克思，指出：“其以百工领袖著名者，英人马克思也[②]。马克思之言曰：‘纠股办事之人，其权笼罩五洲，突过于君相之范围一国。吾侪若不早为之所，任其蔓延日广，诚恐遍地球之财币，必将尽入其手。然万一到此时势，当即系富豪权尽之时。何也？穷黎既至其时，实已计无复之，不得不出其自有之权，用以安民而救世。’所最苦者，当此内实偏重，外仍如中立之世，遥无安民新学者，以遍拯此垂尽之贫佣耳。”[③]

第三章“相争相竞之理”，载于1899年4月，主要思想是把生物进化中的优胜劣汰之理推演至人类社会，认为人类的可贵之处在于“相争相进之心”。由于今世之争远远甚于古代，因而带来诸多社会问题，有识之士为了解决这些问题提出了各种各样的学说。作者指出：“试稽近代学派，有讲求安民新学之一家，如德国之马客偲[④]，主于资本者也；美国之爵而治[⑤]，主于救贫者也；美洲又有拍辣弥[⑥]，主于均富者也（本广学会前译《百年一觉》[⑦]之书，即衍其义）；英国之法便[⑧]，尤以能文著。皆言：人隶律法之下，虽皆平等，人得操举官之权，亦皆平等（君主之国，无此权也），独至贫富之相去，竟若天渊。语语翔实，讲求政学家，至今终无以难之。”[⑨]这里再次提到马克思，并把马克思同宣扬土地国有、以

① 姜义华编：《社会主义学说在中国的初期传播》，复旦大学出版社1984年版，第36页。

② 在此将马克思误认为“英国人”。

③ 姜义华编：《社会主义学说在中国的初期传播》，复旦大学出版社1984年版，第36页。

④ 马客偲，今译为“马克思”，此处将前文中的“英国人”改正为“德国人”。

⑤ 爵而治，今译作“乔治”，即亨利·乔治。

⑥ 拍辣弥，今译作“贝拉米”。

⑦《百年一觉》，即贝拉米所著《回顾》。

⑧ 法便，今译作“费边”。

⑨ 姜义华编：《社会主义学说在中国的初期传播》，复旦大学出版社1984年版，第36—37页。

《进步与贫困》一书闻名的亨利·乔治，著有《百年一觉》的空想社会主义者贝拉米，英国奉行社会改良主义的费边，统统拉到一起，统称为“安民新学”一派，但明确指出了马克思学说的特色在于“主于资本”，明确告诉人们马克思的学说重视资本问题的研究。

第八章“今世养民策”中，再次谈到马克思、恩格斯及其学说。该章认为，“养民”是当今世界各国都谈论的“第一大题目”。在过去的150年间，只有英国“善讲养民”，其他国家皆不够重视，由此贫民深受其害，于是有“别求善法者”。行文至此，重点介绍了马克思、恩格斯的“养民”观点，指出：“德国讲求养民学者，有名人焉。一曰马克思，一曰恩格思[①]。又有美国人伯拉米者，即著《百年一觉》奇书者也。若辈立言大旨，非欲助世人更得新法，高于历代之法也，亦非借民力以教民新法也，惟欲除贫富相争之法。此法果除，觉百姓自无苦难，自然福祉日臻，坚强独立。人之闻其言者，大半觉相争之法，实为民祸之原。若辈所言，无可驳辨。”地球上有“一千五百兆人，每岁以生抵死，百人中必多一人。假如今年出一法，可以均财，人人皆可度日，但任人孳生如故，明年必又增一千五百万人。此辈衣食何来，不将又肇争端乎？”基于贫富之悬隔，“恩格思有言，贫民联合以制富人，是人之能自别禽兽，而不任人簸弄也。且从今以后，使富家不得不以人类待之也。民之贫者，富家不得再制其死命也。此言也，讲目下之情形，实属不刊之名论。”[②]这里依然把马克思、恩格斯的学说与贝拉米的空想社会主义混为一谈，同时也表露出该书作者对马克思、恩格斯养民之学的拒绝。

虽然《大同学》原著者和改编者的本义并非宣传马克思及其学说，对马克思、恩格斯思想的介绍也很不准确，有些地方误解和曲解严重，甚至拒绝马克思、恩格斯的学说。书中还存在着一些常识性的错误，如第一章中把马克思说成是英国人（第三章正确地说成为德国人），对恩格斯的译名前后文也不统一等，但在社会主义学说传入中国的过程中，该书

① 恩格思，今译作“恩格斯”。

② 林代昭、潘国华编：《马克思主义在中国——从影响的传入到传播》上册，清华大学出版社1983年版，第55—56页。

仍有一定的作用，是它较早地在中国境内出版的刊物上提到了马克思、恩格斯的名字，使中国人首次了解到马克思是“百工领袖”，“讲求安民之学”，而且是“主于资本者”。这样，在马克思主义诞生后约半个世纪，终于把世界无产阶级革命导师马克思、恩格斯及其学说展现到了中国人的面前。

第二章　清末民初资产阶级维新派与社会主义的传播

活跃在清末年间，以康有为、梁启超为代表的中国资产阶级维新派，是以建立君主立宪的资本主义为理想国的。由于当时西方国家已进入垄断资本主义阶段，无产阶级和资产阶级贫富悬隔，财富分配不公，社会问题突出，社会主义学说的影响不断扩大，所以他们在接受欧美和日本的政治思潮，开民智、鼓民力，实施救亡图存的活动中，开始了对社会主义的介绍、宣传和探讨，并不同程度地受到社会主义学说的影响，形成了自己对于社会主义独特的理解和看法。正是他们对介绍社会主义的努力，构成了清末民初政治思想史上研究和探讨社会主义问题的前奏。

一、《时务报》和《新民丛报》等对社会主义的报道

国人运用报刊、学会等媒介和社团倡言变革、培育骨干，始于康有为。以他为代表发动的政治改良运动在19世纪90年代发展到了高潮，而他们的政治活动就是以创办学术社团和报刊开始的。在整个戊戌维新运动时期，他们一共创办了30多种报刊，在扩大变法维新思想的影响、推动改良运动的开展等方面，起了很大的作用。《时务报》就是其中一个重要的舆论阵地。康有为指出："外国凡讲一学，必集众力以成之。……考天文则有天文之会，……考地理则有地理之会，……言矿学有矿学之会，言农学有农学之会，言商学有商学之会，言史学有史学之会。……故泰西国势之强，皆借学会之故。"[①]本着以开风气、以结同志的宗旨，1895年维新派在北京正式成立了第一个学会组织——强学会。这是中国资产

① 龙泽厚:《康南海先生四上书记》卷3,上海慎记书庄,光绪二十三年,第4—6页。

阶级改良派在国内建立的第一个政治团体，就其组织形式来看，已经具备政党的雏形，用梁启超的话说系“兼学校与政党而一之”[①]。1896年1月20日光绪皇帝迫于慈禧太后的压力，下令封闭了北京强学会的会所，查禁了该会的一切活动。不少会员“愤学会之停散，谋再振之”，决心“以报馆为倡始”，在全国范围内创办几个有影响的报刊，继续进行变法维新思想的宣传，《时务报》就是在这个时候创办起来的。其筹备工作始于1896年春天，运筹帷幄的是远在广东的康有为，具体负责的是曾任驻美国和新加坡领事的强学会会员黄遵宪。该报出版地在上海租界，旬刊，每期出二十余页，三四万字，从1896年8月到1898年8月，共出版了两年，六十九期。其发行主要对象，一是同情变法的政府官吏和具有资产阶级倾向的地主阶级知识分子，二是一般的资产阶级和小资产阶级知识分子。主笔是当时与康有为齐名的梁启超，曾在该报参与编撰工作的还有汪康年、麦孟华、徐勤、欧榘甲、章太炎等，积极为该报写稿的还有吴沈学、孙同康、张寿波、姚锡光、赵向霖、汪大钧、伍廷芳等人。初创时，该报每期只销售四千份左右，半年后增加至七千份，一年后达到一万三千份，最多时曾销售一万七千份，创了当时国内报纸发行数量最高的记录。

为适应资产阶级维新派变法的需要，《时务报》主要是根据西方资产阶级的政治学说，宣传自己的变法主张。它所发表的第一篇宣传维新变法思想的文章是梁启超的《变法通议》。这篇文章分十三小节，从创刊号登起，在《时务报》上连载了四十三期，系统地阐述了维新变法的必要性、紧迫性以及政治、经济、文化、教育等变革主张，成为资产阶级改良派带有纲领性的文件。其他的文章有徐勤的《中国除害议》，汪康年的《商战论》、《中国自强策》，麦孟华的《榷署议内地机器制造货物章程书》、《尊侠篇》，严复的《辟韩》，赵向霖的《开议院论》等。由于社会主义思潮在西方当时已有相当大的影响，所以《时务报》在主要刊登西方资产阶级政治学说，宣传变法维新思想的同时，也少量地登载了一些介绍社会主义运动的文章。其中有代表性的是：《社会党开万国大会》、

① 丁文江编：《梁任公先生年谱长编初稿》，台北世界书局1962年版，第26页。

《论英国机器制造各工匠停工事》等。

《社会党开万国大会》一文，原载于日本的《国民新报》。后由古城贞吉翻译，刊于1896年9月27日出版的《时务报》第六册上。文章的主要内容是介绍1896年召开的第二国际伦敦代表大会。文中写道："西七月三十一日，英京伦敦，万国社会党人等开大会[①]，推法国社会党代议员埃武亚利安为议长，美国社会党工人协会会员麻士武摩害亚为副长。聚议时，首及公学校之事，欲使小儿自入幼学院，以至大学，皆以公款办理，庶贫民皆得受高等教育也。又议定一禁例，凡十八岁以下之童子，不得使作夜工，又不论何等工业，一礼拜内作工时刻，不得过二十四时。末又讨论万国弭兵会之议，欲各国皆废常备兵，而遍兴斯会云。"[②]这是国内报纸较早地报道此次会议的情况。

《论英国机器制造各工匠停工事》一文，原载于1897年11月22日出版的《北中国每日报》，后刊于同年12月4日出版的《时务报》第47册上。1897年，伦敦机器制作业工人举行罢工，要求实行八小时工作制。企业主用同盟歇业的办法进行报复，并在全英开除25%的工人。结果，工人罢工扩大为整个机器制造业的总罢工，前后达三十个星期。该文对此次罢工的缘由、利害等作了较详细的介绍。文章指出："夫此次停工原由，实因各工匠立有公会，业已多年，颇事蓄储，专为一切公用，故敢有恃无恐，作此要挟之举；而各厂东则又欲乘此机会，灭却公会名目，使其无所凭籍，以免后来得步进步之虞。殊不知此事万无灭理，即使目前各工匠咸能听命，勉为革除，一旦开工，仍可重立。总之，查核英国律例，并无禁止工匠、不准加价之条。以若大之厂，用如许之人，而各厂东又有最大资本，不能未雨绸缪，忍气息事，致令闹至许久，不可收拾，殊属不成事体。闻当未决裂之先，议院以事烦未能兼顾，而商部曾出劝解，只因各厂主以商部富有资财，素不相能，以致未即和息。"至于工人罢工的危害，文章分析说："如不筹一调停之法，使之即日开工，恐英国国家，与别国订立合同承办之各件，均不能如期应付。既不应付，

---

① 指1896年第二国际伦敦代表大会。

② 《时务报》第6册，1896年9月27日。

则已订者尚虞其退，未订者安望其来？此项进益，为数不赀，势必尽为他国攘夺而去。是壅遏钱源，损伤商务，莫过于此。”①

另外，1897年11月1日出版的《译书公会报》第二册中，又载《时务报》所译日本《国民新报》的文章《弹压虚无党》一文，对欧洲无政府主义者进行了介绍。文章说：“欧洲有虚无党者，以决破贵贱之区别，均分财产，更建新政府为揭橥，植党巩固，持志坚强，视死如归，而举止秘密，其动机几不可端倪也。诸国常苦之。顷者，德、西二国会同协议，欲共讲弹压该党策，已照会英、美、瑞三国，将刻日集议于比国北律悉府②云。”③

《时务报》对社会主义的介绍和宣传，大多局限于西方国家开展的一些社会主义活动，而对社会主义的思想学说则少有涉及，即使是对社会主义活动的介绍，也很不完整和准确。这主要是因为《时务报》的编者们对社会主义认识水平有限，以及该报侧重于服务当时资产阶级维新变法的旨趣所致。

《时务报》的出版，在具有维新变法倾向的知识分子与统治阶级一部分不愿亡国灭种的人士中引起了很大的反响，受到了热烈的欢迎。有人称赞它所刊发的文章“议论精审”，使“草野为之歆动”，“虽天下至愚之人，亦当为之蹶然奋兴，横涕集慨而不能自禁”④。社会上一些同情维新运动的士大夫捐钱捐物支持该报的出版，仅创刊后半年收到的捐款，就达一万三千元。许多外地的维新党人还自动地担负起报纸的推销发行工作。正是因为这些原因，使得《时务报》在当时才有那么高的发行量。这一方面为维新变法营造舆论支持作出了贡献，另一方面也为更多的国人了解西方社会主义运动提供了帮助。

与《时务报》相比，在社会主义早期传播过程中，由维新派主办的另一份著名报刊——《新民丛报》的作用和贡献更大。《新民丛报》创刊于

---

①《时务报》第47册，1897年12月4日。

② 比国北律悉府，即比利时之布鲁塞尔。

③《译书公会报》第2册，1897年11月1日。

④ 参见方汉奇编著：《中国近代报刊史》，山西人民出版社1981年版，第83页。

1902年2月8日，出版地点在日本的横滨。每半月发行一期（从第二年以后，因多种原因就不大按期出版了，有时两三个月才出版一期），形式较精美，用白报纸印刷，封面有套色，文字前有图画和照片插页，纸张和装订都更接近现代杂志的样式。每期约五万字，四十页至一百页不等。第一号出版于1902年2月8日，最后一号出版于1907年11月20日，前后历时近六年，由于经常不能按期出版，所以实际上只出足了四年，一共刊行了九十六号。一万元的开办费由冯紫珊、黄为之、邓荫南、陈侣笙、梁启超等分头向旅日侨商筹措，以冯紫珊为名义上的发行人，实际主编人和主要撰稿人是梁启超。1902年5月，梁启超在给康有为的信中说："自开《新民丛报》后，每日属文以五千言为率，因此窘甚。"①先后协助梁启超担任编辑工作的有蒋智由、韩文举、麦孟华、马君武、罗孝高、蒋百里等人，经常撰稿的除编辑人员外，还有狄平子、周宏业、张东荪、蔡锷、黄遵宪等。编辑上借鉴了日本杂志的一些做法，除辟有"本馆论说"、"时论译录"、"中外近事"等栏目外，还设有"学术"、"绍介新著"、"问答"、"饮冰室师友论学笺"等栏目。"学术"和"绍介新著"是为了介绍和传播新知识；"问答"和"饮冰室师友论学笺"是为了回答读者提出的有关政治时事、学术思想等方面的疑难问题，便于同道之间就共同感兴趣的问题各抒己见、互相探讨，以加强报纸和读者的联系，扩大报纸的影响。该报一出版就很畅销，创刊号印了四次，以后各期也"皆须补印"，机器"每夜皆开至三四点钟且犹不及"，创刊不久就发行至五千份，最高发行达一万四千份。除在日本发行外，在国内的江苏、浙江、安徽、湖南、湖北、江西、广东、四川、福建、山东、天津、上海等省市，和国外的朝鲜、越南、澳洲、美国、加拿大等地，均设有销售处，有的还传到了欧洲。《新民丛报》是这一时期资产阶级改良派最主要的舆论阵地，也是当时最有影响的代表性刊物。

《新民丛报》，取名"新民"，在创刊号《本报告白》中宣称其宗旨有三条："一、本报取大学新民之义，以为欲维新吾国，当先维新吾民。中国所以不振，由于国民公德缺乏，智慧不开，故本报专对此病而药治之。

① 丁文江编：《梁任公先生年谱长编初稿》，台北世界书局1962年版，第253—254页。

务采合中西道德以为德育之方针，广罗政学理论以为智育之本原。二、本报以教育为主脑，以政论为附从。但今日世界所趋重在国家主义之教育，故于政治，亦不得不详。惟所论务在养吾人国家思想，故于目前政府一二事之得失，不暇沾沾词费也。三、本报为吾国前途起见，一以国民公利公益为目的，持论务极公平，不偏于一党派；不为灌夫骂座之语，以败坏中国者，咎非专在一人也；不为危险激烈之言，以导中国进步当以之渐也。”[①]这里所说的“当先维新吾民”、“务采合中西道德”、“以教育为主脑”等，就是要大力介绍西方资产阶级的新思想新文化，以启蒙“吾民”。这里所说的“于目前政府一二事之得失，不暇沾沾词费也”，“不为危险激烈之言，以导中国进步当以之渐也”等，就是在政治上仍然坚持改良主义。因此，《新民丛报》所着重宣传的仍然是保皇和改良。它认为“导中国进步当以渐”，“渐”的渠道，在“教育”，在“开民智”，在“新民”。“新民”出于《大学》的“大学之道，在明明德，在亲民，在止于至善”。这里的“亲”应为“新”，即革新、弃旧图新。“亲民”有教育人民使之日新的意思，这也是《新民丛报》命名的用意所在。要挽救中国于水火，只有用教育和开民智的手段改造人民的素质，达到“新民”的目的，才是“中国第一急务”。这是《新民丛报》宣传的中心思想。既然要“新民”，要进行“开民智”的教育，各种新思想、新学说、新知识的介绍就成为该报宣传的重要内容。从政治、军事、经济、哲学、法律、历史、地理、宗教到实业、文学、科学、教育，《新民丛报》几乎无所不及，被其作专文介绍的西方学者就有培根、笛卡尔、达尔文、孟德斯鸠、卢梭、边沁、颉德、亚里士多德、康德、黑格尔、弥勒约翰、圣西门、伯伦知理等十几个人，社会主义学说也就是在这种对西方资产阶级思想学说较大范围和较大规模的介绍和宣传中被其传引到中国的。

在《新民丛报》上发表的介绍和讨论社会主义的文章主要有：第十七号的《干涉与放任》，第十八号的《进化论革命者颉德之学说》，第三十一号的《圣西门之生活及其学说》、《佛礼儿学说》，第四十、四十一号的《论俄罗斯革命之影响》、《论俄罗斯虚无党》，第四十一、四十三号的

① 丁守和主编：《辛亥革命时期期刊介绍》第1集，人民出版社1982年版，第142页。

《二十世纪之巨灵托辣斯》，第四十六至四十八号合刊的《中国之社会主义》，第八十六号的《驳孙文演说中关于社会革命论者》，第八十九号的《社会主义论序》等。由于这些文章大多出自梁启超之手，还有一些由资产阶级革命派代表人物所作，所以对其有关内容在此不作介绍，后文将在梁启超著文介绍社会主义一节以及其他章节中作专门的论述。

在革命派的报刊宣传工作还没有很好开展起来以前，《新民丛报》的出版发行，在当时不仅受到了资产阶级改良派的欢迎，而且也受到了不少资产阶级革命派人士的欢迎。国内湖北等地的日知会等革命组织和一些革命书报社，曾经把《新民丛报》介绍给他们所联系的群众，作为引导其进步的启蒙读物，有的新式学堂还把《新民丛报》“学说”栏的一些文章选为教材范文。废除八股考试策论以后，一些参加科举的生员又把《新民丛报》当成他们应试的《小题文三山合稿》，致使《新民丛报》在一个时期内成为国内最畅销的报纸。不少资产阶级革命派人士，如朱执信、柳亚子等曾经从该报中汲取了不少营养。有些无产阶级革命家在年轻时代也曾是该报的热心读者。如在湘阴东山小学学习时期的毛泽东回忆当初的情况时说，他曾把早期出版的《新民丛报》“读了又读，直到差不多背得出来”。在四川威远求学的吴玉章说，当时也“非常爱读它们”。在上海南洋公学中学部学习时期的邹韬奋，则是“几本几本的借出来看，简直看入了迷”。[①]基于此，在当时情境下《新民丛报》对于社会主义初期传播的贡献要比《时务报》等其他报刊显得更为突出一些。

总之，《时务报》和《新民丛报》作为当时资产阶级维新派两个最重要的大众传播媒介，很好地承担了介绍和传播西方和日本资产阶级新思想、新学说、新知识的重任，同时它也为中国人提供了当时在西方和日本“方兴未艾”的社会主义运动和学说的新讯息。由于作为大众传媒的《时务报》和《新民丛报》与一般的个人传播相比，具有生产规模大且受众范围广等特征，因此这种传播的影响更明显，作用也更大。

① 参见方汉奇编著:《中国近代报刊史》,山西人民出版社1981年版,第197—198页。

二、康有为《大同书》中的社会主义理想

康有为（1858—1927），广东南海人，原名祖诒，字广厦，号长素，又号更甡，中国杰出的资产阶级改良主义政治家、思想家和理论宣传家，戊戌维新运动的发起者和领导人，为近代中国变革和思想启蒙作出了重要贡献，与洪秀全、严复、孙中山并列，是中国共产党诞生以前向西方寻求真理的“先进的中国人”[①]代表之一，一生著述丰富，但从这些著述看，很难见到康有为直接谈论和传播社会主义的文字，可又不能否认的是，他确实受到了西方社会主义思想的影响，并在社会主义传播过程中起着重要的作用。梁启超曾经说过，他老师的哲学，是博爱派哲学、主乐派哲学、进化派哲学、社会主义派哲学，[②]实际上，九九归一，是社会主义哲学。如果说，梁启超是用直接讨论社会主义的文字来介绍和传播社会主义的，那么康有为则是将其对于社会主义学说的理解融入其《大同书》中，并通过《大同书》来展现和传播其社会主义思想。

贯通中西的《大同书》酝思较早，而正式成书较晚。康有为自称早在1884年就开始“演大同之义”，1885年就“手定大同之制，名曰《人类公理》”，便由此步入构建人类大同世界的艰苦之旅。康有为在广州、桂林讲学时，曾向他的学生口授过大同之学，但原稿秘不示人。梁启超叙述《大同书》的成书经过时说：“先生演《礼运》大同之义，始终其条理，折衷群圣，立为教说，以拯浊世。二十年前，略授口说于门弟子。辛丑、壬寅间，避地印度，乃著为成书。启超屡乞付印，先生以今方为国竞之世，未许也。”[③]从梁启超的叙述看，康有为的大同思想在戊戌变法前已基本形成。戊戌政变后，康有为在海外流亡期间，周游欧美诸国，亲眼目睹了西方资本主义国家的社会危机，又接触到了西方19世纪的空想社

---

①《毛泽东选集》第4卷，人民出版社1991年版，第1469页。

② 参见梁启超：《南海先生传》，夏晓虹编：《追忆康有为》，中国广播电视出版社1997年版，第16—18页。参见张汝伦：《现代中国思想研究》，上海人民出版社2001年版，第249页。

③《康南海先生诗集》卷1，《延香老屋诗集》，上海广智书局1911年版，第1页，《大同书成题词》梁启超按语。

会主义，使他有条件对原先的大同思想作若干修改和补充，并于1901年至1903年“避地印度”时，最终完成了《大同书》的撰写工作。全书共十三卷，约二十万字，分为十部、五十六章，内容集中，题目新颖：甲部《入世界观众苦》，乙部《去国界合天地》，丙部《去级界平民族》，丁部《去种界同人类》，戊部《去形界保独立》，己部《去家界为天民》，庚部《去产界公生业》，辛部《去乱界治太平》，壬部《去类界爱众生》，癸部《去苦界至极乐》。1913年，《不忍》杂志发表了其中甲、乙两部。1919年，上海长兴书局将甲、乙两部合刊印成单行本，冠以《大同》之名。康有为在自序中说：“此书有甲乙丙丁戊己庚辛壬癸十部，今先印甲乙两部……余则有待也。”[①]弟子们一再坚请付梓，均被康所拒，以致终其生未能全部行世，直到1935年，即康有为去世后八年，经他的弟子钱定安校订，才出版了全书。1956年，古籍出版社（北京）根据康氏家族藏抄本，并参照已刊本校订重印了《大同书》，在当时是该书最好的版本。改革开放后，1985年江苏古籍出版社以宣纸珂罗版将其影印出版，2010年又出版了由姜义华、张荣华编校的版本[②]。《大同书》的第一部分带有“总论”的性质，叙述人世间现实的或想象的各种苦难，其余九个部分主要是探寻苦难根源，从所谓“九界”入手，分别阐述了去除九种界限后的人类美好境界，也就是本书所描绘的“大同世界”。以下将《大同书》的主要思想作一简单介绍。

《大同书》中所呈现的康有为的大同思想是以变易进化的历史观为基础的。他把西方资产阶级的进化论和公羊三世说糅合在一起，论述历史进化的道理。他指出：“人道进化，皆有定位，自族制而为部落，而成国家，由国家而成大统；由独人而渐立酋长，由酋长而渐正君臣，由君主而渐至立宪，由立宪而渐为共和；由独人而渐为夫妇，由夫妇而渐定父子，由分子而兼锡尔类，由锡类而渐为大同，于是复为独人。盖自据乱进为升平，升平进为太平，进化有渐，因革有由，验之万国，莫不同风。……孔

① 转引自林克光：《革新派巨人康有为》，中国人民大学出版社1990年版，第347页。

② 姜义华、张荣华编校的《大同书》2010年由中国人民大学出版社出版。

子之为春秋，张为三世，……盖推进化之理而为之。”[①]也就是说，人类历史是由低级向高级发展的，其顺序是，由“据乱世”而“升平世”而“太平世”，即由君主专制到君主立宪，再到民主共和，最终达到最理想的大同世界。正如《礼记·礼运》著录的孔子告诉子游的那段话一样：“大道之行也，与三代之英，丘之未逮也，而有志焉。大道之行也，天下为公，选贤与能，讲信修睦。故人不独亲其亲，不独子其子；使老有所终，壮有所用，幼有所长，矜寡孤独废疾者皆有所养；男有分，女有归。货恶其弃之于地也，不必藏于己；力恶其不出于身也，不必为己。是故谋闭而不兴，盗窃乱贼而不作，故外户不闭，是谓大同。”

康有为的《大同书》在深刻揭示人间苦难的基础上，颇为详尽地叙述了“大同之世”的经济基础、政治原则、社会结构、文化教育以及家庭、妇女、道德等各方面的内容，具体描述了一幅乌托邦理想社会的美丽图景。

第一，《大同书》在“入世界观众苦”中，对人间“据乱世”种种痛苦进行了具体的描述。书中指出，“人道之苦无量数不可思议”[②]。人生之苦有七（投胎、夭折、废疾、蛮野、边地、奴婢、妇女），天灾之苦有八（水旱饥荒、蝗虫、火焚、水灾、火山、屋坏、船沉、疫疠），人道之苦有五（鳏寡、孤独、疾病无医、贫穷、卑贱），人治之苦有五（刑狱、苛税、兵役、有国、有家），人情之苦有八（愚蠢、仇怨、爱恋、牵累、劳苦、愿欲、压制、阶级），人所尊尚之苦有五（富人、贵者、老寿、帝王、神圣仙佛）。造成人世间种种苦难的根源有三：一曰天生，二曰人为，三曰自作。而其总根源在于“妄生分别”，如等级差别、贫富差别、家庭差别、男女差别、宗教差别、人种差别等，由此而造成了人类无穷无尽的苦恼。康有为对上述种种“苦道”，“思有以救之”。如何救？他认为，既然人类种种“苦道”的总根源在于“分别”，则根治之法，在“惟行大同太平之道”[③]。所以，他主张改良国家、改良家族、改良社会，演

①《论语注》。

② 康有为：《大同书》，古籍出版社1956年版，第8页。

③ 康有为：《大同书》，古籍出版社1956年版，第8页。

奏出了一曲普救之术的畅想曲。他认为，只要人智日开，艺术日精，就可战胜天生的苦恼；只要公德日进，政事日修，就可战胜人为的苦恼；只要理想日高，智慧日大，就可战胜自作的苦恼。

第二，《大同书》中提出了废除私有财产，实行财产公有的要求，并向人们描绘出了一个具有高度物质文明和精神文明的社会。该书在“去产界公生业”中提出：“农不行大同则不能均产而有饥民”，“工不行大同则工党业主相争，将成国乱”，“商不行大同则人种生诈性而多余货以殄物”，而“今欲致大同，必去人之私产而后可；凡农工商之业，必归之公”。具体来说，农业要实行“公农”，即“举天下之田地皆为公有，人无得私有而私买卖之”[①]；工业要实行“公工”，即“大同世之工业，使天下之工必尽归于公，凡百工大小之制造厂、铁道、轮船皆归焉，不许有独人之私业矣”[②]；商业要实行“公商”，即“大同世之商业，不得有私产之商，举全地之商业皆归公政府商部统之”。商部的主要职责是，“核全地人口之数，贫富之差，岁月用品几何，既令所宜之地农场、工厂如额为之，乃分配于天下”[③]。康有为认为，大同世界是建立在高度发达的物质文明基础之上的，这是《大同书》不同于《天朝田亩制度》的地方。它描述这个世界时说：“若工事之精，制造之奇，汽球登天，铁轨缩地，无线之电渡海，比之中古有若新世界矣；商运之大，轮船纷驰，物品交通，遍于五洲，皆创数千年未有之异境。”[④]城乡差别已不复存在，“深山、穷谷、绝岛、深箐无不大通，视同都邑”[⑤]。人们的物质生活极为美满，衣食住行都是尽善尽美。衣则“裹身适体，得寒暑之宜，藏热反光，得养生之要”[⑥]；食则“渐取精华而弃糟粕”，“凡血精皆不走漏”，“故人愈寿”[⑦]；住则“大同之世，人人皆居于公所”，即使下等的住室也

① 康有为：《大同书》，古籍出版社1956年版，第234—240页。

② 康有为：《大同书》，古籍出版社1956年版，第246页。

③ 康有为：《大同书》，古籍出版社1956年版，第249页。

④ 康有为：《大同书》，古籍出版社1956年版，第234页。

⑤ 康有为：《大同书》，古籍出版社1956年版，第264页。

⑥ 康有为：《大同书》，古籍出版社1956年版，第297页。

⑦ 康有为：《大同书》，古籍出版社1956年版，第296页。

是“珠玑金碧，光彩陆离，花草虫鱼，点缀幽雅”[①]；行则“水有自行之舟，陆有自行之车”，“其速率比于今日者或百千倍焉”[②]。人们“安乐既极，惟思长生”[③]。那时，“机器日新，足以代人之劳”，每天只需工作二三小时，其余时间则可“游乐以养魄，读书以养魂”[④]。劳动成为生活的乐趣，“不过等于逸士之灌花，英雄之种菜，隐者之渔钓，豪杰之弋猎而已”[⑤]。生产力的飞跃发展，为科学文化的进步打下了坚实的物质基础，文化与科学技术的发达，又是生产力发展的必要前提。由此，《大同书》强调，大力发展学校教育是大同世界进步的巨大推动力。书中指出：“太平世以开人智为主，最重学校。自慈幼院之教至小学、中学、大学，人人皆自幼而学，人人皆学至二十岁，人人皆无家累，人人皆无恶习，图书器物既备，语言文字同一，日力既省，养生又备，道德一而教化同，其学人之进化过今不止千万倍矣。”[⑥]总之，在这个社会中，无一业不设专门，无一人不有专学，人人都受过良好的专业训练，人人都有高度的文化修养，风度翩翩，道德高尚，视人如己，不分畛域。“当太平之世，人性既善，才明过人，惟相与鼓舞踊跃于仁智之事；新法日出，公施日多，仁心日厚，知识日莹，全世界人共至于仁寿极乐善慧无边之境而已，非乱世之人所能测已”。[⑦]

第三，《大同书》在主张实行公有制的基础上，强调要坚持计划经济和按劳分配的原则，并充分肯定工人的崇高地位。书中强调在所有制问题解决之后，农部、工部、商部都必须按人口的需要和各地的物产情况制订相应的计划进行生产、运输和消费。商部根据全国人民的需要制订生产计划，并根据各地生产条件和能力按比例定额分配给各地政府生产和销售各种农林产品、畜牧产品、渔盐产品、机器和矿产品等。工部则

① 康有为:《大同书》,古籍出版社 1956 年版,第 294 页。
② 康有为:《大同书》,古籍出版社 1956 年版,第 295 页。
③ 康有为:《大同书》,古籍出版社 1956 年版,第 300 页。
④ 康有为:《大同书》,古籍出版社 1956 年版,第 248 页。
⑤ 康有为:《大同书》,古籍出版社 1956 年版,第 245 页。
⑥ 康有为:《大同书》,古籍出版社 1956 年版,第 278 页。
⑦ 康有为:《大同书》,古籍出版社 1956 年版,第 277—278 页。

根据商部核定的工业品的种类和数量，制订精确的计划，下达给各地的工厂如数制造，进而使“是以地无遗利，农无误作，物无腐败，品无重复余赢”[①]。在大同世界中实行工资制和按劳分配，把“禁懒惰”列为四禁的第一条，反对不劳而获。按照人们的资历、才能、劳动成果和对社会的贡献，发放等级不同的工资，“自农夫、渔牧、矿工，各视其材之高下，阅历之深浅，以为工价之厚薄，略分十级”，即使是工资最低的人，也必须达到丰衣足食的标准。由于大同世界是建立在高度发达的生产力基础之上的，所以“举国凡士、农、商、邮政、电线、铁路，无非工而已”[②]。“夫野蛮之世尚质，太平之世尚文。尚质故重农，足食斯已矣；尚文故重工，精奇瑰丽，惊犹鬼神，日新不穷，则人情所好也。故太平之世无所尚，所最尚者工而已；太平之世无所尊高，所尊高者工之创新器而已；太平之世无所苦，所为工者乐而已矣。”故而“太平之世，工最贵，人之为工者亦最多，待工亦最厚”[③]。

第四，《大同书》中所描述的大同世界，是一个没有阶级、没有国家、人人平等的社会。书中写道：“当太平之世，既无帝王、君长，又无官爵、科第，人皆平等，亦不以爵位为荣，所奖励者惟智与仁而已。”[④]“大同无邦国故无有军法之重律，无君主则无有犯上作乱之悖事，无夫妇则无有色欲之争，奸淫之防，禁制、责望、怨怼、离异、刑杀之祸，无宗亲兄弟则无有望养、责善、争分之狱，无爵位则无有恃威、怙力、强霸、利夺、钻营、佞谄之事，无私产则无有田宅、工商、产业之讼，无尸葬则无有墓地之讼，无税役、关津则无有逃匿、欺吞之罪，无名分则无欺凌、压制、干犯、反攻之事。除此以外，然则尚有何讼，尚有何刑哉！我思大同之时，或有过失而必无罪恶也。”[⑤]也就是说，在太平之世，人人平等，没有什么臣妾奴隶，也没有什么君主统领，人人和睦相处，过着平等而富裕的生活，差别虽有，但并不悬殊。大同世界，没有国家。

---

① 康有为:《大同书》,古籍出版社1956年版,第246页。

② 康有为:《大同书》,古籍出版社1956年版,第248页。

③ 康有为:《大同书》,古籍出版社1956年版,第247—248页。

④ 康有为:《大同书》,古籍出版社1956年版,第275页。

⑤ 康有为:《大同书》,古籍出版社1956年版,第283页。

"诸国并立，则强弱相并，大小相争，日役兵戈，涂炭生民，最不宁哉！"[①]"及有国，则争地争城而调民为兵也，一战而死者千万。"[②]古今中外的兵灾战乱均由"国界之立"所致，所以要"去国界而合大地"，而且"国界进化，自分而合，乃势之自然"[③]，"欲去国害必自弭兵破国界始"[④]。而此，又要经过一个过程，即"先自弭兵会倡之，次以联盟国纬之，继以公议会导之"[⑤]。国家一定要废除，这又需要经历循序发展的三个步骤："有各国平等联盟之体；有各联邦自行内治而大政统一于大政府之体；有消除邦国之好域，各建自立州郡而统一于公政府之体。"而且"此三体，皆因时势之自然以为推进，而不能一时强合者也"，即第一步实行各国平等联盟。这时各国彼此独立，主权在各国，由于利益的不同，必然发生纷争，所以必须"订盟弭兵"，并通过弭兵之联盟，结成平等之联盟。这种各国平等联盟的政体为"大同基始"的据乱世之制，是达到大同世界的起点。第二步是实行联邦自治，设立公议政府，即大政府。公议政府有各联邦国组成，不设总统，只设议员，议员由各国选派，其任务是议定各国公律，裁定各国交涉，平定各国关税，统一度量衡，统一语言文字等。公议政府最主要的任务和职责是弭各国之兵争，各国兵械数目必须报公议政府，公议政府设有公兵公律并岁议减兵之法，各国不得缔结秘密条约。这是大同渐行的升平世之制。在建立公议政府的同时，各联邦国政府应努力发展地方自治，逐渐下放国家权力直至其消失。理想的地方自治逐渐演进，即可达到第三阶段太平世。第三步是实行太平世之制，即消除邦国界域，把世界联合成统一体，建立一个世界范围的公政府。这时的公政府是单纯的社会经济文化管理机关，已没有军队，没有战争，"刑措不用，囚狱不设"[⑥]，"无邦国，无帝王，人人相亲，人

① 康有为：《大同书》，古籍出版社1956年版，第54页。
② 康有为：《大同书》，古籍出版社1956年版，第55页。
③ 康有为：《大同书》，古籍出版社1956年版，第69页。
④ 康有为：《大同书》，古籍出版社1956年版，第68页。
⑤ 康有为：《大同书》，古籍出版社1956年版，第70页。
⑥ 康有为：《大同书》，古籍出版社1956年版，第34页。

人平等，天下为公，是谓大同”[①]，是谓“太平世”。康有为的上述思想还集中反映在他所编制的《公政府大纲》十三条之中：(1) 岁减各国之兵，每减必令各国同等，减之又减，以至于无。(2) 各国之兵既减废尽，公兵亦可减汰，及于无国，然后罢兵。(3) 废除帝王君主等世袭爵号。(4) 永远删除“国”这一文字，可改之为“州”或为“界”。(5) 分大地为十洲：欧罗巴洲、东亚洲、北亚洲、中亚洲、西亚洲、南美洲、北美洲、中美洲、澳洲、阿非利加洲。(6) 每州皆去国名，可分为数十界。(7) 分大地南北为百度，东西亦为百度。(8) 全世界纪元以大同纪年，不得以教主及君主私自纪年。(9) 统一全地球度量衡，不得有异制异名。(10) 全世界数目皆以十进位。(11) 全地球语言文字皆当同，不得有异言异文。(12) 凡定历，皆以地为法。(13) 大同之世，全地纪元从西历一九〇一年起始。

第五，《大同书》所描述的大同世界，是一个没有任何束缚的，废除了家庭、实现了男女平等、绝对独立自主的个人自愿结合的共同体。康有为在“去家界为天民”中认为，现实社会的家庭是人类苦难的一大根源，要实现理想的大同世界，必须消灭禁锢人们的家庭封闭模式，实行男女一切平等，形成一种新型的人际关系和男女关系。他指出，家庭有十四条公害：“一、风俗不齐，教化不一，家自为俗，则传种多恶而人性不能善。二、养生不一，疾病者多，则传种多弱而人体不健。三、生人养人不能皆得良地，则气质偏狭而不得同进于广大高明。四、自生至长不能有学校二十年齐同之学，则人格不齐，人格不具。五、人之终身非日日有良医诊视一次，则身体怀疾。六、人人自生至长不皆驱之于学校，则为无化半教之民。……无家而归学校以育人，太平之世也；有学有家以育人者，升平之世也；全由其家以育人者，据乱之世也。七、入学而不舍家全入，则有杂化而不齐同。盖人自为教，家自为学，则杂隘已甚，未有能广大高明纯全者也。八、因有家之故，必私其妻子而不能天下为公。九、因有家之故，养累既多，心术必私，见识必狭，奸诈、盗伪、贪污之事必生。十、有私狭、奸诈、盗伪、贪污之性相扇相传，人种必

① 康有为：《大同书》，古籍出版社1956年版，第71页。

恶而性无由善。十一、人各私其家，则不能多得公费以多养医生，以求人之健康，而疾病者多，人种不善。十二、人各私其家，则无从以私产归公产，无从公养全世界之人而多贫穷困苦之人。十三、人各私其家，则不能多抽公费而办公益，以举行育婴、慈幼、养老、恤贫诸事。十四、人各私其家，则不能多得公费而治道路、桥梁、山川、宫室，以求人生居处之乐。”[①]所以，“家者，据乱世人道相扶必需之具，而太平世最阻碍之大害也”，一定要废除，即所谓“欲至太平必在去家”。康有为还说：“夫欲人性皆善，人格皆齐，人体得美，人格皆具，人体皆健，人质皆和平广大，风格道化皆美，所谓太平也。然欲致其道，舍去家无由。故家者，据乱世、升平世之要，而太平世最妨害之物也。以有家而欲至太平，是泛绝流断港而欲至于通津也。不宁唯是，欲至太平而有家，是犹负土而浚川，添薪以救火也，愈行而愈阻矣。故欲至太平独立性善之美，惟有去国而已，去家而已。”[②]废除家庭，首先要彻底抛弃封建伦常的束缚，真正做到男女平等，各自独立，这是天赋予每个人的权利。“人皆天所生也，故人人皆直隶于天”，“男女皆平等独立”，结婚不为夫妇，“只许订岁月交好之和约”，如此六十年，全世界就没有家庭了，家庭既灭，消灭国家，实现大同也就容易了。对于康有为废除家庭的思想，梁启超曾有评论：《大同书》“全书数十万言，于人生苦乐之根原善恶之标准，言之极详辩，然后说明立法之理由。其最要关键，在毁灭家族。有为谓佛法出家，求脱苦也，不如使其无家可出；谓私有财产为争乱之源，无家族则谁复乐有私产；若夫国家，则又随家族而消灭者也。有为悬此鹄为人类进化之极轨”[③]。为了达到人人平等的理想，康有为还提出了“去级界平民族”和“去种界同人类”的主张。他认为，“人类之苦不平等者，莫若无端立级哉！”[④]至于“级界”，他认为有三种：一曰贱族，二曰奴隶，三曰妇女。这种不平等的等级不仅违反了公理，而且有害于人类的发达，

① 康有为：《大同书》，古籍出版社1956年版，第189页。

② 康有为：《大同书》，古籍出版社1956年版，第190—191页。

③ 梁启超：《清代学术概论》，中国人民大学出版社2006年版，第203页。

④ 康有为：《大同书》，古籍出版社1956年版，第108页。

所以必须废除等级制和奴隶制，免除所有的奴婢，以及蛋户、乐户、倡优、皂隶等品流，一律还为平民。康有为认为，欲合人类平等大同，必须自人类之形状、体格相同始，因为不如此，则人类礼节、事业、亲爱自不能相同。如何来改良人种，康有为提出了四种方法：一曰“迁地之法”，即大同公政府将不同的人种迁往不同地点实行“杂居”，改善气候条件和生活环境；二曰“杂婚之法”，即大同公政府奖励不同肤色人种通婚；三曰“改食之法”，即大同公政府提倡改变饮食，进而改变人种形色；四曰“沙汰之法”，即对个别性情太恶、形貌太丑之人，由医生服断嗣之药以绝其种。由此一来“行化千年，全地人种，颜色同一，壮貌同一，长短同一，灵明同一，是为人种大同。合同教化，其在千年乎！其在千年乎！当是时也，全世界人皆美好，由今观之，望若神仙矣”[①]。

从以上五个方面的内容可以看出，《大同书》给我们所展示的大同世界，不仅是一个自由民主、平等博爱、文明极乐的远景，也是对人类公理、正义、平等、自由的向往，同时又是对旧世界一切罪恶的控诉。它诉说了广大人民内心的痛苦和灾难，并给予了广泛的同情，反映了新兴资产阶级和广大人民摆脱苦难、摆脱帝国主义和封建主义的压迫和奴役，热烈追求美好未来的共同愿望。很显然，这个世界不是资本主义的，而是社会主义或共产主义的，也就是说，书中所提出的“大同之世”的主要原则和主要内容是社会主义性质的。这表明，康有为已把西方社会主义思潮引种在自己的学说之中，只不过它还不是马克思主义的科学社会主义。他所设计的“大同世界”是他基于儒家的“不忍人之心”的博爱观，依据《春秋》公羊三世说和《礼运》“小康”、“大同”说，西方资本主义的进化论和空想社会主义的某些片断，杂糅而成的“理想国”，是空想社会主义所描述的美好“乐园”，而这种“乐园”的美妙程度丝毫不亚于西方人构想的“乌托邦”。恩格斯在评价欧洲三大空想社会主义者的历史地位时曾经指出：“让杜林之流著作界的小贩们去一本正经地挑剔这些现在只能使人发笑的幻想吧！让他们去宣扬自己的清醒的思维方式优越于这种‘疯狂的念头’吧！使我们感到高兴的，倒是处处突破幻想的外

① 康有为:《大同书》,古籍出版社1956年版,第67页。

壳而显露出来的天才的思想萌芽和天才的思想，而这些却是那班庸人所看不见的。”[①]康有为《大同书》无疑包含着恩格斯所言的“天才的思想萌芽和天才思想”，只不过在当时的社会历史条件下，这种“大同”乐园还是一种乌托邦的空想。正如毛泽东在《论人民民主专政》中所说：“康有为写了《大同书》，他没有也不可能找到一条到达大同的路。”[②]

前文已经说过，康有为没有留下直接谈论社会主义的文字，但又确实受到了当时流行的社会主义思潮的影响，而且是通过其所著的《大同书》来展现和传播社会主义的。这里留下的问题：一是他大致在什么时候受到社会主义思潮的影响，有无证据？二是怎样理解《大同书》在传播社会主义学说中的作用？对于这两个问题的回答，实际上涉及本章所以专列本节的基本缘由。从康有为的早期著述看，他很早就对传入中国的西学有浓厚兴趣，也曾运用这些西学知识探索人类社会建立怎样的公理秩序与公法规则，这是《大同书》的雏形，但在戊戌变法以前的文字中，几乎没有看到涉及西方社会主义的文字记录。这表明他在这一时期，要么未曾接触零星传入中国的有关西方社会主义思想资料，要么有所接触，也是浅尝辄止，或者尚未认识其价值。不过，这种情况在戊戌变法失败后有了改变。据马洪林先生所著《康有为大传》中反映，康有为在维新变法失败后流亡海外，曾三次到过日本。第一次是1898年10月24日，至1899年4月3日离开，前后约有5个月；第二次为1899年10月，因系去香港看望生病的母亲，只在神户作短暂的停留；第三次是1911年6月起，前后在日本居住达两年半之久。1900年2月1日，康有为由香港赴新加坡，正式接受英国保护，8月9日英国驻新加坡总督邀康有为往槟榔屿。1901年12月7日，康有为乘船离开槟榔屿赴印度，在印度各地漫游，参观文物古迹。1902年1月20日，康有为定居印度北部山城大吉岭，潜心著述，1903年4月8日离开印度，漫游缅甸、爪哇、越南等国，10月回到香港。由于《大同书》主要是康有为在印度居住的时候完稿的，所以可以推断，康有为接受西方社会主义思潮的影响大致是在流亡日本期间。

①《马克思恩格斯选集》第3卷，人民出版社1995年版，第608页。

②《毛泽东选集》第4卷，人民出版社1991年版，第1471页。

这个时期也是社会主义思潮在日本广为流行的时候。同时，流亡期间，康有为还到过欧美多个国家，也可能在这些国家接触到了社会主义思想。有鉴于此，他在海外撰写《大同书》时，逐渐放弃了原以为中国业已处在升平小康之世，即可以向太平大同之世转化的信念，退而思索中国仍处于“笃守据乱之法”的黑暗之中，与进入升平之世乃至近于大同之世的欧美国家有很大差距，因而转向关注西方社会主义思潮。[①]这种看法似有些道理。康有为是否受到社会主义学说的影响，除了依据上述论证作出判断外，还可以从《大同书》的内容文字加以证明。如他在“去产界公生业”中，针对西方资本主义国家存在的劳资对立、两极分化和工人阶级要求均产而结党斗争的现实，指出：“夫人事之争，不平则鸣，乃势之自然也。故近年工人联党之争，挟制业主，腾跃于欧美，今不过萌蘖耳。又工党之结联，后此必愈甚。”“恐或酿铁血之祸，其争不在强弱之国，而在贫富之群矣。从此百年，全地注目者，必在于此。故近者人群之说益昌，均产之说益盛，乃为今后此第一大论题也。”[②]这里谈到的西方国家“工人联党之争”、“人群之说”、“均产之说”等显然已是当时人们介绍社会主义的内容。书中还提到傅立叶设想的法郎吉经济制度，并对其表示欣赏，评价傅氏的生计之论，“欲以十里养千人为大井田，其意仁甚”，但它允许人们买卖私产而各有私产，“贫富不齐，终无由均”。这些议论表明康有为看过傅立叶的著作或其摘要，并留下了深刻印象。另外，梁启超对康有为大同思想是否受到社会主义学说的影响也有评价。他说：“先生之哲学，社会主义派哲学也。泰西社会主义，原于希腊之柏拉图，有共产之论，及十八世纪，桑士蒙、康德之徒大倡之，其组织渐完备，隐然为政治上一潜势力”，先生“其理想与之暗合者甚多”[③]。同样的观点在马洪林所著《康有为评传》中也有论述。马先生指出，瑞典皇家学院院士马悦然教授在《从〈大同书〉看中西乌托邦的差异》一文

① 参见谈敏：《回溯历史——马克思主义经济学在中国的传播前史》，上海财经大学出版社 2008 年版，第 343 页。

② 姜义华编：《社会主义学说在中国的初期传播》，复旦大学出版社 1984 年版，第 45 页。

③ 转引自马洪林：《康有为大传》，辽宁人民出版社 1988 年版，第 476 页。

中指出：把康有为的《大同书》与《共产党宣言》进行比较，可以发现二者有某些共同的宗旨。这一论断忽视了二者的本质区别。“如果我们把《大同书》与西方空想社会主义著作相比较，则更有学术价值的可比性。例如当我们把《大同书》与法国著名空想社会主义著作《经济的和协作的新世界》（简称《新世界》）对比时，发现康有为与傅立叶的乌托邦思想有惊人的相似之处。”“我们不仅可以看到康有为受到傅立叶的影响，而且可以感受到他对傅立叶的超越。”[①]“傅立叶构想的未来社会仍然保留私有制，康有为描述的大同世界已经消灭了私有制，这是《新世界》与《大同书》的根本区别。康有为的构想更详尽更合理更美好，更符合人道原则与快乐精神，也更带有空想色彩。”[②]美国学者萧公权在其《近代中国与新世界——康有为变法与大同思想研究》一书中也说道：“在20世纪的前20年，各种社会主义，从乌托邦社会主义到马克思主义，从社会化的资本主义到全然的共产主义，都可见之于中国知识分子的著作之中。康有为的‘大同书’可能是最有系统、最有想象力的著作；它比胡适的‘自由社会主义’更激进，可称为‘民主共产主义’，在精神上与乌托邦社会主义较接近，与马克思主义较远。从康有为到陈独秀，有如从18世纪的乌托邦社会主义发展到19世纪的科学社会主义。”[③]这些论述不一定都很准确，但都充分肯定了《大同书》中所包含的丰富的空想社会主义的思想及其历史地位，也从一个侧面印证了康有为确实接触到了西方社会主义思想资料并受其影响的事实。

由于康有为对其所撰写的《大同书》长期“秘而不宣”，所以客观地讲，它对传播社会主义学说的影响显然不大。但是，这并不意味着一点影响也没有。其一，康有为在撰写《大同书》的过程中常常口授于门下弟子，因此在其弟子的范围内不能说没有影响。其二，1913年《大同书》之甲、乙两部在《不忍》杂志上公开发表，虽然此时已是民国初年，然

① 马洪林：《康有为评传》，南京大学出版社1998年版，第356—357页。

② 马洪林：《康有为评传》，南京大学出版社1998年版，第366页。

③［美］萧公权著，汪荣祖译：《近代中国与新世界——康有为变法与大同思想研究》，江苏人民出版社2007年版，第372页。

其影响还是借助《不忍》杂志这一大众媒介迅速地传播开来。其三，康有为在日本期间曾将《大同书》“出示”与日本友人。这可从天津图书馆藏本《大同书》第一、二册卷首日本人犬养毅的跋中看出。犬养毅在跋中说:“先生出示《大同书》稿本廿余篇，是时起稿以后已经廿余年，深藏箧底。先生晚年仅刊第一篇，无几弃世。此著先生一生心血之所注，虽敷衍《礼运》一篇，实为先儒未发之学。予尤服研钻之精，造诣之深矣。犬养毅。”[①]最早向西方世界介绍《大同书》的是德国基督教同善会的传教士卫礼贤。康有为晚年寓居青岛时，与卫礼贤结为朋友，并将《大同书》中的几册亲赠给他。卫礼贤在其长篇纪实著作《中国之魂》一书中，对《大同书》的一些内容作了介绍，不过卫礼贤认为，大同制度的核心是消灭家庭。该书最初是用德文写成的，取名《中国精神》(*Die Seele Chinas*)，1928年英文译本名*The Soul China*（《中国之魂》），曾在西方流行过一个时期。1958年，美国学者汤普森所译《大同书》英译本在伦敦出版，书中附有译者的前言和注释，书名为《大同书：康有为一个世界的哲学》(*Ta Tung Shu*，*The one world philosophy of Kang Yu-wei*，Translated from the Chinese with introduction and notes by L.G.Thompson，London，1958)。[②]这就是说，《大同书》的思想在欧洲国家也有传播，只不过这已是“清末民初”以后很长一段时间的事了。

三、梁启超著文介绍和研究社会主义

梁启超（1873—1929），广东新会人，字卓如，号任公，别号饮冰室主人。虽只度过了56个春秋，但他11岁中秀才，16岁成举人，25岁和康有为一道发动戊戌变法，29岁主编《新民丛报》，辛亥革命后曾任司法总长、币制局总裁、护国讨袁战争的都参谋等，一生潜心研究中西文化，并写出一批学贯中西、令人叹服的学术著作，堪称一代宗师。他的一生虽然短暂，却经历了晚清和民国两个时期，而他的功绩则包含了政治和

① 转引自马洪林:《康有为大传》,辽宁人民出版社1988年版,第483页。

② 参见马洪林:《康有为大传》,辽宁人民出版社1988年版,第479页。

学术两个方面。作为资产阶级著名的改良主义政治家、启蒙宣传家和中国近代杰出的学者，他在中国近代史上名声大，影响大，对其评价分歧也大。戊戌变法前后中国思想界的巨人，非康有为莫属，而从20世纪初开始，特别是梁启超逃亡日本之后，康有为则逐渐失去了昔日的光彩，光环转落在梁启超身上，使他取代了他的老师康有为的地位，成为中国思想界最有影响的人物，“自通都大邑，下至僻壤穷陬，无不知新会梁氏”。他的思想曾影响了学术界许多人士，如胡适在他的《四十自述》中所说：“他指出我们最缺乏而须採补的是公德，是国家思想，是进取冒险……《新民说》诸篇给我开辟了一个新世界，使我彻底相信中国之外还有很高等的民族，很高等的文化；《中国学术思想变迁之大势》也给我开辟了一个新世界，使我知道《四书》《五经》之外中国还有学术思想。”[①] 19世纪末，梁启超与他的老师康有为同是戊戌变法运动过程中的政治中心人物，而与其老师不同，梁启超还是资产阶级维新派中直接参与讨论和探究社会主义的人，而且是谈论社会主义最多的人。姜义华先生在1984年出版的《社会主义学说在中国的初期传播》资料集中，共选录介绍社会主义的有关资料73篇，梁启超撰写的就有8篇，也是文章被选录最多的一个人。梁启超本人也曾以精通社会主义理论自诩。作为康有为弟子的梁启超是以宣传家、思想家、政治理论家和具有广博知识的学问家闻名于世的，他对欧美文化包括日本文化都有较深入的了解，而且亲身沐浴过欧风美雨，流亡日本14年。这些都为他研究和传播社会主义学说奠定了思想和实践方面的基础。不过，梁启超虽然称他初闻“大同义”，“喜欲狂”，但他对于社会主义的态度却远没有康有为那种浪漫情怀和感情色彩，相反他却要冷静和现实得多。这又使他对于社会主义的理解具有不同于康有为的特点。

1898年戊戌变法失败后，梁启超到日本使馆避难并在日本政府的帮助下于9月25日自塘沽乘船逃往日本。定居日本两个月后，他通过当地中国商人的集资，在横滨创办《清义报》。这是他在日本创办的第一份报

① 转引自林庆彰主编：《近代中国知识分子在日本 2》，台湾万卷楼图书股份有限公司民国92年7月初版，第34页。

纸。1901年因一场大火停刊。此后，梁启超又相继创办了《新民丛报》、《新小说》、《政论》、《国风报》等。他以上述报纸为主要阵地，集结队伍，发表时事评论、撰写政论文章，继续延续其思想活动。这些报纸的声望使梁启超成为当时中国知识分子的主要代言人。在日本期间，梁启超研读了诸多日本书籍和西方国家的著作，特别是日本书籍，深受当时日本思想界的影响，接触到了包括社会主义在内的各种学说和思潮。正如梁启超自己所说："广搜日本书而读之，若行山荫道上应接不暇。"[①]实际上，在到日本之前，梁启超就已接触过社会主义，而且流露出一定的兴趣。美国学者伯纳尔在其所著《一九〇七年以前中国的社会主义思潮》一书中说，1896年梁启超就读过李提摩太翻译的《回头看纪略》，同时他的《时务报》也译载过一篇日本人写的关于这一年第二国际在伦敦举行的代表大会的文章。在此后两年间，《时务报》还译载过一篇关于在西班牙处死一个社会党刺客的新闻，在一篇评述德国政党的文章中提到社会党。[②]梁启超也曾自称，他在逃往日本的船上，翻译柴四郎的日文政治小说《佳人奇遇》[③]。其中第十四回借小说人物"老伟人"之口说，欧美各国科技发达，艺业精进，但富者益富，贫者益贫，于是"天赋贫富平均说"和"社会党论"乘势而起。由此引发贫富对抗，造成巨大社会破坏，此乃"惨之又惨"的"贫富悬隔之祸"。避免此种"祸害"的一线希望在于仁人学者"能以国家社会主义，调和于贫富之间而已，于外实无别法"。这在当时算是直接将日文"社会主义"用语移植于中文的较早一例。[④]到日本以后，梁启超很快便掌握了"和文汉读法"，开始能够直接阅读日文书籍。通过日文书籍的介绍，他对社会主义有了进一步的了解，并对社会主义学说表示出了浓厚的兴趣。1899年10月25日梁启超写了

① 梁启超:《夏维夷游记》,《饮冰室文集》卷37。

② 参见[美]伯纳尔著,丘权政、符致兴译:《一九〇七年以前中国的社会主义思潮》,福建人民出版社1985年版,第77页。

③ 此书又称作者柴四郎为"东海散士",明治十八年(1885年)起分卷出版,曾风靡日本。1969—1970年间,有人曾怀疑《清议报》刊载的《佳人奇遇》由梁启超翻译一事的真实性。参见谈敏:《回溯历史——马克思主义经济学在中国的传播前史》上,上海财经大学出版社2008年版,第157页。

④ 参见谈敏:《回溯历史——马克思主义经济学在中国的传播前史》上,上海财经大学出版社2008年版,第157页。

《论强权》一文，发表在由他主编的《清议报》第三十一期上。这是他第一篇涉及社会主义思想的文章。从表面上看，该文是根据加藤弘之的某些思想写成的，其实梁氏加进了许多自己的东西，最明显的是西方的进化论和康有为的“三世说”。在文中，梁氏基于康有为对《春秋公羊传》“三世说”的阐发，与“强权”概念结合起来，并从进化论的角度探讨了人类社会之由“据乱世”而“升平世”再而“太平世”的发展规律，肯定了人类社会发展最终必将走向平等的大趋势。他认为，原始社会人群无统治者和被统治者之分，人人皆无强权，是为“据乱世”；随后出现了贵族与平民、男子与女子等有强权者与无强权者的差别，此种不平等的时代是“升平世”；而将来祛除一切不平等的社会就是“太平世”。在“太平世”，由于社会进步，过去的弱者即被统治者、平民和妇女，逐渐具备与强者抗衡的强权，人人皆有强权，社会重归平等。与此同时，梁氏提出西方社会虽然已进入升平之世，但由于其自身所存在着的资本家对工人的压迫和男人对女人的压迫，因此还将不可避免地要出现经济革命与女权革命。他指出：“今日资本家之对于劳力者，男子之对于妇人，其阶级尚未去，故资本家与男子之强权，视劳力者与妇人尚甚远焉。故他日尚必有不可避之二事，曰资生革命（日本所谓经济革命），曰女权革命，经此二革命，然后人人皆有强权。斯为强权发达之极，是之为太平。”[①]这里的“经济革命”与“女权革命”的观念，显然受到了欧美和日本社会主义思潮的影响。同时，在文章中，他还从欧美资本主义贫富悬殊的社会矛盾中，“深叹社会主义之万不可以已也。”[②]不过要指出的是，梁启超的《论强权》一文，并非专门论述西方的社会主义，它的立论基础亦非西方社会主义理论，而是中国传统的公羊传三世说。在同一年晚些时候，梁启超又发表了《论中国人种之将来》一文。在这篇文章中，他断言19世纪为政治上竞争之时代，20世纪必为经济上竞争革命之时代，并且“经济上竞争之大权，实握于劳力工人之手”[③]。尽管梁启超

① 梁启超:《论强权》,《饮冰室文集》卷25。

② 梁启超:《论强权》,《饮冰室文集》卷25。

③ 梁启超:《论中国人种之将来》,《饮冰室文集》卷16。

此时很难了解西方社会中资本家与工人冲突的根本原因，但是它表明当时的他已开始接受了这样一种社会主义式的结论。1900年7月26日，《清议报》刊登了三十年前最先把“Socialism”介绍到日本来的加藤弘之先生所写的《十九世纪思想变迁论》一文。该篇文章由梁启超翻译，译自《太阳》杂志（临时增刊第6卷第8号，1900年，博文馆）上的论文。在这篇文章里，加藤弘之从进化论的观点出发，说明了人类思想正在从国家思想向社会思想演变的必然趋势。他明确指出，由于经济力的兴起，19世纪是国家主义思想的时代，但也正是由于经济力的无限增长，“文明之度愈进，则贫富悬隔愈甚”，“社会思想乃乘其后而起”。“所谓社会思想者，即关于贫富问题者耳”，以谋救济贫富不平而起之社会思想，就是所谓“社会主义”。贫富问题“在数世纪以前，已有萌芽”，但其全盛时，“则在十九世纪下半期也”，即社会主义至19世纪下半期正逐日增高，“此显然之事也”①。也就是说，社会主义在19世纪下半期已经“逐日增高”，而其原因则在于以贫富问题为中心的社会问题显在化。梁启超翻译并在《清议报》刊登这篇介绍社会主义思想的文章，又从一个方面反映了梁启超当时对于社会主义的基本态度。

大概在1900年10月底，梁启超等改良派人士与刚刚从英国回到日本的孙中山等人进行了频繁的接触，双方在谈话中交换了有关社会主义的一些想法。几乎是同时读到美国和日本学者关于亨利·乔治的单税论的梁启超和孙中山，在土地问题上达成了许多共识，双方不约而同想到了中国古代的井田制和王安石的一条鞭法，进而想到了“土地归公”问题以及“民十而税一”的措施，并一致相信这就是社会主义的方法。梁启超与孙中山一见面，就坦率地谈论社会主义，而且就社会主义问题开展多次讨论，足见这时社会主义在梁启超心目中的位置。

1902年，梁启超公开表明对社会主义的看法。在这一年10月2日《新民丛报》上发表的《干涉与放任》一文中，他指出：“古今言治术者，不外两大主义：一曰干涉，二曰放任。干涉主义者，谓当集权于中央，凡百皆以政府之力监督之，助长之，其所重者在秩序；放任主义者，谓

① [日]加藤弘之:《十九世纪思想变迁论》,《清议报》1900年7月26日。

当散权于个人，凡百皆听民间自择焉，自治焉，自进焉，其所重者在自由。此两派之学者，各是其所是，非其所非，皆有颠扑不破之学理，以自神明其说。泰西数千年历史，实不过此两主义之迭为胜负而已，于政治界有然，于生计界亦有然。大抵中世史纯为干涉主义之时代；十六七世纪，为放任主义与干涉主义竞争时代；十八世纪及十九世纪之上半，为放任主义全胜时代；十九世纪之下半，为干涉主义与放任主义竞争时代。”[①]随着近代资本主义的自由放任，致使“富者益富，贫者亦贫，于是近世所谓社会主义者出而代之”[②]。什么是社会主义？梁启超认为：“社会主义者，其外形若纯主放任，其内质则实主干涉者也，将合人群使如一机器然，有总机以纽结而旋掣之，而于不平等中求平等。社会主义，其必将磅礴于二十世纪也明矣。故曰：二十世纪为干涉主义全胜时代也。”[③]在此，一方面肯定了社会主义发展的必然趋势，另一方面又把社会主义误解为约束个人自由的干涉主义，甚至认为社会主义要合人群为一机器。至于中国要实行什么主义呢？他指出：“此两主义者，果孰是而孰非耶？孰优而孰劣耶？曰，皆是也，各随其地，各随其时，而异其用；用之而适于其时与其地者则为优，反是则为劣。”“今日之中国，于此两主义者，当何择乎？曰：今日中国之弊，在宜干涉者而放任，宜放任者而干涉。窃计治今日之中国，其当操干涉主义者十之七，当操放任主义者十之三。至其部分条理，则非片言所能尽也。”[④]在此，梁启超虽然依据历史进化论看好社会主义，说“社会主义其必将磅礴于二十世纪”，但他对于社会主义的理解却非常简单，一言以蔽之，就是国家干涉与集权。这是对于社会主义的一种简单理解。可惜的是，这种简单的理解不仅支配了梁启超本人，也影响了其他一些中国人很长一段时间。

其后不久，即10月16日，梁启超用“中国之新民”笔名在《新民丛报》第十八号上发表了《进化论革命者颉德之学说》一文。该文开篇说

① 李华兴、吴嘉勋编:《梁启超选集》,上海人民出版社1984年版,第202页。

② 李华兴、吴嘉勋编:《梁启超选集》,上海人民出版社1984年版,第203页。

③ 李华兴、吴嘉勋编:《梁启超选集》,上海人民出版社1984年版,第203页。

④ 李华兴、吴嘉勋编:《梁启超选集》,上海人民出版社1984年版,第203页。

道："二十世纪之天地，开其幕者今已一年有奇。此年余之中，名人著述，鸣篇钜制，贡献于学界者，固有不少；而求其独辟蹊径，卓然成一家言，影响于世界人群之全体，为将来放一光明者，必推英国颉德[①]（Benjamin Kidd）先生今年四月出版之《泰西文明原理》[②]一书。""颉德者何人也？进化论之传钵钜子，而亦进化论之革命健儿也。"[③]自达尔文的进化论出现以来，"全球思想界，忽开一新天地，不徒有形科学为之一变而已，乃至史学、政治学、生计学、人群学、宗教学、伦理道德学，一切无不受其影响。……近四十年来之天下，一进化论之天下也。唯物主义昌，而唯心主义屏息于一隅，科学（此指狭义之科学，即中国所谓格致）盛而宗教几不保其残喘，进化论实取数千年旧学之根柢，而摧弃之、翻新之者也。"[④]在充分肯定和赞扬颉德和进化论之贡献基础上，梁启超认为颉德并没有解决人类进化的归宿问题，致使"世界的一大问题，竟虚悬而无簿"，所以"社会主义之泰斗"的马克思对此进行了批评。书中写道："虽然，以斯宾塞之睿智，创综合哲学，自谓借生物学之原理，以定人类之原理；而其于人类将来之进化当由何途，当以何为归宿，竟不能确实指明，而世界第一大问题，竟虚悬而无薄。故麦喀士[⑤]（日尔曼人，社会主义之泰斗也）嘲之曰：'今世学者，以科学破宗教，谓人类乃由下等动物变化而来。然其变化之律，以人类为极点乎，抑人类之上更有他日进化之一阶级乎？彼等无以应也。'赫胥黎亦曰：'斯宾塞之徒，既倡个人主义，又倡社会主义（即人群主义），然此两者势固不可以并存，甲立则乙破，乙立则甲破，故斯氏持论虽辩，用心良苦，而其说卒相消而无所余。'"[⑥]接下去，梁启超又说：马克思"虽能难人，而不能解难于人。于是颉德乃百尺竿头，更进一步，于一千八百九十四年，初

---

① 颉德，今译作"基德"，即《社会进化》一书的作者。

②《泰西文明原理》，今译作"《西方文明原理》"。

③《新民丛报》第18号，1902年10月16日。

④《新民丛报》第18号，1902年10月16日。

⑤ 麦喀士，今译作"马克思"。

⑥《新民丛报》第18号，1902年19月16日。

著一书，名曰《人群进化论》(*Social Evolution*)，以解此问题”[①]。另外，本文还对有关德国社会民主党的情况有所涉及，说：“近世德国社会民主党所称述之学说，其最精要之论，不过以国家为谋公众利益之一机关而已。……其在德国，有所谓唯物论者，有所谓国家主义者，有所谓保守党者，有所谓社会党者，要之悉皆以现在主义为基础而已。今之德国，有最占势力之二大思想，一曰麦喀士之社会主义、二曰尼志埃[②]之个人主义（尼志埃为极端之强权论者，前年以狂疾死，其势力披靡全欧，世称为十九世纪末之新宗教）。麦喀士谓今日社会之弊，在多数之弱者为少数之弱者所压伏；尼志埃谓今日社会之弊，在少数之优者为多数之劣者所钳制。二者虽皆持之有故，言之成理，要之其目的皆在现在，而未尝有所谓未来者存也。”[③]梁启超的这篇文章是介绍性的，而且是一篇未完稿，译文痕迹明显，文中涉及对马克思观点的评价等，大都不是梁氏本人的观点，只是转述别人的意见，而且认为颉德较马克思而言是“百尺竿头，更进一步”，但从现有材料看，梁启超还是中国在文字上介绍马克思的第一个人。

1903年2月20日，梁启超应美洲保皇会之邀，离开日本赴北美，3月4日抵达加拿大温哥华，5月12日至美国大都会纽约，居两月余。随后他游览了哈佛、波士顿、费城、匹兹堡、辛辛那提、新奥尔良、芝加哥、西雅图、洛杉矶等地，10月29日返回温哥华，31日离开加拿大归日本，12月11日返抵日本横滨，前后历时9个月。此次游美的目的在建立与发展保皇分会，募集捐款，考察美国历史和现状。后来，梁启超将此次游历所记下的日记加工整理，辑为《新大陆游记》。1904年《新民丛报》社在日本横滨以增刊的形式将其出版发行，国内由上海广智书局经售。此书除了一部分风景描述外，主要是政治性的。全书40节，从其目录可以清楚地看出，涉及社会政治的内容占一半以上，诸如美国之外交政策、美国之大统领、美国之政府、美国之社会、美国之移民、美国建国之历

①《新民丛报》第18号，1902年10月16日。

② 尼志埃，今译作“尼采”。

③《新民丛报》第18号，1902年10月16日。

史、美国两大政党、美国政俗述略等。在那里，梁启超目睹了美国这一发达的现代资本主义社会的物质文明，感觉“今欲语其庞大其壮丽其繁盛，则目眩于视察，耳疲于听闻，口吃于演述，手穷于摹写，吾亦不知从何处说起”[①]，内心表露出对美国的无限赞美和崇敬。他说道：“从内地来着，至香港、上海，眼界辄一变，内地陋矣，不足道矣。至日本，眼界又一变，香港、上海陋矣，不足道矣。渡海至太平洋沿岸，眼界又一变，日本陋矣，不足道矣。更横大陆至美国东方，眼界又一变，太平洋沿岸诸都会陋矣，不足道矣。”[②]他在描述纽约时说，纽约在美国独立时，人口不过2万余（其时美国1万人以上之都市仅五处）。到19世纪中叶，骤增到了70万，至今更是骤进至350万，为全世界第二大都会（英国伦敦第一）。以此增进之速率，不出十年，必驾伦敦而上之。另一方面，他也从这种“庞大”、“壮丽”和“繁盛”景象的背后看到了美国存在的种种社会问题，作出“天下最繁盛者宜莫如纽约，天下最黑暗者殆亦莫如纽约”的判断，认为其最突出的问题在于贫富悬殊和劳资对立。他在日记中写道，根据当时社会主义家统计，全美财富之十分之七属于占人口总数四百分之一（二十万人）的“富有阶级”，而占人口四百分之三百九十九的贫民只占十分之三。财产分配之不均，贫富对比之悬殊，至于此极。对此，梁氏深感社会革命不可避免，说道：“吾观于纽约之贫民窟，而深叹社会主义之万不可以已也。”[③]在美期间，梁启超还积极和美国社会主义者接触，曾先后四次会见社会党成员，“一在域多利，一在纽约，一在气连拿，一在碧架雪地”[④]。当这些社会党成员建议梁启超在中国“进行改革，必须从社会主义着手”时，他则表示“进步有等级，不能一蹴而几”，极端社会主义“今日之中国不可行，即欧美亦不可行，行之其流弊将不可胜言”。何谓“极端”社会主义，其“流弊”又是什么？梁启超并未作具体说明。游记中还反映了梁启超对于“国家社会主

① 李喜所、元青：《梁启超传》，人民出版社1993年版，第155页。

② 李喜所、元青：《梁启超传》，人民出版社1993年版，第155页。

③ 转引自皮明庥：《近代中国社会主义思潮觅踪》，吉林文史出版社1991年版，第42页。

④ 林代昭、潘国华编：《马克思主义在中国——从影响的传入到传播》上，清华大学出版社1983年版，第119页。

义”的称赞，认为这一社会主义“思想日趋健全”，“中国可采用者甚多，且行之亦较欧美易者”，原因在于此主义“以极端专制之组织，行极平等之精神”，与中国历史“颇有奇异之契合”。虽然“以土地尽归于国家，其说虽万不可行；若夫各种大事业如铁路、矿务、各种制造之类，其大部分归于国有，若中国有人，则办此真较易于欧美”。可惜的是，“今日言之，非其时耳”。总之，“社会主义为今日全世界一最大问题，吾将别著论研究之”。[①]接着，梁启超提到马克思学说，并对信奉这一学说的北美社会主义者的热忱表示“令人起敬”，认为这些人的行为与宗教迷信颇为相似。梁启超说：“吾所见社会主义党员，其热忱苦心，真有令人起敬者。墨子所谓强聒不舍，庶乎近之矣。其于麦克士（德国人，社会主义之泰斗）之著书，崇拜之，信奉之，如耶稣教人之崇信新旧约然，其汲汲谋所以播殖其主义，亦与彼传教者相类。盖社会主义者，一种之迷信也。天下惟迷信力为最强，社会主义之蔓延于全世界也，亦宜。”[②]5月29日，纽约《社会主义丛报》总撰述哈利逊拜会梁启超。哈利逊告诉梁氏说，全世界各国有社会党员九百万人，近两年其党员则以几何级数增加，不及十年，将为全球政治界第一大势力。日本人入党九百余人，而中国还无一人。哈氏想通过梁启超与中国联系，将社会主义拓展到中国，在中国发展社会党。梁启超表示拒绝，说：“余以中国人现在之程度未足语于是，婉谢之，期以异日而已。哈氏以其党之主义纲领等小册子及其丛报凡数十册见赠，余深谢之。”[③]以上论述表明，此时的梁启超虽然积极谈论社会主义，但并不认为中国即能真的实行社会主义。同时，他谈论“极专制”和“极平等”之“国家社会主义”，表示在中国该主义较之其他主义易行，但一接触马克思的社会主义学说，便又借口这一学说“偏激”“极端”而弃之不顾，这无疑反映了梁启超作为资产阶级维新派代表

① 林代昭、潘国华编：《马克思主义在中国——从影响的传入到传播》上，清华大学出版社1983年版，第119—120页。

② 林代昭、潘国华编：《马克思主义在中国——从影响的传入到传播》上，清华大学出版社1983年版，第120页。

③ 林代昭、潘国华编：《马克思主义在中国——从影响的传入到传播》上，清华大学出版社1983年版，第120页。

对于社会主义的矛盾心理。尽管如此，梁启超毕竟是较早直接接触西方社会主义者，当面听取他们讲述社会主义和社会党，接受他们赠送有关社会主义纲领，并将这一情况介绍给国内读者的中国人。在本书的第15节，梁启超还介绍了他访问美国“托辣斯大王”或称“现今生计界之拿破仑”的感触。他说道，美国自南北战争以后，产业复兴，而全国各事业中其资本在数百万元以上的，无一不与“摩氏”有关。1882年以后，“美国托辣斯渐兴，野心家从事此业者踵相接，而真能成就者不过十之一二。其余则屡起屡仆，大牵动生计界，惹起举国物议。于是天然淘汰，优胜劣败，其成功全归摩氏之手。”今天的美国摩氏所创办的以及与之有关系的托辣斯公司达到360余家，全美国总资本之半额归其一人之手。摩氏到德国，德皇“出其御船迎之”，并“与之同游宴者三日，退而语人曰：‘吾见当世英雄，惟有一人，曰摩尔根。’”由此，梁启超发出感叹：“二十世纪以后之天地，由武力时代，变为实业时代，然则今日再有一武力拿破仑，亦终不免在劣败之数。而有一实业之拿破仑，其并吞囊括之大业，谁又能测其所终极耶？”[①]梁启超指出，“托辣斯”这一“怪物”，其势力遍及全世界，成为21世纪全世界唯一之“主权”，其势力由个人主义变为统一主义，自由主义变为专制主义。其产生的原因是为了防止自由竞争、生产过度之病，但流弊也不少，有十二利，亦有十弊。总的来说，“托辣斯”的发展是天演之大势，不可违背。随着美国国内“托辣斯”发展为国际“托辣斯”，“受害最深者，必在我中国”，我们应该对此早有对策。梁启超对美国托辣斯的关注，为其后来撰写《二十世纪之巨灵托辣斯》一文作了铺垫。

游美返回日本之后，梁启超于1903年11月2日专门撰写了《二十世纪之巨灵托辣斯》一文，用的依然是“中国之新民”笔名。全文长达2万余字，连载于《新民丛报》第四十至四十三号。文章第一部分“发端”，言明所谓“托辣斯”是其访问美国期间所认识的“生计界新飞跃之一魔王”。为了突出这一“新飞跃之一魔王”的非同寻常，梁启超进一步发挥

① 林代昭、潘国华编：《马克思主义在中国——从影响的传入到传播》上，清华大学出版社1983年版，第121—122页。

说："不及百年，全世界之政治界，将仅余数大国；不及五十年，全世界之生计界，将仅余数十大公司！"同时，他认为，文明社会和野蛮社会的重要标志是，"政治上一切机关，悉为保障生产之附庸"。所以，"观二十世纪以后世界之大势者，则亦于其生产机关焉可耳"。[①]他还预测经济发展为20世纪世界发展的主要趋势，而"托辣斯"则是世界经济发展最重要的现象。文章第二部分"托辣斯发生之原因"，结合"托辣斯"的发生重点对社会主义兴起进行了分析。他认为，"世界事物蕃变之状态万，而贯之之大理一。一者何？曰'物竞天择，适者生存'是也。易为适，易为不适？曰因于时而殊，因于地而殊。"[②]人类社会沿着由集权走向自由的线路进化。近百年来，社会发展在"物竞天择、适者生存"的原则下自由竞争，故个人主义、自由主义勃兴，"自由竞争（Free Competision）一语几为计学家之金科玉律，故于国际之通商自由也。劳动力者以自由而勤劳，资本家以自由而放贷。上自政府，下及民间，凡一切生计政策罔不出于自由"。19世纪之文明发展，"无一不受自由竞争之赐"，而"托辣斯"兴起更是源于"自由主义之极弊"。然而，"自由竞争之过度"，又使贫富对立、"病国病群"，"近世贫富两级之人所以日日冲突，而社会问题所由起也"，于是自由进化又发展为集权和干涉。"故于学理上而产出所谓社会主义者，于事实上而产出托辣斯者。社会主义者，自由竞争反动之结果；托辣斯者，自由竞争反动之过度也"。"托辣斯者实为'自由合意的干涉'也。"[③]梁启超还认为，一般说来，近世社会主义为了多数劳动者的权利，"托辣斯"则保障资本家的权利，所以"资本家与劳力者，方为两军对垒之形，作短兵相接之势"。同样，社会主义与"托辣斯"也"不能并容"。但是，"观夫近今社会党之生计学者，其论托辣斯也，不惟无贬辞，且以其有合于麦喀士（社会主义之鼻祖，德国人，著

① 林代昭、潘国华编：《马克思主义在中国——从影响的传入到传播》上，清华大学出版社1983年版，第94—95页。

② 林代昭、潘国华编：《马克思主义在中国——从影响的传入到传播》上，清华大学出版社1983年版，第95页。

③ 林代昭、潘国华编：《马克思主义在中国——从影响的传入到传播》上，清华大学出版社1983年版，第96—97页。

书甚多）之学理，实为变私财以作公财之一阶梯而颂扬之。故知天下事有相反而相成，并行而不悖者，此类是已。”[①]从以上论述可见，梁启超再次强调了马克思是“社会主义鼻祖”，也看到了社会主义由劳资对立而起，但却把社会主义与“托辣斯”相提并论，统统归结为集权和干涉，并把社会主义学说视为干涉主义的产物，这无疑是一个错误。这一思想与其此前在《新民丛报》第十七号上发表的《干涉与放任》一文的观点是基本一致的。

1904年2月，梁启超在《新民丛报》第四十六至四十八号合刊上又发表《中国之社会主义》一文。此文为一篇短文，区区五六百字，但却是梁氏专论社会主义的一篇代表性文章。如果说此前的梁启超还只是一般地介绍社会主义学说，那么在这篇文章中他则将社会主义学说与中国历史相糅合，并第一次较为明确地介绍了马克思主义的要旨。文章开宗明义曰：“社会主义者，近百年来世界之特产物也。概括其最要之义，不过曰：土地归公，资本归公，专以劳力为百物价值之原泉。麦喀士曰：‘现今之经济社会，实少数人掠夺多数人之土地而组成之者也。’拉士梭尔[②]曰：‘凡田主与资本家皆窃也盗也。’”[③]对于此种“颇耸听闻”的言论，梁启超认为这并不稀奇，实际上“吾中国固夙有之”。“王莽始建国元年下令曰：‘汉氏减轻田租，三十而税一，而豪民侵凌，分田劫假，厥名三十税一，实十税五也。父子夫妇终年耕耘所得不足以自存，故富者犬马余菽粟，骄而为邪；贫者不厌糟糠，穷而为奸。’”[④]这就是社会主义。所谓“分田劫假”者，“注云：‘分田，谓贫者无田，取富人之田耕种，共分其所收；假者，如贫人赁富人之田也；劫者，富人劫夺其税，欺凌之也。’此即以田主、资本家为劫盗之义也”[⑤]。也就是说，社会主义者所论定的田主和资本家是“窃也”、“盗也”，与王莽所说的“分田劫假”不过是同一个意思。接着梁启超认为宋代苏洵所说的“自井田制废，田

① 姜义华编：《社会主义学说在中国的初期传播》，复旦大学出版社1984年版，第325页。

② 拉士梭尔，今译作“拉萨尔”。

③ 李华兴、吴嘉勋编：《梁启超选集》，上海人民出版社1984年版，第203页。

④ 李华兴、吴嘉勋编：《梁启超选集》，上海人民出版社1984年版，第203—204页。

⑤ 李华兴、吴嘉勋编：《梁启超选集》，上海人民出版社1984年版，第204页。

非耕者之所有，而有田者不耕也。耕者之田，资于富民。富民之家，地大业广，阡陌连接，募召浮客分耕其中，鞭笞驱役，视以奴仆，安坐四顾，指麾于其间，而役属之民，夏耨秋获，无有一人违其节度以嬉，而田之所入，已得其半，耕者得其半。有田者一人，而耕田者十人，是以田主日累其半以至于富强，耕者日食其半以至于穷饿而无告”①。此等言论与1866年“万国劳力党同盟②之宣言书，何其口吻之逼肖耶?”结论是：“中国古代井田制度，正与近世之社会主义同一立脚点”③。这显然是梁启超对社会主义的曲解。值得玩味的是，社会主义在传入中国伊始，就被纳入中国文化的框子，附会成中国已有的东西，在此梁氏开了先例。虽然梁启超在这篇文章对社会主义有诸多曲解，但对他来说，这是一个进步。他所说的“社会主义者，近百年来世界之特产物也。概括其最要之义，不过曰土地归公，资本归公，专以劳力为百物价值之原泉。”这个理解可能受到了马克思主义的一定影响，而《中国之社会主义》一文则是社会主义在中国传播史上一篇较早的专论。

在此期间，梁启超还写了《论俄罗斯虚无党》一文，把俄国的无政府主义介绍到了中国，并对虚无党及其主义进行了评判。“俄罗斯何以有虚无党？曰革命主义之结果也。昔之虚无党何以一变为今之虚无党？曰革命主义不能实行之结果也。”④梁启超认为，虚无党之事业使人羡慕、使人崇拜，但其所主张的革命之“主义”则“吾所不敢赞同也”。“彼党之宗旨，以无政府为究竟”，“岂有无政府而能立于今日之世界者？岂惟今日，虽至大同太平以后，亦固有所不可也。故以近世社会主义者流，以最平等之理想为目的，仍不得不以最专制之集权为经行，诚以无政府者，不徒非人道，抑亦非天性也。若其共产均富之主义，则久已为生计学者所驳倒，尽人而知其非，更无喋喋焉矣。更申言之，则虚无党之争点，起于生计问题，而非起于政治问题，其党之所以扩张者在此，其党之所

① 李华兴、吴嘉勋编:《梁启超选集》,上海人民出版社1984年版,第204页。

② 万国劳力党同盟,今译作“国际工人协会”。

③ 李华兴、吴嘉勋编:《梁启超选集》,上海人民出版社1984年版,第204页。

④ 张枬、王忍之编:《辛亥革命前十年间时论选集》第1卷(上册),生活·读书·新知三联书店1960年版,第369页。

以难成就者亦在此。”①

从1898年至1904年，流亡海外的梁启超，除参与策划了1900年自立军之役，游历南海、澳洲、美洲外，主要精力在于从事《清议报》、《新民丛报》等报刊的编辑和举办教育等工作，六年之中，其著述之多，内容之广，是空前的。他谈论社会主义的文章，有相当一部分也是在这段时间内完成的。不过要指出的是，这一时期梁启超所发表的一系列文章的主导思想仍然没有脱离他此前的思想主张，他研究和谈论社会主义，并不意味着他真正懂得和信仰社会主义，而且在以后的日子里越来越走向对社会主义的曲解和反动。

1905年至1907年，资产阶级革命派与改良派之间进行了一场大论战，其争论的焦点之一就是民生主义、社会革命问题，即所谓“社会主义”问题。梁启超以《新民丛报》为阵地，发表了一系列诘难革命派的文章，其中有不少论及了社会主义。比较集中的是1906年。在这一年他发表了《开明专制论》、《答某报第四号对于本报之驳论》、《社会革命果为今日中国所必要乎》、《驳孙文演说中关于社会革命论者》、《社会主义论序》、《再驳某报之土地国有论》等文章，继续阐发他对社会主义的论述。

在《开明专制论》中有两段涉及社会主义的论述，均提到马克思的名字。两段都在第八章，即《论开明专制适用于今日之中国》部分。第一段论述针对民生主义，作者以讥讽的口吻说：“所谓民生主义者，摭拾布鲁东、仙士门、麦喀等架空理想之唾余，欲夺富人所有以均诸贫民，即其机关报所标六主义之一，云‘土地国有’者是也。夫以欧美贫富极悬绝之社会，故此主义常足以煽下流，若其终不可以现于实际，即现矣，而非千数百年以内所能致，此世界学者之公论，非吾一人私言也。论者所戴之首领，其或偶涉西史，偶践西土，见夫各国煽动家利用此主义而常有效也，羡西子之颦而自捧心焉。”②这段论述把马克思与蒲鲁东、圣西门相提并论，将他们统统视作“架空理想”即空想社会主义的代表，

① 张枬、王忍之编：《辛亥革命前十年间时论选集》第1卷（上册），生活·读书·新知三联书店1960年版，第375页。

② 李华兴、吴嘉勋编：《梁启超选集》，上海人民出版社1984年版，第466—467页。

将民生主义等同于土地国有，看作是继承西方空想社会主义理想，意"欲夺富人所有以均诸贫民"的学说，认为民生主义的夺富均平是不切实际的空想。这一方面表明梁启超对马克思主义学说的误解，另一方面也表明他反对孙中山革命派的鲜明态度。另一处有关社会主义的论述，在本章的后半部分。论述以"忠告"的形式劝诫革命论者及其首领放弃种族革命、政治革命和社会革命三者并举的想法和主张，认为三者并举特别是社会革命根本不可行。文章说道："吾今请更以一言忠告于论者及其所戴首领乃至其党派之人士，曰：公等言革命耶，其勿并张种族革命、政治革命、社会革命之三帆。公等欲言社会革命也，则姑言之以自娱，能更发明新学理，补麦喀所不逮，以待数百年后文明社会之采择，亦一奇功也。若乃欲以欲野蛮之力杀四万万人之半，夺其田而有之，则靡特人道不应有此豺性，即社会主义之先辈亦不闻有此学说。麦喀谓田主及资本家皆盗也，今以此手段取之，则国家其无乃先盗矣乎？人之言土地国有者，谓渐以收之，仍有所以为偿，而识者犹笑为乌托邦之论，顾未闻有谓宜竞终之臂而夺之者也。"这段论述，将革命派所主张的"社会革命"视作"自娱"式空论，认为即使它"发明新学理，补麦喀所不逮"的"奇功"，那也要等数百年后的文明社会才能"采择"。更何况此等革命之论，企图以野蛮之力杀死四万万人之一半来夺取和占有田地，不仅没有社会主义先辈的学说人道，而且是国家率先为盗。所以，"敢有言以社会革命（土地国有制）与他种革命同时并行者，其人即黄帝之逆子，中国之罪人也，虽与四万万人共诛之可也！"①

《答某报第四号对于本报之驳论》是一篇辩论性的文章，系针对《民报》第四期"精卫"的《驳新民丛报最近之非革命论》一文而发，长达3万字。其中心思想在于辩论政治革命和种族革命，主旨在于维护《开明专制论》中提出的"今日之中国万不能行共和立宪制"的论断。在本文结尾部分，为了反驳《民报》第三期号外上公布的12条辩驳纲领的最后一条，即《民报》鉴于"世界前途，知社会问题必须解决，故提倡社会主义，我报以为社会主义，不过煽动乞丐流氓之具，云云"。对此，梁启

① 李华兴、吴嘉勋编：《梁启超选集》，上海人民出版社1984年版，第485页。

超认为“不可以不辩”。他说道：“吾认社会主义为高尚纯洁之主义，且主张开明专制中及政治革命后之立法事业，当参以国家社会主义的精神，以豫销将来社会革命之祸。若夫社会主义中之极端的土地国有主义，吾所不取；今日以社会革命提倡国民，吾认为不必要；野心家欲以极端的社会革命主义与政治革命、种族革命同时并行，吾认其为煽动乞丐流氓之具。盖辨理的社会主义与感情的社会革命，决非同物。非必由人民暴动举行社会革命，乃可以达社会主义之目的，此吾所主张也。此当别著文论之，如彼报纲领之所布，直是诬我。”[①]在此，梁启超对社会主义的理解与《开明专制论》似有所区别。他从正面肯定社会主义乃“高尚纯洁之主义”，同时将社会主义分为“极端的土地国有主义”、“极端的社会革命主义”、“感情的社会主义”和“国家社会主义”、“辨理的社会主义”、“非必由人民暴动举行社会革命”的主义两个派别，而梁启超鲜明反对的是前一种社会主义，而主张的则是后一种社会主义，这种社会主义在本质上是一种社会改良主义。

在革命派提出的各种主张中，梁启超反对最为激烈的是社会革命论。在《社会革命果为今日中国所必要乎》一文中，梁启超用一万多字的篇幅专门对资产阶级革命派社会革命主张进行了系统的反驳，对其社会改良主义作了进一步的论证。文章一开始他就说：“中国今日若从事于立法事业，其应参用今世学者所倡社会主义之精神与否，别为一问题；中国今日之社会经济的组织，应为根本的革命与否，又别为一问题，此不可混也。”梁启超强调，在申述中国革命有关问题之前，“不可不先示革命之概念”。“革命”的含义是什么呢？梁启超认为：“凡事物之变迁有二种，一缓一急。其变化之程度缓慢，缘周遭之情状，而生活方向，渐趋于一新生面，其变迁时代，无太甚之损害及苦痛，如植物然，观乎其外，始终若一，而内部实时时变化，若此者谓之发达，亦谓之进化 Development or Evolution。反之，其变化性极急剧，不与周遭之情状相应，旧制度秩序，忽被破坏，社会之混乱苦痛缘之，若此者谓之革命 Revolution。吾

① 张枬、王忍之编：《辛亥革命前十年间时论选集》第2卷（上册），生活·读书·新知三联书店1963年版，第276页。

以为欧美今日之经济社会，殆陷于不能不革命之穷境，而中国之经济社会，则惟当稍加补苴之力，使循轨道以发达进化，而危险之革命手段，非所适用也。”一句话，“吾以为中国今日有不必行社会革命之理由，有不可行社会革命之理由，有不能行社会革命之理由。”所谓中国不必行社会革命者何也？总体上说，是因为“欧人之经济社会，所以积成今日之状态者，全由革命来也。而今之社会革命论，则前度革命之反动也。中国可以避前度之革命，是故不必为再度之革命”。具体地说，是因为欧洲目前严重的贫富悬隔之现象在工业革命前就存在，“非自革命后而富者始富贫者始贫”，“工业革命以后，则其基益巩固，而其程度益显著”。“我国现时之经济社会组织，与欧洲工业革命前之组织则既有异，中产之家多，而特别豪富之家少”，贫富差距不大，“无极贫极富之两阶级存”。欧洲国家今日之社会革命，全由现今经济社会组织不完善而来，“我国现今经济社会之组织，虽未可云完善，然以比诸工业革命前之欧洲，则固优于彼。故今后生产问题，虽有进化，而分配问题，仍可循此进化之轨以行，而两度之革命，殆皆可以不起也。”所谓中国不可行社会革命者何也？是因为“社会革命论，以分配之趋均为期，质言之，则抑资本家之专横，谋劳动者之利益也。此在欧美，诚医群之圣药，而施诸今日之中国，恐利不足以偿其病也”。“中国今日经济界之前途，当以奖励资本家为第一义，而以保护劳动者为第二义”。今日中国，“资本之微微不振，星星不团，不能从事于大事业”，而东西各国则“挟其过剩之资本以临我，如洪水之滔天，如猛兽之出柙，其将何以御之？”唯一选择则是“奖励资本家”。“我中国若无大资本家出现，则将有他国之大资本家入而代之，而彼大资本家既占势力以后，则凡无资本者或有资本而不大者，只能宛转瘐死于其脚下，而永无复苏生之一日。”所以，“今日中国所急当研究者，乃生产问题，非分配问题也”。因为“生产问题者，国际竞争问题也；分配问题者，国内竞争问题也。生产问题能解决与否，则国家之存亡系焉。生产问题不解决，则后此将无复分配问题容我解决也”。所谓中国不能行社会革命者何也？是因为“欲为社会革命，非体段圆满，则不能收其功；圆满之社会革命，虽以欧美现在之程度，更历百年后，犹未必能行之，而现在之中国更无论也”。“各国社会主义者流，屡提出土地国有之议案，不过以此为进行之著手，而非谓舍此无余事也。如今排满家所倡社会革命者之言，谓欧美所以不能解决社会问题者，因为未能解决土地问题，一若但解决土地问题，则社会问题即全部解决者然。是由未识社会主义之为何物也”。“欲解决社会问题者，当以解决资本问题为第一义，以解决土地问题为第二义”。[①]在此，梁启超再次重申和强调了他的社会改良主义的主张，而且与以往相比这里的论证更加系统和完整。那么，这种改良型的社会主义具体又是怎样实施呢？梁启超的设想是：(1)“铁道、市街、电车、电灯、煤灯、自来水等事业皆归诸国有或市有”，而不由少数人所垄断，使“事业之带独占性质者，其利益不为少数人所专”。(2)“制定各种产业组织法”，使“小资本者和无资本者，皆得自从事于生产事业”。(3)制定工场条例，使“资本家不能虐待劳动者，而妇女、儿童，尤得相当之保护”。(4)“制定各种强制保险法”，使“民之失业或老病者，皆有可养”。(5)“特置种种储蓄机关，予人民以储蓄之方便”，使小资本家“日增”。(6)“以累进率行所得税及遗产税”，使“泰富者常损其余量以贡于公”。“此种社会主义，即所谓社会改良主义也”。只有这种改良的社会主义，才是我们所需要的“主义”。为此，梁启超指出：“我以本质较良之社会，而采行先事预防之方针，则彼圆满社会主义家所希望之黄金世界，虽未可期，而现在欧美社会阴风惨雨之气象，其亦可以免矣。而何必无故自惊，必欲摧翻现社会之根柢而后为快也。而况乎其所谓推翻者，又实未尝能动其毫末，而徒虎皮羊质以自扰扰也。”[②]

在《驳孙文演说中关于社会革命论者》中，梁启超再次对革命派社会革命主张进行了批判。他指出：“今之言社会革命者，其未知社会革命论之由来及其性质而妄言之耶，则妄言惑人之罪可诛；其已知之而故支离

① 张枬、王忍之编：《辛亥革命前十年间时论选集》第2卷(上册)，生活·读书·新知三联书店1963年版，第332—342页。

② 张枬、王忍之编：《辛亥革命前十年间时论选集》第2卷(上册)，生活·读书·新知三联书店1963年版，第358—359页。

闪烁、张皇其词以耸人听耶，则不过吾前者所谓利用此以博一般下等社会之同情，冀赌徒、光棍、大盗、小偷、乞丐、流氓、狱囚之悉为我用，惧赤眉、黄巾之不滋蔓，复从而煽之而已。其立心之险恶，其操术之卑劣，真不可思议也。”[①]梁启超在文中多次提到社会主义。他说，今日欧美社会恶果日积日著，各国政治家和学者莫不认为这是社会唯一之大问题，并为此而孜孜不倦地加以研究，所提出的救治之方也人人有别，“要其大别，可以二派该之。一曰社会改良主义派，即承认现在之社会组织而加以矫正者也，华克拿须摩、拉布棱达那等所倡者与俾士麦所赞成者属焉。二曰社会革命主义派，即不承认现在之社会组织而欲破坏之以再谋建设者也，麦喀、比比儿辈所倡者属焉。两者易于混同，而性质实大相反。今孙文及其徒所倡果属于何派乎？吾苦难明之。谓其属甲派而不类，谓其属乙派而又不类。殆欲合两派而各有节取耶？而不知其不相容也。是又荷蓑笠以入宫门之类也。质而言之，彼辈始终未识社会主义为何物而已。”[②]这里，梁启超以是否推翻现在的社会组织为标志，把西方社会主义分为以俾斯麦等为代表的社会改良主义和以马克思、倍倍尔为代表的社会革命主义两派，其本义在于说明，孙中山及其追随者，既不同于社会改良主义派，也不属于社会革命主义派，无法从互不相容的两派中选择自己有用的东西，原因在于他们根本不懂社会主义为何物。梁启超还指出：“社会主义学说，其属于改良主义者，吾固绝对表同情，其关于革命主义者，则吾亦未始不赞美之，而谓其必不可行，即行亦在千数百年之后，……彼谓今之社会主义学说，已渐趋实行，谓各国民法为趋重民生主义，谓日本铁道国有案通过为国家民生主义之实现。此言诚是也，而不知此乃社会改良主义，非社会革命主义，而两者之最大异点，则以承认现在之经济社会组织与否为界也。”[③]“故吾以为种族革命，不

① 张枬、王忍之编：《辛亥革命前十年间时论选集》第2卷（上册），生活·读书·新知三联书店1963年版，第359页。

② 张枬、王忍之编：《辛亥革命前十年间时论选集》第2卷（上册），生活·读书·新知三联书店1963年版，第356页。

③ 张枬、王忍之编：《辛亥革命前十年间时论选集》第2卷（上册），生活·读书·新知三联书店1963年版，第357页。

必要者也，社会革命，尤不必要者也。坦坦广途，独一无二，由之则至，歧之则亡，曰政治革命而已。更易其词以定其宗曰：今日欲救中国，惟有昌国家主义，其他民族主义、社会主义，皆当诎于国家主义之下。”[①]在此，梁启超表达的基本观点是：社会主义是一种改良主义，是改良社会主义，或者说是一种“国家社会主义”；社会主义有两派，一派是承认现在社会经济组织而加以矫正的社会改良主义派，一派是不承认现在之社会经济组织而加以破坏的社会革命主义派。梁启超赞成前者，而反对后者。具体地说，就社会主义前景来说，梁启超认为是无可挑剔的，他本人欣喜欢迎之，就取得社会主义胜利所采取的革命手段，他深表遗憾。这也就注定了此后他在与革命派论战时，把矛头首先指向革命派所谓“破坏”的一面。

1906年10月，《新民丛报》第八十九期刊出了仲遥（吴仲遥）的未完稿《社会主义论》。该文试图给予社会主义更加系统的阐释。全文分为八章，即第一章“社会主义之语源及分类”、第二章“社会主义之起因”、第三章“狭义的社会主义之内容”、第四章“广义的社会主义之内容”、第五章“社会主义之历史”、第六章“社会主义”、第七章“论狭义的社会主义之得失”、第八章“论中国当酌采广义的社会主义”，[②]发表的仅是其中的前三章。梁启超亲自为其作序，即《社会主义论序》。仲遥在文章的序言中说道，首先，“余欲为此文，越时已久”，因为社会主义问题，“匪惟以其为世界各国一大问题，抑亦我国前途一大问题也”。其次，“笔者下笔之先，广征各国之学说，详稽我国之情实，觉狭义的社会主义实万不可行，而广义的社会主义又必不可少，故所下论断，辄发表此意，殊非草草。”[③]序言最后开列了一大串“最重要之参考书”，包括“中国之部：《周礼》、《左传》、《管子》、《孟子》、《荀子》、《汉书》、《通典》、《资治通鉴》、《文献通考》及其他。日本之部：《最新经济论》（夏秋龟一

① 张枬、王忍之编：《辛亥革命前十年间时论选集》第2卷（上册），生活·读书·新知三联书店1963年版，第359页。

② 姜义华编：《社会主义学说在中国的初期传播》，复旦大学出版社1984年版，第405页。

③ 姜义华编：《社会主义学说在中国的初期传播》，复旦大学出版社1984年版，第405页。

著）、《社会经济原理》（意人柯塞著，永井真好译）、《经济原理》（奥人腓立威奇著，气贺勘重解说）、《经济学概论》（美人伊里著，山内正瞭解说）、《十九世纪社会主义及社会运动》（德人钟巴尔德著，神户正雄译）、《经济学通论》（小川乡太郎著）、《社会问题解释法》（安部矶雄著）、《近世社会主义论》（河上清著）、《近世社会主义评论》（久松义典著）、《社会主义评论》（河上肇著）、《劳动政策》（同文馆发行）、《商业大辞书》（同文馆发行）、《日本现时之社会问题》（田岛锦治著）、《国体论及纯正社会主义》（此辉次郎著）、《劳动保护论》（河上清著）及《太阳》、《经济世界内外论丛》、《国民经济杂志》、《社会主义研究》等各杂志。”[①]作者以此表明，文章中外兼通、旁征博引、言之有据。作者在序言结尾中声称，在撰写本文时曾得到梁启超先生的多次教诲。文章第一章“社会主义之语源及分类”，首先考察了西文各语种中的“社会主义”一词，接着对其进行了分类，指出：社会主义“有狭义的社会主义，有广义的社会主义”，“狭义的社会主义者，欲破坏现在之社会组织，以谋再建设者也，一名社会革命主义。小分之得三派：（1）佛也先[②]社会主义——英国派及其后继者属之；（2）耶稣教的社会主义——以耶酥教之圣书为论本者属之；（3）学问的社会主义——奉玛鲁柯士[③]之主义者属之”。“广义的社会主义者，欲于现在之社会组织之下，谋有以矫正个人主义之流弊者也，一名社会改良主义，又名社会政策主义，又名讲坛社会主义。小分之亦得三派：（1）国家社会主义——谋假国家之力，以达其矫正之手段者属之；（2）自助的社会主义——不假国家之力，劳动者自相团结，以谋达其矫正之手段者属之；（3）慈惠的社会主义——社会上之慈善家，谋专以慈善事业普济社会者属之。”作者说道：“以鄙见所及，则窃以为此主义中，无论何派，皆莫不以救济社会为宗，实可悉附以社会之名。惟其所采手段之性质，一则并贫富两阶级而救济之，一则眼光仅及于贫之一阶级”。此外，还“有与狭义的社会主义似而非之主义二种，一曰共

① 姜义华编：《社会主义学说在中国的初期传播》，复旦大学出版社1984年版，第405—406页。

② 佛也先，今译作“法兰西”。

③ 玛鲁柯士，今译作“马克思”。

产主义（Communism），其宗旨在全废私有财产，与社会主义之仅主张废私有土地、资本者有异。二曰无政府主义（Anarchism），其宗旨在废绝政府，使个人各以自由意思而活动，与社会主义之主张以产业上之活动移于国家之手者正反对”[①]。作者宣称他自己主张实行广义社会主义，认为广义和狭义的社会主义，就像行走的道路，“一则广而易行；一则狭而难至”[②]。第二章“社会主义之起因”指出，狭义的社会主义缘起于“经济上的不平等”，广义社会主义源自于“矫正个人主义”（即经济上不平等）及狭义社会主义之“流弊”。文章认为，看起来其“二者峙然并立”，其实它们的“根本之起因”都归于“经济上不平等”。这“经济上不平等”乃是“根本的根本之问题”。对此，学者众说纷纭，分析各异，其中“切当者，则有五事”，即经济原因、政治原因、法律原因、学术原因、宗教原因。它们是“经济上不平等之起因，而亦即社会主义之起因也”。[③]第三章“狭义的社会主义之内容”，主要介绍“狭义社会主义”所主张而“求达之目的”及其“理由”。在“求达之目的”方面，文章引用美国“经济学大家”伊里博士和日本田岛博士的说法，各有四个方面，前者为“共有生产手段”，“共同经营生产”，“经共同官宪之手，以分配生产物”，“收入之大部分分配之于人民，且令其私有之”。后者为“物质的生产手段之重要部分，归诸社会共有”，“生产事业，社会公营之”，“以社会之公权，分配社会所得”，“以社会所得之大部分，归诸人民私有”。文章认为，两位博士的意见大致相同，所不同者在于田岛博士“第一条之言，特较明密”，明确指出生产手段中有“重要部分与非重要部分之别”，道路、运河、邮便、电信、铁道、森林、水道是其中非重要部分，而土地、资本则是其中重要部分。“近世各国，其非重要部分之归诸官有或公有者，不一而足，惟土地、资本二者，则终属诸私有，此正与狭义的社会主义相异之点”。此事重大，“不可以不辩也”。文章认为，物质的货财，可以分为享受手段和生产手段，享受手段包括衣食住等消费之货财，生

① 姜义华编:《社会主义学说在中国的初期传播》,复旦大学出版社 1984 年版,第 407—408 页。

② 姜义华编:《社会主义学说在中国的初期传播》,复旦大学出版社 1984 年版,第 408 页。

③ 姜义华编:《社会主义学说在中国的初期传播》,复旦大学出版社 1984 年版,第 408—410 页。

产手段则指“吾人为生产各种享受手段而使用消费者皆属之”，“土地、资本等是也”。狭义社会主义“则承认享受属诸私有，而主张以生产手段归诸公有”。“共产主义，以为即社会的国家建设成立后之生产物，仍当采取绝对的共有主义；而狭义的社会主义，则以为现今私有主义之弊，固当矫正，然使如共产主义之所主张，则焚琴煮鹤，过杀风景，而社会将不堪其弊，故与之反对也。”①在“理由”方面，文章将“狭义的社会主义者流所以主张其目的之理由”归结为五个方面，即“人身自由说”、“修养卫生说”、“国民人格说”、“人满不患说”、“人类道德说”。文章的结尾说道，狭义的社会主义国家能否成立，“暂可无论”，此种国家成立后是否有“流弊”，亦“暂可无问”，然就狭义社会主义“所示之片面观之，固极高尚极美妙之一乐土”，也不过是供人“冥想神游”的梦想，可谓是“清愁消不得，梦入莲花国。方信断肠痴，断肠天不知”。②作者对社会主义的态度一目了然。

《社会主义论》的发表受到了梁启超的重视，他专门撰写了《社会主义论序》一文。梁启超在文中指出：“今我国人于世界的知识之缺乏，即我国不能竞胜于世界之一大原因也。”今日世界存在的问题很多，“而最大者宜莫如经济问题。经济问题之内容亦多矣，而今日世界各国之最苦于解决者，尤莫如其中之分配问题。坐是之故，而有所谓社会主义者兴。社会主义，虽不敢谓为世界唯一之大问题，要之为世界数大问题中之一而占极重要之位置者也。此问题之发生，与国富之膨胀为正比例。我国今当产业萎靡时代，尚未有容此问题发生之余地。”然而，我们依然不能以今日国家之现象自安，因为欲使我国进步而得驰骋于“世界竞争之林，则夫今日世界各国之大问题，自无一不相随以移植于我国”，这是大势所致。为此，对于社会主义，“无论以世界人类分子之资格，或以中国国民分子之资格，而皆不容以对岸火灾视之”③。梁启超称《社会主义论》一文的目的就在于帮助人们弄清“社会主义为何物”。他认为：社会主义

① 姜义华编：《社会主义学说在中国的初期传播》，复旦大学出版社1984年版，第412—415页。

② 姜义华编：《社会主义学说在中国的初期传播》，复旦大学出版社1984年版，第415—417页。

③ 姜义华编：《社会主义学说在中国的初期传播》，复旦大学出版社1984年版，第403页。

“条理复杂，含义奥衍，非稍通经济原理者，莫能深知其意。又其立论基础，在于事实，而此事实为欧美各国之现象，我国不甚经见，国人索解愈难。故各国言此之书，虽充栋汗牛，而我国人若无闻见。近则一二野心家，思假为煽动之具，即亦往往齿及，然未经研究，于其性质全不明瞭，益以生国人之迷惑。予既尝著论，斥妄显真，且斟酌吾国现在将来所宜采择之方针，以为国人告，具见前报。虽然，此乃我国适用社会主义之研究，而非社会主义其物之研究也。未知社会主义为何物，而欲论我国宜如何适用之，其以喻天下亦艰矣”[①]。梁启超的结论是：社会主义的立论基础我国“不甚经见”，在众多的社会主义流派中，只有广义的社会主义，也就是社会改良主义才适合中国国情，这一思想与他此前的思想一脉相承，也与吴仲遥的文章观点基本一致。这或许也是梁启超欣然为之作序的缘由。

《再驳某报之土地国有论》是梁启超在论战期间发表的最后一篇较有分量的辩论性文章，长达4万字，连载于《新民丛报》第九十至九十二期上。文章开头说道：“社会革命论，在今日日本不成问题；社会革命论中之简单偏狭的土地国有论，即在将来亦不成问题。”这一说法比起此前梁氏断然否定今日中国有必要进行社会革命的不妥协立场似有变化，但并不妨碍他抓住土地国有论中之所谓谬误而加以驳斥。文章共三部分，一是“就财政上正土地国有论之误谬”。梁氏不同意《民报》所言以土地国有实行单税制作为财政之良法，或以土地国有作为将来整理财政的不二法门。文章主要依据西方“国家社会主义派泰斗”、“德国财政学大家”毕克拿的学说，重点攻击土地单一税，列举15条理由证明，单一税“决不能支持国家经费”，进而证明土地国有论“谬于常理，反于事实，而毒害于国家”，是一种不能成立的主张。二是“就经济上正土地国有论之误谬”。这一部分重点驳斥土地国有论者所欣赏的，亦是“土地国有论最有力之学说”即亨利·乔治的学说。梁启超认为，实现社会主义之理想，不能单凭制度组织的改革，必须先造就适应于新制度的人，而“欲改变人类之性质，绝非一朝一夕之效，故社会主义派之理想，必非现在所能

① 姜义华编：《社会主义学说在中国的初期传播》，复旦大学出版社1984年版，第403—404页。

见诸实事”。三是“就社会问题上正土地国有论之误谬”。这一部分再次表达了梁氏对于社会主义的看法。文章认为，社会问题的真意要“以分配趋均为期，凡以使全国中各社会阶级（不论贫富）皆调和秩序以发达而已”。“分配趋均”，一在于“救资本兼并之弊，对于大资本家而保护小资本家”，二在于“调和资本家与劳动者之利害冲突，对于资本家而保护劳动者”。社会问题“不当专以现在贫者一阶级之利益为标准”，社会者是全社会人的社会，“非富者阶级所得专，亦非贫者阶级所得专”。也就是说，社会主义当保护贫者和富者两个阶级的利益。梁氏强调，“欧美学者所倡道之社会主义，举生产机关悉为国有者，最足以达此目的。然其事非可实行，即行矣，而于国民经济亦非有利”。意指革命派所倡导的革命的、空想的、极端的社会主义不可行，行之也未必有利。文章的结论是：“社会主义改良派所发明种种政策，苟能采用之，则不必收土地为国有，而亦可以达此目的”，而革命派所持之“简单的土地国有论，则始终不能达此目的者也”。①

在梁启超的一生中，清末这段时间是其谈论社会主义最多的一个时期，也是他对社会主义认识的基本定型时期。此后，虽然他还直接和间接地表达过对社会主义的看法，但其所奉行的改良社会主义的立场和观点始终没有改变。从梁启超介绍社会主义的内容看，他对社会主义的认识主要来源于他在国外特别是在日本期间所接触到的西方社会主义知识，以及国内教育获得的具有某种社会主义文化成分的传统知识，并非直接来源于马克思主义以及社会主义的原著。他对社会主义的介绍也较为单薄和肤浅，并不了解社会主义特别是马克思主义之科学社会主义的基本内涵。他对社会主义所作的根深蒂固的改良主义的理解，使他错误地相信只有国家社会主义、改良式的社会主义才能救中国。他曾预言，社会主义必将磅礴于20世纪，这是对的，但是，磅礴于20世纪的社会主义，是马克思主义，而不是他的什么国家社会主义、改良式的社会主义。不过，在此想点出的是，如果置于近代中国社会主义传播史的整个过程看，

① 张枬、王忍之编：《辛亥革命前十年间时论选集》第2卷（下册），生活·读书·新知三联书店1963年版，第580—607页。

梁启超在其中可谓功不可没。至于梁启超著文研究和介绍社会主义之于中国社会主义传播的作用，本书将在以后部分进行分析。这里只想说，尽管梁启超介绍和奉行的是社会改良主义，涉及的内容肤浅甚至错误，他也说过“此主义在欧洲社会常足以煽下流”这样贬斥和攻击社会主义的话，但作为一个思想家和政治家，他介绍过社会主义，也介绍过马克思，这在闭塞的中国还是起到了一定的宣传“新知”以开“民智”的作用，而且他所做的这些工作客观上也是社会主义在中国早期传播的一个重要环节和重要部分。

第三章　清末民初留日学生对社会主义的译述

如果说在20世纪到来之前，中国人了解社会主义学说的主要渠道取自“西方”，那么当大清朝的历史步入20世纪初的时候，这种状况发生了改变，社会主义这股“新风”以更猛烈的方式从东方而来。如果说最早一批外交官、西方传教士以及资产阶级维新派介绍和引进的社会主义，并没有引起多少中国人的注意，那么这一时期由于留日学生的加入并经日本中转而来的社会主义则引起了中国人极大的热情和关注，并在近代中国政治思想史上卷起了第一次探索社会主义的热潮。

一、留学日本潮及留日学生的译书热

中国近代政治思想上第一次探索社会主义热潮的引发，同清末民初中国人留学日本潮及留学生的译书热密切相关。鸦片战争以后至甲午战争以前，先进的中国人在应对民族危机、谋求国家自强的过程中，一直是以欧美国家为楷模的，向西方学习一路高歌猛进，成为近代中国人思想认识中的主旋律。当时多数中国士大夫对东方的日本是很不以为然的，而且随着日本的壮大，中国的一些上层人士逐步看出日本可能是危险的策源地。1885年，李鸿章曾写道：“大约十年内，日本富强必有可观，此中土之远患，而非目前之近忧。”[①]中日甲午战争的结果，堂堂中华帝国竟然被新兴的日本一举击败。清政府苦心经营十几年、耗费巨资建成的北洋舰队全军覆灭，几十万湘、淮军在日军进攻下节节败退，最后清政

① 转引自［美］费正清、刘广京编，中国社会科学院历史研究所译：《剑桥中国晚清史（1800—1911）》下卷，中国社会科学出版社1985年版，第338页。

府被迫签订了丧权辱国的《马关条约》，赔款二万万两巨款，割让宝岛台湾，并由此引发帝国主义列强瓜分中国的狂潮。空前的民族危机，强烈地刺激着中华民族的觉醒。中国广大先进知识分子一方面愤怒地谴责日本军国主义的野蛮侵略，另一方面反思中国何以失败，同时也更加迫切地渴望了解和探究日本得以迅速富强的原因，进而提出仿效日本明治维新，在中国通过变法维新以实现救亡图存的主张。1895年康有为在《公车上书》中指出："日本一小岛夷耳，能变旧法，乃能灭我琉球，侵我大国，前车之辙，可以为鉴。"[①]1898年康有为从以前译集的日本群书中编选出《日本明治变政考》一稿，进呈光绪皇帝，便在序中说："日本小国，更新变用之则骤强，此其明效大验，公理正则，无可遁逃者矣。""尝考日本变法之始难矣。……然二十年间，遂能政法大备，尽撮欧美之文学艺术而溶之于国民，岁养数十万之兵，与其十数之舰，而胜吾大国"，"睹前车之覆，至险可鉴，若采法其成效，治强又至易也。大抵欧美以三百年而造成治体，日本效欧美，以三十年而摹成治体。若以中国之广土众民，近采日本，三年而宏规成，五年而条理备，八年而成效举，十年而霸图定矣"。[②]梁启超提出："今夫日本幕府专政，诸藩力征，受俄、德、美大创，国几不国。自明治维新，改弦更张，不三十年，而夺我琉球，割我台湾也。"中国今之战败，仍可变法图强，所谓"亡羊补牢，未为迟也"[③]。而变法图强的榜样，就是日本的明治维新。维新派人士胡燏棻也认为，"日本自维新以来，不过一二十年，而国富民强，为泰西所推服，是广兴学校，力行西法之明验。今日中国关键全系乎此。"[④]可见，在中日甲午战争后的中国先进知识分子当中，向日本学习，变法维新已经成为人们一致的呼声。

那么应当怎样向日本人学习呢？人们提出了两个办法：一是派遣留学生；二是翻译日文书籍。维新派官员杨深秀在1898年的奏折中指出："日

① 康有为：《上清帝第二书》，《戊戌变法》（二），上海人民出版社1957年版，第153页。

② 康有为：《进呈日本明治变政考序》，《戊戌变法》（三），上海人民出版社1957年版，第3—5页。

③ 梁启超：《变法通议》，转引自郑振铎编：《晚清文选》，上海书店1987年版，第452、456页。

④《上变法自强条陈疏》，《中日文化交流史论文集》，人民出版社1982年版，第264页。

本变法立学，确有成效，中华欲游学易成，必自日本始。政俗文字同则学之易，舟车饮食贱则费无多。”①康有为也在1898年5月的《戊戌奏稿》中正式提出《请广译日本书派游学折》，指出：“日本昔亦闭关也，而早变法，早派游学，以学诸欧之政治工艺文学知识，早译其书，而善其治，是以有今日之强而胜我也。吾今自救之图，岂有异术哉？亦亟变法亟派游学以学欧美之政治工艺文学知识，大译其书以善其治，则以吾国之大，人民之多，其易致治强可倍速过于日本也。”关于派留学生，康有为说道：“惟日本道近而费省，广历东游，速成尤易，听人士负笈，自往游学，但优其奖导，东游自众，不必多烦官费。……今急于须才，则不得已，妙选成学之士，就学于东，则收新学之益，而无异说之害。昔日本变法之始，派游学生于欧美，至于万数千人，归而执一国之政，为百业之师，其成效也。此臣所以请派游学也。”②戊戌变法失败后，康有为、梁启超逃亡日本，其门人弟子亦纷纷到达日本，这不仅使他们成为留日学生的重要组成部分，而且对当时中国人赴日留学也是一个促进。与此同时，洋务派的张之洞也同样主张“游学之国，西洋不如东洋”。在其《劝学篇》的《游学篇》中，他曾大力倡导留学日本之效。他说：“日本小国耳，何兴之暴也”，根本原因在于选派人员出国留学，“学成而归，用为将相。政事一变，雄视东方……至游学之国，西洋不如东洋。一、路近省费，可多遣。一、去华近，易考察。一、东（日）文近于中文，易通晓。一、西学甚繁，凡西学不切要者，东人已删节而酌改之。中、东情势风俗相近，易仿行，事半功倍，无过于此”。③甲午战后，出国留学，挽救民族危亡，一时间成了人们津津乐道的话题，有的甚至把是否出国留学看作是否爱国的重要标志。比如，《游学译编》曾经刊登过一篇《劝同乡父老遣子弟航洋游学书》，其中写道：“今日吾国灭亡之风潮诚达于极顶，欧美白人曰奴灭我，地跨欧亚二洲之黄白两界之俄人曰奴灭我，

①《戊戌变法档案史料》，《中日文化交流史论文集》，人民出版社1982年版，第264页。

②康有为：《请广译日本书派游学折》，《戊戌变法》（二），上海人民出版社1957年版，第223—224页。

③张之洞：《劝学篇·外篇》，第5—6页。

并同洲同文同种源大陆之区区日本人亦敢阴计曰奴灭我，无非以吾国固守旧学，国势日减民而气不伸。……惟游学外国者，为今日救吾国惟一之方针。”①另有一封《与同志书》中也说道：“留学外国者，今日之务急也，无贵、无贱、无富、无贫、无长、无幼，所宜共勉者也。”②这里共同的呼声是：留学救国。

兴起留学日本热潮的另一个原因，在于日本政府主动吸引中国留学生的政策以及日本朝野所持有的欢迎中国留学生的态度。甲午战争之后，绝大多数日本中下层人士希望日本与中国友好相处，他们主张吸收中国留学生以加强中日文化交流。日本统治者则从培植在华势力和代理人的需要出发，主张多招收中国留学生。当时的日本驻华公使矢野文雄曾直言不讳：“如果将在日本受感化的中国新人才散布于古老帝国，是为今后树立日本势力于东亚大陆的最佳策略。其习武备者，日后不久将效仿日本兵制，军用器材必仰赖日本，清国之军事将成日本化。又因培养理科学生之结果，定将对日本发生密切关系，此系扩张日本工商业于中国的阶梯。至于专研政法等学生，定以日本为楷模，为中国将来改革的准则。果真如此，不仅中国官民信赖日本之情将增加二十倍，且可无限量的扩张势力于大陆。”③日本朝野人士甚至亲自来华游说中国当权者派遣学生留日。正是由于维新派的呼吁、洋务派的促成，加之日本政府的政策和态度等原因，这一时期的中国人纷纷赴日本留学，致使一时间出现了赴“日本游学者相望于道”④的局面。具体情况见表3-1、表3-2、表3-3：

表3-1　1896—1912年中国留日学生人数统计表⑤

年代	人数	资料来源
1896	13	宏文学院编辑《普通师范科讲义》第一编，《杂录》；松本龟次郎《中华民国留学生教育的沿革》，《日华学报》1927年第2号；《清国留学生会馆第一次报告》。

①《游学译编》第6期。

②《游学译编》第7期。

③ 李喜所：《中国留学史论稿》，中华书局2007年版，第220页。

④ 李喜所：《中国留学史论稿》，中华书局2007年版，第220页。

⑤ 参见李喜所：《中国留学史论稿》，中华书局2007年版，第207—208页。

续　表

年代	人数	资料来源
1898	61	《约章成案汇览》卷32,游学门下;《日华章程要览》,《皇朝蓄艾文编》卷16;《清国留学生会馆第二次报告》。
1901	274	《壬寅新民丛报汇编》第155页;《译书汇编》1902年第2期;黄璟《东游日记》;章宗祥《日本游学指南》。
1902	608	《清国留学生会馆第一次报告》;《英轺日记》卷12;《东方杂志》1904年第2期。
1903	1300	杨枢《奏陈学务兼管情形折》,《约章成案汇览》卷32;吴玉章《辛亥革命》第59页;《东方杂志》1904年第2期。
1904	2400	《清国留学生会馆第五次报告》;《中华教育界》第15卷第9期;《清朝续文献通考》卷114;《时事新报》1925年7月17日。
1905	8000	1905年11月杨枢奏折,《明清档案部》,外务部档;《张文襄公全集》卷195;《陈天华投海》,《武昌革命真史》。
1906	12000	《学部官报》1906年第8期;《中国第一次教育年鉴》丁编;《学部奏哲辑要》一编;《中华教育界》第15卷第9期。
1907	10000	《大清宣统新法令》第15册,《补遗》。
1909	3000	《教育杂志》1909年第3期。
1912	1400	《学制五十年史》,转见《新教育》第10卷第1期。

表3-2　1904年中国留学生的分布情况表①

学校名称	人数	学生原籍
东京帝国大学	5	江苏、广东、四川各1,浙江2。
西京帝国大学	2	江苏、广西各1。
早稻田大学	23	湖南、湖北、江西、贵州、云南各1,江苏、福建、广东各3,安徽5,直隶 浙江各2。
东京法学院大学	6	安徽、江西、贵州各1,福建3。
庆应义塾大学	1	江苏1。
明治大学	3	湖北2,江苏1。
法政大学	1	湖南1。
东京高等师范学校	12	直隶、江苏、广东、贵州各2,浙江4。

① 参见李喜所:《中国留学史论稿》,中华书局2007年版,第210—213页。

续 表

学校名称	人数	学生原籍
东京高等工业学校	13	直隶、安徽、江西、四川、贵州各1,浙江、福建各2,江苏4。
大阪高等工业学校	15	山西1,直隶、江苏、福建各2,山东5,江苏3。
高等商业学校	13	湖南、浙江各2,湖北3,山东5,江苏1。
第一高等学校	45	山西、山东、湖北、江西、广西、贵州各1,云南、广东、安徽各2,湖南、四川各3,直隶5,浙江9,江苏13。
第二高等学校	1	浙江1。
第三高等学校	22	贵州2,旗人、浙江、广西各3,广东4,江苏7。
千叶医学校	7	江苏6,浙江1。
金泽医学校	4	江苏1,浙江3。
仙台医学校	1	浙江1。
熊本医学校	5	直隶1,湖北4。
大阪医学校	2	直隶2。
东京药学校	4	江西2,广东2。
东京高等农学校	2	江苏2。
盛冈农学校	3	湖北3。
扎晃农学校	17	山东14,江苏1,浙江2。
铁道学校	45	湖北、广东、贵州各1,湖南13,四川29。
西京染织学校	11	江西、四川各1,贵州2,湖南7。
东京音乐学校	4	湖北、江苏各2。
大阪工业学校	1	湖北1。
大阪商业学校	1	湖北1。
工艺学校	2	湖北2。
高田穗学校	1	湖北1。
美术写真学校	1	江苏1。
熊本手取学校	2	江苏2。
顺天求合社	4	直隶、广东各2。
东京蚕业讲习所	5	广东1,湖北、福建各2。
西京蚕业讲习所	3	湖北2,江苏1。
手工学校	24	湖北、江苏各1,直隶、广东各3,湖南16。

续　表

学校名称	人数	学生原籍
早稻田实业学校	2	广东2。
警察学校	39	江西、云南各1,四川13,湖南24。
物理学校	3	福建2,广东1。
数学馆	1	湖南1。
数学专修塾	1	四川1。
测量专门学校	2	河南、湖北各1。
正则英语予(预)备学校	45	直隶、福建、贵州各1,湖南、湖北、广西各2,江西3,浙江14,江苏5,安徽6,广东8。
国民英语学校	3	浙江1,福建2。
英语学会	4	湖南3,四川1。
西京同志社	2	直隶、陕西各1。
水道学校	1	四川1。
体育学校	12	浙江、四川各1,湖北、江苏各2,湖南6。
法政大学速成科	295	云南、山东各1,旗人3,江西5,直隶9,安徽10,福建11,广西、贵州各12,四川14,浙江33,湖南41,湖北、广东各43,江苏57。
宏文学院	604	直隶、福建各1,旗人4,山东15,湖南110,湖北98,江苏95,浙江18,安徽3,江西6,广西2,四川173,广东29,贵州4,云南45。
同文书院	148	贵州1,湖南、江苏、四川各2,江西4,福建、安徽各5,浙江7,直隶46,湖北26,广东28,云南20。
成城学校	151	广西、贵州各1,湖南24,湖北36,江苏8,浙江12,安徽3,江西6,福建2,四川53,广东5。
振武学校	305	旗人19,直隶26,山西17,陕西1,河南7,山东9,湖南46,湖北56,江苏16,浙江11,安徽27,江西5,福建10,四川15,广东12,贵州2,云南26。
清华学校	69	湖南、浙江各25,江苏9,江西7,广东3。
东京高师附属中小学校	9	直隶、安徽、江西、福建、广东各1,贵州、浙江各2。
经纬学校	135	贵州、江西、陕西各1,直隶51,山西32,河南4,山东9,湖北6,江苏5,浙江7,安徽3,福建13,广东2。
熊本中学校	4	江苏4。
晓星中学校	3	湖南、江苏、浙江各1。

续 表

学校名称	人数	学生原籍
早稻田中学校	1	浙江1。
庆应中学校	2	浙江2。
大成中学校	1	四川1。
东京各小学校	5	直隶、江苏、福建各1,湖北2。
西京小学校	1	浙江1。
制纸工场	13	江西、四川各2,湖南5,湖北4。
帝国制币局	2	江苏2。
图版合资会社	2	湖南2。
制造工厂	1	湖北1。
化学制品所	3	湖南3。
织布工厂	2	湖北2。
机械工厂	2	湖北、四川各1。
印刷厂	2	四川2。
东京印制局	5	湖北4,四川1。
上野工场	1	湖北1。
英佛和语学校	1	湖南1。
女子美术学校	2	湖北、江苏各1。
预备学校	178	广西、贵州各4,山西、四川各5,江西3,湖北、江苏、福建各14,直隶、安徽各15,湖南、广东各17,浙江20,云南30,山东1。
保姆讲习所	1	江苏1。
实践女学校	10	江苏、浙江、安徽各1,湖北5,湖南2。
东亚菁华女学校	2	湖北2。
妇子实修学校	2	旗人、安徽各1。
女子实业学校	2	湖北2。
预备入校	16	直隶、湖北、江西、福建各1,江苏3,广东4,湖南5。

表3-3　1907年日本各学校中国留学生在籍人数统计表[①]

学校名	学生数(名)	学校名	学生数(名)	学校名	学生数(名)
东京大学	35	宏文学院	911	实践女学校	47
京都大学	10	经纬学堂	542	高等主文美术女校	19
早稻田大学	820	东斌学堂	321	女子美术学校	14
法政大学	1125	振武学校	286	长崎活水女校	17
明治大学	454	成城学校	110	东京音乐院	12
日本大学	109	东京同文书院	145	东京警监学校	213
中央大学	104	研数学馆	89	东亚铁道学校	165
庆应大学	11	正则英语学校	24	岩仓铁道学校	153
东洋大学	5	正则预备学校	25	日本体育会体操学校	80
东京高师	44	国民英学会	22	东京铁道学堂	64
东京高工	73	大成学堂	17	东京物理学校	45
东京高商	41	独逸语专修学校	5	同仁医药学校	35
东京外语	15	札幌农科大学	19	第一高等学校	31
东京美术	4	盛冈高农	9	第三高等学校	13
东京音乐	9	大阪高工	23	福冈工业学校	10

从表3-1可以看出：第一，清政府向日本派遣留学生，最早是在1896年，仅有13人。这些留学生主要是由当时驻日公使裕庚出于使馆工作需要，从国内选拔的。第二，1898年戊戌维新期间，清政府正式下令各省督抚选派学生赴日留学。地方上首先是湖广总督张之洞派遣公费留日学生20多人赴日本学习陆军，接着北洋大臣、南洋大臣以及浙江求是书院等也纷纷派出留日学生，使这一年中国留日学生达61人。第三，1905—1907年，中国人留学日本达到高潮。这主要与清政府废除科举制度，以及日本在日俄战争中获得胜利有关。第四，1907年后留日学生人数日趋减少。这与当时日本颁布《取缔中国留学生规则》，对中国留日学生存在

① 参见日本外务省档案：《在本邦清国留学生关系杂纂第一·陆海军学生以外之部》，参见[日]二见刚史、佐藤尚子：《中国人日本留学史关系统计》，《国立教育研究所纪要》94号，1978年3月；王小秋：《近代中日文化交流史》，中华书局2000年版，第358页。

歧视和种种限制，中国革命运动的发展以及欧美各国也开始积极招收中国留学生等多方面的因素有关。

总之，在清末民初这段时间里，中国留日学生人数发展犹如一条抛物线，1906年是最高点，达到12000人，至民国初年则降至1400人。如果将这个时段留学日本与留学欧美的情况作一比较，更让人感到当时留日热潮的非同寻常。如果从1847年初容闳等留学美国算起，中国人赴欧美留学要比赴日本留学早半个世纪。70年代前期，经容闳建议并直接参与，清政府曾于1872年至1875年连续四年每年派遣30名学生赴美留学，期间还有沈葆祯派遣福建船厂学生数人赴法国学习船政，1876年李鸿章派遣学生赴德国学习军事，又选派福建船政学堂30人赴英、法学习机械制造和驾驶等。自1882年开始，清政府停止公派学生出国留学，至1896年重开公派出国留学之禁，赴日留学人数不久即大大超过赴欧美留学的人数。据统计，1905年在美国的中国留学生只有130人；1909年和1910年，中国在日本的留学生人数，是在美国和欧洲的留学生数的4—7倍。这一状况直到第一次世界大战以后才有所改变。这从另外一个角度衬托出当时中国人留学日本的盛况。[①]

从表3-2、表3-3可以看出，中国留日学生在日本入学和学习状况的一些特点[②]：第一，中国留日学生学习的专业非常广泛，这与19世纪晚清政府派往欧美的留学生全部是学理工和学军事的情况形成鲜明对照。当时留日学生学习的专业，从政法、文史、外语、师范到理工、农医、军事、商业，甚至音乐、美术、体育，应有尽有。而且以学文科和学军事的占多数，其中又以政法和陆军最为热门。这一方面显现了留日学生学习兴趣的广泛，另一方面也是当时国内政治的一种直观反映。学习兴趣广泛说明了思想的活跃，而思想的活跃又为新思想的传播创造了有利的条件。1907年在东京帝国大学学习的35名中国留学生中，学法科的有18

① 参见谈敏：《回溯历史——马克思主义经济学在中国的传播前史》上，上海财经大学出版社2008年版，第389—390页。

② 参见李喜所：《中国留学史论稿》，中华书局2007年版，第213—217页；王晓秋：《近代中日文化交流史》，中华书局2000年版，第358—360页。

名，其次是农科10名、理科2名、工科1名、医科1名。[①]伴随着清末新政，学习法律和政治成了当时青年人的普遍追求，至于军事，这本来就是晚清政法新政的中心。晚清政府不仅集中大量财力编练新军，而且派出大量学习军事的留学生，在官派留学生中学习军事的最多，同时许多青年也把学习军事作为个人发展的捷径。一般情况下，留日学生中学习政法和军事的要占一半。第二，学习速成科和普通科（相当于中等学校）的较多，占90%以上。从表3-3中可以看出，留日学生最多的法政大学，主要是一年至一年半的法政速成科和日语速成科。其他如宏文学院、经纬学堂、东斌学堂、振武学校、成城学校等几所专门为中国留学生开设的学校，都是中等学校水平的普通科。真正进入大学本科学习的不多，能够毕业的就更少了。1908年清政府学部在一个报告中指出："比年以来，臣等详查在日本留学人数虽已逾万，而习速成者居百分之六十，习普通者居百分之三十，中途退学辗转无成者居百分之五六，入高等专门者居百分之三四，入大学者仅百分之一。"[②]这种情况一方面反映当时由于社会的动荡，留日学生大多学习准备不足，往往急于求成，因而学习质量不高；另一方面又反映出晚清政府对留日的学生管理很不严格。

总之，在清末民初，中国赴日本留学的人数至少有几万人，其数量之多、规模之大、学习专业之广泛、开展活动之频繁，在世界留学史上都是罕见的。如此众多的留日学生，成为中日文化交流新的桥梁和纽带，成为当时翻译日文书籍的主力军，也成为当时传播社会主义的主要力量。

鸦片战争后，中国人的译书事业在很长时间里是以翻译西书为主，无论是北京的同文馆、上海的广方言馆、上海机器制造局附设的译书馆，还是外国传教士办的广学会等译书机构，均是如此，日文书籍只占其中很一小部分。具体情况，前文曾有介绍。大致到了戊戌变法前后，情况发生了显著变化。中国人对翻译日文书籍的重视，首先源于当时维新人

① 参见日本外务省档案：《直辖学校收容中国留学生（明治40年4月调查）》，参见［日］二见刚史、佐藤尚子：《中国人日本留学史关系统计》，《国立教育研究所纪要》第94号，1978年3月。

② 《大清宣统法令》第15册《补遗》，参见王晓秋：《近代中日文化交流史》，中华书局2000年版，第359页。

士和开明政治家对此问题的呼吁。他们认为，学习外国尤其是日本不仅要派遣留学生，还要更多地译介外文书籍特别是日本之书。康有为强调：要使中国的变法维新取得成功，除“早派游学”外，还要“早译其书”。“日本与我同文也，其变法至今三十年，凡欧美政治文学武备新识之佳书，咸译矣，但工艺少阙，不如欧美耳。译日本之书，为我文字者十之八，其成事至少，其费日无多也，请在京师设译书局，妙选通人主之，听其延辟通学，专选日本政治书之佳者，先分科程并译之，不岁月后，日本佳书，可大略皆译也”①。康有为还主张用科第奖励的办法动员广大诸子参加译书，“若童生译日本书一种五万字以上者，若试其学论通者，给附生。”“诸生译日本书过十万字以上者，试其学论通者给举人。举人给进士，进士给翰林，庶官皆晋一秩。”康有为甚至构想出一幅动员全国知识分子翻译日文书籍的宏伟蓝图：“应译之书，月由京师译书局，分科布告书目以省重复，其译成之书，皆呈于译书局，译局验其文可，乃发于各省学政，试可而给第。举人以上至庶官，则译局每月汇奏，而请旨考试给之。若行此乎？以吾国百万之童生，二十万之诸生，一万之举人，数千之散僚，必皆竭力从事于译日本书矣。若此则不费国帑而日本群书，可二三年而毕译于中国，吾人士各因其性之所近而研究之，以成通才，何可量数。故臣之请译日本书便也。”②梁启超也曾大声疾呼：“译书真今日之急图哉！天下识时之士日日论变法。……虽欲变之，孰从而变之？无已，则举一国之才智，而尽出于此一途也。故及今不速译书，则所谓变法者尽成空言，而国家将不能收一法之效。”③维新派的上述主张也得到了清政府许多开明政治家的支持。就在首次派遣留日学生的那一年（1896年），孙家鼐被委任为学生监督。同年，孙氏提出《官书局开办章程》。《章程》说道：“拟设刊书处，译刻各国书籍，举凡律例、公法、商务、农务、制造、测算之学，及武备、工程诸事，凡有益于国计民生与

① 康有为：《请广译日本书派游学折》，《戊戌变法》（二），上海人民出版社1957年版，第223页。

② 康有为：《请广译日本书派游学折》，《戊戌变法》（二），上海人民出版社1957年版，第223—224页。

③ 梁启超：《大同译书局序例》，郑振铎编：《晚清文选》，上海书店1987年版，第481页。

绍到国内。诸种原因的结合，使得在留学生中掀起了翻译日文书籍的热潮。对于翻译日文书籍的目的，留日学生说得很清楚："同人等负笈他邦，输入文明，义不容辞。"[①]"游学诸人原有输入文明开通本国之责务。"[②]"译事重大，或为全国教育章程、科学及理法实业起见，或为沟通全省修学牖下志士起见，……目的繁多，悉根爱国，无他谬见也。"[③]

对于这段时间中国翻译出版日文书籍的情况，有不少学者进行了研究，据谭汝谦在《中日之间译书事业的过去、现在与未来（代序）》中说：中国人第一部汉译日文书籍似是姚文栋翻译的《琉球地理志》，1883年在东京出版，原著者是日本政府。第二部是林廷玉译的《欧美各国政教日记》，1889年在上海出版，原著是井上圆了。[④]李喜所在《中国留学生史论稿》一书中指出：近代中国人翻译日本书籍，以1883年姚文栋所译《环球地理志》[⑤]为最早。1895年，中村正直选和冈本监辅用中文译著的《万国史记》亦在中国刊行。1896年，冈野通史用中文合译的《翻译美利坚志》被翻印。1897年石井忠用中文所著的《战法学》也在中国重印。1899年井上圆了著的《欧美各国政教日记》由日文译成中文，在上海出版。[⑥]同年，樊炳清翻译了桑原隲藏所著的《东洋史要》。1900年后，随着留日学生的增多，译书与日俱增，成为传播日本现代文化和促进中日文化交流的重要环节。[⑦]陈应年在《近代日本思想界著作在清末中国的介绍和传播》一文中，对于日文书籍翻译出版情况作了更详细的介绍。他指出：据他们掌握的材料，最早的大约是寺门静轩的《江户繁昌记》（载《瀛环琐记》月刊第24—26卷，1874年9—11月）和赖山阳的《日本外史》（广州1875年翻刻本；上海1879年钱子琴评本；上海读史堂1889

---

①《译书汇编发行之旨趣》,《译书汇编》第2年第1期,1902年4月3日。

②《游学汇编简章》,《游学译编》第2期。

③《致湖南士绅诸公书》,《游学译编》第2期。

④ 参见[日]实藤惠秀著,谭汝谦、林启彦译:《中国人留学日本史》,生活·读书·新知三联书店1983年版,第216页。

⑤ 此处所说的《环球地理志》与《琉球地理志》似是同一本书,可能译名有误。

⑥ 此处所说《欧美各国政教日记》出版时间为1899年,与日本实藤惠秀的《中国人留学日本史》一书中所说的1889年有出入。

⑦ 参见李喜所:《中国留学生史论稿》,中华书局2007年版,第264页。

年刻本）。这是翻译的日本人的汉文著作。这两部著作的翻译出版，反映的是近代中国人最初对日本情况的关注。到了中日甲午战争以后，中国人一面通过自己的研究著作（如黄遵宪的《日本国志》）来介绍日本的情况，同时又通过日文著译来传播西方的学术思想，出现了不少汉文著作的翻译本和日文译介西方情况的中译本，如冈千仞、冈本监辅编的《（重订）法国志略》（王韬辑，1890年版）、井上圆了的《欧美各国政教日记》（林廷玉译，新民译书局1889年版）、冈本监辅等的《万国史记》（中村正直选，上海读有用书斋1895年版）、冈千仞和河野通之编《翻译米利坚志》（4卷，湖南新学书局1896年版），以及冈本监辅的《西学探原》（商务1901年版）、涩江保著《波兰衰亡战史》（第1册，东京译书汇编社1901年版）、重野安绎的《万国史纲目》（东京劝学会1902年版）和杉山藤次郎著《泰西政治学者列传》（广东青年译，广智书局1902年版）等。[①]这和当时康有为、梁启超等维新人士以及张之洞等晚清官员的主张是相吻合的。

要指出的是，一方面，以上所译日文书籍虽不能说全部出自留日学生之手，但翻译和出版日文书籍高潮的出现则是与留日学生队伍的日益壮大密切联系在一起的，众多的留日学生成了当时翻译日文书籍的主力军。另一方面，此前零星的日文书籍的翻译出版大多系个人所为，到20世纪初，这种状况发生了很大变化，在从事翻译时，除了个人零星的操笔之外，留日学生还成立了不少翻译团体，专门从事翻译工作，正是这些翻译团体成为留日学生翻译活动的桥梁和阵地。

下面着重介绍几个当时较为重要的翻译团体：

1.译书汇编社。1900年冬成立于东京，在上海设有总发行所，是留日学生成立的第一个翻译团体，主要成员大多为留日学生最早的进步团体励志会的会员。社长戢翼翚是1896年赴日的首批留学生之一，具体负责人还有杨廷栋、金邦平、雷奋和东京高等商业学校的学生陆世芬等人。同年12月，《译书汇编》杂志创刊。这是我国留日学生最早创办的一种刊

---

① 参见陈应年：《近代日本思想界著作在清末中国的介绍和传播》，《中日文化交流史论文集》，人民出版社1982年版，第266—267页。

物。每月出一期，第一年出九期，第二年出十二期。1903年4月改为《政法学报》，共出八期。《译书汇编》每期发行逾千份，这在当时的留日学生仅二三百人的情况下是一个不小的数字。译书汇编社的主要任务就是出版《译书汇编》月刊及有关译著。由于在八国战争中的失败，清政府迫于国内外的形势，表面上表示要实行新政，所以这本介绍新学、主张改革的学生杂志，在国内销售量大增，还得到了清政府某些地方官员的资助①。该社在上海设有总发行所（先是育才书塾，后是开明书店），北京、天津、河北、安徽、江西、广东、广西、湖北、四川、河南、浙江、江苏、香港等地均设有代售所，其中以江浙一带为最多。《译书汇编》社宣布："同人等负笈他邦，输入文明，义不容辞。课程余阴，勉力从事，爰将欧美、日本'学理'最新之书……汇辑成编，饷遗海内。""本编创自庚子，其时败衅之余，同人留下斯邦，眷念故国，深惟输进文明，厥惟译书，乃设社从事译事，创为本编。"②集中翻译的主要是政治图书，包括政治、行政、法律、经济、政史、地理等。这是因为译书汇编社成员认为，"政治诸书乃东西各邦强国之本原"③。他们一般以日文为蓝本，先将部分译文刊于《译书汇编》，再集中起来出版单行本。由于成员多为政法专业的留学生，故所译书籍政法方面的则更多。代表性的译文和出版的著作有：卢梭的《民约论》（即《社会契约论》）、有贺长雄的《近世政治史》、孟德斯鸠的《万法精理》（今译为《论法的精神》）、涩江保的《国家学原理》、岩崎昌和中村孝合著的《国法学》等。1901年7月30日的《译书汇编》第七期上刊登的《已译待刊书目录》中还有34种图书目录，其中政治和法律11种，包括《政治进化论》（［英］斯宾塞尔）、《平民政治》（［美］勃拉司）、《政治泛论》（［美］威尔孙）、《政党论》（［德］伯伦知理）、《社会平均论》（［英］斯宾塞尔）、《今世国家论》（［法］鲍罗）、《美国民政》（［美］莫理）、《国际法论》（［法］罗诺而）、《自助论》（［英］斯迈尔）等。教育5种，即斯宾塞的《教育论》、

① 如三品衔即选知府钱恂助银六十元，四品衔候选道李哲浚捐洋墨银三百元等。

②《改正体例告白》，《译书汇编》第2年第9期，1902年12月10日。

③《译书汇编》第1期。

卢梭的《教育论》、如安诺的《教育论》，还有《东西洋教育史》和《政教进化论》。历史5种，有《理学沿革史》、《欧洲文明史》、《明治历史》、《近世二英雄传》、《经济学史》。另外有社会学4种，军事3种，新闻和外交、经济等6种。[①]根据《译书汇编社出版及发行书目》（刊于1903年发行的《日本明治维新百杰传》封底），该社又添加了下列译书：《欧美日本政体通览》、《日本制度提要》、《法律学论纲》、《最近俄罗斯政治史》、《法制新编》、《欧洲财政史》、《日本财政之过去及未来》、《波兰衰亡战史》、《美国独立史》、《日本维新活历史》、《物竞论》等19种。[②]从上述可见，《译书汇编》是中国最早比较系统地介绍西方和日本资产阶级政治学说的刊物，译书汇编社刊行的译著和译文对当时中国知识分子接受新思想、新文化，开展思想启蒙运动，促进民族觉醒发挥了巨大作用。译书汇编社的译作在江浙一带发行量最大，后来辛亥革命能在这一带得到迅速响应，这同《译书汇编》所宣传的民主共和思想有很大关系。对此，梁启超在1901年曾赞扬道："客冬今春以来，日本留学生有《译书汇编》、《国民报》、《开智录》等之作。《译书汇编》至今尚存，能输入文明思想，为吾国放一大光明，良好珍诵。"[③]后来，冯自由在《辛亥革命海内外革命书报一览》中也说："《译书汇编》……留学界出版之月刊，以此为最早。所译卢骚《民约论》、孟德诗鸠《万法精理》、斯宾塞《代议政治论》等，促进吾国青年之民权思想，厥功甚伟。"[④]

2.湖南编译社。该社创办于1902年。它是在留日学生中出现的又一个重要的翻译团体。主要成员有杨度、周家树、杨毓麟、黄兴、张孝淮等，大多是湖南留日学生中的佼佼者。同年11月创办《游学译编》月刊，至1903年11月，共出版十二册。刊物内容丰富，不仅有学术、教育、历史、地理、理财，还有军事、内政、外交、新闻、时论等，特别重视世

① 参见李喜所：《中国留学史论稿》，中华书局2007年版，第265页。

② 参见［日］实藤惠秀著，谭汝谦、林启彦译：《中国人留学日本史》，生活·读书·新知三联书店1983年版，第220—221页。

③ 梁启超：《饮冰室文集类编》上册，第794页。

④《中国近代出版史料二编》，第283页，参见［日］实藤惠秀著，谭汝谦、林启彦译：《中国人留学日本史》，生活·读书·新知三联书店1983年版，第221页。

界最新理论和信息介绍。此外该社还出版了一些译著单行本。其宗旨如杨度为《游学译编》创刊号撰写的长篇序言中所指出的，在于输入资本主义文明，启发民智，使古老的中国焕发青春，赶上世界潮流，“使游学者与不游学者，日以学术相责”，“然后群起谋国”，令国家的政事，“无一年无一月无一日无一时，而不有进步”[①]。与译书汇编社不同，湖南编译社的译书是以日本的报刊文章为主，代表性的译作有楢原陈政的《支那地理概述》、天野为之的《经济政策论》、民友社编的《武备教育》、太阳报的文章《十九世纪学术史》、山田邦彦的《学校行政法论》、有贺长雄的《国家学》、小塚喜平次的《政治学大纲》、家永丰吉的《文明史》、建部遯吉的《哲学大观》、井上哲次郎的《支娜哲学史》、岸本能武太的《宗教研究》、高桥二郎的《国势调查法》等，还有根据日本翻译的英国斯宾塞的《教育论》、《政治哲学》，法国德克威尔的《自由原论》，英国威尔逊的《人类学》，德国佛郎都的《国家生理学》等书。这些书既有较高的学术价值，又有很强的现实针对性。除了以上学术著作外，湖南编译社还把翻译中小学教材和教学参考书作为另一个重点。《游学译编》第二册上曾刊登拟翻译出版中小学教材和教学参考书的广告，宣布拟翻译出版以下书籍：（一）小学教员应用书即小学教师的参考书，包括《教育学纲要》、《教育小史》、《小学教授法》、《儿童心理学》、《学校管理法》等；（二）小学教科书，包括修身、万国史（即世界历史）、万国地理、算术、理科、图画、唱歌、体操等；（三）中学教科书，包括伦理、万国历史、万国地理、天文学、地文学、物理学、动物学、植物学、生理学、化学、矿物学、英文学、国家学、理财学（即经济学）、算学、代数学、几何学、唱歌集、临画帖、体操教范等22种；（四）中学教科问答体小丛书，包括以上各种教科书的教学参考书；（五）其他书籍，包括《明治维新事业年表》、《万国地理统计表》等工具书。[②]初创时湖南编译社只是一个文化学术团体，后来则逐渐演变成为一个反清革命组织，其中有很多人成长为资产阶级革命党人，黄兴就是其中的杰出代表。

① 杨度：《〈游学译编〉叙》，《游学译编》第1期。

② 参见王晓秋：《近代中日文化交流史》，中华书局2000年版，第412页。

3. 国学社。1903年由张肇桐、叶澜、秦毓鎏、汪荣宝、嵇镜等人发起组织，成员以浙江留日学生为主，主要工作是为国内编译出版中小学教科书，包括中学文典、国史、地理志、法制、经济以及小学文典、国史、地理等，还计划编译中小学博物、伦理、生理、音乐、格致教科书等。代表性的有秦毓鎏、嵇镜编译的《中学读本》和《小学读本》，汪荣宝编译的《中学文典》、《中学国史》、《小学国文典》、《小学国史》，叶澜编译的《中学本国地理志》、《小学地理志》，周逵编译的《法制教科书》等。同时，国学社还翻译了一些有现实意义的学术著作，如嵇镜辑译的《国体政体概论》，黄以仁译的《中江笃介》，董鸿祎辑译的《中俄交涉史》等。国学社的组成人员思想活跃，爱国热情高涨，译书之余大多参与了当时的反清革命活动。①

4. 闽学会。1904年创立，以福建留日学生为主，翻译出版《闽学丛书》，也是以译日文书籍为主。内容包括哲学、史学、人类学、法律、地理、教育学、社会学、经济学、外交等十多个方面。该会出版的第一部书是斋藤阿具著、闽县林长民译的《西力东侵史》。据此书所刊闵学会广告上所列的已刊书目还有王学来译的《哲学原理》，浮田和民著、刘崇杰译的《史学原论》、鸟居龙藏著、林楷青译的《人种志》等。近刊书目中有林藏编译的《国际公法精义》，高凤谦辑译的《泰西格言》，有贺长雄著、萨端译的《社会进化论》，守屋荒美雄著、杨允昌译的《国际地理学》等。此外，还有有贺长雄的《近时外交史》、《最近时政史》，小山松寿的《南清贸易》，酒井雄三郎的《今世外交史》，石川千代松的《进化新论》，高田早苗的《货币论》，岩崎重三的《新式地文学》，谷本富的《欧洲教育史》，太原详一的《社会问题》等已译未刊书目九种。②

5. 新译界社。该社由范熙壬发起组织，以湖北留日学生为主，成员最多时达100多人，创办了《新译界》杂志，其译书宗旨是"研究实学，推广公益"，具体落实办法："一曰维持吾国固有之文明以求合于世界，为世界所同认者则存亡，否则去之；一曰拣译世界最新之学理以输入于吾

① 参见李喜所：《中国留学史论稿》，中华书局2007年版，第268—269页。

② 参见王晓秋：《近代中日文化交流史》，中华书局2000年版，第413页。

国，为吾国所适宜者则取之，否则去之。”由此“一变吾国政法界为极良政法界；二变吾国文学界为绝妙文学界；三变吾国理学界为最精理学界；四变吾国实业界为至足实业界；五变吾国教育界为完善教育界；六变各国军事界为强大军事界；七变吾国外交界为灵敏外交界；八变吾国时事界为光荣时速界”①。由此宗旨和办法，新译界社尤其注重对法政、文学、时事等多方面书刊的译述。不过，他们虽然志向宏大，但实际并未达到，所译之书虽注意到对世界新知识和新思想的介绍，但针对性不够，经其翻译的书籍往往是一些章节片断，很不完整。

6. 会文学社。成立年代不祥，但在1903年翻译出版的由范迪吉等人选译的《普通百科全书》则影响很大，颇受中国学界欢迎。该书100册，石印旧装，主要选译的是当时日本大中学校的教科书和参考书，内容十分广泛，分宗教、哲学、文学、教育、政治、法律、地理、自然科学、实业等十几类，具体为《哲学泛论》（藤井健治郎）等宗教、哲学类6种，《帝国文学史》（笹川种郎）等文学类1种，《教育学》（熊谷五郎）等教育类5种，《政治泛论》（永井惟直）等政治法律类18种，《日本历史》（木寺柳次郎）等历史、地理类18种，《植物新论》（饭塚启）等自然科学类28种，《船舶论》（赤松梅吉）等实业、经济类22种，以及艺术其他类2种。其中自然科学、实业经济、政治法律、历史地理四类所占比重最大，反映了译者的旨趣和当时国内读者的需要。②此后，日本教科书的中译本大量出版，致使清末民初的新式学堂大多采用日本读本。日本学者认为，“这套书可以作为本年度汉译日本书最高成绩的代表”③。郭沫若曾回忆说：“中国为了向日本学习，在派遣大批留学生去日本的同时，又从日本招聘了很多教师到中国来。我们当时又翻译了大量日本中学用的教科书。我个人来日本以前，在中国的中学所学的几何学，就是菊地大麓先生所编纂的。此外，物理学的教科书则是本多光太郎先生所编的。”④

---

①《新译界》第1期。

② 参见王晓秋：《近代中日文化交流史》，中华书局2000年版，第413页。

③［日］实藤惠秀著，谭汝谦、林启彦译：《中国人留学日本史》，生活·读书·新知三联书店1983年版，第229页。

④ 转引自李喜所：《中国留学史论稿》，中华书局2007年版，第267页。

除上述六个主要译书团体外，还有东新译社、觉民译社等。许多杂志如《湖北学生界》、《浙江潮》、《江苏》等也从事翻译工作。就像顾燮光在《译书经眼录》《述略》中所说："留东学界，颇有译书，然多附载于杂志中，如《译书汇编》、《游学汇编》、《浙江潮》、《江苏》、《湖北学生界》各类，考其性质，皆借译书别具用心，故所译以政治学为多。"[①]另外，当时许多国内出版社、书店也出版中国留日学生翻译的中译日文书籍，其中出版译书较多的有上海的广智书局、作新社、文明编译印书局、明权社、少年新中国社、开明书局等。其中广智书局，1901年在上海成立，名义上由广东华侨冯镜如主持，实际上是梁启超负责。译书的主要是留日人员，较知名的有麦仲华、麦鼎华、赵必振等，出版书籍相当广泛，以社会、政治、法律、历史等方面书籍为多。如岸本能武太著、章太炎译的《社会学》，岛村满都夫著、赵必振译的《社会改良论》，松平康国编、梁启勋译的《世界近代史》，松井广吉编、张仁普译的《意大利独立史》等，特别值得一提的是广智书局还出版了不少介绍和传播社会主义的日文书籍，包括西川光次郎著、周子高译的《社会党》，幸德秋水著、赵必振译的《二十世纪之怪物帝国主义》，福井准造著、赵必振译的《近世社会主义》等。《二十世纪之怪物帝国主义》，是日本思想家最早对帝国主义进行分析批判的专门著作，也是中国第一部分析批判帝国主义的译作。该书中译本出版不久即遭晚清政府的查禁。1927年，曹聚仁将其重新标点出版，并赞叹："在二十五年前，中国学术界已有人来译述这一类的读物，真可使我们现在人十分惭愧"，而《近世社会主义》则被学术界认为是"近代中国系统介绍马克思主义的第一部译著"。[②]作新社，1902年由留日归国学生戢翼翚等在上海创办，东京设有发行所，译者多数为江苏留日学生，以宣传救亡为宗旨，主要翻译介绍进化论、民约论和世界近代史。其中由法国卢梭著、日本原田潜译、杨廷栋重译的《路

① [日]实藤惠秀著，谭汝谦、林启彦译：《中国人留学日本史》，生活·读书·新知三联书店1983年版，第225页。

② 参见熊月之：《西学东渐与晚清社会》，上海人民出版社1994年版，第643—644页。

索民约论》，是卢梭名著《民约论》[①]的第一个完整的中文译本。文明书局，1902年由俞复、丁宝书等在上海创办，以出版教科书和世界史地知识读物为主，吴启孙为主要译员。所译日本书籍除了一批教科书，还有天野为之编、吴启孙译的《万国通史》，福山义春编、丁锦译的《华盛顿》，矢津昌永著、吴启孙译的《世界地理学》等，其中由法国孟德斯鸠原著、日本何礼之译、张相文重译的《万法精理》[②]，是第一个完整的中文译本。明权社、少年新中国社、开明书局等出版社和书局的翻译出版情况也与上述一些出版机构差不了多少。

实事求是地说，20世纪初年留日学生究竟翻译了多少书籍，又有多少日文汉译书籍在中国出版，现在很难精确统计，但根据《中国近代出版史料》所载资料情况分析，出自留日学生之手的1500多种。1880年到1904年，中译日文书籍共2200多种，其中自然科学260多种，应用科学近400种，社会科学近1400种，其他200余种，这些书籍的80%左右是留日学生翻译的。如此情况加之以上介绍的留日学生翻译团体、刊物及其译书和出版情况，足以反映当时中国留日学生的“译书热”，而且我们还可以由此窥见出其中的一些基本特点：

第一，将翻译和出版的重点集于日文书籍，改变了戊戌维新之前以翻译和出版欧美书刊为主的局面。见表3-4：

表3-4　19世纪中至20世纪初中国留日学生翻译出版其他国家书籍数量表

（单位：种，%）

年份	总计	日本(百分比)	英国(百分比)	美国	法国	德国	俄国	其他
1850—1899	567	86(15.1)	286(50.5)	82	13	29	2	69
1902—1904	533	321(60.2)	57(10.7)	32	17	24	4	78

从表中所列内容可见，从1850—1899年的半个世纪时间里，各种译书共567种，其中英、美、法、德国的西方书（不包括俄文书）有410种，占72.4%，而日本文仅有86种，只占15.1%。1902—1904年短短三年中，译外文书约533种，其中译自英、美、法、德等西文书只有130种，

①《民约论》，今译作“《社会契约论》”。

②《万法精理》，今译作“《论法的精神》”。

仅占24.5%，而译自日文书籍的却达到321种，占60.2%，达到了全部翻译书籍的半数以上。①

第二，留日学生的译书和出版以社会科学为主。1850—1899年是以译西文书为主的时期，所译书籍多为自然科学和应用科学方面的书籍，而1902—1904年是以译日文书为主的时期，社会科学，特别是政法地类译书占了多数。见表3-5：

表3-5　19世纪中至20世纪初中国留日学生翻译出版的书籍种类表

（单位：种）

年份	哲学	宗教	文学艺术	史地	社会科学(政法)	自然科学	应用科学	杂录	总计
1850—1899	10	5	5	57	46	169	230	45	567
1902—1904	34	3	26	128	136	112	56	38	533

表中内容显示，19世纪下半叶，中国人翻译外文书，重点在于科技方面，所译书籍中自然科学与应用科学共有399种，占全部译书的70.4%，而人文社会科学方面译书加起来不过123种，占21.2%。20世纪初，人文社会科学书籍的翻译成为重点，仅在1902—1904年就译了327种，占全部译书的61.4%，而自然科学、应用科学书籍加起来只有168种，所占比例降为37.5%。②

20世纪最初几年留日学生所译书籍的上述变化，一方面反映了清末政局的变化，另一方面也反映了留日学生的政治要求。当时的留日学生大多为“政治”留学，志在救亡图存、解决中国的现实问题。有了这样的政治追求，在日本方兴未艾的社会主义思潮，很自然地进入了留日学生的视线，并在当时相当规模的译书活动中，马克思主义、社会主义也就很自然地被介绍到了中国。

二、留日学生对日文社会主义著作的译介

还在明治维新之初，日本人就开始大量向国内引进西方国家的各种政

① 参见王晓秋：《近代中日文化交流史》，中华书局2000年版，第415页。

② 参见王晓秋：《近代中日文化交流史》，中华书局2000年版，第416页。

治学说。由于当时正值欧洲各国社会主义运动兴起之际，所以日本思想家们在向国内引进西方各种政治思想时也不可避免地接受了社会主义思想的影响。不仅如此，随着欧洲社会主义运动的日渐活跃和其影响的逐步扩大，日本进步思想家对欧美资本主义国家贫富悬殊现象的深入了解，加之20世纪初的日本，尤其是在"所谓西园寺的内阁时代，颇行一种法兰西宽大政策，人民的结社自由，言论出版自由，很有些活气"[①]。在这种相对宽松的环境下，日本的社会主义思潮和社会主义运动得到了蓬勃发展。早在1870年，"社会主义"这一名词就被介绍到日本。1897年在日本最早的工人运动领袖和社会主义宣传家片山潜的领导下，成立了日本第一个工会组织"铁工组合"，并发行了日本最早的工人报刊《劳动世界》。第二年，片山潜和幸德秋水等一道组织了社会主义研究会，并在此基础上成立了日本第一个宣传社会主义的团体——"社会主义协会"，社会主义在日本得到了初步的传播。1903年至1907年这段时间，形势又有了新的发展。片山潜的《我的社会主义》、幸德秋水的《社会主义神髓》、村井知至的《社会主义》等介绍社会主义的著作大量出版。幸德秋水主编的《平民新闻》、堺利彦主编的《社会主义研究》、片山潜主编的《社会新闻》等宣传介绍社会主义的报刊相继创刊，从西伯利亚流放地辗转逃亡至日本的俄国布尔什维克活动家库尔那托夫斯基等，也开始在当地英文报刊发表阐明布尔什维克思想的文章，社会主义在日本得到了进一步的传播，形成了上至著名学者、教授、文学家乃至前总理大臣，下至普通学生、一般民众，几乎都对社会主义的主张有着强烈兴趣的局面。据载，在19世纪末至20世纪初的10余年间，仅用日文出版的各类社会主义著作就达到近百种，注重介绍社会问题与劳动问题的有关刊物，如《国民之友》等发行数突破一万册，社会主义协会每次举行"社会主义学术大演说会"，听众达1000人左右。同时，日本各种社会主义团体及工会组织如雨后春笋涌现出来，其规模往往都在千人以上。虽然1901年由安部矶雄、片山潜、幸德秋水、河上清、木下尚江、西川光二郎六人发起成立的社会民主党被政府禁止，但到1904年由他们组织的平民社则获得

① 姜义华编:《社会主义学说在中国的初期传播》,复旦大学出版社1984年版,第438页。

了很大成功。以平民社为中心的读书会、研究会、谈话会及日本各地及各个大学，有40多个市、县成立了社会主义组织。由平民社主办的《平民新闻》，注重宣传社会主义，发行量在20万份以上。1904年11月13日的《平民新闻》刊载了幸德秋水和堺利彦合译的《共产党宣言》第一、二章，1906年堺利彦创办的《社会主义研究》，全文译载了《共产党宣言》、《社会主义从空想到科学的发展》等马克思、恩格斯的著作。

受20世纪初日本这股社会主义思潮和运动的影响，很多留日学生对包括马克思主义在内的西方各种社会主义思潮发生了浓厚的兴趣。这一点可以从后来著名的无政府主义者景梅九的回忆得到证明。他说，他正是在日本社会党人开办的夏期讲演会上，发现各种社会学说“里头最有研究价值的，是马克思的《资本论》”，从而“心折剩余价值说”。我们甚至可以毫不夸张地说，中国人真正比较全面地接触马克思及其学说，主要是通过日本这个“中转站”的。譬如，中国人关于“生产力”、“生产关系”、“唯物史观”、“阶级斗争”、“剩余价值”以至“社会主义”等概念，几乎全是沿用了日本学者的用法；就连马、恩经典的最早中译本，如《共产党宣言》、《社会主义从空想到科学的发展》、《雇用劳动与资本》、《哥达纲领批判》等，也都是依据日译文本转译过来的。[①]这是马克思主义学说在中国早期传播过程中的一个特有现象。对此，1955年郭沫若率中国科学代表团出访日本，在东京早稻田大学演讲时曾作过描述：“还有一个很有趣的现象，即中国民众是通过日语书籍介绍马克思和恩格斯的中国记者那里听说了马克思和恩格斯。这些书被译成了汉语，于是人民知道了马克思和恩格斯的存在。如果查阅一下文献资料，同样可以得出这一饶有兴趣的结论，即最早介绍马克思主义的是日本知识分子。我本人就是在读Kawakami Hajime[②]的书时了解了一点关于马克思的东西。”[③]当时，不少中国留日学生同日本社会主义者交往甚密，他们大量

① 唐宝林:《马克思主义在中国100年》(修订版),安徽人民出版社1998年版,第58—59页。

② Kawakami Hajime,即河上肇(1879—1946),是具有马克思主义思想的民族经济学家。他在东京帝国大学任教授一直到1928年。

③ 郭沫若1955年任中国科学代表团团长在东京早稻田大学发表的演讲,参见李坚、章军:《日本还是俄国——论马克思主义传入中国的主渠道》,《沈阳师范学院学报》(社会科学版)1996年第2期。

阅读日本社会主义者的文章，参加讲演会，并设法将这些新思想介绍到国内来，而中国处于似醒非醒，人们是从新还是仍旧，尚未抉择之际，留日学生界，使全国人民大大醒悟：开明者因明理而更加醒悟，顽固者因遭痛骂而觉醒，停滞者因被推动而前进，落后者因被鞭策而向前。当此觉悟时代，日本留学生界给予中国之影响甚大。[①]经过进步留日学生的努力，20世纪初，“社会主义”、“共产党”等名词频繁出现在中国出版物以及译自日本的中文著作中。据不完全统计，1903年在中国报刊上发表的有关介绍社会主义的文章有10篇以上，翻译出版有关社会主义的书籍有多部，而其中有关对欧洲整个社会主义流派的理解和对马克思、恩格斯创立的社会主义学说的理解几乎都来自日文著作，或是日文的社会主义著作。

1900年12月创办的《译书汇编》杂志，虽然重点介绍的是西方资产阶级的政治学说，但对西方社会主义思想和运动已有涉及。1901年1月，该刊从创刊号开始连续登载了日本有贺长雄的《近世政治史》的译文。此书第三章第一节集中叙述了社会党的由来、第一国际历史及工人运动中的不同派别，第一次谈到社会主义，并且把马克思和社会主义联系起来。该书在叙述社会党之由来之前，有一小段引言，说明社会主义的由来和含义。引言道：“西国学者，悯贫富之不等，而为佣工者，往往受资本家之压制，遂有倡均贫富制恒产之说者，谓之社会主义，社会云者，盖谓统筹全局，非为一人一家计也。中国古世有井田之法，即所谓社会主义。”[②]此段引言旨在说明，作者是基于上述对于社会主义的理解来叙述正文所讲的社会党。文中所言社会党，主要是指德国社会党。作者认为，在第一国际中，有麦克司（马克思）和拉司来（拉萨尔）两派，“然其主义各不相同。麦克司始在可伦开设报馆，倡均贫富之说，后为政府所不容，窜于伦敦。会一千八百六十二年，各国工人之首领均会集于伦

① 参见[日]实藤惠秀著，谭汝谦、林启彦译：《中国人留学日本史》，生活·读书·新知三联书店1983年版，第345—346页。

② 高军、王桧林、杨树标主编：《五四运动前马克思主义在中国的介绍与传播》第3辑，湖南人民出版社1986年版，第40页。

敦，名曰‘万国工人总会’。……此总会之主义，始极平和，不过欲扩张英国工人同盟之范围，合各国工人之势力，以求保护工人，脱资本家之束缚而已。一千八百六十六年，开总会于其内伐[①]，议定总会规约。麦克司自为参事会长，总理全体。”此后，又先后于洛桑、布鲁塞尔、巴塞尔召开会议，强调“欲脱社会上之束缚，须先脱政治上之束缚”。“凡同盟罢工时，各国工人宜互相帮助；凡铁道、矿山、森林，均为共有，宜一律平分；土地之物产，为国家公有，宜一律平卖”，且“欲全废土地私占之制”。[②]书中谈道，黎白克内脱（李卜克内西）“即革命党新闻主管麦克司之门弟子也”，是他创办了万国工人总会德意志支部，名曰“国民保工会”。此会“以平权为主义，故不得听一人之指挥，须各会员合同商办，与寻常结会不同”[③]。书中还分别以“拉司来之德意志全国工会”和“德意志工人会党”为标题，记述了拉萨尔组织“德意志全国工人会”即全德工人联合会的活动以及爱森纳赫派与拉萨尔派合并后的活动及其理论主张。书中说李卜克内西经常讥讽拉萨尔“卖社会主义于政府”；又说，1875年两派“共相联合，别为德意志工人会党，其意欲成一独立政党，公然于选举场中，与他政党相竞争”。1875年5月，该会召开会议，所议者，“一为政治主义，如普通选举权，参预立法权及民兵、出版、集会等自由权，废止人民裁判诉讼之费，以宗教为一家之私事等”，“一为社会改良，如简易税法，同盟罢工之自由、限定工作时刻、禁止幼者工作、失业工人之保护法、工场卫生之管理法、雇主抚恤疾病负伤之工人、整理监狱内工作等”，并认为以上办法，系仿照马克思派之“国民保工会”等。这是所见到的由留日学生翻译的较早介绍社会主义学说和活动的文字。实际上，该书在社会主义传入中国过程中也占有一席之地。有学者认为，它是“中国报刊上第一次谈到社会主义和马克思领导的第一国际

① 其内伐，今译作“日内瓦”。

② 高军、王桧林、杨树标主编：《五四运动前马克思主义在中国的介绍与传播》第3辑，湖南人民出版社1986年版，第41页。

③ 高军、王桧林、杨树标主编：《五四运动前马克思主义在中国的介绍与传播》第3辑，湖南人民出版社1986年版，第42页。

的历史。并把马克思与社会主义联系起来”[①]。在它之前，1899年发表的《大同学》已涉及马克思及其学说。《大同学》通过《万国公报》的刊载和单行本的发行，也有较广传播。但是，它对马克思及其学说的介绍因“含糊不清，牵强附会，未能产生什么影响”。从实际影响看，马克思及其学说传入中国“恐怕较早应追溯到《近世政治史》中译本”。“这个说法，基于《译书汇编》在当时的社会影响”。“《近世政治史》中译本发表于1901年初《译书汇编》创刊号，译书汇编社又在上海设有总发行所，故此译本不仅对留日学生及旅日华人有影响，而且较易于将这种影响扩展到国内”。[②]《译书汇编》还刊登了马君武所写的《社会主义与进化论》一文，对马克思主义、无政府主义作了介绍，还批评了康有为等用《礼运·大同篇》的片字只义附会社会主义的错误。此后，幸德秋水的《广长舌》、《社会主义神髓》，福井准造的《近世社会主义》，村井知至的《社会主义》等先后被当时一些著名的译书团体翻译出版。一时间在留日学生和旅日华人中兴起了译介日本学者所著社会主义书籍的热潮，无论是在日本的译书团体，还是国内的译介机构，均竞相翻译和出版日文社会主义著作，在当时具有代表性的涉及社会主义内容的中译本，其原作基本上是清一色的日文著作。这是20世纪初社会主义传入中国的一种独特现象，具有典型的时代特征。下面选取几本当时较为重要的社会主义日译书籍作一简要介绍。

(一)《广长舌》

《广长舌》是一部宣传社会主义的通俗读物。作者幸德秋水（1871—1911），原名传次郎，早年以中江兆民为师，是日本近代著名的社会主义运动先驱和组织者，1898年参加社会问题研究会，通过研读社会主义理论，逐渐从激进民主主义转变到社会主义，并接受了马克思科学社会主义的基本观点，积极宣传社会主义学说。1901年幸德秋水与片山潜创立

① 林代昭、潘国华编:《马克思主义在中国——从影响的传入到传播》上册，清华大学出版社1983年版，“前言”第4页。

② 参见谈敏:《回溯历史——马克思主义经济学在中国的传播前史》上，上海财经大学出版社2008年版，第190—191页。

社会民主党，并在《万朝报》上著文公开宣称“我是一个社会主义者”。1905年日俄战争期间，幸德秋水进行反战斗争，不久转为无政府主义者，1911年因反对日本天皇制而被处以绞刑。当时，他在日本名声很大，其著述和译作对社会主义在日本的传播起了重要作用。在中国知识界，他也有相当高的知名度，《二十世纪之怪物帝国主义》、《广长舌》、《社会主义神髓》等著作出版后即被译成中文。他同中国留学生和民主革命活动家章太炎、张继等曾建立过亲密的友谊。其思想观点不仅影响了诸多中国民主主义者，而且影响了李大钊等一大批中国早期马克思主义者。

《广长舌》一书1902年在日本出版，同年11月由中国国民丛书社翻译，上海商务印书馆出版。商务印书馆在《外交报》上刊登的《广长舌》广告中介绍道：“中江兆明先生，日本法国学派之第一人也，有东方卢梭之目，门下众多，而幸德秋水为其首出。是书即为幸德秋水原著。全卷三十二篇，凡当今时势上最重要之问题，包括无遗。欲知吾人今日世界之主眼，不可不读是书；欲探世界将来之影响，不可不读是书。本馆特请国民丛书社译出，以饷我中国有志之士。今已出书，精装完美，译笔明畅，读者自知。”①全书32篇，系统地论述了社会主义的含义和目标，阐明了社会主义的根据及其实现的必然性，揭露了帝国主义衰败之命运，驳斥了诬称社会主义为破坏主义、社会党为乱民党的谬论。

首先，《广长舌》作者认为，19世纪后半期，资本主义已进入帝国主义阶段，社会主义必然代替帝国主义。该书在“十九世纪与二十世纪”部分指出：“十九世纪之文明，以个人自由主义打破贵族专制主义，脱卸人类奴隶之羁绊，伟矣哉！是文明进步之第一关头也。虽然，人类文明之切要问题，不在个人之福利，而在社会全体之福利；吾人进步之重大目的，不止于获得自由，而更期进于平等之域。欧洲之民族，由个人自由主义一转而为国民统一主义，由国民统一主义再转而为帝国膨胀主义，自兹以往，其将三转而为世界统一主义乎？吾观今日各种文明民族之脑中，其于世界统一主义，盖已微泛其潮流，渐莳其种子矣。此固不可不

①《外交报》壬寅第26号插页，1902年11月4日。

知者也。”[①]这是对19世纪欧洲文明发展的肯定。在此基础上，该书对此种文明的现状和不足进行了深入的分析，并对其发展趋势作了预测。书中指出：“十九世纪之文明，虽能打破政权之不平等，而未能打破经济之不平等，遂激成一种自由竞争之制。下层劳动者，前不堪政权之弊，曾结合以脱政治之桎梏；今则不堪经济之弊，遂渐生结合以脱资本桎梏之思想；此思想一发动，而世界之运动，又增一进步。吾请言其结果，曰：资本合同主义。”所以，“帝国主义之飞扬于十九世纪后半期也，虽为文明进步之公理，然其势亦有不得不然者。何也？盖彼等民族，久已不堪个人自由竞争之弊，遂变而出此主义，团结其国民之力，伸其竞争之手段，以与他种民族争。然争之既久，优胜劣败，于是凡能翘然立于世界上之国家民族，其势力皆足以相敌，则又不得不变而出于世界统一主义矣。”自从世界文明版图扩张之后，各民族之“运输交通，必益发达”，“世界上之生活、利害、物价、智识、道德，渐同赴平准自然之势”。由此，“欧洲之政治家，不得独夸其武力；欧美之资本家，不得独炫其经济。化其凌虐之思想为博爱，变其竞争之手段为共和。政治家则由自由主义转为国民主义，由国民主义转为帝国主义，又由帝国主义转为世界平和主义。经济者及社会者，则由自由竞争主义转为资本合同主义，由资本合同主义转为世界社会主义。夫如是，而人类进步之历史，始大成也。”[②]作者强调，19世纪政治家虽然“授吾人以自由之福利，更产生出帝国主义，以矫自由竞争之弊”。但是，“帝国主义者，特吾人世界社会主义之导火线耳”。作者预言“吾人于二十世纪之前半，必将更组织世界社会主义以代帝国主义，并扫去其一切毒弊。此固世界上人类所同有之感情，同有之进步也。”[③]

其次，《广长舌》作者认为，革命是社会进化、发展之必然的途径。该书在“革命之问题”部分首先指出：“积阴冥冥，风号雪飞，其极也，则一阳来复。连霖郁郁，云压雾塞，其极也，则青天赫日。此天地之革

① 姜义华编：《社会主义学说在中国的初期传播》，复旦大学出版社1984年版，第52—53页。

② 姜义华编：《社会主义学说在中国的初期传播》，复旦大学出版社1984年版，第53页

③ 姜义华编：《社会主义学说在中国的初期传播》，复旦大学出版社1984年版，第53页。

命也。当此时也，凡亭毒于天地之物类，必有一大进步。社会之革命，亦犹如此乎？”“闻革命之语者，勿误解为是不敬也，勿误解为是谋叛也，勿误解为是弑逆也。是固共和政治之起点也，是人类进步之急切关头也，是世界之公理也。”[①]所以，革命者，并非克伦威尔、华盛顿、罗伯斯庇尔等人所专有，非“铁火与鲜血之专有”。“四民平等者，社会一大革命也。王政复古，设立代议政体者，政治一大革命也。十八世纪科学殖产器械之发明，殖产一大革命也。”[②]至于革命的方式和手段，作者认为有二：“一为平和之革命，一为猛烈之革命。平和者，奏效缓；猛烈者，奏效速。”“有用暴力，流铁血，风驰电掣，以除腐布新者；有尺进寸取，维持现在之制度，以渐图发达隆盛之结果者。由前之说，是谓猛烈手段；由后之说，是谓平和手段。谈革命者，于是二种手段，孰去孰取乎？此诚第一重大之问题也。”无论是“平和者”，还是“猛烈者”，“革命之公目的，在组织新制度，以更代旧制度，夫人而知之矣。”[③]。书中还引用马克思的话说：“革命者，进步之产婆也”，强调“进步于革命，有相倚相待之势。革命之所在，即进步之所生”[④]。在此，作者充分肯定了革命之于社会进步的巨大作用。

再次，《广长舌》在驳斥所谓社会主义为“破坏主义”、社会党为“乱民”的反社会主义论调的基础上，着重阐述了社会主义的必然性及其理想的实质。该书在“社会主义之实质”、“社会主义之理想”、“帝国主义之衰运”部分指出，社会主义是真破坏主义？社会党是真乱民？结论是否定的。作者指出：“伊古以来，苟欲求社会之进步，成就革命之事业者，其发端也，率以破坏之手段行之，然固不得以是为伊人咎也。人有恒言：‘将欲成之，必先败之；将欲完之，必先毁之。’凡天下以新代旧之事，其公理大部如是矣。”所以那些诋毁社会主义为“破坏主义”、社会党为“乱民”纯是“第挟其井蛙之见，发为夏虫之语”。“欧美之文明

① 姜义华编：《社会主义学说在中国的初期传播》，复旦大学出版社1984年版，第54页。

② 姜义华编：《社会主义学说在中国的初期传播》，复旦大学出版社1984年版，第54页。

③ 姜义华编：《社会主义学说在中国的初期传播》，复旦大学出版社1984年版，第54页。

④ 姜义华编：《社会主义学说在中国的初期传播》，复旦大学出版社1984年版，第54—55页。

民族，当彼等处专制酷虐政体之下也，痛苦呻吟，铤而走险，其感情之弘道，如置邮传令；其势力之增大，如春草经雨；冒白刃，流红血，以争自由，图独立。今则占领如何之幸福，享受如何之快乐矣！”我国国民“漫不加察，斥社会主义曰破坏主义，目社会党曰乱民，……吾不知其何恶于社会主义，何仇于社会党，而攻击憎恶，忌惮阻挠之至于此极也。”“是殆未知社会主义之功用实质，于今日社会状态，有急要适切之关系”，“社会主义之发达，为二十世纪人类进步必然之势，决非彼等所能防遏”。[①]今天的世界是金钱的世界，“有金钱者，无论贤与否，于名誉、权势、富贵三者，皆得占优等之地位，是乌可谓公平乎？是乌可谓正义乎？”人类之生于世界，“劳动乃可得食，是天地之大法也。今以金钱为私物，支用得以自由，挟持金钱多者，徒手可以得食，而不必尽劳动之义务，是彼人既强占社会上之公物，且旷弃社会上之义务也，岂公理哉？”，社会主义的“不二理想”就在认定“欲灭绝金钱无限之势力，以救社会之堕落，其第一要著，在视生产资本为社会之公物，且改革今日之经济制度”。“十九世纪者，自由主义时代也，二十世纪者，社会主义时代也。吾闻阅一世纪，则世界上必产出一种新主义，新运动。金钱废止，其殆二十世纪新主义新运动之一分乎？”[②]社会主义的必然性还在于“帝国主义之衰运”。“帝国主义所以陷多数之人民于困厄、饥饿、罪过之惨境者，其原因果何在者？是殆在贫富悬隔之过甚也；是盖在贫富悬隔之过甚，而生活之竞争，遂因之猛烈也。吾人所谓社会者，其第一著手，最要目的，在除去贫富之悬隔。然欲除去贫富之悬隔，则舍吾向者所言，化一切资本为公物，化一切工业为公劳，决无别法策也。呜呼！社会主义者，救世之大主义也，是非空论也，现时之问题也。是非过激也，急切之问题也。”“帝国主义之毒害，其传染进一步，而社会主义之风潮，其传播亦同时高一步。盖社会主义者，二十世纪之急切要件，世界文明进步之要害关头也。”“工业之萎靡也，军备之烦黩也，贫富之悬隔也，生活之竞争也，多数之困厄、饥饿、罪恶也，皆帝国主义之流弊，传播

① 姜义华编：《社会主义学说在中国的初期传播》，复旦大学出版社1984年版，第55—56页。

② 姜义华编：《社会主义学说在中国的初期传播》，复旦大学出版社1984年版，第56—57页。

于世界者也。社会主义者，非空论也，非粗暴过激也，是拔毒之圣药，生肌之神方也，是盖矫正帝国主义之弊，而为现今之救世主也。欧美之志士仁人，烂舌秃笔，以提倡社会主义者，职是故也。吾人大声疾呼，以唤起我国社会主义之感情者，亦职是故也”。[①]

最后，《广长舌》结合日本实际，说明了解决胃腑问题和劳动问题“之急要”和社会主义“之适用”，否定了一切以非社会主义来解决“胃腑问题和劳动问题”的主张。该书在“社会主义之急要”和“社会主义之适用”部分指出：“人无谷食不生活，未有舍谷食而可别求生活者”，“故吾谓用今日社会之第一急切主义者，胃腑之问题。不先解决此问题，则一切教育、宗教、政治之问题，均不能得其主眼。”[②]另一方面，劳动者问题又是“我国今日之第一急切最大关系者”，而解决劳动问题“之归著，不止叹愿时期之短缩，不止叹愿赁银之增加，其第一要著，在我劳动诸君各占据于极有权力之地步，其对于生产之利益，务得公平之分配。然欲达此等之希望，而因仍伏处于自由竞争制度之下，则如严冬思鲜果，暗室觅物事，其无得也，不卜可知。我劳动诸君，不欲达此等希望，则亦已矣；若欲达此希望，而化私有之资本为公有，化独劳之工业为公劳，舍社会主义，其奚策之从？”总之，“今日解决我劳动诸君之问题者，惟社会主义；脱卸我劳动诸君之苦境者，惟社会主义；组织我劳动诸君之幸福者，惟社会主义；制造我劳动诸君之生命者，惟社会主义”。也就是说，只有社会主义才能解决劳动者问题，并进而获得解决教育、宗教和政治问题的前提。文中告诫劳动者“勿为眩惑，勿误向背，研究我国社会上之种种问题，抱持社会主义，以开通劳动问题之前途。否，则误于俗论，将日堕陷于困难之纷扰之境，而永不见解决之期，实我国民之大不幸也”。[③]

针对人们对社会主义的种种不当议论，如有人认为社会主义为“不可实行之空论也”，“社会主义者，以同盟罢工为目的者也”，“社会主义者，

① 姜义华编:《社会主义学说在中国的初期传播》,复旦大学出版社1984年版,第60页。

② 姜义华编:《社会主义学说在中国的初期传播》,复旦大学出版社1984年版,第57—58页。

③ 姜义华编:《社会主义学说在中国的初期传播》,复旦大学出版社1984年版,第58—59页。

举一国之资本尽没收于国家，举一国之工业，尽委输于中央政府”等，作者在书中一一作了分析。书中指出：“社会主义者，决非如此过激暴乱也。社会主义者，决非继中央政府之无限权力者也。社会主义者，博爱也；社会主义者，一视同仁者也。小之于町村之事业，大之如一县一都府及一国之事业，各从其宜，准以平等。凡社会上之资本，皆为社会上民人共有之公物；其生产之利益，亦各分配公平，是则社会主义之主张也。”这些主张，哪有“不可实行之有？”基于此，作者答出结论：“我国今日之解决我劳动诸君之问题者，惟社会主义；脱卸我劳动诸君之苦境者，惟社会主义；组织我劳动诸幸福者，惟社会主义；制造我劳动者诸君之生命者，惟社会主义”。①

（二）《社会主义神髓》

《社会主义神髓》是幸德秋水最重要的一本宣传社会主义的理论著作。该书日文原本出版于1903年7月，两个月后该书中译本就由中国达识译社翻译，留日学生主办的刊物《浙江潮》编辑所发行。它是日本明治时代最高水准的社会主义理论著作之一，尽管书中有不少肤浅和谬误之处，但仍不失为一部传播马克思主义的重要读物。20世纪初，这部著作在中国相当流行，除去上述译本外，后来又有多个译本：一是蜀魂译，中国留学生会馆社会主义研究社1906年12月出版；一是创生译，东京奎文馆书局1907年3月出版。此后，又有高劳和马采的重译本，由上海和北京的商务印书馆分别出版于1923年11月和1963年11月，这是中国本土出版的同名译作，1985年商务印书馆将其作为汉译世界名著之一，又重新出版了一个新的译本。日本《平民新闻》曾对该书的中译本作过如下介绍：“当前，革命的浪潮正澎湃于中国全土，将来使这块革命草原鲜花怒放的，必定是社会主义。正如本书原著在日本已经播下很多社会主义的火种一样，我们期待着这一译本在中国这块广阔的革命草原上也能燃起具有真正生命的烈火。……我们热切地希望邻邦社会主义运动的不断

① 姜义华编：《社会主义学说在中国的初期传播》，复旦大学出版社1984年版，第59页。

发展。”①

依据《社会主义神髓》1903年译本，全书分为七章，不到3万字。根据该书提供的引文参考书目及其排列顺序，可知其思想来源主要是《共产党宣言》、《社会主义从空想到科学的发展》、《资本论》第一卷这三部著作，此外还有柯卡普的《社会主义研究》、伊利的《社会主义与社会改革》、布利斯的《社会主义手册》等著作。全书较为系统地表述了科学社会主义的主要观点，分析了无产阶级贫困的原因、产业制度的变化、社会主义的主张和贡献、革命和进化的关系、社会党运动等内容。具体地说，有以下方面：

第一，揭露了资本主义社会的矛盾，否定了一切非社会主义的解决办法。该书在第一章“绪论”部分指出，一方面“殖产革命”带来“技术之精巧”、“殖产之饶多”、“交换之利便”，“有机器之助生产之力十倍百倍千倍者，时或有之”；另一方面世界多数之劳动者，比殖产革命以前劳动时间则要长，“服劳动者依然或十一二时，或十四五时，而不少减者”。一方面“千百倍富饶之贷财，藉交通之机关，从世界一隅迄一隅，分配贸易，无地无之”，而另一方面，世界多数人类仍“口啖糟糠，尚不得饱，父母冻馁，兄弟妻子离散”。所以，“人力是缩，而劳动未减；财富之生产虽增，而人类之衣食仍缺”。“虽学校林立，而不得受教育之自由；交通之机关遍设，而不得享旅行之自由；医术日精，而不得疗养之自由；平民政体，而不得参政之自由；文艺美术发达，而不得娱乐之自由。近世界文明之特质，光辉如彼，多数人类之幸福，偏枯若此”。今之所谓文明社会者，“先之痛苦也，次之贫乏也，甚之无职业也，更甚之饿死也”。这就是说，“今日之文明，一则灿烂之光天，一则暗黑之地狱。翱翔于灿烂之光天者，千万中一十而已；堕入暗黑之地狱者，世界人类之大多数也。”所以，“殖产革命之功果，竟不可合于真理、人道、正义”，“近世文明之世界，竟不可现真理、人道、正义”。这些问题就像“立于二十世纪舞台上之谜语也。解决能否，死生以之。世界人类之运命，其悬此一谜语也乎”。那么，“谁能解决此者耶？宗教乎？教育乎？法律乎？军备

①《平民新闻》（日刊）第1号，1907年1月15日。

乎？曰：否！否！宗教想象未来之乐园，不能除现在之痛苦。教育启诱空洞之知识，不能产切实之衣食。法律能责罚人，非乐人之具。军备能屠杀人，非活人之器。”[①]“谁能解决此者耶？”作者的结论是，只有社会主义。

第二，分析了劳动者贫困的原因，阐述了社会主义之本旨。该书在第二章“贫困之原因”部分指出：“今生产之资材非乏，市场之货物非鲜，而人类之多数，犹尔叹衣食之不足，何哉？”不在别的什么地方，其根源在于劳动者没有土地和资本，也就是“劳动者无生产之机关也。无生产机关者，即无土地也，无资本也。无资本，无土地，不能不劳动，否必饿死。故牺牲一切利益幸福，而膝行以乞怜于有土地有资本者之前，求其使用，恳其许可。既可矣，其劳役之所生者，不得不概以纳之资本家之囊箧，献之地主之仓库。而终岁仆仆之功果，仅得延残喘而已。现时之农佣、职工如是，以及夫无土地无资本者，或衣食于赁银，衣食于给料者，亦复如是。”究其根源“在富之分配不公；分配不公，在生产物不归于生产者，而为地主资本家所掠夺而垄断焉。为地主资本家所掠夺而垄断焉，则凡生产机关直不啻为地主资本家子孙万世之业者矣。”因此，“治之疗之之术奈何？”唯有“移地主资本家之一切生产机关，公之社会人民，即废灭地主资本家徒手游食之阶级也”。“非此则不足曰社会主义，知此则可言社会主义之神髓”。[②]

第三，阐述了产业制度之进化及资本家对工人剩余价值的占有，揭示了无产阶级与资产阶级的矛盾冲突。该书第三章“产业制度之进化”部分指出：“社会主义之祖师凯洛·马尔克斯[③]者，为吾人道破所以能组织人类社会之真相者，曰：‘有史以来，不问何处何时，一切社会之所以组织者，必以经济的生产及交换之方法为根底。即如其时代之政治及历史，要亦不能外此而得解释’。”“经济生活之迁移一日，而社会之组织亦进化一日。故自由农工生，则城市繁昌；次来农隶之解放，则交通之发达，

① 姜义华编：《社会主义学说在中国的初期传播》，复旦大学出版社1984年版，第280—283页。

② 姜义华编：《社会主义学说在中国的初期传播》，复旦大学出版社1984年版，第284—286页。

③ 凯洛·马尔克斯，今译作“卡尔·马克思”。

市场之扩大，殖产之增加，愈形急速。而地方的封建之藩篱，遂不堪抗制国民及世界贸易之大潮流，而呈分崩离析之势矣。”所以，“音盖尔[①]亦曰：‘一切社会变化，政治革命，其究竟之原因，勿谓出于人间之恶感情，勿谓出于一定不变之正义。最真理之判断，夫唯察生产交换方法之态度。毋求之于哲学，但见之各时代之经济而已。”这里表达的是唯物史观的基本原理，尤其是社会经济基础起决定作用的唯物史观原理。文中还对产业制度之进化进行了较系统的阐述，认为“世界之历史者，产业方法之历史也。社会之进化与革命者，产业方法之变易也。”强调随着产业革命带来的近代工业的发展，使社会分裂为两大对立阶级，二者之间的矛盾和冲突渐生。“近世工业，一经兴隆，瞬息之间，席卷地球，到处压倒个人之小产业者，有如风扫落叶，遗片无留。业利全失，不得已弃其个人小器械，向大工场而趋，其所自得者，亦惟赁银而已。加之封建之制度废，土地之兼并盛，地方小农不得不竞出都会，求衣食于赁银。而自由独立之劳动者，渐就绝迹，赁银之劳动者，日益加多。于是社会分两阶级：专有生产机关，尽领有生产之地主资本家一级；食力以外，一无所有之劳动者为一级。彼疆尔界，鸿沟截然。此社会生产与领有之间，已现地主资本家与赁银劳动者之冲突”。不仅如此，“个人的领有之结果，即自由竞争；自由竞争之结果，即经济无政府”，于是“世界经济之问题，乃为无政府主义。遂以继现有组织之工场生产，与无政府之市场之冲突”。“矛盾之极者，冲突生焉。冲突之极者，破坏生焉。今之产业方法，既以矛盾始其运行，次则有阶级之冲突，次则有市场之冲突，终以酿成产业制造全体之大破裂”。另一方面，如马克思所说，“交换之时，决不生价格，价格之创造，决非在市场。而资本家运转其资本之间，得自高下其额者，彼实具有创造价格之能力，以购卖商品也。今夫商品者，人间之劳动力是也。惟劳动者为急图生活，不暇待用力相当之价格，而低廉以沽之。计其一日之力，虽以易不相当之价格，尚足一日衣食，有远超于赁金者，然其所以利资本家者大。例如，以日可创造六志[②]价格

① 音盖尔，今译作“恩格斯”。

② 志，今译作“先令”。

之劳动力者，日以三志购卖之，其三志之差额，名曰‘剩余价格’。彼等资本家谋所以厚其资本者，唯从劳动者掠夺此剩余价格。”“积无量数之‘剩余价格’，资本因而加丰”。久而久之，“资本之过多也。使资本家无可投之事业，生产之过多也。商品无可输之市场，劳动供给之过多也”，从而出现“夫离牙[1]之所谓‘充溢之危机’”，即经济危机。自1825年以来，这种危机“每十年而为一期，及期无有不被其祸者”。最终资本家“有无以驾驭劳动者之生产力之一日。而劳动者挟其蓬勃之生产力，排除现时之制度，脱逸私有之羁轭，以成社会全体之公益，是实世界产业史进化发达之大势也。资本家虽有亿万之黄金，亦未如之何也已矣。新时代于是乎来”。[2]

第四，阐释了社会主义的主张，分析了实现社会主义的必然性。该书在第四章“社会主义之主张”中一开始就指出：“明进化之公理，示必然之趋向，促人类之进取，证社会之快活。观乎此，则可知社会主义之主张，实科学的也。”那么，社会主义主张是什么呢？书中引用了伊离教授的说法，认为，其一，“物质的生产机关即土地资本之公有是也”。“方今社会百害之源，由于生产机关个人得私之也，夫委为个人所私有，则其徒手游食，可以掠夺社会之生产。由是多数人类，受其侵蚀，长被匮乏堕落之苦况。……必欲一扫而廓清之，则唯以调和产业之全体，庶可变生产机关为公有矣。夫既欲公土地资本于社会全体，使均沾利益，必更杜灭从来经济的种种毒根。”其二，“生产之公共的经营是也”。“社会全体人民，即业主也，即劳动者也。社会与以适用之产业，彼等自酬社会以劳动。生产日多，社会自足。既无物价低落之虞，复无生产遏滞之虑，则劳动失业之问题，庶可释矣。”在这种情况下，“全社会皆劳动，属于公共的产业之下，无所谓利息。无所谓地主，且兼无徒手游食者，以掠夺劳动之结果”。其三，“社会的收入之分配是也”。“今之重大问题者何？曰：公正之分配也。夫此社会主义之所以鼓吹也，而又社会主义所以组织产业之必要目的也。”“社会生产分配之目的”在于“使社会全体生活

---

① 夫离牙，今译作“傅立叶”。

② 姜义华编：《社会主义学说在中国的初期传播》，复旦大学出版社1984年版，第286—293页。

之需用满足"，"分配得当"是"最终之理想"。总之，"社会主义之主张者，亦以社会为一大家庭，社会者，其父母也，各人皆同胞也。而父母之于儿女分配，尤须缓急得宜。例如，先衣食，次居住，后及其教育之资，而顺序渐进。量与质虽各有异，而果能各充其量以与之，则无不同也。"其四，"社会收入之大半，归于个人之私有是也"。"今之社会，富财常集于一部之地主资本家，而使社会全体，不得保持其自由，图进其智德，而渐至穷乏。……社会主义之制度反之，以社会的岁入之大半，分配于各人，则公共生产，社会收入，各人私有，益复富厚，同焉皆得。无匮乏者以依赖他人，亦无为他人所抑制者。"概言之，"社会主义者，实以此要件，以为社会产业之历史的进化也"。[①]很难说这些主张是马克思的科学社会主义，但在论证方法上，它不仅坚持从生产方式的发展入手，而且依据社会发展的规律立论，这却是符合马克思主义的。该书第五章"社会主义之效果"部分依据社会进化之公理，重点论述了社会主义的必然性。在第四章"社会主义之主张"中写道："现时生产交换之方法，所谓资本家制度者，已达极点。夫事降则杀，剥极必复，乃运会之常期，亦品物之恒理。譬夫花瓣灼烂，终必零落，卵壳圆润，经久破坏。亦唯零落，甘实是结；亦唯破坏，新雏方出。社会产业之组织，如是如是。"[②]这部分对人类生产进化之理进行了初步的分析。在此基础上，第五章"社会主义之效果"又指出："古来人间，所以奋扬气力，磨炼智能，激修人格者，实生存竞争为之也"。"无竞争之社会，即无勤勉之能力；无勤之能力，即无高尚之进步。夫不进则退，不扬则沉，天演之公理也。社会主义实行之效果，不几至此极乎？"不同社会阶段的竞争不同，现时的资本主义自由竞争虽然促进了"世界工商之发达"，但"决非实际公平之竞争；今之祸福，决非勤惰之应报；今之成败，决非智愚之结果。运命而已，偶然而已"。"自由竞争之不公，其害烈矣！世界产业之大部者，非为偶然侥幸之资本家独占其利益乎？世界土地之大部者，非归于有运命之大地主所兼并乎？而无资本者及无土地者，为彼等奴隶

① 姜义华编：《社会主义学说在中国的初期传播》，复旦大学出版社1984年版，第293—299页。

② 姜义华编：《社会主义学说在中国的初期传播》，复旦大学出版社1984年版，第293页。

之外，无所谓事业，无所谓权利。夫自由竞争，美名也，讵料其至于实业经济的竞争，而竟若是。呜呼！岂待社会主义之行，而后废绝之哉?”“于是生存竞争之性质方法，更经一段之进化。社会主义者，实从此进化之理法，使社会全体就此范围。现时卑陋之竞争，变为高尚之竞争；私利之竞争，变为公益之竞争；即所谓化衣食之竞争，成智德之竞争也”。在社会主义制度之下，“有衣食，有休息，有娱乐，而后以强健之身，日以四五时效劳于社会”。今天的国家“唯资本为代表，唯土地为代表，唯武器为代表，其利益，则归地主、资本家、贵族、军人”，“非所以保存人类全体之平和、进步、幸福也”。而社会主义国家“是从人间之王国，进于自由之王国”。而这种“自由之王国，是以非依于国家保护干涉之下，非待少数阶级之慈善恩惠。其国家也，人类全体之国家也；政治也，人类全体之政治也”，故社会主义“民主政体也，自治之制也”，“社会主义者，世界上最伟大最平和主义也”。社会主义之制度，非奴隶之制度，平等之社会也。“社会主义之国家，非专制之国家，博爱之社会也。其组织也，由地方而及国家，由国家而及世界，使人类怡然油然，相忘相乐，由是人间品性之纯粹，社会道德之完全，凡百学艺之进步，其有亿万倍于今日者，诚不待蓍蔡而可预决矣”。[①]

第五，揭示了革命与进化之关系，论述了社会党革命的必要性。该书第六章“社会党之运动”部分指出：“夫古今何时无革命乎？世界何邦无革命乎？社会之历史，革命之纪录也。人类之进步，革命之功果也。”“社会之状态，常代谢不已者，犹生物之组织常进化而不已也。”“夫此历史者，如数贯珠然。平时之进化代谢者，其小珠也；革命者，其大珠也。故夫进化不已者，亦革命之所成也”。革命又如分娩，“腊撒尔[②]”曰：“‘革命者，新时代之产婆也。’予将曰：革命者，非产婆也，分娩之机关也。何者？是非偶然之事实，进化过渡之时代宜然也。旧时代老，而生新时代，新时代又老，而更生他时代者，皆依此革命，以运其循环不已之象，又何异彼子子孙孙迭行分娩者，而无所穷极也?”“分娩有难易，

① 姜义华编:《社会主义学说在中国的初期传播》，复旦大学出版社1984年版，第300—306页。

② 腊撒尔，今译作“拉萨尔”。

革命亦有难易。如分娩时，母体将不胜其痛苦者，而革命时，亦有不得已而现暴动之势，不可不审慎也"。然而，"革命者，天也，非人力也。可利导，不可制造"，"唯顺其势以导之"，才能成功。欧文、卡贝、圣西门、傅立叶、路易·布郎、魏特林之社会主义"其指摘现时制度之害，言论非不痛切也，理想非不高尚也，然当时社会主义之发达犹浅，研究未精"，"既未明科学之理，而又逆势以行"，所以"败者踵相接"。只有马克思、恩格斯的《共产党宣言》一书，"详论阶级战争之由来及其要终，并谓万国劳动者同盟以来，社会主义俨然成一科学，非若旧时之空想狂热也"。作者明确指出：社会党非无政府党，又非虚无党，社会党之政策"皆向政治之方面"，所以其"实际之效果"是可以计日成功的，即"社会党所生之处，其势力之发达，如洪水之滔天；主义之扩张，如猛火之燎原；必遍行于世界而后已"，因此"无论兵马之力如何，警察之权如何，豪富之阶级如何，而社会主义的大革命，正正堂堂，不畏不挠，发起平和之秩序，举世界之地主资本家锄而去之。马尔克斯所谓宣言'新时代之诞生'，不啻水到渠成也"。①

第六，讴歌社会主义，充分表达了作者坚定的社会主义必胜的信念。作者在最后部分——第七章"结论"中指出："勿悟今之时，学术日进，而道德日颓，生产益多，而万众益贫，教育愈盛，而罪恶愈多乎？是以今之生产机关，为个人之私有，犹如使狂人持利刃自伤伤人而不自已。其结果为分配之不公。分配不公，即致多数人类之贫困，成少数阶级之暴富也。暴富者，即骄奢也，腐败也；贫困者，即堕落也，罪恶也。""故救今日之社会，使脱其痛苦堕落罪恶者，无急于削贫富阶级之峻，无急于分配之公平，以行社会主义的大革命而已。是实科学的命令，历史的要求，进化的理法。吾人虽欲避之，而无可避者也。"书中强调，"社会主义者，救世之菩萨也"，"社会主义之行也，则足以伟物质的文明之观瞻，始能合乎真理、正义、人道三者。真理、正义、人道之所在，即自由、平等、博爱之所由现也。自由、平等、博爱之所现，即进步、平和、幸福之所由生也。人生之目的，唯此而已。古来圣贤之理想，唯此

① 姜义华编：《社会主义学说在中国的初期传播》，复旦大学出版社1984年版，第307—311页。

而已。”[①]

与《广长舌》相比较，《社会主义神髓》其理论性明显超过前者。《广长舌》偏重于以通俗的语言宣传已有的结论，于结论自身并未作过多的阐释，而《社会主义神髓》则紧扣“神髓”二字进行层层论述，逻辑严密，系统表达了作者对社会主义“神髓”的理解，其中有相当部分内容与马克思主义的科学社会主义思想基本一致，在当时确是一部具有较高理论水平的阐释社会主义的著作。同时，该书虽以马克思、恩格斯的《共产党宣言》、马克思的《资本论》第一卷和恩格斯的《社会主义从空想到科学的发展》这三本书为主要参照，但从引用的部分看，无论是比较集中的第三章，还是分散引用的其他各章，其主要来源大多是恩格斯的《社会主义从空想到科学的发展》一书。马克思曾经把恩格斯的这本书称为“科学社会主义的入门”，意味着其理论并不是那么晦奥难懂，《社会主义神髓》选择恩格斯的这本书为主，同时辅之以《共产党宣言》和《资本论》第一卷，并以同《广长舌》一样的朴素简约的语言对“神髓”加以阐述，客观上增添了这本书的影响。这也许是该书出版后便有多个中译本的一个重要原因。

（三）《社会主义》

《社会主义》写于1899年夏，日本社会主义研究会会长村井知至著。这是他系统阐述社会主义观点的一部重要理论著作。由于村井知至是一个基督教徒，所以这部著作宣称：“古代之基督教，代表近时之社会主义”，“近时之社会主义，阐发古代之基督教”。最初由支那翻译会社编辑发行的《翻译世界》译成中文，刊登于1902年12月至1903年1月出版的《翻译世界》第一至第三期上，作者误刊为“村井知玄”。1903年4月，上海广智书局出版了罗大维的中译本（扉页印作“光绪壬寅三月初版”，疑为“癸卯”之误），同年6月又由文明书局出版了侯士绾的中文译本。据

① 姜义华编：《社会主义学说在中国的初期传播》，复旦大学出版社1984年版，第311—312页。

说，还有1903年出版的唐蟒译本，只是至今未得一见。[1]全书约两万五千字，由绪言和十章组成。绪言主要叙述作者留学美国研究“社会问题”及“社会主义”，益加钦佩“‘社会主义’之妙理”，于是回国以后遂向世人介绍社会主义。虽然现辑录的演说稿系“零碎著述”深知“未得斯主义之纲领”，但仍想出书以示众人。正文十章分别是：第一章“欧洲现时之社会问题”，第二章“社会主义之定义”，第三章“社会主义之本领”，第四章“社会主义与道德”，第五章“社会主义与教育”，第六章“社会主义与美术”，第七章“社会主义与妇人”，第八章“社会主义与劳动团体”，第九章“社会主义与基督教”，第十章“理想之社会”。从该书的结构看，作者努力追求对社会主义学说进行体系化构建和阐发，比起此前的各种社会主义学说相对“碎片化”的介绍，该书追求社会主义学说的体系完备的特点非常鲜明，反映了当时日本刚从国外留学归来的一批知识分子急于把外国社会主义理论知识，用比较系统的形式表述出来并介绍给日本国民的意图。中译本作者翻译此书可能也有着与当时日本知识分子相类似的想法。下面先选取第三、第八、第九章作一重点介绍。

第三、第八章是该书极为重要的两章。姜义华编辑的《社会主义学说在中国的初期传播》（中国近代思想文化史料丛书）只选编了这两章。第三章“社会主义之本领”，在对社会问题分析的基础上，论述了社会主义之本质。它指出：“如今社会之问题虽多，要不过起于贫富悬隔之二级。夫人惟贫富悬隔，不免冲突争竞，驯至惨毒祸乱之迭生耳。而其基无不由私有资本。故非革此制度，不能泯贫富之阶级。且社会问题，亦终无解释矣。”[2]本来，社会是无“资本”与“劳力”之对立的，“人人自营工业，自谋生计，资本劳力，并归一处”。可是随着大机器的发明，蒸汽力的应用，“工业界生一大变相，资本家不必劳力，劳力者苦无资本”，社会便出现了“贫者益贫，富者益富”的现象，并滋生出种种社会问题。社会主义者“欲治此不平不允之事，归于平允者也，其法全在于废除私

① 参见谈敏：《回溯历史——马克思主义经济学在中国的传播前史》上，上海财经大学出版社2008年版，第195页。

② 姜义华编：《社会主义学说在中国的初期传播》，复旦大学出版社1984年版，第265—266页。

有资本，而为共有资本。不使少数之人，垄断其利，以图社会之公益，而又防闲周密，无僭窃政事教育之权。故国家依是制度，经营产业，自不生今日社会之弊害矣。且人人知有公德，并知公德即为己利，自必互相砥砺，争先进取，而不为奴颜婢膝，仰求于人之丑态也。然则世界充满之罪恶，从此绝迹而不见”。这是“社会主义之大慈悲、大欢喜也”。[①] 对于“社会主义之本领”，书中指出：“社会之主义，其关系最深者，则有社会之经济。盖其始结社会之时，不过从谋利而起，而收效每在于经济界，且感觉亦甚伟大，何也？社会主义之行，特欲使少数者所占巨利，均输于多数劳力之人，而增进协同之利益耳。”社会主义“实在力行共有资本制度”，地主和资本家所得到的收益“自减”，“劳动者所得之数，与资本家无甚差异，则于社会有平等之势，自可以共受教育，涵养智德，因而增生存之幸福，展文明之进步”。“要之社会主义，原本于经济界之纤纬组织而成。此经济即社会之经济，故正其本而清其原，创建良法，能使人乐而行之，无所违异耳。”总之，“所谓社会主义者，更正一切之弊害，不平者使之平，不允者使之允，开诚心，布公道，集群思，广众益，乃社会自然之进步，非有新奇而骇俗也。”同时“社会主义者，实为近世特别之精神，发挥尽致，而合于十九世纪思想界之潮流者也”。而这一思想界潮流“近世愈激愈甚，而足增史乘之光者有二：一为民政思想；一为人情思想”，社会主义“实能于近世民政思想，代表升进之阶也。更就人情之思想言之”。它“以人情为本，期于人人相助，人人相保，勉合于义之当然，而并发明其理之所以然”。一句话，“社会主义之本领”在于，“以协和而营业，以平允而分财，本社会之经济为基础，而发挥十九世纪思想之精神”。[②]

第八章“社会主义与劳工组合”，对二者的关系进行了较详细的阐释，并断言劳工组合的最终目的“必归于社会主义”。书中指出：“劳工组合者，不过挽救一时之策，而欲真保其自由之权利，则非社会主义不能达其旨趣也。”何谓“劳工组合”？书中强调，它是劳工为保护其权利

① 姜义华编：《社会主义学说在中国的初期传播》，复旦大学出版社1984年版，第266—267页。

② 姜义华编：《社会主义学说在中国的初期传播》，复旦大学出版社1984年版，第267—269页。

而向资本家进行的联合运动。这对于像增加工资、缩短劳动时间、改善生产生活条件“此等之纤小利益，不难得之。若于此外复求大欲，则决不可望者也”。这是因为，“劳工组合，不过能使资本家稍戢威权，不敢恣行其压制耳，决非能使劳工与资本家平等相视，保均一之利权也”，“劳工与劳工相团结，资本家亦与资本家相团结，各欲保其应得之利益，久争之后，胜算终操于资本家之手”。也就是说，劳工组合不过“真为挽救一时之策，而要终其极，必归于社会主义”。“此即劳工所据之金城汤池，且为劳工之最后救主也”。社会主义何如乎？“在革去资本制度，即将今日所谓资本家与劳工之阶级，尽铲而平之，是乃总释社会之问题，而为对病发药之良医也。故如今日之资本家游手好闲，而享用厚利，劳工终岁勤苦，不得休息，反对之极，必有冲突，冲突之久，愈生危祸，虽有劳工组合，终不能保其万全。若一行社会主义，则少数之资本家不得独占其富，多数之劳工，可以共享其利，土地铁道矿山本属官有者无论矣，至如工场机械等生殖资本，悉离私人之手而归诸公办。举国民皆任资本，皆作劳工，又何冲突乎？又何危害乎？吾故欲铲二者之阶级而平之也。”这就是说，劳工组合“不过争工银之高下，与资本家为小战争。今以社会主义，将欲分政治之权利，与资本家挑大战争矣”，进而“举从前社会之制度，悉与更张，然后资本家无所把持，劳工乃可以大获全胜也”。“观今日之劳工组合，自一千八百八十九年思想焕发，一扫昔日之陋见，恍然悟社会主义之新理，可以济劳工组合之穷，非行社会主义之法，终不能完劳工组合之本旨”。所以，社会主义“乃劳工组合之最后救世主也”。①

由于村井知至本人是一个基督教徒，所以该书第九章侧重对社会主义与古代基督教进行“两两互勘”，并得出二者很多方面相似或相近的结论。作者说道：“予曾研究古代基督教，一一验之，确可认为社会主义真理。盖予以古代基督教代表近时之社会主义，以近时社会主义代表古代之基督教，两两互勘，无可疑者。”“第一，其理想与目的为一”。基督教“即兼爱之宗教；其道，即人道也”。“主唱‘人类同胞主义’，欲实现平

① 姜义华编：《社会主义学说在中国的初期传播》，复旦大学出版社1984年版，第269—272页。

等的社会，其行人类相爱之大道”。“社会主义之本领，在平等主义，在人类同胞主义，而其实尤在爱基督教的道德之真髓”。“第二，传道之热心亦相似”。“观初代基督教之历史，其最著事实者，为彼等基督教徒传教之热心，如火之炎。盖彼等实有一种精神的热诚，故能忘其身以传道。”“观近代社会主义之运动亦甚相似。……是社会主义，捐无量数人之私欲利念，翻然献博爱仁义之身，使人一旦抱持此主义，必至不宣传其道不止。”“第三，同遭社会之患害。”“初代基督教，于犹太、于罗马，受非常之压制，信教之徒，世人咸以邪教家目之。谓其破坏社会秩序，直斥之为乱臣贼子。或引出法庭，或刑而系狱，或殴它以石，种种患害，无所不至。……社会主义亦同受此虐遇酷待。于法、于德，社会主义党受残虐待遇，或囚系法庭，或烧其书籍，种种苛虐，难以罄数。”“第四，传播之速亦相似。”“有为基督教流血者，而基督教愈昌。……压制愈烈，教徒之心愈热，炎炎腾上，势可焦天，卒破坏罗马教皇之天下。近代社会主义亦如之。”“第五，同为世界的思想。”基督教与犹太教相比，“犹太教为极顽固，充其思想所及，至国家而止，故非犹太人不得入其教”，“而基督教则大宏门户，冀以一手力旋转乾坤，故初代即溢出犹太国境，而传道异邦，以为世界的运动。社会主义，亦抱此世界的思想。企图运动于世界。故卡尔氏主唱此主义，组织万国劳动者之同盟会。”“第六，同对民溅同情之泪。”“耶稣殆与贫民为党，与富者为敌”，“社会主义之第一着运动，谓劳动者为朋友，以助扩张其权利，是社会主义之原动力，实为人情之大道也”。“第七，同富于兄弟相爱之精神。”“初代基督教，为世人所注意之事实，为其信徒等，恰如今日之共产党，乐其共有财产而居之。”如圣书所曰：“信者皆一心同意，无一人言为己有物，亦无一人据为己有物，有则斯共之。”“近代社会主义之相爱相助，似尤过之。”总之，“近代之社会主义，非仅为一种社会改革，实为停辛伫苦，洒雪凝泪而成一种之活宗教也。即谓为现实之宗教，亦无不可。苟有志于人道，而思社会之改良者，献其身、尽其力，而为斯大主义以毙，当亦无遗憾也”。[1]将近时社会主义与古代基督教混为一谈的认识并不正确，此种基督教社会主义传入中国后似乎也并未产生什么大的影响。不过，作者这种以基督教徒的狂热比附社会主义的做法，无疑反映了当时日本社会所出现的一股渊源于美国教育而信奉基督教社会主义的异端社会潮流。[2]

除以上三章外，书中第一章“欧洲现时之社会问题”，重点阐述了欧洲现时所存在问题的由来及其解决之道。书中指出，18世纪末和19世纪初，欧洲有两大革命影响，一是法国革命的政治影响，其“手段猛激，光景惨烈”；一是“为经济思想”所发达的产业革命，“不事激烈，专用平和”，通过手工业变为机器工业的神奇手段，形成现今之工业制度。在这种制度之下，社会财富骤增，本可使贫者通过“籍分余润”以“绝迹于社会”，哪知结果却相反，社会之中贫者愈贫而富者愈富。造成这种情况的根本原因在于新机器的发明和运用排斥人工技能，降低工人工资，使大量工人失业，而这种失业现象实为“文明社会之特有物”，乃“社会中一大不平等之事”。现今欧洲各国所行之政治，表面上看“似为民”、“似自由”，实际上是“专制之政治”，是少数有产者统治多数之劳力者。所以说，“十九世纪之文明者，少数者之文明耳”。为了解决当今社会问题，欧洲学者费尽心机提出各种方案，然这些方案仅是一些“姑息弥缝之策”，唯有社会主义者“计图社会之根本的革新”。社会主义学说若实行，“恰如快刀斩乱麻，直截了当”，“问题尽释，真足为救济社会之完策”。第二章“社会主义之定义”，在列举介绍当今有关社会主义定义各种议论的基础上，对其中“最精确者”予以着重介绍，认为谢夫莱的《社会主义的精髓》之中所论说的社会主义“最允当”，强调“社会主义之始终，在变更竞争私有的资本，而为联合的协同资本”，言简意赅，“一语道破社会主义之的”。克卡朴在其《社会主义史》中强调，社会主义精髓“以生产之手段（土地及资本）与多数劳动者相提携，共营工

① 《社会主义思想在中国的传播》(资料选辑之二)中，中共中央党校科研办公室1987年版，第207—210页。

② 参见[美]伯纳尔著，丘权政、符致兴译：《一九〇七年以前中国的社会主义思潮》，福建人民出版社1985年版，第62—63页。

业”，现今社会“资本家以薪资雇用劳动者以营工业”，将来“宜全更此制，资本家宜与劳动者共营工业，以平等均一，为工业之目的”，此论“尤为简明”。伊利之说与前二人差别不大，强调社会“宜废私有财产，为合同资本，更宜取生产之利益，分配各个人”。此说“诚经画社会全体之福祉，为社会改良之策”。本章最后给出的结论是，社会主义不同于支配现今社会的个人主义，乃“社会中心主义”，主张社会为一有机体，“协一群之力，以求可为社会全体之幸福”。进而言之，社会主义是“个人相依相辅而成为结合的有机物”，以社会为单位，“重社会公益”，“重义务与责任”，依“协力”而动，其动“以仁爱正义为依归”，目的“使社会归于协同”。以上乃是社会主义的“一定旨趣”。第四章“社会主义与道德”，第五章“社会主义与教育”，第六章“社会主义与美术”，第七章“社会主义与妇人”，第八章“社会主义与劳动团体”，分别阐释了社会主义与道德、教育、美术、妇女、劳工组织的内在关系。书中指出，产业革命以后，随着物质财富与日俱增，道德却日渐沦丧，利己主义盛行，“人唯以得利为目的”，这是当今社会“一大缺陷”。为此，欧美经世之士提出多种办法以“谋救此大弊”，其结果皆“悉归无效”，解决的唯一途径乃是实行“社会主义平等主义”，为此才有“社会之完美可期”。这也是大家“热心欢迎社会主义”的原因。当今社会，教育是有钱人的教育，“少数之财产家”专擅教育利益，贫民子弟不得进入学校，此乃有违“公理”，改变此状况，必行社会主义。社会主义以“经营教育为第一要义”，实行“贫富贵贱，同一教育”。教育的根本问题在于制度之善与不善，只有实行社会主义制度，进行教育根本改革，才能解决当今欧美社会之教育问题。高尚之美术在利己主义社会是不可能出现的。要形成高尚之美术，“非变资本私有利己竞争之社会，而组织资本共有协同的劳动之社会不可”，“必使人人互生友爱，谋社会之公益，不唯营一己之私”，形成“高尚雄大”之理想。这是当今欧美著名美术家纷纷依归社会主义的一个重要原因。社会主义与妇女有直接关系，妇女的地位、事业与福利，是社会主义的重要内容。自古以来，无论东洋还是西洋，“皆蒙男尊女卑之余弊”，近代以来此种“余弊”更甚，女子与男子共同竞争，资本家雇佣女工，不仅致使其失去“天分”，损其“所长”，而且压低了工人的工资水平，使“男女俱困于贫穷”，女子受雇于工场，还造成道德沦丧。唯有社会主义能“救出今日女子不幸之堕落，谋高其地位，完其幸福之实诣”。“扩充女权，发挥女子特具之光荣者，舍社会主义外，莫之或是”。组织劳动团体只是一时之策，只有社会主义，才是“劳动者最后之救主”。迄今为止，劳动团体只在稍加工资和缩短劳动时间方面实现“小希望小目的”，“究未能使劳动者与资本家在同等之地位，完对等之权利”。实现社会主义。自然得到劳动团体之目的，所以近年来各国劳动团体，“无不向社会主义之径而驰”。劳动团体欲实现其最终目的，“舍社会主义外，无可归着”。本书最后一章即第十章“理想之社会”，重点阐述了社会主义的理想。强调理想在于“社会与个人各相调和，协同以营社会全体之幸福，而使个人对社会负责任，社会亦对个人负责任”。因此，此理想社会又称“责任社会”。个人对社会的责任方面，今日社会保护财产私有权，这让富有者“得肆其私欲，无所忌惮”，个人财富“实社会协动之产生物”，“不可任一己之使用，宜献为社会之公益”。社会对个人责任方面，社会给每个人以必要的生活保障条件，如衣食起居之类；社会让个人受教育；社会为个人提供娱乐慰藉之预备；社会对个人的疾病、老废、残疾、死亡妥善设置保护方法，如财产保险、生命保险之类。这样，社会主义的实行将达到理想之状态，此即基督教所言之“天国”，也是继战争时代、实业时代之后达到“完全之点”的“道德时代”。①

有学者认为，《社会主义》译本出现以前，传入中国的西方社会主义知识都是一些缺乏系统理论内容的零星知识，这部著作的传入，不论其水平如何，至少标志社会主义知识的传入，由附带提及或不系统的点滴叙述，开始进入以某种理论体系的方式较为系统地转述和介绍的阶段。从以上所述内容看，这一评价是有一定道理的。另一方面，本书与当时有些介绍社会主义的文章和书籍，或单纯客观介绍而不予置评，或表示

① [日]村井知至著，侯士绾译：《社会主义》，上海文明书店，光绪二十九年五月（1903年6月）发行，转引自谈敏：《回溯历史——马克思主义经济学在中国的传播前史》上，上海财经大学出版社2008年版，第196—200页。

同情，或表示怀疑和反对有很大不同，该书自始至终宣扬并论证社会主义必将实现，反复提到“舍社会主义外，无可归着”，表达了本书作者对社会主义的坚定信仰，这是当时一些停留在一般介绍社会主义的论著者所不能企及的。[①]

（四）《近世社会主义》

《近世社会主义》，福井准造著，1899年由东京有斐阁出版，中文版由赵必振译，1903年由上海广智书局出版。赵必振着手翻译此书时刚好30岁。1900年，他在家乡湖南常德曾参加唐才常领导的自立军起义，失败后流亡日本。在日期间，他一方面研习日语，一方面接触大量西学，开始涉猎社会主义学说。1902年赵必振回国后参加广智书局等机构翻译工作，曾翻译过众多关涉欧、亚、非各国历史的著作，还有伦理学、社会改良论方面的著作。在社会主义方面，此前他曾翻译过《二十世纪之怪物帝国主义》一书。《近世社会主义》是其翻译的第二本社会主义著作。此后，似乎再没有见到他有关这方面的著作。《近世社会主义》是日本第一部较为系统地介绍社会主义思想发展史和各国社会主义运动概况的著作，也被认为是“近代中国系统介绍马克思主义的第一部译著”[②]。广智书局在出版广告中指出：“本书关系于中国前途者有二端：一为中国后日日进于文明，则工业之发达不可限量，而劳动者之问题大难解释，此书言欧、美各国劳动问题之解释最详，可为他日之鉴法；一为中国之组织党派者，当此幼稚时代，宗旨混淆，目的纷杂，每每误入于歧途，而社会党与无政府党尤在疑似之间，易淆耳目，如社会党本世界所欢迎，

① 参见谈敏：《回溯历史——马克思主义经济学在中国的传播前史》上，上海财经大学出版社2008年版，第200页。

② 姜义华：《我国何时介绍第一批马克思主义译著》，《文汇报》1982年7月26日。单从翻译时间上看，所谓“第一部译著”，未必正确。在此之前，曾有叙述马克思及其一派思想主张的《近世政治史》中译本，发表于1900年末至1901年初，《社会主义》中译本更涉及马克思若干思想观点，它的出版时间，不论是按照1902年4月的罗大维译本，还是按照1902年12月至1903年1月刊载于《翻译世界》的中译本，均在《近世社会主义》中译本出版之前。如果说“系统介绍”马克思主义学说，该书比起以前的有关社会主义日文原著的中译本，确实高出一筹。参见谈敏：《回溯历史——马克思主义经济学在中国的传播前史》，上海财经大学出版社2008年版，第210页。

而无政府党乃世界所嫌恶，混而一之，贻祸匪浅，是书析之最详，俾言党派者知有所择。即此二端，此书之价值可知，有志者请急先睹。”[①]该书中文译本铅印线装，分上、下两册，共16万字。全书有作者自序、凡例、绪论和正文四编组成。作者自序和凡例，主要阐明了作者编撰此书之目的。作者指出：“我日本今日之形势，社会问题，亦隐约胚胎于其中，贫富悬殊之弊，亦将渐显于社会，是经世忧国之士所不能漠然置之也。此所以稽察欧美诸国之事例，以讲究近世之社会主义。其微意之所在，即注于兹矣。世界识者，披阅一过，当亦恍然于社会问题之不可轻忽。是著者之所厚望也。”“社会主义者，以经济学上之一学说与政治学上之一议论，以判定此主义之是非善恶，为本书之目的。然为解释社会问题，自信为讲究社会主义者之必要。著者特搜集多种之社会主义的议论，以供社会问题解释者之资。”“本书之目的，说明社会主义之本质”。同时，其党派之运动亦为“讲究社会主义者所不容忽”，“本书先记述欧美诸国社会党之状态，至其运动，于他编再述之”。[②]

在绪论中，作者根据自己的理解对社会党的兴起、社会党之派别、社会主义之定义等情况进行了总体的分析和考察。作者认为，资产阶级政治革命虽然取得了很大的成就，但是它并没有消除“社会之混乱”，“不平不满之声，仍未易除去也”。“物质的文明之发达，则不平不满之声，亦随伴之而愈高”。革命以来不过“得理论上之平等，于劳动者之地位，于其生活之必要，免其无情之冷酷而已。虽有契约之自由，虽有平等之权利，而社会经济上之大势，仍为彼等资本家隶属一种之奴隶而已。虽云公政之参与，虽享法律之保护，然亦不过虚荣而已。夜以继日，营营劳动，所得之劳银，不足以供一身自活之费”。“社会革命之大势，虽除僧侣贵族之专横，而著殖产社会之显象，然而资本家之压抑专制，以驱此等不幸之劳民，为其赁银所系留而桎梏。……世界之富者既日增，世界之贫民亦日益，贫富悬隔之现象，亦复大显”。正是在这种情势下，社会党“突然而起矣”。至于社会党之派别，作者认为，因其“怀抱之主义

①《新民丛报》第27号插页，1903年3月。

② 姜义华编：《社会主义学说在中国的初期传播》，复旦大学出版社1984年版，第80—81页。

之纲领”的不同，大概有共产主义、无政府主义、共有主义、讲坛社会主义等几种。具体地说，“社会党之怀抱，其议论之根底，必置于经济上之主义。而土地资本之两者，其对劳动者之关系，必力图其改良，以分配其利益，而变更其不平等，以采均一之制，不达彼等之希望而止。或讲经济以外之诸问题，于政治、伦理及科学上，而行一大改革，企图改造社会之全体。或欲依赖国家之力，以组织劳动者，而独注意于生产上之问题，以期政体变更、政度改革等。因其手段方策之相异，而各种党派以生。一为企图施行共和政体者，是为共和社会党。一欲为依赖国家之权能以改造社会者，是为国家社会党。一为唤起人类之慈善心，以宗教之力而达其目的者，是为宗教的社会党。一为豫尽未来远大之理想，而望显出‘哿托卑耶’[①]的社会者，是为理想的社会党。一为改革现今之制度，依赖人间之公共心与慈善心，欲以舆论之力改革劳动社会者，是为渐进的社会党。又其极端之所至，欲以铁血而改革社会，以一挺而胜百枚之票（言执武器而抗议会之意），嚣嚣然而奋一臂之力，以争吾人之自由，以火药弹丸杂血肉之躯而薄之，是为革命的社会党。”这些各种各样的社会党，“理想既异，手段亦异，方策遂异，而其归宿，终亦无殊”。对于“社会主义”这个名词，作者提出：“其使用之者，实自英国始。”1835年，当时英国创立社会党者欧文，组织各种族之团体，其谈论之际，始用“社会主义”或“社会党”等名词于文字之中。其后，法国人列布题在其所著《近世之改革》书中，泛论圣西门、傅立叶等之学说，“每采用此语，遂传播于欧洲诸国，于是各国皆沿用之”。关于“社会主义”的定义，作者指出：“诸学者之论定，亦有数种”，蒲鲁东之定义曰“为社会而要求服从个人之志愿”；傅立叶曰“注意于人间本来之性质，以要求一般之幸福”；欧文曰“其第一着于社会之状态，而要求其平等。其第二者，不必依赖国家之力，以求其改革”。要之“社会主义之目的，决不依赖政府之力，惟恃劳民自身之力，以改革社会之组织，以打破贫富之悬隔”。“余辈则以为‘要求贫富之平均，以改革社会之组织’为定论焉”。而“社会主义最后之目的，切望财产上之自由平等，与劳动者悲惨之状

① 哿托卑耶，“联合”一词的音译。

态而表同情，以计划社会之改善。”此前，有些人以社会主义为敌，原因在于其“方法之不善，至其极端，则用非常之手段，而有紊乱秩序妨害治安等之非行”，如今出现了“深远学识”的学者，或参与“国家之枢机的”大政治家，还有“左右天下”的商政，他们“皆倾意于下层贱民之状态，感悟贫富悬隔之显著，而为文明特色之累，欲亟意而补救之”，以后的社会主义若“善为用之”，或许“不至妨害治安，而得自由平等之真境也”。①

第一编题为《第一期之社会主义——英、法二国之社会主义》。本编绪言指出：“社会主义发达之事迹，自其迁变之时期而区别之，分之则为三期。”“社会主义者，其发生于现世纪（十九世纪）之初，至本世纪之中叶，英、法两国之外，乃波及于他国。”在英国的代表人物是罗伯特·欧文，在法国的代表人物是圣西门和路易·勃朗。他们是“运动之开发者”。其原因在于“当时两国社会之状态，实甚不振。其时人智则渐发达，人人皆于社会制度而生不满之念。资本与劳动者之间，分配不能均一，各人逞其私利私欲，而不顾他人之不幸，于是公理渐起，咸欲享受社会之幸福。抱不平之观念者渐多，世人亦大注意于社会的问题”，是为社会主义发展的第一个时期。由于英、法两国“社会问题之运动与事迹，其发见为最早”，所以这一时期的社会主义“英、法二国独占其声也”，“然当十九世纪之初，社会问题之声尚未震全响于世界，而耸动世人之耳目者尚少”。②续为第二个时期。这一时期“由拉梭列③、马陆科斯④等之学理研究，于社会主义之进路，遂开一生面。近时之所谓社会主义者，其根蒂多采于彼等之学理，以排斥架空之妄说。而肆口谩骂之声，其数渐灭，于是沉思熟虑，讲究学理，其步由此渐进，而一段之真理，遂由此而首肯。其开此派之人，遂组织为同盟会。千八百七十三年因卫额⑤之大会，偶生同志之分裂，社会党派与无政府党派全然又遂分离，社会之

① 姜义华编：《社会主义学说在中国的初期传播》，复旦大学出版社1984年版，第82—91页。

② 姜义华编：《社会主义学说在中国的初期传播》，复旦大学出版社1984年版，第91—92页。

③ 拉梭列，今译作“拉萨尔”。

④ 马陆科斯，今译作“马克思”。

⑤ 卫额，今译作“日内瓦”。

气焰，一时颇有闭熄之状。既而再于日尔曼因社会民主党之运动，渐有转机”[①]，社会主义发展由此进入第三个时期，即所谓“近时之社会主义”。在这一时期，“研究社会问题之声，反响振于世界，终至耸动一世之耳目”。“然其运动虽由此而渐盛，而党中之异论亦由此而生，数派各歧，门户遂异。同居社会党之中，互相结党造派，其持说与抱负，各异其旨，时形反对。故虽统谓之为社会党，其党中之内情，纷杂混乱，殆难收拾”。[②]这里作者对西方社会主义运动发展历史的描述大致符合基本现实。接着，本编作者叙述了“英法两国之社会状态”以揭示“英法两国之社会主义”“何故先于他国而发生”的原因，认为两国社会主义之兴起均在于“其弊最多”，“下等社会”最为贫困而“无救济之良法”。[③]随后，本编依次介绍了巴贝夫、圣西门、傅立叶、欧文、卡贝、蒲鲁东、路易·布朗的生平、著作和学说。最后作者强调，在第一个时期“社会主义之发达及其运动，不过英、法两国之间，而其学说，多流于空理，驰于空想，与事物自然之理相矛盾者亦不鲜。故其企图实行计划社会组织改革事业，遂不能成，同轨一辙，皆归失败，其空议仅存于简策之间”。[④]

第二编题为《第二期之社会主义——德意志之社会主义》，介绍了马克思的生平、学说，第一国际的历史，洛贝尔图斯与拉萨尔的生平和学说。因为本编涉及马克思及马克思主义，所以下面对其作一重点介绍。

第一，《近世社会主义》在第二编开篇绪言中重申了第一编的结论，指出：“英法二国之社会主义，为‘空想的学理’与‘儿戏的企图’，故全然失败。社会主义之第一期全时代，全为空理空想之一夕话而已。于是社会主义之气焰，渐即于衰，有不可挽回之势。”于是，“德意志中之忧国者，深知社会改革不能已，相应相呼，而倡导社会主义于十九世纪之后半纪”。这种“德意志之新社会主义”与此前英、法两国之“旧社会

① 姜义华编：《社会主义学说在中国的初期传播》，复旦大学出版社1984年版，第92页。

② 姜义华编：《社会主义学说在中国的初期传播》，复旦大学出版社1984年版，第92页。

③ 姜义华编：《社会主义学说在中国的初期传播》，复旦大学出版社1984年版，第93—94页。

④ 姜义华编：《社会主义学说在中国的初期传播》，复旦大学出版社1984年版，第146页。

主义”相比，“全然大异其趋也”。以马克思等为代表的德国社会主义“其学理之论据，最为坚固”，它“以深远之学理，精密而研究之，以讲究经济上之原则，而认信真理与正助，故于多数之劳民，容易实行其社会主义。得多数雷同之赞成，而其事易底于成，故学者与经世家，咸以德意志之社会主义，多为可采。其所说富于深远巧妙之学理，虽嫌恶社会主义者，于其学理，亦苦无反驳之余地”。虽其议论“固不免或有失者”，但“可研究而实行，实不能不归功于德意志之社会主义”。同时，“与第一期之社会主义相比，其目的更为广大。第一期之社会主义，其计划往往局限于一地方，或国之一部，或数部，促促于一小天地之间，社会主义之实行，空属梦想。而德意志之社会主义者，其初实行之范围，虽亦限局于一地方，其性质则实注重于世界，故可成广大之场所，而集多数之人”。所以，它与英、法二国等第一期社会主义相比，“其理想之悬隔，其计划之大小，诚不可同日而论”，“其势力，至今日而不衰”。[①]今天倡导的，正是这种“新社会主义”，即第二期社会主义。在这种比较中，作者对马克思主义的科学性和真理性给予了充分的肯定。

第二，《近世社会主义》第二编专门撰写了“加陆·马陆科斯及其主义”作为本编第一章，分两节专题介绍了马克思的生平及其学说。第一节“其履历”，在其开始部分说道，第一期社会主义特别是法国之社会主义固然与德国新社会主义者的主张“归著之点，大抵相同”，但前者所言社会主义，是“自家一人之假定”，能够“说明其原理原则者甚鲜”。今日德国的新社会主义，“其学识之深远，其思想之精致，与从来社会主义者，大异其趣”。与前者“驰无稽之理想，以筑空中之楼阁，费用有用之时间，而为儿戏的事业，以招世人之嫌忌，识者之唤笑”不同，此种“新社会主义”以“考究其深远之学理，以观察其精致之事物，恰适社会之现制，以探寻其主义方策”。其学理基础在于“以论理及心理之原理，以谋确实。其倡导之首领等，不折不挠，而以忍耐勉强之力维特之”。这种“新社会主义”的创立者“为列野陆兹拿度·拉沙列及加陆·马陆科斯。前者为社会主义之运动之发起者，其名最显。后者则确立其议论之

① 姜义华编：《社会主义学说在中国的初期传播》，复旦大学出版社1984年版，第147—148页。

根底，出无二之经典，以闻于世。”[①]接着，本节重点介绍了马克思生平和活动。书中介绍，马克思1818年生于特里尔城，先入波恩大学修 法律，后入柏林大学研究哲学，尤其倾心于黑格尔哲学。曾担任“激进自由派”机关报《莱茵报》主笔记者，“大振笔锋，以攻击政府，且非难当时之社会制度，以唱道革命煽动之说”。1843年《莱茵报》被政府查封。马克思继续撰文批评政府，其文章“愈讲究于经济上之议论”。此后，马克思移居巴黎，在研究经济学之余，仍撰文攻击本国政府，遂遭放逐，移居布鲁塞尔，“益从事于经济上之研究，以讲究社会主义”。1843年（实为1844年）马克思居住法国期间“始与唱导德意志社会主义者”恩格斯相见，此后生死与共，投身运动。1847年在伦敦召开“共产的同盟会[②]，以组织一团体”，公开发表“宣言书”。此为“国际的劳动者结合同盟之端绪”。1848年欧洲革命爆发，马克思返回德国，与恩格斯等人创办《新莱茵报》，“特盛唱民主主义，与劳动者之味（一）方，以倡一世之舆论”，第二年再遭政府禁止，马克思又被驱逐，移居伦敦，“以余生之运动，以集注于国际的劳动者同盟之结合”，于1864年在伦敦结成盟约，发表宣言书，并在日内瓦召开第一次大会，“此同盟会之势力，震动欧洲之全土，一时极其旺盛。马陆科斯之名，轰动全欧，大受劳动者之尊敬”。1872年海牙大会上，巴枯宁率无政府主义者从协会之中分离出去，其势力逐渐式微至最终分散解体，但是“其影响所及，于欧洲诸国者亦已不少。其主义纲领，至今尚为诸国所认识”。协会解体后，马克思逐渐“退隐公共生涯，而从事著作”，1882年（实为1883年）去世。书中最后写道：“马陆科斯者，一代之伟人，长于文笔，其议论之精致，为天下所识认”，“其经济学感化一般人民之程度，德意志之学者，亦无其比。彼于经济学上，最精细之观察，且为确实推论家之一人”。[③]马克思去世后“讣报达于欧美各地，吊者随处开会，以慰其英魂”，纽约召开人民大会通过决议说：“天下自由之真友，与吾人以劳动者之自由，而除其重大之

① 姜义华编:《社会主义学说在中国的初期传播》,复旦大学出版社1984年版,第149—150页。

② 共产的同盟会,今译作“共产主义者同盟”。

③ 姜义华编:《社会主义学说在中国的初期传播》,复旦大学出版社1984年版,第149—154页。

损害者，惟加陆·马陆科斯君。今其永逝，追悼不已。吾人以君之芳名与遗稿，传于万世，且扩布其思想，以垂示于世界。须尽其全力，以记忆君之永逝，遵君所开拓之行路，抛吾人之生命，以发挥彼之高尚之经典。吾人敬诵于君曰：将结合世界之劳动者，以奠君，永世无忘。”[①]类似的决议遍于各地，“马陆科斯之英明，隆于一世”。本节在介绍马克思生平过程中，还穿插介绍了《哲学的贫困》（译作《自哲学上所见之贫困》）、《共产党宣言》（译作《共产主义宣言》、《英国工人阶级状况》（译作《英国劳动社会之状态》）[②]、《政治经济学批判》（译作《经济学之评论》）、《资本论》等著作的写作缘由、过程和要义。这是当时传入中国的各种著作中，至今我们所见到的有关马克思生平最为详尽的介绍，所描述的马克思一生的主要活动、理论研究、业绩和影响，以及与恩格斯的合作等，基本符合历史事实。

本章第二节“其学说”，对《资本论》中所阐发的劳动价值论、剩余价值论和马克思对资本主义制度内部矛盾的深刻分析等主要内容进行了较详细的叙述。本节开头部分说道，马克思所创设的社会主义，与“国际的劳动者同盟”以期社会之雄飞，“其学理皆具于《资本论》”。此书“大耸于学界，为社会主义定立确固不拔之学说”，实为“一代之大著述”，“为新社会主义者发明无二之真理，为研究服膺之经典”，而马克思则实为“一代之伟人”。《资本论》与以往社会主义者“大都架空之妄说，不过耸动社会之耳目，以博取其虚名”不同，其立论的前提，考察资本之变迁历史，述其起源与来历，以明经济界之现组织，“全然为资本之支配”，为保护劳动者的利益，必须反抗“资本万能主义之潮流”，“以保劳动者之味方，则虽主张反对资本的生产制度而不辞”。[③]作者以上开场白，意在强调马克思学说的重点在于阐明资本问题。文中认为，马克思把“殖产界之变迁”分为三个时期：第一时期“为手工劳动者以自己之资本，从事各自生产之时期，是为资本势力未盛之时”；第二时期“为资本

① 姜义华编：《社会主义学说在中国的初期传播》，复旦大学出版社1984年版，第154页。

② 此书当时被误认为马克思所著。

③ 姜义华编：《社会主义学说在中国的初期传播》，复旦大学出版社1984年版，第155页。

者与劳动者之间，生多少之分离，资本家依其利益，劳动者依自己之劳银，而为生活之端，是为资本将盛之时”；第三时期“大工场之大资本家，于工业界，有无限之势力，于土地，则资本与劳动者，名为保其自由，实则系留于劳银之桎梏，其利益之全额，悉归资本主之所有，自己得仅少之俸给，而有满足之状态，是为资本极盛之时”。马克思根据“殖产界”的变迁，考察资本制度发达的结果，得出结论：凡欲从事生产者，“必借资本家之力，得其同意，而后方可以经营”。由此，资本家之势力，“日赴旺盛，全然与劳动者隔离，社会遂组织一特种之阶级”。“劳动者尽其全身之劳力，以讲一生自活之计。资本家贮蓄其所得之利润，倍增自家之财产。贫者愈贫，富者愈富”。资本家之所以“蓄积其利润，增加其财产”根本在于“专占此余剩价格”。所谓“余剩价格”即“剩余价值”。接着文中又介绍和分析了马克思关于“使用价格”和“交换价格”等问题，并在此基础上指出，根据马克思考察“殖产社会发达之结果，依其自然之变迁，资本私有制必归全灭，而让步于国有制”。本节最后说道：“创立新社会主义，以唱导于天下，舍加陆·马陆科斯其人者，其谁与归？”[①]作者的分析虽有很多不准确甚至错误的地方，但此译本可谓是最先系统介绍马克思经济学说的代表作，文中对马克思及其学说的诸多溢美之词，也反映了作者和译者对待马克思及其学说的态度。

第三，《近世社会主义》第二编第二章，重点介绍了“国际的劳动者同盟”的有关情况。开篇即明确指出：“社会文明之进步，共诸国之交通，益赴频繁。近时世界之趋势，万国共同，而向于一目的。诸般之计划，亦多采于国际主义者。于是诸国之劳动者，亦以共同之目的而相结合。以设立国际的同盟，亦社会之趋势。”接着叙述了国际劳动者同盟发展的过程。作者指出：“国际的劳动者同盟，成于马陆科斯之设立，又依其指导而发达。”“因之马陆科斯，乃受本国政府之嫌疑，共同志而逐于国外，千八百三十六年，集于巴黎，而称‘正义同盟’，结合秘密结社[②]”，“千八百三十九年，巴黎骚动之际，移于伦敦，使用日尔曼语，集

① 姜义华编：《社会主义学说在中国的初期传播》，复旦大学出版社1984年版，第155—165页。

② 正义同盟，今译作“正义者同盟”。

合北欧诸国之劳动者，乃启国际的劳动者同盟之端。……千八百四十七年，'正义者同盟'于伦敦，变更其组织，改名为'共产的同盟[1]'，新表其宣言书，以开陈同盟之意见。""同盟之目的，以平民（即劳动者）之束缚者，与市民（即资本主）而平夷，全灭阶级之争斗，与旧社会之基础，撤去阶级制与私有财产制，以组织一新社会。"此宣言的执笔者是马克思，他以"共产的意见，发为公论，以布于天下"。作者在书中称《共产党宣言》为"一大雄篇"，并摘引了宣言的最后一段话："同盟者望无隐蔽其意见及目的，宣布吾人之公言，以贯彻吾人之目的，惟向现社会之组织，而加一大改革，去治者之阶级，因此共产的革命而自警。然吾人之劳动者，于脱其束缚之外，不敢别有他望，不过结合全世界之劳动者，而成一新社会耳"。[2]这段话是迄今所知的《共产党宣言》中一段最早的中译文字。此后于"千八百六十三年，于伦敦开设万国博览会，同盟之气运乃日高"，"千八百六十四年九月二十八日，于伦敦之西度马陆兹贺陆[3]，创立国际的劳动者同盟"。"千八百六十六年九月，集六十名代表员于西渥卫[4]开其集会，以决议宣言书，开陈同盟之意见，以设立国际的劳动者同盟，公表于天下"。书中还对该同盟的宣言和宗旨进行了简要的介绍，指出："我党以解除劳动者之束缚，须自劳动者自身之运动。劳动者为解除其束缚，所以有奋斗之举，以谋分与其特权及专有权，与万人共负担平等之权利与义务，以全灭阶级之组织。我党专有之生产机关，为生命之源泉。而劳动者隶屈于资本主之一事，是即屈从之所由生，即社会之贫困所由生，是为招精神上之耻辱，致政治上之服从之原因。"所以，"解除劳动者之经济的束缚，为我党毕生之目的。其余政治的运动，只为附属此目的，不过为运动补助之一切"。[5]文中还对第一国际的四次会议召开的时间、讨论的重点内容作了介绍，所记述的史实大致正确，而且比此前有关记述要丰富和翔实。

---

① 共产的同盟，今译作"共产主义者同盟"。

② 姜义华编：《社会主义学说在中国的初期传播》，复旦大学出版社1984年版，第165—166页。

③ 西度马陆兹贺陆，今译作"圣马丁堂"。

④ 西渥卫，今译作"日内瓦"。

⑤ 姜义华编：《社会主义学说在中国的初期传播》，复旦大学出版社1984年版，第166—167页。

本书第二编第三、四章还分别介绍了洛贝尔图斯和拉萨尔的生平及其学说。作者专列两章介绍这两个人，原因在于作者认为，这两个人同马克思一样在新社会主义发展史上具有重要地位。这种认识，模糊了马克思的学说与洛贝尔图斯、拉萨尔之间的本质区别。

第三编题为《近时之社会主义》。本编介绍了无政府主义、国家社会主义、基督教社会主义等各流派的沿革及其观点。作者认为，无政府主义本不属于社会主义之一派。社会主义反对现行社会制度，主张贫富平均，反对阶级特权以及财产制度；无政府主义主张共产及共有制度，而排斥一切中央政府之干预，并强调要“绝灭之”，这是无政府主义“唯一之目的”。其与社会主义之不同“不容疑问”。对于现存之社会，无政府主义主张行“极端之破坏主义”，使用“过激粗暴”手段。这种主张和做法，使其成为“社会之公敌”，而其以“破坏主义”、“过激粗暴”之手段以达到社会改良，自由畅行，贫富平均的企图“终难实行”。无政府主义代表人物有蒲鲁东、巴枯宁等。蒲鲁东为“首唱者”，巴枯宁系信奉无政府主义之“巨子”。以巴枯宁为代表的无政府主义者是第一国际内“最有力”的一派。在第一国际海牙大会上，他反对马克思的思想学说，“与马陆科斯一派，全然相反”，遂脱离第一国际。无政府主义的影响远不限于一国，是“世界的组织”。俄罗斯虚无党人所采取的一系列暗杀显贵之行动，使其“徒自取暴乱之污名”。[①]“国家社会主义”与其他社会主义相比较，它不以“贫富均一，财产平等，及绝对的平衡等为目的”，不是“全灭财产私有制度，收之社会之手，举其生产事业，一任之于国家”。它主张“依赖国家之力”，达到保护劳动者，增进人类幸福，缩小贫富悬隔，谋求社会调和，抑制资本家在生产领域的跋扈，救济可怜的贫民，实行社会政治经济等改良的目的。国家社会主义之实行，以德国为策源地，代表人物是俾斯麦，其主政三十年，推行铁路国有、烟草专卖、保

①《社会主义思想在中国的传播》(资料选辑之二)中，中共中央党校科研办公室1987年版，第398—408页。

险法等“新计划社会政策”。[①]“基督教社会主义”倡导劳动权利，要求消除贫富悬隔，实现平等博爱，包括“马陆科斯一派之所论”——“资本者略夺之结果也”的论点，都可以从基督教《圣经》中找到相同的教义。面对自由主义学说旺盛，社会组织之弊害渐显，不公平不平等之显象日益弥漫，“经济学者，乃欲以伦理加入其间”以“除此社会的弊害，与基督教的社会主义，即其一也”。英国、法国、美国的基督教社会主义，虽有共同之处，但亦有区别，有的强盛，有的微弱。作者对无政府主义的手段颇有微词，而对国家社会主义和基督教社会主义的介绍则较为客观。

第四编题为《欧美诸国社会党之现状》，重点介绍了英国、法国、美国、德国及中欧诸国、东欧诸国社会党的活动情况，尤其对德国社会党的介绍最为详细。先称马克思和拉萨尔是德国“社会党之二骁将”，皆出生在德国，1864年拉萨尔死去，1849年马克思移居伦敦后，德国的社会主义运动“遂衰退萎靡”。以后，马克思“遥为本国同志之应援”，国内也产生了李卜克内西、倍倍尔等领导人，拉萨尔的后继者亦“继其先师之遗意，开社会主义运动之进路，添几多之势力”。故今日“德意志社会党之势力，殆全冠于天下者”。“社会主义之运动，最为活泼，其研究学理，亦最为进步者，莫如德意志也。”“自马陆科斯、拉沙列之并起，交相唱道，以其教义普及于全天下以来，德意志亦于此主义之中，生几多之分派。”拉萨尔同“国际劳动者同盟相比，则有多少相违之点”，前者“向现时国家”，主张“求其助力”，而后者主张“毫不依赖国家之力，而自人民之协力的运动，于生产界，以解放劳动者”。[②]德国社会民主党最初是1869年李卜克内西和倍倍尔等人在爱森纳赫城成立的“社会民主劳民党”。“此为民主党发达生成之基础”。1875年，“马陆科斯派”的爱森纳赫派与拉萨尔派召开合并大会，“社会主义之发达，于此社会民主劳民党之下，更增一层之进步”。后来，俾斯麦政府制定《反社会党人非常

---

①《社会主义思想在中国的传播》(资料选辑之二)中，中共中央党校科研办公室1987年版，第177—185页。

② 姜义华编：《社会主义学说在中国的初期传播》，复旦大学出版社1984年版，第200—201页。

法》，取缔德国社会民主党及其活动，“社会党之势力，遂进步发达于冥冥之里”。后俾斯麦退隐，“社会党之运动，全然自由”。在德国社会主义之中，“社会民主党，独为占有绝大之势力。而德意志其余之社会主义，亦相结合而成三种之团体”，一是“旧教的社会党”，主张在教会保护之下，企图社会之改良；二是“新教的社会党”，包括“富者之团体”和“劳动者之团体”两个部分；三是“国家社会党”，又称“讲坛社会党”，信奉国家社会主义。以上四者，“以社会民主劳民党为最大，其党员之多数，与其势力之旺盛，且其代议士之多数等，与其余之党派相比，大显头角。”概言之，“今日德意志社会民主党，俨然得一大党派之态，不独于职工社会为然，即政治社会，彼等之势力，亦年年而增进”。[①]在当时出版的有关介绍社会主义的书籍中，这里对欧美各国社会党活动，特别是德国社会党活动的介绍更加深入和全面。

在20世纪初，与当时其他日文同类译著相比，《近世社会主义》在社会主义传入中国的历史中占有重要的一席之地：一是它对社会主义评介的完整性和连贯性是其他同类日文译著所不及的；二是对马克思主义及其学说的介绍也远远超出其他同类日文译著。该书标志着马克思主义在中国的传播从以往散见各类著作的点滴介绍开始进入专题式的系统介绍阶段。当然，该书对马克思主义的理解也有很多地方并不准确。

（五）《近世社会主义评论》

1903年2月至4月，《近世社会主义评论》连载于上海《新世界学报》第二至第六期，作者久松义典，译者杜士珍。全书分两篇十二章，但译者只翻译了评论马克思主义以前各种古代的、中世纪的、近世的社会主义学派的部分。作者和译者在书中表达了明显的社会主义倾向，并将社会主义与无政府主义、社会党与无政府党区别开来，这是非常难能可贵的。译者在“感言”部分说，对于当今世界之“暴戾之行，以日相倾、相轧、相诈、相害”的现象，曾“日心疑”而“不得其故”。有人认为是“风俗之腐败，道德之衰落，政体之不平”所致。事实上，“风俗之腐败，

① 姜义华编:《社会主义学说在中国的初期传播》,复旦大学出版社1984年版,第200—222页。

有所以致此腐败之故；道德之衰落，有所以致此衰落之故，政体之不平，有所以致此不平之故”。这种认识是“不明其所以然之理，而欲于形式上补救而挽回之，仍不足以探政治之精蕴”。解救之道究竟在哪里？译者指出：“吾尝遍阅古今书籍，探微穷源，返而求诸东西政治家社会主义之学说。曰：于乎！东西政学家之言理也，精矣，宏矣。”所以，应“大声疾呼，以社会主义为全国倡”，社会主义者“必先于二十世纪中大发达于白皙人种，无可疑也。吾再拜以迎之，吾顶礼以祝之”。[①]

该书“原书例言”部分交代了译者“译撰”此书的目的及参考书。译者指出，社会主义是“近代文明之英华”，“欧美现今之最大势力者”。当今社会一切政治、经济、教育、道德、宗教之“实际问题，辐辏而至”，为此，大家莫不被社会主义所“感动”。社会主义者“非诡激狂暴之空想”，“世人不察，以社会党与无政府党相混同，实则宗旨颇相异”。“本书辟前此之谬见，叙斯主义之起源，及其变迁之大略，并有说明政治经济上应用之大纲领”。译者声称，本书“起于明治三十二年十二月，迄翌年四月脱稿”。参考书有亨利·乔治的《进步及贫困》和《社会问题》，本杰明·颉德的《社会进化论》，卡莱尔的《古今论》和《英雄崇拜论》，斯宾塞的《社会学》等。

书中“久松义典自序”部分简述了近代社会主义的历史变迁，指出：察世界之情形，瞬息万变，“今是而昨非者，其殆以一国政治与社会之进化为最。政者，由军国而推移于殖产者也；人者，由个人而入于社交者也；物者，由孤独而趋于团聚者也。而放任主义者，决不与干涉政略相两立；自由贸易者，又不与保护税法相并行。于此一变一转一进一退之间，正可以窥天下之大势，世运之动机”。在此认识基础上，作者强调，今日之现象，“工业膨胀，资本集积，外人杂居，政界腐败，民法废驰，宗教颓败，教育衰废，时局之患，莫甚于兹”。为此，“政府及议院，为之立完全社会之政策；政党为之发新社会之政纪；而社会家，有为之阐明社会主义”。社会主义为何？“十九世纪之新产物也。溯其起源，法国

① 姜义华编：《社会主义学说在中国的初期传播》，复旦大学出版社1984年版，第237—239页。

之卢骚、墨赖[①]、麦蒲赖[②]等先唱自由平等之主义，英国之露败笃·奥武英[③]唱协同作业之理，德之倍盖露[④]、傅意台[⑤]、懒塞鲁[⑥]为之表章而显明之，而其意遂渐以发达。其著行于世者，于西历之一千八百十七年，奥武英始于英国议院中提出社会之建议；一千八百三十年，法国自塞翁希孟[⑦]之新言论出，寻为傅奥里露[⑧]之新计划起；厥后有法国革命之破裂，有新社会党鲁意·蒲郎[⑨]、考鲁·玛培斯[⑩]之变动；终则于一千八百七十二年开万国联[⑪]大会于海牙府"，并明确阐明："社会党，其宗旨与无政府党判然分为两途，实今日社会民政主义之纯团体所由生也"。此部分还指出，晚近以来，社会主义文化"已为全世界冠"，"德则国民之元气，大见发达；法则利用市府自治制；英则藉以改良议院之法案，市府之自治；美则因此而政治产业之联合大有进步。其余若白耳义[⑫]，若伊国[⑬]，若荷兰，若西班牙、葡萄牙，若那威、瑞典，莫不受此主义之影响。""社会主义者，诚自由竞争之进步，而尤为今日之要务也已"。[⑭]

译者在第一篇第一章《社会主义之定名与社会党之目的及其物质》中有一则"译者案"，对"社会主义之定名"阐述了自己的观点，说"社会主义，英文谓之'索西亚利士谟'Socialism，其训即共产主义是也。自一千八百三十五年英之'罗薄尔德·奥温'[⑮]组织一大协会，名曰'亚知索哀西温奥尔科拉知塞奥尔禁西温'Association of all classes of all nations 以期

① 墨赖，今译作"摩莱里"。
② 麦蒲赖，今译作"马布利"。
③ 露败笃·奥武英，今译作"罗伯特·欧文"。
④ 倍盖露，今译作"黑格尔"。
⑤ 傅意台，今译作"费希特"。
⑥ 懒塞鲁，今译作"拉萨尔"。
⑦ 塞翁希孟，今译作"圣西门"。
⑧ 傅奥里露，今译作"傅立叶"。
⑨ 鲁意·蒲郎，今译作"路易·勃朗"。
⑩ 考鲁·玛培斯，今译作"卡尔·马克思"。
⑪ 万国联，今译作"国际工人协会"。
⑫ 白耳义，今译作"比利时"。
⑬ 若伊国，今译作"意大利"。
⑭ 姜义华编：《社会主义学说在中国的初期传播》，复旦大学出版社1984年版，第239—242页。
⑮ 罗薄尔德·奥温，今译作"罗伯特·欧文"。

社会改良，始见此名。其后传播法国，卒至全洲皆用斯语。日本译之，或曰社会主义，或曰共产主义，或直译其音，三者皆通用。总之社会主义，'索西亚利士谟'者，其宗旨专在废私有财产，而为社会财产，为共有财产，与仅名为社会学者不可混同。日文所谓社会学者，英文则谓之'索西奥罗齐衣'Sociology，其义专考究社会全体之性质目的，主理论而言者也。世人不明其异同之故，若因其名相似而误解焉，则失之毫厘，谬以千里矣"。[①]这是所见到的中国人较早对社会主义的诠释。译者还指出，19世纪以来的世界，是"经济竞争最烈之世界，贫富悬隔之一日也"。"机械之精"为"资本家大增其利益"，而民众日贫，长期以往，"社会之不平而酿成政治之不平"。为此，社会党"痛心疾呼，不惜冒世界之不韪而争之"。在本篇第二章《古代社会主义与近世社会党之进化运动，法国革命之乱与塞西翁笃西孟之势力》中，原作者指出："观察社会主义发动之原因，即社会之不平等，而贫富之悬隔，贵贱之区别，有以致之也。"近代社会党70年前，即1830年崛起于法国，当时最著名的人是圣西门，他"以拔群之雄才，怀旷世之卓识，一身挺起于革命乱中，首唱一新主义，以社会之改革，为毕生之事，别树一帜，标榜纲领"。1848年，革命之乱起，祸焰之炽，更非前比，"社会党乘此机会，再以奋起"，可是又"为警官所解散，重行失败"。此后，社会党同志纷纷至大西洋外，"居美国，定其根据，于时从之者益众"。经过多年发展如今"势力大盛"。译者在文中充分表达了对社会党的赞誉，说："观于社会党之所以渡美，吾不禁心为之感，泪为之下。曰：于乎！志士仁人，探造物之精理，抱斯民之先觉，而愤夫世界之不平，人职之沦弱，慷慨公言，虽至饮食困、衣服困、身家困、名誉困，而百折不挠，转辗以求其说之伸者，虽历千古，未有不同。"原作者还认为，孔子"罕言利"、孟子之"何必曰利"，同样适用于19世纪以来，"物质大进步"带来的"人间万事，莫不受金钱之支配"状况，反映了社会党的真知灼见。受此认识影响，译者在此部分亦称"孔子亦一大社会党"，中国自战国至今，"社会党之兴"在三百余年诸子百家中不乏其人，应借鉴孔孟愤于上下之不平，

① 姜义华编：《社会主义学说在中国的初期传播》，复旦大学出版社1984年版，第244—245页。

从井田制中汲取滋养。[①]这些认识，反映了译者并不真正理解社会党的思想和主张。

在第二篇诸章节中也有几处谈到社会主义和马克思及其学说。原作者指出，近代社会主义，自圣西门阐明之，而彰显于马克思，“尔后渐蹈入实际问题”，而不像从前限于“空论”，“此乃向于产业组织与资本制度，及劳动规约之改良，而发生进步者也”。译者曰，世人“往往仅于劳动问题”而不甚关注社会主义之“目的与心得，一读二三所著之书及杂志等，直着眼于资本主及职工间之利害，试轻躁浅薄之言论，至于害事业家之感情而不顾”，这是“最可痛戒之事”。欲辨明其中“是非得失”，不可不先考究社会主义之原理，而“探进化之次第”。不然，“虽议论滔滔，盈溢纸间，是仍无补于事也”。一国之中“产业愈平者，则其国愈文明；产业愈不平者，则其国愈不文明。积时既久，虽欲开之而不可开者。中国社会之闭塞，由此故也。然则以人种进化为心者，可不以社会主义为世倡耶”。[②]

由于译者对原书“润其辞，删其繁，先译述之，而断之以己见”，不仅对原文多有删节，而且在每一章都增加了许多按语，说明译述者自己的观点，所以自称“译撰”。这种译述方式在当时留日学生和旅日华人所翻译的有关社会主义日文著作里，可谓独具特色，当然能否真正讲清楚其中所包含的社会主义思想学说则不一定。实际上，在本书译者所撰述部分中就有诸多对社会主义的误读。比如，译者第一篇第一章之“译者案”中把各种各样社会主义的含义统统理解为“专在废私有财产，而为社会财产，为共有财产”，不能混同英文中的“Socialism”社会学一词就不准确。再比如，译者在马克思的名字的译法上也不统一。如此等等都反映了译者对社会主义其实只是一知半解。

(六)《社会党》

1903年3月上海广智书局出版了《社会党》一书。作者西川光次郎，

① 姜义华编:《社会主义学说在中国的初期传播》,复旦大学出版社1984年版,第246—249页。

② 姜义华编:《社会主义学说在中国的初期传播》,复旦大学出版社1984年版,第254—256页。

译者周子高。这是一本简明扼要介绍各国社会党和工人运动状况的小册子。日文原本1901年由内外出版协会出版，1903年上海广智书局出版了它的中译本。此译本在正文前的绪言中首先交代了出版该书的目的，强调当今世界正值“最大最猛最剧烈之世界风潮”，出现了经济上的帝国主义，“经济革命，为将来世界上之一大问题”[①]。世界发展大势在于“社会党发达于内，帝国主义发达于外”。为此，须对社会党的发展历史及其情况有所了解，以便认清社会党发展的“自然之势”。全书正文分前后两编。前编十四节，依次介绍了德国、比利时、荷兰、丹麦、波兰、俄国、奥地利、法国、意大利、西班牙、英国、爱尔兰、美国、加拿大等14个国家社会党和工人运动的发展情况，赞扬了争取普选权与议会议席的斗争，表现了明显的议会主义倾向。后编专门介绍了瑞士各种社会保护和社会福利制度，将瑞士和新西兰说成是“今日之世界上社会主义者之理想国”。这反映了作者当时并没有把社会主义与资本主义制度中的福利、保护等很严格地分开，而将二者混为一谈。

在介绍德意志之社会党时，该书不仅较为详细地叙述了德国社会党的发展过程，还提到马克思和马克思主义（译作马克和马克主义）、恩格斯（译作隐该）等。在谈到德国社会党对于妇女的态度时，还引用了恩格斯的一句话：“一家之内，男子为资本家之代表，妇人为劳动之代表者也”，但不知道出自何处。文中指出，德意志不行中央集权之制如英、法，故个人主义发达至于极端，而反对者之起亦最烈。为反对个人主义，黑格尔、费希特“发明社会思想”，后来洛贝尔图斯和马克思出现，使此“思想益扩充”。不过，这些思想如果“鼓吹乏人”，社会党则不能兴盛。正是因为有了像拉萨尔、李卜克内西、倍倍儿这样的鼓吹之人，所以德国社会党才能够不断发展。文中还说，李卜克内西死后，倍倍儿和恩格斯继续推进德国社会党的发展。[②]以上叙述将李卜克内西去世时间放到了恩格斯之前，显然是一个错误，将恩格斯对德国民主党的贡献置于拉萨尔、

① 姜义华编：《社会主义学说在中国的初期传播》，复旦大学出版社1984年版，第224—225页。

② 参见姜义华编：《社会主义学说在中国的初期传播》，复旦大学出版社1984年版，第225—230页。

李卜克内西、倍倍儿之后，更是本末倒置。这反映本书原作者和译者对德国社会党发展的历史并不是真正的了解。

在介绍俄罗斯社会党时，该书认为“地广而瘠，民众而不均”是俄罗斯社会党之起的“由来”。文中指出，自从拿破仑马首东瞻，欧洲文明思潮在俄国传播，上至贵族，下至一般军人开始反对本国专制，大约到1855年，反对之声日盛，到1861年农奴解放后，“其势益激”。“青年俄罗斯”、“土地与自由”诸秘密结社，“一时并起”，总称为“虚无党”。这些秘密结社之人，一开始大都喜爱读马克思的书，由于俄罗斯人民境遇悲惨，所以人们又认为与其“入马克主义”，不如入巴枯宁“无政府主义”。于是“或为商旅，巡游村落，游说农民，述其主义；或变服为工人，入纺织工场，推其主义于诸工人。然农民愚而无知，甘受政府之压制；工人虽稍胜之，究未能大发达，反使游说者为政府之牺牲”。后来，俄国社会党领袖普列汉诺夫出现，情况才有了改观。普列汉诺夫“其主义以马克为师，其著述在俄者极多”。[①]向中国读者介绍俄国马克思主义传播者普列汉诺夫，这里恐怕是第一次。

在介绍法兰西社会党时，该书再次提到马克思。书中指出，19世纪前半个世纪，法国是社会主义及无政府党的中心，马克思早年曾在巴黎从事学习和研究。1871年起“法国社会主义一变为无政府主义”，自此开始社会党内部便产生了无政府主义与“马克之势力”的对立和斗争，“其势力已较前大差矣”。后来，法国社会主义在其领导人信奉“马克主义”之后，“社会主义势力遂膨胀”。1898年，法国社会党成员有“代议士”131人，法国之全国议员584人，“社会主义者已居其四分之一”。书中还指出，与他国相比，法国社会党“有一弊风，即自相分裂而为小党”。各派都有自己的刊物宣传自己的主张，以“扩张其主义”。同时，法国社会党还有另外一种特色，“各国之社会党，大概与资本家争。法国独不然，常有资本家中恶资本家之专横，反出金开社会主义之新闻杂志”，“今法

① 姜义华编：《社会主义学说在中国的初期传播》，复旦大学出版社1984年版，第231—233页。

国社会党之新闻杂志，大都为富者所设，是实与各国所径庭者也”。[①]

在介绍英国社会党时，书中指出，英国自古乃行宪法之国，故其国之劳动者有属“保守党与自由党之别”，其工商之盛，“甲于天下，人民富饶”，所以“资本家与劳动者绝少争斗之事”，而“劳动者亦绝少政治运动”，但英国社会党的发达兴盛则“实胜他国”。它始于1825年，到1829年“始联劳动组合”，一开始就有“五十处之组合，十余万人之会员”。此后又不断扩大，且成立独立劳动党，工人运动也由“劳动运动而至政治运动”。有“劳动组合四十一（其会员总数三十五万人）、商业会议所七（总数十一万人）、社会主义团体三（二万余人）”。设立劳动选举委员会，其所属之各团体均遵守如下“运动之方针”。（一）凡成年人，始有选举权；（二）凡遗传的政治上之独占悉废之；（三）凡选举费用及议员之俸禄，宜由政府给予；（四）帝国主义及其所属之军队主义，宜极力反对之；（五）反对与亚非利加之战（即英特之战也）；（六）资本私有之结果，自然为独占，为公司矣。故欲其不妨害劳动者于经济上、政治上、社会上之自由，务宜以资本为公有。[②]

在介绍美国社会党时，不仅论述了其发展情况和特点，而且提到亨利·乔治《进步与贫困》和贝拉米的《回头看纪略》。书中指出，18世纪中叶至19世纪初，英、法、德等国的宗教家和共产主义者，多移居美国，群居一村，名曰“共产村”，当时美国有“共产村”200余处，这是后来社会党兴起的重要源头。“故美国之社会党，皆合各国之精华而成，激烈派、温和派无所不有”。其中激烈派声称：“吾党之所信者，爆裂丸也。爆裂丸者，廉价之武器，固天生为应贫者之用也。吾党培科学备爆裂丸，仗此武器必能倒压制者矣”。又曰：“世界之大革命将至矣！吾党不可不先试小战争以为将来之备。小战争者何？其唯为刺客乎！”“观此亦可知其党之用意”。美国社会党最为兴盛之地是马萨鸠塞州，次之是中西部的

① 《社会主义思想在中国的传播》（资料选辑之二）下，中共中央党校科研办公室1987年版，第69—70页。

② 参见《社会主义思想在中国的传播》（资料选辑之二）下，中共中央党校科研办公室1987年版，第65—67页。

密苏里、堪萨斯等州；在南部多为黑人，“工业尚未大兴”，故“社会主义不能扩张”，然“近年工业渐兴，游说社会主义者，已有其人，将来其结果，必有可观也”。在美国“著书启国民之思想，使人入社会主义者甚多”，其中亨利·乔治著有《进步与贫困》，不少人“受其感化，余波并及美（英）国”；又有贝拉米著《回头看纪略》，“此书影响所及，一年有半，百六十二之俱乐部俱兴，人心大动”。[①]

在当时介绍西方国家社会党的书籍中，此译本算是比较集中和系统的一个。书中所及社会党不仅涉及14个国家，而且基本上描述了这些国家社会党的历史和现状，展现了其基本的面貌。同时，像其他社会主义书籍的中译本一样，该书的翻译出版，同样也给国人了解西方国家社会党的理论和实践，观察和思考我国劳动和社会状况提供了某种警示和参考。

（七）《世界之大问题》和《社会主义概评》

这是岛田三郎同一本书的两个不同中译本。1903年上海通社出版了岛田三郎的《世界之大问题》，10月作新社出版了岛田三郎的《社会主义概评》。上海通社译本可能是因为书中强调社会主义为“二十世纪世界之一大问题”，故将其定名为《世界之大问题》。作新社译本名为《社会主义概评》似乎更贴近原著本意。两个译本的翻译水平不相上下，但在当时后一个译本的影响要更大一些。[②]《大陆》杂志曾经登载过《社会主义概评》的出版广告，称赞这部书：“详论德、美各国之社会党，俄罗斯之虚无党，加以评论而定其范围，俾世之社会主义者不致错乱纷淆，是国民进步之大资助也。”[③]书中指出，萌芽于18世纪末，发展于19世纪的社会党，以种种之名“蟠踞于各国”，“但视其国之政体与自由党之多寡，而成其主义，或立于公众，或结于秘密”，未可一概而论。英、美两国之党，虽“以公众立，而政府亦常以其说之不当而抑制之”。德、法两国，

① 《社会主义思想在中国的传播》（资料选辑之二）下，中共中央党校科研办公室1987年版，第67—69页。

② 参见谈敏：《回溯历史——马克思主义经济学在中国的传播前史》上，上海财经大学出版社2008年版，第272页。

③ 姜义华编：《社会主义学说在中国的初期传播》，复旦大学出版社1984年版，第331页。

社会党的言论激进，“不似英美之放任”。奥地利则“较进一步”，“俄则全以禁压为事”，“且俄之秘密结社，初不现于表面，其有新发，惟闻爆裂之声耳”。次于俄国的是意大利、西班牙，“皆以政治不修，人民穷困”，加之宗教禁锢，“暴乱之举动，因之而起”。其他如比利时、瑞士的社会党，亦“尝冒危险以图进取”，但非由这些国家的国民所致，而是俄、德、意、奥之“亡命”徒，“植其破坏主义之毒根于是地”。当今世界各国劳动者“皆有团体，……而行动皆为宪法所许可。除俄国外，无有专务压制之政策；亦除俄国外，无有专务仇疾之国民”。在英、美两国“凡关于言论集会者殆全无限制，其运动即邻于不轨亦第以警察力遏之而已”。在英国，社会平民同盟会、甫犹朗会、独立劳动会等是最大的“党会”，皆以伦敦为本部，支部遍及各地，保护劳动者的利益。在德国，议会有社会平民党，占据议会397个席位中的56席，且“全然执变革主义，排斥国家社会主义之协调说”。在法国，社会党分成四部分，一是“职工党”，崇奉马克思学说，“以国家之生产原资为社会所固有。党员共三十万”；二是“仆比利斯忒党”，“专由巴黎人组织而成”，在社会党中独树一帜；三是“菩仑开党”，“亦由巴黎人所组成，以变革家菩仑开之名为民，其主义可想见”；四是“社会共和党”，“本为急进党，而归附于社会党者也”。在比利时，1894年的选举，社会党获得意外胜利，选出28人为议员，形成与加特力党“二者相对峙”的局面。在丹麦，“社会党如奥国”，以“政治上之不平，遂生改革之心，与他国以经济主义为本者异”，1898年，社会党于议会选出12人。在瑞典和挪威，“二国皆欲得独立权，与爱尔兰人之对英国相似。此问题多为政党所争论，然民间萌芽已久。全国党员六千人，亦有为议员者”。在荷兰，社会变革党是该国的一个重要社会党，“自大审院判决后”，1894年“社会同盟会被解散，更组织新团体，设五十二分社，发行机关新闻”。[①]1897年选举，社会党有3人被选为议员。在日本，“社会民党之发起，不过五六人所组织，政府谓其将紊乱秩序而禁止之。其宣言所揭之新闻，亦被告发。彼中人遂去民主字面，

①《社会主义思想在中国的传播》（资料选辑之二）下，中共中央党校科研办公室1987年版，第74—76页。

而改为社会平民党”，但其宗旨“仍不离乎民主，政府复禁之”。[①]作者认为，世界各国情形不同，社会党各有特性，但“其特异者，则以英、美二国及俄国之社会党为最”。英、美二国公然有“社会党俱乐部”，有“论说剧烈之新闻杂志”，却“绝少危险之虞，政治家亦不以为意，社会之秩序不因之而稍紊”。俄国则与之相反，往往是“复秘密之文书，缔结秘密之社会，冒行非常之毒害”。[②]作者强调，这样做的结果将难以预料，对“何所影响于世界”，也难以评说。

书中还较为详细介绍了社会主义的含义、社会主义发展及马克思的贡献、社会党的政策主张，等等。关于社会主义的含义，书中认为，日本学者常常使用社会主义一词，不过只是取其字面上的新奇而不解其真正含义，忽略了社会及社会主义概念中含有的不同成分。从欧美学者对社会主义的解释看，社会主义绝非统一的概念。“社会”二字作为西方的舶来品，它与破坏行为、黑暗现象、贫民问题联系在一起，使人对其定义感到茫然。同时，它用于“世间”、“共同”、“平等”、“平民”、“慈善”等解释，体现了“以平等四民为社会主义理想”，这是从“社会”一词引申出不同的含义。从欧美社会主义运动发展看，社会主义含义因国家、时代、人物不同而“随时变迁”。有人认为，社会主义“有绝好之价值”，有人强调其“可畏怖”，表示“憎恶”。赞成者认为，自古以来，如柏拉图的理想国和莫尔的乌托邦等，显示“社会主义者，有极平和之理想”；反对者则说，像英、法两国的“共产无政府党”和俄国的“虚无党”，在社会主义名义下，主张凭借暴力“利器”“一废天下之私有财产”。社会主义不是“以精深科学之知识，思改造其社会”，就是“唯求破坏现时社会之组织”；不是“希冀进化之前途”，就是对现实社会悲观绝望，从而对政府、国家和家庭产生“极度之反抗意”；不是“委己之私财于政府，欲以遏自由竞争之害”如国家社会主义，就是“以政府为过去不完全之

①《社会主义思想在中国的传播》(资料选辑之二)下，中共中央党校科研办公室1987年版，第247页。

②《社会主义思想在中国的传播》(资料选辑之二)下，中共中央党校科研办公室1987年版，第80—81页。

遗物而百方破坏之”如无政府党，等等。这些情况表明，社会主义在欧美可谓歧义纷呈。由此，作者最后给出社会主义定义，谓社会相对于个人而言，社会主义起因于“以协力组织，而实行个人主义”，为的是拯救近代以来的“自由竞争之弊”。照此理解，社会主义原理则“极其易明”，只要针对“现社会缺陷之世界”，其批评有合于现实者，便可托名社会党。作者在书中明确指出社会主义含义歧义纷呈，“令人难得定评”，这种认识与《近世社会主义评论》等书中将社会主义内涵和外延看作无甚差别的统一概念相比，是一个不小的进步，然而作者又给出一个抽象的共同含义，将凡是“反对社会现状”者均装入其中，最终难免它所批评的日本学者只取其名却未解其意的局限。[①]关于社会主义发展及马克思的贡献，书中指出，社会主义思想在西方“不起于近代”，可追溯到古希腊，“希腊时代之书，已有言及之者。其后文学界及宗教界，往往有冥合社会主义之理想。又或于宗教界创同产共动之议，虽未见诸实行，然社会主义之种子，已播于此”。社会主义萌芽于18世纪末和19世纪初，尤以“英法二国博爱者之著述及试行”为标志。[②]社会主义超出国土之范围和个人的局限，具有“万国共通之性质”，由“著述家之理想，一进而为实行之势力”，应该归功于德国社会党的拉萨尔和马克思。拉萨尔组织“万国职工党”，马克思“以科学精深之学说，发现于世”。经过二人提倡，社会党势力日臻强大。拉萨尔是犹太人，在读大学时，修哲学法学史学等，不仅才学超群，而且有干事之才。因为宣传“社会改造说，政府诉之法庭，判禁锢四月”，赦免后或演说、或著书，“以唱社会平民主义，诋斥现世资本家之状态，以反对当时之经济学者”，虽然39岁就已辞世，但因其才学，在社会主义史上“可谓伟人矣”。“其社会主义之科学的基础”，多得之于马克思。拉萨尔和马克思都主唱“社会主义”，在经济学领域均有新见解，而“对资本之意见，则与旧日之经济学说相反”。

① 转引自谈敏：《回溯历史——马克思主义经济学在中国的传播前史》上，上海财经大学出版社2008年版，第274—275页。

②《社会主义思想在中国的传播》（资料选辑之二）下，中共中央党校科研办公室1987年版，第76—77页。

二人“均用黑格尔之哲学于经济学，而主张其历史的进化”，不仅“持其理论以争于学术界”，而且“由极力运动”，并成立“万国联合之劳动协会，以广布社会说于欧美。其传播之速，直如电光”。他们都有远大的理想，“不满于现在缺陷之社会”，又适逢自由竞争极盛之时，资本家势力大增，但其“余利”则未“波及”他人，故法国1848年革命爆发，“思想界亦随政治界之变革而动摇”，为二人传播其学说提供了“绝好时会”。那时的欧洲，可称作社会党的只有拉萨尔和马克思的“协力同盟”。现在经过法国二次革命和机器发明，“资本家与劳动者遂不能相容”，其“学说势力蟠踞于欧美列国之间”。拉萨尔是“极勇悍之变革家”，而马克思“为精深之思索家”，拉萨尔以“哲学为根据”，马克思则“组织新经济学”，二人“目的同而运动异”。[①]需要指出的是，以上论述虽然多次提到马克思，并认为马克思“以科学精深之学说，发现于世”，而且认为拉萨尔“社会主义之科学的基础”多得之于马克思，但是从文中可见，在提到马克思时往往与拉萨尔并列，不仅回避了马克思同拉萨尔之间的严重分歧，而且将马克思的名字置于拉萨尔之后，贬低了马克思之于德国社会主义运动发展的贡献。关于社会党的政策主张，书中指出，名为社会党，其实各自政策主张并不相同，“如俄之虚无党，与伊[②]之无政府党，德之国家社会党，理想全相反对。法之无神社会党，与英、德之基督教社会党，第一点之根柢，已有不同。虚无党、无政府党之主破坏，讲座社会党之主改良，从乱从治，迥然大异”[③]。作者认为，虽然社会党政策主张各异，但就其基本政策而言无外两种类型：一种主张破坏，如同俄国虚无党和意大利无政府党；另一种主张“改良”，“酌情度势，以适用之改革为改革”，如德国的讲座社会党。二者之间，作者显然倾向“改良”一派。如作者所言，德国社会党“狂热之会员，屡用暴力，至使德国社会党受困厄数年。千八百七十年，法国之社会党煽乱于巴黎，卒被

① 《社会主义思想在中国的传播》(资料选辑之二)下，中共中央党校科研办公室1987年版，第12—15页。

② 伊，即“意大利”。

③ 《社会主义思想在中国的传播》(资料选辑之二)下，中共中央党校科研办公室1987年版，第77页。

压服。是可知改良之理想，决不可以暴力运之也”[①]。不仅如此，作者还试图将社会党“改良”一派的政策进一步引申至“基督教社会主义”的主张。作者指出，社会主义与基督教并非不相容，人们以为基督教只是“从事于空浮神学之争论，放置活泼世界之社会问题于度外”，此乃“误会基督教主义之过也”。“基督教之真正主义”即所谓“人人亲爱，不分厚薄，凡属同气，均相提携”，“唤起人人自营共动之心，使其藉社会之势力，以从事于多数贫民之改良”。“既破资本劳动两级之差，且以助其救世之真相”。作者强调，“非众人之能力平均则财产亦不能平均，财产不平均则政治亦无由发达，而为旧社会之遗习所锢”，要打破旧社会习俗的禁锢，不懂得“进化之理”，或“出于暴动”，或“安于故步”，都是荒谬的做法。[②]怎样才是正确的做法？作者认为，社会主义意欲解决“财产不平均”，经济上不平等的现象，必须是人人“利己之私心减，简爱之公心起，放肆之情簿，克己之慎长”；要借助社会理想，逐渐改正过去的不平等，并防止产生新的不平等；特别是以“宗教教育”以为其助力，“由教育减能力之不平等，以宗教道德破私心之迷妄”。在此，作者干脆以基督教的说教取代了社会主义的主张，反映其对“改良”式社会主义乃至基督教社会主义的执着偏好。[③]

除上述几本日文中译著作以外，还有以下译述值得关注。

1902年7月，作新社翻译出版了《万国历史》一书。该书由富山房所著。这部专门讲述各国历史的译作，曾谈到社会党、虚无党、过激党等问题。书中认为，贫民问题是社会的中心问题。强调富者益富，贫者必然日渐贫困，贫者其数不断增加，势必败乱社会，破坏道德，成为一切妨害社会之源，于是各国同情贫民的人“结为社会党”，如俄罗斯有以反对专制政治为宗旨的“虚无党”、“破坏党”，日耳曼有“过激党”。书中将马克思同圣西门、拉萨尔等人并列，统称为具有“高旷之思想”的

①《社会主义思想在中国的传播》(资料选辑之二)下，中共中央党校科研办公室1987年版，第77页。

② 参见《社会主义思想在中国的传播》(资料选辑之二)中，中共中央党校科研办公室1987年版，第216—219页。

③ 参见谈敏：《回溯历史——马克思主义经济学在中国的传播前史》上，上海财经大学出版社2008年版，第276—277页。

“善良者”，专注于研究拯救贫民使之同享安乐、且带有“国家社会主义”特征的“理财”之理。书中指出：“虽然，社会党之善良者，亦高旷之思想，如法兰西之散西门[①]、德国之咖尔·马克司[②]及赖塞尔[③]是也。此辈皆思拯贫民之急，登之衽席，同享安乐。而研究理财国法之理，思见诸施行，为贫民表同情之情，谓之国家社会主义。”[④]把马克思的学说等同圣西门、拉萨尔等人的思想，并将其说成是“拯贫民之急”，使人人“同享安乐”的“理财”之理，谓之为“国家社会主义”，显然是一种误读。

1902年12月《大陆报》创刊号上译载了矢野文雄的《新社会》的一部分，1903年作新社单行出版。1902年矢野文雄称自己是社会主义者，其同时代人称之为“极有力的、优秀的社会主义者”。他所著的《新社会》一书亦被认为“提出了许多独创的意见，并且还能够充分地说明近代社会主义中的各种问题”，“吸取了当时的空想社会主义的优点，详细地叙述了把日本转变成为社会主义国家的方法”[⑤]。该书用通俗而优美的语言和文学的笔法，描绘了社会主义理想如何在日本实现，宣传了社会主义的一些主要观点，所描述的“新社会”是一种“无生而不得教育者，无老而不得赈养者，无求衣食而不得者，无罹疾而不得医药者，诉讼之事绝，犯罪之人无，气宇和乐，风俗温良，人人相爱如同胞”。这也是著作者心中的理想社会，反映了著作者本人对未来美好生活的向往。其所阐述的社会主义观点主要包括：新社会必须在革除旧社会各种弊端的基础上才能实行；新社会优于旧社会的根本原因在于“公有制”；社会主义代表了人类未来的发展趋势；实现社会主义乃自然而然的过程，根本在于对拥有巨资者个人财产权的尊重，以及拥有巨资者个人的自我觉悟。这些认识表明，该书对社会主义的认识总体上还停留在空想社会主义层

① 散西门，今译作“圣西门”。

② 咖尔·马克司，今译作“卡尔·马克思”。

③ 赖塞尔，今译作“拉萨尔”。

④《万国历史》，作新社1902年7月初起。转引自皮明庥：《近代中国社会主义思潮觅踪》，吉林文史出版社1991年版，第59—60页。

⑤ 参见谈敏：《回溯历史——马克思主义经济学在中国的传播前史》上，上海财经大学出版社2008年版，第277—278页。

面。另外，1903年6月5日《大陆》第一卷第七号还刊载了《俄国虚无党三杰传》一文，对赫尔岑、车尔尼雪夫斯基和巴枯宁进行介绍，认为前二位以小说或论文为“鼓舞苛激之革命论者”，后一位凭借三寸不烂之舌，“以游说煽动为业者”。在介绍巴枯宁时有几处谈到马克思，说巴枯宁在第一国际中鼓吹无政府主义，反对马克思主义。文中对巴枯宁评价不高，称其一生“所执之说，变迁不一”，或主张泛斯拉夫主义，或主张泛日耳曼主义，或为国际党，其行动“混然与政府相驳击”，是“可惧可怖之革命家”。[①]

1903年2月，《译书汇编》第十二期刊登的《俄罗斯之国会》一文中，出现了社会党、共产党的译名。文章指出，所谓文明党，实为“反对党之名称”，“常欲破坏俄罗斯之旧惯，而别建新国”。此党有大学教授，不能变更“社会之状态”，重在向学生介绍“新学说”。由于“今俄罗斯之政府，干涉大学实甚，教授讲义，常受政府种种之意旨”，“教授或不从其意旨，政府即停止其讲义，甚至夺其职”，所以传播“新学说”一般又通过新闻传媒影响学生，如“达而文[②]及路鲁·玛罗科斯之说，皆传自新闻杂志之记者，而非由于教授”。经过努力，“文明党”在俄罗斯的影响必将“怒涛激浪，嚣嚣吼天”。文章还提到“今所谓虚无党者，其性质世人往往误解。若返观于文明党之所为，非真为社会党、共产党之举动，其实不外改革党而已”[③]。

1903年6月闽学会出版了高种翻译的《社会问题》。该书从考察现实存在的问题入手，试图提出解决问题的办法。书中指出，社会问题，一是“富之不平均”问题。具体表现为“地球上贫富悬隔之甚，贫者益贫，富者益富，中产者亦日以减少，是殆为富者所吞噬，乃一贫至此乎？”今日社会，一边是贫穷之人“终日劳动，尚不足以糊衣食”，一边是“高楼大厦，淫乐长夜之饮”，二者“状态相悬，不可以里道计”。人人生来本

① 转引自谈敏：《回溯历史——马克思主义经济学在中国的传播前史》上，上海财经大学出版社2008年版，第181—183页。

② 达而文，今译作“达尔文”。

③ 姜义华编：《社会主义学说在中国的初期传播》，复旦大学出版社1984年版，第67—68页。

无“贫富差别”，后来因“脑筋之运用，时运之不齐，遂生差异”。今天的富人“如有天赋之权力，自称为上等社会，驰驱劳动者，贱如犬羊，剥夺权利，吸取膏血，使贫者益陷困苦”，靠的是“侥幸及经营不正而得者多”，“决非天然之产出”，“亦非自然之条理”。贫富悬隔根本原因，“当归咎于经济之组织”。贫富悬隔益甚，“必生冲突”，“政治经济社会上必受其影响”，如果“不求所以防遏之，国且亡灭”。“故苟欲国家保持平和，日臻富强，不可不研究富之分配，及调和贫富之法”。二是“生产的生存竞争”问题。人类社会生存竞争有数多复杂的原因，决非由单一“原力而生”，其中“最直接之问题”是基于“经济之物质关系”的生命繁衍。这种竞争表现为“人与自然之争”、“人类相互间之争”、“阶级间之争”、“事业间之争”、“国民间之争”等。生存竞争是人类进步的根本原因，“文明之大法，无竞争则人退化，社会一切事物因以停滞”。文中还引用了马克思的一段话说，德国之马克思曰：“万国之无资产者，曷不同起掠夺财产，而均分之乎？”这句话出自《共产党宣言》，但译文歪曲了其原义。引用者想借此“无产者对财产者宣战之言”，强调和渲染“产业的生存竞争”的尖锐和激烈化，希冀以此引起“有志社会学者”对于这一问题的研究，强调“若不研究各种现象及其不及者补益之，将百弊丛生，人类且有灭绝之一日”。三是“劳动组合”问题。书中指出，随着“劳动社会之发达”，劳动组合可谓“自然之势”。劳动组合可以“使富之分配得以平均，不至有单独之劳动者，且得使多数劳动者负担重大事业，共勉其职，而一国生产力亦随以增加”。同时，劳动组合可以提高“劳动者之道德”，使其成员的行为“无不自慎”，并“以保险法及他方法，使劳动者旅行安全，及救济劳动者之负伤、疾病，与极贫者”。劳动组合，不仅对劳动者必要，“维持经济界之平和，亦不可缺”。“故今日欲图劳动社会之发达，以期未来之黄金时代，舍组合一致，日求进步外，无他良策”。四是“同盟罢工”问题。“压抑愈甚，反动愈烈，理所当然”。今日世界压抑之甚，“非在政治界，在于经济界”。资本家与劳动者“交相争利”是经济社会的一种常态，举行同盟罢工即“劳动者受资本家之压制，利益减少，是以合群与之抵抗”。同盟罢工的要求，一般是增加工资、缩短劳动时间、禁止少年劳动、保持工场清洁等，其“目的合于正理”。然而，对资本家和劳动者来说，“争端一启”，不免“两受其害”，同时“流毒社会，亦不浅矣”。欲避免此患，“当高劳动者之道德教育，止资本家之利己专制，使二者调和圆滑，经济制度完备，利益分配得其正当，而两者知其所得利益非各相反，则资本结合与劳动结合保持永久，同盟罢工之事便可不戢自泯”[①]。该译本直面当时社会存在的现实问题，并希冀解决这些问题，而且明确肯定了劳动联合的必要性和巨大作用，也提到了“阶级间之争”，还涉及马克思主义号召世界“无资产者”联合起来的思想，但是译本拒绝接受马克思主义阶级斗争观点，力图避免“暴力”，强调“当暴力未发以前而消灭之”，主张“调和圆滑”无产阶级和资产阶级之间的矛盾。这反映了译本所表现出的改良主义倾向。

译本还简单介绍了马克思的生平，将马克思译为“麻克士”，说马克思1818年生于德国的“脱勒卜斯”即特里尔城，1883年死于法国巴黎（应为英国伦敦）。马克思一开始在本国大学研究哲学，后为新闻记者，“持倡社会主义”，先结识“婴额鲁”（即恩格斯）和“拉沙尔”（即拉萨尔），后“或为革命党”，或为英国革命党后援，或成立万国社会党同盟，曾著《资本论》一书，“其书主脑，即言社会主义者”。这些介绍基本上符合历史事实。译本对《资本论》一书作了简要评说，认为“今日社会主义（即科学的社会主义之经济说），根于麻克士之《资本论》。盖麻克士《资本论》，凡社会主义者，无不评为社会主义之经济说也”，强调马克思同社会党成员们一样“否认私有财产私有制度”。对《资本论》内容的介绍还涉及剩余价值和劳动价值学说，不过其中有诸多误读之处。[②]译本也提到亨利·乔治的单税论，认为单税之说17、18世纪欧洲学者就有“倡之者”。18世纪末，英国盛行此说，19世纪之始，欧洲大陆“有倡收入单税者”，但世人皆“斥为谬说，不见实行”。近年来美国的亨利·乔

---

① 《社会主义思想在中国的传播》（资料选辑之二）下，中共中央党校科研办公室1987年版，第407—416页。

② 参见谈敏：《回溯历史——马克思主义经济学在中国的传播前史》上，上海财经大学出版社2008年版，第283—285页。

治“首倡土地单税”，“此说最新，世人称为单税论”。其内容“大致谓土地者天与之，非人工所能手造，不论何人，无所有专用之权利，土地价格苟有增加，实社会发达之结果，非因个人劳役而得。故其利益，所谓不劳之增加属于社会全体，非个人所专有。”从译本的分析可见，作者并不赞成亨利·乔治的单税论，认为单税论在理论上存在“误谬”，在实践中“有害于政治”、“有害于经济”。“单税论者，谓行单税可以解决各种社会问题，造善良财政之基，是直梦想”，“改良社会、改革财政，非一单税所能尽”。[①]

当时，留日学生及流亡日本的其他人士究竟翻译和出版了多少有关社会主义的日文书籍，目前并没有一个准确的数字，但仅以上所及也是蔚为壮观，足见社会主义在中国传播的盛况。梁启超在《清代学术概论》中曾对20世纪初留日学生译书的成绩和不足进行过总结。他说：“戊戌政变，继以庚子拳祸，清室衰微暴露。青年学子，相率求学海外；而日本以接境故，赴者尤众。壬寅癸卯间，译述之业特盛；定期出版之杂志不下数十种，日本每一新书出，译者动数家；新思想之输入，如火如荼矣。然皆所谓‘梁启超式’的输入，无组织，无选择，本末不具，派别不明，惟以多为贵。而社会亦欢迎之；盖如久处灾区之民，草根木皮，冻雀腐鼠，罔不甘之，朵颐大嚼；其能消化与否不同，能无召病与否更不问也。而亦实无卫生良品足以为代。”[②]以上评价虽为梁氏对留日学生包括流亡日本之人译书的总体评价，也基本反映了当时有关社会主义书籍的译介情况。不过，在20世纪初期，日书中译蔚然成风则是事实。用传播学的观点看，日书中译的过程就是对社会主义这一新的信息采集和发散的过程。留日学生以及流亡日本的其他人士等通过翻译和出版日本学者所著的社会主义书籍，把社会主义这一新知识、新思想传入中国，其功不可没。而且与此前相比，以留日学生为主体翻译出版的有关社会主义著作，在内容的深度和广度上也都有很大的提升和突破。如果说，19世纪中国

① 《社会主义思想在中国的传播》（资料选辑之二）中，中共中央党校科研办公室1987年版，第309—312页。

② 梁启超：《清代学术概论》，中国人民大学出版社2004年版，第218页。

人初识社会主义以及资产阶级改良派介绍和传播社会主义，仅仅是了解到一些西方社会主义运动零星的情况，以及社会主义的名词和思想的“皮毛”，那么在20世纪之初通过这些日文书籍的翻译和介绍，中国人不仅对欧美和日本社会主义运动有了更加全面的了解，而且对包括马克思的历史观、剩余价值论、阶级斗争理论等在内的社会主义学说也有了更加深入的接触。这些新事物、新思想的传播给中国思想界注入了新的内容，也铸就了社会主义在中国传播最初阶段的一段辉煌。

第四章　清末民初资产阶级革命派与社会主义的传播

对于社会主义的介绍和研究，虽然资产阶级维新派捷足先登，但是资产阶级革命派则呈后来居上之势。孙中山、马君武、朱执信、宋教仁、廖仲恺、胡汉民等在其自身的革命实践中不同程度地对社会主义产生了兴趣，并纷纷撰文立著，研究和倡述社会主义。他们与日本社会主义者相交往，从日文社会主义著作和欧美社会主义思潮中吸取新思想，同时又根据当时中国的实际需要，解读和传播这种新思想，形成了既有相对一致性又各有特色的社会主义思想。如果说，资产阶级维新派和留日学生对社会主义的译述和介绍，是清末民初社会主义在中国传播的第一个高潮，那么此时资产阶级革命派对社会主义的宣传和讨论，则是这一时期社会主义在中国传播的又一个高潮。

一、《民报》等报刊关于社会主义的讨论

虽然资产阶级革命派所创办的诸多报刊在宣传三民主义的同时也介绍了西方有关社会主义的内容，但对社会主义的宣传和讨论则主要是借助《民报》展开的。

1905年8月在孙中山倡导下，资产阶级革命派以兴中会、华兴会为基础，联合光复会，在日本东京组成中国革命同盟会，提出了“驱除鞑虏，恢复中华，创立民国，平均地权”的政治纲领。在当时的中国，同盟会是最先进的革命政党，它所提出的纲领也是最先进的革命政治纲领。同盟会成立后，资产阶级领导的革命运动，开始进入高潮。

为扩大同盟会的政治影响，宣传民主革命思想，实现中国民族资产阶

级的政治追求，同盟会成立不久，就在孙中山的主持下于日本东京创办了自己的中央机关报《民报》。该报是在留日学生革命刊物《二十世纪之支那》的基础上创办起来的。1905年6月，《二十世纪之支那》在东京创刊，主持人是宋教仁、程家柽，参加编辑的有田桐、黄兴、白逾桓、陈天华、刘公等，主要是湖南、湖北、广东、江苏、安徽等几个省的留日学生“破除地方团体意见”而联合创办的革命刊物。孙中山在筹备成立同盟会的过程中，曾亲自到过这个杂志社，并与宋教仁、陈天华等人商谈，争取他们的支持。同盟会成立后，《二十世纪之支那》社半数以上社员都加入了同盟会，所以社员们也愿意将这个刊物改组为同盟会的机关报。由于在8月26日出版的第二期上登载了蔡序东的文章《日本政客的支那经营谈》，抨击日本侵华政策，《二十世纪之支那》被日本政府查禁，使用原先的名称已有困难，几经商议，决定改名《民报》，另行出版。1905年11月26日，《民报》在东京正式创刊。该刊每期约150页左右，六至八万字，原定为月刊，但经常脱期，前二十四期中就有十一期没有如期出版。该刊1908年10月出至第二十四期时，一度被迫停刊，1910年1月复刊，同年2月最后停刊，共出版二十六期。此外，《民报》在第三、四期之间出版过一张号外，第十二、十三期之间出版过一册名为《天讨》的增刊；创刊后第二年，还曾以“民报社”的名义，出版过田桐编辑的，收有《江阴城守记》、《嘉定屠城纪略》等明末历史文献资料的一本小册子《亡国惨记》。该报发行后立即风行国内外。创刊号初版印六千册，国内销三千册，七次重版，其他各期也常常印四五版，销数达四五万册以上，成为当时最畅销、最有影响的报刊之一。与同一时期在日本出版的其他革命刊物一样，《民报》以刊载政论文章为主，设有论说、时评、译丛、谈丛、纪事、撰录等栏目。先后署名为《民报》“编辑人和发行人”的有张继、章炳麟（太炎）、陶成章、汪精卫等人。实际主编人，最早的五期是胡汉民；第六期至第二十四期，除了有几期由汪东、刘师培代编外，其余的主要是章太炎；最后两期是汪精卫。多数稿件由本社成员撰写和编译，偶尔也刊登一些外稿，曾经给《民报》撰稿的共计68人，其中主要有：章太炎、陈天华、胡汉民、汪精卫、汪东、朱执信、廖仲恺、宋教仁、刘师培、黄侃、汤增壁等，其他还有陈去病、吕复、苏曼殊、马君武、周作人、陶成章、田桐、雷昭性、景梅九、柳亚子、冯自由、易本曦、叶夏声等。[①]这样的编辑班子和撰稿群体，是一支非常年轻的朝气蓬勃的舆论宣传队伍。在这支队伍中，除了章太炎和刘师培外，其余都是弘文、法政、早稻田等几所大专学校的在校学生，是这一时期留学日本的革命知识分子。同时，这支队伍也包括了革命派内部左中右三种不同政治倾向的领袖人物。既有像朱执信、廖仲恺这样全面支持孙中山的政治纲领，积极献身革命的左派领导人；也有宋教仁、陈天华这样对资产阶级共和国方案十分信仰，但在某些问题上却持保留态度，表现出某种妥协倾向的中间派领导人；也有章太炎这样在“反满”问题上很积极，而对其他革命问题有很大程度保留的右翼领导人。政治上的不同分野，不仅反映了资产阶级革命派内部的思想分歧，而且影响和制约着他们对社会主义的认知和选择。

《民报》的宗旨即孙中山在《民报》发刊词中所指出的：以“非常革新之学说”和“理想”，“灌输于人心，而化为常识”。其基本政治主张就是《民报》“本社简章”第一条所宣称的“本杂志之主义”，即“六大主义”：（1）颠覆现今之恶劣政府；（2）建设共和政体；（3）土地国有；（4）维持世界真正之和平；（5）主张中国日本两国之国民的联合；（6）要求世界列国赞成中国之革新事业。这也就是传诵一时的“民报之六大主义”。[②]胡汉民曾撰文对六大主义作了说明。[③]第一、二条与《同盟会宣言》的前三条基本相同。第三条只提到土地国有而没有明确提出平均地权，这是同盟会内部对平均地权持有不同看法的反映。后来在与改良派的论战中，大量论述的也是土地国有，对平均地权却很少涉及。对平均地权宣传的薄弱，不能不说是《民报》的一大遗憾。[④]第四、五、六条都是讲对外关系，而其中第五条是在当时的同盟会与日本人民的关系非常

---

① 参见方汉奇编著：《中国近代报刊史》，山西教育出版社1991年版，第356—358页。

② 参见方汉奇编著：《中国近代报刊史》，山西教育出版社1991年版，第371页。

③ 胡汉民：《民报之六大主义》，《民报》第3号，1906年4月。

④ 冯自由说土地国有就是平均地权，但是并没有说明具体的理由。

密切的特定环境下提出来的，较集中地反映了革命党对待帝国主义的态度，认为帝国主义会支持中国的革命事业，反映了革命党对帝国主义存有很大幻想。[①]在《民报》出版发行的五年时间内，一共发表了235篇稿件，其中论说107篇、时评62篇、译文16篇，此外，还刊有75幅“图画”。[②]

孙中山对《民报》的创刊，寄予很大希望，对早期《民报》的工作，曾作过具体指导。《民报》上不少重要文章，都是由他亲自确定题目，口述大意，组织专人撰写的，但孙中山本人在《民报》上发表的文章只有3篇，即《民报》创刊号上的《发刊词》，以及后来发表的《在东京华侨及学生欢迎会上的讲话》和《在民报纪元节庆祝大会上的演说辞》，这是孙中山早期最重要的三篇论著。[③]在《民报》发刊词中，孙中山首提民族、民权、民生三大主义。《民报》创立之后，便立即致力于三民主义的宣传，资产阶级民主革命思想得到进一步的传播，同盟会的纲领也逐渐深入人心，得到更多群众的支持，为辛亥革命作了重要的思想舆论上的准备。

《民报》在致力于宣传资产阶级革命思想的同时，对社会主义也表示出了极大的兴趣，刊登了不少介绍社会主义的论著和译著，而且是当时诸多革命报刊中比较突出的一个。这一时期《民报》发表的介绍和研究社会主义的主要论著有：

（1）《〈民报〉发刊词》，作者孙中山，《民报》第一号；

（2）《德意志社会革命家小传》，作者蛰伸（朱执信），《民报》第二、三号；

（3）《“民报”之六大主义》，作者胡汉民，《民报》第三号；

（4）《从社会主义论铁道国有及中国铁道之官办私办》，作者县解（朱执信），《民报》第四号；

（5）《欧美社会主义革命运动之种类及评论》，作者巡耕，《民报》第

① 参见方汉奇编著：《中国近代报刊史》，山西教育出版社1991年版，第371页。

② 参见方汉奇编著：《中国近代报刊史》，山西教育出版社1991年版，第358页。

③ 参见方汉奇编著：《中国近代报刊史》，山西教育出版社1991年版，第369页。

四号；

（6）《民生主义与中国政治革命之前途》，作者自由（冯自由），《民报》第四号；

（7）《驳“新民丛报”最近之非革命论》，作者汪精卫，《民报》第四号；

（8）《论社会主义当与政治革命并行》，作者县解（朱执信），《民报》第五号；

（9）《万国社会党大会略史》，作者犟斋（宋教仁），《民报》第五号；

（10）《再驳“新民丛报”之政治革命论》，作者汪精卫，《新民丛报》第六、七号；

（11）《无政府党与革命党之说明》，作者梦蝶生（叶夏生），《民报》第七号；

（12）《俱分进化论》，作者章太炎，《民报》第七号；

（13）《社会主义史大纲》，译者渊实（廖仲恺），《民报》第七号；

（14）《无政府主义与社会主义》，作者渊实（廖仲恺），《民报》第九号；

（15）《“民报”周年纪念大会上的演说》，作者孙中山，《民报》第十号；

（16）《告非难民生主义者》，作者民意（胡汉民），《民报》第十二号。

除以上所列16篇文章外，还有一些未列其中，如《斥新民丛报之谬妄》（《民报》第五号）、《驳革命可以瓜分说》（《民报》第六号）、《就论理学驳新民丛报革命之谬》（《民报》第六号）、《新民丛报之怪状》（《民报》第六号）、《革命军与战时国际法——并驳新民丛报论暴动与外国干涉》（《民报》第八号）、《驳革命可以生内乱说》（《民报》第九号）、《杂驳新民丛报第十二号》（《民报》第十至十二号）、《法国革命史论——附正新民丛报第十五号明夷作》（《民报》第十三至十九号）、《土地国有与财政——再驳新民丛报之非难土地国有政策》（《民报》第十五、十六号）、《斥新民丛报土地国有之谬》（《民报》第十七号），等等。这些文章多为与梁启超的《新民丛报》论战所作，其中也有一些涉及社会主义的内容。

除《民报》外，同一时期出版的其他革命报刊也发表了不少以探索社会主义为题的文章，它们把社会主义当作一种新的思想和学说进行宣传和讨论，其中最早向读者介绍社会主义的是《浙江潮》和《江苏》。

《浙江潮》1903年2月17日在东京创刊，为月刊，由浙江留日同乡会主办，1904年初出至第十二期停刊，其编辑和撰稿人多数为光复会成员。1903年8月出版的《浙江潮》第六期发表了《最近三世纪大势变迁史》一文。这是该刊刊发的介绍和宣传社会主义的一篇代表作。作者署名"大陆之民"。文章利用英国社会现实材料，阐述了物质进步与社会不平等的关系，认为19世纪的人类社会处于"最可寒心之状态"。文章指出："物质的进步，于殖产界一大革命起"，但"自工场组织起，则多数人民仅得为资本家之奴隶，而独立性质乃全灭绝，自由生活乃全阻止"，"物质的进步之泽，上等社会受之，而贫民无与也"，贫民仍生活在"腐败空气黑暗世界中，不知人间世有电气世界、机械世界"，"以过度之劳动，而达得最下层之生活"。使"富者益富，贫者益贫"。"物质的进步，真文明之退步"。在这种背景下，"十九世纪之后半之社会党起，……殖产界的革命面目一大变"。世界文明发展必须"以社会的精神的进步与物质的进步并行不悖"。社会精神的进步，根本在于发扬18世纪法国大革命所追求的"社会的平等，政治的自由，四海同胞之大主义"。"社会平等之主义，至十九世纪乃大发光辉"，出现了"平民的社会"。所谓"平民的社会"，即"各人皆以自己之力，生存竞争之社会"，能"拆毁梯子，使上层主人公个个滚下与平民对立之社会"，"以天则及道德为基础之社会"。总之，"物质的进步，乃轰出平民主义之爆裂药线也。试问近世社会党蔓布列国，忽而同盟罢工，忽而集会演说，每年秘密出版之劳动杂志数百万册，抗贵族求平等自由之血泪数百万斛，非有昔日之压制，安有今日之炸裂？吾视十九世纪之末二十世纪之初，纯乎社会主义之世界矣。"①这是革命派报刊较集中地向其读者介绍和传播社会主义的开始。

此后不久，《浙江潮》又在第八、九期上发表了署名"大我"所作的《新社会之理论》一文。该文以行医的卫生术和医疗术为譬喻，指出："医之有卫生术、治疗术，将以保身体之康宁，而消弭其苦痛也。社会主

① 《浙江潮》第6期，1903年8月。

义者，将以增人间之福祉，而消除其厄难也，普及之卫生术、治疗术也。”接着，文章介绍了社会主义和社会党的起源，认为社会主义“导源近代，才六十年”。在1835年，英国人欧文“创一社，曰：各国民各种属之协会。世以氏注意社会改革，非计政治改革，故名之曰社会主义，名其社员曰社会党”。后来“被适用于近似诸主义及诸党派”，“或由社会人手而以政治为目的，或由政治入手而以社会为目的，其组织异，其期望同”。“今社会主义之披靡欧美，为雷奔电掣山摧海啸之奇观者，非共产主义与极端民主主义之二大现象乎？”该文章在介绍共产主义的创始人时，提到了马克思（译作“埋蛤司”，并附有“Karl Mark”这一马克思姓名的外文），认为共产主义派“创于法人罢勃[①]，其后劲则犹太人埋蛤司也。今之万国党，其见象也”。文章还简要地介绍了共产主义的基本原理，强调共产主义主张废除土地、资本的“相续制，而归于国有”，强调当今社会因为“地主、资本主垄断其生产机关，由是生屈从，生社会之穷困，生精神之卑屈”。这是“政治上服从之原因”。劳动的结果是“天然之报酬”，今天生产力“益益盛”，劳动者之报酬也应该“益益加”，人们“益益幸福”，但是事实却相反，原因在于资本家和地主是“盗贼”，“坐而攫其利”，而“劳动者与市价同低昂，是劣等动物也”。如果“土地资本归于国有，其生计以时匀计之，平均一日六时已足。今劳动者至十二时、十三时，尚不足赡其生。是贫者富者，非关系的事实，而绝对的现状也”。该文在介绍“极端民主主义”时，指出该派的创始人是“法人帕洛吞[②]，而俄人勃宁[③]、司克纳尔[④]，其代表也”。“今俄之虚无党，其见象也”。该派认为，“凡社会中曰私、曰己，而为人类差别之性质者，粪土也”，并强调“自由必以力达之而始至，而存此力者，我而已”。所有国民“皆可自主，可自由”，皆有“自治之权利”。“离社会主义而言自由”，是“特权之垄断”，“不义也”，“离自由而言社会主义”，是“奴隶

① 罢勃，今译作“巴贝夫”。

② 帕洛吞，今译作“蒲鲁东”。

③ 勃宁，今译作“巴枯宁”。

④ 司克纳尔，当为施蒂纳，德国人。

制度也，野蛮也”。国家者“以一人之意志，而曰与全体国民相一致，是即专制也，专制者，侵夺人之权利者也”。当今的大敌非地主和资本家，而是“政府官吏”，应该口诛笔伐甚至不惜运用暴力乃至“阴谋手段”与之斗争，此乃志士之“天职也”。[①]文章对西方包括“极端民主主义”在内的社会主义表达出明显的赞赏态度。

1903年4月27日，《江苏》在东京创刊，也是一个月刊，由江苏留日同乡会主办，1904年5月15日出至第十二期时停刊，编辑和撰稿人主要是江苏籍的留日学生，但又不以此为限，也刊载外省人的作品和国内青年学生的来稿。在《浙江潮》刊登《最近三世纪大势变迁史》等文介绍和传播社会主义的时候，《江苏》也在其第二期刊登了《俄人之自由思想》一文，着重介绍了1895年以来俄国国内革命斗争发展情况，对列宁领导的彼得堡工人阶级解放斗争协会的活动、社会民主工党成立的经过及其早期活动情况，也都作了简要的介绍，称赞它“范围之广，势力之大，出于意表，政府虽出而与抗，然终不能灭也”。只是作者囿于见闻，还弄不清民意党人、虚无主义者和社会民主党人的区别，笼统地一概称之为“民党”。第五期刊登了署名“壮游”写的《国民新灵魂》一文。《浙江潮》刊载的《最近三世纪大势变迁史》一文着眼于从“物质”进步的角度分析问题，而《国民新灵魂》一文则侧重于从国民的“灵魂”即精神方面立论，认为国民如果具备了“灵魂”的五种“原质”，即可以“革命”、“流血”、“破坏”、“建设”、“殖民”、“共产”、“结党”、“暗杀恐怖”、“光复汉士驱除异族”等，简直无所不能。同《最近三世纪大势变迁史》一样，《国民新灵魂》分析了现实社会贫富差距不断扩大的社会不平等，并对来自西方的“社会平等主义”或“共产均贫富之说”表达了公开的称赞。文章指出，“下等社会之困难于经济”主要受“上、中二等社会之压制”。文章把利用资本进行剥削，“闭门高坐如第二之君主”的人，斥责为“助独夫民贼以流祸”的“奴畜”；把“共产均贫之说”颂为“人人所欢心崇拜，香花祝而神明奉”的学说。文章还宣称要用这种学说

① 姜义华编:《社会主义学说在中国的初期传播》,复旦大学出版社1984年版,第316—318页。

“铸我国民之魂”，并准备“先献身破产，铲平阶级，以为国民倡”。[1]这些文章对社会主义的认识，虽然肤浅，但这种探索、追求真理和皈依真理的精神，是非常可贵的。

当时的《大陆》杂志也刊发了一些介绍社会主义的文章。如《社会革命与总同盟罢工》（《大陆》第九号）、《比国社会党大会》（《大陆》第九号）、《意国社会党大会》（《大陆》第九号）、《英国租税与劳动者》（《大陆》第九号）、《德国劳动者之祝典》等是其介绍社会主义的代表作。《社会革命与总同盟罢工》一文认为，“资本家制度不倾覆，社会不免有一大革命，此欧美社会党及无政府党所共持之主义也”。革命何以成功？何种手段最为有力？这是“现今之一大问题”。“近时欧洲大陆诸国之志士，皆以总同盟罢工为唯一之方法，其势力日渐推广，是所当注意之事实”。这一主张虽然为无政府党所“主持”，但是“比、法各国之急进派社会主义者中，赞之者亦甚多”。不论“总同盟罢工”的成败是非，“惟深愿劳动者得有选举议员之权利，而能参与立法”，社会主义者“可从此达矣”[2]，表达了作者对欧美社会党斗争目标的赞同。《比国社会党大会》一文简要介绍了比利时社会党大会的情况，认为社会党与其他政党虽互相提携，然“社会党常代表劳动阶级之要求，且当贯彻社会主义之宗旨”[3]。同时，作者指出，在比利时社会党中，青年和妇女的力量强大。社会党青年团有130个分支协会，15000名团员；在社会党中妇女成员甚多，召开各种会议，妇女均有投票权。在《意国社会党大会》中，作者对意大利社会党内部的分歧进行了分析，认为意大利社会党围绕党之大政方针，分成了四派，一派主张妥协提携，不问政府如何，只要其实行社会政策，就“不吝援助之”；一派“最注重于保护劳动之政策”；一派虽不认为“改良政策为无用”，但如不是“社会主义者为内阁，则必反对之，盖全然排斥妥协者也”；一派为“急激之革命党也”。本次大会最终以激进派胜利而告终，此乃“吾侪所深喜”。“何则？所谓改良派之

① 姜义华编：《社会主义学说在中国的初期传播》，复旦大学出版社1984年版，第273页。

② 姜义华编：《社会主义学说在中国的初期传播》，复旦大学出版社1984年版，第332页。

③ 姜义华编：《社会主义学说在中国的初期传播》，复旦大学出版社1984年版，第333页。

妥协提携，实为腐败之根源故耳”[1]。《英国租税与劳动者》一文对英国租税与劳动者的状况进行了介绍，认为英国之租税政策使“富者益富，贫者益贫”。文章强调英国“社会主义者”激励“劳动者”参与政治运动。[2]在《德国劳动者之祝典》一文中，作者介绍了德国劳动者纪念“五一国际劳动节”的情况，指出“西历五月一日，为世界劳动者之祭日，英、美、法等国之劳动者，皆欣欣然如庆大典。本年祭日，德国劳动者之会集者，计伯灵[3]六万人，辣普基哈[4]三万人，汉堡十万人”[5]。尽管这些文章的叙述方式不同，但都有一个共同的特点，即对欧美社会党斗争及其所信奉的学说表现出了由衷的热情。

除上述重点介绍的几个杂志和代表性的文章外，其他革命刊物和具有一定革命倾向的刊物也发表了一些介绍和宣传社会主义的论著，如《告保皇会》（《俄事警文》第三十号）、《贫富革命》（《复报》第四期）、《论社会主义》（《政艺通报》第三号）、《德国之社会民主党》（《政艺通报》第二十一号）、《二十世纪之新主义》（《政艺通报》第十四、十五号）、《二十世纪之新思潮》（《夏声》1908年）、《介绍地税归公之学说》（《社会星》第二期）、《社会主义商榷案》（《社会》第一期）、《狭义社会主义与广义社会主义》（《社会世界》第一期）、《社会主义之进行，以国家社会主义为手续，以世界社会主义为目的》（《社会世界》第三期）、《社会·社会学·社会主义·社会党》（《社会世界》第四期）、《社会主义之世界观》（《社会世界》第五期）、《社会主义之名称》（《新世界》第三期）、《社会主义问答》（《新世界》第六、七期）、《社会主义与社会政策（社会主义讲演集第八章）——附驳《东方杂志》论文》（《新世界》第七期）、《驳社会主义商兑》（《新世界》第八期）、《社会主义演说词》（《新世界》第八期）、《社会党缘起及约章》（《民立报》1912年11月2日）、《无政府共产主义释名》（《民声》第五号）等。这些刊物同

---

① 姜义华编：《社会主义学说在中国的初期传播》，复旦大学出版社1984年版，第334—335页。

② 姜义华编：《社会主义学说在中国的初期传播》，复旦大学出版社1984年版，第336页。

③ 伯灵，今译作“柏林”。

④ 辣普基哈，今译作“莱比锡”。

⑤ 姜义华编：《社会主义学说在中国的初期传播》，复旦大学出版社1984年版，第337页。

《民报》、《浙江潮》、《江苏》、《大陆》等刊物一起共同绘就了当时介绍和宣传社会主义的热闹场景。

革命派报刊对社会主义学说的宣传，虽然带有浓厚的主观想象的成分，对社会主义的认识存在着不少模糊乃至错误的方面，但也从一个重要方面反映了当时中国资产阶级革命派对社会主义的满腔热情和无限向往，似乎自己一下子成了社会主义者，而且为之大声疾呼。前文已经提到的一些文字，如“医有卫生术、治疗术，将以报身体之康宁，而消弭其苦痛也。社会主义者，将以增人间之福祉，而消除其厄难也，普及之卫生术、治疗术也”，“故共产均贫富之说，乃人人欢欣崇拜，香花祝而神明奉者也”，“社会党者，欧洲今日之神圣法团也，求平等博爱而未得，故以流血为之先。今其势力骎骎占优胜矣，吾欲以此铸我国民之魂。吾先献身破产，铲平阶级，以为国民倡”。这些语言，在当时实属石破天惊，它表明马克思主义、社会主义学说在中国的传播有着非常明显的效果，确实已在中国进步思想界激起了层层浪花，诱引着革命人士的价值趋向。

当时《民报》等革命报刊对社会主义的宣传和社会问题的讨论，不能不面临着改良派的挑战，革命派把社会主义引向激烈，引起了改良派的恐慌。由此，自1906年4月开始，革命派和改良派分别以《民报》与《新民丛报》为主要阵地，展开了激烈的思想论争。论争的焦点在于：要不要进行推翻清政府的排满革命，要不要进行反君权行民权的民主革命，要不要实行土地国有的社会革命等方面。这三点与社会主义直接相关的是第三个方面。革命派的基本主张是，平均地权，土地不得私有，并要与森林、矿山和交通机关等同时收归国有。这是民生主义的主要内容，在当时是有利于资本主义发展的最先进的纲领。《民报》指出：“地主之流弊，不特使贫民陷于地棘天荆之苦况，抑亦为商工界之一大障碍物，可断言也。”[①]《民报》还强调社会革命必须与政治革命同时并行，因为当时中国“贫富尚不甚悬隔”，“资本家犹未林立”，远没有到欧洲资本主义社会积弊已久、病入膏肓难以治疗的程度，因此在中国实行民生主义，

① 冯自由:《民生主义与中国政治革命之前途》,《民报》第4号,1906年5月。

一定比欧美容易得多。而要实行民生主义，“解决社会问题，必先解决土地问题。解决土地问题，则不外土地国有，使其不得入于少数之人手也”。[①]改良派以梁启超为主要代表，对革命派土地国有和社会革命的主张连连发起攻击，先后发表了《驳孙文演说中关于社会革命论者》、《社会革命果为今日中国所必要乎》、《再驳某报之土地国有论》等，认为中国不必行社会革命，不可行社会革命，不能行社会革命。这些文章的主要观点前文已经作过介绍。对于梁启超的言论，革命派进行了有力的反驳。其中最有代表性的论著是胡汉民、朱执信、冯自由、民意（胡汉民、汪精卫）分别撰写的《“民报”之六大主义》、《论社会革命当与政治革命并行》、《民生主义与中国政治革命之前途》和《告非难民生主义者》等文章。其中胡汉民的《“民报”之六大主义》和冯自由的《民生主义与中国政治革命之前途》后文再作介绍，不在此赘述。

朱执信的《论社会革命当与政治革命并行》一文，刊登在1906年6月出版的《民报》第五号上。文章针对梁启超的观点说：“社会革命者，于广义则凡社会上组织为急激生大变动皆可言之。故政治革命，亦可谓社会革命之一种。今所言者，社会经济组织上之革命而已，故可谓之狭义的社会革命。”“《新民丛报》所以评社会主义者要有四端：社会革命终不可以现于实际；而现矣，而非千数百年之内所能致。一也。行土地国有于政治革命时，同于攘夺。二也。利用下等社会必无所成，而徒荼毒一方。三也。并行之后，无资产之下等握权，秩序不得恢复，而外力侵入，国遂永沦。四也。其前二者，非本论范围，故将以他篇辟其谬说，而本论则就后二者之立论。”[②]为此，文章依据其对马克思主义学说的理解，揭露了社会的阶级对立和私有制的祸害，进而较系统地论证了社会革命的必要和可行。文章指出：“然方言社会革命，当与政治革命并行，则不得不先言社会革命原因之存在。”“社会革命之原因，在社会经济组织之不完全也”。“凡自来之社会上革命，无不见其制度自起身者也。此必然之原因也”。“而今日一般社会革命原因中最普遍而可以之代表一切

① 民意:《告非难民生主义者》,《民报》第12号,1907年3月。

② 《朱执信集》上集,中华书局1979年版,第54页。

者，则放任竞争，绝对承认私有财产之制度也。今日之社会主义，盖由是制度而兴者也。因其制度之敝而后为之改革之计画者也”[①]。社会主义因“社会贫富悬隔”而起，今日之中国若行社会革命，则可以防止“贫富悬隔”，完善社会经济组织，“取其致不平之制而变之，更对于已不平者，以法驯使复于平”，“中国今日固不无贫富之分，而决不可以谓悬隔，以其不平不如欧美之甚，遂谓无为社会革命之必要。斯则天下之巨谬，无过焉者。当其未大不平时行社会革命，使其不平不得起，斯其功易举也。而常人不易知其必要，逮于不平既甚，则社会革命之要易知矣，行之乃难。”[②]对于社会革命与政治革命并行，文章认为，“社会革命与政治革命并行，有相利而无相害”，社会革命及于政治革命之影响在于“政策不受社会经济上势力之摇动，而无为一私人经济上利益牺牲，为大多数幸福计之政策之事，是经济阶级不存之所利也”。而政治革命及于社会革命之影响则在于“已有政治革命者，社会革命后之完备组织，无为政治不良而被破坏之虑是也。藉欲行至完美之组织于专制政府之下，则缘被以阶级为制度之精神，故必两不相容。于是两相激荡，专制之败幸也，其胜则此制湮矣。故欲其制之安全永久，亦必政治革命已行而后可得也”[③]。

《告非难民生主义者》一文，主要观点由孙中山口授，由胡汉民、汪精卫执笔以“民意”的署名发表，刊登在1907年3月出版的《民报》第十二期上，副标题是“驳新民丛报第十四号社会主义论”。这篇文章从经济理论、经济史的角度，系统驳斥了梁启超等改良派对“土地国有”的攻击，进一步阐明了孙中山“土地国有”的主张。文章指出：“梁氏此十四号之文，谓绝对赞成社会改良主义，而反对社会革命主义，于社会主义学说中，硬分其若者为属于改良，若者为属于革命，且企以而斡旋其前后议论之矛盾”。梁启超声称“社会主义学说，其属于改良主义者，吾固绝对表同情，其关于革命主义者，则吾未始不赞美之，而谓其必不可

①《朱执信集》上集，中华书局2012年版，第47页。

②《朱执信集》上集，中华书局2012年版，第48页。

③《朱执信集》上集，中华书局2012年版，第50页。

行，即行亦在千数百年之后”[①]，这种认识是非常错误的。之所以如此是因为梁启超“不识经济学与社会主义之为何，而其经济观念之谬误”在于“以土地为末，以资本为本”；“以生产为难，以分配为易”；“以牺牲他部人而奖励资本家为政策”；“以排斥外资为政策”；“不知物价贵贱之真相”；“不知地租与地税之分别”；“不知个人的经济与社会的经济之分别”。在此基础上，文章对梁启超的中国革命不必行之说、中国革命不可行之说、中国革命不能行之说作了一一反驳。针对梁启超所谓中国不必行社会革命论，文章反驳说，梁氏以欧洲经济社会史为唯一之论据而不敢道美国经济社会史只字。美国惟以新立之国，其初也无贵族制度，亦无长子继承权，亦无贵族与教会代收赋税之弊，但社会问题更显严重，今之言社会主义“急于欧也”，要使中国“不至陷于欧美今日之穷境”，必行社会革命，先解决土地国有问题，使其不得入于少数人之手，“然后不至陷于欧美今日之穷境，此所谓先患而预防也”。总之“土地问题，决为社会问题之源，而不能解决土地问题，即为不能知欧美社会受病之源也”[②]，而解决土地问题的最好办法就是行社会革命，实现土地国有。针对梁启超所谓中国不可行社会革命论，文章指出，中国近百年之所以贫穷，是因为“生齿日繁，而经济界生产分配之方法，不见其改良进步”，并不是由于外资的输入，而在于资本的不发达。中国唯有国家成为大地主、大资本家，才足以造福于全体国民，并且中国具有经营大企业的能力，“则外资输入有利无损”，相反则可以弥补本国资本之不足而谋产业之发达。因此“吾人所主张之社会主义，则对于中国今日，实有容缓者。夫以国家之资力，足以开放一国之重要利源，此必谈经济政策者所乐闻也”。“惟以国家为大地主，即以国家为大资本家，是足以造福种种于全体国民者不待言，而于国中有经营大事业之能力，亦其一也”[③]。基于这

① 张枬、王忍之编：《辛亥革命前十年间时论选集》第2卷（下册），生活·读书·新知三联书店1963年版，第662—663页。

② 张枬、王忍之编：《辛亥革命前十年间时论选集》第2卷（下册），生活·读书·新知三联书店1963年版，第665—674页。

③ 张枬、王忍之编：《辛亥革命前十年间时论选集》第2卷（下册），生活·读书·新知三联书店1963年版，第676—687页。

些原因，所以中国可行社会之革命。针对梁启超中国不能行社会革命论，文章反驳说，欧美社会问题“积重难返”，中国则是“消患未然”，其处势既异，欧美不能者，“固不害为我国所能也”。梁氏以“欧美所不能者，即谓中国无足论，是真徒识崇拜欧美，而不识社会主义者也”。“近世社会主义学说，恒承认一国社会主义之能实行与否，与其文明之进步，为反比例”。至于梁氏所说的“圆满之社会革命”，文章指出“社会主义亦止言资本之大部分归国有，不能谓一分资本归国有”。“今之最能以资本论警动一世者，莫如马尔喀及因格尔士。而二氏不惟认许自由资本之私有，即农夫及手工业者之资本私有，亦认许之”。这就是说，社会革命只是实行土地和大资本国有，小企业小资本仍然可以自由竞争，土地国有即“国家为惟一之地主，而以地代之收入，即同时得为大资本家，因而举一切自然独占之事业而营之。其余之生产事业，则不为私人靳也”。“均富”也不是平分财产，而是人们机会均等。“社会主义者，非恶其人民之富也”。总之“知吾国经济现象之不足恃，而当消患未然者，则社会革命不必行之说破。知国家为大地主、大资本家而外资无足忧者，则社会革命不可行之说破。知国有土地主义其定价买收方法，更无驳论者，则社会革命不能行之说亦破”①。由上可见，资产阶级革命派对以梁启超为代表的改良派观点的反驳，既有欧美及日本等国家社会经济发展的现实，又有理论上的深度。在革命派理足义备的反驳中，梁启超和《新民丛报》节节败退，《新民丛报》的市场越来越小，1907年8月终于被迫停刊。梁启超经《民报》批驳后“隐匿横滨，亦尚未敢入东京一步”②。总之，革命派和改良派的论争的中心在于是“革命”还是“改良”，表现在对社会主义的理解上，也就是社会主义究竟是改良主义的还是革命主义的。梁启超等改良派认为，“社会主义学说，其属于改良主义者”，革命派认为社会主义是“革命主义”。很显然，革命派对社会主义的认识更接近于马克思主义的社会主义的本质。与此同时，由于论战以革命派的胜

① 张枬、王忍之编：《辛亥革命前十年间时论选集》第2卷（下册），生活·读书·新知三联书店1963年版，第687—709页。

② 谭人凤：《石叟牌词叙录》，《近代史资料》1956年第3期。

利而告终，革命派所信奉的“革命主义”的社会主义也更加深入人心。

《民报》与《新民丛报》之间的论战，一般认为是革命与保皇的论战，实际上它也是中国最早的社会主义论战，在论战的诸多论题中，社会主义论题占有举足轻重的地位。从传播学的角度看，这场论战对社会主义传播的效果，要远胜于一般大众媒介的传播和单纯的论文、论著的译介。人们常说，真理越辩越明。这次论战不仅在当时对介绍社会主义有影响，而且表明社会主义的传入在中国思想界引起的波澜和震动。在此之前，通过出使西方的清朝使臣的介绍，通过梁启超等资产阶级改良派以及留日学生对日文社会主义书籍的翻译出版，西方社会主义思潮的传入和渗透，曾在一部分主张向西方学习的中国知识分子中引起不同程度的反响和共鸣，也有人提出了社会主义是否适用于中国的问题，但更多地还停留在简单的介绍，在多数人眼中，社会主义依然是西方众多新思想的一个部分。这场论战不仅将社会主义视为重要论题置于论战双方的聚焦点上，而且将其同中华民族的前途命运联系在一起，社会主义正式开始成为中国先进分子探寻中国出路的重要选项。这是在两个对立阵营、两个不同思想体系之间经过激烈碰撞后所带来的质的变化，自此开始，社会主义已由多数人眼中的“新思想”而限于较为单纯的介绍层面，提升到了事关中华民族“向何处去”理论根据的研究层面。同时通过这场论战，社会主义的影响也越来越大，引起了更多中国先进分子的关注。它虽然发生在日本，但是这场论战在当时却带动了国内各种刊物对社会主义的探索，不仅是革命派和具有革命倾向的刊物，像在香港出版的《社会公报》、在广州出版的《廿世纪军国民报》、在北京出版的《国风日报》等也或多或少地刊载了一些介绍社会主义的文章；即使是一些具有改良倾向的报刊，如《大公报》等也有介绍社会主义的文章面世。正是这些报刊对社会主义运动和学说的介绍、宣传、探索及其争论，汇聚成了清末民初社会主义在中国传播第二次“大合唱”的重要篇章。

二、孙中山对社会主义的理解和宣传

考察和阐述资产阶级革命派对社会主义的传播，不能不研究革命派的领袖孙中山对社会主义的理解以及他在传播这一思想学说中的贡献。当然，在此所分析的并不是孙中山一生的全部，而主要是清末民初这段时间。

孙中山（1866—1925），广东香山县（今中山市）人，名文，字德明，号日新，后改号逸仙。1897年在日本化名中山樵，后名中山。西方学者称他为“壮志未酬的爱国者”，毛泽东称其为“伟大的革命先行者”，认为“他在中国民主革命准备时期，以鲜明的中国革命民主派立场，同中国改良派作了尖锐的斗争。他在这一场斗争中是中国革命民主派的旗帜”[①]。孙中山出身于贫苦农民家庭，幼年生长在农村，很小就参加劳动，“早知稼穑之艰难”[②]。他对农民的苦难有着深刻的体验，并抱有深厚的同情，幼年时即对太平天国的领袖们十分敬慕，向往“天下为公”的大同世界，常以洪秀全事业的继承者自居。少年孙中山在村塾读了三年四书五经，1878年5月随母亲赴檀香山，进入一所英国教会学校就读，开始接受西方资本主义教育，“始见轮舟之奇，沧海之阔，自是有慕西学之心，穷天地之想”[③]。他阅读了很多西学著作，其中也包括社会主义学说的著作。他也曾游历和考察过多个西方国家，作为中国资产阶级革命派的领袖，他在为建立资产阶级民主共和国的奋斗历程中，逐渐加深了对资本主义的认识，进而倾向社会主义，形成了独特的社会主义思想，并在社会主义传播过程中发挥了重要的作用，同样是中国革命民主派的一面“旗帜”。

1894年11月，孙中山抱着对美国式资本主义社会的向往，在创立中国第一个资产阶级革命团体兴中会时，提出了“驱除鞑虏，恢复中华，

①《毛泽东文集》第7卷，人民出版社1999年版，第156页。

②《孙中山全集》第1卷，中华书局1981年版，第25页。

③《孙中山全集》第1卷，中华书局1981年版，第47页。

创立合众政府”的革命誓词，并把国计和民生联系在一起，强调“本会之设，专为联络中外有志华人，讲求富强之学，以振兴中华、维持国体起见……本会拟办之事，务须利国益民者方能行之。如设报馆以开风气，立学校以育人材，兴大利以厚民生，除积弊以培国脉等事，皆当惟力是视，逐渐举行。以期上匡国家以臻隆治，下维黎庶以绝苛残，必使吾中国四百兆生民各得其所，方为满志”①。1895年广州起义失败后，孙中山流亡国外，先渡日本，再赴美欧，1896年9月，到达英国伦敦。生活在真实的资本主义社会中，使他对资本主义社会的现实有了真切的了解；流亡的生活，又使他有时间潜心钻研西方的各种思想学说流派，从而获得了对于资本主义的理性认识。

在伦敦居住期间，孙中山有一段时间在英国大英博物馆的图书馆广泛阅读西方各类社会科学典籍，潜心钻研西方各国政治、经济、文化情况，寻求救国救民真理。这期间，他接触了资本主义社会尖锐的阶级矛盾，通过比较研究，开始重视在欧美国家中早已兴起的社会主义运动及其学说，而且多次赴宪政俱乐部访问，到爱尔顿农业馆家畜展览会、李勤街工艺展览会等处参观，考察英国社会经济状况，认真观察资本主义的社会政治制度。当时，美国知名的社会活动家和经济学家亨利·乔治的《进步与贫困》一书风行欧美。该书对欧美发达国家贫富悬殊的现象作了深刻的揭示和描述，指出：“现在的文明社会，都发生产业恐慌、劳动过剩、资本浪费等种种弊病。商人受金钱的痛苦，劳工阶级更是不必说，用途的短绌，生活的困难，终日的忧虑，种种黑暗而悲哀的痛苦真是一言难尽。”随着物质的进步，财富的增加，“贫困的状态亦更形黑暗了。有些人过很安逸、很优美的生活，有些人竟连谋一饱而不可得。物质进步产生了华丽的住宅、丰富的货栈与伟大的教堂，同时也有施屋与监狱点缀着这种物质文明的色彩。有坐车的游人，便有步行的旅客，街上煤气灯照耀得如同白天一样，穿制服的警察在煤气灯下面巡逻，显出很威武的样子，乞丐亦在大学校、图书馆、博物馆之旁等待过路人，向渠乞钱。”“财富大大增加了，论理个人的生活当能随之而安逸与优美了，然

①《孙中山全集》第1卷，中华书局1981年版，第22页。

而结果却不尽然。下层阶级是没有分享受这种快乐的。……下层阶级的生活已到了最低限度了”。“物质的进步非但不能救济贫困，贫困且由之而起”。[①]如何解决资本主义社会的贫富不均，亨利·乔治较为系统地提出了他的“单税社会主义”学说。当时，这一学说在英国也颇为流行。该学说把资本主义贫富悬殊的现象，归因于社会文化发展、地租不断高涨的结果，故而主张废除其他一切地租税，单独征收地价税，而土地涨价归代表全体人民的国家所有。亨利·乔治强烈反对以暴力夺取土地，主张用改良代替对资本主义制度的彻底改造。资本主义社会所存在的突出的贫富不均、英国社会的矛盾、产业工人的罢工和亨利·乔治的这种学说给孙中山以深刻的影响。他后来自述道：“伦敦脱险后，则暂留欧洲，以实行考察其政治风俗，并结交其朝野贤豪。两年之中，所见所闻，殊多心得。始知徒致国家富强、民权发达如欧洲列强者，犹未能登斯民于极乐之乡也；是以欧洲志士，犹有革命之运动也。予欲为一劳永逸之计，乃采取民生主义，以与民族、民权问题同时解决。此三民主义之主张所由完成也。”[②]对此，宋庆龄也有过比较详细的评论。她说，孙中山在伦敦蒙难期间，就开始萌发了社会主义思想。当时“孙中山在欧洲的中国留学生和侨胞间宣传革命思想，同时对动荡中的资本主义世界进行研究和考察。在这个时期，出现了他最初的‘平均地权’的学说。他企图以此解决中国农民的贫困问题，并为整个国家的发展奠下基础。……也就是在这个时期，孙中山开始发展了他的社会主义观点，虽然他还没有能够区别马克思和恩格斯的真正的社会主义和西方某些资产阶级改良主义理论家所主张的‘社会主义’。尽管如此，他心里已逐渐明白，资本主义解决不了中国的问题”[③]。于是，“他敦促留学生研究马克思的《资本论》和《共产党宣言》并阅读当时的社会主义书刊。”[④]要指出的是，当时孙中山只不过是对社会主义产生了好感。当时欧美各派社会主义鱼

---

① [美]亨利·乔治著，朱帧薪译：《进步与贫困》，《民国日报》副刊1922年7月2日至12月26日。

②《孙中山全集》第6卷，中华书局1985年版，第232页。

③《宋庆龄选集》下卷，人民出版社1992年版，第241—242页。

④《宋庆龄选集》下卷，人民出版社1992年版，第487页。

龙混杂，加之孙中山的政治觉悟水平和理论修养程度决定了他难以判断和辨别出真假社会主义。因而，他也不可能成为科学社会主义学说的自觉接受者。他接受的是当时风靡欧美的亨利·乔治的土地国有论和单一税制，再参考约翰·穆勒的全部土地估价、一切土地现有价值归地主所有，估价后因社会进步而增加的土地价值则用赋税形式交给国家的主张，开始演化出平均地权的设想，进而导致了民生主义的萌芽。孙中山提出这一思想的主观愿望，是为了在实现中华民族振兴的过程中，避免西方资本主义制度下贫富不均、劳资对立的弊病，并幻想着民生问题与民族、民权问题的同时解决。

1903年12月17日，孙中山在《复某友人函》中写道："所询社会主义，乃弟所极思不能须臾忘者。"[①]他的主张在于"平均地权"，"此为吾国今日可以切实施行之事"，通过平均地权可以使中国将不致发生像欧美那样的贫富悬殊之惨境，并由此发生"大冲突"。[②]他认为此主张"近来欧美已有试行之者，然彼国势已为积重难返，其地主之权直与国家相埒，未易一蹴改革。若吾国，既未以机器施于地，作生财之力尚恃人功，而不尽操于业主之手，故贫富之悬隔，不似欧美之富者富可敌国，贫者贫无立锥，则我之措施当较彼为易也"[③]。而且他提出："然则今日吾国言改革，何故不为贫富不均计，而留此一重罪业，以待他日更衍惨境乎？此固仁者所不忍出也。故弟欲于革命时一齐做起，吾誓词中已列此为四大事之一。"[④]根据我们所见到的文献资料，孙中山在这封信中是第一次提到社会主义。同时，这封信中所提出的思想也标示着孙中山民生主义的基本主张已具雏形。

不久，孙中山就明确以社会主义者与中国社会党人自命，并与第二国际取得联系。1905年5月，孙中山"以中国革命社会党的领袖身份"，在我国留学比利时的湖北籍学生史青等陪同下，访问了设在比利时布鲁塞

①《孙中山全集》第1卷，中华书局1981年版，第228页。另孙中山复函的这位友人，似即为黄宗仰，时黄居日本，翌年返沪。

② 参见《孙中山全集》第1卷，中华书局1981年版，第228页。

③《孙中山全集》第1卷，中华书局1981年版，第228页。

④《孙中山全集》第1卷，中华书局1981年版，第228页。

尔的第二国际书记处，会见了第二国际主席王德威尔得和书记处书记胡斯曼。据报道，孙中山自称是社会主义者，并“扼要地解释了中国社会主义者的目标……他们的纲领：第一，驱除篡权的外来人（满洲人），从而使中国成为中国人的中国。第二，土地全部或大部为公共所有，就是说很少或没有大的地主，但是土地由公社按一定章程租给农民。而且中国有一种十分简单的财政制度：每人按其财产付税，而不是象欧洲那样，把负担放在大多数没有财产的群众身上。我们黄种的同志希望改进这种制度，使之同我们党的原则更趋一致，防止往往一个阶级剥夺另一个阶级，如象所有欧洲国家都曾发生过的那样”[①]。他还谈了预防资本主义弊端的设想：“中国社会主义者要采用欧洲的生产方式，使用机器，但要避免其种种弊端。他们要在将来建立一个没有任何过渡的新社会……中世纪的生产方式将直接过渡到社会主义的生产阶段，而工人不必经受被资本家剥削的痛苦。孙同志说：‘几年内我们将实现我们梦寐以求的理想，因为届时我们所有的行会都是社会主义的了。那时，当你们还在为实现你们的计划而努力的时候，我们将已生活在最纯正的集体主义制度之中了。”这对西方国家同样是有利的，“因为除了这种范例所具有的吸引力外，全世界也会相信，完整的集体主义制度并不是虚无缥缈的梦想或乌托邦。这种办法所取得的转变，将比许多年的著作或成百次会议所取得的还要多。’”[②]对此，美国学者伯纳尔曾评价说：“孙的思想便有一种惊人的预言性，尽管他对当时中国的状况的描述有着离奇的浪漫色彩。虽然记者桑德用的完全是马克思主义的词语，但孙的陈述，却是有关中国在‘超越历史阶段’、从封建主义直接进入社会主义社会的思想最早例子之一……孙的陈述还表明，他相信导致社会主义的中国革命，对西方的发展是有利的。这个概念于中国而言也是新的。”[③]正是基于上述认识，

---

①［美］伯纳尔著，丘权政、符致兴译：《一九〇七年以前中国的社会主义思潮》，福建人民出版社1985年版，第52—53页。

②［美］伯纳尔著，丘权政、符致兴译：《一九〇七年以前中国的社会主义思潮》，福建人民出版社1985年版，第53页。

③［美］伯纳尔著，丘权政、符致兴译：《一九〇七年以前中国的社会主义思潮》，福建人民出版社1985年版，第54页。

孙中山还请求第二国际书记处接纳他的党为“成员”。[①]孙中山在比利时的活动曾轰动布鲁塞尔，当时比国社会党的《民众日报》曾登载了一篇《中国革命领袖孙中山先生访问记》，对他的活动给予了较详细的报道。孙中山这一时期还和法国的社会党人有联系。对于这种情况，宋庆龄曾经这样说过：“他同比利时和法国的社会党人有联系，包括在第一次世界大战期间号召工人不要为帝国主义的目的互相残杀而遇刺的让·饶勒斯。”[②]虽然由于第二国际的领导人忽视殖民地半殖民地民主革命问题，也不重视东方民主主义者的代表孙中山及其领导的革命运动，而未理会孙中山加入“国际”的要求，但这并没有影响孙中山在他的社会主义道路上继续前进。

同年夏，孙中山在欧洲了解到国内和东京反清革命运动蓬勃发展的情况，决定结束欧美之行前往日本，以便把各种革命力量联合起来，组织成一个有能力领导全国民主革命运动的大团体。6月11日，他从法国马赛乘船东返，途径新加坡、西贡等地，7月19日再次来到东京。这期间，孙中山结识了平民社领导人——当时日本著名社会主义者幸德秋水，并与其就社会主义的实行问题交换过意见。不久，他和黄兴等共同组建了全国性的革命联盟、中国资产阶级政党——同盟会，创办了《民报》。在《民报》的“发刊词”中，孙中山首次明确提出民族、民权、民生“三大主义”。在孙中山看来，民生主义就是社会主义。他说，这三大主义是在欧美发展的历史上相继产生的，“罗马之亡，民族主义兴，而欧洲各国以独立。洎自帝其国，威行专制，在下者不堪其苦，则民权主义起。十八世纪之末，十九世纪之初，专制仆而立宪政体殖焉。世界开化，人智益蒸，物质发舒，百年锐于千载，经济问题，继政治问题之后，则民生主义跃跃然动，二十世纪不得不为民生主义之擅场时代也。”[③]孙中山断言：“欧美强矣，其民实困，观大同盟罢工与无政府党、社会党之日炽，社会

---

① 参见《孙中山全集》第1卷，中华书局1981年版，第272—273页。

② 转引自皮明庥：《近代中国社会主义思潮觅踪》，吉林文史出版社1991年版，第65页。

③《孙中山选集》上卷，人民出版社2011年版，第79页。

革命其将不远。吾国纵能媲迹于欧美，犹不能免于第二次之革命。”[①]因此，中国应该及早实行民生主义。他指出：“民生主义，欧美所虑积重难返者，中国独受病未深而去之易”，“吾国治民生主义者，发达最先，睹其祸害于未萌，诚可举政治革命、社会革命毕其功于一役。”[②]如果说，他在这里说的“民生主义”就是指社会主义还不明显的话，那么他在1906年《民报》创刊周年庆祝大会的演说中对民生主义的阐述显然是把“民生主义”当作社会主义的另一种说法。孙中山指出：民生主义千头万绪，“不是十分研究不得清楚”。“民生主义，是到十九世纪之下半期才盛行的，以前所以没有盛行民生主义的原因，总由于文明没有发达。文明越发达，社会问题越着紧。”[③]“英国财富多于前代不止数千倍，人民的贫穷甚于前代也不止数千倍，并且富者极少，贫者极多。”[④]“社会党所以倡民生主义，就是因贫富不均，想要设法挽救；这种人日兴月盛，遂变为一种狠繁博的科学。其中流派极多，有主张废资本家归诸国有的，有主张均分于贫民的，有主张归诸公有的，议论纷纷。凡有识见的人，皆知道社会革命，欧美是决不能免的。这真是前车可鉴，将来中国要到这步田地，才去讲民生主义，已经很迟了。这种现象，中国现在虽还没有，但我们虽或者看不见，我们子孙总看得见的。与其将来弄到无可如何，才去想破坏，不如今日预筹个防止的法子。况且中国今日如果实行民生主义，总较欧美易得许多。因为社会问题，是文明进步所致，文明程度不高，那社会问题也就不大。”[⑤]“文明有善果，也有恶果，须要取那善果，避那恶果。欧美各国，善果被富人享尽，贫民反食恶果，总由少数人把持文明幸福，故成此不平等的世界。”[⑥]”解决的法子，“社会学者所见不一，兄弟所最信的是定地价的法……这是最简便易行之法。欧美各国地价已涨至极点，就算要定地价，苦于没有标准，故此难行。至

①《孙中山选集》上卷，人民出版社2011年版，第80页。

②《孙中山选集》上卷，人民出版社2011年版，第80页。

③《孙中山选集》上卷，人民出版社2011年版，第88页。

④《孙中山选集》上卷，人民出版社2011年版，第89页。

⑤《孙中山选集》上卷，人民出版社2011年版，第89—90页。

⑥《孙中山选集》上卷，人民出版社2011年版，第90页。

于地价未涨的地方，恰好急行此法，所以德国在胶州湾、荷兰在爪哇已有实效。中国内地文明没有进步，地价没有增长，倘若仿行起来，一定容易。兄弟刚才所说社会革命，在外国难，在中国易，就是为此。行了这法之后，文明越进，国家越富，一切财政问题断不至难办……中国行了社会革命之后，私人永远不用纳税，但收地租一项，已经成地球上最富的国。这社会的国家，决非他国所能及的。我们做事，要在人前，不要落人后，这社会革命的事业，定为文明各国将来所取法的了。”①“总之，我们革命的目的，是为众生谋幸福，因不愿少数满洲人专利，故要民族革命；不愿君主一人专利，故要政治革命；不愿少数富人专利，故要社会革命。这三样有一样做不到，也不是我们的本意。达了这三样目的之后，我们中国当成为至完美的国家。”②这是在民国建立之前，孙中山关于民生主义也就是社会主义问题最详细的一次论述。由于解决民族主义和民权主义问题是当时更为紧迫的任务，孙中山对民生主义即社会主义问题的论述，仍然是相当有限的，而且论述的内容也基本上集中于解释实行平均地权的原因和方案。尽管如此，孙中山的《〈民报〉发刊词》及纪念《民报》周年讲话，却标志着他的社会主义思想的形成。《〈民报〉发刊词》和《民报》周年的讲话即《在东京〈民报〉创刊周年庆祝大会的演说》这两篇文章也就成为这一时期他有关社会主义思想的最重要的著作。以这两篇文章为核心，形成了孙中山研究和宣传其社会主义思想的第一个高潮。③

民国建立初期，是孙中山研究探讨社会主义又一个比较集中的时段，是其思考和宣传社会主义思想的第二个高潮，孙中山的社会主义思想得到了进一步的丰富和发展。武昌起义成功后，孙中山由海外归国，带回了欧美当时出版的《社会主义概论》、《社会主义之理论与实行》、《社会主义发达史》、《地税原论》等著作。1911年12月30日，他与中国社会党

①《孙中山选集》上卷，人民出版社2011年版，第91—92页。

②《孙中山选集》上卷，人民出版社2011年版，第92页。

③ 吕明灼在其所著《近现代中国思想史论》（青岛出版社2003年版）中论述孙中山社会主义思想发展时提出，在孙中山一生中其论述和宣传社会主义有三个高潮：第一个高潮大致在1905年同盟会成立前后；第二个高潮大致在民国成立后的1912年；第三个高潮大致在国共合作以后。

首领江亢虎的著名谈话，表明他对社会主义的理解还在不断深入。他自称已是一个“完全社会主义家”。他说：“余对此主义必竭力赞成之。此主义向无系统的学说，近三五年来研究日精，进步极速，所惜吾国人知其名者已甚少，解其意者尤稀。贵党提倡良可佩慰，余意必广为鼓吹，使其理论普及全国人心目中。至于方法，原非一成不变者，因时制宜可耳。”[①]他还说道：“余此次携来欧美最新社会主义名著多种，顾贵党之精晓西文者代为译述，刊行为鼓吹之材料。”[②]1912年4月1日孙中山正式辞去中华民国临时大总统职位。此后，他的足迹遍布各省和众多大城市，作过多次关于民生主义、社会主义的演讲，进一步在理论上完善和发展着他的社会主义思想体系。据统计，仅在1912年上半年，孙中山在各地的演说中，就有20多次讲到民生主义、社会主义和马克思主义。下半年他又在中国社会党本部作了三天的有关“社会主义之派别及方法”的演讲。4月1日《在南京同盟会会员饯别会上的演说》、10月中旬《在上海中国社会党的演说》则是这一时期最为重要的代表作。

在《在南京同盟会会员饯别会上的演说》中，他说道：“今日中华民国成立，兄弟解临时总统之职。解职不是不理事，解职以后，尚有比政治紧要的事待着手。”“八九年前，少数同志在日本发起同盟会，定三大主义：一、民族主义，二、民权主义，三、民生主义。今日满清退位、中华民国成立，民族、民权两主义俱达到，唯有民生主义尚未着手，今后吾人所当致力的即在此事。”[③]接着孙中山在比较的基础上认为中国行社会革命要比欧美国家容易。他指出，社会革命已为全球所提倡，主要原因在于贫富“相隔太远”。“英是君主立宪，法、美皆民主共和，政体已是极美的了，但是贫富堦级相隔太远，仍不免有许多社会党要想革命。盖未经社会革命一层，人民不能全数安乐，享享福的只有少数资本家，受痛苦的尚有多数工人，自然不能相安无事。”[④]中国的情况与欧美不同，

①《孙中山全集》第1卷，中华书局1981年版，第579页。

②《孙中山全集》第1卷，中华书局1981年版，第580页。

③《孙中山全集》第2卷，中华书局1982年版，第319页。

④《孙中山全集》第2卷，中华书局1982年版，第319页。

"英美诸国因文明已进步，工商已发达，故社会革命难。中国文明未进步，工商未发达，故社会革命易。英美诸国资本家已出，障碍物已多，排而去之故难。中国资本家未出，障碍物未生，因而行之故易。"社会革命究竟是否需要用"武力"呢？孙中山指出，在欧美诸国或许要使用"武力"，而"中国社会革命，则不必用武力"，所以说"英美诸国社会革命难，中国社会革命易"。[①]然而，当下中国如果不"防于未然"，将来"用何等激烈手段，呈何等危险现象，则难于预言。吾人当此民族、民权革命成功之时，若不思患预防，后来资本家出现，其压制手段恐怕比专制君主还要甚些，那时杀人流血去争，岂不重罹其祸么！"[②]在演说中，孙中山还对"社会革命"的方式方法进行了阐述。他认为，一是"平均地权"。若能做到这一点，"社会革命已成七八分了"，"平均地权后，社会主义则易行"。[③]二是"资本"问题。要"一面图国家富强，一面当防资本家垄断之流弊。此防弊之策，无外社会主义。本会政纲中，所以采用国家社会主义政策，亦即此事。现今德国即用此等政策。国家一切大实业，如铁道、电气、水道等事务皆归国有，不使一私人独享其利。英美初未用此政策，弊害今已大见。"[④]总之，"中国 之文明，不止与欧美并驾齐驱而已。凡此所云，将来必有达此期望之日，而其事则在思患预防。采用国家社会政策，使社会不受经济阶级压迫之痛苦，而随自然必至之趋势，以为适宜之进步。所谓国利民富，莫不逾此"[⑤]。这是孙中山被迫辞去临时大总统职位后发表的第一篇演说，较为系统地从理论上阐述了如何在共和体制下实行民生主义的基本思想，其主要论点与辛亥革命前孙中山的有关社会主义思想一脉相承，表明他对中国实行社会主义，或者说对于走出一条有别于欧美的中国民生主义之路，始终有着一以贯之的坚定和执着。

《在上海中国社会党的演说》系统阐述了19世纪以来社会主义的发展

①《孙中山全集》第2卷，中华书局1982年版，第319页。

②《孙中山全集》第2卷，中华书局1982年版，第320页。

③《孙中山全集》第2卷，中华书局1982年版，第320—321页。

④《孙中山全集》第2卷，中华书局1982年版，第323页。

⑤《孙中山全集》第2卷，中华书局1982年版，第323—324页。

历程以及他本人对于社会主义的理解和信念。演说主题鲜明、论述集中、内容丰富，既有关于社会主义发展的整体论述，又有关于马克思学说的专题论述，是一篇研究孙中山社会主义思想极为宝贵的资料。孙中山开宗明义指出："社会主义之名词，发于十九世纪之初，其概说既广，其定义自难。"原因在于"种种社会主义之学理，得附社会主义之名词"。[①]他认为，西欧最初社会主义之学说即为"均产派"，主张"合贫富各有之资财而均分之"。由于"贫富激战之风潮既烈，政府取缔之手续亦严；政府取缔之手续既严，党人反抗之主张益厉。无政府主义之学说，得以逞于当时，而真正纯粹之社会主义，遂湮没于云雾之中，漂（缥）渺而不可以迹"，是马克思拨开了"云雾"。"德国麦克司[②]者出，苦心孤诣，研究资本问题，垂三十年之久，著为《资本论》一书，发阐真理，不遗余力，而无条理之学说，遂成为有统系之学理。研究社会主义者，咸知所本，不复专迎合一般粗浅激烈之言论矣。惟现社会主义，尚未若数理、天文等学成为完全科学，故现在进行，尚无一定标准，将来苟能成为科学一种，则研究措施更易着手。"[③]在此，孙中山表达了自己对马克思及其学说的肯定，但同时也认为社会主义还没有完全像数理和天文等科学那样而成为"科学一种"，从实施的角度看则更没有"一定标准"，有待将来成为"科学一种"之后则"更易着手"，反映了孙中山当时对马克思及其社会主义学说的认识还有保留，或者不够理解。

在肯定阐述社会主义发展历程并肯定马克思及其学说之后，孙中山又指出，社会系对个人而言，社会主义系对个人主义而言。如英国尊重个人，主张极端的自由，而德国则以国家为本位，个人为国家一份子，不惜牺牲个人。国家政体不同，其主义也各有异，"主张个人主义者，莫不反对社会主义；主张社会主义者，又莫不反对个人主义。聚讼纷纷，莫衷一是。然而个人、社会，本大我、小我之不同，其理可互相发明，而

①《孙中山全集》第2卷，中华书局1982年版，第506页。

② 麦克司，今译作"马克思"。

③《孙中山全集》第2卷，中华书局1982年版，第506页。

未可以是非之也。”[①]社会主义与社会学不同，“研究社会之起原及社会之变迁种种之状态现象，皆属于社会学之范围。至若社会主义，一言以蔽之，曰社会生计而已矣。其主张激烈，均分富人之资财者，于事理上既未能行，于主义上亦未尽合。故主张平均社会生计，必另作和平完善之解决，以达此社会主义之希望。”[②]采取“和平完善之解决”而非“主张激烈”才是唯一正确之选择。中国社会党发生于民主政体之下，“不应无政治上之活动，则今日社会党亟宜组织成强有力之政党，握政治上之势力，而实行其社会主义之政策者，实鄙人所深望也。”[③]孙中山还指出，社会主义不仅仅是一种国家政策，“其影响于人类世界者，既重且大。循进化之理，由天演而至人为，社会主义实为之关键。……世界仅有强权而无公理，后起学者随声附和，绝对以强权为世界唯一之真理。我人诉诸良知，自觉未敢赞同，诚以强权虽合于天演之进化，而公理实难泯于天赋之良知。故天演淘汰为野蛮物质之进化，公理良知实道德文明之进化也。社会组织之不善，虽限于天演，而改良社会之组织，或者人为之力尚可及乎？社会主义所以尽人所能，以挽救天演界之缺憾也。”[④]

孙中山对社会主义各流派进行了分析，认为当今世界主要存在四个派别：一是共产社会主义，二是集产社会主义，三是国家社会主义，四是无政府社会主义。除此以外，在英、德还有宗教社会主义、世界社会主义。在这些派别中，孙中山强调“宗教社会主义”和“世界社会主义”“皆未适当”，“自予观之，则所谓社会主义者仅可区为二派：一即集产社会主义，一即共产社会主义。”前者包括国家社会主义，后者包括无政府主义。孙中山认为，“共产云者，即人在社会之中，各尽所能，各取所需。如父子昆弟同处一家，各尽其生利之能，各取其衣食所需，不相妨害，不相竞争，……政府遂处于无为之地位，而归于消灭之一途”，是“为社会主义之上乘”。由于“今日一般国民道德之程度未能达于极端，

①《孙中山全集》第2卷，中华书局1982年版，第506—507页。
②《孙中山全集》第2卷，中华书局1982年版，第507页。
③《孙中山全集》第2卷，中华书局1982年版，第506—507页。
④《孙中山全集》第2卷，中华书局1982年版，第507—508页。

尽其所能以求所需者尚居少数，任取所需而未尝稍尽所能者，随在皆是”，所以共产主义虽好，不过它并不适宜于当下中国。孙中山主张集产社会主义，强调“主张集产社会主义，实为今日唯一之要图。凡属于生利之土地、铁路收归国有，不为一、二资本家所垄断渔利，而失业小民，务使各得其所，自食其力，既可补救天演之缺憾，又深合于公理之平允。斯则社会主义之精神，而和平解决贫富之激战矣”。孙中山声明自己“所抱之唯一之宗旨，不过平其不平，使不平者底于平而已矣”。因为清朝以少数满族人压制多数汉族人的不平，故“种族革命以起”，专制政体因以一帝王压制多数人民的不平，故“政治革命以起”，社会革命“原起于少数大资本家之压制多数平民耳”。当今发达国家贫富差距悬隔，遂“酿成社会革命，有不革不了之势”。我国与这些发达国家不同，“大资本家尚未发生，似可无庸言及社会革命”，但需防患于未然，而“社会主义者，谓为疗疾之药石可也，谓卫生之方法亦可也”。[①]

在声明自己所抱之社会主义之宗旨后，孙中山继续说道：“社会主义者，人道主义也。人道主义，主张博爱、平等、自由，社会主义之真髓，亦不外此三者，实为人类之福音。我国古代若尧、舜之博施济众，孔丘尚仁，墨翟兼爱，有近似博爱也者，然皆狭义之博爱，其爱不能普及于人人。社会主义之博爱，广义之博爱也。社会主义为人类谋幸福，普遍普及，地尽五洲，时历万世，蒸蒸芸芸，莫不被其泽惠。此社会主义之博爱，所以得博爱之精神也。”为人类谋幸福，不得不思考“人类致苦之原因”。“人类之在社会，有疾苦幸福之不同，是故生计实为其主动力”，人类之生活莫不为生计所限制，“生计完备，始可以存，生计断绝，终归于淘汰。社会主义既欲谋人类之幸福，当先谋人类生存；既欲谋人类之生存，当研究社会之经济。故社会主义者，一人类经济主义也。”经济学者专从经济一方面着想，其学说已成为“完全之科学”，“社会主义系从社会经济方面着想，欲从经济学之根本解决，以补救社会上之疾苦耳”。[②]

①《孙中山全集》第2卷，中华书局1982年版，第508—509页。

②《孙中山全集》第2卷，中华书局1982年版，第510页。

孙中山对欧美国家贫富对立的现实进行了揭露，进而表达了他对社会主义的信念。他指出，在西方国家地主、资本家不仅经济上“占优胜之地位”，而且法律上又保护“资本家与地主之专利”，“地主益垄断其地权，资本家益垄断其利权”，而工人则“处于劣势之地位”，“多数之工人虽尽其劳动之能力，反不能生存于社会”，有此“阶级悬殊”，社会革命即不可免矣，亦难怪“不平者主张均产主义也”。[①]对于未来，孙中山对社会主义持乐观态度。他说：“鄙人对于社会主义，实欢迎其利国福民之神圣，本社会之真理，集种种生产之物产，归为公有，而收其利。实行社会主义之日，即我民幼有所教，老有所养，分业操作，各得其所。我中华民国之国家，一变而为社会主义之国家矣。予言至此，极抱乐观。”[②]究竟“社会主义之国家”为何样？孙中山作了以下描述：“社会主义之国家，一真自由、平等、博爱之境域也。国家有铁路、矿业、森林、航路之收入及人民地租、地税之完纳，府库之充，有取之不竭用之不尽之势。”“凡为社会之人，无论贫贱，皆可入公共学校，不特不取学膳等费，即衣履书籍，公家任其费用”，“卒业以后，分送各处服务，以尽所能”，“庶几教育之惠，不偏为富人所独取，其贫困不能造就者，亦可也免其憾矣”。老有所养，“垂暮之年，社会当有供养之责。遂设公共养老院，收养老人，供给丰美，俾之愉快，而终其天年”。实行医疗保障，“设公共病院以医治之，不收医治之费，而待遇与富人纳资者等”。其他如设立聋哑残废院，“以济大（天）造之穷”，设立公共花园，“以供暇时之戏”。总之，社会主义之国家人们既“不存尊卑贵贱之见”，也无“尊卑贵贱之阶级”，“农以生之，工以成之，商以通之，士以治之，各尽其事，各执其业，幸福不平而自平，权利不等而自等”。[③]

孙中山还介绍了亨利·乔治的“单税社会主义”，并将其与马克思主义进行了比较。他说，美国人亨利·乔治原是“一商轮水手也，赴旧金山淘金而致富，创一日报，吹鼓其生平所抱之主义，曾著一书，名为

①《孙中山全集》第2卷，中华书局1982年版，第517页。

②《孙中山全集》第2卷，中华书局1982年版，第523页。

③《孙中山全集》第2卷，中华书局1982年版，第523—524页

《进步与贫困》。其意以为，世界愈文明，人类愈贫困。盖于经济学均分之不当，主张土地公有。其说风行一时，为各国学者所赞同。其发阐地税法之理由，尤为精确，遂发生单税社会主义之一说"[①]。在谈到马克思时，孙中山指出："麦氏之说则专论资本，谓资本亦为人造，亦应属于公有。"两相比较，"一则土地归为公有，一则资本归为公有"，所以"亨氏与麦氏二家之说，表面上似稍有不同之点，实则互相发明"，"主张虽各不同，而其为社会大多数谋幸福者一也"，"当并存者也"。接着，孙中山总结说，"综二氏之学说，一则土地归为公有，一则资本归为公有。于是经济学上分配，惟人工所得生产分配之利益，为其私人赡养之需。而土地资本所得一分之利，足供公共之用费，人民皆得享其一份子之利益，而资本不得垄断，以夺平民之利。斯即社会主义本经济分配法之原理，而从根本上以解决也"。孙中山认为，经济学者可分成两派，一是"旧经济学派"，以亚当斯密为代表；一是"新经济学派"，以马克思为代表。"各国学校教育多应用旧经济学，故一般学者深受旧经济学之影响，反对社会主义，主张斯密亚丹之分配法，纵资本家之垄断而压抑工人"，"社会主义家则莫不主张亨、麦二氏之学说"，因为其包含了新的"真理"，其实质"为多数工人谋其生存之幸福也"。[②]这一结论性论断，一方面反映了孙中山对亨利·乔治学说的特殊偏好，一方面也表明他对马克思学说的肯定。不过，无论是对亨利·乔治学说，还是就马克思学说而言，孙中山其实都并不真正理解。亨利·乔治是一个资产阶级的庸俗经济学家，他的思想曾受到马克思的严厉批评。1881年6月，马克思在致弗里德里希·阿道夫·左尔格的信中说："这个人在理论方面是非常落后的。他根本不懂剩余价值的本质，因此，就按照英国人的榜样，在关于剩余价值的已经独立的部分的思辨中，即在关于利润、地租和利息等等的相互关系的思辨中兜圈子，而他思辨的水平比英国人还要低。他的基本信条是：如果把地租付给国家，那就一切问题都解决了。"[③]这一思想"无非

①《孙中山全集》第2卷，中华书局1982年版，第513—514页。

②《孙中山全集》第2卷，中华书局1982年版，第514—516页。

③《马克思恩格斯文集》第10卷，人民出版社2009年版，第461页。

是企图在社会主义的伪装下挽救资本家的统治，并且实际上是要在比现在更广泛的基础上来重新巩固资本家的统治”。亨利·乔治的种种论调是“狡猾的”，同时也是“愚蠢的”。[①]当然，孙中山也许并不知道马克思对亨利·乔治的批评。

除以上两篇特别具有代表性的演说外，孙中山的以下活动及若干演说依然值得关注，是人们全面认识孙中山三民主义及社会主义，尤其是民国初年孙中山三民主义及社会主义的重要资料。

1912年4月4日，孙中山在上海答《文汇报》记者问时认为，政治革命已经如愿以偿，再次重申今后当“竭力从事于社会上革命”。他强调，在中国，社会革命比政治革命更重要，但“非兵力所能援助，必须以和平手段从事”。同时，中国与欧美国家不同，“现有无数荒野地段，未经开垦，故社会革命事业比诸欧美各国较易达到目的”。在答记者问中，孙中山还称自己是“极端之社会党，甚欲采显理佐治[②]氏之主义施行于中国”。其目的在于实现“中国无资本界、劳动界之竞争”，“国家无资财，国所有之资财，乃百姓之资财”，并消除“托拉司之遗毒”，方法是“民国政府拟将国内所有铁路、航业、运河及他重要事业，一律改为国有”。[③]

4月10日，孙中山在武昌十三团体联合欢迎会上的演说，重点对反对社会革命的言论进行了批评。他指出，今之有人反对社会革命，谓中国当务之急乃政治问题，社会问题则相去甚远。持这种看法的人认为，中国生活程度低，资本家未尝发现，欧美现象与此相反，且担忧社会主义难以实现，何况我国？孙中山批评说，此乃“浅见之徒”。他认为，欧美诸国因为当初“不注意于社会事业”致使“社会事业败坏”，由此今天而不得不“收拾之”。倘若“欧美早百年注意社会问题，而今日补苴陋之政策可不发生”。“今吾国之革命乃为国利民福革命，拥护国利民福者，实

① 《马克思恩格斯文集》第10卷，人民出版社2009年版，第463页。

② 显理佐治，今译作“亨利·乔治”。

③ 《孙中山全集》第2卷，中华书局1982年版，第331—332页。

社会主义”。以欧美为鉴，“欲巩固国利民福，不可不注重社会问题”，[①]实行社会主义。

4月16日，孙中山在上海南京路同盟会机关的演说，再次批评了“社会主义之实际，在欧美文明国中尚不能行，而况于中国”的观点。他指出，抱持这种观点的人系“未知民生主义为何物”。“吾人之所以持民生主义者，非反对资本，反对资本家耳，反对少数人占经济之势力，垄断社会之富源耳。试以铁道论之，苟全国之铁道皆在一二资本家之手，则其力可以垄断交通，而制旅客、货商、铁道工人等之死命矣。土地若归少数富者之所有，则可以地价及所有权之故，而妨害公共之建设”。为此，必须“土地及大经营皆归国有”。所以，民生主义的实质在于“排斥少数资本家，使人民共享生产上之自由”，“故民生主义者，即国家社会主义也”。[②]

4月17日，孙中山在上海中华实业联合会欢迎会上发表演说，面对实业界人士，他明确指出：“中国乃极贫之国，非振兴实业不能救贫”。孙中山称自己所秉持的“三民主义以民生为归宿，即是注重实业”。接着，孙中山重点论述了“民生主义，非以社会主义行之，不能完全”的问题。针对有人认为“社会主义系反对资本家”的看法，孙中山强调：“资本家应维持，如何反对，特反对资本家之流弊，则不能不防备”。美国“大资本家如石油大王、铁路大王，全国财政几操此数人之手，任其专利，以致其国虽强，其民仍复苦楚”。中国应当以此为戒，“既求国利，更应求民福”。针对有人认为，“社会主义系均贫富，中国万做不到”的看法，孙中山指出：所谓“贫富相均”是指“富者不能以专制剥削民财，贫者乃能以竞争分沾利益”，而不是“夺富者之财以济贫，如是谓之均，乃误会也”。最后，孙中山饱含深情地说，他所追求的在“提倡实业，实行民生主义，而以社会主义为归宿”，“全国之人，无一贫者，同享安乐之幸福，则仆之素志也”。[③]

---

①《孙中山全集》第2卷，中华书局1982年版，第332—333页。

②《孙中山全集》第2卷，中华书局1982年版，第338—339页。

③《孙中山全集》第2卷，中华书局1982年版，第339—340页。

5月4日，孙中山在广州报界欢迎会的演说重在宣传和强调其实行民生主义之法，主要是“照价纳税”和“土地国有”。他指出，经过二十多年的努力，如今民族、民权目的已达，今后的重点在“谋国利民福”，而其“进行之方针，惟有实行提倡民生主义”。美国、法国为“共和之先进国”，今日为何还没有实行社会主义，原因在于“两国之政治，操之大资本家之手”。我国革命，为五千年未有之壮举，其“主张不必取法于各国，或且驾美法而上之”，其基本方法就是“实行税契及平均地权之法”，具体内容“一、照价纳税，二、即土地国有。二者相为因果，双方并进”。这并不是民生主义的全部内容，只是“今日宜实行民生主义之第一级也”。①5月13日，孙中山在广州与报界公会主任的谈话中，再次就“照价纳税”和“土地国有”问题进行了阐释。针对有人提出“平均地权之法，今日不宜行之”的看法，孙中山强调，今日中国恰恰“宜施行”，而“将来恐欲行而不得”。因为“今日中国尚无有如欧美之大资本家富有土地者也，土地国有，无损于民。若至如欧美之时，其富人必出死力以抵拒”②。6月9日，孙中山在广州行辕对议员记者的演说以及与各界的谈话，通篇几乎都是谈平均地权思想中的就地征税和地价抽税问题。他指出，今日国家注重建设，而建设“首要当在财政”，“财政之收入，莫大于税”。世界学者，曾发明单税法，本来可以采用，但因为此事关涉改革大计，必须得到大多数舆论支持，“乃易着手”。“今国家之税不一，其收入机关诸多繁重。若厘金关卡等，销耗既多，且有流弊，不如就地征税，较为简单，此即吾前所谓‘平均地权’之道也”。具体说来，就是“确定地税，照价增收”，“视地价之贵贱，为抽税之多寡”，这种方法比清代“一条鞭”法更加公平。“地是天然的，非人为的，就地征税，义所应有，即此已足国用，一切各税，皆可豁免”。“只抽地之原价，凡需人力，如建筑上盖［?］等，概不抽取。此中有三利：一可免地之荒废，二可奖励人工之进步，三可免资本家垄断土地之弊”。为了防止“以贵报贱”，可附加一个条件，“即声明公家随时可以照价购回是也”。如此种种，“实为

①《孙中山全集》第2卷，中华书局1982年版，第354—356页。

②《孙中山全集》第2卷，中华书局1982年版，第364页。

民生主义社会主义手段之一种，及今不行，后将无及”。[①]“及今不图，他日人民进步，富者愈富，贫者愈贫，其害伊于胡底！如外国土地权全操于少数大资本家，其势必流于资本专制，其害甚于君主专制”[②]。

7月中下旬，孙中山在上海同美国纽约《独立杂志》特约代表、美国长老会在华代言人李佳白的谈话中，声言他对“中国的社会革新，比党务与政治问题更有兴趣”，并认为政治革命的任务已经完成，现在正集中自己的“思想与精力于从社会、实业与商务几个方面重建我们的国家”。在这个过程中，必须注意避免西方国家劳资之间的矛盾和不协调状况的发生。孙中山指出，重建国家，必要发展实业，实业的发展，“生产必将增加；而此种情形的变化，必将有加深劳工阶级与资本所有者之间分野的危险。我希望看到人民大众的生活状况获得改善，而不愿帮助少数人去增值他们的势力，直至成为财阀”。中国迄今尚没有形成大的中产阶级，我们没有欧美产业发达国家社会上的那些缺点，我们今天所需要的是开发自己广大的资源，对数量上占优势的农民灌输新观念，建立有助于资本成长与流通的新实业，并准备对水灾及其他灾害的受难者，迅速提供救济。这些问题，乃是我目前所关注的，我希望能够完成一些有益于我们民众的事”。[③]

8月13日，孙中山在致同盟会各支部电中表示赞成五党合并组建国民党，强调国民党的宗旨和党纲与同盟会宗旨“毫不相背”。其中“采用民生政策，将以施行国家社会主义，保育国民生计，以国家权力使一国经济之发达均衡而迅速也”这一条，与同盟会政纲中“采用国家社会政策”即采用国家社会主义政策，以及孙中山的一贯主张可谓一脉相承。[④]25日，孙中山在国民党成立大会上发表演说，又一次对民生主义作了阐释。针对“北方同胞误会吾党民生主义，以为劫富济贫，扰乱社会秩序”的错误认识，孙中山指出：“此荒谬绝伦，公理上决无此事”。“民生主义盖

①《孙中山全集》第2卷，中华书局1982年版，第369—371页。

②《孙中山全集》第2卷，中华书局1982年版，第375页。

③《孙中山全集》第2卷，中华书局1982年版，第392—393页。

④《孙中山全集》第2卷，中华书局1982年版，第399页。

防止富人以其富专制毒害贫民”。民生主义的旨意在于“以富人虽富，不使以其富害贫人，犹之君主虽有君主之位，无君主之权以害人民也”。我国与欧美国家不同，目前“资本家尚无”，虽“受君主专制之苦，尚未受资本家之苦”，不了解“资本家以富毒害人民之法”，但“不可不预为富人劝告，预为贫人防备，此即民生主义也”。[①]9月4日，孙中山在北京共和党本部欢迎会上的演说，不仅着重强调实行民生主义的必要性，而且又一次针对人们对实行民生主义的疑虑作出了回答。他指出：“民生主义关系国民生计至重，非达到不可，使大多数人享大幸福，非民生主义不可。”人们对实行民生主义所生疑虑，是不知民生主义为何。“民生主义，并非均贫富之主义，乃以国家之力，发达天然实利，防资本家之专制”。“国家之力”实为“国家社会主义”。孙中山认为，在国际上“德国俾士麦反对社会主义，提倡国家社会主义，十年以来，举世风靡。日本前年杀社会党多人，其政府又主张烟草专卖等事，仍是国家社会主义。可知此主义并非荒谬，世界通行”。英、美各国是资本家专制之害日深，虽然中国与其不同，但十年以后，“必至有十万以上之大资本家”，为防止此类情况发生，“惟有提倡国家社会主义”，“兄弟欲办铁路，每主张铁路国有”，既是“民国富强之基”，也是“国家社会主义”。[②]

9月19日，孙中山在山西同盟会欢迎会上发表演说。本次演说，孙中山再次强调实行民生主义的急迫性。他指出，当前五族共和，建立民国，民族、民权二主义已经达到，当务之急“在民生一层，从前不暇讲此，今则不可缓”。主要原因在于，“现在世界上机器发明，资本家可不劳而代千万人之力，以致全国财货尽归其手”。同时，“其魔力并可及于外国”，使“世界财力悉归少数资本家之掌握，一般平民全被其压制”，此种情形与“专制政府”没有差别。如果我们都“坐视资本家压制平民，而不为之所，岂得谓之平等乎？”孙中山强调，中国革命背景同欧美国家不同，在欧美革命之初，“机器未发明，民生主义尚非所（急）”，致使如今这些国家“资本专制已成”，而很难去除。今日机器实行，我国此次革

①《孙中山全集》第2卷，中华书局1982年版，第408—409页。

②《孙中山全集》第2卷，中华书局1982年版，第440—442页。

命成功后，“若不预为防范，将来社会上必生种种不平等”。“人身预讲卫生之术，则病不生。若至病生始言救治，其苦难有不堪言者”，故而，“民生主义及卫生主义也”。今天的中国讲“民生主义，可以不用革命手段，只须预为防范而已”。这是与欧美各国的不同之处，“机会却不可失”。对于民生主义的内容，孙中山在演说中重点论述了“地权平均”和“土地国有”问题。他特别强调，“民生主义第一件事”是“平均地权”。“此事做不到，民生主义即不能实行”。只有实现“地权平均”，“吾人始能平等”。“平均之法”在于“按价收税”，这是一“最善、最简之法”。它不同于专制时代的按地征税，按价征税，“价重者税亦重，所负担并不加重，而价轻者税亦轻，得享平均之利益，至公平也”。对于“土地国有”，孙中山强调，并非“尽土地而归之国家也，谓收其交通繁盛之地而有之”。如此行之，未来中国“地价、铁路、矿产及各种实业俱能发达，彼时将忧财无用处，又何患穷哉！”，“所谓教育费、养老费皆可由政府代为人民谋之”。此时，“吾党革命主义始为圆满达到，中华民国在世界上将为一安乐国”。①

10月10日，孙中山为纪念武昌起义一周年专门给《大陆报》撰写了《中国之铁路计划与民生主义》一文。这篇文章是用英文写给英文版《大陆报》，专给外国人看的，其民生主义的基本思想与孙中山此前的论述并没有什么不同，只是比7月中旬孙中山在上海同美国纽约《独立杂志》特约代表、美国长老会在华代言人李佳白的谈话内容更加深入和透辟。孙中山在文章中充分肯定了中国人民期盼国家统一富强的美好愿望，断言“将来必有一伟大、统一、永久之中华民国出现”，坚信“中国将成为世界上之一等国家”。他声称自己对“中国之经济发展深具热诚”。中国物产丰富，只待开发，“所急需者，乃交通之便”，“目前关系吾国前途之最大者，莫如铁路之建筑”，因为“铁路常为国家兴盛之先驱，人民幸福之源泉也”。②建筑铁路之法有三，一是利用外资；二是集中中外人之资本，创设铁路公司；三是任外国资本家建筑铁路，但需以四十年后归还为条

①《孙中山全集》第2卷，中华书局1982年版，第472—474页。

②《孙中山全集》第2卷，中华书局1982年版，第487—489页。

件。三种办法之中，“以第三种办法为最善”。孙中山强调：“完成目前之铁路计划，即所以促进商业之繁荣，增加国富，市场因以改良而扩大，生产得藉奖励而激增。尤其重要者，则为保障统一之真实，盖中国统一方能自存也。一旦统一兴盛，则中国将列于世界大国之林，不复受各国之欺侮与宰割。今时机已至，中国将能自立以抵御外来之侵略矣。”文章后半部分主要是对民生主义内容的阐述。孙中山首先分析了世界文明国家“劳资争执不已”的现象，认为这种争执，实为“工商界之力图扩张，驱迫使然”。资本家所获盛丰，“皆由工人之劳力而来，工人争其所应得之权利，亦理所当然”。[①]当今欧美各国工人罢工，“皆直接受实业主义进步之影响”。中国欲发展富强，必发展实业，此“非人力所能阻遏”，但是对于“劳动者常与以不平之待遇”则“吾人当力避之”。解决此问题的根本办法，“民生主义是已”。“随实业主义之进步，努力以避免其恶劣之结果，故余主张民生主义”。民生主义的意义，并非如反动派所言，“将产业重新分配”，而是“使物产之供给，得按公理而互蒙利益耳”，并“使劳工得其劳力所获之全部”，“将来中国之实业，建设于合作的基础之上”，“政治与实业皆民主化”，“每一阶级，皆依赖其他阶级，而共同生活于爱的情形之下”，“此即余所主张之民生主义的定义”及余所追求之理想。按照这种理想，“生产将日益增加，以最少限度之穷困与奴役现象，以达到最高限度之生产。对于待开发之产业，人人皆得按其应得之比例，以分沾其利益，享受其劳力结果之全部，获得较优良之工作状态，并有余暇之机会，可以思及其他工作以外之事件。如此，劳工必能知识日进，获得充分之娱乐与幸福”，这“本为一切人类所应享”。孙中山希望，“在一个民族之中，须给人民全体以生活之机会，并与以完全之自由”。孙中山还指出，他所主张的“民生主义制度”，一方面要使“国民对于国事发生直接之兴趣，愿全国人民皆享受其生产之结果”，另一方面则是国家“直接管辖之税源，得到其所产利益之全部”，凡铁路、电车等关乎民生之大实业“收归国有”，“地产收入与矿产收入，为国家收入之渊源”，除国家政费之需外，多余费用用于“各种公共兴办之事业”。欲

①《孙中山全集》第2卷，中华书局1982年版，第490—491页。

实现以上宏图大业，“当今之所急需者，惟在国人之同心合作”。[①]

1913年上半年，孙中山还有两次重要的演说谈及民生主义和社会主义。一是2月23日，他在东京中国留学生欢迎会上的演说。本次演说，重在鼓励留学生为国家建设而发奋学习，其中涉及民生主义的内容。孙中山希望留学生“矢志求学，如从前学生愿牺牲性命，以做革命事业的一种坚忍心，百折不挠”，“求得优美专问［门］学问，以福祖国”。[②]他强调，目前“破坏事业已告成功，从前希望均已达到，将来之希望，即是建设事业”。由此，他要求留学生“用数年功夫，求数年学问，以为建设之用”。留学生们必须“立一种决心，就是从前学生，一种牺牲性命的心”。用“此种决心求学，将来成就正未可量”。留学生还要立下一种“心志”，即“为中华民国求幸福，非为一人求幸福，必须存牺牲自己个人之幸福，以求国家之幸福的心志，社会始可改良”。“求大家之利益，办大家之事业，不必计较私人之利害”，“大家享幸福，大家得利益，则我一人之幸福之利益，自然包括其中。此之谓人道主义、社会主义”。它不同于从前之“只求一人之利益，而不顾大家之利益”，“准物质进化之原则，阐发物竞生存之学理”。这种学理，是野蛮时代之“陈谈”，“不能适用于今日”。“今日进于社会主义，注重人道，故不重相争，而重相助，有道德始有国家，有道德始有世界”。在此，孙中山侧重强调了社会主义的人道和互助原则。与此同时，孙中山还把此原则与世界大同理想相互沟通，强调“道德家必愿世界大同，永无争战之一日。我辈亦须存此心理，感受此学说。将来世界上总有和平之望，总有大同之一日，此吾人无穷之希望，最伟大之思想”。[③]二是3月1日，孙中山在东京留日三团体欢迎会上发表演说。他强调，民生主义之实行不同于民族和民权主义，“民族主义，与满族君主相争竞，必须掷多少之头颅始能购得；民权主义，与专制政体相对抗，也是极端反对不能并容的”。“民生主义，与不良之社会争”，因为今日中华之社会，尚未趋于极端不良之地位，“稍易

①《孙中山全集》第2卷，中华书局1982年版，第492—493页。

②《孙中山全集》第3卷，中华书局1984年版，第23页。

③《孙中山全集》第3卷，中华书局1984年版，第24—25页。

着手”，“不难以平和方法逐渐促社会之改良”。[①]用和平方式推行民生主义，这是孙中山的一贯思想，面对留学生重申这一思想，既与之一贯思想相一致，恐怕又与其在民国建立以后，国家已经转入建设时期，期盼留学生从革命方式转为和平方式的愿望有关。

在孙中山的革命生涯之中，像在民国建立之初如此集中地论述和宣传民生主义并不多见。以上按照时间顺序对孙中山在此期间有关活动和演说进行了简要梳理和叙述，目的是在于让人们进一步厘清孙中山在民国初年对民生主义即社会主义的思想的完善和发展。从中不仅可见孙中山在这一时期对于社会主义认知的理论视野、评价重点，而且可见他对社会主义持有理论的执着、情感的热切和与时俱进的精神。孙中山在资产阶级革命派中理论旗手的地位可谓实至名归。

在这个时期，孙中山总是把“民生主义”与“社会主义”作为同一个名词来看待的。其实，把“民生主义”当作“社会主义”的同义词在当时并不是孙中山一个人。1906年5月，朱执信在《民报》第四期发表的《从社会主义论铁道国有及中国铁道之官办私办》一文的注释中说：“社会主义本译为民生主义，铁道原称铁路，今以篇中术语多仍日译，故此二者亦并从之。”[②]也就是说，社会主义是按照日本人的译法。另外，冯自由在一篇讲民生主义的文章中则直截了当地说：“民生主义（Socialism），日人译为社会主义。”可见当时在孙中山和他的一些同志中，民生主义被当作社会主义来理解几乎是一种共识和普遍现象。1921年孙中山在广州的一次解释三民主义的讲演中干脆明确地说：“民生主义即时下底社会主义。诸君想想，兄弟提倡民生主义是在什么时候？今日国人才出来讲社会主义，已嫌迟了。但是社会主义底学说输入中国未久，兄弟将‘社会主义’原文译为‘民生主义’较为允当。”[③]总之，在同盟会成立至民国初年，包括孙中山在内的一些资产阶级革命派提倡社会主义，实际上是把它当作民生主义的另一种译称。

---

①《孙中山全集》第3卷，中华书局1984年版，第35页。

②《朱执信集》上集，中华书局2012年版，第39页。

③《孙中山全集》第5卷，中华书局1985年版，第476页。

清末民初正是西方社会主义思想和社会主义运动通过各种渠道广泛被译介到中国知识界和政治界的时候。对这种思想和运动采取什么态度，是拒阻？还是接纳？成为当时孙中山等资产阶级革命派不得不考虑的一个重要问题。孙中山把社会主义译为民生主义，理论上努力解构二者之间的统一性，实践中把民生主义列为中国革命当时就要实行的三大主义之一。这表明，他对社会主义并不排斥，而是接受的态度。他的经历使他知道，社会主义在西方是在工业发达的条件下才产生的，而中国尚未经过工业革命，虽然经济还很落后，情况和西方国家有很大的不同，但这并不意味着中国不必要实行民生主义。相反，他认为在中国革命中，不仅要实行民族主义、民权主义，还要实行民生主义即社会主义。怎样实行？孙中山于辛亥革命前和民国成立后在一些具体问题的认识上前后有些差别，但总体思路是一致的：第一，平均地权，土地国有。这就触及中国民主革命的根本问题——土地问题，不过他反对“夺富人之田为己有”[①]。其土地国有的主张主要是采用“定地价纳税”的方法实行之，“比如地主有地价值一千元，可定价为一千，或多至二千；就算那地将来因交通发达涨至一万，地主应得二千，已属有益无损；赢利八千，当归国家。这于国计民生，皆有大益。少数富人把持垄断的弊窦自然永绝，这是最简便易行之法。”[②]也就是说，孙中山平均地权的方法是改良的，其结果不可能对广大农村土地问题有根本上的触动。对此，列宁曾有评说：孙中山的“经济革命”归结起来就是“把地租转交给国家，即通过亨利·乔治式的某种单一税来实行土地国有化”，“地价是资本化的地租。使地产‘价值的增殖额’成为‘人民的财产’，也就是说把地租即土地所有权交给国家，或者说使土地国有化”。这是一种“纯粹资本主义的、十足资本主义的土地纲领”，体现了孙中山所具有的“少女般的天真”。[③]第二，资本公有，即“铁路、电车、电灯、瓦斯、自来水、运河、森林各

①《孙中山全集》第1卷，中华书局1981年版，第328—329页。

②《孙中山全集》第1卷，中华书局1981年版，第329页。

③《列宁选集》第2卷，人民出版社1995年版，第294页。

业，均应收归国有”[1]，不得私人独占其利。孙中山认为，“经济革命”除了要解决“土地”问题外，还要解决“资本”问题。怎么解决资本问题？就是“资本公有”。这样做就可以增加国家收入，图国家富强，使国人幸福。他指出：在德国“全国铁道皆为国有。中国当取法于德，能令铁道延长至二十万里，则岁当可收入十万万。只此一款，已足为全国之公用而有馀”。国家富强了，则可以拿出钱来办教育、图社会保障。“法定男子五六岁入小学堂，以后由国家教之养之，至二十岁为止，视为中国国民之一种权利”。“五十以后，由国家给予养老金。此制英国亦已行之，人约年给七八百元。中国则给数千元。如生子多，凡无力养之者，亦可由国家资养”。[2]故而“公有即国有，国为民国，国有何异于民有！国家以所生之利，举便民之事，我民即共享其利”[3]。孙中山“资本公有”主张的根本目的在于防止“大资本家”的产生，防止“大资本”控制国计民生，“一面图国家富强，一面当防资本家垄断之流弊”[4]，因而这是一种积极进步的主张。第三，先进行民族民主革命，再进行社会革命。辛亥革命前，孙中山提出举政治革命、社会革命“毕其功于一役”，企图将民主革命与社会主义革命一次完成。他认为只有这样，才能做到既使中国像西方国家那样地发展工业，发展经济，但又不至于受其害，也就是不至于造成资本家垄断、贫富悬殊的局面，以致再产生社会主义革命。这种想法是好的，但却是根本不能实现的。正如胡绳所言：这时的“孙中山虽然表示接受了社会主义思想，并以为可举政治革命、社会革命毕其功于一役，但实际上，他并不是企图在中国实行社会主义革命。恰恰相反，他倒是以为中国可以设法避免社会主义革命。所以，如果说孙中山的民生主义就是社会主义，那么这是避免社会主义革命的社会主义”。[5]这是孙中山辛亥革命前社会主义思想的主要特点。民国初年，孙中山的上述认识发生了较大变化，认为中国应首先进行政治革命，然后

①《孙中山全集》第2卷，中华书局1982年版，第493页。

②《孙中山全集》第2卷，中华书局1982年版，第323页。

③《孙中山全集》第2卷，中华书局1982年版，第521页。

④《孙中山选集》上，人民出版社2011年版，第103页。

⑤《胡绳全书》第3卷（上），人民出版社1998年版，第378—379页。

再进行社会革命，即先进行民族民权主义的民主革命，再接着进行社会主义革命。1911年12月，他在《中国同盟会意见书》中指出："本会主义于民族之后，次之以民权、民生。三者之中，驱于时势，差有缓急；而所以缮美群治之道，则初无轻重大小之别，遗其一则俱敝，举其偏则两乖。吾党之责任盖不卒于民族主义，而实卒于民权、民生主义，前者为之始端，后者其究极也。"①1912年，他又在不同场合的演说中多次论述了这个思想。他说："三民主义者，同盟会唯一之政纲也。曰民族主义、曰民权主义、曰民生主义。今满政府已去，共和政体已成，民族、民权之二大纲已达目的。今后吾人之所急宜进行者，即民生主义。……本会政纲之次序，必民权主义实施，而后民生主义可进行者。"②孙中山关于民主革命（政治革命）与社会（主义）革命应有阶段之分的思想，是他在民国初年发展和完善民生主义即社会主义思想最重要的成就。

民生主义是孙中山的基本思想。民生主义就是社会主义，这是孙中山多次说过的。在孙中山指导制定的同盟会或国民党的正式文件中，只有民生主义的表述，没有社会主义的说法。但在文章和演说中，孙中山却将民生主义当作社会主义的同义语，或者将二者并用。1912年10月14日至16日在上海中国社会党本部的演说，孙中山通篇只讲社会主义，而不提民生主义。③这些都表明，孙中山对社会主义的理解本身是一个非常复杂的问题。由于本书对孙中山有关社会主义理解和宣传的考察仅仅限于清末民初这段时间，所以不便作更深入和广泛的展开。不过即便如此，我们也仍然可以从上述分析中窥见出一个大概。

第一，孙中山的社会主义思想来源非常复杂。他在1906年说过，社会主义"流派极多"，其主张各种各样，一时间"议论纷纷"。④1912年他

①《孙中山全集》第1卷，中华书局1981年版，第577页。

②《孙中山全集》第2卷，中华书局1982年版，第338页。

③ 孙中山应中国社会党本部之请，发表了这次演讲。据1912年10月14日《民立报》载，该党《特别紧要广告》称，演说自"十月十四号至十六号止"。在此次演讲中，孙中山只字未提民生主义，而阐释的内容大多是其以往所言民生主义的内容。孙中山在演讲的最后一段说："鄙人演讲三日，发挥社会主义尚未详尽，望诸君共相研究，一致进行是即鄙人区区之意也。"

④《孙中山全集》第1卷，中华书局1981年版，第327页。

又说："考诸历史，我国固素主张社会主义者。井田制，即均产共产主义的滥觞；而累世同居，又共产主义之嚆矢。足见我国人民之脑际，久蕴蓄社会主义之精神。"[①]据冯自由的记载，孙中山和章炳麟等常讨论"社会问题"，"如三代之井田，王莽之王田与禁奴，王安石之青苗，洪秀全之公仓，均在讨论之列"[②]。后来孙中山在解释民生主义的时候也说："象周朝所行的井田制度，汉朝王莽想行的井田方法，宋朝王安石所行的新法，都是民生主义的事实。就是几十年以前，洪秀全在广西起义之后，打了十几年的仗，无形中便行了一种制度，那种制度和俄国的共产制度是一样的。"[③]可见，孙中山社会主义思想的来源驳杂，在总体上主要是两个方面：一方面是中国传统的儒家"大同"或"均平"思想，包括太平天国和康有为的中国近代空想社会主义思想；另一方面是西方近世形形色色的社会主义思潮。这其中既包括马克思主义的科学社会主义，也包括早期的空想社会主义、无政府主义、资产阶级社会主义及第二国际改良主义等。就这一时期来说，孙中山对社会主义的理解则主要又受到了亨利·乔治"单税社会主义"及第二国际改良主义的影响。这在前文已作了简要的介绍。要补充说明的是，孙中山此时的思想较亨利·乔治是打了折扣的。夏良才教授曾较为系统地研究了乔治的单税论传入中国的经过及其对孙中山的影响，认为孙中山以平均地权为核心的社会主义思想受亨利·乔治的影响较大。[④]他进而指出：征收地价增值税来自乔治的单税理论，而核定地价，确定地租中自然增值部分的基数，则来自穆勒。按照乔治的地税法，不论是自然增值之前，还是自然增值之后，凡是地租都作为地价税归公共所有，留给业主的是绝少的一点管理费，用乔治的术语说，业主仅在名义上保留权利，只算得上"土地管理者"，这叫"无限单一税制"。而孙中山设计的地税法则是征收自然增值的部分，

①《孙中山全集》第2卷，中华书局1982年版，第507页。

② 冯自由：《同盟会四大纲领及三民主义溯源》，参见冯自由：《革命逸史》第3卷，商务印书馆1947年版，第213页。

③《总理全集》演讲甲，近芬书屋初版，第30页。

④ 参见夏良才：《亨利·乔治的单税论在中国》、《论孙中山与亨利·乔治》，分别载于《近代史研究》1980年第1期、1986年第6期。

这叫“有限单一税制”，它较乔治的办法，带有更温和的色彩。[①]同时，这时孙中山的土地纲领中也不包括“耕者有其田”的思想。

第二，虽然这一时期是孙中山宣传社会主义比较集中的一个时期，而且有“两次高潮”即1905前后和1912年，但与第一次国共合作时期相比，在广度和深度上仍有很多不足。国共合作时期是孙中山一生中宣传和研究社会主义的第三个高潮。其中最有名的是他于1924年1月开始的关于三民主义的长篇演讲，民族主义、民权主义各讲了6讲。8月他开始讲民生主义，讲了4讲，后因为要准备北伐而停顿。在这一时期关于民生主义的讲演中，孙中山主要论述了社会主义与民生主义、共产主义与三民主义的关系，强调民生主义就是社会主义、共产主义是三民主义的“好朋友”，马克思是“社会主义中的圣人”，国民党与共产党“志同道合”，对俄国十月革命给予了高度赞扬，并明确指出要“以俄为师”，等等。他认为，“民生主义就是社会主义，又名共产主义，即是大同主义”[②]。社会主义已经发生了几十年，研究这种学理的学者不知道有千百家，所出的书籍也不知道有千百种，但是其中“研究最透彻的最有心得的”就是“马克思”。他“对于社会问题，好象卢骚对于民权问题一样，在一百多年以前欧美研究民权问题的人，没有那一个不是崇拜卢骚为民权中的圣人，好象中国崇拜孔子一样；现在研究社会问题的人，也没有那一个不是崇拜马克思做社会主义中的圣人”。“在马克思的学说没有发表以前，世界上讲社会主义的，都是一种陈义甚高的理论，离事实太远”[③]。“到了马克思出世之后，便用他的聪明才智和学问经验对于这些问题作了一种极透彻的研究，把古人所不知道和所不能解决的都通通发明出来。他的发明是全凭着经济原理。他照经济原理作透彻的研究之后，便批评从前主张社会主义的人，不过是有个人的道德心和群众的感情作用；其实

① 参见夏良才:《亨利·乔治的单税论在中国》,《近代史研究》1980年第1期。杨天石在《孙中山与中国革命的前途》一文中也持相同的看法,指出孙中山平均地权“是一个折衷的、温和的改良主义方案,较之亨利·乔治显然又有所后退”,参见《孙中山和他的时代——孙中山研究国际学术讨论会文集》,中华书局1989年版,第118页。

②《孙中山选集》下,人民出版社2011年版,第832页。

③《孙中山选集》下,人民出版社2011年版,第837—838页。

经济问题，不是道德心和感情作用可以解决得了的，必须把社会的情状和社会的进化研究清楚了之后，才可以解决。这种解决社会问题的原理，可以说是全凭事实，不尚理想。至于马克思所著的书所发明的学说，可说是集几千年来人类思想的大成。”[①]“共产主义是民生的理想，民生主义是共产的实行”[②]。我们对于共产主义，“不但不能说是和民生主义相冲突，并且是一个好朋友”。“共产主义既是民生主义的好朋友，为什么国民党员要去反对共产党呢？”[③]这些思想使孙中山的三民主义具有了非常鲜明的新民主主义革命的色彩，在深度和影响上已远远超过了清末民初这一时期孙中山对社会主义的理解和宣传。不过要说明的是，这并不意味着否定或贬低这一时期孙中山关于社会主义研究和传播的作用。实际上它既是孙中山社会主义思想发展的一个重要阶段，又是这一时期中国资产阶级革命派研究和传播社会主义的一个非常重要的组成部分。

三、其他资产阶级革命家对社会主义的论述

要真正弄清楚中国资产阶级革命派在社会主义传播中的地位和作用，只讲孙中山一个人是远远不够的。事实是，除了孙中山以外，他的许多战友，如马君武、朱执信、廖仲恺、宋教仁、黄兴等，都在介绍和传播社会主义的过程中作出过独特的贡献。

（一）马君武（1881—1940），中国资产阶级杰出的革命家、翻译家和教育家，广西桂林人。早年研习英文、法文和数学，受康、梁维新变法思想影响，曾翻译出版《法兰西革命史》和《代数》二书。1901年冬，马君武考取官费生留学日本，托横滨大同学校的汤觉顿结识梁启超并与其交往甚密，曾代理编辑《新民丛报》。后经宫崎滔天介绍认识孙中山，逐渐同梁疏远，与改良派分道扬镳。1905年马君武加入同盟会，任秘书长兼广西支部长，并参与创办《民报》。留日期间，当时在西方和日本流

①《孙中山选集》下，人民出版社2011年版，第839页。

②《孙中山选集》下，人民出版社2011年版，第861页。

③《孙中山选集》下，人民出版社2011年版，第867页。

行的各种社会主义思潮进入他的视野，从而使他开始了对社会主义的初步研究。在资产阶级革命派中，他以翻译西方思想而闻名。他既是达尔文的最早介绍者，也是最早对社会主义学说作出比较系统的评介并积极介绍马克思主义的人。有人曾评价他“是中国较系统地评介社会主义学说的第一人”[①]。

1902年和1903年间，马君武在《译书汇编》、《新民丛报》等刊物上先后发表了《社会主义与进化论比较》、《圣西门之生活及其学说》、《佛礼儿学说》、《弥勒约翰之学说》等文，对欧洲社会主义学说的来源、流派、代表人物、主要观点及其著作，向留日学生和国内知识界作了较系统的介绍和评介。

第一，充分肯定了研究社会主义学说的重要性，并称颂社会主义制度是世界上最新和最进步的社会政治制度。马君武指出：“社会主义，诚今世一大问题，最新之公理皆在其内，不可不研究也。”[②]“世界各种之制度，则犹之学堂之教科书也，社会每进一步，则往日之制度必废除焉而不复用，譬之学生既升至甲班，则必不复用乙班之旧教科书也。既明此理，则可知现在争利之制度，乃旧教科书，而社会主义，乃新教科书。学生之每升一班也必喜，每读一新教科书也必喜，此其所以为良学生也。今世之人，奈何恋恋于今世界争利之旧制度，百计思所以保存之，若有深惧于社会主义之新制度者？然吾窃惜其智识出于寻常学生之下也。”[③]同时，他满怀激情地赞美社会主义是“奇伟光明之主义”，是“解民数问题之独一捷法”，是顺乎民心、合乎世界进步历史潮流的社会制度，认为“凡怀热心图进步之国民，未有不欢迎社会主义者。社会主义既行，则人群必大进步，道德、智识、物质、生计之属，必大发达。此世界之光景一大变”。“社会主义者，欲人群改良其社会之组织达于极点，长久昌盛、百战百胜，享福无穷也”。[④]

---

① 陈启源：《论马君武对社会主义学说的初步评介》，《广西大学学报》（哲学社会科学版）1995年第2期。

②《译书汇编》第2年第11期，1903年2月。

③《译书汇编》第2年第11期，1903年2月。

④《译书汇编》第2年第11期，1903年2月。

第二，系统地论述了社会主义学说的起源、发展过程和主要流派，而且还对有关社会主义流派进行了比较。马君武指出：社会主义学说发源于圣西门、傅立叶，中兴于路易·勃朗、蒲鲁东，极盛于拉萨尔、马克思。同当时流行的西方社会主义读物一样，马君武在此也将马克思与拉萨尔并列。至于圣西门、傅立叶的学说孰先孰后，马君武认为："佛礼儿[①]之倡社会主义也，实在圣西门之先，佛氏当千八百年之时，已著有名之《四动力论》[②]，惟其书初几无人读之，及圣西门及侯盈[③]（英吉利之社会党）之社会主义大倡以后，佛礼儿之运动始有效。故词法兰西社会主义创始者，必首圣西门，而佛礼儿次之。"[④]"圣西门者，即始倡法兰西社会主义之第一人也。……圣西门之论著甚多。千八百三年，著《日内瓦居民之手简》[⑤]，著是书之年甚早，徒关及科学及政治而已。至千八百十九年，始表其社会主义之意见，著《组织论》[⑥]。千八百二十一年，著《工制》[⑦]；千八百二十三年，著《工义》[⑧]。至千八百二十五年，著《新基督教》，此为圣西门一生最晚出之著作，亦其一生最重要之著作也。"[⑨]在此，他对圣西门著作的介绍，大体涵盖了他的主要著述。马君武称赞圣西门乃"思想高尚之哲人"，"常觉现社会之秽恶不良"而"又不欲同流合污"，"忍与终古"，其境遇"可悲"。圣西门死后，其"学说极盛，其门人务多立学校，以传播其主义，凡出此等学校之生徒，皆实行社会主义"。[⑩]对于圣西门和傅立叶的社会主义，马君武指出："佛礼儿之社会主义，与圣西门社会主义大不相同。圣西门之社会主义，主中央集权；而佛礼儿之社会主义，主地方及个人自由分治。佛礼儿主义者，

---

① 佛礼儿，今译作"傅立叶"。

②《四动力论》，今译作"《四种运动论》"。

③ 侯盈，今译作"欧文"。

④《新民丛报》第31号，1903年5月10日。

⑤《日内瓦居民之手简》，今译作"《一个日内瓦居民给当代人的信》"。

⑥《组织论》，今译作"《论社会组织体》"。

⑦《工制》，今译作"《论实业制度》"。

⑧《工义》，今译作"《实业家问答》"。

⑨《新民丛报》第31号，1903年5月10日。

⑩ 莫世祥编：《马君武集》，华中师范大学出版社2011年版，第159—160页。

'非能曲'[①]主义也（'非能曲'，即千数百人同居共产之意）。以'非能曲'占社会中最高尚之地位，握无限之权力，总政府之权力，反出于其下。"“佛氏以为欲救治社会之罪恶，则莫如先自救治一身之罪恶。救治之道，莫大于克己。佛氏以为倡一学说，欲世人行之，则莫如先自行之。千八百三十三年，佛氏于威尔塞之近旁，辟一广地，以实行其'非能曲'之制。虽无成功，而佛氏之一生，因欲达其最高目的之故，常固守利他主义，笃信人群进步之本能，慈爱廉让，尽牺牲其本身之利益。而为人，此其所以为难能也。”[②]马君武评价说，傅立叶所主张的制度，“不可实行也”。因傅氏不知“人类之有自利性”。“欲不可纵，而自由必不可无界。徒务纵欲，而自由无界，是返人群于草昧之道也，是皆与政治及社会进步之理不合”。[③]“圣西门以为有物产以供人生利用之需，而后有社会，社会之旨归，在合人群之能力，以开拓地球。此圣氏最精锐之说也。”如何“合人群之能力，以开拓地球”的理想呢？马君武提出《新基督教》一书的观点：一是依赖科学的发达；二是不可废除宗教之“世人相待遇，彼此当亲爱如兄弟”的单纯元质。所以，圣西门学说的信奉者们视为金科玉律的主张是：“夫社会之人，既相平等，而如兄弟，则社会之中，必不应有贫富悬绝之阶级，盖人人相待遇如兄弟，乃世间良社会组织之要素也。”[④]三是废除私有制。“今世财产之制，以少数之业主，制驭多数之雇工。雇工之名，虽得自由，其实多穷困饿死者。夫产业嗣续之制，则乌得为善制也。……以世界之公产业，一人窃据以为私有，自论理上言之，固已不合矣，社会乌得有进步乎？欲救斯弊，则莫如废产业嗣续之制，以土地为公产，而合群力以开拓之。还以社会之土地，托诸社会之人民，变家族嗣续为国家嗣续，若是而社会不发达，人民不和亲者，未之有也。”[⑤]

第三，比较准确地评介了马克思及其学说，而且较早地介绍了马克思

① 非能曲，今译作“法郎吉”。

②《新民丛报》第31号，1903年5月10日。

③ 莫世祥编：《马君武集》，华中师范大学出版社2011年版，第162—163页。

④《新民丛报》第31号，1903年5月10日。

⑤《新民丛报》第31号，1903年5月10日。

的主要著作，同时对欧洲社会党情况也有所涉及。前文已介绍，有一种看法是，中国第一次提到马克思的学说是上海广学会于1898年出版的译著《泰西民法志》。1899年4月广学会主办的《万国公报》，登载了李提摩太节译、蔡尔康撰述的《大同学》一书，首次提到马克思、恩格斯，当时译作"马客思"、"恩格思"。随后，梁启超在1902年10月发表了《进化论革命者颉德之学说》一文，也提到了马克思，译作"麦喀士"。这些介绍都还是比较笼统和含糊的。与其相比，马君武的译介则相对详细和准确一些。他除了将马克思列为社会主义学说极盛时代的代表人物外，还介绍道："拉沙勒[①]与马克司[②]者皆黑格儿（一作黑智儿，德国近世六大哲学家）之弟子也。黑格儿之解释社会问题，主发达不息之说，谓人群之生计，乃随社会之历史而亦发达不息者也。拉沙勒益广其义，以为生计问题也，与其谓人群生计为历史之生计，无宁谓之为进化之生计。"他首次向国人评介道："马克司者，以唯物论解历史学之人也。马氏尝谓：阶级竞争，为历史之钥。""马克司之思想，华严界之类也。彼谓其思想中之世界，经一大革命之后，即可一蹴而致。"[③]在《社会主义与进化论比较》一文末尾，马君武还专门附有马克思主义著作目录，列举了《英国工人阶级状况》、《哲学的贫困》、《共产党宣言》、《政治经济学批判》、《资本论》等五书。这是迄今为止在文字记载上所见到的中国最早的马克思主义著作书单。这些著作大体上包括了马克思主义的基本原理，提供了带有一定指导性的重要理论信息，在当时确实是弥足珍贵的。在《社会主义与进化论比较》一文中，马君武还提到了社会党的情况。他说："由圣西门以降，社会党人皆以为，人群生计之发达，自古至今三级焉。三级者，谓由家奴变为农仆，由农仆变为雇工。由是观之人群生计（日本谓之经济）之发达，必不止于今日之雇工而已。社会者，发达不息之有机体也，其必有一日焉，打破今日资本家与劳动者之阶级，举社会皆变为共和资本、共和营业，以造于一切平等之域，此社会党人所公信

① 拉沙勒，今译作"拉萨尔"。

② 马克司，今译作"马克思"。

③《译书汇编》第2年第11期，1903年2月。

也。”“达尔文所谓发达，与社会主义之所谓发达，固不同也。达氏以为：物种竞争，最宜者存；社会党人以为，人群当共同和亲，利益均享；其异甚也。”今日欧洲之世界，“社会党人之势力可谓大矣，苟其真与达尔文之主义相反对，即达尔文主义既明之后，社会主义当摧破而无复余，然犹腾万丈之光，照耀一世”。[①]

第四，较早地集中论述了社会主义学说与达尔文学说的关系，提出社会主义要优于达尔文主义、马克思要高于达尔文。达尔文主义是恩格斯所赞誉的19世纪三个重大发现之一，“正像达尔文发现有机界的发展规律一样，马克思发现了人类历史的发展规律”[②]。多年研究并译述达尔文学说的马君武，对于物竞天择、适者生存的进化论极其推崇，认为社会主义学说与达尔文主义有“密切之关系”，首先是二者都赞成唯物论，“达尔文虽非唯物论者，然其学说实唯物论之类也”[③]。其次，社会主义与达尔文主义在“争利一事”上存在分歧，“争利一事，固社会党人所诋为人间之黑兽者。依达氏之说，则争利为社会竞争以致进步之鞭”，但是二者在政治发达、道德完美、智识进步、物质富足等方面有很多“相通”之处。达尔文认为，“人群者，乃由下等动物进化之所成”，“天择不息，故虽现今之社会，亦不能出天择之势力范围，而必更有所进。社会主义欲改造现有之旧社会为新社会，改造现在不完全之道德为完全之道德，且益进而不息焉。此其于天择之义固无所背也。”最后，社会主义要比达尔文主义进步和完善。“达尔文之争自存说，于人类之社会历史，既可验其现象矣，虽然社会之进步也，不徒以争自存为单纯之原理，亦为社会进步不可少之原理焉。”“故社会主义者，不惟不与达尔文主义相反对，且益广其界而补其偏，虽谓达氏主义得社会主义而其义乃完，可也。”[④]

此外，马君武还对康有为的大同说进行了批评，指出：“近人已有托《礼运》之片字只义，演为大同条理，陈设制度，以期实行者。欲以一人

①《译书汇编》第2年第11期，1903年2月。

②《马克思恩格斯选集》第3卷，人民出版社1995年版，第776页。

③《译书汇编》第2年第11期，1903年2月。

④《译书汇编》第2年第11期，1903年2月。

为牧人，以众生为牛羊，而听己之指挥焉，偏于一面，而不知竞争不息之旨，则是欲进化社会，而反致之于退化也，不可以不辨。”①在马君武看来，康有为的大同说并不是近代新思潮的社会主义。

马君武研究和介绍社会主义主要是在辛亥革命前，而且又集中在1902—1903年。1906年，他从日本东京大学肄业回到上海，并主持同盟会上海分会事务。1907年春，他因躲避清廷缉捕赴德国留学直至辛亥革命爆发后回国，在这段时间，他的著述不多。1911年10月马君武从德国回到上海，11月任《民立报》主笔，写的文章多为社评，重在阐述创建资产阶级共和国政权的大政方针。民国成立后任实业部次长，他的主要精力已置于新共和国的各项建设，很难再见到他有关社会主义的论述。1926年因为反对孙中山的政策被开除出国民党。此后，他曾任北京工业大学、上海大厦大学、中国公学和广西大学校长，时有“北蔡（即蔡元培）南马”之说，去世后被誉为“教泽在人”的“一代宗师”。

（二）朱执信（1885—1920），中国资产阶级革命派杰出的理论家和活动家，原名朱大符，广东番禺人。其父长期充当地方官员的幕僚，家族成员多属于士大夫阶层。1902年朱执信由私塾转人资产阶级维新派在广州举办的新型学校——“教忠学堂”读书。由于当时义和团运动被镇压，帝国主义迫使清政府签订了丧权辱国的《辛丑条约》，中华民族危机严重，在朱执信心中激起了强烈的救亡和变革社会的愿望。他和一些同学在校中组织了研讨中西文化的“群智社”，以探求救国救民的真理。这时的他已开始接触西方资产阶级革命时期的一些代表作，如《天演论》、《原富》和《民约论》等书。此时流行的革命书刊也给他很大的影响。1904年冬，朱执信以官费留学日本，次年春入东京法政大学速成科学习，并结识了孙中山和一些激进的资产阶级知识分子，迅速走上革命道路。1905年7月，朱执信参加了中国同盟会，担任评议部议员兼书记，并参与了同盟会机关报——《民报》的编辑工作，积极参加同资产阶级改良派的大论战，多次参与策划并领导了旨在推翻清政府，建立资产阶级共和国的武装起义。他是孙中山三民主义的忠实追随者和坚强捍卫者，曾撰

①《译书汇编》第2年第11期，1903年2月。

写多篇政论文章，捍卫和阐发孙中山提出的民主主义政纲和原则。在日本留学期间，他密切关注日本国内蓬勃兴起的社会主义思潮及其运动，1906—1908年间，先后以蛰伸、县解等笔名发表了《德意志社会革命家列传》[①]、《论社会革命当与政治革命并行》等文章，在资产阶级革命派中，较早地介绍了马克思、恩格斯的生平及学说。毛泽东同志曾称赞他是“马克思主义在中国的传播的拓荒者”[②]。毛泽东还说：“朱执信是国民党员。这样看来，讲马克思主义，倒还是国民党在先。”[③]

1906年1月、4月，朱执信在《民报》第2号、3号上发表了《德意志社会革命家列传》一文。这篇文章由“绪言”、“马尔克（Marx）”和“拉萨尔”三部分组成，主要介绍了马克思和拉萨尔的生平及其学说，也涉及恩格斯、倍倍尔等。该文的“绪言”概述了德国社会主义运动和马克思主义学说的兴起，指出“社会的运动，以德意志为最，其成败之迹足为鉴者多。而其功，实马尔克[④]、拉萨尔、必卑尔[⑤]等尸之”[⑥]。因此，他要把这几位社会主义者介绍给中国同胞，“溥遍于吾国人士脑中”，以为中国革命之借鉴。

文章首先介绍了马克思、恩格斯的生平以及二人的关系，指出：“马尔克者，名卡尔（Karl），氏马尔克，生于德利尔（Trier）。父为辩护士，笃于宗教。马尔克少始学，慕卢梭之为人。长修历史及哲学，始冀为大学祭酒。既垂得之矣，而马尔克所学之校为异宗，他宗徒攻之，遂不果进，退而从事日报之业。”时值1842年，当时马克思才24岁。“马尔克既为主笔，始读社会主义之书而悦之”，即马克思为《莱茵报》主编后，开始研究社会主义。这一期间，“其所为文，奇肆酣畅，风动一时，当世人士以不知马尔克之名为耻。而马尔克日搜讨社会问题而加以研究，学乃益进”，“既二年，……以论法兰西社会党触政府忌，……被放逐，乃西

①《民报》第2号作“小”，第3号作“列”。

② 参见《中共党史文摘年刊》，浙江人民出版社1982年版，第78页。

③《七大工作方针》，人民出版社1981年版，第6页。

④ 马尔克，今译作“马克思”。

⑤ 必卑尔，今译作“倍倍尔”。

⑥《朱执信集》上集，中华书局2012年版，第8—9页。

适巴黎”。“亚那尔卢叙[①]者，巴黎之名士，马尔克抵巴黎遇之。……相与组织一《德法年报》[②]。自此，马尔克始研究国家经济学，而探社会主义之奥窾，深好笃信之，于《德法年报》大昌厥词。既而《德法年报》中辍”。其后，马克思又在《前进报》（原译《进步》）上痛击“普鲁西政府”，因而遭到政府驱逐，再迁往比利时。马克思在巴黎时，“与非力特力嫣及尔[③]相友善。嫣及尔者，父业商，少从事焉。习知其利苦，乃发愤欲有以济之，以是深研有得。既交马尔克，学益进。马尔克既去法，嫣及尔亦从之北游，因相与播其学说于必律悉之日报间，言共产主义者群宗之。万国共产同盟会[④]遂推使草檄，布诸世，是为《共产主义宣言》[⑤]。马尔克之事功，此役为最。”由于“压制之甚”，《共产党宣言》在经过曲折后于1848年2月在伦敦出版，“时为法国二月革命之前十四日”。在法国革命的影响下，德国爆发了三月革命。虽然普鲁士国王派兵镇压，但“功不遂奏”。法国革命期间，“乃迎马尔克之巴黎而礼之”，“既而德意志之劳动者亦感于马尔克之说，起而与富豪抗”。马克思由巴黎重回德国，“创报名《新来因日报》，声振一时，且斥普王之无道而赞议会之租税拒否，益政府之怒”。1849年5月，“复禁其发刊而放其主笔”。第二年，欧洲大陆被白色恐怖所笼罩，“大索社会党，悉放囚之”。马克思被迫迁居伦敦，“与嫣及尔偕，终身不复归柏林”。[⑥]1883年马克思卒于伦敦，十数年后，恩格斯亦卒。

对《共产党宣言》和《资本论》有关内容的介绍和评价，是《德意志社会革命家列传》的主要内容。文章重点评价了《共产党宣言》。首先，朱执信指出，马克思之前的种种社会主义，都未能说出资本主义危害的根源，更没有找到一条废除资本、解决人民生活问题的好方法，只有马克思、恩格斯的《共产党宣言》既科学分析了资本主义之毒害之所在，

① 亚那尔卢叙，今译作“阿·卢格”。

②《德法年报》，今译作“《德法年鉴》”。

③ 非力特力嫣及尔，今译作“弗利德里希·恩格斯”。

④ 万国共产同盟会，今译作“共产主义者同盟”。

⑤《共产主义宣言》，今译作“《共产党宣言》”。

⑥《朱执信集》上集，中华书局2012年版，第9—15页。

又找到了“毒害”的“去之之道”。“前乎马尔克，言社会主义而攻击资本者亦大有人。然能言其毒害之所由来，与谋所以去之之道何自者，盖未有闻也。故空言无所裨。其既也，资本家因讪笑之，以为乌托邦固空想”，“夫马尔克之为《共产主义宣言》也，异于是。”①也就是说，在马克思之前曾经有不少“攻击资本”的社会主义思想，只是他们都是“空言”和“乌托邦”，只有《共产党宣言》所宣传的社会主义才是“科学的社会主义”，只是朱执信在文章中并没有明确提出区别于“空言”社会主义的科学社会主义概念。

其次，朱执信在《德意志社会革命家列传》中，正确地转述了马克思在《共产党宣言》中所阐释的阶级斗争学说和《资本论》的主要内容。文章指出：“马尔克之意，以为阶级争斗，自历史来，其胜若败必有所基。”文章还引用了《共产党宣言》中那段脍炙人口的关于阶级斗争的论述：“自草昧混沌而降，至于吾今有生，所谓史者，何一非阶级争斗之陈迹乎。”这段话可谓《共产党宣言》第一章首句“至今一切社会的历史都是阶级斗争的历史”②的最初中译文。文章还把《共产党宣言》的要旨归纳为十条：（1）禁私有土地，而以一切地租充公共事业之用；（2）课极端之累进税；（3）不认相续权；（4）没收移居外国及反叛者之财产；（5）由国民银行及独占事业集信用于国家；（6）交通机关为国有；（7）为公众而增加国民工场中生产器械，且于土地加之开垦，更时为改良；（8）强制为平等之劳动，设立实业军；（9）结合农工业，使之联属，因渐泯邑野之别；（10）设立无学费之公立小学校，禁青年之执役于工场，使教育与生产之事为一致。朱执信指出：“马尔克素欲以阶级争斗为手段，而救此蚩蚩将为饿殍之齐氓，观于此十者，其意亦可概之。”“《共产主义宣言》之大要如是。”③在行文中，他充分肯定了《共产党宣言》的理论和实践意义，认为“既颁之，家户诵之”。“马尔克既草《共产主义宣

---

①《朱执信集》上集，中华书局2012年版，第10页。

②《马克思恩格斯选集》第1卷，人民出版社1995年版，第272页。

③《朱执信集》上集，中华书局2012年版，第11—13页。

言》，万国共产同盟会奉以为金科玉律”。[①]此后，“颂美马尔克，诟病马尔克者，咸是焉归”，无论是颂扬马克思还是诋毁马克思，都归结于《共产党宣言》。今天看来，朱执信对《共产党宣言》原文的翻译虽然艰涩难懂，而且在很多地方也不准确，比如将“工人阶级”或“无产阶级”译作“劳动者”，将“无产阶级上升为统治阶级”译作“破治人治于人之阶级”，将“资产阶级的全部资本”译作“中等社会之资本”，等等，但他试图比较完整地把“宣言”的主要精神介绍给国人，这在当时可谓不同凡响。

朱执信在《德意志社会革命家列传》中还多次提到马克思的《资本论》。文章首先指出：“马尔克之他述作固甚伙，常与嫣及尔共著，学者宝贵之。而其学理上之论议尤为世所宗者，则《资本史》及《资本论》也。”接着文章对《资本论》的内容进行了简单但较客观的评介，并着重介绍了马克思的劳动价值论和剩余价值学说，透视出资本家剥削工人的本质。朱执信写道：“马尔克认为：资本者，掠夺者也。其行，盗贼也。其所得者，一出于朘削劳动者以自肥尔。”[②]这就把马克思的基本观点归结为：资本家像盗贼一样，是靠剥削劳动者以自肥的掠夺者。文章指出：“新机械之发明，资本家之利，劳动者之害也。工业改良益行，劳动者益困顿而已。古之奴隶不知己之程功，何时为自为，何时为为主人者也，惟命是从。今之劳动者，则何以异于是也。”[③]究竟如何消灭资本家对工人剩余价值的剥削呢？马克思认为，首先要通过无产阶级革命，使无产阶级自身上升为统治阶级，才能从根本上实现这一目的。朱执信虽然指出，“马尔克此论，为社会学者所共尊，至今不衰。”但他同时又认为，“马尔克所取救济之策则有两方：一为《共产主义宣言》中所举十条。一则为农工奖励银行之设置也。”[④]事实上，关于《共产党宣言》所提出的十条，马克思和恩格斯后来在《共产党宣言》1872年德文版序言中曾作

①《朱执信集》上集，中华书局2012年版，第13页。

②《朱执信集》上集，中华书局2012年版，第13—14页。

③《朱执信集》上集，中华书局2012年版，第15页。

④《朱执信集》上集，中华书局2012年版，第15页。

了明确的说明，指出："第二章末尾提出的那些革命措施根本没有特别的意义，如果是在今天，这一段在许多方面都会有不同的写法了。……这个纲领现在有些地方已经过时了。"[①]朱执信依然将以上"两方"作为消灭资本家对工人的剥削之法，显然他并没有真正领会马克思的原意。文章的最后，对马克思的《资本论》作了总结性的评价。朱执信指出："马尔克之为学者所长也，以《资本论》，然世之短之亦以是。"[②]一方面，"马尔克之谓资本基于掠夺，以论今之资本，真无毫发之不当也"；另一方面，"马尔克之言资本起源，不无过当，而以言今日资本，则无所不完也"。[③]他认为，在中世纪，资本家的原始积累并非都是掠夺所致，往往也从劳动中来，"既储蓄而后用之，以使所生产者多，是为资本之始。于是时资本家与劳动为同一人"。随着经济的发展，"资本家因其所得，益扩张之，发而愈多，遂成积重难返之势"，到了近世，"资本家益恣肆，乘时射利，不耕不织，坐致巨万。为细析其资本之所由来，恐自储蓄者乃无纤毫也，而其岁入则大半为盈利，小半为庸钱，虽欲不谓之掠夺盗贼，乌可得哉。"[④]也就是说，到了近代，资本家的财富纯为掠夺所得。朱执信的这种劳动积累起源论与马克思的资本原始积累学说几乎没有什么共同之处，反映他对于马克思的资本积累学说并没有完全领悟和接受。同时，朱执信也不了解必要劳动与剩余劳动的本质，未能把商品价值与劳动价值区别开来，进而把劳动和劳动力混为一谈。

在《德意志社会革命家列传》中，朱执信还以大量的篇幅介绍了拉萨尔，并将之与马克思进行了对比分析。文中说道，拉萨尔是犹太人，最初从拯救犹太民族脱离苦难的观念出发，"推其爱一族之念以爱全国劳动者，爰倡社会主义及共和主义"。年轻时的拉萨尔先"入于商业学校"，后"进入于布列斯罗与伯林之大学，修古语学及哲学"。"卒业，赴来因。后游巴黎"。苦于政府暴政，"巴黎民气渐昌，拉萨尔居之，因得纳交于

①《马克思恩格斯选集》第1卷，人民出版社1995年版，第258页。

②《朱执信集》上集，中华书局2012年版，第15页。

③《朱执信集》上集，中华书局2012年版，第16—17页。

④《朱执信集》上集，中华书局2012年版，第15—16页。

当代名人”，所以其“社会主义思想，多受自巴黎者”。1848年，马克思创办《新莱茵报》，拉萨尔曾参与该报编辑工作。这期间，他“犹专心共和，而求政治上自由平等，未知所以谋经济上自由平等”。[①]此后，拉萨尔努力创建德国工人组织，成立全德工人联合会，开展革命斗争。最终因“惑于一妇人，欲婚焉”，与人决斗至伤而亡。文章最后指出：“拉萨尔之倡说及运动，皆限于一国家中。承其流者，变本加厉，遂不肯与外国劳动者合。累居全德意志劳动同盟会长位者，又短于才，遂久不得发达。其后李卜尼希[②]及必卑尔等，自其党中别出为一派，颇宗马尔克，倡世界主义。至千八百七十五年，乃联合而大进步，是为今之社会民主党。”由此，“拉萨尔之言社会革命，不如马尔克言之之完也，而其鼓吹实行之功方正（力）之多。其然则不得不专致力于一部，而后其余。故其社会主义为国家的，不足怪也”。[③]文章认为，马克思似乎只是在理论上高于拉萨尔，而实行上则不及拉萨尔。至于拉萨尔与马克思的原则分歧，文章中则不甚了了。

同年，朱执信还写了《论社会革命当与政治革命并行》一文。这篇文章的主要内容，前文已作了比较详细的介绍，在此要说明的是，朱执信在这篇文章中虽然没有具体介绍马克思、恩格斯的文章和学说，但是，对于他们所描绘的共产主义则进行了科学的评价。他说：“夫往者诚有排社会主义者，顾其所排者非今日之社会主义，而纯粹共产主义也。”这种共产主义“谓今日不能行，吾亦不非之”。但是，“自马尔克以来，学说皆变，渐趋实行，世称科学的社会主义（Scientific Socialism）”。[④]这种“科学的社会主义”与以往的“空言”和“无所裨”的乌托邦有着鲜明的区别。这是朱执信在认识马克思主义问题上的又一个闪光点。

除了上述两篇文章以外，在辛亥革命前，朱执信还有多篇论著涉及社会主义问题。如1906年4月刊于《民报》第三号的《英国新总统选举劳

---

①《朱执信集》上集，中华书局2012年版，第17—18页。

②李卜尼希，今译作“李卜克内西”。

③《朱执信集》上集，中华书局2012年版，第25—27页。

④《朱执信集》上集，中华书局2012年版，第47页。

动党之进步》，1906年5月刊于《民报》第四号的《北美合众国之相继税》、《从社会主义论铁道国有及中国铁道之官办私办》，1907年7月、9月刊于《民报》第十五至十六号的《土地国有与财政》等。

在《英国新总统选举劳动党之进步》中，朱执信明确指出："夫社会的运动，所以必于政治上者，固各因于其国之状态，而要之则以阶级斗争之不可无所藉手也。社会的运动，以阶级斗争为本据。然后持劳动阶级之利害较衡之，以求得之于资本家阶级。是以无社会上之力，不足以济之。社会力固不齐，而政治上之力亦其一也。"每一种政治力量，要想取得政治上之成功，都取决于"阶级固有之力助"，劳动阶级在政治上之所以成为"团体"，是因为阶级斗争"势宜然也"。[①]在此，朱执信对阶级斗争学说的评介与在《德意志社会革命家列传》中关于阶级斗争学说认识一脉相承。不能不指出的是，朱执信对阶级斗争的认识，以及用阶级斗争学说分析国际国内时政的观点，无疑深受马克思主义的影响，在这一方面，他比孙中山还前进了一大步。虽然孙中山也承认贫富差距和对立，但对于贫富阶级的分野缺乏明晰的认识，有时甚至认为只是"大贫"与"小贫"的矛盾，而对以阶级斗争为手段进行社会革命更是讳莫如深。当然，在该文中也反映了朱执信对于英国劳动党（工党）的不了解。该党并不是一个以科学社会主义为指导而代表工人阶级利益的政党。他还期望英之劳动党继续增加议员，以最终取得政权，认为"就英国之社会而观，则其为社会革命，有视他国易者。资本家与劳动者不相恶，而调和之事习行，其争不必出于同盟罢工，亦不必骚动，而其福利可坐致。从之，双方为协议。纵有不调中止，亦不过稍待而已，不出危险之手段也。夫阶级竞争之结果使富族栗栗然，恐让步犹不得也，遂坚持之。英则此现象较鲜，然则劳动者所行受阻较轻也"[②]。这些都体现了朱执信对英国的社会状况以及资产阶级议会斗争的模糊认识。

在《北美合众国之相续说》中，朱执信以美国总统罗斯福主张征收"相续税"（遗产税）为题，认为这是"资本家势力最盛之美国"显现

①《朱执信集》上集，中华书局2012年版，第33—34页。

②《朱执信集》上集，中华书局2012年版，第35页。

"美洲社会革命"的先兆。因为"相续税"是"间接税"中"财产无偿移转税"之一种，"凡社会主义者率赞之"。如果财产的集中"仅止于一代，则数年后身死，财分而不复聚"，"一方集之，一方散之"，"旋死旋散，是富终于均也"。故取消继承关系，则"无富之集中之患，明也"。反之，如果保留继承关系，"纨绔子弟，席旧业，无举手投足之劳，而享有百万，因利用之，使富益集中于少数人之手"，则会造成"社会之苦痛"，这将无益而有害于今日社会，只是相续税施行太久，一时难以取消，"不得不求所以杀其弊害之法"，所以近世不少"财政学者，亦皆主张相继税"，但又不止于此，应以"累进税法施之"。照此之法，虽然不能"使其富全不集积"，然而"其富每移转而削其一部，其富愈大，所削愈多，故其富人之集积，一遇转移，即复被削，其相续愈频繁，则所削愈多。故富之集中，不全止息，而其势之促，亦逊于前矣"。同时，其"所削之部分""归于国库"，可以减轻一般人的负担，"进其福利"，"间接使富平均"。文章特别规劝那些富裕的资本家不必反对这种做法，强调"富家若为反对于此，则大误者也"。文章指出："凡社会主义之运动，其手段诚为阶级战争，而其目的则社会全体之幸福也。故虽社会革命以后，今之富者，苟不自为蠹贼以取祸，则其一己所享之康宁豫悦，何减今日"，而且这种"康宁豫悦""非己所私，而众所同"，其享之有安无危，有和乐而无怨恨，与社会革命前相比，"谓之胜前千万可也"。这是社会主义的共同目标，"凡社会主义所建树者，率如此"。那些"不忍一时之苦痛，而舍永久之康乐，安于惨酷之组织，聊自为娱，惟恐失之"的人，"皆鼠目寸光之类也"。基于以上这些理由，文章认为，美国富裕者中之"有智者"，必定不会反对"罗氏之政策"。[①]在《德意志社会革命家列传》中，朱执信特意介绍过《共产党宣言》中的十条纲领，并特别为征收高额累进税和废除继承权这两条作注，表现出他对此有着特殊的兴趣，此文是其延续，不仅表达了他力图以马克思主义学说的某些内容作为其分析问题依据的努力，而且在本文中朱执信还把征收高额累进税视为所有社会主义者赞成的"均贫富"的办法和社会革命的预兆。

---

①《朱执信集》上集，中华书局2012年版，第36—38页。

在《从社会主义论铁道国有及中国铁道之官办私办》一文中，朱执信对其铁道国有论的要点进行了概括，即“（一）铁道国有者，以抑制私营自然独占事业者之专横而达社会上目的，以铁道经营之权归属于国家及公共团体之政策也。（二）国家及（公）共团体之经营此者，以为公共设备而参以官业之性质者也。（三）官办铁道者，以之为收税之一方法，即财政学上所谓准公共经济之事与铁道国有性质上不同者也。（四）商办铁道者，反于铁道国有论之精神，然当不得已而行之时，则宜施最严之公共监督，以杀其专横者也”。他指出：“又此所谓铁道国有论，社会主义者之铁道国有论也。其他以军事上、财政上、经济上利害而言铁道国有者，如其说则国有者诚无异于官办”。[①]所谓“国有”，就是“以其经营之权归属于国家或公共团体之谓也。国有铁道之政策，以国家掌握其全国各线路之经营之权利为目的者也”。从世界看，各国对于铁道的政策无非两种主义：“曰英美主义，曰大陆主义。”英美自来“皆采放任之策，故其铁道无国有者”，“欧洲大陆诸国率采铁道国有之政策”，“日本，自来国有、民有之铁道相参杂，至今岁始提出铁道国有法案”。总之，“铁道既国有，则凡独占事业专横之弊悉去。故其对乘客及运货者，运费得廉，设备得固。其对职工保护得完全。要之，使一国之人民，皆得食交通机关之益，而不受其害也”。“国家故非恃铁道以谋收入之增进，其经营皆以适应社会之需要而止。不如资本家经营之惟利是视也。其有收益为国家之饶，亦即以为国民之福利，不如资本家之获益以扩张其势力”。“铁道国有之社会上真之利益也”。[②]这篇文章是朱执信从社会主义的角度论述中国铁道国有的代表作。

《土地国有与财政》是一篇论战性的文章，主要是批驳梁启超反对土地国有的观点，文章副标题是“再驳《新民丛报》之非难土地国有政策”。文章试图以“土地国有之本源”阐释问题。文章的中心思想是维护土地国有论，特别是土地单税论。文章强调，近世学者对于土地国有的非难，大都从管理方法等方面立论，而“不能探土地国有之本源以立反

①《朱执信集》上集，中华书局2012年版，第39页。

②《朱执信集》上集，中华书局2012年版，第43—45页。

对之论据”。总体上看，随着文明的进步，地租日益增加，土地却为少数人所独占，对此理想的“救治之术”是“令其渐增之益归之于社会全体”。这也是亨利·乔治的“土地单税之说所由贵”的原因。接着，文章分五个部分，即“驳洛克氏之说”、“驳中国田赋岁征不及四千万”、“驳中国地税不加额不可得四万万之说”、“驳地租总额不过六万万之说”、“驳土地收入不足供国用之说”，从不同角度对梁启超的论点进行了一一驳斥。这篇文章没有写完，从已经发表的看，主要是为亨利·乔治的单税论及其在中国的运用进行辩护，进而论证资产阶级革命派土地国有主张的正确性，强调梁启超所引用的“洛克氏之说”，“可以为英之耕作地单说反对论，而不能为英之土地单税反对论，尤断不能以之推倒土地单税论之根源”。“梁氏于中国地税、田赋、征额、实征、实收之五者之区别，既混淆不清”，又“以其杜撰的论法臆定中国地租总额”，等等。总之，文章从“土地国有之本源”问题切入，试图借鉴土地单税论，采取核定地价、公债收买、涨价归公这种和平而渐进的方法，最终实现土地国有。虽然，这篇文章回避了“土地国有”的暴力方式，但其文章中所体现的对社会主义国有论的向往则明白无疑。

朱执信在《民报》上对马克思主义学说的评介，几乎涉及了马克思主义三个基本方面的内容，为当时中国人全面深入地了解这个伟大的学说提供了不少有价值的材料，不仅使中国人（主要是知识界）知道了马克思主义是不同于以往“空言”社会主义的“科学社会主义”，比较详细地了解了马克思主义创始者马克思和恩格斯的生平，了解了《共产党宣言》和《资本论》中的部分内容，而且使中国人对马克思和恩格斯及其学说的认识更接近于真实和完整。这些介绍和评价虽然不系统，而且也有一些不当之处，但仍有助于时人及后人同情与向往甚至选择马克思主义，进而为后来马克思主义在中国的广泛传播减少了思想阻力。对于朱执信在马克思主义早期传播中的贡献后人多有论述，除了本节一开始提到的毛泽东的评价外，后人在悼念他时曾称之为“犀利的革命理论家”、“政治经济学家”。[①]同为同盟会会员的何香凝更是明确说道：“朱执信是同盟

① 参见邹鲁编著:《中国国民党史稿》第6册,商务印书馆1938年版,第1562页。

会中真正研究马克思主义的人”，“如果他还健在，他很可能是坚决信仰马克思主义的。”①

1906年朱执信从日本回国，他的主要精力投入到资产阶级革命实践之中，是孙中山的重要助手之一，也同孙中山等资产阶级革命家一样，既体悟了革命胜利的喜悦，也经历了革命失败的挫折。受十月革命的影响，五四前后中国思想界再次掀起了介绍和传播马克思主义和社会主义的热潮，朱执信在这段时间内也撰写了大量的文章，继续着他对马克思主义和社会主义的介绍和宣传。只是，这已不在本书所论及的范围。

（三）廖仲恺（1877—1925），中国资产阶级杰出的政治活动家、宣传家和翻译家，原名恩煦，又名夷白，原籍广东省惠阳县，出生于美国加利福尼亚州之旧金山市一个华侨家庭，1893年回国。1902年他东渡日本留学，先后毕业于早稻田大学经济预科、中央大学政治经济科，这期间，结识了一批中国资产阶级革命者。1903年他参加了孙中山领导的革命运动。1905年，廖仲恺参加了同盟会，担任同盟会总部会计长，深受孙中山的倚重与依赖，既是孙中山革命活动的得力助手之一，又是孙中山三民主义特别是土地纲领的积极阐释者和宣传者。

廖仲恺加入同盟会以后，即投身于三民主义的阐发和宣传之中，为《民报》翻译了一系列有关社会主义的文章。比较有名的几篇是《进步与贫乏》、《社会主义史大纲》、《无政府主义之二派》、《无政府主义与社会主义》、《虚无党小史》等，这些文章都是从欧美、日本学者的论著中节译的，内容涉及社会主义的诸多流派。其中，较集中地评介科学社会主义以及无政府主义与社会主义的，是《社会主义史大纲》和《无政府主义与社会主义》两篇文章。与当时其他人不同，廖仲恺对西方社会主义的介绍只译不著。一是他认为，自己“学识浅陋，言不成章”；二是他“深恨近人”“活剥他人所有，以为己说”的做法；三是他认为“今日尚在研究时代，自不欲发表意见，始俟他日”。不过，就是这些译文也在一定程度上反映了廖仲恺当时的思想状况。

《社会主义史大纲》1906年9月5日刊载于《民报》第七号，廖仲恺

① 何香凝：《我的回忆》，《辛亥革命回忆录》第1集，文史资料出版社1981年版，第31页。

署名“渊实”。该文为节译于美国学者柏律氏[①]《社会主义手册》中的一节。文章标示旨趣云：“此篇为W.D.P.Bliss所著《A Hand Book of Socialism》之一节。柏律氏为基督教社会主义者，故与麦喀氏、英盖尔[②]等其观察之点，不无少为异同。然吾人为初学之研究，则正乐得有所比较，而提揭短长也。爰介绍之于我国学界、读者，幸与《万国社会党大会小史》对照之可也。”[③]

《社会主义史大纲》对社会主义的历史，以及近世社会主义运动发生的原因进行了考察，认为“苟论社会主义者，不溯于十九世纪以前，则终不能得其真理解”。实际上，“社会主义者，实与人间社会自太古以来同生同长”。希腊之雅典的政治体制，“希伯莱之神权政治，更多为社会主义者若奉行”，“及基督教时代，原始教会亦企行共产制度。即中世之僧庵制度亦多为均财者。宗教改革之前后，倡言者亦多”。[④]这些都是“十九世纪以前社会主义”的萌芽。“若考近世社会主义之起原，则有如颉德（Kidd）所著《社会进化论》云：‘社会之发达，在于爱他心之冲动，’是实立于社会主义之背后而初发其神髓者。”欧美在产业革命后，生产力有了大发展，但“生产机关不得不全伏于资本之腋下，为是劳动阶级全被颠倒于富有阶级之中乎？富者则泰山河海不择不让，日形其大，日见其高。贫者欲求其善居室，则如海上神山，至辄被风引去……日域于绝境，而怨气冲天。社会内部惨杀无日，于是乃有胞与为怀者出焉”，捧出一颗滚烫的爱心，为穷人请命，于是“社会主义乃新登世界之舞台”，“故社会主义者，为人道而运动，决非对于富贵者，而为贫乏阶级抱不平也”。归根结底，社会主义的出现，实为“过去百五十年间自产业上大革命所生意外之结果也”。[⑤]

---

① 柏律氏，今译作“布利斯”。

② 麦喀氏、英盖尔，今译作“马克思”、“恩格斯”。

③ 林代昭、潘国华编：《马克思主义在中国——从影响的传入到传播》上，清华大学出版社1983年版，第177页。

④ 林代昭、潘国华编：《马克思主义在中国——从影响的传入到传播》上，清华大学出版社1983年版，第177—178页。

⑤ 林代昭、潘国华编：《马克思主义在中国——从影响的传入到传播》上，清华大学出版社1983年版，第179—180页。

《社会主义史大纲》指出："遭新运会所产之骄儿社会主义者，其运动之方面亦至不一也。概言之则其中所含分子有三焉：有以个人之自由为目的者，有欲组合产业上之协助同志会（Coperation）为可能者，有欲扩张此协助会举全社会之兄弟为完全康乐和亲之一组织体者，其第一之分子，自法国始。第二之分子，自英国始。第三之分子，自德国始，法国之革命以个人之自由为目的者也，罗伯阿文及英国之基督教社会主义者，则从事于教说相助同志会之利益。黑智儿、非希的，拉萨尔、麦喀氏等则发展此理想的国家者也。"[①]文中在考究社会主义历史时，还对古代、近代社会主义的代表人物作了介绍，提到的人名包括柏拉图、欧文、圣西门、拉萨尔、巴枯宁、马克思等。文章提出，马克思、拉萨尔、巴枯宁等所传社会主义之哲学思想均发源于黑格尔。译文指出，法兰西革命的爆发，其缘由和目的起初并非为社会主义，但是其结果则"适以增长社会主义"。英国自斯密出版《原富》一书后，"经济上即生一大革新"，特许贸易、限制贸易、保护贸易之制度渐次废止，"遂得一致之效果"。到18世纪初，英国和法国则发挥了"为社会主义之准备而调和"的作用。其中"社会主义实际之起原者"，首先见于欧文在纽拉纳克（New Lanark）工厂区的管理改革，及其提交国会的"理想村落之提案"；其次见于圣西门梦想的"科学的教会以救济贫民为其生涯者"；再次见于黑格尔、费希特的与基督教相通的"国家之哲学"。由于其哲学不能容于"当时之教会"，遂生出拉萨尔、马克思辈之"物质运动者"。[②]

《社会主义史大纲》还对近世社会主义诞生的标志及其时期划分进行了分析。文中指出："近世所谓社会主义者，若欲确定其新纪元，则当云始自一八一七年"[③]。因为在这一年，欧文提出了社会村落制，圣西门经过研究确立了社会主义方针，蓝孟耐则公开出版了阐述其基督教社会主

① 林代昭、潘国华编：《马克思主义在中国——从影响的传入到传播》上，清华大学出版社1983年版，第180—181页。

② 林代昭、潘国华编：《马克思主义在中国——从影响的传入到传播》上，清华大学出版社1983年版，第180—181页。

③ 林代昭、潘国华编：《马克思主义在中国——从影响的传入到传播》上，清华大学出版社1983年版，第177页。

义的第一部专著，故“近世社会主义者谓此年为五星聚东井云”。近世社会主义运动，以法国大革命为界标，可划分为五大时期：

第一，自法兰西革命以后，至于一八一七年为消极时代，亦曰准备时代；

第二，自一八一七年至于一八四八年为成形时代，或曰理想时代，其代表者为欧文、圣西门、傅立叶等，均为理想的计划；

第三，自一八四九年至一八六三年为反动时代，或云休息时代；

第四，万国劳动者同盟时代自一八六四年设立于伦敦，至于一八七二年海牙大会，社会主义者与无政府主义者之分离；

第五，社会民主主义运动时代自万国劳动者同盟之解散，而德意志以外诸国均于一八八〇年以后始现活泼动机。①

文中指出：在第一时代，“世人只渴望个人之自由，殆不知如何而后可达其目的。当其时，黑智儿、非希的等，虽表其理想，佛礼儿著《华胥国》，发表其不思议之梦，然于政治上无何等之效果。但英国于一八〇二年始着手改良产业的立法，而罗伯阿文亦始决计于实行，与亚丹斯密之经济论均于此时代有大特色者也。”在第二时代，欧文、圣西门、傅立叶以及拉萨尔等“皆相率而入梦境，汲汲然实际经营其理想的社会，于法、于英、于美。各建设多数之殖民地，以实行其乐土。然为道日损，图始为难。失望又失望之余，风雷鸡鸣，遂唤醒群公之迷信。拉萨尔、麦喀氏、英盖尔等导其先路，遂成一八四八年之《共产党宣言》”。其后，社会主义犹“洪水也，一决其堤，浩浩滔天势莫能御”，于是“一八四九年乃有政治的及社会的革命之爆发”。接着，“欧洲社会主义之光之声暂暗暂歇，此为第三之时代。此时代，中论者譬之为淡云微雨云”。及第四时代，“一八六四年万国劳动者同盟设立于伦敦。主此同盟者为麦喀氏，其宣言书之结尾绝叫曰：‘万国之劳动者团结！’入梦之夜已去，实行之日方来”。此后“革命的社会主义遂如洪水时至泛滥大陆”。“然大陆诸国，其经济上产业上之发达各异其度。故其同盟，亦各因其国情而为

① 参见林代昭、潘国华编：《马克思主义在中国——从影响的传入到传播》上，清华大学出版社1983年版，第181—182页。

种种之形式”。“于英伦仅有劳动协会，及其知大陆别有事焉则脱籍而去。于日尔曼则有国家的社会主义。其他诸国都属于巴枯宁之势力范围，混合无政府主义之行动”。由于无政府主义的泛滥，“麦喀氏辛苦经营几为之破釜沉舟”，于是“一八七二年海牙大会，遂不得已而为解散之举”。“万国同盟实因之后活，社会主义亦因之得救”。第五时代，即现时代也。“自社会主义与无政府主义分离以后，惹起热心者之研究，静观休美改良组织”。“自一八八〇年迄一八八三年之间，全然脱无政府党之习气，渐进而取建设的、进化的政治的之有机体，自此以后或得达其共同之目的，而不感何等之损害，不用何等之破坏，未可知也。然而社会民主主义则于此时期，已为流行固有之一名词矣”。以上各发展阶段表明，“社会主义之运动，为国民的同时而为万国的”。“万国劳动者同盟为万国联合运动之第一步。近年所开诸万国大会，则有步步引人入胜之观”。①

在清末民初，像《社会主义史大纲》这样详细地介绍社会主义发展历史的还不多见，同时该书还提到《共产党宣言》及其末尾的“万国之劳动者团结！”（即“全世界无产者，联合起来”），并认为马克思主义是“革命的社会主义”。除此以外，书中对于马克思主义的介绍几无其他引述，可见书中对马克思主义的介绍极为粗浅。

1906年11月15日《民报》第九号，廖仲恺发表了另一篇重要译文《无政府主义与社会主义》，他署名仍为“渊实”。该文也是美国学者柏律氏《社会主义手册》另外一部分内容的节译。文章对当时世界上之三大主义——社会主义、无政府主义、虚无主义及其内部派别分野作了较系统的介绍。

廖仲恺首先在这篇译文的“译者按”中指出：“现世界之革命者有三大主义”，即“一、社会主义 Socialism，二、无政府主义 Anarchist，三、虚无主义 Nihilism”，“其学说，其历史，其派别，其运动，各各不同”。然后，译者声称：“深喜研究其真相，并拟一一绍介之于学界。但恨学识浅陋，言不成章。故立志专译泰东西各国名著，以导我先路，其

① 林代昭、潘国华编：《马克思主义在中国——从影响的传入到传播》上，清华大学出版社1983年版，第182—183页。

外不著一字。其所译者，意旨字句，译者自当负其责任”。[1]希望以此达到较为客观地把这些主义介绍给学界的目的。

这篇译文站在社会主义的立场上对无政府主义与社会主义的异同进行了较为深入的比较和评析。文章指出：“无政府主义有二派……其一曰个人的无政府主义，有时亦名曰，哲学的无政府主义……其二曰，共产的无政府主义。”[2]文章认为，无政府主义与社会主义相比“全为异质者”。因为“无政府主义之哲学的根据，在个人之主权。夫社会主义，若论实际，则比无政府主义，更可信其确保个人之自由，然其个人主权论，则两自秦越，毫不相关。社会主义者，以无政府主义者所渴望，不过哲学的空想。如梦游华胥，非不美也，却鲜事实之根据何？社会主义者，善自思惟，以为吾人入世，必生长于一种族、一社会之中。无论何人决不能外此事实而生存。故社会主义者，自此事实之认识而出发改良其制驭此社会组织者，而与人自由。彼无政府主义者，徒欲抹此事实，不惜一拳碎黄鹤楼以求之。夸父逐日，则何以哉！”“社会主义与无政府主义，其哲学已有如斯相异之点，故其手段，更为背驰。”社会主义者主张，“为欲得自由宜利用国家，无政府主义者则欲废绝国家”；而无政府主义则认为，“政府者强个人使屈从于他人之意志者也，国家者一人或一群之人于范围内占有全人民之代表者，或主人翁之权利，主张行动有侵略主义者”。“社会主义者，则不容认是等之定义”。[3]“社会主义者，无论在于何国，均服从法律，维持政府，尊重生命，为政治的运动。无政府主义者，则不论至于何国均轻蔑政治，破坏法律，倾覆政府，戕贼生命，搅乱平和。故社会主义者，尚平和、守秩序、博爱事业也；无政府主义者，则蔑视一切，肆行破坏质直之自己主义也。”[4]在社会主义传入中国

① 林代昭、潘国华编:《马克思主义在中国——从影响的传入到传播》上,清华大学出版社 1983 年版,第 184 页。

② 林代昭、潘国华编:《马克思主义在中国——从影响的传入到传播》上,清华大学出版社 1983 年版,第 184 页。

③ 林代昭、潘国华编:《马克思主义在中国——从影响的传入到传播》上,清华大学出版社 1983 年版,第 185 页。

④ 林代昭、潘国华编:《马克思主义在中国——从影响的传入到传播》上,清华大学出版社 1983 年版,第 186 页。

之初，一方面，人们对"什么是社会主义？什么是无政府主义？"等是搞不清楚的，无政府主义往往被当作社会主义来理解，在这样的大背景下，该文能够认识到两者的区别，而且基本准确地把握了无政府主义的本质实在是颇为难得的。另一方面，文章中还明显地表露出了对巴枯宁无政府主义的厌恶，这一点则更值得称道。《社会主义史大纲》曾指出："此之破坏之信徒巴枯宁者……尽力于传'全破坏'（pandestruction）之福音。以外不复知有何物。彼乘风纵火当之则烧，驰骋于拉丁诸国（法、伊、比等）率万国同盟悉投入无政府主义之涡中"，"麦喀派岂忍弃此大事业也"。[①]基于这样的认识，《无政府主义与社会主义》一文接着说道：巴枯宁之无政府主义"实社会主义所厌恶者也"，社会主义与无政府主义在"如何近于共产主义"，"如何深望个人之自由"方面，"于欲得之方法，两者之间，真有黑暗与光明之别矣"。于是在海牙大会后，"麦喀氏（Marks）与巴枯宁互率其党，分社会主义与无政府主义之二大军。自此以后，二党相提携共事者无矣。哀梨（Ely）教授曰：'社会主义到处与无政府主义相激战。社会主义者势力巩固处，则无政府主义即不免仅延残端。'"。"社会民主党之大会，每遇有无政府主义者，必除其名。一千八百九十一年，比律悉之万国社会党大会，有除名者，一千八百九十三年徂利希（zurich）大会亦有之"。[②]

除以上两篇代表性的集中谈论社会主义的译文外，值得一提的还有《进步与贫乏》、《无政府主义之二派》、《虚无党小史》等译文。这些译文，在其论述过程中，或多或少地涉及社会主义内容。

《进步与贫乏》一文载于1905年11月出版的《民报》第一号，系英国亨利·乔治所著的《进步与贫乏》的一部分，廖仲恺署名"屠富"。这篇文章前文已有涉及，在此只稍作补充。该文指出："试思土地私有，而时当物质进步，地价之腾涨靡穷，所生情景，果当何若？诚见租愈贵，庸

① 林代昭、潘国华编：《马克思主义在中国——从影响的传入到传播》上，清华大学出版社1983年版，第183页。

② 林代昭、潘国华编：《马克思主义在中国——从影响的传入到传播》上，清华大学出版社1983年版，第187—188页。

愈贱而外更无足道。故从名学上言之，则外籀明示此原因，必生工业上不时之厄塞，而内籀证其结论。更总览前者所分析，则于私〔土〕地私有制度之下，将无论人口之增加几何，物质进步所必收之效，惟有驱劳动者于忍饥待死之乡已耳！”文中还提出了救贫之法：“盖救贪〔贫〕乏于无穷，而防庸之倾于不能藉为生活之点者，莫有以土地归公若也！”①虽然是译文，不过透视这篇译文一方面可以部分地看到廖仲恺本人关于土地国有、平均地权的某些思想源流，另一方面它也在一定程度上表述了同盟会解决中国社会问题的基本方案。

《无政府主义二派》一文发表于1906年10月出版的《民报》第八号上，译者署名“渊实”。从标题上看，这是一篇专门讨论无政府主义的文章，但廖仲恺翻译这篇文章的动因却是将无政府主义同社会主义进行比较。在译者按中，廖仲恺说，此篇译文选自日本久津见蕨村的《欧美之无政府主义》一节，将其与前文所述美国学者柏律氏的著作进行比较，“不无矛盾”。柏律氏“原为社会主义，且属于基督教的社会主义（此派为社会主义中最温和者）”，是局内人，久津氏是从事社会主义研究的局外人，二人的政言“相去甚远”。这种情况更有利于作比较研究。译文将无政府主义分为两派，一派以施蒂纳的“非基督主义”、韦希代的“基督主义”和尼采的“进化主义”作为代表，主张以“个人之发现进步”实现无政府主义；一派以蒲鲁东的“集产主义”、巴枯宁的“破坏主义”和克鲁泡特金的“共产主义”为代表，主张“以社会经济之改革”实现无政府主义。前者“以个人为主”，强调人的“内部之修养”，注重理论；后者“以社会为主”，强调人的“外部之改革”，注重行动。②译文还对上述两派的理论学说和党派纲领进行了比较叙述，强调“社会的无政府主义”主张土地、动产及不动产等归于“社会所有”；生产归于“致力于生产事业之团体，为全体所公有”；社会作为经营一切事业之“最大团体，故总一切所有之物，均为社会所有”；消费“定社会全体中人之共通平等，决不使二三私人得多消费”；物价由社会定之，“决无可妄为变更

① 尚明轩、余炎光编：《双清文集》上卷，人民出版社1985年版，第3—4页。

② 尚明轩、余炎光编：《双清文集》上卷，人民出版社1985年版，第16—17页。

者”；男女自由结婚或离婚，其所生子女“社会可教育之，不得专委任于父母”；财产、土地、矿山、通信机关、生产机关等“一切社会所有之业，任各个人自由使用”；“私有财产废止”；政府、军队、立法等机构“尽行废止”。“个人的无政府主义”认定国家乃是一种“强制之力”，它“使人服从”，是“剿灭吾人之自由”之物。强调个人“以绝对之自由，相互联合，毫不被他人之干涉、强制”；根据各自能力所得之财产，“可属于个人所有”，个人之间“各自互尊敬其自由，无敢有私其一己者”；“人人不侵人，即人人不爱人，无爱非无爱，非非无爱，对待之界已消，是谓大同”。[①]以上所述，使人联想到前述《无政府主义与社会主义》一文，尽管廖仲恺解释说，二者分别出自东洋人和西洋人之手，且所论相互矛盾，但其所描述的无政府主义，都是区分为所谓个人的或哲学的无政府主义与社会的或共产的无政府主义。前述译文多从哲学上和手段上立论或比较，《无政府主义二派》则注重从经济学说方面加以说明，对无政府主义主张的介绍，突出的是经济方面的内容，从而拓展了人们对无政府主义理解的视域。[②]

《虚无党小史》一文1907年1月和10月连载于《民报》第十一、十七号上。译者署名“渊实”。“译者按”说，此文出自日本文学士、早稻田大学讲师烟山专太郎的原作《近世无政府主义》第三章“革命运动之历史”。该书被称为“东邦之虚无党信史”。廖仲恺也说：“得读虚无党信史，实自斯篇开始。”译文分两个时期介绍了俄国虚无党的历史。第一个时期是19世纪初至1863年的文学革命时代。文章指出，在这一时期，先是尼古拉一世的专制统治，对“民党”进行“钳制”。随着“日尔曼之唯物论”一类的外国新思潮的传入，俄国便生出各种思想和政治派别，其中就包括“虚无党之鼓吹者巴枯宁”。稍后，当时流行于欧洲各国的圣西门、傅立叶和欧文等人的社会主义也输入俄国，影响甚大。由此，社会革新思想逐渐蔓延。到亚历山大二世时期，推行新政，思想禁锢松动，

① 尚明轩、余炎光编：《双清文集》上卷，人民出版社1985年版，第19—21页。

② 参见谈敏：《回溯历史——马克思主义经济学在中国的传播前史》上，上海财经大学出版社2008年版，第521—522页。

俄国留学生又从德意志等国输入唯心主义哲学和费尔巴哈等人的“唯物论无神论”。一时间唯物论风靡于俄国，思想界一变而“集于唯物主义之旗下”，新闻出版领域“群倡唯物论、无神论”。除此以外，思想界还有人“别树赤帜”，专门研究“生计上生活”，声言代表农民利益。如有一派社会党主张“身体宜自由”、“土地宜均分”、“财产宜共有”。总体上看，这个时期俄国思想界所信奉的宗旨，甚为芜杂，尚未明了“西欧革命党各派所持主义”，“每有混立宪思想、民族主义、社会主义为一谈者”。第二个时期是1803年至1877年的游说煽动时代。它以1871年为界，又分前后两个阶段。在前一阶段，由于“西欧诸国，有麦喀氏、巴枯宁者，唱导社会主义、无政府主义，风动一时”，那些逃亡西欧国家的俄罗斯革命党“群集附和”，出版发行各种刊物鼓吹革命论和无神论，“其势颇猖獗，青年学生大受其影响”。1868年，巴枯宁组织“社会民主党万国同盟会”，受其影响者誓言“废从来之平和的革命主义，而采用阴谋暗杀之铁血主义”。由于这一时段，俄国加强了中央集权统治，革命党和虚无党的势力遭到沉重打击。后一阶段，虚无党加强了宣传活动，输入“麦喀氏之资本论（Kapital）”等人的著述。革命党在反省其失败原因的过程中，涌现出普列汉诺夫一类的代表人物，“另起炉灶，专持武器，反抗政府为其目的”。总之，在这个阶段，革命党之运动“渐以增加”，而政府对其亦“渐极酷烈”。①在当时，有关虚无党的情况在资产阶级革命者的文字中并非少见，但像该文这样系统地介绍俄国虚无党的则不多见。

辛亥革命后，廖仲恺任广东军政府总参议，兼理财政，并积极参加了孙中山领导的反袁斗争。1913年二次革命失败后，他又随孙中山去日本，参与组建中华革命党，任党的财政部副部长，协助孙中山奔走于上海、广东等地，从事反袁、护法的斗争。在筹措革命经费的活动中，廖仲恺作出了很大努力，为孙中山的得力助手之一，而在这段时间里，对于社会主义的宣传和介绍则少见笔端。

（四）宋教仁（1882—1913），中国资产阶级杰出的革命家和政治活动

---

① 参见谈敏：《回溯历史——马克思主义经济学在中国的传播前史》上，上海财经大学出版社2008年版，第522—523页。

家，湖南桃源人，字钝初、遁初，号渔父。他早年入漳江书院学习，所受的是传统的封建教育，1903年入武昌一所普通中学堂，喜欢议论时政，逐渐萌生革命思想。1904年，宋教仁开始从事革命活动，与黄兴等在长沙创立了革命团体华兴会，并参加了湖北省第一个革命小团体——科学补习所，因谋于湖南起义失败而逃亡日本，留学东京。他创办了《二十世纪之支那》杂志，促进了同盟会的成立，被推举为同盟会司法部检事长和《民报》编辑，做了大量的宣传和组织工作，是同盟会的核心骨干之一。1911年1月，宋教仁回到上海，担任《民立报》的主笔，并与谭人凤等在上海组织成立了同盟会中部总会，积极筹备在长江流域发动革命。民国成立后宋教仁任法制院院长，临时政府北迁后，他改任农林总长，不久辞职。之后，为实现其政党内阁的政治理想，为在国会成为多数党创造条件，在宋教仁主持下，同盟会改组为国民党，宋教仁担任理事，代理理事长。1913年，他因国民党在国会选举中获胜而北上，被袁世凯派人刺杀于上海火车站，由此引发“二次革命”。在清末民初这段时间里，这位杰出的资产阶级革命家，对当时甚为流行的社会主义思潮也进行过一定的研究与传播。

据宋教仁日记记载，他最早接触到宣传社会主义的刊物是日本早期社会主义革命活动家创办的报刊《直言》，从中窥察到日本国内社会主义运动已蓬勃兴起。1906年初，宋教仁与日本早期社会主义者宫崎民藏（宫崎寅藏之兄）相识。1月1日记道：“晨起，与张溥泉、何晓柳、田梓琴共小饮，良久，讫。巳正，遂偕至宫崎滔天家贺年，晤得滔天兄宫崎民藏，日本之社会主义者也，谈良久。”1月18日写道：“戌初，至宫崎滔天家，滔天未归，晤其兄民藏，谈良久，出其所著《人类之大权》一书观之，言平均土地之说者也。”4月18日记道：“二时，前田氏邀余往宫崎滔天家，余因无聊独居，思一散步，遂从之。既至，得晤滔天及其兄民藏，民藏氏言明日当离京往各处游说，广布社会主义云”。[①]他还通过宫崎民藏结识了俄国流亡者、民粹主义者彼尔斯特基。彼尔斯特基当初倡行民主主义，但后来观察欧美诸国人民并不自由，而且社会问题很多，乃思

① 陈旭麓主编：《宋教仁集》下，中华书局1981年版，第560、565、598页。

有所改良，谋政治革命、社会革命于一役。彼尔斯特基对宋教仁说：“革命之事不可从一方面下手，专讲政治的革命必不能获真自由，专讲社会的革命亦必不能获真自由，必二者俱到，然后自由之权利可得，而目的可达也。又云己向来系极专主张民主主义的，然观之于美国，民主国也，而其人民仍不自由也；法国，亦民主国也，而其人民亦不自由；日本、英、德诸国，其人民于政治上之自由，未尝不获多少也，然社会上之不自由，乃益加甚矣。故余近年所主张者，较前稍变，实兼政治、社会（上）<两>方面并欲改良者也云云。”[①]这一思想对宋教仁的影响很大。此外，宋教仁还受到了另一位早期社会主义活动家和宣传家幸德秋水的影响。当时幸德秋水在日本到处公开演说社会主义，一些同盟会会员曾听过他的演说，宋教仁与他也有过交往。经过不断的努力和探索，宋教仁逐渐对社会主义有了较为深入的了解，开始翻译介绍社会主义文章，发表自己的见解，利用《民报》和《民立报》等资产阶级民主革命派的舆论阵地，向国人介绍和传播社会主义。

1906年2月，宋教仁发表了《一千九百〇五年露国之革命》一文。该文译自东京《日日新闻》，译后刊于1906年4月、9月出版的《民报》第三、第七号。文章系统地介绍了1905年俄国资产阶级革命的情况。同一年，宋教仁又将大杉荣的《社会主义国际简史》摘译为《万国社会党大会史略》。该文原载于日本的《社会主义研究》杂志，摘译后刊于1906年6月出版的《民报》第五号。该文系统介绍了国际社会主义运动发展概况。两篇文章译者均署名“劈斋”。1911年8月，在辛亥革命爆发前夕，他还撰写了《社会主义商榷》一文，署名“渔父”，介绍了马克思主义学说。

《一千九百〇五年露国之革命》一文较为系统地分析了1905年俄国革命爆发的内外原因，叙述了革命发生、发展的全过程，预测了革命后的大趋势。文章指出：“露国之革命，其机之熟盖已久矣。波兰人、芬兰人（芬兰人因去年十一月初之诏敕回复其自治，近来已归静稳。波兰人亡国之怨甚深，则尚未也）、犹太人等，以种族不同，故多年苦露国之虐政而

① 陈旭麓主编：《宋教仁集》下，中华书局1981年版，第587页。

起暴动者，犹不足论。露国人民中，有教育知识者，尝发挥其自由学说，劳动社会皆抱愁怨，农民则以土地处分而怀不平，全陆海军亦起愤慨之念。前年以来，黑海等方面之叛乱、反抗，其最者也。近日其满洲军将校又连袂同盟，促国政之改革。盖自日露战争，露国陆海军大败之结果，政府败德弊政，悉暴露于世。人民皆以为政府不可信，而轻蔑，而憎怨，益思摈斥之，于是骚扰反抗，同盟罢工，以及人种上之怨恨，遂乃溃然决裂，一勃一起，至以酿今日之大危机。"①由于内外交困，政府已经"失信于国，大势已去，不可挽回"。"自今以往，露国政府虽何如诚意坦怀，改其政治，以为弥缝之术，然权利不尽获，自由不尽复，亦恐不足以偿人民之愿望，而挽国内之大势，行见露国皇室之颠覆已耳。独裁君主制之不见客于现世界也，固如是哉。"②文章还分别以"革命之端绪"、"职工之骚乱"、"民变与军队"、"农民之暴动"、"尔后之大势"等为题，对这次革命的过程和发展趋势进行了较详细的描述，并对当时俄国工人和农民运动给予了高度评价。在描写工人和农民的革命声势时，文章写道：工人总同盟罢工的号令一经发出，则"职工遂起响应，各种公共之机关全行停止，尔后旬馀，国内常为黑暗之世界"。"此次之总同盟罢工，有整齐之步武，静肃坚确，实露国政府所骇异，而外人所惊叹者也。德国之社会党，年来尝以总同盟为劳动者之最终武器，盛主张之，然人皆视之为空言，而不能行。今露国劳动者以最烈最可恐者之势，一次应用之，遂得以仆露国独裁之政治，其结果必及于欧洲诸国。""总同盟罢工之令下，各处汽车遂一时停止……其始仅有莫斯科也，继则有圣彼得堡、芬兰诸处，终则至于露西亚全帝国。国内交通断绝，宛如太平洋之孤岛，消息不灵，食料腾贵……新闻纸休刊，邮便局员不受书信，电信亦尽停止……剧场停演，商店闭户，巡逻兵士或入宿之，其悲惨之光景殆不可名状"。"革命党诸首领，皆有蹈死不悔之气象"。③"盖农民占露国人民之十九，其众最可畏。彼等虽无智而蒙昧，而负担政府之租税，政府所

① 陈旭麓主编:《宋教仁集》上,中华书局1981年版,第27—28页。

② 陈旭麓主编:《宋教仁集》上,中华书局1981年版,第28页。

③ 陈旭麓主编:《宋教仁集》上,中华书局1981年版,第32—33页。

恃为侵略之具之陆军，皆自此出，即谓为露国独裁君主之城壁者，实在农民，亦不为过言也”。农民革命的烈火燃遍全国，“露国国内皆有农民之暴动，此种暴动已于二年前，即频发者”。九千万农民“至一朝悉起而背畔，又有何物能拒之耶？”[①]文章还对革命党和社会主义传播的作用作了充分的肯定，指出：职工暴动、农民革命，其始“为社会主义之倡导”，“圣彼得堡职工之响应，为昨年一月二十一日之大骚动是也。盖传播自由主义社会主义于职工及农民间，而使之投入革命党者，此既往四十年间革命党所皆劳心焦思者也。”[②]文章强调，这场革命是全民族的革命。学生罢课、工人罢工、农民暴动、军队哗变，汇集成一股滚滚的革命洪流，“以铳火之声，漂血之迹，而得奏革命之功，此可为露国人民之大胜矣。”[③]

宋教仁在这篇译文的结尾写了一段按语。他说道，综观俄国人民对于政府的方法，总不外“革命”与“要求”二者。这里的革命“专指暴动、暗杀、同盟罢工等之一切以强迫力反抗政府者”，而其“要求所遂之度，则常视革命之度之强弱为准”，时常得不到满足，只能实现十分之三四而已，“今而后，要求之法将无所用于露国”，“革命”与“要求”二法“孰轻孰重，孰缓孰急，盖可见矣”。[④]从这段话中可见，廖仲恺选择翻译介绍俄国革命的文章，不是为了消遣和猎奇，而是将此作为中国革命的借鉴。他将“革命”（暴力）与“要求”（非暴力）联系起来分析，辨析其中的区别，得出采用“革命”的方法重于、急于“要求”的方法，这般做法实为借介绍俄国革命来为中国资产阶级革命派的主张辩护，并把俄国1905年革命当作中国革命可资借鉴的榜样。

《万国社会党大会略史》概述了世界社会主义运动的发展和马克思的革命斗争。首先，文章对社会主义革命学说甚表赞许。在绪论中，该文以充满激情的笔触写道：“自社会主义革命学说出现于世界，而后人道胚

① 陈旭麓主编:《宋教仁集》上,中华书局1981年版,第30页。

② 陈旭麓主编:《宋教仁集》上,中华书局1981年版,第29页。

③ 陈旭麓主编:《宋教仁集》上,中华书局1981年版,第35页。

④ 参见陈旭麓主编:《宋教仁集》上,中华书局1981年版,第39页。

胎，天理萌芽，将来世界之问题其于是焉解决乎？”[1]至于社会主义运动的发展，文章指出：“欲知万国社会党之起原，则万国劳动者同盟其嚆矢矣。万国劳动者同盟，实由于马尔克之指导而成，而亦为经济的情势必然之结果也。”[2]文章通过“万国社会党之起原”、“巴黎万国社会党大会”、“比律悉万国社会党大会”、“租利希万国社会党大会”、“伦敦万国社会党大会”、“巴黎万国社会党大会”、“安斯德旦万国社会党大会各国委员之指定”等篇目，较详细地概述了自共产主义者同盟到第一国际、第二国际时期的科学社会主义运动状况以及马克思主义与无政府主义的分合斗争。文章指出：“每大会时，则各国劳动者代议士必增加，其发达正可惊者也。”[3]文中还提到了“五一节”的由来，说：“以五月一日定为万国劳动者团体之大示威运动日，此固巴黎马尔克派大会之所决议，然其所以遂能决议，而至于现今之状态者，则基于北美社会党之提案也。先是，一千八百八十六年五月一日，北美之劳动者为八时间劳动之故，起大示威运动，而不能达其目的，遂传檄于巴黎大会，求万国劳动者团体之协力，故此次大会遂容其提案而满场决议也。”“当此提案之通过巴（里）<黎>大会也，各国之政府、绅士、资本家等固皆以为并无何事，不过空啸者也。乃未几而期日既至矣，示威运动之势甚形强大，彼等始惊恐而一变其态度，遽遽然惧不免于迫害焉。何以故以此等手段，实为激烈革命运动之第一步故。”[4]文章还把科学社会主义运动看作是一场弘扬人道、彰显公理的运动。文中强调“社会党之主义，为民胞物与之主义，为太平大同之主义，无国界，无阶级，只以纯粹之人道与天理为要素”，“人道与天理不诚为尽人能知之而能行之者哉!”[5]

该文还明确地表达了对于阶级和阶级斗争的看法。文章指出：“世界者，人类共有之世界也。现世界之人类，统计不下十五万万，然区别之，得形成为二大阶级：掠夺阶级与被掠夺阶级是矣。换言之，即富绅 Bour-

① 陈旭麓主编:《宋教仁集》上，中华书局 1981 年版，第 40 页。

② 陈旭麓主编:《宋教仁集》上，中华书局 1981 年版，第 41 页。

③ 陈旭麓主编:《宋教仁集》上，中华书局 1981 年版，第 41 页。

④ 陈旭麓主编:《宋教仁集》上，中华书局 1981 年版，第 44—45 页。

⑤ 陈旭麓主编:《宋教仁集》上，中华书局 1981 年版，第 52、55 页。

geois与平民Proletaruns之二种也。前之一种，独占生产之机关；一种以劳力而被其役使。资本与劳力乃生出佣金之一问题，其不平等之极，一若陟天堂，一若居地狱。不有以救之，世界人类其尽为刍狗矣。”因此，在两大阶级之间的“阶级斗争之幕既开矣”。[①]文章强调，人民力量是无穷的，“且夫平民非羸弱也。吾人试纵横运左右之手，空气之抵抗力，不似无所感乎？然一至压榨器之下，加以异常之压力，非生出可恐怖之爆裂弹之原料耶？空气犹然也，而况于人类乎？财产盗夺矣，权力蹂躏矣，人格辱矣而犹谓有不动之理乎？果也，平民自觉之声，遂借布尔敦Proudon之咽喉而发也。曰‘财产者，脏品也。’”这是平民“对于富豪的宣战书”。[②]文章引述了《共产党宣言》中的最后一段话：“吾人之目的，一依颠覆现时一切之社会组织而达者，须使权力阶级战慄恐惧于共产的革命之前，盖平民所决者，惟铁锁耳，而所得者，则全世界也。”又曰：“万国劳动者其团结!”[③]

辛亥革命爆发前的1911年8月，宋教仁在《民立报》上发表了《社会主义商榷》一文。《民立报》是当时国内发行量最高的一家日报，也是当时国内最有影响的一家革命派报纸，曾“昼夜印机不停”，日销售达两万份，内地“得其一纸辄费小洋数角不惜也”。[④]该报虽然是资产阶级革命派的报纸，但对方兴未艾的欧亚各国工人运动和社会民主党的活动曾给予了高度关注，它所设立的“世界潮音”栏目，曾详细介绍过英国、法国、德国、日本等工人运动开展情况。在新闻栏目中，以《社会主义之大活动》为题，报道过法国工人罢工斗争；以《日本女子社会党记》为题，报道过日本早期马克思主义者营野营等人的革命活动，并对他们的活动表示同情。[⑤]这一方面表明，《民立报》刊登宋教仁《社会主义商榷》一文已有基础、不足为奇，另一方面因为该报影响甚大，客观上有利于宋氏有关社会主义思想的宣传介绍。在1906年，宋教仁发表几篇译文之

① 陈旭麓主编：《宋教仁集》上，中华书局1981年版，第40页。

② 陈旭麓主编：《宋教仁集》上，中华书局1981年版，第40页。

③ 陈旭麓主编：《宋教仁集》上，中华书局1981年版，第41页。

④ 参见方汉奇编著：《中国近代报刊史》，山西人民出版社1981年版，第492页。

⑤ 参见方汉奇编著：《中国近代报刊史》，山西人民出版社1981年版，第491页。

后，再没有留下多少关于社会主义宣传介绍的文字，给人以销声匿迹之感。其实，他并未停止对社会主义思潮的关注和研究，所以当西方社会主义思潮传入中国并显现出新的动向时，他便以《社会主义商榷》一文，及时作出回应，从“有志研究社会主义者”的角度表明自己的态度。《社会主义商榷》一文带有明显的论战色彩。文章一开头，他就提出两个问题商榷，说：“近来国人往往唱社会主义，以为讲公理，好人道，进世界以太平，登群生于安乐，皆赖于兹。善哉，仁人之用心也！虽然，吾人有不能不怀疑于其间者，以谓社会主义派别甚多，果以何者为标准乎？行社会主义，则于中国前途果有何影响乎？此二问题，实不能不与世之有志研究社会主义者一商榷之”①。接着，他分析了社会主义发生的原因，区分了社会主义的不同派别，指出：“社会主义之发生，盖原于社会组织之弊。自欧西各国物质文明进步，产业制度生大变革，经济组织成不平等之现象，贫富悬隔，苦乐不均，于是向来所有平等自由之思想，益激急增盛，乃唱为改革现社会一切组织之说，而欲造成其所谓理想社会。其说逐渐繁衍，殖长于欧西各国，遂析为种种派别，而分驰并茂，讫于今日，语其旗帜鲜明，主张坚实，约有四焉。”②具体地说，社会主义流派可分为无政府主义、共产主义、社会民主主义、国家社会主义四种类型。其中，无政府主义“在社会主义中最为激烈”，其主张之要点是，“国家原以资本家与地主为本位而成立，于是其所施政治法律，专以保护彼等为目的，其偏私可谓实甚，故国家及政府万不可不废去之云云，各国之无政府党皆属此派”。共产主义强调，“一切之资本及财产皆为社会共通生活之结果，以为私有实为不当，宜归之社会公有，由各个人公处理之”。各国之共产党及科学的社会主义家皆属此派。社会民主主义则强调“现社会之生产手段，皆归于少数富人之私有，实侵夺大多数之自由”，主张把“一切之生产手段归之于社会共有，由社会或国家公经营之，废止一切特权，而各个人平等受其生产结果之分配”。“各国之社会民主党、劳动党、社会民主主义修正派皆属此派”。国家社会主义，即所

① 陈旭麓主编:《宋教仁集》上，中华书局1981年版，第287页。

② 陈旭麓主编:《宋教仁集》上，中华书局1981年版，第287页。

谓社会改良主义，亦名讲坛社会主义，主张在根本不触动现存国家及社会之组织与制度的前提下，只宜借“国家权力，以救济社会之不平均，改良社会之恶点”。各国之政府及政治家之主张社会政策者皆属此派。[①]此四派中，第一、第二派“绝对否认现社会之组织，不认国家为必要，惟以破坏现状为事，与现社会万不能相容，故称为极端的社会主义”；第三派“不绝对否认现社会组织，惟欲以人民参与政权，而实行其国民及生产公有、分配平等之制度，故称为稳和的社会主义”；第四派“承认现社会之组织，于不紊乱国家秩序之范围内，而实行其政策，所重在国家而不在社会，故亦有以为非社会主义者”。“四派之根本理想与见解虽各不相同，而要皆有其立足点，以卓然成一家言，且皆有其手段，推行运动，以期其理想的社会之实现者。”中国欲实行社会主义将“以何派之学说为标准”呢？作者指出，如果采用第一派，则“必用极激烈之手段，破坏现在之国家政府及一切主治之机关，此后无论何种美善之政治，皆不复建设”。采用第二派，则“除以极激烈之手段破坏现在之国家政府外，更必消灭现在之一切资本家、地主及生产机关，此后既不建设政治，复不存留私有财产”。采用第三派，则“必组织大团体日与现政府战，以谋得参与权，此后且以舆论势力，改革现在之主权者与政府之组织，并一切生产分配手段”。采用第四派，则“必已身亲居现政府之地位，假藉国家权力，以实行其政策”。由此，宋教仁强调：“今之唱社会主义者，果有如何之见地，如何之决心，而确以为何派之学说可行于中国而谋其实行之道乎？此吾人所不能不亟为商榷者也。”[②]

在《社会主义商榷》中，宋教仁还提出了判断真正社会主义的标准问题，并依此标准，对四种类型的社会主义进行了判别和选择，主张中国实行“真正之社会主义”。他认为，“真正社会主义在改革社会组织，以社会为惟一之主体，而谋公共全体之幸福，再不容有其他之团体之权力加于其上者，以故凡政治的权力（国家）经济的权力（资本家）宗教的权力（教会）伦理的权力（家族），皆不得容其存在，而主张其学说时，

① 陈旭麓主编:《宋教仁集》上，中华书局1981年版，第287—288页。

② 陈旭麓主编:《宋教仁集》上，中华书局1981年版，第288页。

若稍有此等权力之类似的观念插入其中者，皆不得谓为真正之社会主义，此固理论所当然也”[①]。“果主张真正之社会主义而欲实行之者，则非力持无治主义或共产主义不为功，而社会民主主义与国家社会主义，皆非所宜尊崇者也”。“无治主义与共产主义者，其基础既在绝对否认现社会之组织，则凡各种权力，自不能容其存在，而其目的即在以社会为惟一之主体而谋公共全体之幸福，亦无所于疑，故欲行真正之社会主义，舍此实无他可采之说”。而社会民主主义与国家主义则不然，“前者所主张仍非政治权力不能实行，实不过改良国家组织与国家经济组织之说，而不可语于改革社会组织，谓为社会主义，毋宁谓为社会的国家主义；后者乃国家政策之一端，其所主张，不但不能改革社会组织，且与‘主义’二字亦相去远苔，只宜称为社会的政策”。“二者皆与真正之社会主义异其性质与统系”，“欲行社会主义而主张是二说，是适以维持现社会之组织而使之永久不变，而‘以社会为主体以谋公共全体幸福’之理想必因是不能实现，其结果遂与唱社会主义之本意相悖，故欲行真正之社会主义，此二派之说，实无可主张之理由”。[②]在此，一方面宋教仁较完整地表达了他对社会主义的理解和追求，即所谓“真正的社会主义”，而他所理解的“真正的社会主义”就是无政府主义或共产主义。这反映了当时他对科学社会主义的认识确实不太清楚。另一方面，宋教仁又强调当时的中国还不具备推行“真正之社会主义”的条件。他说：“凡一主义之推行，每视其客体事物之现状如何以为结果，其客体事物之现状与其主义相适者，则其结果良，其客体事物之现状与其主义不相适者，则其结果恶。”今天如果假定我们行“真正之社会主义（无治主义、共产主义）于中国，则其结果为何?”结论是，“使吾国行真正社会主义而得良结果也，则是吾国社会必已跻身于不可不行无治、共产二主义之现状，与能行无治、共产二主义之程度”。在他看来，目前的中国还没有行此“二主义”之现状和程度，在此情况下，如果急于推行“无治、共产二主义”，“人类社会必至全然不得安宁幸福及生活，以成为毫无秩序之世界，亡国灭

① 陈旭麓主编:《宋教仁集》上，中华书局1981年版，第289页。

② 陈旭麓主编:《宋教仁集》上，中华书局1981年版，第288—289页。

种之祸，因是促成，乃至欲求政治与财产制度时代之不自由不平等而不可得，画虎不成，反至类狗”。[①]宋教仁的这种认识和想法是对的，因为在资产阶级民主革命阶段，只能有社会主义的因素，但不可能同时进行社会主义革命。否则，就要犯超越社会发展阶段的错误。总之，“夫吾人非反对社会主义者，吾人惟以为凡唱一主义，不可不精审其主义自身之性质与作用，并斟酌其客体事物之现状，以推定其将来所受之结果，夫如是乃可以坐言而起行。故就己意所及，陈列其派别与将来之影响，以为研究之参考。”[②]

辛亥革命前，宋教仁还在另外两篇文章中提到过社会主义问题。一是在1911年2月撰写的《二百年来之俄患篇》一文中，他在谈到“俄人在蒙古新疆购地造屋问题”时说道：“吾尝谓我国将来之土地政策宜亟师社会主义之意，禁豪强兼并，设增价税，以保护多数国民之利益，使一国经济平均发达”。[③]二是在同年8月撰写的《英国之国会革命》一文中，他认为影响英国政治的一个重要方面是“社会主义政策”。文章指出：“英人以重保守之故，原无多数人主张急激之社会主义，故希望政府之行社会主义政策者不鲜。前次政府所提出预算案，虽以有土地增价税计划为上院所斥，然一般人民甚欢迎之。兹上院之否决权既被制限，此后之财政法案既可由下院自由决定，则此土地增价税计划必见诸实行（即以土地价格为标准之单税论，谓土地不由自己之勤劳，仅以社会经济上之变化而自然增加价格者，则依其价格加税），且与此计划相类之政策，亦或逐渐发生，亦未可知。夫社会主义之派别与实行方法固甚多，然重征土地税，固亦社会主义中之一大主张也。此社会主义中之一大主张，而竟实行于素重保守之英国，社会主义的国家政策将风靡世界之大势，盖又可知矣。”[④]

民国成立后，宋教仁继续关注社会主义，但对社会主义的看法发生较

① 陈旭麓主编：《宋教仁集》上，中华书局1981年版，第289—290页。

② 陈旭麓主编：《宋教仁集》上，中华书局1981年版，第291页。

③ 陈旭麓主编：《宋教仁集》上，中华书局1981年版，第179页。

④ 陈旭麓主编：《宋教仁集》上，中华书局1981年版，第302页。

大变化，由当初主张“真正之社会主义”转而倡导“国家社会主义”。他指出，在中国必须“实行国家社会主义，保育国民生计”，以“国家权力”，才能“使一国经济之发达均衡而迅速也”。①如何实行此种社会主义，宋教仁认为主要是土地和大资本国有以及发达实业。他指出，欧美国家的土地私有制存在明显弊端，应该利用国家权力，通过平均地权的方式实现土地国有，以避免因土地私有而带来的“贫富悬隔”的现象。中国应该设法限制大资本家的产生，根本办法在于资本国有，通过国家权力兴办那些事关国计民生的实业，如铁道、电气、银行、邮政、森林，等等。“中国铁道力谋发达，……以现在大势所趋向，大概主张干路国有为唯一之政策”。只有大资本国有，才能避免私人资本操纵国计民生。实行国家资本主义政策，除土地和大资本国有外，还应提倡国人经营实业以使国家实业发达。宋教仁指出：“中国初立，万端初创，实业发达而后乃能富强”。“实业发达，制造品多，则我们中国就可以不用外货矣，可以挽回利权矣。此种关系，非常要紧”。欲发达实业，国人必须研究实业，提倡国人兴办实业，政府予以支持。“今日之政府，乃共和政府也，政府应提倡补助也，如教育，如金融，皆补助实业之事也，无学问不能发明，无金融不能实行，若各界能实力研究，政府又出力以助之，何愁实业不发达”。②民国初年，宋教仁的社会主义思想与孙中山的社会主义方案大体一致。

除孙中山、马君武、朱执信、廖仲恺、宋教仁外，冯自由、胡汉民、黄兴等在当时也都对社会主义或多或少地作过宣传和介绍。

冯自由（1882—1958），原籍广东海南，生于日本横滨，原名懋龙，字健华。1895年，他在日本加入兴中会，1905年加入同盟会并任评议员，曾参与组建同盟会香港分会，历任书记、会长、香港《中国日报》社社长兼总编辑。《民生主义与中国政治革命之前途》是冯自由宣传介绍社会主义的代表作。该文最初刊于香港《中国日报》，修改后又于1906年月刊载于《民报》第四号上。文章首先对民生主义及欧美推行该主义的情况

① 陈旭麓主编：《宋教仁集》下，中华书局1981年版，第749—750页。

② 陈旭麓主编：《宋教仁集》下，中华书局1981年版，第454—455页。

进行了介绍，认为自19世纪下半期开始，“因殖产兴业膨胀之结果，发生一关于经济上、社会上最重大最切要之新主义”，这个“新主义”即“民生主义”。民生主义，“日人译名社会主义”。“二十世纪开幕以来，生产的兴盛，物质的发达，百年锐于千载，而斯主义遂因以吐露锋芒，光焰万丈。”究其原因在于“物质进步，地租腾涌，而工值日溅”。接着，文章介绍了社会党情况，说“社会党之昌盛，有由来矣。欧美诸国社会党之气焰，如日中天，其尤盛者，厥惟德国。美、法、英、俄等国次之”。在德国下议院，社会党成员“占其半数”。如今德国政府的政策“无不根据民生主义”。“俄国革命之大风潮，雷动全球”，全因“俄国社会党之力”。[①]文章对民生主义的基本主张及其形成的原因进行了分析，指出：“民生主义之发达何以故？曰：以救正贫富不均，而图最大多数之幸福故。贫富不均何以故？曰：以物质发舒，生产宏大，而资本家之垄断居奇故。夫自十九世纪以降，欧美列强，除俄国外，民权、民族之二大主义殆将告厥成功，世人方以为自兹而后，专制之淫威日渐澌灭，而人权自由之幸福，巩如磐石矣。而孰知事实上竟有大不然者。君主之有形专制方除，而富豪之无形专制更烈。富者资本骤增，贫者日填沟壑。”英国如此，美国也是如此。“一般之劳动阶级”为“大资本家之奴隶”。今天“美国惟有大资本家及工人之二大阶级”，“大资本家垄断之政策，微特可施于商工业，而一国之立法、行政机关”实为其“傀儡而已”。“君子观于此，而知民生主义之实行，为一刻不容缓矣”。[②]文章还对中国实行三民主义的必然性及其实施的时期作了阐述。文章认为，“民生主义实为中国数千年前固有之出产物”。“自甲午以后，民族、民权二大主义之潮流，溜溜然激湍全国”，“民族者，民权之花；民权者，民族之果；斯二者，固互相为用，而不可须臾离者也……审夫欧美最近社会之大弊，而吾党犹蹈其覆辙，不思设法预防，则匪徒蔑视最大多数幸福之真理，抑亦奚忍今吾民更受资本家之惨害，而预隐第二社会革命之伏线耶？故曰：为祖国计，为同胞计，为世界人类计，不可不综合民权、民族、民生三大

① 姜义华编:《社会主义学说在中国的初期传播》,复旦大学出版社1984年版,第364页。

② 姜义华编:《社会主义学说在中国的初期传播》,复旦大学出版社1984年版,第365页。

主义，而毕其功于一役”。[①]文章指出：实施民生主义当在“革命军初实行时举之为最宜，过此则无可实行，使强行之，而其难点亦不异于今日之欧美。”“吾人之实施民生主义，不可不有行为之秩序，极端之民生主义，固非于政治革命而社会秩序未完复之期间，可得行之。若夫国家民生主义，则于军政府之行政方针最相适合，吾人所应努力研究以期实践者也。国家民生主义（State Socialism）日人译作国家社会主义。德国政府之对内政策纯用之，其效果大著。日本政府近年之行政，亦大有倾于斯主义之趋势，而列国政府亦多采用之焉。国家民生主义之要旨，首在勿使关于公益之权利为一二私人所垄断，而次第干涉之。邮政也、土地也、电线也、铁道也、银行也、轮船也、烟草也、糖酒也，凡一切关于公益之权利，皆宜归入国家所有。”国家民生主义之纲领为何？“土地问题是也。概而言之，则平均地权也”。[②]救治列国土地私有之弊害，惟有实行土地国有。文章最后还对单税法在中国实施的可行性进行了分析，认为“大地列国之易行民生主义者，无如中国；而易行土地国有制者，亦无如中国……单税法则更为中国之现行制度，诚能以共和立宪之精神，而斟酌损益，则不徒成为尽善尽美之税法。”[③]总之，“民生主义也，土地国有制也，单税法也，即建设新政府唯一之行政方针也……吾深愿吾党研究民生主义。吾深愿吾党研究民生主义之土地国有论。吾深愿吾党研究土地国有论之单税论。”[④]冯自由在这篇文章中所阐述的思想，诸如民族、民权、民生三大主义关系的论述、民生主义实施之“秩序”的论述等在同盟会理论家中还是非常少见的，其中的一些思想主张，孙中山等资产阶级革命派在民国成立后才开始加以阐发。

胡汉民（1879—1936），原名衍鸿，字展堂，1879年12月生于广东番

① 姜义华编：《社会主义学说在中国的初期传播》，复旦大学出版社1984年版，第366页。

② 张枬、王忍之编：《辛亥革命前十年间时论选集》第2卷（上册），生活·读书·新知三联书店1963年版，第424—425页。

③ 张枬、王忍之编：《辛亥革命前十年间时论选集》第2卷（上册），生活·读书·新知三联书店1963年版，第430页。

④ 张枬、王忍之编：《辛亥革命前十年间时论选集》第2卷（上册），生活·读书·新知三联书店1963年版，第433页。

禺，是国民党早期重要领导人和理论家。在清末民初各种救亡图存的潮流中，孙中山的革命活动和革命思想对其最具吸引力。他了解到日本东京是革命党人活动的中心，便决心东渡日本留学，1905年加入同盟会，任评议部议员、书记部书记。同盟会机关报《民报》创刊后，孙中山指派其主持《民报》的编辑工作，《民报》的名称也是依照胡汉民的建议而确定的。“汉民”是他在《民报》发表文章时用的笔名，并以此行世。在编辑《民报》期间，胡汉民大力宣传孙中山的三民主义，“为文立论，探奥擫微，莫不以阐发此三大主义为任”[①]，在同保皇派论战中，他冲锋在前，发表了多篇文章，更加细致地阐述了三民主义。他主持《民报》工作期间，该刊行文通俗易懂，反清革命的思想流传广泛，影响深远。之后，胡汉民参与在新加坡筹办《中兴日报》，担任主编，在南洋地区与保皇派的《南洋总汇报》展开论战。他在《中兴日报》上共发表20多篇文章，深入浅出地宣传革命，驳斥保皇派，为资产阶级革命思想的广泛传播作出了重要贡献。孙中山曾称赞其文“非惧外媚满者所能置辩也”[②]。

胡汉民对社会主义的介绍和宣传前文在讨论《民报》和《新民丛报》之论战时已经作过介绍。当时，胡汉民身为《民报》主编同时也是论战的主将。他同汪精卫以“民意”为名发表的《告非难民生主义者》一文，是全面系统地反驳梁启超等改良派的檄文，也是《民报》宣传介绍社会主义的代表作。除这篇文章外，这个时期胡汉民还在《“民报”之六大主义》、《斥新民丛报之谬妄》等文章中论述过社会主义。《“民报”之六大主义》1906年4月发表在《民报》第三号上，据称它“足为是报详确之宣言”，与朱执信的《论社会革命当与政治革命并行》等文一道，“胥足以为民报时代革命理论之重要文献”[③]。文章指出：“解释民报主义有二大前提：其一曰知革命之必要；其二曰革命报之能力作用”。接着，文章在分别论述“革命”之必要和“革命报”之作用的基础上，将“革命”

① 胡汉民:《南洋与中国革命》,《新亚细亚》第1卷第6期。

② 陈红民、方勇编:《中国近代思想家文库　胡汉民卷》,中国人民大学出版社2014年版,“导言”第4页。

③ 曼华:《同盟会时代民报始末记》,转引自《辛亥革命》(二),上海人民出版社、上海书店出版社2000年版,第439页。

和“革命报”联系起来，强调“为知革命之必要，而有革命报。而革命报之作，又在使人有真知识，而不徒挑拨其感情”，进而得出“民报，革命报也，以使真知革命为目的”之结论。文章指出：《民报》既为革命报，其“所标之主义，即不离是目的者外。浑而举之，止一革命主义，析言之，则为六也”，即倾覆今之恶劣政府，建设共和政体，实行土地国有，维持世界真正平和，主张中国日本两国人民交好，要求世界列国赞成中国革新之事业。[①]在谈到“土地国有”时，文章对有关社会主义的内容作了介绍。文章指出：“近世文明国家所病者，非政治的阶级，而经济的阶级也，于是而发生社会主义，其学说则繁，而皆以平经济的阶级为主。言其大别，则分共产主义与国产主义，而土地国有，又国产主义之一部也。”也就是说，近世文明国家而发生社会主义，主要是不在政治上的等级差别，而在经济上的不平等。社会主义分为共产主义与国产主义，土地国有属于国产主义范畴。文章接着说道：“世界惟民权立宪国，可行国产主义。盖其统治权在国家，其国家总揽机关为人民代表之议会，则社会心理反映于上，而国家以之为国民谋幸福，无乎不公，无乎不平，非稍有政治阶级者所能比也。然一切国产主义，按以今兹吾国程度，犹有未能行者，惟土地国有，则三代井田之制，已见其规模。以吾种智所固有者，行之于改革政治之时代，必所不难。”[②]虽然世界上只有民权立宪国家才能实行国产主义，按照中国当时的发展程度，还不能实行国产主义，但“土地国有”则行之不难。他认为，根据西方理论，“大土地国有之论，以反对私有者而起”。土地原本同日光空气一样，本不当有什么私有。其“私有”是因为种种原因而出现的“地主制度”和“资本家”制度。劳动者受困于资本家，而资本家之所以能困劳动者，因为“劳动者不能有土地故”。土地私有，其弊端在于“使地主有绝对之强权于社会，可使为吸收吞并之原因，可使农民废业，可使食艰而仰给于外，可使全国困穷而资本厚悉归于地主”。面对这些问题，西方国家的许多有识

① 参见陈红民、方勇编：《中国近代思想家文库 胡汉民卷》，中国人民大学出版社2014年版，第3—11页。

② 陈红民、方勇编：《中国近代思想家文库 胡汉民卷》，中国人民大学出版社2014年版，第8页。

之士不断推出土地国有问题，然而其已经“积重难返”。当时的中国，土地价值在通商口岸已大幅增加，内地随着文明进步，土地增值的趋势也一样。在这种情况下，“倘复行私有制度，则经济阶级将与政治阶级代兴，而及其始为之备，则害未见而易图也”。换言之，中国应该趁贫富差距之害尚未显现而早作准备，这样将易于取消私有制度而实现土地国有。实行“土地国有”，倡言社会主义不仅“顺于国民心理”，而且对中国来说，可谓“择其易者以从事，其成功非独所期，殆可预必也”。[①]文章最后指出，《民报》之“六大主义”合为“一大主义”，即“革命也”，“为革命言，为知革命言”。孙中山先生之叙《民报》曰：“非常革新之学说，输灌于人心，而化为常识，则其去实行也近”，然则“能诵民报，知民报之主义，则革命可能”。[②]

《斥新民丛报之谬妄》一文于1906年6月发表在《民报》第五号上。该文集中批判了梁启超对民生主义的诘难。胡汉民认为，社会主义的目的是“平等、博爱”。他指出：“民生主义者，先觉之士见乎经济阶级之为梗于社会，而讲救济之方法，欲实现其平等、博爱之思想者也。”[③]他还指出，梁氏“所谓民生主义者，摭拾布鲁仙士门麦喀等架空理想之唾余，欲夺富人所有以均诸贫民”，其所说布鲁仙士门麦喀，即今译蒲鲁东、圣西门、马克思。他所言民生主义是摭拾蒲鲁东、圣西门、马克思的唾余，又言蒲鲁东、圣西门、马克思为空想，是欲夺富人所有以均诸贫民，等等，根本在于梁氏不懂民生主义即社会主义为何物，“梁氏不解所谓，则不知盖阙可耳，而遂谬作是语，是决为无理谩骂不得自解也”。[④]

中华民国成立后，34岁的胡汉民任临时政府秘书长，负责处理日常工作，负担了孙中山不少的事务，被人称为“二总统”。在“让位”于袁

① 陈红民、方勇编：《中国近代思想家文库 胡汉民卷》，中国人民大学出版社2014年版，第8—9页。

② 陈红民、方勇编：《中国近代思想家文库 胡汉民卷》，中国人民大学出版社2014年版，第12—13页。

③ 陈红民、方勇编：《中国近代思想家文库 胡汉民卷》，中国人民大学出版社2014年版，第15页。

④ 陈红民、方勇编：《中国近代思想家文库 胡汉民卷》，中国人民大学出版社2014年版，第14页。

世凯问题上，胡汉民与孙中山看法一致。孙中山辞去大总统职务后，胡汉民也随之辞职，于1912年4月初返回广州任广东省都督。这期间，他曾与廖仲恺一起在广东推行孙中山的民生主义方案，但由于袁世凯利用陈炯明的政治野心，“抬陈压胡”，使“都督府徒负虚名”，加之广东一些地方商绅保守势力的反对，该方案最终以夭折而告终。除此以外，胡汉民在民国初年并没有其他什么社会主义的言行，到1919年8月，他担任《建设》杂志总编辑后，其思想又有了较大的改变，在这期间，他对唯物史观的介绍和运用给人留下非常深刻的印象。第一次国共合作期间，胡汉民曾访问过苏联，在《真理报》上发表《苏俄十月革命的感想》一文，称赞“苏俄十月革命是二十世纪的第一件大事，是无产阶级解放第一声，是宣告资本帝国主义死刑的第一法庭，是世界被压迫民族的第一福音，是实现马克思主义革命成功第一幕，是人类真正历史的第一篇”。胡汉民还在旅苏华人出版的《前进报》上发表了13篇文章、4篇演讲，均以称赞苏联、宣传国民党和中国革命为主要内容，是“研究胡汉民左倾言论的好材料”。①

黄兴（1874—1916），原名轸，字廑午，号克强，湖南善化（今长沙）人。黄兴早年留学日本，1904年与陈天华、宋教仁等组织成立华兴会，任会长。1905年黄兴加入同盟会，参与起草会章，被选为执行庶务，位居协理，是辛亥革命时期与孙中山并称的资产阶级民主革命家。他几乎经历了辛亥革命的酝酿准备、胜利和失败的全部过程，为中国资产阶级革命作出了巨大贡献。他对社会主义的介绍和宣传主要集中在民国成立之初的一段时间。在以孙中山为首的资产阶级革命派阵营中，讲社会主义的绝大多数人是在辛亥革命前，而在民国成立后的一段时间里并没有多少人公开谈论社会主义问题。这一时期忠实孙中山民生主义，并突出宣传社会主义的资产阶级革命派领导人，宋教仁是一个，另一个就是黄兴。辛亥革命后，他像孙中山一样，利用各种演讲的机会宣传革命派的主张，突出民生主义。其中有代表性的演讲有以下五次：

① 陈红民、方勇编：《中国近代思想家文库 胡汉民卷》，中国人民大学出版社2014年版，“导言”第8—9页。

一是1912年6月30日在中国同盟会上海支部夏季常会上的演讲。演讲开宗明义地说道："本会本有特别之党纲"，即"孙中山先生夙所主持之民生主义"。此主义在其他党人看来"多未认为必要，或且视为危险"，然"实则世界大势所趋，社会革命终不可免"，而"本会所主张之社会主义，又极为平和易行"。黄兴强调，同盟会成立之时就标明三大主义，其"特注重者则平均地权一语"。"民生主义，孙先生曾屡次演说，惟外间尚未明晰。以世界大势观之，社会革命岌岌不可终日，吾人此次革命，即根据社会革命而来"，"民生主义繁博广大，而要之则平均地权。反而言之，即是土地国有"。"土地是不能增加的，而生齿日繁，土地私有则难于供给。他人见吾党持社会主义，群相惊讶，不知吾人于建国之初，不先固根基则难以立国。故吾党员极宜注意此点，宏其党风"。主张土地国有，这是同盟会与其他政党的"特异之点"。"凡我同志，均当知此主义之必要，力谋进行"。他还指出："现在欧美各国，其政党均略分两种，一为国权党，一为民权党。国权党主增重政府权力，民权党主扩张个人之自由"。同盟会"既保持社会主义，自为民权党无疑。"①

二是9月18日在北京社会党欢迎会上的演讲。本次演讲黄兴从避免欧美发达国家贫富悬隔，社会革命难以避免之现状出发，重点论证了土地国有问题。他指出，我国此次革命，不仅是种族上的革命和政治上的革命，还是社会上的革命。在专制时代，"社会上受种种压制之苦"皆由政治上的专制所致。"今政治上既已革命，我们当将眼界看宽，化除私心，将富贵贫贱各阶级一律打破，使全国人人得享完全幸福。社会主义，在世界上尚未十分发达，即如法、美二大共和国，社会上有资本家与劳动家之异"。美洲之资本家一人所拥有的财产往往"可敌全国之富"，"劳动家每因资本家之虐待，常有冲突之事，将来社会革命在所不免"。他希望社会党诸君"将社会革命包在政治革命之内，抱定国家社会主义，免去欧洲将来社会革命之事。"为此，需"提倡土地国有，使多数国民皆无空乏之虑"。一个国家的土地有限，而人民则生生不穷，"土地为生财之源，应供一般人民受用。然财产倘为少数人所垄断，则必如欧美之资本家，

① 湖南社会科学院编：《黄兴集》，中华书局1981年版，第238—240页。

实足为社会上之恶。必须财产归公，不使少数人垄断。财产归公之后，又必广设学校，使人民教育发达，致一般社会子弟，自幼至成人，吸纳一种高上知识于脑海，脱离依赖性质，具一种独立经营性质。从此社会一切不平等之事铲削无遗。是我中华民国为世界社会革命之先导，而为各国社党之所欢迎也”。①

三是10月28日在国民党鄂支部欢迎会上的演讲。黄兴在本次演讲中，回顾了国民党之历史，强调了将来奋斗之目的。黄兴指出，本党前身为同盟会，当时主要从事革命运动，故其目的、性质、手段纯然为破坏，今日“所以与各党合并而改称国民党”是应“时势之要求，为解决建设问题之研究，自然之归结也”。本党对于民国建设事业该取何种方针，必须借鉴西方先进诸国，研究我国之具体情况。黄兴强调，国民党所抱持“国家社会主义，实于国民今日现状最为适当”。国家社会主义其精神“纯为全体国民谋完全之幸福”。“本党向来宗旨如此，由破坏以至此后建设，一贯不渝”。他希望国民党全体党员“抱定此决心，扩充此主义，使达完全圆满之目的”。兹事重大，非一、二人所能完成，“故必党员人人负完全责任”。②

四是11月3日在国民党湘支部大会上的演讲。在演讲中，黄兴再次强调国民党党纲“特别之点为民生主义，亦即国家社会主义”。他认为，世界共和国家以法、美为先河，但如今“其社会皆嚣然不靖”，因此它们在“政治革命之后必须社会革命也”。而吾国“实行民生主义，则熔政治、社会于一炉而革之矣”。有人主张循序渐进之说，认为政治必由专制而君主立宪，乃可共和。这种观点，“以今观之，不攻自破”。那种认为“政治革命不能与社会革命并行者，亦犹是也”。欧美各国土地，多为少数富豪垄断，吾国“上海、汉口亦有此现象。以少数之权力，阻公益之利权，大不平等，孰过于是？民生主义之一大要素，即在消除此制，而行一种抵价税（言不论土地之大小，但视其产之丰饶以定税额）”。③

① 湖南社会科学院编:《黄兴集》,中华书局1981年版,第267—268页。

② 湖南社会科学院编:《黄兴集》,中华书局1981年版,第288—289页。

③ 湖南社会科学院编:《黄兴集》,中华书局1981年版,第294页。

五是11月5日在湖南政界欢迎会上的演讲。本次演讲离在国民党湘支部大会上的演讲仅隔2天，演讲内容多有共同之处。在本次演讲之中，黄兴再次强调，“国家社会主义，为立国二十世纪者所莫能外”。在吾国“共和政治求达于完全，其进行方法甚多，但吾人夙所主张者则民生政策，即国家社会政策是也”，“采用此策，自可永享清平幸福。欧美各邦治国大政，每为资本家所左右，如美国脱辣斯之专横，社会不平，孰大于是？革命风潮随之而起。吾人谋国，必为百年长久之计。我国近虽无此现象，要当预为之防。以我国之地大物博，若能采取地价增差税，富强自可立至”。①

除以上外，1912年这一年，黄兴在全国其他一些地方还进行过多次演讲，其中也有一些关于民生主义的问题，内容还涉及举办实业、建设铁路等。将这些演讲集中起来看，黄兴反复强调的是，民生主义即国家社会主义是同盟会的一贯主张，也是其有别于其他政党的特别之处；民生主义反映了世界社会革命不可避免的大势，其要点在于平均地权、土地国有；鉴于中国的特殊情况，民生主义将政治革命与社会革命融于一炉，在中国极易实行；民生主义之目的在于谋中国全体国民之幸福；等等。这些思想虽然大多数是孙中山民国初年之思想的翻版，并没有多少新颖独到之处，但依然有其重要意义。以黄兴显赫的身份地位，他这样做，对于扩大民生主义在当时国内思想界的影响力，促使国民党的思想统一，无疑极为有益，同时也从一个方面反映了黄兴本人对于孙中山三民主义以及国民党的执着和忠诚。1912年以后，黄兴投入讨袁斗争，失败后流亡日本，直至1916年去世，据现有材料，此间未再见他有关民生主义和社会主义的论述。

最后还要补充的是，这个时期戴季陶宣传和介绍社会主义的问题。在清末民初这段时间里，戴季陶的思想逐渐趋于激进，不仅吸收了西方资产阶级革命思想，而且对社会主义也有所涉及，并在社会主义早期传播中作出了一定贡献。历史地看，我们没有必要因为其后期反共、反苏、反人民的立场而否定其这一贡献。

① 湖南社会科学院编:《黄兴集》,中华书局1981年版,第295页。

戴季陶（1890—1949），原名良弼，字季陶，笔名天仇，祖籍安徽休宁，后迁往浙江吴兴，高祖时迁居四川广汉。1905年戴季陶留学日本，曾任日本大学中国留学生同学会会长。辛亥革命前，他曾任《天铎报》主编，发表过不少抨击时政的文章，“天仇”之名也随着报纸的发行而声名鹊起。1911年，戴季陶因鼓吹激进变革，抨击当道而被清政府缉捕，亡走南洋，任职于《光华日报》，加入同盟会。武昌起义后，戴季陶在上海参与创办《民权报》，并担任孙中山秘书，从此进入国民党政治核心。随后，他参加了孙中山领导的一系列革命活动，担任一系列要职，几乎始终工作和生活在中国政治舞台的中心。在戴季陶刚刚进入中国政治中心前后一段时间，社会主义便引起了他的关注，并以社会主义为破除专制专横、构建国民幸福生活的社会秩序的必由之路，进而希望在中国发展社会主义。辛亥革命前，戴季陶对社会主义的论述主要集中在对资本主义的批判、对社会主义概念的诠释以及对社会主义社会的赞美等方面，代表性的文章有《近世之国民活动》、《人道主义论》、《社会主义论》、《社会党之风云》、《无政府主义之神髓》等。

在《近世之国民活动》一文中，戴季陶介绍了社会主义和国家社会主义的情况。他指出：“社会主义之所以提倡，即所谓财产共有，废除阶级，人人平等也。其说谓社会为人类共同生活之根据，则于此共同外，政治、警察、军人等皆不可用之，实所以扰乱社会治安者。此种党人盛行俄、美，而遍布于世界，即日本亦日见增多，并渐见有侵入吾国之势。”戴季陶这里所言之“社会主义”，更多的是指包括虚无主义在内的无政府主义。他认为，这种“社会主义”，“今日吾国之地位情形，万不能提倡此旨”。原因在于“我不重国权，而人之国权则日益膨胀也；我不言政治，而人之政治则日见革新也；我不提倡警察军人，而人之警察及陆海军固日以扩张也。苟不揣乎世界之情势而冒为高远之说，吾恐社会主义未行于中国之今日，而我同胞已化为外人奴隶矣”。关于国家社会主义，戴季陶指出，“国家社会主义之倡，虽为各国之政治家，实行者虽为各国之政府，然所以有此主义之出现者，实一般人士倡道社会主义之影响也。”今天“各立宪文明国，无不以之为政纲者，如保护劳动法、工场法之制定，及制限产业制之施行，皆由主义中所发出者也。日本本无工场法，去年冬亦着手编定”，由此“即可知国家社会主义为各国立宪文明国之所无不采择者矣”。戴季陶强调，“今日吾国”要提倡社会主义，应提倡的不是别的什么社会主义，而是“国家社会主义”。[①]

《人道主义论》一文从人道主义的角度对资本主义世界作了较为集中的批判。文章的开篇即指出：“今日之世界，不平之世界也。所谓文明者，特少数人之安宁幸福而已”，政治法律保护的是“一部分人之生命财产”，而一般平民则未“受政治法律之保护”。“贵压贱，富欺贫，骄奢者自淫乐，劳动者自穷苦，社会不平已若是”。解决这些问题，“今日之政治界所以不能不主张人道也”。何为“人道”？“人道者，仁道也，爱人之谓人（仁），即爱人之道而已”。当时的世界，“人道主义四字”政治家“望而疾走，一若言及人道，则绝对反抗政府者”，以为“人道主义诚与政府为敌”，其实不然，人道主义“所反对者，野蛮之政府也”。如果“政府而亦以仁为中心，爱民如一，则人道主义且欢迎之不暇，又何反对之？”戴季陶认为，人道主义有三：一为“政治上之人道主义”；二为“法律上之人道主义”；三为“学问”上的“人道主义”。“今日所谓政治，阶级政治耳”，专制政体如此，就是“标榜宪政之名目者”也是如此。“议会制度仍由非道德之阶级而成”。政治必须依赖“法律以限制之”，然今之法律，“保护不平等之阶级者也，抑制人民之意思者也”。“今日之世界所以败坏至于此者，其罪全在政治家与法律家之无人道”，然而，就其根本原因则在于“学问家所主张之不合人道”。由上观之，戴季陶认为，当时的政治法律不改革，不足以言人道；一般人民之心术不改革，不足以言人道；学问家不以人道主义为心而实践之，尤不足以言人道。“世界之破坏极矣，社会之腐败极矣，政府官吏之专横悖道亦甚矣，有以仁为心而维持人道者乎，社会幸甚，世界幸甚”。[②]

---

① 桑兵、朱凤林编：《中国近代思想家文库 戴季陶卷》，中国人民大学出版社2014年版，第38—39页。

② 桑兵、朱凤林编：《中国近代思想家文库 戴季陶卷》，中国人民大学出版社2014年版，第40—43页。

《社会主义论》和《社会党风云》是戴季陶在辛亥革命前集中论述社会主义和社会党的代表作。《社会主义论》一文1910年12月4日发表于上海的《天铎报》，作者署名"天仇"。在《社会主义论》的开篇，戴季陶就指出，当时中国很少有人知道社会主义为何物，这实在是"吾国民的悲哀"。为改变于此，吾"举社会主义之大纲，而略为我国民陈说之"。"当今世界"，"富贵者乃高车驷马，锦衣轻裘，制平民之死命以为威，竭平民之力以自奉"，而平民者，戴月披星，洒血汗，竭全力，"而所得者乃皆以供少数人之私欲"。"恶劣之政府，纨绔骄奢之贵族，垄断市场之市侩，更从而压制之，鱼肉之。假政治之名，遂一家之欲，借公义之号，图一己之利，大权独揽，视人民如寇仇，而美其名曰'宪政'，贵乎中央集权也。金融专制，以社会之财产挥霍，而美其名曰'实业'，贵乎资本集中也。""社会之祸，人民之苦，不在于学问之不发达，机械之不新奇，而实在社会阶级之不平也"。"今世之所谓文明者"，实为"最野蛮之别号耳"。世界文明之中心点，"巴黎则淫奢绝世"，"钮育则金钱专横"，"伦敦则穷民盈市"，"德意志之柏林，素称有秩序之都会，而今次之大惨剧，乃为世界中所罕者"。故"今日之社会，非举此人类败类之贵者、富者、野蛮、专横而一洗之，不足以图人类之幸福也"。[①]戴季陶在文章中还将社会主义与人道主义联系起来，认为"社会主义者，人类之福音也，除魔之天使也，社会幸福之大则也，世界和平之始基也"。他强调，世界上所存在的"富者、贵者之跋扈，君主政府之专横，贵族大臣之骄奢，皆于社会主义昌明后可除之"。吾国正处在"竞争残杀之列强漩涡中"，亲贵"专权"，外人"割我筋肉，吮我精血"，在这种情况下，吾国民如果不知道"人类之大法，力起恢复之，不足以言国家，不足以言人道，不足以言幸福也"。[②]

1910年12月25日至1911年1月1日，《天铎报》发表了戴季陶的《社会党风云》一文，戴季陶署名依然为"天仇"。在该文中，戴季陶再次指

① 桑兵、朱凤林编：《中国近代思想家文库 戴季陶卷》，中国人民大学出版社2014年版，第49—50页。

② 桑兵、朱凤林编：《中国近代思想家文库 戴季陶卷》，中国人民大学出版社2014年版，第50页。

出："社会主义者，即人道主义之别名也，社会党即为人道主义之团体也"。文章认为，市场愈发达者，社会党愈多，政治愈强法律愈密者，社会主义愈甚，此为"公例也"。"欧美各国人口三亿，乃其中社会主义选举者合计约八百万人"，"纯粹属于社会党者三百万人"。社会党人与平民"气脉相通，声气相应"，其主张于"平民生计及社会之真幸福颇相合也。每一问题出，而人民多数赞同，致向之反对社会党者，亦不能排斥之焉，其势力亦不可谓小矣"。当时世界，欧洲社会党之势强，如法国电路工人同盟罢工，德国煤厂工人同盟罢工，其"原动力每出于社会党之运动焉。即日本之炸弹案等，亦无不为社会党所发端"。文章认为，从社会党活动来看，大致可分为两派：一是主张"产业革命"。当时社会"富者日益富，贫者日益贫，生活之程度不齐，则社会之等级愈甚"，主张产业革命者强调"举社会之财产而一之也，即平社会之不平也"。二是主张"政治革命"。这一派认为，当时的政府，"专制之护法也。政治以威权而成立，以金钱而维持。其威权非政府所应有也，强夺而来者耳；金钱亦非政府之固有也，攫取而来者耳。"因此，"不破坏今日之政府，则产业革命亦终不能举"。文章引用马克思所言："社会党之进步发展，与工商业成比例。盖商业愈发达，则垄断市场之风愈甚；工业愈进步，则劳动者之苦愈深"。不过，戴季陶并不同意马克思所论，他认为，"社会党势力之增加，以社会不平之多少为率"。文章指出："美国亦为市场专制之国，然政治之方针，法律之范围，皆足以保护平民者，故社会主义之势力较他国为小。吾政府诸公试想，政治较美国如何，而欲禁社会主义之不侵入于我国，愚哉！"文章还对欧洲各国社会党的情况作了介绍，认为英国社会主义之发端始于18世纪。随着经济革命之风潮日甚，贫苦失业者日渐增多，英国社会党之势力"益见增进"，"膨胀于三岛"。"德国社会党之势力，在今日欧美各大国中，其进步实最速者"。"其党中最要之大纲有三：（一）自由为人类之天赋权利。（二）公权者，国民全部公意所认许之权利也。（三）社会之财产，社会所公有，非个人所可私者。"由此"大纲"，作者认为，德国社会党之所主张，"其于政治则为绝对之国民主义，其在经济则为极端之社会共产主义"。作者强调"此党中人，忍耐之力甚固，实践之能力亦为近世各国所未有”，故而发展很快，“三年以来，日见进步，党员多至七十余万人，而受其鼓吹者多至二百余万人，虽德国政府以强硬之兵力为防范计，然党人之势力日大，虽有强硬敏捷之政府，恐亦莫如之何也”。①

《无政府主义之神髓》一文于1911年2月2日至3日发表在《天铎报》上，戴季陶署名仍为“天仇”。该文系统介绍了世界上流行的无政府主义学说。与当时大多数人一样，戴季陶也是把无政府主义作为社会主义之一派别来理解的。作者在文章的开头即表明了自己的观点，认为无政府主义宣传于世界，尚非远事。“世界人类中之稍有人心者，无不赞同之。其反对者，非无道之政府，则恶劣之官吏，再不然则横暴之资本家也。”“吾于无政府主义甚赞成之，所稍持异见者，则时势问题而已。”所以如此，在于“无政府主义则唱人道之真平等真自由者也”。虽然今日世界，竞争激烈，我国又处于竞争之“漩涡中者”，故“吾国今日不能即无政府，而不可一日有恶政府。无政府主义虽不能即实现于吾国，而无政府主义之真理，固万不能不深印于吾民之脑筋者也”。文章分为两部分，在“通论”部分，作者明确指出，无政府主义者，人类天性所发生，非何人故意创造“奇说”以欺骗他人。根本原因在于“今世界之不耕而食不织而衣者，滔滔皆是”，“贵者富者不以之任事，惟夺人之财以自娱”。无政府主义倡人道之真平等真自由，故“无政府主义者，社会主义之产儿也。其名义创自俄国人枯列巴金”，其后“无政府主义遂深入世界人类之脑筋”。“无政府主义与社会主义、人道主义之名虽异，而其渊源则一也”。世人动辄说“无政府主义及社会主义等皆为贫者”，其实托尔斯泰、克鲁泡特金之“皆为贵族”。“义之所在，有仁心所皆当服膺而实行之者也”。在“主义纲领”部分，作者介绍了无政府主义的主要思想内容。文章指出，欧洲各国宗教制度“过于限制”，“教会费”对于人民来说是“一种负担”；“私有财产者，强夺社会之富而成”，“凡人类所有之财产，皆由他相互之劳力而生”，“享有此利者，人类全体也”；“现今社会最不平等

① 桑兵、朱凤林编：《中国近代思想家文库 戴季陶卷》，中国人民大学出版社2014年版，第51—54页。

之事，莫过于贫富不均，于是一切罪恶皆由此经济不平等而生”。基于此，无政府主义主张破除不平等之“宗教制度”，废除“私有财产制度”，革除“世界之不平等级”。文章最后强调，“吾国今日无政府主义虽不能即行，然而此不平之恶政治，专横之恶政府，绝不能不革除之者，盖经一次刺激，必有一次进化”，①反映了作者执意推翻腐败清政府的坚定决心。在这个时期，戴季陶对社会主义的介绍更多的是把它作为一种西方先进思想来看待的，在其所关注的西方形形色色的思想潮流中，他也没有突出社会主义的宣传，更不能区分社会主义的各种流派。相比较而言，无政府主义和人道主义对其思想的影响更深。

民国初年，戴季陶思考的重心在于民主共和制度的理论构建，直接讨论社会主义的文章不多，散落在一些文章之中的有关社会主义的论述深受孙中山的影响，其思想内容，一是集中对资本主义国家少数资本家垄断国计民生的现象进行了批评，同时针对此情况，倡言中国之工商业欲发展必须采取“集资主义”。戴季陶指出，当时世界“工商业竞争之世界，亦资本竞争之世界”。自18世纪末亚当·斯密倡导“分业之利”以后至19世纪，企业界“经营方策遂全趋于分业”，由此带来了工商业的“日新月异”，“产业日见发达，工商益加进步，需要供给，程度皆增”，但是到了20世纪，企业界已由“分业一变而为集中企业”，故“二十世纪之企业界，专横之企业也，亦垄断之企业也”。“脱拿斯之合并发生，无国无之，而其甚者，厥为美国”。其“钢铁大王 U.S.Steel Corportion，实七百八十五公司合并而成者，资本十四亿元，雇佣十七万，煤矿、铁矿、煤气、轮船、铁道，无所不具。其所制之铁，占美国制铁十分之六”。“脱拿斯之竞争，不特对内也，即对外之竞争，亦专横跋扈，至于其极，势不至独占全世界之权利不止。故脱拿斯者，世界经济界之大魔王，亦民生之大敌也”。②“在美国，全国铁路已为一二资本家所垄断”，“美国屡次之

① 桑兵、朱凤林编：《中国近代思想家文库　戴季陶卷》，中国人民大学出版社2014年版，第67—70页。

② 桑兵、朱凤林编：《中国近代思想家文库　戴季陶卷》，中国人民大学出版社2014年版，第79—81页。

大恐慌，非社会之生产不足，陷于恐慌，实此少数之资本家，为图私人利益而酿成之也”。[1]戴季陶认为，由于“世界工商业之现状，日趋于集合，以大并小，以富凌贫，苟无绝大之资力经营，在世界工商业竞争场中，未有不失败者”，所以“二十世纪经营产业之方针，则不外乎企业集中。故言工商政策，必自企业集中始”。“吾国之同业者，苟欲于世界工商战场中占一位置，则固不能不以集资主义为唯一之政策、唯一之商略”，否则“工商业既失其利，人民必绝其生，而国家之危亡随之”。[2]二是主张铁路国有。戴季陶指出，国民党过去主张铁路民有，是因为“吾国为专制政体”，全国政治大权“握之政府”，“若主张铁路国有，则更增加政府专制之程度”，人民更加“不堪其苦”。专制之时代所谓国有，“非国有也，政府有也”。“今既革去专制之政府，确立民主之政治，则国家为人民公共之国家”，“共和时代之国有，国民全体之共有也，故人人可享此共有财产之利益”。由此，当时主张“民有”，“实则非民有也，少数资本家之所有也”。当时中国“惟有主张铁路国有之一策”，才能避免如美国“全国铁路已为一二资本家所垄断”的状况发生。铁路国有之后，“国家之收入多一日，则公共福利之机关完备一日，不特将来可造成政治上之良美共和国，即经济上亦可造成良美之幸福国”。这就是“吾所以向来主张铁路民有，而今日独主张铁路国有之理由也”。[3]三是主张奖励并扶助航业发展。戴季陶强调，他对于地上“交通机关之铁道，主张国有，而对于水上之交通机关，则主张补助奖励”。“中国全国河道，可行大小轮者甚多，若国家明定奖励航业条例，则内地航业，必日以发达。虽在铁路未成之时，而固有之交通尚可整理也”。中国的海外贸易过去比日本还发达，其“进步不速”，在于“无贸易上之交通器械”。日本的航业之所以发达，“实赖国家之补助”，发达吾国海上之航业，“非国家以积极方法补助之不可”。总之，“吾对于水上交通之航业，极端主张保护主义之

① 桑兵、朱凤林编：《中国近代思想家文库 戴季陶卷》，中国人民大学出版社2014年版，第170页。

② 桑兵、朱凤林编：《中国近代思想家文库 戴季陶卷》，中国人民大学出版社2014年版，第82—83页。

③ 桑兵、朱凤林编：《中国近代思想家文库 戴季陶卷》，中国人民大学出版社2014年版，第170—171页。

奖励补助政策。奖励补助内国之航业，即所以抵制外国在本国之航业；奖励补助海上航业，即间接奖励补助内国之贸易也”。[①]戴季陶的上述思想带有非常明显的孙中山社会主义思想的痕迹。当然，此时戴季陶的社会主义思想也有不同于孙中山的地方，比如在孙中山那儿，“民生主义”与“社会主义”基本上是同义语，而戴季陶将“三民主义”看成是政治革命，将社会主义则看成一种超越国界的“世界革命”，这实际上是其辛亥革命前所提出的“社会主义者，人道主义者，世界主义也”思想的发展。[②]

五四时期，戴季陶关注的重心在劳工运动，并在一段时间内积极宣传马克思主义，认为马克思主义是社会主义的集大成者，欢呼实行马克思主义式政治革命和社会革命的俄国十月革命，甚至参与了中国共产党的早期建党活动，不过他最终还是放弃了社会主义的取向，回到他认为与社会主义一脉相承的三民主义的轨道上。

以上所述，是这一时期资产阶级革命派一些代表性人物的社会主义思想及其传播社会主义的贡献。尽管资产阶级革命派的政治家和理论家们对社会主义的理解存在着这样那样的偏差甚至错误，并且带有浓厚的主观臆测成份，有的人前后矛盾，有的观点模棱两可，然而他们对西方资本主义贫富相隔状况的体察，对广大工农群众身处水深火热之中的同情，对社会主义学说和运动的介绍和传播，对马克思主义阶级斗争学说的认识，都比资产阶级改良派前进了一大步。不可否认，正是以孙中山为代表的资产阶级革命派对社会主义学说和运动的宣传介绍，促进了当时中国人对社会主义认识的深化，推动了社会主义在清末民初中国的传播，形成了社会主义在中国初期传播的又一个高潮，与后文介绍的有关无政府主义一道，共同构成了十月革命后马克思主义在中国广泛传播重要的出场语境。

---

① 桑兵、朱凤林编：《中国近代思想家文库 戴季陶卷》，中国人民大学出版社2014年版，第171—172页。

② 参见陶季邑：《论早期国民党人的社会主义思想》，湖南师范大学出版社1993年版，第116—118页。

第五章　清末民初无政府主义者与社会主义的传播

19世纪末和20世纪初，无政府主义逐渐传入中国，到革命派和改良派论战末期，无政府主义思潮在中国的影响开始扩大，于是便在革命派和改良派之外，又开辟了一个向国人介绍和传播社会主义的新途径。在欧洲社会主义运动中，无政府主义与社会主义是共生的。一方面，在清末民初中国知识分子的视野内，无政府主义如同马克思主义一样都被看作是社会主义的一个“派别”。另一方面，中国最早的无政府主义社团大多由同盟会的革命青年、主要是留学生成立的，他们既具有反清的革命热情，又具有追求自由、平等、博爱的理想。他们对社会主义的理解虽然是肤浅的，介绍社会主义也是“业余”的[①]，但却明显地表示出了对西方社会主义思想的浓厚兴趣，在介绍和传播无政府主义的同时，也介绍和传播了包括马克思主义在内的西方社会主义思想和运动。

一、无政府主义与社会主义

“无政府主义”一词作为舶来品，是从法文anarchie演化而来，原来的含义是无人管理，无政府状态。把这个词语首先作为政治概念使用的是法国人蒲鲁东，首先把“无政府状态”命名为“无政府主义”的是俄国人巴枯宁。汉语中的“无政府主义”一词直接引用日文中的汉字。还有人把“无政府主义”译作“无治主义”、“自由社会主义”、“自由共产主义”，把“无政府主义者”译作“无王党”。在中国五四时期比较通行

① 参见欧阳跃峰:《辛亥革命前无政府主义者对马克思主义的“业余宣传”》,《安徽师范大学学报》(人文社会科学版)2002年第3期。

的是音译作“安娜其主义”或者“安那克主义”。

无政府主义作为一种政治学说和思想体系形成于19世纪中叶的欧洲，这个时间恰好与马克思主义诞生的时间差不多。如果说马克思主义是代表无产阶级向资本主义制度的庄严宣战，那么，无政府主义则反映出在资本主义制度倾轧下的小资产阶级对社会现实的严重不满和愤懑。自14世纪至16世纪欧洲开始的文艺复兴思潮到18世纪欧洲出现的产业革命，西方世界经历了一场持久、深刻而广泛的社会变迁。18世纪末至19世纪中叶，西欧各国资本主义制度相继确立。它带来的是生产力比中世纪高出几百倍、几千倍的增长，同时也带来了明显的社会贫富悬隔，一方是灯红酒绿、歌舞升平，另一方是衣不遮体、哀怜乞讨，极度的繁荣同时催生了空前的贫困。在资本主义制度下，不仅无产阶级一无所有，小资产阶级也处于濒临破产的境地。无政府主义的产生正是小资产阶级这种境遇的反映。它以反对一切国家和任何强权，倡言绝对自由的极端主张，发泄出对不公正的资本主义制度的怨恨，并编织出一幅无政府、无国家、无强权、无纪律的理想化的未来社会蓝图。

无政府主义的思想先驱是英国的威廉·葛德文。他是18世纪英国小资产阶级社会主义者。他在《论政治正义及其对道德和幸福的影响》（1793）一书中最先提出废除国家的主张，并明确提出反对政治权威，反对私有制，反对强制和服从，反对一切法律，取消一切政府，实现个人自由的思想。由此，该书也被后来西方学者视为“近代无政府主义的圣经”。其后，1844年德国小资产阶级思想家麦克斯·施蒂纳在《唯一者及其所有物》一书中继承和发展了葛德文的思想。施蒂纳认为，世界的一切都是虚幻的，只有“我”是唯一实在、唯一合理的存在物，世界上“除我之外，一无所有”，“我把一切都归于我”，“我是造物主和唯一的创造物”，是世界历史的动力，其行动不受任何约束和压制，绝对自由。施蒂纳是一个备受贫病折磨的知识分子和破产的小店主，一生并无突出的活动和事迹，但这本书的出版则使他名噪一时。后来，一些著名的无政府主义者大都从这部书中吸取思想养料。因此这部著作被称为“无政府主义的宣言书”，施蒂纳也被恩格斯称为“现代无政府主义的先知”。最先使用无政府主义并明确宣布自己是一个无政府主义者的，是与施蒂纳同一时期的法国小资产阶级思想家蒲鲁东。1840年，蒲鲁东的《什么是财产?》一书出版，书中提出“财产就是盗窃”这个引人注目的论点，公开树起无政府主义旗帜，并初步论述了他的无政府主义观点。此后，他先后发表和出版了《社会问题的解决》、《一个革命者的自白》、《19世纪革命的总观念》、《贫困的哲学》等著作，系统阐述了他的无政府主义理论。他认为，资本主义私有制违反平等，共产主义公有制违反独立，只有无政府状态的社会才是最高度完善性的政治形式；国家、政党和权威无论属于哪个阶级都是绝对的“锁链”，因此必须“打倒政党、打倒政权”；以契约为中心的互助主义和联邦主义是实现无政府社会的根本途径；等等。蒲鲁东的阐述，不仅使无政府主义学说体系化，而且使其繁衍成一股影响法国、意大利、比利时、瑞士、西班牙等国家的社会政治思潮，而蒲鲁东本人也以更为系统和完整的无政府主义理论，奠定了他的创始人地位。后来的无政府主义者一般都尊称他为“无政府主义之父”。蒲鲁东之后，著名的无政府主义者是俄国的巴枯宁和克鲁泡特金。他们进一步发展了无政府主义理论。巴枯宁是无政府集产主义派的代表，个人绝对自由和各阶级平等是巴枯宁无政府主义的基本思想，其代表作包括《国际革命协会的原则和组织》、《国际革命协会的纲领》、《国际兄弟会的章程和纲领》、《国家制度和无政府状态》等。巴枯宁还是无政府主义的著名运动家，曾在意大利创办无政府主义密谋组织，参加过第一国际，被第一国际开除后又在瑞士成立了无政府主义国际，等等。克鲁泡特金集蒲鲁东、巴枯宁无政府主义之大成，创立无政府共产主义学说，是继巴枯宁之后最大的无政府主义理论家，也是无政府主义历史上最后一个具有国际意义和影响的领袖人物。他所撰写的《法国大革命史》、《面包掠夺》、《一个革命者的回忆录》、《田园、工场和手工场》、《互助论》等无政府主义名篇，不仅系统地论述了无政府共产主义思想体系，而且试图将这个理论体系置于“生物科学”和“自然科学”的基础之上。他认为互助是生物的本能，也是人类进化的要素，是“无政府共产主义”的社会基础；未来社会是通过自有契约组织起来的城乡各自由公社的联合体；满足一切人的需要才是“万人安乐”的社会。在欧洲，无政府主义虽纷繁复杂，但就思想体系来说实际上可以分为三派：一是施蒂纳和蒲鲁东的无政府个人主义；二是巴枯宁的无政府工团主义；三是克鲁泡特金的无政府共产主义。虽然他们的主张有一些差异，但是他们都共同主张反对一切权力和权威，鼓吹个人绝对自由，幻想建立一个无政府的社会。

对于马克思主义来说，无政府主义是一种反动的政治思潮。正如列宁所指出的，它“不懂得剥削的根源”，“不懂得社会在向社会主义发展”，“不懂得阶级斗争是实现社会主义的创造力量”。“对于剥削的根源的了解。私有制是商品经济的基础。生产资料公有制。无政府主义对此一窍不通。”它“是绝望的产物”，是“失常的知识分子或游民的心理状态”，是“改头换面的资产阶级个人主义”，“在否定政治的幌子下使工人阶级服从资产阶级的政治”。①无政府主义曾一度对国际共产主义运动产生过消极影响。所以，自19世纪后半期开始，马克思、恩格斯、列宁曾相继对无政府主义进行了批判，并从理论上逐步区分了无政府主义与马克思主义的界限。不过当无政府主义开始传入中国时，这种界限并不是一开始就很明确的。

辛亥革命前一些关心中国民族命运的知识分子，在探寻救国救民真理时，主要倾心于西方资产阶级民主主义学说。但是，19世纪末20世纪初，各种流派的社会主义学说在西方风行，吸引了一些中国人的关注，并把无政府主义也当作一种救国救民的社会主义学说去研究。同时，一些留学或逃亡日本的中国知识分子同流亡到日本的俄国无政府主义者发生了直接的联系。由于俄国统治者把俄国的革命民主主义者统称为虚无主义者，所以当时在东京出版的一些中国人办的报刊，开始介绍无政府主义的时候，又把它同虚无主义混为一谈。总之，在19世纪末20世纪初的中国，旅居国外的革命人士也好，留学生也好，他们在传播西方世界的新思潮时，对无政府主义、虚无主义和社会主义之间的区别并不清楚。这是当时中国人传播无政府主义的一个重要特点，也可以说是当时中国人

①《列宁选集》第1卷，人民出版社1995年版，第288—289页。

传播社会主义的一个重要特点。

伯纳尔曾经指出："一九〇七——一九一一年，一些先进的中国知识分子认为，无政府共产主义是社会主义的精髓。"[①]宋教仁就是一个典型的例子，他认为："果主张真正之社会主义而欲实行之者，则非力持无治主义或共产主义不为功，而社会民主主义与国家社会主义，皆非所宜尊崇者也。"[②]在此，他就把无治主义即无政府主义与共产主义混为一谈。事实上是，不仅中国的无政府主义者，就是中国早期的马克思主义者，也有不少人不同程度上受无政府主义影响，包括李大钊、毛泽东、蔡和森等。之所以如此，是因为无政府主义在本质上虽然与马克思主义没有丝毫的共同点，但是从表面上看，无政府主义则有着与社会主义相似的目标和共同的内容，二者只是在达到这些目标的手段上有根本的分歧。尽管马克思猛烈地批判过蒲鲁东，但也曾给予他很高的评价。同样，被马克思称为"社会理论领域里一个最无知的人"[③]的巴枯宁，也推崇马克思对社会史所作的阐释，同意他关于资本主义在工人阶级日益壮大的力量面前即将崩溃的结论。[④]有国外学者也认为，无政府主义的社会理论（对阶级和资本主义的分析）有不少来自马克思主义。"无政府主义者对社会主义的贡献，在于坚持必须承认代替权威、尤其是代替国家政权的那些机构的自治权力。马克思曾把国家（至少在表面上）包括在社会利益结构之内。他相信，社会经过社会主义改造，国家本身将自然而然地发生变化并在强制的必要性消失时自行'消亡'。无政府主义者正确指出，国家（以及家庭之类的其他强制性机构）自有其不同于社会关系的生命。因此，他们致力于消灭一切强制性机构，而代之以自愿的联合。另一方面，无政府主义的社会理论中，没有什么超出马克思方案一步的

① [美]伯纳尔著，丘权政、符致兴译：《一九〇七年以前中国的社会主义思潮》，福建人民出版社1985年版，第199页。

② 陈旭麓主编：《宋教仁集》上册，中华书局1981年版，第288—289页。

③《马克思恩格斯全集》第16卷，人民出版社1964年版，第466页。

④ 参见[美]G.D.H柯尔著，何瑞丰译：《社会主义思想史》第2卷，商务印书馆1978年版，第223页。

东西。”[①]所以，无论是西方的无政府主义者，还是中国的无政府主义者，将自己称为“社会主义者”或“共产主义者”都是很自然的事。因为，社会主义和共产主义的理想也正是他们的理想。在中国人对社会主义的真谛还不了解的情况下，许多人将无政府主义和社会主义、共产主义当作“同义语”，这是一种非常正常的情况。无政府主义者在传播无政府主义的同时，客观上也传播了社会主义思想，人们甚至将无政府主义当作众多社会主义流派中的一种，而且还是最坚决、彻底的一种。[②]

由于当时是上述这样一种情况，因此，在中国的无政府主义者看来，不仅梁启超根本不是社会主义者，而且孙中山也不是社会主义者。孙中山的民生主义充其量只是社会政策，而不是社会主义。社会主义的首要标志是彻底消灭私有制，使生产机关直接操之于劳动者之手，而非资本家或者国家之手。[③]无政府主义者追求绝对的自由，反对一切的权力，不管是资本的权力，还是宗教的权力、国家的权力。在无政府主义者看来，只有他们才是真正的社会主义者，才真正是要实现社会主义。

无政府主义传入中国大致与社会主义这一新奇事物进入国人视野差不多相伴而行，也大都出自清朝派往西方国家的使臣和来华传教士之手。黎庶昌等人的日记和《西国近事汇编》、《万国公报》等国内出版的书刊上都有关于无政府主义和俄国虚无党的记载与报道，只是这些记载和报道在当时很难说有向国人宣传介绍无政府主义的意义。资产阶级改良派对无政府主义和虚无党有过不少评论。严复在《原强》中提到“均贫富之党”与“毁君臣之议”。康有为在《大同书》中提到的所谓“革命日出，党号无君”就是指无政府党和虚无党。1901年梁启超撰写的《难乎为民上者》一文，也提到“无政府党”一词。他说：“无政府党者，不问为专制国，为自由国，而惟以杀其首长为务，而彼等之目的在破坏秩序”，对无政府党不问专制秩序与自由秩序，一律视为“秩序之敌”和

① 中国社会科学院近代史研究所《国外中国近代史研究》编辑部编：《国外中国近代史研究》第5辑，中国社会科学出版社1983年版，第100页。

② 参见张汝伦：《现代中国思想研究》，上海人民出版社2001年版，第269—270页。

③ 参见葛懋春、蒋俊、李兴芝编：《无政府主义思想资料选》上，北京大学出版社1984年版，第286页。

“文明之敌”的主张颇有微词。[①]后来。梁启超在《论俄罗斯虚无党》一文中又对俄罗斯虚无党产生的原因及其主张进行了介绍和评析，认为虚无党之手段虽受人敬佩，但其主义则不被人赞同，不但今天实行不了，即使是到了大同太平以后，这种主义也“有所不可”。[②]由于清政府对革命派的残酷镇压，无政府主义诸多主张受到了一大批旅欧、留日的知识分子和同盟会会员的青睐，他们对无政府主义和虚无党的介绍更加详细。1902年上海广智书局出版发行《俄罗斯大风潮》一书，这是国内翻译出版的一部影响较大的介绍无政府主义的书籍，译者马君武作序介绍说，空想社会主义和社会进化论是无政府主义的两大理论来源：“圣西孟之徒倡社会主义（即公产主义）于世，其势日盛。至十九世纪，而英人达尔文、斯宾塞之徒发明天演进化之理。由是两种学说发生一种新主义，是新主义曰‘无政府主义’。”[③]该书主要内容分为两个部分。第一部分重点叙述了无政府主义的起源和发展以及巴枯宁、克鲁泡特金的生平和思想，认为无政府主义创始于蒲鲁东，扩充发达于巴枯宁；第二部分重点叙述俄国革命历史。在该书中，作者以欣赏的眼光赞誉无政府主义“有翻天覆地之精神，具挟山超海之气力，弄神出鬼没之手段，扫去世间一切君主教主重重罗网，万人一魂，欲造出其理想中之新世界”，并把无政府党的宗旨概括为：“欲得十分完全无制限之自由，家给人足，人类所需，无少缺乏，各奉有自然之产，无他界限，互相助济，人人有平等之价值，一切政府威权，地方法治，为人类所连接者，皆删废不复用，而代之以天然自由契约。”[④]同年商务印书馆还出版了幸德秋水撰写的《广长舌》一书。该书共收录32篇文章，其中《无政府主义之制造》一文专门对无政府主义进行了介绍。作者针对当时日本社会的情况说：“我国今日社会之组织，谓之为制造无政府党极敏便之机器可也，谓之为培植无政府党极美佳之肥料可也。既以极敏便之机器制造之，且以极美佳之肥料培植

① 《清议报》第98册。

② 参见张枬、王忍之编：《辛亥革命前十年间时论选集》第1卷（上册），生活·读书·新知三联书店1960年版，第375页。

③ 葛懋春、蒋俊、李兴芝编：《无政府主义思想资料选》上，北京大学出版社1984年版，第2页。

④ 转引自蒋俊、李兴芝：《中国近代的无政府主义思潮》，山东人民出版社1991年版，第22—23页。

之，则无政府党之长养滋生，蔓延广被将冠甲于全球矣。”[①]1903年上海出版了由张继（署名“自然生”）根据日文书刊中无政府主义思想资料编译的《无政府主义》一书。该书系根据日文资料编译而成，分上下两篇，上篇题为“无政府主义及无政府党之精神”，宣传无政府主义的主张和手段；下篇题为“各国无政府党”，重点介绍各国无政府党的历史和情况。全书除宣传无政府主义的“破坏”理论之外，还大肆鼓吹无政府党的暗杀活动，书后曾附有一个各国暗杀活动大事年表，当时不少宣传暗杀的文章，大都从该书寻找理论和历史根据。[②]《民报》主编章太炎曾为该书作序，并在中国无政府主义者在东京举办的“社会主义讲习会”上发表演说，赞扬无政府主义。张继是我国早期倾向无政府主义的有影响的人物，该书的出版意味着对无政府主义的系统介绍代替了以往的零星介绍。同年，上海广智书局还翻译出版了两本涉及宣传无政府主义的书籍，一本是日本人福井准造所著的《近世社会主义》，书中介绍了蒲鲁东的生平、著作和学说，以及无政府主义的沿革和思想主张；另一本是日本人西川光次郎所著，书名为《社会党》，其中详细地介绍了欧洲的虚无主义派。这两本书的内容前文曾有过介绍。1903年6月10日《苏报》刊有《虚无党》一文，认为“虚无党之性质，由专制政体产出者也。倘专制不达于极点，无端而有特权之参政，则其所胚胎之性质，必浸淫变灭，而鼓吹不起。故专制政府者，实制造虚无党之绝好工场也。”文中强调，当今世界之专制国家，首推俄国，故“虚无党应至”，现今“此潮流。必有逾昆仑阿尔泰之山，蓬蓬勃勃，以输入支那内部之一日”。[③]1904年由金一（即金天翮）依据日本人烟山太郎的《近世无政府主义》翻译、上海东大陆译印书局出版的《自由血》一书，主要介绍了俄国无政府主义恐怖、暗杀的主张。金一在其“绪言”中明确地说：“吾之崇俄罗斯之虚无党”，并把“虚无党”称为“专制政体之敌”，赞誉其是“自由之神”、

① 转引自蒋俊、李兴芝：《中国近代的无政府主义思潮》，山东人民出版社1991年版，第23页。

② 参见蒋俊、李兴芝：《中国近代的无政府主义思潮》，山东人民出版社1991年版，第27页。

③ 葛懋春、蒋俊、李兴芝编：《无政府主义思想资料选》上，北京大学出版社1984年版，第4—5页。

"革命之急先锋"[①]，号召人们以其为楷模，推翻封建政体。时人有关介绍虚无主义和虚无党的文章多以之为依据。以上所列仅是当时国内出版的介绍无政府主义的书籍的一部分。

除了上述这些著作在中国出版外，当时还有大量的报刊登载了介绍无政府主义、虚无主义的文章。一是改良派在日本出版的《新民丛报》、《新小说》和在上海出版的《东方杂志》。它们报道了欧洲无政府主义者的恐怖活动和思想主张，并以此恐吓当时的清朝统治者，引导读者接受他们的改良主义主张。二是资产阶级革命派的报刊，如在日本出版的《浙江潮》、《江苏》、《民报》、《复报》、《洞庭波》、《河南》、《四川》、《汉帜》，在上海出版的《苏报》、《俄事警闻》、《中国白话报》、《二十世纪大舞台》、《神州女报》、《民立报》，在香港出版的《广东日报》、《有所谓报》等，也都曾经刊载过介绍和宣传无政府主义的文章。此外，资产阶级革命派当中的一些热衷于无政府主义的人，还专门创办了一些专门性的报刊进行这方面的宣传，其中主要是《天义报》、《衡报》、《新世纪》等。在这些报刊所发表的有关无政府主义的文章中，各国无政府主义思想家的活动及其政治主张被列为宣传和介绍的首要内容。《浙江潮》第八期的《新社会之理论》，《民报》第七期的《无政府党与革命党之说明》、第八期的《无政府主义之二派》、第十六期的《巴枯宁传》，以及《新世纪》上的一些文章都曾经对施蒂纳、蒲鲁东、巴枯宁、克鲁泡特金等无政府主义代表人物的生平、经历和思想作过专门的介绍。《民报》第二十四期和《天义报》第十五、十六期还分别刊载了克鲁泡特金的《西伯利亚纪行》、《无政府主义之哲学》和《面包掠夺》等著作的译文。施蒂纳和蒲鲁东的无政府个人主义、巴枯宁的无政府工团主义、克鲁泡特金的无政府共产主义等都是通过这些文章才第一次为中国读者所了解。这些报刊所发表的许许多多反对强权、反对军备、反对法律、反对赋税、反对财产、反对阶级、反对国家，要求达到无父、无君、无法、无天等"四无"境界的宣传无政府主义的论说，也是根据西方那些无政府主义思想家的观点糅合而成的。

---

① 葛懋春、蒋俊、李兴芝编:《无政府主义思想资料选》上，北京大学出版社1984年版，第53页。

还有就是对俄国虚无党人即民粹主义者活动的宣传和介绍。《浙江潮》第四期的《俄人要求立宪之铁血主义》、《江苏》第四期《露西亚虚无党》、《民报》第十一、十七期连载的《虚无党小史》等文，对1879年民意党成立以来俄国民粹主义者的活动情况及其政治纲领作过详细的介绍。《民报》第二十三期还刊有和俄国民粹主义者有关的人物照片。1903年6月19日《苏报》的《虚无党》、《洞庭波》第一期的《伟哉俄国革命党，危哉俄国首相》、《汉帜》第一期的《俄国虚无党之诸机关》、《河南》第一期的《露国革命党》等时评和论说文章，则是对俄国民粹主义者的称道和赞扬。类似的评论和诗词戏剧小说等文学作品，还大量见之于当时出版的许许多多革命派所编辑的报刊，不胜枚举。

与以上宣传相联系的是关于暗杀活动的宣传。当时有关暗杀活动的介绍是革命派报刊无政府主义宣传的又一个方面的重要内容。《浙江潮》第十一、十二期的《刺客论》，《复报》第一、三期的《暗杀风潮又起耶》和《刺客概论》，《汉帜》第一期的《驱满酋必先杀汉奸论》，《河南》第三期的《暗杀之效力》，《中国新女界》第六期的《妇女实行革命应以暗杀为手段》，《民报》（《天讨》增刊）的《暗杀时代》和第二十一期的《帝王暗杀之时代》，《中国白话报》第十八期的《论刺客的教育》，《广东日报》的《炸药之二十世纪》、《暗杀主义说》等，就是其中比较有影响的文章。此外，在《二十世纪大舞台》、《有所谓报》、《天义报》、《新世纪》等报刊上，也刊有大量这方面的文字。通过这些文章和其他有关新闻评论和图片报道，较清楚地向广大读者展示了19世纪下半叶以来，欧洲无政府主义和俄国虚无党进行暗杀活动的历史，特别是1881年以来俄国虚无党人多次谋划刺杀沙皇和政府首相终于成功的历史，赞扬他们那种“左手把民贼之袂，右手揕其胸，伏尸数十，流血五步”的个人恐怖行为和他们那种不畏强御，不怕牺牲，“风雨为泣，鬼神为号”的献身精神，宣传暗杀“最快而捷”，“成功容易”和“名誉光荣”，鼓吹“今日之时代，非革命之时代，实暗杀之时代”，鼓动中国的革命党人以俄国的虚无党人为榜样，“飞鸣出匣，轰然落地，直取国中专制魔王之首于百步之外”，以夺取革命之胜利。[①]

总之，这一时期的无政府主义的宣传，主要是介绍无政府主义的“无政府”和“共产”的主张，各国无政府主义思想家的活动和思想，特别是巴枯宁的“破坏主义”以及虚无党即俄国民粹派的活动，包括虚无党人的暗杀和恐怖行动，一些资产阶级革命党人把无政府主义和资产阶级民主主义思想糅合在一起作为反清的工具。尽管这种宣传混淆了科学社会主义与无政府主义、虚无主义的界限，但是对于革命派推翻清王朝的统治依然起到了相当程度的积极作用。同时，要着重指出的是，由于当时中国人接触无政府主义主要是通过日本渠道，同时人们对科学社会主义与无政府主义、虚无主义的界限并不清楚，所以，翻译和出版的宣传无政府主义的著作中有相当部分是以社会主义命名的，那些宣传无政府主义和虚无党人活动的报刊同时也是介绍和宣传社会主义新思想的报刊。这种情况一方面反映了西方社会主义思潮在日本流行之初，马克思主义、无政府主义以及虚无主义相互混淆、鱼龙难辨的景象，另一方面也从一个侧面体现了中国人在介绍和传播社会主义思想时所受到的日本“中转站”的影响。关于这种“影响”，本书将在以后的章节作专门的分析。

二、《天义报》对社会主义的评介

1907年以后，无政府主义在中国的传播形成高潮，固然有前面所说的诸多原因，但不容否认的是，它与《天义报》、《衡报》的创刊有直接的关系。

《天义报》是近代中国最早的无政府主义期刊，1907年6月10日创刊于日本东京，开始是旬刊，后改为半月刊，第十一期以后迁至上海出版，1908年3月15日出至第十九期停刊。最初它是“女子复权会”的机关刊物。1907年初，刘师培应章太炎之邀，偕妻何震及表弟汪公权到达日本。在此之前，张继已在东京与日本一些受无政府主义思想影响的活动家建立了联系。来到日本后，刘师培很快被东京炽热的革命氛围所吸引，“闻

① 转引自方汉奇编著：《中国近代报刊史》，山西教育出版社1981年版，第435—438页。

社会主义、无政府主义新说，皆驰骛焉，劬学至夜分不辍，精气疲荼，又不暇察”[①]。8月底，刘师培与张继等人，模仿日本具有浓厚无政府主义思想色彩的组织“金曜（星期五）讲演会”形式，发起成立“社会主义讲习会”（后改名齐民社），声称：“近岁以来，社会主义盛于西欧，蔓延于日本，而中国学者则鲜闻其说。虽有志之士知倡民族主义，然仅辨种族之异同，不复计民生之休戚，即使光复之说果见实行，亦恐以暴易暴，不知其非。同人有鉴于此，拟研究社会（主义）问题，搜集东西前哲各学术，参互考核，发挥光大，以饷我国民；又虑此主义之不能普及也，故创设社会主义讲习会，以讨论此旨。”[②]这个小型而短期的组织，无严格的入会手续，以召开研讨会、宣传无政府主义为主要活动内容。所以，其名为讨论社会主义，实为提倡无政府主义。这以后，《天义报》由原来的“女子复权会”的机关刊物实际上成为“社会主义讲习会”的机关刊物，成为他们宣传无政府主义的主要阵地。

作为“女子复权会”的机关刊物时，《天义报》标榜“女界革命”，认为自有人类以来，异族之欺凌，君民之悬隔，贫富之差距，这些事都是“不公”的。“环顾世界各邦，其实行种族革命者尚占多数，若政治一端，虽实行共和政治者，犹不能尽人平等，经济一端更无论矣”。为什么如此？根本在于“世界固有之社会，均属于阶级制度，合无量不公不平之习惯相积而成，故无论其迁变若何，均含有不平之性质。非破坏固有之社会，决不能扫除阶级，使之尽合于公。”当今人们在讨论革命时，“仅以经济革命为止”，“不知世界固有之阶级，以男女阶级为严”，无论东洋还是西洋都是如此。所以，“欲破社会固有之阶级，必自破男女阶级始”，即“无论男女，均与以相当之教养，相当之权利，使女子不致下于男，男子不能加于女，男对于女若何，即女对于男若何。如有女下男而男加女者，则女界共起而诛之，务使相平而后已”。《天义报》声称：“以破坏固有之社会，实行人类之平等为宗旨，于提倡女界革命外，兼提倡

---

① 汪东：《刘师培传》，《汪旭初（东）先生遗稿》，《近代中国史料丛刊续编第四辑·40》，台湾文海出版社1974年版，第384—385页。

②《社会主义讲习会广告》，《天义报》第2卷。

种族、政治、经济诸革命，故名曰天义报。”[①]自八、九、十卷合册开始，《天义报》的宗旨又有一些变化，改为破除国界、种界，实行世界主义；抵抗世界一切之强权；颠覆一切现近之人治；实行共产制度；实行男女绝对之平等。其主编是何震，核心人物是刘师培、张继，其他还有汪公权、陆恢权、志达、畏公、民鸣等。内容分论说、学理、时评、记事、译丛等栏目。

1907年12月末，刘师培夫妇秘密回国，向清朝两江总督端方自首，1908年2月回到东京，继续编辑《天义报》。4月另出《衡报》，以“颠覆人治，实行共产；提倡非军备主义及同盟罢工；记录民生疾苦；联络世界劳动团体及直接行动派之民党”为宗旨。[②]当时，日本政府正在加紧镇压国内的无政府主义者，为避免引起注意，《衡报》托名“澳门平民社”编辑发行。10月，出版至第十一期，因日本政府禁止发行，刘师培夫妇及其姻弟汪公权一起回国，《衡报》出版终止，共发行十一号，现在能见到的为一至八号和第十号，少了第九和第十一号。《衡报》的创办人、编辑人和大部分文章的执笔人都是刘师培，在创刊指导思想上继承和体现了《天义报》所倡导的无政府式社会主义或共产主义观念，实际上是《天义报》的继续。随着刘师培夫妇的回国和《衡报》被查封，“社会主义讲习会”也告终。

宣传无政府主义是《天义报》的主流，从1907年6月10日第一期到12月30日第十四期，每期都刊有宣扬无政府主义的文章。第一期有《破坏社会论》、《请看俄国虚无党》、《巴枯宁学术要旨》；第二期有《废兵废财论》、《社会革命大风潮》；第三期有《人类均力说》、《政府者万恶之源也》、《保满与排满》、《苦鲁巴特金之特色》；第四期有《无政府主义之平等观》（第五、七期连载）、《西汉社会主义学发达考》（第五期连载）、《欧洲为政府党宗旨汇录：布鲁东无政府主义大纲》、《毁家论》；第五期有《中国无政府主义发明家老子像》、《论女子劳动问题》（第六期连载）；

① 张枬、王忍之编：《辛亥革命前十年间时论选集》第2卷（下册），生活·读书·新知三联书店1963年版，第818—819页。

② 参见丁守和主编：《辛亥革命时期期刊介绍》第3集，人民出版社1983年版，第335页。

第六期有《论种族革命与无政府革命之得失》(第七期连载)、《欧洲社会主义与无政府主义异同》、《社会主义讲习会第一次开会记事》;第七期有《女子解放问题》(第八至十合期连载)、《万国无政府党大会记略》、《社会主义讲习会预告》、《日本社会主义金曜讲演会记》;第八至十合期有《克鲁巴特金像》、《论新政为病民之根》、《斯撒纳尔无政府主义述略》、《万国无政府党大会决议案记》、《社会主义讲习会第二次开会记略》、《社会主义第四次开会记略》;第十三至十四合期有《苦鲁巴特金学说述略》、《社会主义讲习会记事》;等等。[①]这些文章汇聚在一起,形成了有声有色的无政府主义宣传声势。

《天义报》在宣传无政府主义时,也涉及西方各派社会主义和马克思主义。该报第四卷上刊有申叔(刘师培)的《社会主义学说发达考》,介绍了社会主义学说的历史和发展潮流。第六卷上刊有申叔(刘师培)的《欧洲社会主义与无政府主义异同考》一文,这是《天义报》登载的也是刘师培撰写的一篇介绍社会主义的代表性作品。该文在对欧洲社会主义发展进程进行粗略考察的基础上,较详细地分析了无政府主义与社会主义的异同,认为欧洲社会主义,始于希腊柏拉图。"柏氏所倡之说,多偏于共产,然仅托之于理想"。后有"欧人母耶[②]者,于一千五百一十六年,著《无何有乡》[③]。科比耶[④]继之,作《太阳之都》[⑤](一千六百年出版)。哈林枯顿又继之,作《太阳洲》(一千六百五十五年出版)。故社会主义,已萌芽于斯时。"[⑥]到18世纪末,社会主义发展迅猛,由其立说之根据可分为三派,以宗教为根据的有魏特林、圣西门、傅立叶、拉梅耐、卡贝、欧文等;以哲学为根据的源自柏拉图,黑格尔继之;以科学为根据的,始于犹太人,一为马克思,一为拉萨尔。"三派立说不同,然考其要归,

① 参见谈敏:《回溯历史——马克思主义经济学在中国的传播前史》上,上海财经大学出版社2008年版,第602—603页。

② 母耶,今译作"莫尔"。

③《无何有乡》,今译作"《乌托邦》"。

④ 科比耶,今译作"康帕内拉"。

⑤《太阳之都》,今译作"《太阳城》"。

⑥ 姜义华编:《社会主义学说在中国的初期传播》,复旦大学出版社1984年版,第426页。

则凡生产上物质之机关，均易私有为公有；凡产业社会之制度，均易为合同经营之制度；以社会收入之财，分配社会，以期经济之平等；此则诸家共同之意也。”[①]文章指出，欧洲社会主义发展共分五个时期：“一为准备时代（由佛兰西革命至一千八百一十七年）；二为成形时代（由一八一八年至一八四八年）；三为休止时代（自一八四九年至一八六三年）；四为万国者同盟时代（自一八六四年至一八八〇年）；五为社会民主主义运动时代（一八八〇年后）。至第二时代始有《共产党宣言》（一八四八年）；至第四时代，始有劳动者之团结，始有无政府主义之纷争；自巴枯宁倡破坏之说，而劳动者同盟或倾向无政府主义；及一千八百七十三年，巴枯宁为马尔克斯[②]所排斥，无政府主义遂与社会主义分离。二派既分，由是劳动同盟仍属于社会民主党，而无政府主义则别树一帜。”[③]这就是社会主义变迁的大体情况。关于社会主义与无政府主义的异同，文章指出：“吾等则谓社会主义多与无政府主义相表里。考无政府之学术，本分两派：一以个人为主，如斯撒奈耳[④]、奥比的伊尼、依第特，所言虽殊（一主非基督主义，一主基督主义，一主进化主义），然皆以个人之发达进步，期无政府主义之实现，此一派也；一以社会为主，若布鲁东、巴枯宁、苦鲁巴特金，所言亦殊（一主集产，一主破坏，一主共产），然皆以社会经济之改革，期无政府主义之出现，此又一派也。此二派者，一主吾人内部之改革，一主吾人外部之改革；一主心意性格之发达，一主境遇事情之变迁；一主理论，一主实行。盖一为哲学的无政府主义，一为合群的无政府主义是也。哲学的无政府主义，以个人主权为重，诚与社会主义不同；若合群的无政府主义，其共产一派，则与社会主义不殊。其不同之点，则一欲利用国家，一欲废除国家耳。”[⑤]社会主义的目的在于“冀一切财产之平均，以易私有为公有”，“共产的无政府主义”其“目的正与此同”。故“由社会主义扩张之，必达无政府主义之一境”，而

① 姜义华编：《社会主义学说在中国的初期传播》，复旦大学出版社1984年版，第426—427页。

② 马尔克斯，今译作“马克思”。

③ 姜义华编：《社会主义学说在中国的初期传播》，复旦大学出版社1984年版，第427页。

④ 斯撒奈耳，今译作“施蒂纳”。

⑤ 姜义华编：《社会主义学说在中国的初期传播》，复旦大学出版社1984年版，第427—428页。

“共产的无政府主义，实由社会主义而生，乃社会主义之极端，不得别之社会主义之外也”。“近岁以来，有们斯秃[①]者，宣布无政府主义之纲领，欧洲学者称为社会的无政府主义，与共产的无政府主义立义多同；而破坏现今之社会，则又本于巴枯宁。今欧美无政府党，多笃信其学，以从事于破坏，惟社会民主党仍与分离。然就欧洲社会党全体观之，于硬、软二派，亦有欲离政府、国家而独立者，则与无政府主义宗旨约同。足证社会主义必有趋向无政府之一日。”[②]该文还提到“马尔克斯（马克思）所著书有《由空想的科学的社会主义之发达》（《社会主义从空想到科学的发展》）”，把恩格斯误认作马克思。

在该报第八、九、十卷合册中刊有社会主义书刊的预告：《共产党宣言》（马尔克斯等著）、《致中国人书》（杜尔斯特著）、《人道主义》（杜尔斯特著）、《神与国家》（巴枯宁著）、《无政府主义之哲学》（克鲁泡特金著）、《平民唱歌集》（申叔编）、《贫民俗谚录》（申叔编）。在十五卷中刊有出版社会主义书籍的广告，称“本刊下册汇列新译名书成一最巨之册，其目如下：1.共产党宣言（马尔克斯因格斯著）；2.社会主义经济论（哈因秃曼著）；3.《社会主义史大纲》（布利斯著）；4.《面包略夺》（苦鲁巴金著）；5.《无政府主义之哲学》（同上）；6.《俄国革命之旨趣》（杜尔斯读著）；7.《致支那人的全稿》（同上）；8.《俄国社会党提议之土地法案》（怪汉译）”。[③]第十五卷还刊有《社会主义与国会政策》、《未来社会生产之方法及手段》等属于社会主义评介性质的著译文章。《天义报》第十六至十九卷合册实为有关社会主义评介的专刊，除刊有《社会主义史大纲》等文章外，还刊有《面包之略取》[④]、《无政府主义之哲理同理想》、《俄国革命之旨趣》、《致中国人书》、《俄国第二议会提议之土地本法案及实施法案》、《无政府党第四次大会决议》、《无政府共产主义之工人问答》等译文及《区田考》及其序言等文章，主要内容大都为站在无政府主义

---

① 们斯秃，今译作“蒙斯特”。

② 姜义华编：《社会主义学说在中国的初期传播》，复旦大学出版社1984年版，第428—429页。

③ 参见林代昭、潘国华编：《马克思主义在中国——从影响的传入到传播》上，清华大学出版社1983年版，第262—263页。

④《面包之略取》，今译作“《面包掠夺》”。

的立场来诠释社会主义或阐述无政府主义基本观点。①

《社会主义与国会政策》一文，由刘师培以“申叔”的名义发表，重点介绍和评价欧美各国社会党所奉行的议会政策并对其持批评态度。文章认为，欧美各国社会党的议会政策即使未遭到政府迫害而获得政权，也“未必解放”全体劳动者；少数社会党议员根本没有能力“限制上级特权以期劳民全体之解放”，少数议员甚至可能为了献媚上级而“背叛本党”；社会党人主张选举的根本目的在于谋本党之利益，而非“民党”之利益，他们利用“社会主义以为一己进身之捷径”；社会党之议会政策的实质是利用广大劳动人民与政府相抗衡，“牺牲多数劳民之生命以博一二人之权利”，“害归劳民，利归己党”；等等。基于此，文章断言，议会政策乃“万恶之源”，不论何党何派，凡是奉行此政策者，“决无有利平民之一日”。作者在文中明确指出，其所担心在于“中国社会主义者”步欧美社会党之后尘而“持议会政策”，并强调要让那些“希望政权者”知道，“不能假社会主义之名，以行其运动”，宣布今后“如有借社会主义之名希望政权者，决非吾人所主张之政策，虽目为敌仇不过矣”。②察之此文上下，作者所代表的无政府党，俨然成了社会主义的正宗代言人，在作者看来，社会主义就是无政府主义。

《未来社会生产之方法及手段》一文，是刘师培以“申叔”之名翻译的克鲁泡特金《面包掠夺》第八章第二节的一段译文。译文根据一个劳力生产日应该劳动多少时间这一“固社会主义间所起之问题”，讨论并答出生产力增加之后，一个社会只需要较少劳动时间，其产品即可满足人类生活之一切需求。译者认为，这种对未来社会“计划精详”的描述实为“不刊之论”，③译者对于无政府主义的尊崇和信奉溢于言表。

无名氏翻译的比利斯④的《社会主义史大纲》，是《天义报》登载的又一篇介绍社会主义的重要著作，不过这只是一篇译文。人们对这篇文

---

① 参见谈敏：《回溯历史——马克思主义经济学在中国的传播前史》下，上海财经大学出版社2008年版，第760—769页。

② 申叔（刘师培）：《社会主义与国会政策》（续），《天义报》第15卷，1908年1月15日。

③ 参见申叔（刘师培）：《未来社会生产之方法及手段》，《天义报》第15卷，1908年1月15日。

④ 比利斯，今译作“布利斯”。

章并不陌生，此前1906年9月5日《民报》第七期已经刊发过廖仲恺翻译的同名译文。有学者进行过比较，认为廖仲恺的译文要比无名氏的译文更为完整和详尽，从两篇译文风格和用词造句看，后者并不存在对前者的抄袭或照搬转引等问题，是各自独立翻译成文。二者虽依据同一原著译出，但所表达的思想倾向及其关注的重点则不尽相同。无名氏翻译该文的意图，也有比较的旨趣，但显露出较为鲜明的无政府主义立场。无名氏在“译者识”中指出：“比利斯学说，以基督教为根据，故所言社会主义，与马尔克斯诸派不同。此篇所言，以为社会主义，多出于基督教，且于巴枯宁无政府主义，颇有微词，均不足为定论。惟于社会主义发达之历史，则叙述简明，足备参考。今中国人士于社会主义，多昧其源流派别，故刺取此篇，译为汉文，以为社会主义学派之提要，非以其评断为可取也。”由此可见，译者无名氏一方面注意到了比利斯基督教社会主义与马克思学说的不同，强调此文“于社会主义发达之历史”“叙述简明，足备参考”；另一方面其着眼点又与廖仲恺不同，重点不是在于比较基督教社会主义与马克思学说的异同，而是在于申辩比利斯著作中对巴枯宁无政府主义的“颇有微词”“均不足为定论”。文章认为，近代社会主义始于1817年，其标志是欧文、圣西门、拉梅耐等人的同年著述，而其思想起源则可追溯到古代，由古制萌芽并逐渐生长起来。在古代有很多“社会主义之实例”，如古希腊的雅典“纯属社会主义之都市”，希伯来神权政治“亦多含社会主义”。在这个时候，宗教和共产主义相互提携，而原始教会则“多企共产制度”。中世纪，僧庵制度亦多有此想。其他如美国的“共产殖民”等。另外，柏拉图之《共和国》描述了人类“空想社会”，1516年摩尔著《无何有乡》，1600年康帕内拉著《太阳之都》，1656年哈林顿著《太阳洲》，空想社会主义蓬勃发展。所以，“社会主义之萌芽，实在十九世纪之前”。文章指出，近世社会主义起源，诚如基德所述，其根本在于“爱他心之冲动”，此为社会主义的“精髓”，故而社会主义“非贫民阶级对于富豪之运动”，而为“人道上之运动”。其运动首领如欧文、圣西门、马克思、拉萨尔、莫利斯、海德门、福尔马尔、巴枯宁、克鲁泡特金等人，“其初均属于富豪阶级”。文中曾反复阐明“爱他心”的性质和功能，强调“爱他心一端，实产生社会主义之一大原力”。随着近代产业革命的到来，机器生产代替了简单的劳动力，资本控制了一切，“劳动阶级之生命，操于富有阶级之手”，从而产生贫富分化，且富者愈富，贫者愈贫，进而刺激人们从“爱他之心”出发，“说明人类平等，以促人类于共同联合，而革命遂由之而起”。无名氏的译文到此即止，与廖仲恺的译文相比，此文删去了社会主义发展五个时期，以马克思主义为代表的社会主义派别同巴枯宁的无政府主义派别在第一国际内部的斗争，以及最终战胜巴枯宁无政府主义并与其分道扬镳部分。这些可能与无名氏是无政府主义的信徒有关，上述结果作为一个无政府主义者是不愿接受的。故对译者来说，删去这一部分实属于一种不错的选择。

《面包掠夺》一文，系刘师培以“申叔”之名尝试翻译克鲁泡特金的原著。译者在文中列出全书篇目，共十七章，分别为：现今人类之富力、万人之幸福、无政府共产主义、收入、食物、住居、衣服、未来社会生产之方法及手段、华奢之需要、快愉之劳动、自由合意、反对论、集产主义与赁金制度、消费及生产、分业、工业之地方分权、农业。译者在序言中说，本著作“无政府党咸奉其说为依归”，称赞其内容“于未来社会之生活，计划周详，其与空想家不同者，则援引现今之实例，以统计之法推测未来，其可施之于实行，殆无疑义”。字里行间表露出译者本人对这部无政府主义代表作有关未来社会生活设计的肯定。

《无政府主义之哲理同理想》是齐民社同人翻译的克鲁泡特金原著的另一篇文章。译文之前有译者按语，认为克鲁泡特金学说的精髓要义在于“互助”，而“互助”之思想又来源于基德的《社会进化论》，后经过欧文、傅立叶等人的发展，从“以心理言互助”至“宇宙之万物，均受同一引力法则所支配”，最后得出无论是人之心理还是社会生活“主于调和”的性情处于支配地位的结论。译者强调，克鲁泡特金学说“多本于斯”。翻译此文宗旨是，主张“社会生活”、“国家生活”的“要归之旨”在于“实行互相扶助”。[1]此篇译文的正文共分六节，间插有译者注文，

① 齐民社同人译：《无政府主义之哲理同理想》“译者识”，《天义报》第16—19卷合册，1908年。

中心思想在于阐述无论是自然现象还是人类社会现象，均由无数个体的相互协调或内部“调和”而成，因而不存在也不需要任何外在的中心。按语和正文充分体现了译者对于克氏互助学说的推崇，它与刘师培更多关注克氏对未来社会的设计既有所不同，又相互补充。

《俄国革命之旨趣》、《致中国人书》均译自托尔斯泰的原作。译者在《俄国革命之旨趣》一文序言中对于发表此文作了说明，要义是，人们必当效法欧洲人之“善于革命”，但却不必效法其革命的目的及效果，根本原因在于欧洲人之革命，“未尝有利于多数人民”，这一点尤使“革命后进国”引以为戒，转而筹划其他革命之方法。托尔斯泰特别强调，俄国革命切不可“再蹈欧洲之弊”。欧洲各国实行君主制或者共和制，“大抵皆为代议制”，这种体制机制让一国之公民参与政权“趋于堕落”，并使“人民之灾厄”相续而存。避免此种情况的根本方法在于，改变“以新权力代替旧权力”的弊端，“尽锄一切之权力”。[①]《天义报》刊载的《俄国革命之旨趣》只是其中的自序和第一、二章的内容。第一章重点阐述人类社会之基础不是建立在经济状况之上，认为“实为恶者压制善者而立”。第二章重点提出自古以来，世界各国统治者与被统治者之间的关系均建立在“暴力”的基础上，并分析其变迁及其不得不变更其权力关系的原因。《致中国人书》系托尔斯泰专为中国人所作。在这篇文章中，托尔斯泰重在告诫中国人“实行消极无政府主义，不可效泰西代议政府”。托氏认为，中国人宽容宏大，如果以“尚武之风”应对西方国家的残暴，就会走上“以暴制暴”的老路，那样中国人将会丧失“国民真识之导师”的资格。编者将托尔斯泰对于中国人的“说教”称为“消极无政府主义”，大意是想以此与主张“暴力”的无政府主义相区别。

《俄国第二议会提议之土地本法案及施行法案》一文的译者是“怪汉”。刘师培以“申叔”之名为该文作序，鼓吹土地“民有”学说，即“举全国土地，按口均分，由地方公共团体管理”，简而言之，“人民对于土地有平等享受之权利”。序言指出，当今世界有关土地问题之研究，无外乎分为“单税派”、“国有派”和“民有派”。三派之中以“民有派”

① 《俄国革命之旨趣》“译者识”，《天义报》第16—19卷合册，1908年。

"较善"。这一派的主张，即将全国土地按人口均分，并交由地方公共团体管理。该派的进展，在英国、俄国两个国家最快。接着序言叙述了"民有派"在英国、俄国的具体情况。英国创立于26年前的"土地国有会"，主张废止土地私有，强调土地管理属于"代议机关"，地租由公益使用。在俄国，"第一议会"的议员们联合发表檄文，要求"土地均有"，强调所谓私有地、寺院领地等，都由"人民分配"。如果政府强行解散，人民有权力拒绝履行为政府纳税和服兵役的义务。这种主张遭到政府的反对。"第二议会"建立后，社会党联合社会平民党、劳动党、农民联合党、社会民主党等，又向议会提出了《土地本法及土地本法之施行法案》，在议会"颇占优胜"，但由于遭到政府迫害，此法案不得施行。以上就是俄国土地"民有派"的大致情况。文章强调，俄国所提出的"土地本法及土地本法施行方案"，比起"单税说"、"国有说"，都有很大进步。其实行，虽然"逊于共产"，但近年来"社会主义者诸运动，不得不盛推此派"。"土地本法及土地本法施行法案"不失为"社会主义之一纪念物"，凡是欲研究土地国有者，不可不以此为重要参考。[①]由此可见，以刘师培为代表的"天义派"在土地国有问题上，既不赞成孙中山一派所赞成的"单税说"，也不赞成其他社会主义派别所主张的土地"国有说"，而是主张用"地方公共团体"取代一切国家权力机关的无政府主义土地"民有说"。

《无政府党第四次大会决议》一文由幸德秋水译为日文，"公权"由日文译为中文。该文并非完整译本，是译者夹译夹注的文本。译文列举了原册目录，重点叙述在目录首位的"团结"问题。之所以提出这个问题，在于人们认为无政府观念与团结思想存在"至相矛盾"之点。根据无政府原理，"无政府观念"与"团结"之间有"相待而成之旨趣"，关键在于"生产者之自由团结"，个人行动如果脱离共同行动，或者仅有共同行动无个人行动，均"不能谓之完全"。由此，译者将"团结"的有关意见作了概括，认为无政府主义的团结并非资产阶级的"利己之观念"，只是以个人利益为基础而言团结，否则"专制之权力或将由之而生"。人

①《俄国第二议会提议之土地法案及施行法案》"申叔序"，《天义报》第16—19卷合册，1908年。

们攻击无政府者偏于破坏，异于建设，与“团结之性不相容”，这是因为不了解当时社会制度下的“团结”。其实，无政府者所提倡的团结，是“以一致之精神，实行共同利益之团结，此等团结，固吾人深望其进步发达者”。根据上述对于团结的“定义”，决议案提出，“可将革命的联合主义传播于领导阶级中”，号召“万国同志结成无政府主义之团结，并结成诸团体之联合”。对此，译者指出，基于人们对“团结”的误解，总以无秩序等理由诋毁无政府党，故此决议案算是无政府党大会的“全体之答辩”，同时也以此表明，此会的宗旨在于联合“各国”、“各团体”、“各个人”之间为一致结合之运动。①

《无政府共产主义之工人问答》一文由马拉叠斯丹著，吴弱男等翻译，刘师培作序。原文以威廉与杰克二人对话的方式，重点叙述了当时政府富豪之无状、无政府共产主义之原理及其施行方法。正文用通俗的语言谈道，做工的人心里都是“高尚的”，所吃所用都是用“血汗得来的”，而那些所谓主人们都是一些“吃人血剥人皮，把我们当畜生看待的”家伙。我们想除去世界上那些“不公平的事情，以及一切压人的事情”，如果这样就是“死也甘心”。上流社会的人都是“强盗”，他们像驱使牛马一般，把一切吃苦的事情放到我们身上，又把我们生产出来的东西“任性地抢了去，乱花乱用”。政府是由“一班财奴集合出来的”，上帝也是由这些人“拿来欺骗人的”，有钱人家的财产应该拿出来充公，“归大家共有”，世界上的所有东西都是“供大家使用的，并不是只供那般高贵的人使用的”，特别是土地应该“归大家公有”。②从序文看，刘师培非常欣赏此文，称马拉叠斯丹为“欧洲无政府主义大师”，称赞此文为“传道最良之策”，认为文中理论“始终一贯，无复矛盾”，廓清了反对无政府共产主义的偏颇之词。

《区田考》为梅毓所作，刘师培为《区田考》撰写了一篇长序，名曰《区田考序》。梅氏所作《区田考》一文以仅见史料为依据，重点对我国古代区田制度进行了梳理。刘师培非常推崇我国古代的区田制度，在序

① 《无政府党第四次大会决议》，《天义报》第16—19卷合册，1908年。

② 参见《无政府共产主义之工人问答》“申叔序”，《天义报》第16—19卷合册，1908年。

言中强调，无论是对于“未来”实行共产无政府主义，还是对于“现今中国”，都必须推行这一制度。对于实行共产无政府主义，实行该制度是“维持共产制之惟一要务”，而对于“当今中国”来说，“亦不得不推行此制”。由此可以避水旱之灾，“虽天灾叠至，亦必野无饿殍”，可以使无田之人“脱佃民之苦，而从事于自由耕作”，可以使农民安于农耕，“不复执工场之役，而所生之谷，亦永无不给之虞”。因为如此，推行区田制度，乃“中国现今之急务，世有持民生主义者，不可不提倡此法”。[①]刘师培甚至认为，中国古代的区田法比克鲁泡特金的精详“农业计划”更为高明。

从《天义报》第十五卷和《天义报》第十六至十九卷合册所刊文章内容看，虽然内容广泛，但其所关注的重点是俄国的无政府主义，着力宣传的主要是克鲁泡特金的学说以及托尔斯泰的思想，而就其代表人物刘师培的思想倾向来说，他更着力宣传的是克氏的无政府共产主义，认为克鲁泡特金主张发扬人类天赋的互助精神最为精当，他所主张的无政府共产主义就是“以自由结合之团体代现今之国家、政府，以共产之制代现今财产私有制”。托尔斯泰对近代物质文明总体上持否定态度，这是因为阶级社会的统治者利用物质文明掠夺平民之权利，文明成了害民的工具，故“杜氏之说，用之有政府之世，足以利民；苦氏之说，则用之无政府之世，足以便民”。[②]因为废除阶级、政府之后，文明当力求进步，物质文明愈进步，人民的生活愈便利。所以，克氏的学说在“未来”的无政府社会最为适用。

《天义报》对马克思主义的介绍和宣传，最值得一提的是对《共产党宣言》的译载和介绍。《共产党宣言》是马克思主义代表性作品，是经典中的经典。19世纪末，中国人宣传介绍马克思主义时，更多是与“百工领袖”、“主于资本”、“养民之学”这些朦胧模糊的概念相联系的，尚未提及“共产党宣言”这部代表作。20世纪初，朱执信在《德意志社会革命家小传》中曾节译了《共产党宣言》之中的十项纲领，这是中国人第

① 申叔(刘师培):《区田考序》,《天义报》第16—19卷合册,1908年。

② 申叔(刘师培):《苦鲁巴特金学术述略》,《天义报》第13—14卷合册,1907年12月。

一次著文介绍《共产党宣言》并直接翻译其部分内容。在《共产党宣言》的翻译和宣传方面，《天义报》可谓居功至伟。该报对《共产党宣言》的介绍大致始于1907年下半年，第六卷曾提及《共产党宣言》标志欧洲社会主义的发展进入“形成时代”。第十一、十二卷合册有文称《共产党宣言》“其言甚当”，并认为《共产党宣言》的发表是促进国际劳动者团结的开端。第八至十合卷的社会主义书刊出版广告，突出《共产党宣言》是社会主义讲习会同志编译的排行第一的重要新作。在1908年1月15日出版的第十五卷上，刊有民鸣翻译的恩格斯《〈共产党宣言〉1888年英文版序言》。这是关于恩格斯1888年序言的完整中译本，也是目前可见到的关于马克思、恩格斯论著的第一个公开发表的完整中译本。同那个时候其他众多译本一样，民鸣的这个译本也是用文言文译成的。《共产党宣言》自1848年公开发表以后，迅速被翻译成多种欧洲文字，在欧洲广泛传播，且多次重印。马克思、恩格斯曾对其中的一些版本作过修订并撰写序言，包括1872年他们两人合写的德文版序言、1882年俄文版序言。马克思逝世后，恩格斯一人撰写了1883年德文版序言、1888年英文版序言、1890年德文版序言、1892年波兰文版序言、1893年意大利文版序言等，其中1888年英文版序言是其中最为重要的一篇。序言叙述了起草《共产党宣言》的动因、背景、传播及其影响，概括了《共产党宣言》的基本思想，并对马克思的贡献作出了科学评价。序言明确指出：“此宣言虽二人所合作，然予所为者仅外观之语，而成其实际者则根本之提案，乃出自马尔克斯者，是故当明言者也”，也就是说宣言的核心思想是属于马克思一个人的。构成宣言核心的基本原理是，“古今各时代，其关系生产分配者，必有经济上特殊之方法。社会组织因之而生。其政治及文明之历史，亦建设于此基础之上。又依此基础说明，则人类全部历史者，自土地共有之种族社会消灭后，常为阶级斗争之历史，即掠夺阶级与被掠夺阶级，压制阶级与被压制阶级对抗之历史也。而是等阶级斗争之历史，连续而呈成社会进化之阶段。今又达于新阶段，被掠夺被压制二阶级欲脱掠夺压制阶级之权力，以求解放己身并消灭一切掠夺压制之差别，以泯阶级斗争。由此而测未来则社会全体，必有解放之一日。”接着，序言对上述思想进行了评价，认为这些思想“有益于史学也，恰如达尔文进化论之有益于生物学”。[①]虽然序言采用了文言文的形式，同今译本相比，也有不少词不达意的地方，但由于此篇序言的完整性和代表性，所以它的发表，对当时中国人认识和理解《共产党宣言》还是起到了非常重要的作用。

在《天义报》第十五卷上，刘师培专门撰写了编者按。他说：“《共产党宣言》发明阶级斗争说，最有裨于历史，此序文所言，亦可考究当时思想之变迁，欲研究社会主义发达之历史者，均当从此入门。宣言全文亦由民鸣君译出，另于下册增刊号载之。记者识。”[②]遗憾的是，现在并未见到由民鸣翻译的《共产党宣言》的中译本的全文。因此，在1908年初是否有过以“民鸣”的名义翻译的《共产党宣言》中文全文译本，或者是否曾经刊出过这样的全文中文译本，也就成了一个未解之谜。同时该卷还宣布，拟将“宣言”与哈因秃曼[③]的《社会主义经济论》[④]等九种著作合刊一“最巨之册”，但并未做到，不过在第十六至十九卷合册上，则正式刊出了［德］马尔克斯和［德］因格尔斯著、民鸣翻译的《共产党宣言》前言和第一章“资产者和无产者”中译文。这是一个重要标志，意味着马克思主义学说在中国的早期传播，已由此前零敲碎打式的片段摘译开始向较为完整的翻译出版转变。第十六至十九卷合册上还发表了刘师培为《共产党宣言》中译本所撰写的一篇序言。序言交代了此译本的原作者、日译者和中文译者，简要叙述了共产主义者同盟的历史，叙及马克思、恩格斯共同居住伦敦，起草了《共产党宣言》，并站在无政府主义立场上，对马克思、恩格斯以及《共产党宣言》的原则宗旨进行了剖析。文中说：“观此宣言所叙述，于欧洲社会变迁纤悉靡遗，而其要归，则在万国劳民团结，以行阶级斗争，固不易之说也。”“若此宣

① 高军、王桧林、杨树标主编：《五四运动前马克思主义在中国的介绍与传播》，湖南人民出版社1986年版，第291—292页。

② 林代昭、潘国华编：《马克思主义在中国——从影响的传入到传播》上，清华大学出版社1983年版，第263页。

③ 哈因秃曼，今译作“海德门”。

④《社会主义经济论》，今译作“《社会主义经济学》”，原书1896年出版。

言，则中所征引，罔不足以备参考。欲明欧洲资本制之发达，不可不研究斯编；复以古今社会变更均由阶级之相竞，则对于史学发明之功甚巨，讨论史编，亦不得不奉为圭臬。此则民鸣君译斯编之旨也。”[①]这对马克思主义阶级斗争学说以及《共产党宣言》巨大的研究价值给予了较高的评价。

《天义报》是打着“女子复权会”的旗号创办的，所以《天义报》重视妇女问题的研究和宣传。基于无政府主义的理想，《天义报》批判封建儒家“男女有别”轻视女子的思想，强调废除不平等的婚姻制度，提倡男女平等，主张打破男女阶级的界限，进而破除固有社会阶级的基础，实现社会公平。在这一过程中，《天义报》为了寻找理论上的根据，曾一再把目光聚焦到马克思、恩格斯的著述上。如在第十三、十四卷合册上刊有署名震述的《经济革命与女子革命》一文，文中以附录的形式摘译了《共产党宣言》第二章中关于家庭和婚姻的论述，还有一则关于《共产党宣言》“论妇女问题”的案语。“案语”写道：“马氏等所主共产说，虽与无政府共产主义不同，而此所言则甚当。彼等之意以为资本私有制度消灭，则一切私娼之制自不复存，而此制之废，必俟经济革命之后，可谓探源之论矣。”[②]在《天义报》第十六至十九卷合册上，刊有《女子问题研究》一文，其中摘录了恩格斯的《家庭、私有财产和国家的起源》第二章“家庭”的几个段落，并刊有齐民社同人译的《社会主义经济论》首章译者识语和志达撰写的《家庭、私有财产和国家的起源》识语。前者对马克思阶级斗争观点进行了评介，后者论及了马克思的经济基础理论。

综观《天义报》对《共产党宣言》及有关社会主义学说的介绍可见，《天义报》在谈论马克思主义某些著作或观点时，表现出了有限度的承认和肯定。

① 林代昭、潘国华编：《马克思主义在中国——从影响的传入到传播》上，清华大学出版社 1983 年版，第 265 页。

② 林代昭、潘国华编：《马克思主义在中国——从影响的传入到传播》上，清华大学出版社 1983 年版，第 262 页。

第一，《天义报》宣传并有限接受了马克思主义关于阶级斗争的理论。除了上文所述的“《共产党宣言》发明阶级斗争说，最有裨于历史”，“观此宣言所叙述，于欧洲社会变迁纤悉靡遗，而其要归，则在万国劳民团结，以行阶级斗争，固不易之说也”这些文字外，从《天义报》刊载哈因秃曼的《社会主义经济论》及其所作的评论中也可以得到佐证。哈因秃曼是英国社会党创始人和领袖，被《天义报》认为是马克思、恩格斯学派的直接继承人。《社会主义经济论》认为，“进化之社会主义”与“革命之社会主义”有明显的区别，完全是两种不同的学说。前者不以“科学之社会主义为基”，误解了“社会进化之理论”，因为“革命之起，即社会之进化”。革命的发生来自内外两个方面的压力，“乃刻不容缓”，由此发展下去，“则达完全变易之期”，如果时机不成熟，“一人或一群决不足以起革命”，一旦按照社会发展之进程，唤起人们的意识，“则革命之强力，决不可避”，与“平和之进步”相比，“革命”更为适宜。作者引用马克思在《资本论》第一卷中论述工业资本家产生时的一句话，说“昔马尔克斯喻之曰：‘强力者，进步主义之产婆，彼孕于旧社会间之新社会，乃凭此以取出者也’”。这句话今译作“暴力是每一个孕育着新社会的旧社会的助产婆”。[①]在这句话后，作者还对“强力”之功能进行了分析，强调“强力者，又保守主义堕胎之物，乃灭旧社会间所孕之新社会者也”[②]。这里的“强力”实际上是“暴力”的中文早期译名。在此之前，无论是曾经翻译过《共产党宣言》末尾一段话的赵必振、朱执信、宋教仁，还是翻译《共产党宣言》第一部分的民鸣，都没有赋予原著中“暴力”一词以相应的译名，要么回避使用这类词汇，要么以“改革”、“更新”等较为温和的字眼取代，或者将这类词汇寓于“颠覆”一词之中。在齐民社的这篇译文中，一方面，开始突出马克思的“暴力”概念并以“强力”一词述之，这既与原作者在《社会主义经济论》中强

---

① 《资本论》第1卷，人民出版社1975年版，第819页。

② 姜义华编：《社会主义学说在中国的初期传播》，复旦大学出版社1984年版，第436—437页。

调马克思的暴力思想有关，也与无政府主义的秉性和旨趣有关，[①]而对马克思主义“暴力”思想的关注，也就抓住了马克思主义阶级斗争理论的本质。另一方面，齐民社同人译的《社会主义经济论》首章译者识语，在评介《社会主义经济论》时说道：“近世言社会主义者，必推阐历史事实，研究经济界之变迁，以证资本制度所从生。自马尔克斯以为古今各社会均援产业制度而迁，凡一切历史之事实，均因经营组织而殊，惟阶级斗争，则古今一轨。自此谊发明，然后言社会主义者始得所根据，因格尔斯以马氏发见此等历史，与达尔文发见生物学，其功不殊，诚不诬也。当今之世，其确守马氏、因氏之学派者，有英人哈因秃曼，乃社会民主同盟之首领也。”[②]《天义报》有选择地刊发《社会主义经济论》的内容并以突出强调“强力”的作用，再加上以上论述，明确表明《天义报》对阶级斗争在人类历史发展中作用的充分肯定。

第二，《天义报》也接受了马克思主义关于经济基础的理论。在第十五至第十九卷上，刊载了好几篇介绍马克思、恩格斯经济学说的代表性文章，除了《共产党宣言》、《家庭、私有制和国家起源》的部分中译文外，哈因秃曼的《社会主义经济论》首章是其中重要的代表。《社会主义经济论》首章叙述了“原始共产制”的情况，并强调“人类社会之初期，确为共产制，此今日普通之知识也”，但那种“共产制”则是“粗大之共产制”，这一点“确无丝毫之疑义”。“今吾人于诸种财产私有制，考其未来之发达，并及人类所趋向，知其必归于共产。而此等共产制，则更为高级之组织。”由于如今，我们正处在由私产制向“共产制”“过渡之时代”，所以“对于古代共产制，有特殊之兴味”。依据人类进化之法则，社会主义者“考人类社会之发展，知其必以共产制为适用。此决非无稽之说，盖人类社会最后之发展，其所呈形态，虽与中代不相符，或转与原始所经者相近。特上古共产制，因生产力未充，致流为狭隘，仅行之

① 参见谈敏：《回溯历史——马克思主义经济学在中国的传播前史》下，上海财经大学出版社2008年版，第709页。

② 林代昭、潘国华编：《马克思主义在中国——从影响的传入到传播》上，清华大学出版社1983年版，第265页。

于一种一族间；今以智识广远，交通密接之结果，利用自然之进步，为高级之组织，以成世界共产制。（吾人于资本家生产时代之初期及中期，以测其未来之现象，以为初期共产制既为私有财产制所从生，及其最终，必又成高级共产制）。”[①]概言之，初期共产制是财产私有制的由来，而财产私有制的发展必然成为高级共产制。《天义报》认为，以上思想可补《共产党宣言》之缺陷。该书译者还特别对中国学者不注意研究经济发展史，因而也就不能正确地说明历史发展变迁的情况进行了批评。译者在文前中译者序中指出：“今中国言史学者，鲜注意经济变迁，不知经济变迁实一切历史之枢纽。凡观察一切历史，不得不采用哈氏之说也。兹将哈氏此书第一章，译为汉文，用备学者之观览。”[②]也就是说，当时中国学者讨论和研究历史学，很少注意经济的变迁，不知道经济变迁“实为一切历史之枢纽”，所以需要以哈因秃曼的《社会主义经济论》为借鉴，改变中国学者的这一缺陷。这也是翻译此书的根本目的之所在。

第三，《天义报》还介绍过马克思主义关于妇女问题的部分理论。前文已述，在第十三、十四卷《经济革命与女子革命》一文中，何震引录了《共产党宣言》的有关段落。志达在十六至十九卷合册《女子问题研究》中，曾摘录恩格斯《家庭、私有财产和国家的起源》一书中的片段，即原著第二章“家庭”里论述资产阶级缔结婚姻的数段内容，重点在于揭示资产阶级婚姻的本质，以证明“今之结婚，均由金钱”的论断。译者还在文章最后的按语中说：“以上所言，均因氏所论财婚之弊也。彼以今之结婚均由财产，故由法律上言之，虽结婚由于男女间之契约，实则均由经济之关系而生耳，无异雇主之于工人也。观于彼说，则女子欲求解放，必自经济革命始，彰彰明矣。”[③]这里所说“以上所言，均因氏所论财婚之弊”，实为偏狭，然而其所强调的，讨论婚姻不能就婚姻论婚姻，尤其是不能受法律契约的表面形式所迷惑，而应洞悉其背后起支配作用的经济关系，这种认识可谓入木三分。基于此，《女子问题研究》一

① 姜义华编：《社会主义学说在中国的初期传播》，复旦大学出版社1984年版，第435—436页。
② 姜义华编：《社会主义学说在中国的初期传播》，复旦大学出版社1984年版，第434页。
③ 姜义华编：《社会主义学说在中国的初期传播》，复旦大学出版社1984年版，第433页。

文的作者强调，妇女解放的“彰明”之路，“必自经济革命始”。这个结论与此前《天义报》刊发的《共产党宣言》的按语所言私娼制度之废“必俟经济革命以后”，不仅一脉相承，而且更进了一步，即认为只有“经济革命”才是妇女谋求真正解放的希望。

由于《衡报》和《天义报》的承继关系，《衡报》在宣传无政府主义的同时，对包括马克思主义在内的社会主义也给予了关注，在第二期上曾刊登过《论共产制易行于中国》一文，该文认为古代之制，乃为“村落自治制度”，农民各自勤于耕织，但道路、桥梁、排水工程以及牧场垣墙的建设，“均同力合作”；“近今工业界”，“均由劳民互相依倚”，“由共同劳动所生之效果，必为共同享受”；“现今社会趋势”，“已渐以共产主义为倾向”，只要保存“古代共产制”，“当今民生”日用事物“悉依共产主义建立”，则“此制实行非远矣”。文章依据克鲁泡特金的说法，在对中国传统和现实分析的基础上，与欧美国家现实比较，得出中国“共产之制易行”的结论。文章认为，中国欲行“共产之制与欧美稍殊”，“欧美各国共同劳动之团体日以发达，故由共同之劳动而为共同之享受，对于资本家实行收用政策，则共产制可见之实行”。“中国欲行此制，必先行之于一乡一邑中，将田主所有之田，官吏所存之产（如仓库），官商所蓄之财……，均取为共有，以为共产之滥觞。若各境之民互相效法，则此制可立见施行。此制既行，复改良物质，图生产力之发达，使民生日用之物足供全社会人民之使用，则争端不起，而共产制度亦可永远保存。（上古共产制所以不克保存者，以人民生产力薄，所生之物不足供全社会之求，不得不与他部相争，既出于相争，由是奴隶制度兴而共产之制失。）此则万民之幸福矣”。①《衡报》还粗浅地介绍过马克思主义关于剩余价值的理论。该报第五号以张謇在通州所办的纱厂为例说：“通州纱布各厂所获之利甚巨，其剩余价格均为各股东所吸收。例如工人于一日间织布六丈，每丈售价五角，则六丈可售三元。然原料约一元五角，机器损耗约三角，房屋费约摊一角，是所余一元一角，然工人作工一日不过得三角，是股东竟得剩余价格八角也。”这里所说的“剩余价格”，指的

①《衡报》第2期，1908年5月8日。

就是“剩余价值”。[①]更为可贵的是，此处有关“剩余价格”的分析已经显示出不同以往的情况，不像过去一般仅停留在对概念本身的理解和诠释上，而是开始运用这个概念分析中国工厂的实际情况，尽管这种分析还相当肤浅，但较之以往，已经是一个不小的进步。

除以上文章外，《衡报》还刊有《汉口暴动论》、《张继来函》、《论中国宜组织劳民协会》、《无政府革命与农民革命》、《论农业与工业联合制可行于中国》等，这些文章对中国组织劳民协会，中国革命的具体途径，中国农民革命的地位，中国如何开展农业和工业的联合制作了重点的阐释，进一步反映了中国无政府主义对社会主义的看法和主张。

《汉口暴动论》一文1908年5月发表在《衡报》第四号上。该文开篇即指出，近年来，由于中国民生日益贫困，由此“而生愤激”，由愤激“而思叛乱”。但是，现在各省的暴动之举，虽以劳民占多数，究其原因更多的是革命党鼓吹之结果，“非由劳民之主动也”。接着，文章声明：“吾党之意，以为中国革命非由劳民为主动，则革命不成，即使克成，亦非根本之革命，故吾党所希望者，惟在劳民之直接行动。”汉口暴动则“含有社会革命之性质”，“其效尤著”。汉口之暴动同以往中国各罢市行动相比，其进步有三：一曰罢市发端于小商而大商受其牵掣，乃小商为主而大商为被动者；二曰罢市以后，小商行示威运动，与兵警为敌；三曰罢市以后小商袭击大商店，与富民为敌。故而，汉口暴动“乃平民之反抗政府者也，乃平民之反抗资本家者也”，是真正的“平民革命”。由此，文章称赞道，本次汉口暴动“呈无政府之现象”，表明“无政府之先机”，“足证欲达无政府之目的，必自劳民革命始”。文章最后呼吁人们要利用汉口这一“中国适中之地”，推行“总同盟罢工”这一“无政府革命之惟一方法”，将“无政府共产之社会”由“汉口而推行于全国”。要达到这一目的，“必自组织劳民协会始”。这是吾党所真正“期望”的。[②]

《张继来函》也载于《衡报》第四号。“来函”说，原本以为欧美各

① 转引自丁守和主编：《辛亥革命时期期刊介绍》第3集，人民出版社1983年版，第340页。

② 葛懋春、蒋俊、李兴芝编：《无政府主义思想资料选》上，北京大学出版社1984年版，第142—150页。

国均太平无事，“其讲革命者，惟东方之中国”，由此将“中国革命党看得极高”，其实不然。西方普通人士均言“中国人无革命之资格，革命党人亦谓中国仅有革命之空言，恐难成事”。究其原因，“欧美革命均属社会革命，与中国革命之性质不同”，更重要的是欧美革命均以“劳民为基础”，即使“劳民无革命程度”，亦“竭力运动”，此乃“革命之正道”。所以，吾党之要务，即“设立工党于各地”，依照“法国劳民协会之法，偏向各省设立”，这是“吾党最大之事业”。另外，中国革命党有一弊端，即“生活程度太高，即如吾党，亦纯蹈中等社会之恶习，较之欧洲革命党，实有愧色”。欧洲革命党均在“工人萃居之所”，“社会革命党、无政府党均与杂居，其服饰亦与工人同”。总之，“中国之人欲于世界上博荣誉，舍革命别无他法”，然要取得革命成功，必须组织“劳民协会”，广泛发动，竭力运动，这才是革命的正途。①

《论中国宜组织劳民协会》一文发表于1908年6月出版的《衡报》第五号上。该文再次论证了中国组织“劳民协会”的必要和可能。文章依据蒲鲁东的《什么是私有财产》及他人之《社会总同盟罢工》等著作，强调当今之世，“一切革命均由经济革命发生，而经济革命又由劳民团体发生”，此为“必然之势也”。“故吾党对于中国，首冀劳民之革命”。那些反对者所说的“中国劳民无革命资格，且无结合之团体”等，“均影响之谈也”。“试证之历史，视察今日之社会”，便知“劳民协会之制必可推行于中国，嗣后真正大革命，亦必由劳民协会而生”。文章接着举了大量例证以说明，“现今中国革命必以劳民为根本”，“欲提倡劳民革命，必先从事于劳民结合，而中国劳民素有结合之团体”，包括职业之结合、乡谊之结合、会党之结合，这些团体，其实质乃克鲁泡特金所谓“由互助感情而生自由之集合者也”，如果对其加以改造，“依平等之旨，筹结合之法，复将各境各业之团体互相联合，则劳民协会不难成立矣”。②依据中

① 葛懋春、蒋俊、李兴芝编:《无政府主义思想资料选》上，北京大学出版社1984年版，第151—153页。

② 葛懋春、蒋俊、李兴芝编:《无政府主义思想资料选》上，北京大学出版社1984年版，第153—158页。

国历史和现实，宣扬组织劳民协会，希望通过这样的组织进行革命，可以说是《衡报》讨论无政府主义及社会主义时的一个显著特色。

《无政府革命与农民革命》刊于1908年6月出版的《衡报》第七号。文章表露出对农民革命的重视，因为在无政府主义者看来，农民革命更具有无政府革命的特性和精神。文章开头就提出无政府革命应该以何种方式施行于中国，此乃“今日最大之问题”。接着文章表明观点：“中国农民果革命，则无政府之革命成矣。故欲行无政府革命，必自农民革命始”。何谓农民革命？“即以抗税诸法反对政府及田主是也”。对此，文章解释说：中国大资本家仍以田主占多数，田主之制覆，则“资本阶级之大半亦因之而覆”，故“抗抵田主即系抗抵多数资本家”；农民占中国人口多数，“农民革命者即全国大多数人民之革命也”，“以多数抵抗少数，收效至速”；中国政府之财政仍以地租为大宗，农民对政府抗税，则政府于岁入之财政失其大宗，必“呈不克维持之象，而颠覆政府易于奏功”；财产共有制必以土地共有为基础，而土地以田亩为大宗，“惟农民实行土地共有，斯一切财产均可易为共产制”。文章还针对“中国农民无团结之性，无抵抗之力”，不了解“共产无政府主义”等说法进行了批驳，强调“农民有团结之性者也”，“农民者含有无政府主义者也”，“农民者保存共产制者也”，“农民者有抵抗之能力者也”。当时的中国，“农民之苦远浮往昔”。由此，“若一旦实行革命，势必由小团结进为大团结，由小抵抗进为大抵抗”，“无政府共产制”也“进为高级之无政府共产制”。文章列举了农民革命的方法，包括抗税、抗粮、劫谷等，并认定农民革命之结果，必使“官吏资本家”“颠覆于一朝”，“其势必达无政府之一境”。革命成功以后，“关于农民之问题，复有二端”，即“土地共有”、“改良农业”。[①]如此重视农民革命，而且将无政府革命的落脚点放在农民革命之上，在一定程度上反映了中国无政府主义者对中国国情的正确认识，也是《衡报》讨论无政府主义以及社会主义时的又一个特色。

《论农业与工业联合制可行于中国》一文同样刊载在《衡报》第七号

① 葛懋春、蒋俊、李兴芝编：《无政府主义思想资料选》上，北京大学出版社1984年版，第158—162页。

上。该文注重对中国经济特征的分析，并在此基础上探讨农村和农业的出路，而且还将其同实现社会主义理想联系起来。文章强调，中国昔日的农民，“为农业者恒兼营他业，以成半农半工之制”。随着资本家使用机械，织布、缫丝、开矿、树艺、畜牧、伐木等逐渐为“资本家所垄断”，“农民仅从事农业，悉失其兼营之业，工民必舍农村他适，亦不克兼营农业”。过去之工业多合于农业之中，而今天之工业，则与农业相分离。其结果是，“农民既失工业，必愈趋于贫，于自有之田，亦不得不售于田主。其舍农作工之一部，则又屈从资本家之下，从事赁银劳动”。由此，“昔日自由之农民，降为农奴、工奴之位置”，此乃今日“已呈之现象”。文章认为，这是中国近代农村农业新出现的一种现象，是资本主义发展的必然结果。文章指出，欲改变这种现象，其办法是“维持昔日兼营之业，而渐握一切生产之实权是也”。在中国推行这种办法，“较之法民为易者”。因为“中国各农村犹存共产制，而农民亦富于团结”，同时“资本家发达不越十年，薄于实力，以农村共同营业之制并之而兴，其势易于颠覆，非若欧洲资本阶级发达百年之久也”。文章最后强调，如果实行这样的办法，“于一方既与资本家相竞，于他之一方，复设高等共产制，而社会主义家所期画，均一一见之实行”。此乃克鲁泡特金所谓“万人之幸福”。由此，我们要做的就是“对于多数农人，晓以利弊，促其知识之发达”，这是“今日惟一之要务”。[①]

在某些地方，《天义报》和《衡报》还力图弥合马克思主义、社会主义和无政府主义之间的分歧，习惯于把无政府主义等同于社会主义或共产主义。比如，刘师培在刊于《天义报》的《欧洲社会主义与无政府主义异同考》一文中，曾提出“社会主义多与无政府主义相表里”，“社会主义必有趋向无政府之一日”等论断，但是，刘师培等却坚决反对马克思主义的无产阶级专政学说。在《共产党宣言》中译本序中，他说：“惟彼之所谓共产者，系民主制之共产，非无政府制之共产也。故共产主义渐融于集产主义中，则以既认国家之组织，致财产支配不得不归之中心

① 葛懋春、蒋俊、李兴芝编：《无政府主义思想资料选》上，北京大学出版社1984年版，第163—166页。

也。由是共产之良法美意亦渐失其真，此马氏学说之弊也。”[①]这是为克鲁泡特金的无政府共产主义摇旗呐喊，强调：“社会主义之目的，在于冀一切财产之平均，以易私有为公有。若共产的无政府主义，其目的正与此同。故苦鲁巴特金谓：共产之制果能实行，则政府不必存，国家不必设。此无政府之说所由成立也。”抨击社会主义主张有政府，必将“上有统治之人，下有分配之机关，均背于平等之旨”，同时还可能造成“一切权利均为国家所垄断”，因此“若徒执社会主义而排斥无政府主义，此则偏于一隅之见耳，非吾等所欲出也”。[②]尽管《天义报》以及《衡报》立足于无政府主义的立场，不赞成马克思主义的国家观和无产阶级专政理论，但在介绍马克思主义方面，无论是数量还是质量、广度还是深度，在20世纪初中国同类报刊中都是名列前茅的。

《天义报》还对“社会主义讲习会”、无政府国际和第二国际的活动进行了报道，从中也可以窥见它对社会主义学说和活动的关注和理解。

《天义报》第二卷中刊有“社会主义讲习会广告”，指出：“近岁以来，社会主义盛于西欧，蔓延于日本，而中国学者则鲜闻其说。虽有志之士知倡民族主义，然仅辨种族之异同，不复计民生之休戚，即使光复之说果见实行，亦恐以暴易暴，不知其非。同人有鉴于此，拟研究社会（主义）问题，搜集东西前哲各学术，参互考核，发挥光大，以饷我国民；又虑此主义之不能普及也，故创设社会主义讲习会，以讨论此旨。留学界诸君如有与本会表同情者，乞将姓名住址寄交本会通信所，俟开会有期，即行函达。张继、刘光汉等同启。”[③]社会主义讲习会并不是一个什么严密的组织，没有严格的入会手续，只需告知姓名住址，以后开会，便可邀其参加。参加会议的人也不一定是无政府主义者，但讲习会本身确实系无政府主义者所主持。讲习会的活动除了举办《天义报》外，另一个重要方面就是组织演讲和开会，而每次演讲开会的情况《天义报》

① 林代昭、潘国华编：《马克思主义在中国——从影响的传入到传播》上，清华大学出版社1983年版，第265页。

② 姜义华编：《社会主义学说在中国的初期传播》，复旦大学出版社1984年版，第428—429页。

③ 林代昭、潘国华编：《马克思主义在中国——从影响的传入到传播》上，清华大学出版社1983年版，第243页。

上都有记录和反映。据《天义报》以及《衡报》记载，在1907年8月至1908年6月间，社会主义讲习会至少举办了15次演讲会，到会者多则百余人，少则数十人。从1907年10月起该会改名为齐民社，但宗旨未变。演讲会的具体情况如表5-1[①]所示：

表5-1　社会主义讲习会历次会议情况

<table>
<tr><th>日期</th><th>会议地点</th><th>报告人</th><th>报告内容</th><th>到会人数</th></tr>
<tr><td rowspan="5">1907.8.31</td><td rowspan="5">东京清风亭</td><td>刘光汉</td><td>宣布开会宗旨并讲无政府主义之必要</td><td rowspan="5">90余人</td></tr>
<tr><td>刘光汉</td><td>无政府主义在中国之易行</td></tr>
<tr><td>张继</td><td>诠释无政府主义</td></tr>
<tr><td>幸德秋水</td><td>无政府主义之起源及其与社会主义之区别</td></tr>
<tr><td>何震</td><td>无政府主义实行之手段</td></tr>
<tr><td rowspan="4">1907.9.15</td><td rowspan="4">东京江户川亭</td><td>刘光汉</td><td>中国民生问题</td><td rowspan="4">百余人</td></tr>
<tr><td>刘光汉</td><td>宪政之病民</td></tr>
<tr><td>张继</td><td>介绍堺利彦之学术宗旨论自由结合之益</td></tr>
<tr><td>堺利彦</td><td>人类社会之变迁</td></tr>
<tr><td rowspan="7">1907.9.22</td><td rowspan="7">东京清风亭</td><td>刘光汉</td><td>中国财产制度之迁变</td><td rowspan="7">数十人</td></tr>
<tr><td>章太炎</td><td>国家学说之荒谬</td></tr>
<tr><td>藩君</td><td>湖北、江苏农民之苦况</td></tr>
<tr><td>景定成</td><td>欧美社会党之分派</td></tr>
<tr><td>某君</td><td>无政府之利益及人民不受压制之幸福</td></tr>
<tr><td>汤君</td><td>言无政府不若言民族主义</td></tr>
<tr><td>张继</td><td>释汤君之疑虑</td></tr>
<tr><td rowspan="4">1907.10.6</td><td rowspan="4">东京清风亭</td><td>山川均</td><td>互助主义之道理</td><td rowspan="4">到会人数稀少</td></tr>
<tr><td>张继</td><td></td></tr>
<tr><td>刘光汉</td><td>排强权与排外不同</td></tr>
<tr><td>景定成等</td><td></td></tr>
<tr><td rowspan="3">1907.11.10</td><td rowspan="3">东京清风亭</td><td>刘光汉</td><td>中国经济界之变迁</td><td rowspan="3">不详</td></tr>
<tr><td>张继</td><td>南洋群岛华民之苦及中国革命方法</td></tr>
<tr><td>大杉荣</td><td>巴枯宁联邦主义</td></tr>
</table>

① 表格中的内容见《天义报》和《衡报》，转引自蒋俊、李兴芝：《中国近代的无政府主义思潮》，山东人民出版社1991年版，第39—41页。

续 表

日期	会议地点	报告人	报告内容	到会人数
1907.11.24	东京清风亭	刘光汉	报告	不详
		张继	无政府党大会事	
		大杉荣	巴枯宁联邦主义	
		乔宜斋	基督教中无政府共产主义	
1907.12.8	东京清风亭	汪公权	报告	50余人
		山川均	演说	
		张继	无政府党本部情况提议教授世界新语	
1907.12.22	东京清风亭	张继	报告	60余人
		大杉荣	巴枯宁联邦主义	
		怪汉	演说	
		李某	演说	
		汪公权	报告	
1908.1.12		山川均	代议政治与革命	不详
1908.3.20	东京清风亭	宫山崎民藏	社会主义及无政府主义派别	不详
		刘申叔	法律出于宗教说	
		章太炎	人之根性恶	
1908.4.12	东京清风亭	刘申叔	国家之害	不详
		江苏某君	日本军人之苦	
		汪公权等	公学募款事	
		大杉荣	佛国叛乱之精神	
1908.4.26	锦辉馆	怪汉	俄国社会党要求土地法案事	不详
		山川均	动植物之互助	
		竹内善朔	日本阶级制度及绅商之压制	
		坂本清马	暗杀主义	
1908.5.10	富士见楼	刘光汉	结合之必要	不详
		守田有秋	劳动组合及无政府主义	
		李君	蜂群之组织	
		南君	演说	
		汪君	演说	

续 表

日期	会议地点	报告人	报告内容	到会人数
1908.5.17	锦辉馆	刘光汉、潘怪汉等十四人	排斥日货问题专题研究会700人旨在说明排斥日货是立宪党之阴谋,应将劳民对外之团体加以运动,使进为对内团体。	
1908.6.14	文明馆	刘光汉 汪公权	人类具有之性情	数百人
			解说活动大写真:	
			工厂之放火(说明资本家虐待工人)	
			马贼之劫掠(说明世界贫富不均)	
			伊国矿山火灾(说明矿夫生命之险)	
			伪造银币者末路(说明废金钱主义)	
			纽约大惨灾(说明当时无政府之态)	
			法国水兵之苦(说明非军备主义)	
			巴黎无赖民杀警案(说明秘密会之特色)	
			警察之无状(说明警察不能保民)	
			宗教之残酷(说明非宗教主义)	
			盗贼之冒险(说明贫穷为犯罪原因)	

《天义报》还对社会主义讲习会头四次会议情况包括演讲人、演讲内容等作了较详细的记载。

《社会主义讲习会第一次开会记事》中写道:“本年六月,刘君光汉、张君继因中国人民仅知民族主义,不计民生之疾苦,不求根本之革命,乃创设社会主义讲习会,以讨论此旨。于日历八月三十一日,开第一次大会于牛不込赤城元町清风亭,会员到者九十余人,遂于午后一时开会。”①演说者为刘师培、张继、幸德秋水、何震。刘师培说:“略谓今日为社会主义讲习会开会第一次,但吾辈之宗旨,不仅以实行社会主义为止,乃以无政府为目的者也。”他从原始社会、人类心理、自然科学等方面对无政府主义作了充分的论证,认为“无政府主义于学理最为圆满”,

① 林代昭、潘国华编:《马克思主义在中国——从影响的传入到传播》上,清华大学出版社1983年版,第255—256页。

强调“今日之世界，政府之于人民”有“莫大之压力，即资本家之于雇工，强种之于弱种，亦以横暴相凌。推其原因，则一由政府保护资本家，一由政府欲逞野心”。“政府之罪，上通于天，诚万恶之原也。故欧美各国，渐倡无政府之论”。“然欧美各国无政府，其事较难”。“世界无政府，以中国为最易，亦当以中国为最先”。同时，当时的中国主张无政府优于排满者。因为“仅言民族主义，则必贵己族而贱他族，易流为民族帝国主义。若言无政府，则今日之排满，在于排满人之特权，而不在于伸汉族之特权”，这是其一。“仅言民族革命，则革命之后，仍有欲得特权之希望，则革命亦出于私。若言无政府，则革命以后，无丝毫权利之可图，于此而犹思革命，则革命出于真诚”，这是其二。“今之言排满革命者，仅系学生及会党，傥成功由于少数之民，则享幸福者，亦为少数之民；若言无政府，必以劳动组合为权舆，使全国之农工，悉具抗力，则革命出于多数人民，而革命以后，亦必多数人民均享幸福”，这是其三。刘师培强调，吾辈的主张实与“社会主义无异”，只是“吾辈不欲以社会主义为止境耳”。[①]张继说：“此次开会，在于诠明无政府主义”，“吾辈之意，惟欲于满洲政府颠覆后，即行无政府，决不欲于排满以后，另立新政府也”。[②]何震的演说指出：“谓吾于一切学术，均甚怀疑，惟迷信无政府主义，故创办《天义》报，一面言男女平等，一面言无政府”。无政府之目的在于“人类平等及人（人）无特权”，“男女平等，亦系人类平等之一端，女子争平等，亦系抵抗特权之一端，并非二主义相背也”。“特无政府主义，不仅恃空言也，尤重实行”。“现世界无政府党，以俄国为最盛。俄国无政府党，其进步分三时期：一为言论时代，二为运动时代，三为暗杀时代。今中国欲行无政府，于以上三事，均宜同时并做。即使同志无多，亦可依个人意志而行，以实行暗杀。盖今日欲行无政府革命，必

① 林代昭、潘国华编:《马克思主义在中国——从影响的传入到传播》上,清华大学出版社1983年版,第256—258页。

② 林代昭、潘国华编:《马克思主义在中国——从影响的传入到传播》上,清华大学出版社1983年版,第258页。

以暗杀为首务也。”[①]最后刘光汉提议说：“今日开会后，拟每星期中，举行讲习会一次。其讲习之科目，一为无政府主义及社会主义学术，一为无政府党历史，一为中国民生问题，一为社会学。由中外各国绩学家讲演，并可随时质问。如有各国民党至东京者，亦开会请其演说。众皆赞成。”[②]

9月15日社会主义讲习会召开第二次会议，刘师培先后两次演说，讲题为《中国民生问题》、《宪政之病民》。前者重在“陈说农民之疾苦及中国旷土不耕，谷不敷食之状况，并推论贫民弃农就工之由，致受作工之苦”。后者“其大旨与第七册所载《论种族革命与无政府革命之得失》后半相同”。[③]堺利彦叙述了人类社会的变迁，认为人类社会变迁可分为三个时代：“一为蒙昧时代，一为野蛮时代，一为文明时代”，提倡恢复古代的“共产制”。他指出：“今世称为文明时代。然贫富之阶级甚严，资本家之势日以增加，欲矫此弊，莫若改革财产私有制度，复为上古共产之制。”[④]堺利彦的演说由张继通译。张继自己的讲题为《自由结合之益》。

9月22日午后一时，社会主义讲习会召开第三次会议，因为会议当天是中国传统节日中秋节，加上下雨，故到会者仅数十人。原定与会的日本学者山川均也因另有他事而未到会。演说者为刘师培、章太炎、潘怪汉、景定成、汤增璧、张继等。刘师培的讲题为《中国财产制度之变迁》。他指出：“财产私有起于游牧耕稼时代，中国三代时，有土地国有制，有家族共产制，即井田宗法是也，后世亦有行国家社会主义者。至

① 林代昭、潘国华编：《马克思主义在中国——从影响的传入到传播》上，清华大学出版社1983年版，第258—259页。

② 林代昭、潘国华编：《马克思主义在中国——从影响的传入到传播》上，清华大学出版社1983年版，第259页。

③ 林代昭、潘国华编：《马克思主义在中国——从影响的传入到传播》上，清华大学出版社1983年版，第259—260页。

④ 林代昭、潘国华编：《马克思主义在中国——从影响的传入到传播》上，清华大学出版社1983年版，第259—260页。

于今日，则纯为财产私有制，非实行共产制度不足矫贫富不均制弊。”[①]章太炎的演说“痛斥国家学之荒谬并立宪之病民。谓：无论君主立宪、民主立宪，均一无可采”[②]。潘怪汉演说湖北、江苏农民之苦况及田主之虐待，并含本会宜筹维持之策。景定成演说：欧美社会党之分派，“并痛斥软派之非，主张硬派说，并举中国老子、许行各学术，与西国各学派相较。”汤增璧质疑说：“无政府主义虽系高尚，然今日欧美尚未实行，恐终偏于空论，不若仅言民族主义。”张继的演说，“解释汤君之疑，力陈世界民生之苦及经济界之趋向，并言各国民党多赞成无政府主义，以与政府为敌，必有实行之一日”。[③]

10月6日午后一时，社会主义讲习会召开第四次会议，演说者为山川均、张继、刘师培、景定成。演说“大抵均辨明排强权与排外不同”。据称：“是日大雨，到会人数亦稀。”[④]

此后，《天义报》还对社会主义讲习会的活动作过多次报道。目前所能见到的最后一次记录是1908年6月14日。活动的地点在神乐坂上文明馆，到会数百人。刘师培演说称：“此次所演，非关于老民疾苦，即系人民愤激之举动，深望观者之有感于中，以发破坏社会之观念。”原拟放映《法国杀君》、《足尾铜山暴动》、《俄国革命》等片，因为日警干涉，改映《工厂之放火》（说明资本家虐待工人）等，计十种，由汪公权解说并评论。

此外，《天义报》曾报道过国际无政府主义者和第二国际的活动。1907年8月25日至31日，各国无政府主义者在荷兰的阿姆斯特丹召开大会，会后在英国伦敦成立了无政府国际。《天义报》对此进行了报道，并发表过有关文件，如《万国无政府大会纪略》、《万国无政府大会决议案

① 林代昭、潘国华编：《马克思主义在中国——从影响的传入到传播》上，清华大学出版社1983年版，第260—261页。

② 林代昭、潘国华编：《马克思主义在中国——从影响的传入到传播》上，清华大学出版社1983年版，第261页。

③ 林代昭、潘国华编：《马克思主义在中国——从影响的传入到传播》上，清华大学出版社1983年版，第261页。

④ 林代昭、潘国华编：《马克思主义在中国——从影响的传入到传播》上，清华大学出版社1983年版，第261—262页。

记》、《无政府党第四次大会决议》、《无政府党大会后事实汇记》等。至于第二国际的活动，《天义报》第二卷在“近事报告”栏中发表了《万国社会党政纲》、《万国社会党大会议案》。随后，《天义报》又在第六卷发表了《万国社会党大会记》，在第八、九、十卷合册发表了《万国社会党大会再记》，较详细地介绍了大会的情况和进程，其中还记述了倍倍尔的观点和活动。①

当时，不少国家的社会党发生软派与硬派的分裂，日本也是如此。在日本，“软派”以田添铁二为代表，注重通过议会斗争实现社会主义，因此又被称为国家社会主义派；“硬派”以幸德秋水为领袖，强调以总同盟罢工作为改造社会的主要手段，因而又被称为纯粹的共产主义或无政府主义派。《天义报》曾在《祝日本社会党之分裂》、《美洲社会党之二派》中对此情况进行了介绍，认为“于二者而择其一，无宁取‘理想的’、‘革命的’、‘激进的’之为愈，彼微温的社会主义，砂糖水的社会主义，国家的社会主义，是以洙相沤者，直专制之化身耳!”②

三、《新世纪》对社会主义的探讨

《新世纪》是以留法学生为主在巴黎创办的宣传无政府主义思想的周刊。社址在巴黎濮侣街4号，与法文无政府主义报刊《新时代》在同一个地方。《新世纪》开始为单张报纸形式，共4版，自第53号（即第2年第1期）起改为书册形式，每册14页。《新世纪》1907年6月22日创刊，比《天义报》只晚了12天，但《新世纪》较《天义报》延续的时间要长，至1910年5月21日停刊，共出版121号。该刊由张静江、吴稚晖、李石曾等人发起，经费由当时担任清政府驻法使馆商务随员的张人杰提供，以反对一切政府和“倾复一切强权”为宗旨。1908年张继从日本来到法国，参加了该刊的编辑工作。它是我国历史上出版时间最长的一份宣传无政府主义的刊物。在《新世纪》发刊前，“新世纪派”曾以世界社的名义编

① 参见丁守和主编:《辛亥革命时期期刊介绍》第3集，人民出版社1983年版，第338—339页。

② 参见丁守和主编:《辛亥革命时期期刊介绍》第3集，人民出版社1983年版，第339页。

印过《世界六十名人画像》，以新世纪书报局的名义出版了《新世纪杂刊》和《新世纪丛书》。《世界六十名人画像》中有马克思的画像，这是中国最早印刷的马克思像。《新世纪杂刊》共5种，均为单行的小册子，其书名分别为《萍乡革命军与马福益》、《中国炸裂弹与吴樾》、《上海国事犯与邹容》、《广东抚台衙门与史坚如》、《湖南学生与禹之谟》。《新世纪丛书》只出版了第一集，其中收录了6篇文章，除《革命》一文为李石曾撰写的外，其余5篇文章都是李石曾翻译的外国无政府主义论著。1908年，新世纪书报局还出版了李石曾翻译的《夜未央》、《鸣不平》两本小册子，前者是波兰人廖抗夫编写的描述虚无党革命活动的剧本，后者是法国作家穆勒撰写的揭露社会不平等现象的小说，又名《社会之阶级》。①

辛亥革命前，中国知识分子宣传无政府主义实际上存在着两个中心，一个是上一节所述的在日本创刊的《天义报》以及社会主义讲习会，另一个就是在法国创刊的《新世纪》。正如刘师复所说："当中国未革命之前，人民言论行动绝对不能自由，故凡革命党多必避居于东西各国，以是之故，得吸收各国社会主义无政府主义之思想而转贩于国人。一九〇七年六月二十一日，吾党之在巴黎者始发刊华文无政府七日报，名曰《新世纪》，主笔政者为李石曾君。是为吾党第一之言论机关。同时在留日本之张继、刘光汉等发起'社会主义讲习会'于东京，与日本党人幸德秋水辈游，是会不但研究社会主义，实研究无政府主义者也。"②与《天义报》以及社会主义讲习会一样，以《新世纪》杂志为中心的中国知识分子群体，他们不满意同盟会的革命政纲，认为它是一个局部性的、不彻底的革命纲领，对于当时的中国来说，开展以三民主义为指导的民族民权民生革命远远不够。他们要求进行以无政府主义为宗旨的"社会革命（无政府革命）"，认为这种革命立足点更高，也更合乎"真理"，能够解决同盟会三民主义政纲所不能解决的矛盾，也可以更好地应对来自各方对三民主义政纲的诘难。"社会革命者，非排满复仇也，故满人不

① 参见蒋俊、李兴芝：《中国近代的无政府主义思潮》，山东人民出版社1991年版，第72—73页。

② 刘师复：《致无政府党万国大会书》，《民声》第16号，1914年6月27日。

得借口以反对之，视为叛逆。社会革命者，非逐鹿也，故英雄豪杰不得乘此以逞其私，视为天讨。社会革命者，非扰攘也，故大盗小窃不得乘此以肆其威，视为天运。故曰：义广理全，至公无私”。[①]本节不拟对其关于无政府主义本身的宣传和诠释作具体分析，只摘要叙述该刊对于社会主义学说和运动的涉介。

第一，《新世纪》介绍了巴黎公社起义以及世界革命形势。该刊第一号上载有《新世纪之革命》一文，较为详细地记述了巴黎公社起义的情况。首先是分析了巴黎公社起义的原因。文章说：“巴里[②]公民之革命，其远因在社会集产主义之鼓吹，其近因则在普法战事之困迫。巴里之民忿怨政府之专横，集众示威以为诫。行政首领铁业 Thiers 知之，惧有不利，决计剪民，下令撤去国民军之军械，军众大哗。”[③]其次是记述了巴黎公社起义的经过和被反动政府镇压的情况：“三月十八日国民军与常备军接战，铁业以常备军逃于万岁邑。由是巴里民军之议会乃成立，遂宣布巴里公民之独立，且劝告他邑仿行。二十六日公民会举执事七十五人。”“万岁邑政府图返巴里，以十万人来攻。四月二日两军遇于巴里东北，政府军败。五月二十一日，外军入巴里，巴里军力敌之，血战八日，死者三万五千人。五月二十九日，革命军乃不复振。军法裁判所遂肆行严酷手段，凭一言词，一疑状而杀人，并不讯问。妇人孺子之无故被杀者，不知凡几。以流血为乐，残酷万状。然此为人民留一大记念，且以证实政府及显者之为民仇也。”[④]再次是探讨了巴黎公社起义失败的原因。文章写道：“巴里公民革命之未成，亦有多故。一因革命之思想尚未普及；一因国民军拘守旧德，虽旧政府之财库，不肯取掠，不肯施以最强烈之手段，卒致使政府得养其余威，以倾复之。鸣呼！后来之革命者，

---

① 千夜（褚民谊）：《就社会主义以正革命之议论》，《新世纪杂刊》第1集。

② 巴里，今译作“巴黎”。

③ 张枬、王忍之编：《辛亥革命前十年间时论选集》第2卷（下册），生活·读书·新知三联书店1963年版，第977页。

④ 张枬、王忍之编：《辛亥革命前十年间时论选集》第2卷（下册），生活·读书·新知三联书店1963年版，第978页。

亦可引以为鉴矣！”[①]最后文章指出：起义者占领巴黎后，“由公民自由组织，扫除政府，此新世纪革命之要点也”；巴黎公社“取财产，置诸公共，此今日社会主义之方策也”。[②]这里明显地表露出作者对无产阶级通过暴力革命摧毁旧的国家机器，建立以生产资料公有制为基础的社会主义社会的赞成和拥护。文章还给予了巴黎公社起义以很高的评价。文章指出，19、20世纪的人类有两个特色，一是科学公理之发明，一是革命风潮之澎湃，“此二者相乘相因，以行社会进化之公理。盖公理即革命所欲达之目的，而革命为求公理之作用。故舍公理无所谓为革命，舍革命无法以伸公理”。但是“昔之所谓革命，一时表面更革而已，故其益不张，而弊端仍旧，多番更革，结果如一”。这些革命“乃旧世纪之革命，乃一时一事之革命，乃无进步之革命，乃图少数人权利之革命”。“至法兰西千七百八十九年之革命，革除王位，宣布人权，乃为新世纪革命之纪元。至千八百七十一年，乃有平民社会革命，由于社会主义鼓吹所致。虽其事未成，然于革命进化史中留一大记念，亦足以为将来社会革命之先导。近数年来，法兰西等国革命之风潮日扬，抗税罢工之事，反对陆军，反对祖国，废弃议院，主张共产诸主义，报不绝书。由此可见，革命之进化，匪独一国为然，各地风潮亦同时而进。即以支那而论，近数年中进步殊猛，故我‘新世纪’出，亦能勉讲刻刻进化，日日更新之革命。”[③]在此，文章是把1871年的“平民社会革命”即巴黎公社革命视作“将来社会革命之先导”，强调其在“革命进化史中留一大记念”，不仅反映了作者对巴黎公社革命的赞誉，而且表明作者对巴黎公社革命的认知已经达到了很高的水准。

对革命形势的宣传在《新世纪》中占有相当篇幅，并贯穿始终。《新世纪》第三十二号所载《万国革命之风潮》一文指出：“今革命风潮最发

① 张枬、王忍之编：《辛亥革命前十年间时论选集》第2卷（下册），生活·读书·新知三联书店1963年版，第978页。

② 张枬、王忍之编：《辛亥革命前十年间时论选集》第2卷（下册），生活·读书·新知三联书店1963年版，第978页。

③ 张枬、王忍之编：《辛亥革命前十年间时论选集》第2卷（下册），生活·读书·新知三联书店1963年版，第976页。

达最正当者法国是也，革命风潮坚壮，而阻力难胜者俄国是也。至英德美以及他国，其革命风潮素称微软，英意葡诸国，亦或倡社会主义，或争女权，或事罢工，或图共和运动，虽其运动之目的之方法，未必正当，而其足以败政府之威权，破强者之信望，故皆有裨于革命者也。”[①]基于这种认识，《新世纪》大力宣传世界各地人民反对剥削压迫，反对侵略，争取民族独立，争取自由、平等，争取进步的各种斗争。这也可以说是它的一大特点。如第二、五号，以《近日法兰西革命之风潮》为题，报道了法国南方各省群众性的抗税、示威活动。第十九、二十号，以《德国反对军国主义之风潮》，报道了德国社会党人反对军国主义的斗争。第二十四号，以节译巴黎《朝报》的方式，报道了葡国的革命形势。第二十七号，报道了英国妇女争取选举的斗争。从第二十八号起，开辟了“本周世界之纪念日”专栏，专门记载历史上与当前值得纪念的大事。该专栏延续到六十三号止。从第三十二号起，又开辟了“万国革命风潮”专栏，专门译载各国电讯，报道世界各地的革命风潮，有时译编者还加以按语，对人民的革命斗争进行评析，认为法国、英国、荷兰等各国工人的罢工运动引起了大规模的革命，“资本家必尽失其所有”。5月1日“工党革命纪念日”，全世界各地工人举行示威集会，“历述政府资本家之如何虐待，工人如何困苦”，以“反对军国主义，反对祖国主义，反对资本家，反对政府”为“切要之大纲”。[②]第三十三号发表了“一个人”译的《俄国革命（续）》，系统介绍了俄国“社会民政党”召开大会和编辑出版社会主义报刊《竞争》以及《社会民政主义》的情况，还提到大会所通过的决议内容，包括创设全俄议院，无论男女凡年过二十岁均享有选举权；建设联邦共和国，同时实行民族自治；官吏均有人民选举，人民享有思想、言论、集会三大自由；废除户籍制度，迁徙和择业乃个人之自由，政府不得干涉；废除社会上各种阶级及各种特权，各人均享有同等之权利，不得以男女之别、信教不同、民族不同而有异视；废除种

① 真记:《万国革命之风潮》,《新世纪》第32号。

②《社会主义思想在中国的传播》(资料选辑之一)下,中共中央党校科研办公室1985年版,第1014—1017页。

种无用之裁判所，革除终身作苦工及他种野蛮刑罚；强迫教育至16岁为止，学生书籍饭食均由政府负担，年老或多病之人也由社会公养之；工人作工每日不得超过8小时，每周不得超过46小时，其工值不得少于公众议定之数，每周一付，须用现银，限定工作日之外，不得强迫工人工作；凡未过16岁者不得入工厂做事，16岁至18岁之间，每日作工不得超过6小时；有害于妇女之工作，不宜雇佣妇人，妇女怀孕者于分娩前须停工6周，期间工值照发，分娩后亦然；凡雇佣之人，必须保险，以免意外之事；公费设立代觅工作处之事务所。为达到以上之目的，“必推倒专制政府”①。通过以上这些报道、介绍和评述，我们可以大致了解当时世界各国社会主义运动的情况，以及《新世纪》对于社会主义运动的看法。

第二，《新世纪》对社会主义的赞美和诠释。在总体上，《新世纪》对社会主义的宣传和理解是将其置于无政府主义的框架之下的，或者说它把无政府主义当作社会主义之一种来看待的。所以，其结果是打着社会主义的牌号，实际上鼓吹的则是无政府主义。不过从字面上看，《新世纪》依然表露出对社会主义的赞美，并对社会主义作了解释。《新世纪》第三号刊载的李石曾所著《与友人书论新世纪》一文的夹注指出：“社会主义，正立于厌世保王之对面：社会主义主博爱，厌世主义主为我；社会主义求众生幸福，保王主义惟求少数人之私利；厌世主义主清静无为，社会主义主牺牲己身，以伸公理；保王主义主保全王位，社会主义求扫除一切帝王以及政府。社会主义与厌世及保王主义，如水火之不相容，昭昭可见矣。”②文章还指出：“凡吾辈今日主张社会革命与大同主义者”，往日皆主张“种族革命与祖国主义”，此二主义非相反，只是“今之主义较昔之主义为进化耳”。吾辈之革命，“以伸公理为目的，使较不文明之社会，变而为较文明。若取昔者个人自私主义，以与种族革命及祖国主义较，自种族革命及祖国主义较为光明，故吾辈于未明社会主义之前，

①《社会主义思想在中国的传播》（资料选辑之二）下，中共中央党校科研办公室1987年版，第90—92页。

② 张枬、王忍之编：《辛亥革命前十年间时论选集》第2卷（下册），生活·读书·新知三联书店1963年版，第983页。

曾取种族革命及祖国主义，乃公理良心使然”。今天“既知社会主义之后，乃知其较种族革命与祖国主义更进正当，故即取社会主义，亦公理良心使然”。总之，“由个人自私主义，而进至种族革命与祖国主义，由种族革命与祖国主义，而进至社会主义，同为公理良心之进化，所异者先后大小耳”。[①]《新世纪》第一一〇号上，李石曾以“真”为笔名，翻译发表了英国人摩尔撰述的《社会党与社会主义》一文。这篇译文认为，所谓社会主义，“今日欲为人类中生利一种之人群，代争自由者”，其“党派亦甚繁矣”。其中“有异于抱持无政府主义之人者，则皆不知攻倒主张绅士派之学说者也”，无政府党在于此学说的“抗战”之中，乃“以社会主义之原理绳之”。所谓“绅士派学说”，即指一心想利用议会权力的社会党所倡言的基本原理，其根本错误在于“取社会向有之组织，稍加改正”，且“轻信议会权力”。这等“谬误之观念，不过略似于攘争权利之普通党人”。“绅士派之腐败组织即为资本家垄断主义及雇役主义所变相者”，明白了这一点，反而可以助力“社会主义”。《社会党标准报》讥讽无政府主义为“梦境”、“幻想”，“毫无把握足以为抗争之原动力”。针对此攻击，《社会党与社会主义》一文以“社会之经济问题”为例，反驳社会党企图催灭“不生利之人群”，“夺工人所生之利之大半，而仅以粗衣恶食之工值予工人”问题的办法，“让事其事者皆得享其利，而且能保持互相之精神”，无异于言“应当全改经济上之基础，而非言小加补苴即可得之”。这种“毁弃一切雇役界之组织”的概念，“必应知世界之个人，各有其自由之进行”。既要知“物之必生于劳力”，又要知“人之生命均相等”，如果仅仅“以劳力相准”则“犹未圆满”，而欲达“人之生命均相等”，最终必反对“阶级之管治”，所以，在变更经济的同时，“政治则已包于其中”。根据这种认识，“毁灭资本家之制度”即为政治上“反对一切议会之制度”。“绅士派学说”“所喜调和”，“并不问吾人天然之组织应当若何”，“仅仅争持于工人劳给之增多”，并未超出资本主义之范畴，此种做法实“为革新政治之教育而已”，“不过为人类投充奴才之

① 张枬、王忍之编:《辛亥革命前十年间时论选集》第2卷(下册),生活·读书·新知三联书店1963年版,第984页。

新法，使之善择其主人也”，“我等观察于个人之自主与自由之合群，为社会较良之生活，故我等必为无政府党”。总之，该文在对社会主义作出界定的基础上，以“社会主义之原理”为准绳，重点批评了“绅士派学说”以及主张议会政治的社会党。强调“议会法之惑人，必不能更久。因其虚伪，已尽发露”。“自然之能力与自由之结合，实为今后人类相互之要素。凡此种种，所以必能为福于人类者，皆不由于有所管治，而由有互致同情联合能力之精神耳。皆即为社会生活之真实基础，与一切组织有训戒与从属之主义而构成正相反对也，我等观察于个人之自主与自由之合群，为社会较良之生活，故我等必为无政府党”。[①]《新世纪丛书》第一集收录的由李石曾所著的《革命》一文，重点分析了社会主义与国家主义、帝王主义的根本区别，并在此基础上对中国实行社会主义革命的种种诘难进行了反驳。文章先对“革命”一词的含义进行分析，认为“革命犹重进化”。“地球行满一周而复始谓之为Revolution，引申之谊，则凡事更新皆为Revolution”。当时人们言革命，往往将其同“排满”等同，实际上“排满”“不过政治革命”，“犹不足以尽革命”之完全内容，“至社会革命始为完全之革命，即平尊卑也，均贫富也”，概言之即“使大众享平等幸福，去一切不公之事”。以此为目的的“社会革命为二十世纪之革命，为全世界之革命”。[②]接着文章指出，社会主义与国家主义是不能并立的。“国家主义主自利，社会主义主至公。盖国家主义其根性来自帝王，而社会主义来自平民。帝王与国家主义尚专制，尚自私；平民与社会主义尚自由，尚平等。故帝王之言保国，国家主义亦曰保国。由是而知此二者之性质同”。“社会主义，一言以毕之曰自由、平等、博爱、大同。欲致此，必去强权（无政府），必去国界（去兵），此之谓社会革命”。“质言之，国家主义保少数人之利益，社会主义保众人之幸福。革命者此二宗旨不可不择。吾其为少数人之利益而革命乎？吾其为众人之

---

① 林代昭、潘国华编：《马克思主义在中国——从影响的传入到传播》上，清华大学出版社1983年版，第279—283页。

② 张枬、王忍之编：《辛亥革命前十年间时论选集》第2卷（下册），生活·读书·新知三联书店1963年版，第999—1000页。

幸福而革命乎?”[①]针对人们认为“社会主义虽美，吾民程度不及，不得行也”的观点，文章指出:“观已往历史，先有王，后有立宪，又后有共和。若以此成式为法，则未有如立宪合于吾国之程度者矣。然今立宪之腐谈，已为知道者所摈弃，不待辨矣。若言者于立宪关尚未打破，则吾不复与言。否则必为吾之同志，即主张革命者是也。焉有革命者而以阶级为念者哉!”[②]针对那种认为“社会主义兴，则不讲国际;不讲国际，则无复仇雪耻之心，则吾国永无强盛之日”的观点，文章强调，国家的强盛实际上与平民幸福无关，“其效果为君长之荣，富者之利而已”。以两国交战为例，“表面观之，某国胜，某国败，其实则不过君胜民败。”由此可见，“国家主义无他，即助君长富者贼杀小民而已。世界不公之事，孰甚于斯!欲破此，惟有合世界众人之力，推倒一切强权，人人立于平等之地，同作同食，无主无奴，无仇无怨。是时也，战争息，国界无，此之谓大同世界，岂不远胜于今之强国哉!”[③]文章最后指出，“近年社会主义无政府主义方兴”，革命风潮普及，革命之作用，我们可以“随事、随时、随势研求之，取用之”[④]。《新世纪》第六号刊载的《伸论民族、民权、社会三主义之异同再答来书论“新世纪”发刊之趣意》一文，着重在于辨明社会主义与民族主义、民权主义之间的分歧，阐释了在中国实行社会主义的必要性和正确性。文章一开始就说:“今请伸论民族民权社会三主义之异同，以再答之，使论者知吾辈所以抱此社会主义之由，以释论者之疑。”[⑤]接着，文章指出:“社会主义者，反对一切强权，破坏种种恶习，削去等等阶级，非为一满政府之当倾复也，凡世界之政府亦

① 张枬、王忍之编:《辛亥革命前十年间时论选集》第2卷(下册),生活·读书·新知三联书店1963年版,第1000页。

② 张枬、王忍之编:《辛亥革命前十年间时论选集》第2卷(下册),生活·读书·新知三联书店1963年版,第1001页。

③ 张枬、王忍之编:《辛亥革命前十年间时论选集》第2卷(下册),生活·读书·新知三联书店1963年版,第1001页。

④ 张枬、王忍之编:《辛亥革命前十年间时论选集》第2卷(下册),生活·读书·新知三联书店1963年版,第1002—1003页。

⑤ 张枬、王忍之编:《辛亥革命前十年间时论选集》第2卷(下册),生活·读书·新知三联书店1963年版,第1003页。

然，非惟世界政府之当倾复也”。“社会主义，非与民族主义民权主义背驰者也，不过稍有异同耳。社会主义有民族主义之作用则为同，而无民族主义之自利则为异；有民权主义之效能则为同，而无民权主义之自利则为异。盖社会主义者，求世界人类自由平等幸福，而民族主义民权主义求一国一种族少数人之自由平等幸福也。”①“社会主义者，无自私自利，专凭公道真理，以图社会之进化。无国界，无种界，无人我界，以冀大同；无贫富，无尊卑，无贵贱，以冀平等；无政府，无法律，无纲常，以冀自由。其求幸福也，全世界人类之幸福，而非限于一国一种族也。故社会主义者，无自私自利也，吾敢断言曰：至公无私之主义也。”②因为民族主义、民权主义“不能达吾之目的也，则舍民族主义民权主义，而取其较广大较公正之社会主义也”③。文章还将民族、民权、社会三主义的异同以列表的方式表现出来，如图5-1所示：

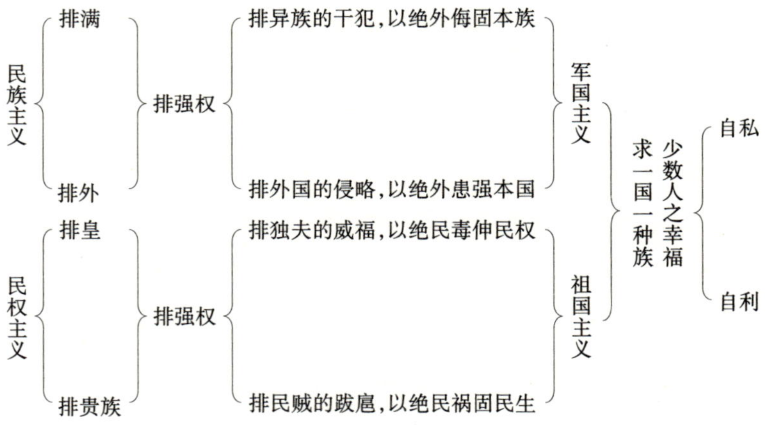

（一）

① 张枬、王忍之编：《辛亥革命前十年间时论选集》第2卷（下册），生活·读书·新知三联书店1963年版，第1003—1004页。

② 张枬、王忍之编：《辛亥革命前十年间时论选集》第2卷（下册），生活·读书·新知三联书店1963年版，第1008页。

③ 张枬、王忍之编：《辛亥革命前十年间时论选集》第2卷（下册），生活·读书·新知三联书店1963年版，第1004页。

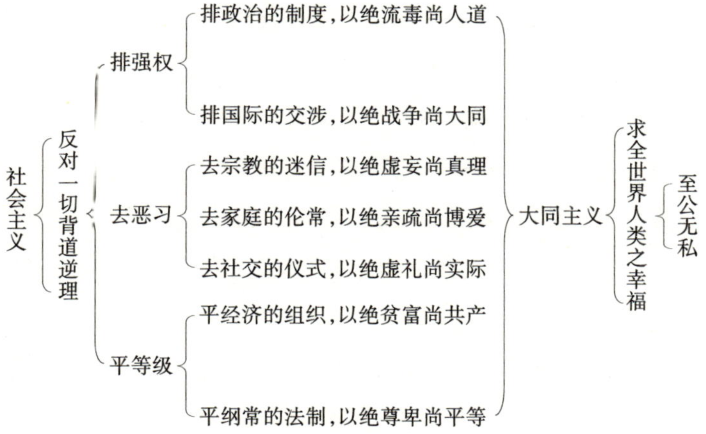

（二）

图5-1　民族、民权、社会主义之异同

以上文字和图表，虽然并未涉及社会主义的实质性内容，也未必句句精当，但却一方面从整体上反映了《新世纪》作者群体对社会主义的溢美之情，另一方面也体现出《新世纪》虽着力明晰社会主义与“保王主义”、“国家主义”、“民族主义”、“民权主义”之间的界限和区别，然而就其实质看，无疑属于无政府主义的范畴。

《新世纪》对无政府主义的宣传，还与所谓的共产主义紧密联系在一起，即所谓的无政府共产主义，只是它往往又将这种共产主义归并于社会主义总的名称之下。《新世纪》第二十一号刊载了和孟著、李石曾翻译的《社会主义释义》一文。文章开头即说道，今天讲社会主义、自称为社会党的人日益增多，但何为社会主义？何为社会党？人们并不是很清楚。所以，“其义不可不释”。文章指出：“社会主义者凡有关社会之主义也，当随其性质而列分之。”有人认为，“社会主义者，使社会改良之法也”；有人认为，社会主义为“政治之一法”，或曰“社会主义”乃为“工作之组织也”；有人解释说，社会主义主张以“生财之物与所生之财属之于社会”。总之，“社会主义者，总称也”。[①]文章认为，以社会主义

① 林代昭、潘国华编：《马克思主义在中国——从影响的传入到传播》上，清华大学出版社1983年版，第244页。

作为“总称”，下分共产社会主义和集产社会主义二派。共产社会主义一派又分为无政府的共产社会主义和有政府的共产社会主义；集产社会主义一派又分为无政府的集产社会主义和有政府的集产社会主义。李石曾在“译者曰”中说：“观和氏之释义，社会主义之意乃明晰。今有主张无政府，而惟以社会党或社会主义为名者，殊觉宽泛，故有专名‘无政府’从减之词也。然凡主张无政府者，与其蹈宽泛之弊，而言社会党，不若从简明而言无政府党。因无政府党，未有非社会党者。而社会党未必皆无政府党也。如人未有非动物者，而动物未必皆是人。”“故主政府者宜名曰：（一）无政府党或无政府主义，（二）无政府共产党或无政府共产主义，（三）无政府的社会共产党或无政府的社会共产主义”。“第二词似最繁简得宜”。[①]由此可见，他所赞成的无政府共产主义，实质上就是无政府主义。

第三，《新世纪》较详细地论证了社会主义革命的正义性和合理性。《新世纪》杂刊之一所登载的千夜的《就社会主义以正革命之义论》一文称：欧美日本以前之革命，系纯正政治之革命。政治革命，倒专制以创共和，或立宪，或联邦，“民权由是稍伸，民困由是稍苏，政治之残酷轻，律法之束缚减”。但是，社会上存在的败德恶俗，丑态怪状，未能尽去，政治上的困苦减，而经济上的困苦增，以致酿成今日社会贫富悬隔的局面。这种革命“非社会革命，而政治革命也”。故“昔之提倡革命者，专对于政治一方面而言，而不甚注意于社会也。排专制，伸民权，求法律上之自由，而非求生计上之自由，求政治权限上之平等，而非求社会经济上之平等，求一国一般人之幸福，而非求世界众生之幸福，本于理想哲学的空理，而非本于事实科学的公道也”。这种革命的目的“稍偏而不全，狭而不广，则其效力不大亦不远。故欧美既革命矣，费许多志士之脑髓，洒无数勇士之血汗，以造成此共和立宪联邦之美制，民权固伸、专制固排矣，不知有甚于专制者，起而代之，其为毒也，隐而不显，尤毒于专制。使人贫苦、终于愚勤劳动、宛如机器牛马者，经济问

① 林代昭、潘国华编：《马克思主义在中国——从影响的传入到传播》上，清华大学出版社1983年版，第245页。

题也”。[1]中国以前之革命，易姓改朝之革命，丝毫“不补于社会”，“盗贼之争帝位，贫民之争衣食，与政治上经济上无丝毫之变动也。”“至于近来，民困日甚，惨不忍言”，“至于精神，尤不堪设想也”。[2]这些问题的存在，究其原因在于未行“社会主义之革命”。与以往的中外革命相比较，“社会主义之革命，其作用，除旧去害，消毒杜敝，破坏其所不适，建设其所宜，故能维新进益；其目的，为社会求平等自由幸福，以公道为衡，凡世界上事事物物，有害于社会背其目的者，如专制阶级祸根，一举而痛绝之，以实行科学的进化，求世界之真文明，于是以人道大同、世界极乐为其究竟。显其作用，达其目的，造其究竟，舍实行社会的革命末由。”[3]同时，作者断言：“此革命也，最适于中国。”[4]在此，作者尽情地讴歌了社会主义革命的正义性和优越性，并主张中国实行之。

在千夜《就社会主义以正革命之义论》一文所表达的上述思想基础上，李石曾在《新世纪》第七十二期上发表《驳〈时报〉〈论中国今日不能提倡共产主义〉》一文，进一步论证了社会主义革命的正义性和合理性。文章开篇交代了撰写此文的目的，“一以正共产主义之界说，一以明无政府与共产主义之为二而一也”。针对《时报》所谓“天下有至仁之术，而适得至不仁之效果者，新学家所倡之共产主义是已”，文章明确指出：“共产主义，富贵人决不主张的。他们的私产，保得比性命还牢。没有了私产，平日间靠着私产所享受之荣华富贵便失，反比贫人更觉苦恼了。所以教富人主张共产，犹教吸乌烟者不吸乌烟。”[5]“私产主义，利于少数资本家”，“少数人有了私产，便享福，多数人没有了，便受苦，

① 张枬、王忍之编:《辛亥革命前十年间时论选集》第2卷(下册),生活·读书·新知三联书店1977年版,第1009—1010页。

② 张枬、王忍之编:《辛亥革命前十年间时论选集》第2卷(下册),生活·读书·新知三联书店1977年版,第1010—1011页。

③ 张枬、王忍之编:《辛亥革命前十年间时论选集》第2卷(下册),生活·读书·新知三联书店1977年版,第1011页。

④ 张枬、王忍之编:《辛亥革命前十年间时论选集》第2卷(下册),生活·读书·新知三联书店1977年版,第1012页。

⑤ 张枬、王忍之编:《辛亥革命前十年间时论选集》第3卷,生活·读书·新知三联书店1977年版,第221—222页。

那是最不公平的事情。讲了私产，那无私产者便无生计。他无生计，并非他的罪恶，因为他所应受的一分，未出世之先已经被人家夺了去，并且用一切法子保护起来。那生来贫的，怎么有能力同他们争回来，只好苦吃苦作，一旦工没有作，连饭亦没有吃了。”①在此，作者揭露了私有制的罪恶，表明私有制是造成人类社会不平等的根源。文章接着又说：“人之有智愚贤不肖，犹一手指之有长短大小，自然有些分别。”“然今之智愚贤不肖，皆本于贫富，并非生出来就有智愚贤不肖之分。父母不开通，不知胎内教育；养了出来，又不晓得儿童教育；长了没有钱，便到工厂里或至人家作工。无论他智而贤，不得教育，如何教他不至于愚不肖。论者谓智役愚，贤役不肖，实则富役贫耳。此即不平等之大原因。”②也就是说，造成穷人和富人在“智”与“愚”、“贤”与“不肖”差别的根本原因，不是天生的，而是由其后天的经济条件决定的。统治者所宣扬的那种“智者治人，愚者治于人”的所谓“天演之现象”，说到底还是富人压迫和剥削穷人的问题。这些论述基本符合马克思主义的阶级分析方法。由此李石曾在文章中得出结论：“贫人讲共产主义，实在是他的本分。”“在富人眼里看了，叫那革命为暴动；殊不知贫人看着野蛮的和平，便是富人暴动。”③这种由经济地位决定人们对于革命的态度和认识，也是符合马克思主义“物质决定意识”这一基本原理的。当然，文章还将“共产主义”同“无政府”等同起来，认为“单说社会主义，是有毛病的”，“主张共产者，都是无政府党”④，这则反映了作者并不真正理解何为“共产主义”。

无政府主义者对所谓社会主义思想的宣传曾受到当时不少人的诘难。针对人们的种种批评和诘难，《新世纪》发表了不少争鸣性的文章。针对

① 张枬、王忍之编：《辛亥革命前十年间时论选集》第3卷，生活·读书·新知三联书店1977年版，第224页。

② 张枬、王忍之编：《辛亥革命前十年间时论选集》第3卷，生活·读书·新知三联书店1977年版，第225页。

③ 张枬、王忍之编：《辛亥革命前十年间时论选集》第3卷，生活·读书·新知三联书店1977年版，第224—225、228页。

④ 张枬、王忍之编：《辛亥革命前十年间时论选集》第3卷，生活·读书·新知三联书店1977年版，第222—223页。

有人认为："社会主义欲藉互助，使人人生存。而达氏则谓生存竞争，优胜劣汰，乃天演之公理。由此观之，则可知社会党所希望者，皆属理想而不能实行。"[①]《新世纪》第四十五期发表了意大利学者冯鲁著述、辟异翻译的《社会主义与实验科学》一文，对上述观点进行了系统批判。文章指出，近数年来，社会主义倡行几有一日千里之势，但是也有人反对，而反对者往往"以达尔文之进化学说为护符"。事实是"达尔文进化学说，非特不与社会主义冲突，实为社会主义立足之根据"。[②]除此以外，《新世纪》还发表了《驳新世纪丛书"革命"附答》、《无政府主义可以坚决革命党之责任心》等文，这些文章同前文已经介绍的《革命》、《驳〈时报〉〈论中国今日不能提倡共产主义〉》等一起，对一些有争论的问题进行了较为系统的评论和解答。当时《新世纪》所发表的这些争鸣性文章，虽然其无政府主义的立场和旨趣并没有多大改变，对社会主义的认识同样存在将其同无政府主义混同的偏差，但它对于社会主义的传播依然是一个推动。

以上仅就《新世纪》有关社会主义理解和诠释的主要部分进行了叙述和分析。虽然无政府主义与社会主义在本质上是根本不同的，但在某些方面至少在形式上存在着某些"相通"之处，所以《新世纪》在宣传和诠释无政府主义时，客观上也有着宣传社会主义之功。而且，某些观点也基本符合马克思主义的基本原理。不过还需要指出的是《新世纪》与《天义报》的不同。《新世纪》在宣传社会主义过程中常常以论战者的姿态出现来撰写文章、选择译文、阐释义理，有些文章对于各种非难革命或社会主义的议论的驳斥则充满了火药味，这些与《天义报》大多以平和的语言正面宣传社会主义的道理很不相同。在内容上，《新世纪》更多地宣扬"个人之自由"、"个人之自主与自由之合群"或"自由之行动及共同之生活"，而《天义报》则把重点放在"无中心""无政府"条件下

① 林代昭、潘国华编：《马克思主义在中国——从影响的传入到传播》上，清华大学出版社1983年版，第267页。

② 林代昭、潘国华编：《马克思主义在中国——从影响的传入到传播》上，清华大学出版社1983年版，第267页。

自然调和的宣传和阐释上，同时《新世纪》也更加重视所谓社会主义阵营中，无政府党同其他非无政府党或非正统无政府党的区别，如对“社会党”之“绅士派学说”的批评等。还有，在《新世纪》所载文章中，几乎很少见到有关土地问题的论述，这与《天义报》十分重视土地问题的讨论形成鲜明的反差。个中原因可能与《新世纪》诞生于法国，直接受到的是法国和欧洲社会主义与无政府主义的影响而脱离中国具体实际有关。但《天义报》创刊于日本，较容易感知中国现实状况特别是土地问题上的弊端，同时受到孙中山土地思想的影响，再加上日本社会主义和无政府主义者同样重视土地问题，所以也就很自然地把土地问题放到了突出位置。[①]《新世纪》与《天义报》在宣传社会主义时最大的不同是，《新世纪》很少提到马克思主义。除了在《近世六十名人画像》中刊出马克思1875年在英国伦敦拍摄的肖像外，几乎见不到什么有关马克思主义的报道。探其原因，无疑和当时欧洲无政府主义与马克思主义的对抗密切相关。自1873年第一国际将巴枯宁主义分子驱除之后，欧洲无政府主义者另外建立新的组织，与马克思主义派相对抗。所以，深受欧洲无政府主义影响的《新世纪》不谈马克思也便在情理之中。而在日本，《天义报》在宣传无政府主义时，不仅登载了马克思恩格斯所著的《共产党宣言》等著作，介绍和宣传马克思主义，而且还对马克思主义的科学社会主义予以某种程度的肯定和接受。这一方面和当时旅日学生和革命者苦心探寻救国救民真理、而思想上又分不清真假社会主义有关，另一方面又与《天义报》所联系的幸德秋水等人本身并没有和马克思主义处于对抗之中有关。幸德秋水曾翻译过《共产党宣言》，他原本就是日本早期的马克思主义社会主义者和社会党党员。同时，他在宣传无政府主义时，还介绍过马克思主义。正是这种不同的背景和环境，使得《新世纪》在宣传无政府主义时显现出不同于《天义报》的风貌。

① 参见谈敏:《回溯历史——马克思主义经济学在中国的传播前史》下，上海财经大学出版社2008年版，第786页。

四、江亢虎与刘师复的社会主义思想和活动

在讨论清末民初无政府主义者传播社会主义的问题时，江亢虎和刘师复是两个绕不开的人物。辛亥革命后，曾经在日本和巴黎留学生中盛行的无政府主义思潮开始进入中国，并以“社会主义”的声誉在民国初年中国的各种社会政治思潮中占据着十分重要的地位，而江亢虎和刘师复则是其中的代表性人物。

（一）江亢虎的社会主义思想及其主要贡献

江亢虎（1883—1954），原名江绍铨，字康瓠，祖籍安徽旌德，出生于江西省弋阳县城西的陶家村，1911年因在杭州演讲《社会主义与女学之关系》被清廷视为“洪水猛兽”，故于1913年30岁生日在上海出版文集《洪水集》，署名江亢虎，并自称“江洪水也，虎猛兽也，不亦宜乎？”幼年时代，江亢虎在家乡接受中国传统思想文化教育，1898年入京师同文馆学习西语和科学。20世纪初年，他曾三次留学日本（1901年、1902至1903年、1907年），与日本早期社会主义者幸德秋水、片山潜等交往甚密，深受当时日本社会主义思潮和运动的影响。1909年江亢虎赴欧洲旅行，并在《新世纪》第九十三号上发表《无家庭主义》一文，不久又在《新世纪》第九十七号上发表《自由营业管见》一文，鼓吹无政府主义。1910年江亢虎游学比利时首都布鲁塞尔，于7月撰写《无家庭主义意见书》，对此前一直鼓吹的“三无主义”（无宗教、无国家、无家庭）思想进行了系统的论证，建立了以“破除家庭”为中心的无政府主义思想体系。此文当时曾被翻译成英文、法文，受到各国社会党人的欢迎。有学者指出，“江亢虎在20世纪头十年，实际上是一个追求‘无宗教、无国家、无家庭’的无政府主义者”①。在1910年4月至1911年春这段时间，江亢虎取道日本，先后游历、访学于英、法、德、荷、比、俄等国，广泛接触各国无政府主义者和社会民主党人，还以非正式代表身份出席了

① 汪佩伟编：《中国近代思想家文库 江亢虎卷》，中国人民大学出版社2015年版，“导言”第3页。

第二国际在布鲁塞尔召开的一次会议，逐渐对社会主义学说产生了浓厚兴趣，并在思想上转变为一个“社会主义者”。1911年回国后不久，江亢虎即公开树起“社会主义”的旗帜，并开展了一系列社会主义实践活动，成为当时传播社会主义和开展社会主义运动的头面人物。他发表了国内第一篇关于社会主义的演讲——《社会主义与女学之关系》；建立了国内第一个社会主义研究会，研究会发布的宣言为近代中国第一个社会主义宣言书；创办了国内第一个宣传社会主义的杂志——《社会星》；创建了国内第一个以社会主义为纲领的政党——中国社会党。对社会主义在中国的积极传播，对早期中国社会主义运动的努力推动，使江亢虎在当时俨然成为一个“社会主义大师”，同时也奠定了他在清末民初中国社会主义传播史上的重要位置。①

在这段时间里，江亢虎撰写和发表了一系列宣传介绍研究社会主义以及社会党的文章，其中有代表性的包括：《社会主义与女学之关系》、《〈社会星〉发刊词》、《社会主义研究会宣言》、《社会主义研究会演说词》、《〈社会主义商榷〉案》、《〈社会〉杂志发刊祝词》、《〈社会主义述古〉绪言》、《中国社会党宣告》、《〈社会日报〉发刊词》、《〈社会日报〉短评》、《中国社会党重大问题》、《致袁大总统书论社会党十事》、《〈人道〉杂志发刊祝词》、《〈孙中山社会主义讲演集〉弁言》、《中国社会党第二次联合会后宣言》、《社会党党员之心得》、《〈社会主义学案〉草案》、《社会主义学说》、《中国社会党略史》、《中国古来社会主义之思想》、《中国革命之概观》、《中国劳动家现状》、《将来之中国社会党》，等等，其主要思想和贡献大致可概括为以下方面：

第一，对社会主义的赞美和诠释。1911年6月，江亢虎在杭州作了国内第一个关于社会主义的演讲，题目为《社会主义与女学之关系》。在演说中，他指出：“‘社会主义’之名词，虽自泰西经日本转译而来，社会主义之思想，则凡含灵负秀者，无不有之。”其目的在于，“惟求人类共

① 参见汪佩伟编:《中国近代思想家文库 江亢虎卷》,中国人民大学出版社2015年版,“导言”第3—4页。

同之幸福，而弥经济界不平等之缺憾。”[①]7月，在《〈社会星〉发刊词》中，他说：“社会主义者，二十世纪最流行之主义也。”“寰瀛大通，天涯咫尺。欧风美雨，与川俱东。社会主义之思潮，亦如一线银河，倾注而下。夫以人类同具之思想，更得倡道者为先锋，反对者为后盾，则一日千里，固势所必然。”[②]9月，在《〈社会〉杂志发刊祝词》中，他又说：“社会主义，纵观永劫，横行寰宇，以覆载为量，与日月同寿，永不消磨，至人类灭绝时；《社会》杂志，亦纵观永劫，横行寰宇，以覆载为量，与日月同寿，永不停止，至人类灭绝时。又更其词曰：《社会》杂志可以停止，社会主义不可以消磨。《社会》杂志出一册，社会主义得一册之鼓吹；《社会》杂志著一字，社会主义得一字之鼓吹。乃至不出一册，不著一字，而社会主义之精神，幻为无量数《社会》杂志之化身，永不消磨，永不停止，至人类灭绝时。”[③]像这样的赞美之词在江亢虎留下的文字中比比皆是。在这一时期，江亢虎还多次宣称自己对于社会主义的信念，强调“鄙人以社会主义为唯一信仰，以倡道社会主义为唯一之天职”，并努力做到“言皆有物语不离宗”。[④]他还表示：“余生也早，提倡社会主义于今日之中国，举名誉、权利进而身家性命，恐悉供笔舌之牺牲，然其必能得同志于方来，收美果于身后，则固深自信而不疑。”[⑤]正是这种对社会主义的热情歌颂和普遍赞扬、对社会主义的执着推崇和坚定信仰，使江亢虎成为当时为数不多的社会主义思想的启蒙家之一，有力促进了民国初年社会主义在中国的传播。

民国初年有关何谓社会主义的解释也众说纷纭、莫衷一是。“真社会主义”、“民主社会主义”、“国家社会主义”、“极端社会主义”、“广义社会主义”、“狭义社会主义”、“世界社会主义”、“无世界社会主义”、“社会革命主义”之类的名目层出不穷。江亢虎自称他所主张的社会主义是

① 汪佩伟编：《中国近代思想家文库　江亢虎卷》，中国人民大学出版社2015年版，第70页。
② 汪佩伟编：《中国近代思想家文库　江亢虎卷》，中国人民大学出版社2015年版，第79—80页。
③ 汪佩伟编：《中国近代思想家文库　江亢虎卷》，中国人民大学出版社2015年版，第108—109页。
④ 汪佩伟编：《中国近代思想家文库　江亢虎卷》，中国人民大学出版社2015年版，第78页。
⑤ 汪佩伟编：《中国近代思想家文库　江亢虎卷》，中国人民大学出版社2015年版，第70—71页。

“不妨害国家存立范围内”的“纯粹社会主义”[①]。“其概括之大目的，惟求人类共同之幸福，而弥补经济界不平等之缺憾。”[②]这种社会主义“以恋爱自由、教育平等、遗产归公为初步，以个人自治、世界大同为依归，以二各（各尽所能，各取所需）、五非（非私产主义，非家族主义，非宗教主义，非军国主义，非祖国主义）为究竟。而其方法，则唯普遍鼓吹，取得大多数之同意，以一致进行。非唯不忍有暴乱之行为，乃至不欲有激烈之言论。惟恃至诚相感应，顺舆情之自然而已”[③]。江亢虎还说道，他所讲的社会主义是一种“广义社会主义”。在他看来，“凡以人类幸福为前提”，不管它是“帝国社会主义、民族社会主义”，还是“共产主义、均财主义”，都是“社会主义”。[④]基于此，江亢虎强调，社会主义者，“正大光明之主义，非秘密黑暗之主义；平和幸福之主义，非激烈危险之主义；建设之主义，非破坏之主义”；“社会主义者，大同之主义，非差别之主义”，“不分种界，不分国界，不分宗教界，大公无我，一视同仁，绝对平等，绝对自由，绝对亲爱”，“党同伐异，流血相寻，民族之革命，国际之战争，教团之仇杀，皆社会主义所不取者也”；“社会主义者，世界通行之主义，非各国禁止之主义”，社会主义“时至今日，趋势已成，源委甚长，输布甚广，各国政府亦惟有因势利导，而不敢扬波激流”，“禁止之时代，已为过去之历史”；“社会主义者，人类共有之主义，非西人独有之主义”，社会主义实为“中外古今含灵负秀者所同具之思想”。社会主义研究会的宗旨在于研究这种“广义社会主义”。[⑤]江亢虎对于社会主义的理解并不正确。他对社会主义的界定实际上是无政府主义、改良主义等思想的大杂烩。

第二，对中国“劳动家”和马克思学说的具体分析和积极介绍。[⑥]中

① 中国第二历史档案馆编：《中国无政府主义和中国社会党》，江苏人民出版社1981年版，第173页。

② 汪佩伟编：《中国近代思想家文库 江亢虎卷》，中国人民大学出版社2015年版，第70页。

③ 汪佩伟编：《中国近代思想家文库 江亢虎卷》，中国人民大学出版社2015年版，第157—158页。

④ 汪佩伟编：《中国近代思想家文库 江亢虎卷》，中国人民大学出版社2015年版，第79页。

⑤ 汪佩伟编：《中国近代思想家文库 江亢虎卷》，中国人民大学出版社2015年版，第83—84页。

⑥ 参见汪佩伟编：《中国近代思想家文库 江亢虎卷》，中国人民大学出版社2015年版，“导言”第16—17页。

国社会党虽然成分繁杂，但当时有不少工人和平民加入其中则是事实，而江亢虎本人对“劳动家”也早有关注。1911年8月，他于《〈社会主义商榷〉案》“事实的商榷”部分，在论证“中国今日确是社会主义鼓吹之时代”而“非社会主义实行之时代”时，其列举出的理由之一就是“劳动家程度较低”。他指出：“所惜者，中国劳动家程度较低，而此事非劳动家普及，则不易实行。一因社会主义赤紧与有生死存亡之关系，二则社会中固以此种人占最大多数也。”[①]11月，在《中国社会党宣告》中，他提出要“奖励劳动家，劳动者神圣也！农工各业，生命攸关。虽世不能无间接生利之人，而人不勉为直接生利之事。资本公诸社会，而劳动普及个人，有分业，无等差，通功易事，各尽所能。此善之善者”[②]。1914年，江亢虎专门撰写了《中国劳动家现状》一文，对中国劳动家阶级阶层进行了分析：（1）普通工人，俗称手艺工人。“其中细分行业，各有专科，有三百六十行之说，最大者如建筑、缫丝、织布、染坊、陶冶、顾绣及木器、漆器、五金器之工匠皆是”。（2）工厂工人。此类工人“多属机械工人，其最大者则矿厂、铁厂、丝厂、纸厂、革厂、面粉厂、呢绒厂、烟草厂各业为特盛。此等大工厂，中国营业与外国营业者各占半数，而最高之工头大抵皆外人。每厂工人最多者有数万人，如江西萍乡之煤矿，湖北大冶之铁厂皆是”。其中阶级甚多，有女工、童工，各人“工赀不一”。（3）佃户。佃户分为两种：一种通称佃户，即承种地主之田，“批立合同，订明年限”，“收获各得其半，而租税由地主任之”；又一种称为长工，“为地主所雇佣，给以食住及工赀”，“终岁勤苦，而所得极微”。还有一种曰短工，“于农忙时雇佣之，又附属农业如采茶、摘桑则女工为多”。（4）行商，“亦可谓之工人，即负贩是也。或一人或数人，或近在城市，或远涉绝边，无多数之资本，无一定之行栈，无确立之团体，以有易元，卖贵买贱，其所得或仅足供生活费及旅行费”。（5）佣人。“介于工人与奴隶之间”，“其地位一如奴隶，惟有契约，有工赀，双方得自由辞退，此为不同”。“中国工赀贱而游民众，故寻常人家皆有佣

① 汪佩伟编:《中国近代思想家文库　江亢虎卷》,中国人民大学出版社2015年版,第105页。

② 汪佩伟编:《中国近代思想家文库　江亢虎卷》,中国人民大学出版社2015年版,第115—116页。

人，分为做厨、洗衣、跑街、拉车、伺候各种，而女子实居大多数”。（6）奴婢。“古时惟以俘虏充之，后乃渐行买卖之制”。虽然“奴婢已为法律所不许”，但“实际则买卖女子者仍所在有之”。其销路约分为三种：“一曰为妓”，“二曰为妾”，“三曰婢”。①在此之前，还没有哪一个人对近代中国城乡无产阶级以及其他社会阶层作过如此详细的归类和分析，而他所言“劳动者神圣”也具有重要的思想价值。

江亢虎对马克思学说并不排斥，而且从一开始就抱持较为积极的态度。1912年10月，他在《〈孙中山社会主义讲演集〉弁言》中谈到孙中山在社会党演讲时，说：“先生所言，专重国家社会主义，宏畅德人卡尔·马格斯之宗风，而于三无二各学说，不甚赞成。”②12月，在《〈社会主义学案〉草例》中，他又说道：“国家社会主义，一曰民主社会主义，德之卡尔·马极［格］斯、拉路些尔其代表也。”“卡氏之《资本论》，力翻经济学之旧案，主张土地、资本为社会共有之物，而分配之比例，当准劳力为报酬。拔云见天，其功至伟。”③江亢虎对马克思学说的推崇一直延续到二三十年代，只是他把马克思的学说归于“国家社会主义”，说明他对马克思及其学说并不真正理解。

第三，对社会主义思想发展和流派的介绍和宣传。江亢虎在这个时期所撰写的论著、发表的文章以及讲演中，较为系统地介绍了社会主义思想的发展及其流派。他认为，“社会主义”之名词，“产于欧陆，译自日本”④。社会主义思想系“人类同具之思想，特随所生之时期，所处之境壤，而变其旨趣，异其名词”。“古时为无系统的非科学的，今则组织而为一有系统的学科。”所以，“社会主义可谓圆成于近时，而不可谓创造于近时。”⑤“所谓系统、范围、定义、例证者，尚无一成不易之规程。”⑥就中国来说，江亢虎强调，社会主义非西人新创之学说，“我国夙

① 汪佩伟编：《中国近代思想家文库 江亢虎卷》，中国人民大学出版社2015年版，第230—232页。

② 汪佩伟编：《中国近代思想家文库 江亢虎卷》，中国人民大学出版社2015年版，第157页。

③ 汪佩伟编：《中国近代思想家文库 江亢虎卷》，中国人民大学出版社2015年版，第174页。

④ 汪佩伟编：《中国近代思想家文库 江亢虎卷》，中国人民大学出版社2015年版，第110页。

⑤ 汪佩伟编：《中国近代思想家文库 江亢虎卷》，中国人民大学出版社2015年版，第80页。

⑥ 汪佩伟编：《中国近代思想家文库 江亢虎卷》，中国人民大学出版社2015年版，第172页。

有之”，具体言之，在学说上，“黄老之学说似托尔斯泰，庄列之学说似布尔东、巴苦宁，王充之学说似柏拉图，孟、荀、申、韩、管仲、商鞅之学说似国家社会主义，杨朱为我似个人无政府主义，墨翟兼爱似共产无政府主义。”在制度上，“井田制度，二十授田。六十归田。二十以下，上所长也。六十以上，上所养也，即遗产归公”，如此等等，“皆国家行政之近似社会主义者”。在风俗上，“内外分治，各尽所能。饮食同席，各取所需”，此与社会主义思想相符合。中国人宗教观念不完全、种族观念不完全、国家观念不完全，“自他方言之，三者为中国人之缺点，自社会主义者言之，三者实中国人之优点也”。总之，社会主义思想，中国古来有之，只是“与泰西不同”。中国的社会主义“多属理想的，而未进入于科学的”，“多属道德、伦理、政治方面，而未注重于经济方面”，“多属哲学家、文学家、政论家，而未普及于实业家、劳动家”。“此所以社会主义之学说，其成立、流传、发达皆较泰西为后也”。[①]江亢虎认为，社会主义在中国古已有之几乎是当时多数言说社会主义的人的共同看法，江亢虎亦是如此，而其能够指出中国古已有之的社会主义同西方社会主义的不同，这也算是一个进步。

江亢虎对社会主义流派的介绍，主要集中在《〈社会主义商榷〉案》、《〈社会主义学案〉草例》和《社会主义学说》三篇文章里。在《〈社会主义商榷〉案》一文中，他将社会主义归纳为“无治主义”、“共产主义”、“社会民主主义”、“国家社会主义”四种类型。江亢虎认为，“无治主义”通称“无政府主义”。其主张是“礼教、政治、法律，凡范围的，契约的，一切推翻，不止推翻政府已也”。它与社会主义根本理想相同，与之有“密切之关系”，但“久已歧异，自成一宗，虽声应气求，而源远流别，社会主义之名词，殆不足以包括之”。“共产主义乃社会主义之中坚”，此派之中“有主张一切共有者；有主张不动产共有而动产仍私有者；有主张不动产共有而动产则废除者，即废产主义”。“废产主义，有名实俱废者，各尽所能，各取所需，不计价值也；有名废实不废者，即一种进化银行汇划法也”。此外还有“均产主义、集产主义，与

① 汪佩伟编：《中国近代思想家文库 江亢虎卷》，中国人民大学出版社2015年版，第225—226页。

共产颇不同”。“均产主义、集产主义，其方法不如共产之善”。“社会民主主义乃社会主义最普通者”，“可称为社会国家主义，亦可称为国家社会主义。其理想的国家，以法、美、瑞士等为坯型”。“国家社会主义，此名称不甚当，以与前条混同”。为区别之，可称为“国家主义之社会政策”。江亢虎强调，只有“共产主义及社会民主主义，为社会主义大中至正之道”。[①]

在《〈社会主义学案〉草例》中，江亢虎把社会主义分为“哲学家社会主义”、“科学家社会主义”、“政治学家社会主义”、“宗教家社会主义”、“教育家社会主义”、“劳动家社会主义”、“国家社会主义”、“无政府共产社会主义”、“个人派社会主义”、“世界语学社会主义”、“单税学社会主义”，并对每一派别的代表性人物及其主要内容作了介绍。他认为，哲学家社会主义，柏拉图、康德、黑格尔、边沁是其代表，“一切学说皆演绎出于哲学，亦皆归纳于哲学”。科学家社会主义以达尔文、斯宾塞为代表，“社会主义必以科学之实例为根据，而后不至于流入空想。而尤必以科学之进化为鞭策，而后不至返于鸿荒”。政治家社会主义，“如《民约论》之卢梭”。欧洲19世纪之历史，不外“《民约论》之活动写真，而社会主义即此活动写真中之一异彩，最足惹人注目，博人欢呼”，民生主义发自民权主义，“主张社会革命者，恒以政治革命为前驱”。宗教家社会主义，圣西门是其“先锋”，主张“人类平权，土地公有，皆纯粹社会主义之言”。教育家社会主义，即欧洲大陆所谓讲坛社会主义，以强调“鼓吹为前提”，重在“制造人心，转移舆论”。劳动家社会主义，“社会主义与劳动家最有密切之关系，故欧美各国之工党，皆社会党也”，其“目的惟在推倒大地主、大资本家，其手段是同盟罢工”。国家社会主义，马克思、拉萨尔是其代表，“认国家为社会主权之代表，而生产交易总机关，又均操之国家主权之代表即政府少数人之手。其方法重在干涉”。无政府共产社会主义，俄国的巴枯宁、克鲁泡特金是其代表，有相对和绝对“两义”：相对的，“无政府即无强权，共产即集产制度之改良进化者”；绝对的，“无政府则无契约，无机关，共产则各尽所能，各取所需，

① 汪佩伟编：《中国近代思想家文库 江亢虎卷》，中国人民大学出版社2015年版，第99—101页。

无支配，无比例”，其方法在于“普遍鼓吹，激烈运动，两者并行，一为平时根本之准备，一为临时导线之作用”，“普遍鼓吹之功候愈深，则激烈运动之祸愈减。多一分普遍鼓吹，即少一番激烈运动”。个人派社会主义，托尔斯泰等是其代表，强调个人乃构成社会之个人，非脱离社会之个人，所以“改革社会，惟当改革个人”，“改革个人，惟当改革自己”。世界语学社会主义，“石门华甫其开山也”，强调“惟有至诚，惟有亲爱，爱人者恒爱之”，“社会主义进行之速率，惟视社会党人之至诚与亲爱之程度”。单税学社会主义，亨利·乔治是其开山鼻祖，鼓吹通过“单税制”，实现“土地公有”。文章最后宣称：“余个人希望所主张者，则本哲学之思想，以科学为根据，具宗教家之精神，取教育家之态度，执劳动家之事业；一方采用极端的共和政体，一方采用进化的集产制度；罢除税制、军备，注重教育、实业；认个人为社会一分子，认世界为社会之范围；个人自治，世界大同。此等希望，此等主张，谓之个人社会主义可也，谓之世界社会主义亦可也。”①

《社会主义学说》一文，作者先对“‘共产’、‘集产’之名义及其区别”进行了分析，指出：“共产”和“集产”“无严重明晰之界说”，“大抵‘集产’之名词发生较早，含义较广；‘共产’之名词则自万国同盟宣言始认定采用”。当时，人们大都认为社会主义是集产主义，非共产主义，无政府主义是共产主义，非集产主义，此等误会，“源于日本人，成于孙中山，而断案则定于刘师复”。“集产”、“共产”两名词，古来本无界说，“自一八四七年万国劳动同盟成立，马克斯始专用‘共产主义’之名词。自一八七二年万国劳动同盟分裂，马克斯派始专用‘社会主义’之名词，巴古宁始专用‘无政府主义’之名词。又以‘无政府主义’之名词对于财产之主张无表示之含义，而又不愿袭马克斯专用之‘共产主义’之名词，一时乃反采用‘集产主义’之名词以示异”，其后，见马克思派习用“社会主义”之名词，而不复用“共产主义”之名词，于是又转而“采用‘共产’之名词，合称为‘无政府共产主义’。故知两名词之区别，属历史的性质，不属学术的性质”。接着，文章介绍了“社会主义

① 汪佩伟编：《中国近代思想家文库 江亢虎卷》，中国人民大学出版社2015年版，第173—175页。

各派对于财产之主张”，强调社会主义对于财产的主张，“除生产机关必归公共外，其分配法，言人人有殊”，约分“平均法”、“需要法”等数种。最后，文章对“无政府主义与共产主义根本上之冲突”、“社会主义各派进行之方法”等作了一一解答，认为无政府主义与共产主义在“事实”和“理论”上存在着冲突，而社会主义各派进行之方法，大致有政治运动、军武革命、同盟罢工、暗杀暴动、模范殖民、鼓吹传布等多种。[①]这些论述未必精当，但也算是江亢虎的一家之言，对当时人们了解和认识社会主义还是起到了一定的作用。

第四，对中国革命以及社会党历史的总结和反思。江亢虎对中国革命历史的总结分析，主要思想集中体现在1914年发表的《中国革命之概观》一文中。江亢虎认为，中国自夏朝以来，君主专政之局已成。此后，至每朝每代末叶“必有革命者起而代之。历史相沿，始终不变”。清军入关以后，民族矛盾尖锐，“革命思想旷代流传，乘机爆裂，太平天国之乱，其最著者也”。只是此前“皆为中国历史上旧革命思想”。到19世纪末，孙中山提出三民主义，此为“世界历史上新革命思想”，同时又有康、梁等“主张君主立宪者”，其势力与革命党势力相对抗，共同“构成中国近二十年之历史”。光绪二十年（1894年），中国败于日本，朝野大惊，思想骤变，是“为两种新势力发生之时期”。戊戌变法时期是康、梁等“主张立宪者”即“第一势力”之猛进时期。变法失败，“西太后临朝，六烈士弃世，康、梁出走，新政推翻，至光绪二十六年五月约三年间”，为“第一新势力之反动时期”。武昌革命党起义，孙中山就任临时大总统，是“为第二势力之猛进时期”。此后，袁世凯篡权，“官僚党、君主党渐次起用，至第二次革命失败，国民党解散，孙、黄出走，为第二势力之反动时期”。两种势力“反动”、“回复”表明，“欲安步直进，而免此迂回挫折之苦，则惟以制造心理，转移舆论，求大多数人思想普及为第一根本要义”。“当戊戌变法之时，君主立宪之思想未普及也，故康、梁虽猛进一时，而终有西太后之反动出焉。辛亥革命之时，民主共和之思想

① 汪佩伟编：《中国近代思想家文库 江亢虎卷》，中国人民大学出版社2015年版，第210—215页。

未普及也，故孙、黄虽猛进一时，而终有袁世凯之反动出焉”。[①]也就是说，思想的启蒙是行动的先导，这一认识已与新文化运动时期陈独秀的看法如出一辙。江亢虎还在文章中明确指出，“社会主义之在中国可称为第三新势力”，其“发生在第二新势力养成时期，其养成在第二新势力猛进之时期，今与第二新势力同受反动之压抑，其猛进当在将来第二新势力回复之时期”。他深信，社会主义这一“最新之势力必占最后之胜利”。[②]对于中国革命发生的原因，江亢虎在文章中也进行了深刻的分析。他认为，辛亥革命虽由“种族之恶感与政体之变更”而起，但“究其实际，仍从经济问题而起”。“武汉一役，各省从风者，实因大多数人迫于生计之困难，而希冀革命一成，可以增进其生活之程度”。近代中国，“外国资本家侵入之结果，鲸吞蚕食，精华无几”，政府又“不思根本的救济法，饮鸩止渴，剜肉补创，至死而不悟”。[③]把革命的根本原因归于经济问题、外国资本入侵和政府的腐败，显示出江亢虎对此问题的思考所达到的高度。

江亢虎组织成立的中国社会党，是国内建立的第一个以社会主义标榜的政党，最多时在全国拥有400多个支部、50多万名党员，并在政治、经济、社会和文化等方面，开展了一系列关于社会主义的实践活动，不仅对推动社会主义的传播起到了重要作用，而且社会党本身也成为当时中国政治版图中非常活跃的重要力量。在民国成立前和民国初年，江亢虎撰写了《中国社会党宣告》、《中国社会党第一次联合会后宣言》、《中国社会党重大问题》、《中国社会党第二次联合会后宣言》、《社会党党员之心得》、《中国社会党特别联合大会去职宣言》、《中国社会党略史》、《将来之中国社会党》等文章。透过这些文章，我们大致可以了解中国社会党的基本情况。江亢虎指出，社会主义在欧美盛行，在中国社会党“实最初惟一之团体机关”。其党纲是：赞成共和、融化种界、改良法律、破除世袭遗产制度、组织公共机关、振兴直接生利之事业、专征地税、限

① 汪佩伟编：《中国近代思想家文库　江亢虎卷》，中国人民大学出版社2015年版，第227—228页。

② 汪佩伟编：《中国近代思想家文库　江亢虎卷》，中国人民大学出版社2015年版，第228页。

③ 汪佩伟编：《中国近代思想家文库　江亢虎卷》，中国人民大学出版社2015年版，第228—229页。

制军备。中国社会党之宗旨，“不违反国家社会主义，而可达到无治共产主义”；中国社会党之性质“可以在野，可以在朝，可以为政党，可以不为政党”；中国社会党之进行，“务取光明正大和平稳健之途径，而其第一步，则普遍鼓吹，以转移心理制造舆论而已”。[①]中国社会党主张“结自由之婚姻，构共和之家庭”、“恋爱自由”、“遗产归公”，“社会主义乃颠扑不破之主义，本党主张贯彻始终之主张”。[②]江亢虎认为，中国社会党党员应信仰该党党纲，“党纲动摇，则党员瓦解”[③]。“凡入党者，以了解本党宗旨者为断”，“党纲实本党党员唯一之目的，遵守党纲以谋实行，实本党党员唯一之义务”，“本党规章，经大多数之通过，任何党员，皆当舍小异以从大同”；本党党员“人人皆党中原动之主体”，皆有“干事之义务”，“同是党员，即同此义务，同此权利”。[④]江亢虎强调，1911年端午他在杭州女学联合会以《社会主义与女学之关系》为题的演说，“是为中国有社会主义演说之始”。同年6月15日，“假地上海张园，开社会主义研究会，是为中国有社会主义团体之始。是日《社会星》发行，是为中国有社会主义杂志之始。”9月15日，社会主义研究会改组中国社会党上海本部，“是为中国有社会党之始”。1912年2月1日，《社会日报》发行，“是为中国有社会主义新闻纸之始”。中国社会党“在中国各党会中，当时亦居第一。自成立至解散，不足二周年，而签名为党员者至五十余万人”，“本党之党纲八条，系为按照中国当时事情，切合人民一般心理面作”，中华民国成立后，中国社会党“复提出请愿书八条，意在立见施行”。该党之组织包括支部、联合会、党员会、干事会、党员、干事等，围绕社会主义之事业，该党成立了社会主义研究会、演说会、编译会及印刷厂，创办了《社会日报》等，以及平民公学、育婴堂、音乐队及新剧团、女子参政会、义赈协会等。由于中国朝野，“向来误认为社会主义为危险恐慌之名词，社会党人为破坏暴乱之分子”，[⑤]袁世凯大总统

① 汪佩伟编:《中国近代思想家文库 江亢虎卷》,中国人民大学出版社2015年版,第115—116页。

② 汪佩伟编:《中国近代思想家文库 江亢虎卷》,中国人民大学出版社2015年版,第125页。

③ 汪佩伟编:《中国近代思想家文库 江亢虎卷》,中国人民大学出版社2015年版,第132页。

④ 汪佩伟编:《中国近代思想家文库 江亢虎卷》,中国人民大学出版社2015年版,第164—166页。

⑤ 汪佩伟编:《中国近代思想家文库 江亢虎卷》,中国人民大学出版社2015年版,第216—222页。

"严行查禁"等原因，中国社会党不得不宣布解散。以上这些论述，不仅对中国社会党的纲领、党的宗旨、党的纪律、党员的义务和权利、党内组织关系等方面的一系列具体规定进行了阐释，而且对中国社会党短短不到两年的发展历程进行了历史回顾和理论反思。这些思想资料，对于研究中国社会党和社会主义思想史来说实为弥足珍贵。

1913年8月，江亢虎领导的中国社会党被袁世凯解散。随后，江亢虎去了日本，后由日本去美国至1920年回国。1921年6月至1922年4月，他游历、访问了苏俄十个月，随后至欧洲考察，还参加了第二国际的会议。回国后他依然还在宣传社会主义。此后，江亢虎的人生轨迹逐渐发生改变，至晚年堕落成一个可耻的汪伪汉奸。可能是因为这个缘故，学术界对江亢虎的社会主义思想，以及他对社会主义在中国早期传播的贡献一直未予以足够的重视。虽然他的社会主义思想本质上是无政府主义、人道主义、社会主义等思想的杂糅，但单凭他所创造的"五个第一"（发表了国内第一篇关于社会主义的演讲——《社会主义与女学之关系》，建立了国内第一个社会主义研究会，研究会发布的宣言为近代中国第一个社会主义宣言书，创办了国内第一个宣传社会主义的杂志——《社会星》，创建了国内第一个以社会主义为纲领的政党——中国社会党），就应该肯定他在社会主义早期传播中所占有的一席之地。

（二）刘师复对孙中山和江亢虎社会主义思想的批评

刘师复（1884—1915），原名绍彬，字子麟，学名绍元，因立志反清，思念光复故国，1904年赴日留学时更名思复。1912年7月他与莫纪彭等创立"心社"，制订了属于"个人进德"性质的十二条社约，其中有"不称族姓"一条，此后，他不再称自己的姓氏，改名"师复"。

1884年6月27日，刘师复生于广东香山县，其父为当地有名的维新人物，对幼年的他影响甚大。1904年他经香港赴日本留学，留日期间，与俄、日虚无党接触，受无政府主义影响，同时日本著名的社会主义者幸德秋水主编的《直言》及其《帝国主义》、《基督抹杀论》、《广长舌》等著作给其留下了深刻印象。1905年刘师复加入同盟会，同年底由日本返回广东，并参加香港《东方报》编辑工作，后因暗杀广东水师提督被捕入狱。他出狱后，致力于无政府主义的宣传和研究。1912年5月，刘师复在广州建立了国内第一个无政府主义的组织“晦鸣学舍”，取“风雨如晦，鸡鸣不已”之意，定位为“平民之机关”，侧重于对外宣传，主要任务是传播无政府主义。其纲领包括：实行共产主义，反对军国主义，倡导工团主义，反对宗教主义，反对家族主义，实行素食主义，语言统一，万国大同。7月，他与莫纪彭等建立“心社”，制定“十二条社约”，侧重对内活动，促成社员精神上一致，主张以道德救世。1913年刘师复创办《晦鸣录》杂志，后改名《民声》，宣传无政府主义。1914年，刘师复至上海，7月发起成立旨在“传播主义，联络同志”的机构——“无政府共产主义同志社”，企图为实行社会革命运动作准备。1912—1914年，刘师复还主持编印了《新世纪丛书》、《无政府主义粹言》和《无政府主义名著丛刊》等，发行量达数万册。1915年3月，刘师复因病逝世于上海，终年31岁。[①]在近代中国，自无政府主义传入国内以来，以其为执着信仰并身体力行，最后为之献出生命的，只有刘师复一人；辛亥革命后在国内率先组织真正的无政府主义社团，创办宣传无政府主义刊物，比较准确地阐述无政府主义学说的，也只有刘师复一人。五四时期无政府主义代表人物黄凌霜曾说：“师复先生是我们的先觉，我们是师复先生的后觉”。[②]今也有学者指出：“他短暂的一生，仅仅用生命最后阶段不足十年的时间，却做了许多人穷一生之力都不一定能做的事情。”他“是同盟会最早成员之一，暗杀活动的组织者和实践者，‘心社’的发起人，世界语的传播者，中国无政府主义的‘偶像’式人物”。[③]

在刘师复心中，只有无政府主义才是世界上最革命、最正确的学说，但人们对无政府主义的解释却是众说纷纭，其中有的更是牵强附会。对此，刘师复在《无政府共产主义释名》一文中提出，首先必须为无政府

① 参见唐仕春编：《中国近代思想家文库 师复卷》，中国人民大学出版社2015年版，“导言”第1—4页。

② 凌霜：《师复主义》，《进化》第1卷第3期，1919年3月。

③ 唐仕春编：《中国近代思想家文库 师复卷》，中国人民大学出版社2015年版，“导言”第1页。

主义“正名”。他指出，吾人提倡一种主义欲以号召天下，“不可不表揭一正确之定名，以示根本之主张，而一学者观听”，“名正然后言顺”。“‘无政府’云，‘共产’云，此名在华文中为新产物，其主义之在东亚，则犹襁褓时代之婴儿耳。闻其名而却步者固多，道其说而不知甚解者尤多；而浅人又或恶其名之骇俗，强饰以种种离奇可笑之代名词，令闻者之疑惑反加甚。则甚矣名之不可以不正也，乃作无政府共产主义释名”。①该文指出，无政府主义主张人民完全自由，不受一切统治，废绝首领及威权所附丽之机关，以排斥强权为根本。因此，“凡无政府党必同时主张社会主义”。社会主义分为两派，即“共产社会主义”与“集产社会主义”，“无政府党所主张者为共产主义”，②集产社会主义为社会党所主张。他公开声明：“吾人所主张者‘无政府共产主义’也，简称则曰‘无政府主义’。吾党为‘无政府共产党’，简称则曰‘无政府党’。吾人主义中，若偏举其一二义，则有反对宗教，反对家庭，反对祖国，反对军备，反对国会等等，惟不能与无政府主义之名并列。至若一切纯粹社会主义、极端社会主义、无治主义以及三无二各等等支离可笑之名，皆所谓名不正而言不顺，此后当相戒勿用，使之绝迹于吾党之口角与笔端。”③

刘师复从理论上为无政府主义“正名”的过程，伴随着他对江亢虎、孙中山社会主义思想的批评。他指出，在当时一般人的心目中，以为在中国言社会主义者即“孙逸仙与江亢虎是也”。但是，他们二人所言是否为“真正的社会主义”，“吾人有不容不研究者”。近世学子，“耳食者众，震于总统、党领之名义，不暇论列是非，辄盲信为社会主义之真相，其结果有反足为社会主义之大障者”。④基于此，他必须做“正名”的工作。孙中山一直把民生主义作为社会主义的同义语，民国初年曾多次与江亢虎及中国社会党讨论社会主义问题，发表了一系列对于社会主义和无政

① 唐仕春编：《中国近代思想家文库 师复卷》，中国人民大学出版社2015年版，第68页。
② 唐仕春编：《中国近代思想家文库 师复卷》，中国人民大学出版社2015年版，第68—69页。
③ 唐仕春编：《中国近代思想家文库 师复卷》，中国人民大学出版社2015年版，第71页。
④ 唐仕春编：《中国近代思想家文库 师复卷》，中国人民大学出版社2015年版，第74页。

府主义的看法。刘师复对此进行了评论，强调孙中山的民生主义思想主张，充其量不过是“社会政策，而非社会主义”。他指出：“社会主义者，反对私有财产，主张以生产机关（土地、器械等）及其产物（衣、食、房屋等）归之社会共有。”这一点是“社会主义之原理”，为所有“言社会主义者所公认，无有异辞。惟对于生产物之分配方法，则言人人殊”。由此产生了社会主义之种种流派，“大别之可略分为二：一曰共产社会主义，一曰集产社会主义”。共产社会主义者，主张以生产机关及其所生产之物全属之社会，人人各尽所能以工作，各取所需以享用之；集产社会主义则主张生产机关属之公共，其所生产之物由社会或国家处理而分配之。两派主张虽有不同，但无论是共产社会主义还是集产社会主义，它们都认为“必须从根本上推翻现社会之组织，由资本家之手取回生产机关”。社会政策则与此不同，其“不欲望从根本上推翻现社会之组织，惟欲借政府之力，施行各种政策，以补救社会之不平。其政策亦有种种：如限制资本家，保护劳动家，行累进税及单一税，以及设置公共教养机关”，等等。“此种政策，不过在恶浊政治中自标一帜，不能名之为社会主义”。孙中山是政治革命家，“社会主义非其专治，惟心醉亨利佐治之学说（即单一税论），欲实行之于中国，故同盟会会纲有‘平均地权’之语”。“亨利氏之单一税乃一种社会政策，而非社会主义”。因为“单一税制，则仅限制大地主略减其势力，而不能使之消灭。”以社会主义根本理论来看，“土地为天然之物，固不容有所谓地主，即亦不应更有所谓赋税”。[①]针对孙中山自称主张“集产社会主义”，刘师复也给予了批评。他指出，孙中山同时注重集产社会主义和单一税制，“推原其故，实由孙氏误认社会政策为社会主义，复误认社会政策之所谓国有事业，即为社会主义之资本公有。故至以马氏资本公有、亨氏土地公有相提并论，不知所谓资本公有者，乃取回生产机关，操之劳动者之手，由劳动者自使用之，非如国有事业，以国家为资本主，劳动者服役于国家，无异其服役于工厂主者比也”。总之，“孙氏之所谓社会主义不过国有营业、专征地

① 唐仕春编：《中国近代思想家文库 师复卷》，中国人民大学出版社2015年版，第74—75页。

税之两种社会政策而已，曾何社会主义之足云？”[①]针对孙中山将马克思“资本论”与亨利·乔治“单一税制”相提并论，刘师复指出，此举“尤为不伦”。“马氏虽但言资本各有，然土地实可包括其中。土地亦生产机关之一，凡集产家无有不主张土地公有者也，且其所为公有，实以土地归之直接生产者之手；单一税则但由地主之手分润其税金，不但不能名为土地公有，并且不能名为国有，只可名为政府与地主分有耳”。由此，刘师复认为，孙中山以为单一税制能够解决土地问题，实行土地公有，这反映孙氏并“不知所谓公有之意义”。[②]

刘师复对江亢虎的批评远过于对孙中山的批评。江亢虎曾经说过，他极信仰社会主义，亦极喜欢研究无政府主义，故无政府主义之入中国，他亦为其介绍之一人。刘师复对此很不以为然。在刘师复短暂的一生中，差不多大多数文章都在批驳江亢虎的无政府主义以及社会主义的言论。对江亢虎，刘师复的总体评价是“实则江氏一生言论，几乎处处矛盾”[③]。江亢虎主张的社会主义，在理论上是无政府主义、人道主义、社会主义等思想的大杂烩，充斥着各种矛盾，刘师复对其批评毫不留情。他指出，江亢虎言必称社会主义，其实“乃于社会主义之根本思想尚且茫然”。“忽而推崇共产主义，忽而排斥共产主义，忽而以集产主义为共产主义，忽而以遗产归公为共产之真精神”。“明明主张社会政策，而必坚称社会主义”。袁世凯登位，江氏电陈政见，国会开会则上书请愿，宣称中国社会党之宗旨“不违反国家社会主义，而可达到无治主义；本党之性质，可以无政党，可以不为政党”。如此等等，“模棱两可，饬说欺人，至是而极！是则比孙氏抑尤下矣”，“实社会主义前途之大祸也”。[④]

刘师复对江亢虎的所谓“纯粹社会主义”进行了批评。他认为，“纯粹社会主义”在“学术上原无一定界说”，当时学者多称圣西门派之学说为“纯粹社会主义”。有人“习用‘纯粹社会主义’一语”，误“以为完

① 唐仕春编：《中国近代思想家文库　师复卷》，中国人民大学出版社2015年版，第76页。

② 唐仕春编：《中国近代思想家文库　师复卷》，中国人民大学出版社2015年版，第76页。

③ 唐仕春编：《中国近代思想家文库　师复卷》，中国人民大学出版社2015年版，第110页。

④ 唐仕春编：《中国近代思想家文库　师复卷》，中国人民大学出版社2015年版，第78—79页。

全之社会主义”，究其原因，乃是“为江亢虎所愚”。殊不知，在“中国社会党”第二次联合大会后，江氏在中国社会党章程中加入“于不妨害国家存在范围内主张纯粹社会主义”一语，其用意一方面以“纯粹社会主义”之名，“影射‘完全社会主义’”，另一方面在于“调停一部分主张无政府共产主义之党人，而掩一般不明学派源流之耳目”，“其用意盖如此，不料学者竟为所欺”。[①]刘师复强调，“纯粹”是相对一定的而又不同的主张来说的，离开这一点则不容易说清其含义。今人“所用纯粹社会主义之名，乃以译英文Pure socialism一语（亦作纯正社会主义）”，它原本是指马克思的社会主义学说的。英国人Kaufmann所著《社会主义》一书，给“纯粹社会主义”的界定是：“社会主义认各人之才能不同需要互异因之生产之分配当视工作之多寡以为报酬之比例，故土地资本主归公有，而各人岁入仍许私有。”这实为“集产主义之学说”。“著者原为集产家，则其以集产主义为纯粹社会主义固无足怪。吾人则不能承认也”。江亢虎的“纯粹社会主义”，既不是社会主义，也不是无政府主义。中国社会党章程所谓“于不妨害国家存在范围内主张纯粹社会主义”一语，“全为调停无政府派之党员而设”。愤愤等人以“纯粹社会党”之名发起成立“社会党”，言所谓“纯粹社会主义，实即无政府共产主义”。所以，“纯粹社会主义”实际上是一个“迷离扑朔，无从分辨”的概念，是“不正之名，吾人屏之勿用可也”。[②]

针对江亢虎所谓“对于无政府党，不赞成其采用强权，否认机关”的观点，刘师复作了重点回答。他指出，所谓“强权”指的是“法定之权力，如法权、亲权、首领权等”，申言之“凡法律或章程所规定或社会习惯所认定之一种权力，足以命令人或限制人者”谓之“强权”，它是自由之“对待语”。对此，“无政府党则恶之如仇”。“凡无政府党不以反对强权为职志”，江氏“反指无政府党采用强权，真不知其从何说起也”。如果江氏之所谓“强权”是指“无政府党之主张以武力对待政府耳”，“以武力为强权”，不但“误解字义”，抑且“重诬无政府主义矣”。政府以其

① 唐仕春编：《中国近代思想家文库 师复卷》，中国人民大学出版社2015年版，第69—70页。

② 唐仕春编：《中国近代思想家文库 师复卷》，中国人民大学出版社2015年版，第106页。

"政治势力，侵夺吾人本来之自由"，资本家以其"资本势力，掠夺世界共有之生产机关及工人劳动之结果"，两者皆与强盗以其所持"武器"以行掠夺"无异"。对此，人们以"武力抵抗之，取其赃物，无论何人，均许为正当防卫者也"。"今无政府党以武力对待政府与资本家，抵抗政治上及经济上之强权，恢复本来之完全自由及正当生活，与抵抗强盗，事同一例，亦为合理之防卫"。江氏"诬为采用强权"实在没有什么"理由"。[①]关于"否认机关"，刘师复指出，江氏所言"无机关、无组织、无契约之说所不敢深信"，乃为其"不赞成无政府主义共产主义之证"，但江氏并未"道出只字，而惟信口讥议"，既"不研究无政府之学说"，又"不审视所谓无契约、无机关之意义"。其实，无政府之学说千头万绪，有主张无契约说的，如高得文、托尔斯泰等；有主张有契约说的，如蒲鲁东、巴枯宁、克鲁泡特金等。一般而言，"重理想者主无契约说，而重实行者则大抵主有契约说"。江氏"以无契约三字抹杀无政府主义"，实为以一家之言而代替全部。其实，"无机关、无组织"等，并不是"无政府主义之本旨"，"无政府所排斥者强权之机关，若自由之组织，则固无政府主义之所尚也"。"无政府者，人民自治而不用政府统治之谓也"，"无政府党只排斥强权的机关，而主张自由的机关"。[②]

江亢虎发起成立的中国社会党也在刘师复批评的视野之内。他指出，中国社会党其党纲赞同共和，其章程则规定不妨害国家存在，中国社会党被禁时，其首领江氏曾遍布宣言，称其党宗旨正大，手段稳健，袁总统所赞成，赵总理所保护，"足见其党领对于政府之忠顺"。但最终还是惹"大总统之震怒，而受解散之处分"。为何？因为中国社会党非"真正社会党者"，"真正社会党绝非政府所能解散"。既然江氏之社会党非"真正社会党"，"即解散又何足惜"。中国社会党其党纲有八：一赞同共和；二融化种界；三改良法律尊重个人；四破除世袭遗产制度；五组织公共机关普及平民教育；六振兴直接生利之事业，奖励劳动家；七专征地税，罢免一切税；八限制军备，并力求军备以外之竞争。刘师复指出，"据此

① 唐仕春编:《中国近代思想家文库 师复卷》,中国人民大学出版社2015年版,第150—151页。

② 唐仕春编:《中国近代思想家文库 师复卷》,中国人民大学出版社2015年版,第110—115页。

八者，实无异一普通党，殊无取名社会党之价值”。该党宣言，不自认为政党，不运动选举，不谋握政权，赞成无政府主义。对此，刘师复强调，“既赞成无政府，又安得有所谓赞同共和、专征地税等等政客话头乎？党纲与宣言，自相矛盾”。为了协调内部矛盾，该党在上海召开联合大会，“一部分主张政府社会主义（俗称国家社会主义）之党员，提议改为政党，一部分主张无政府主义之党员，又提倡删改党纲，期合于真正社会主义。争论至烈，党领乃为调停之计，于章程中加入‘于不妨害国家存立范围内主张纯粹社会主义’及‘党员得以团体或个人从事政治之活动’二语，其矛盾乃视前益甚”。由此，“两派终不能复合”，其分裂在所难免。①

刘师复在对孙中山、江亢虎社会主义思想进行批评时，还对无政府主义与社会主义作了区分。在近代中国，他也是最早将社会主义与无政府主义加以区分界定的人之一，而且他所做的这个工作更具学理性。他将社会主义定义为“主张以生产之机关（即土地、器械等）及其产物属之社会之学说也”。而无政府主义则“主张人民完全自由，不受一切统治，废绝首领及威权所附丽之机关，之学说也”。无政府主义者克鲁泡特金说：“无政府者，无强权也。”“强权有种种，而政府实为强权之巨擘，亦为强权之渊薮，凡百强权，靡不由政府发生而保护之，故名曰‘无政府’，则‘无强权’之义亦自在其中。”既然无政府主义反对一切强权，“强权之为害于社会最显而最大者即为资本制度”，所以“凡无政府党必同时主张社会主义”。②刘师复指出，社会主义和无政府主义的区别还在于，“社会主义，对于经济的；无政府主义，则对于政治的”，两者不能“混为一物”。③所谓“经济的”或“社会的”，是指社会主义更关注废除私有制，而对政府之权力则很少触及；无政府主义则在此之外，还将矛头指向一切现存的权力，以推翻政府这一“强权之巨擘”为第一要务。也就是说，社会主义者更关注经济平等，而无政府主义者则对政治权力

① 唐仕春编：《中国近代思想家文库 师复卷》，中国人民大学出版社2015年版，第58—59页。

② 唐仕春编：《中国近代思想家文库 师复卷》，中国人民大学出版社2015年版，第68页。

③ 唐仕春编：《中国近代思想家文库 师复卷》，中国人民大学出版社2015年版，第69页。

更为警惕。两相比较，刘师复认为，“无政府党未有不主张社会主义者，故无政府主义可以兼赅社会主义，社会党则多数不主张无政府者，故社会主义不能代表无政府主义”①。

刘师复还对社会主义本身作了区分，认为社会主义可分为“共产社会主义”和“集产社会主义”。“共产主义（Communnisme）主张以生产机关及其产物全属之公共，人人各尽所能，各取所需”；“集产主义（Colectivisme）主张以日用之物（如衣、食、房屋之类）属之私有，生产之物（如机械、土地之类）属之公有（或国家）”。“二派之外，复有独产主义（Individuaisme）之支流”。无政府主义主张共产主义而非集产社会主义和独产主义。集产主义为“社会民主党”或“国家社会党”所主张，独产主义则“独产党”所主张。“二者皆无政府党所不取者也。是故无政府党常自标其主义曰‘无政府共产主义’（Anarchiste-communisme）”。②社会主义首先要反对私有财产。不管是共产主义还是集产主义，其主张虽然有差异，但都认为，要根本推翻现存的社会政治组织，从资本家手中夺回生产机关。只是集产主义虽然主张“生产机关及其产物全属之公共”，但它却又允许“日用之物（如衣、食、房屋之类）属之私有”。所以，刘师复认为，集产社会主义尚不是完全的社会主义，只有无政府共产主义才是完全的社会主义。然而，不管怎样，集产主义也好，共产主义也好，它们都以推翻现存社会制度为目标，而孙中山、江亢虎的社会主义只能算是社会政策，“此种政策，不过在恶浊政治中自标一帜，不能名之为社会主义”。③

最后，还要说说刘师复对马克思主义的批评。他虽然没有专门撰写过批评马克思主义的文章，只是在批评孙中山、江亢虎的文章中有所涉及，但他确是国内最早指名道姓批评和反对马克思主义的无政府主义者。他认为，马克思主义是集产社会主义、国家社会主义。“社会主义者，废除私有财产而归之社会公有之谓也。既以财产公有为社会主义，则必如共

① 唐仕春编:《中国近代思想家文库 师复卷》,中国人民大学出版社2015年版,第69页。
② 唐仕春编:《中国近代思想家文库 师复卷》,中国人民大学出版社2015年版,第68—69页。
③ 唐仕春编:《中国近代思想家文库 师复卷》,中国人民大学出版社2015年版,第75页。

产之说，生产机关及所生产之物全属之社会，然后可称为真正可称为完全。若集产之说，则生产机关归公有，而所生产之物仍属私有，是仅得财产公有之半面，即不啻为不完全之社会主义，不啻为失其真相之社会主义。”[①]“一八四七年马克斯发表《共产宣言》自称共产主义”，其实该宣言之纲领“即禁止土地私有，课累进税，禁相续权等等，即今日社会民主党之纲领所奉为蓝本者也”。当时，“共产”和“集产”两名词尚无明确之定义，所以“马氏得混用之，而巴枯宁即以反对马氏主张之故，特称集产主义以自别”。“马氏名为共产，实即今日之集产；巴氏名为集产，实即今日之共产。可见马克斯之所谓共产主义，不过历史上之名词（在今日论列学派者则皆以马氏为集产派）”。这种情况，“稍读社会主义史者当无不知之”。[②]马克斯所主张的这种集产社会主义、国家社会主义实际上只是“社会主义之一派”，“而不能以社会主义为马氏之专利品。马克斯派之外，固尚有理论圆满之共产社会主义”。[③]与“共产社会主义”相比较，马克思的社会主义只是“半面社会主义”。因为“社会主义必废绝一切私产，方得称为圆满”，而马克思的思想学说，“对于生产物之分配，均许私有，是明明尚有私产”，故难逃“半面之诮”。[④]刘师复声称，“无政府党所攻击者，集产社会主义、国家社会主义也，而非攻击一切社会主义也”[⑤]。“吾人欲实现吾主义，一方面要与政府战，又一方面当与此种谬说战，必先战胜此种谬说，然后吾主义能得平民多数之赞同，然后人民能推翻政府，然后吾主义能实现。”[⑥]刘师复对马克思主义的批评，一个重要原因在于他对无政府主义的执着，凡是不赞成无政府主义学说和主张的，他都要加以指责和批判。不过他的批评其实并没有多少新的东西，承袭的依然是巴枯宁和克鲁泡特金等无政府主义者的老调，只是受他的影响，此后的中国无政府主义者大多以马克思主义为敌。

① 唐仕春编:《中国近代思想家文库 师复卷》,中国人民大学出版社2015年版,第132页。

② 唐仕春编:《中国近代思想家文库 师复卷》,中国人民大学出版社2015年版,第136—137页。

③ 唐仕春编:《中国近代思想家文库 师复卷》,中国人民大学出版社2015年版,第133页。

④ 唐仕春编:《中国近代思想家文库 师复卷》,中国人民大学出版社2015年版,第136页。

⑤ 唐仕春编:《中国近代思想家文库 师复卷》,中国人民大学出版社2015年版,第140页。

⑥ 唐仕春编:《中国近代思想家文库 师复卷》,中国人民大学出版社2015年版,第157页。

在清末民初，特别是在民国成立前后传播社会主义的图景中，无政府主义者可谓是留下了浓墨重彩的一笔。一方面，除《天义报》和《新世纪》外，《社会星》、《社会》、《社会日报》、《人道》、《晦鸣录》、《民声》、《社会世界》、《新世界》、《良心》、《天声》等这类以宣传无政府主义为主要内容的报刊，也都载有大量介绍社会主义的文章。比如，1912年4月15日《社会世界》第一期就刊有愤侠的《狭义社会主义与广义社会主义》一文，《天声》第一集曾刊载《吴稚晖之社会主义谈》一文，等等。另一方面，当时介绍、宣传和研究社会主义的也远不止江亢虎、刘师复两个人。个中原因，除了当时人们将无政府主义和社会主义混为一体来理解之外，更为重要的是无政府主义与社会主义之间确实存在着某种内在的渊源。虽然两种“主义”在本质上是根本对立的，不可同日而语，但在其对资本主义的批判和追求的未来美好理想方面，二者的确有很多相似之处，都期盼着建立一个美好的社会，人们能够在一个更好的社会里生活。正是二者之间存在的这种关联性和相似性，加之当时人们对社会主义理解的局限，使得很长一段时间，无政府主义和社会主义在人们心中并没有非常鲜明的界限。在很大程度上正是由于这个原因，造成了20世纪初特别是辛亥革命后无政府主义者传播社会主义浓墨重彩的景况，而这种景况一方面反映了当时中国思想界的空前活跃，另一方面也预示着社会主义思想将不可避免地会成为使“天下惊秋的一片桐叶”，成为“战胜的旗”和“凯歌的声”。[①]后来的历史也的确如此。

①《李大钊文集》第2卷，人民出版社1999年版，第246页。

第六章　清末民初社会主义传播的基本特征

在对清末民初这一时限范围内有关阶级、阶层、群体、个人、重要媒介传播社会主义情况进行介绍和阐述的基础上，再对其总体特征作进一步的分析，这既是深化前几章所述内容的需要，也是本书论题的应有之意。对清末民初社会主义学说传播基本特征究竟该作怎样的概括，可以有多种方法和视角。方法和视角不同，对特征的概括和表述也会不一样。本章采用的主要是传播学的基本方法，所使用的基本上是传播学的一些术语。这在本书的绪论部分已作过说明和交代。传播学的重要代表、美国政治学家哈罗德·拉斯韦尔曾在其《社会传播的构造和功能》一文中指出：描述传播行为的一个方便的方法，就是回答下列五个问题。后来被人们称为传播过程的五个要素，即who（谁来传播）；says what（传播什么），through what channel（传播渠道），to whom（传播对象）和with what effect（传播效果），也称为“五W”模式或者称“拉斯韦尔程式”的过程模式。这个模式第一次将人们每天从事却又阐释不清的传播活动明确表述为由五个环节和要素构成的过程，为人们理解传播过程的结构和特性提供了具体的出发点。本章对于“基本特征”的分析，也大致从这几个方面入手，当然又不仅仅局限于此。

一、传播者与受众：四个不同的阶级和阶层

前文对“传播者”和“受众”这两个概念已作过界定。广义上讲，凡凭借生理或者某种手段传递信息的人，都可以称为传播者。他既是传播活动的发起者，也是传播内容的发出者。受众，是相对于传播者而言的，

是接受媒介传播的信息并作出反应的人，既包括信息接受的群体，又包括信息接受的个体。他是信息传播链条的一个重要环节，是信息传播的“目的地”，又是传播效果的“显示器”。不同的传播者在传播某一信息时，总是有针对性地选择传播对象，以期引起他所希望的反应。

从对传播者的界定看，清末民初社会主义的传播队伍是一个较为复杂的群体。其阶级成分、传播环境、传播目的都不一样。具体地说，有以下几个主要群体：

第一，清朝出使西方国家的外交官或随从翻译以及国内一些主张改革的知识分子，在社会主义刚开始传入中国的时候这些人是最重要的一个群体。

前文已经专门介绍过张德彝、王韬、郭嵩焘、黎庶昌、李凤苞、薛福成、汪凤藻等人介绍传播社会主义的有关情况。1870年，崇厚因“天津教案”赴法道歉，张德彝正是以随员的身份在巴黎目击了巴黎公社起义，并写成《三述奇》一书，最早向中国读者介绍了巴黎公社起义。王韬是当时主张改革的知识分子代表之一。他在《普法战纪》中对巴黎公社起义的介绍，表明了当时国内知识分子对西方国家社会主义运动的高度关注。郭嵩焘虽不以工人运动为然，但在他的日记中，也有关于西方国家工人运动的记录。黎庶昌在其《西洋杂志》中不仅透过西方国家贫富悬殊的现实，揭示了资本主义世界的阴暗面，而且对西方社会主义运动给予了平实的介绍和评述，他所写下的“索昔阿利司脱”即社会主义的报道，曾被有的学者认为“可算近代中国介绍欧洲社会主义运动之嚆矢”[①]。李凤苞、薛福成在其日记中记述了社会民主党的活动情况。汪凤藻在其翻译的《国富策》中介绍了英、法两国的空想社会主义。这些人要么有出使西方国家的经历，要么是主张改革的知识分子，或者兼而有之，他们无疑是当时介绍和传播社会主义的一个重要群体。在闭塞的晚清中国，只有这些人具备接触和认知西方国家的条件。他们记录和介绍巴黎公社和社会主义有关情况，总体上也没有什么明显的功利性，因为当时他们还不了解社会主义到底是什么东西。不过，由于阶级立场的局

① 钟叔河：《走向世界——近代中国知识分子考察西方的历史》，中华书局1985年版，第275页。

限，所以他们对巴黎公社与社会主义学说和运动的介绍在总体上依然抱持否定的态度。如把巴黎公社起义人员称为“乱民”、“叛勇”，把社会党、虚无党的活动称作“党祸”，等等。与此相联系的是，这一部分人介绍社会主义的受众群体也主要是同他们一样具有一定身份和地位的人，基本上是在中国社会的上层，而且影响甚小。如果说有什么明确目的的话，那也只是在警醒这些处于社会上层有身份、有地位的人，防止社会主义运动在中国发生，从而更好地维护清王朝的统治。

第二，留学生群体，包括流亡到日本的资产阶级维新派和革命派人士。这里主要指留日学生群体。他们是20世纪初至民国初年这段时间在中国传播社会主义的主要群体之一。

由于日本明治维新的“示范”作用，20世纪初在中国知识分子中兴起了赴日留学的热潮。为了寻求救国救民的真理，留学生们在日本成立各种各样的社团，举办多种刊物，组建多种译书社，大量翻译出版西方主要是日本的书籍，其空前盛况前文已经作过较为详细的介绍。当时，日本社会主义思潮和运动蓬勃发展，受此影响，留日学生群体在介绍西方思想和学术的同时，也给予了社会主义学说和运动以高度的关注，许多日本社会主义者所著的有关社会主义书籍正是通过他们之手翻译和介绍到中国来的。从1902年到1908年，由留日学生翻译出版的论述和论及社会主义的著作几十种，中间又有将近半数的译著提到或介绍了马克思及其学说。①人们常说，20世纪初社会主义“风从东渐”，而在其中，留日学生作出了非常重要的贡献。由这些留日学生翻译的书籍大多是在日本和中国的香港、上海出版的。所以，从区域和受众群体看，主要也是这些区域的资产阶级和小资产阶级知识分子。

第三，资产阶级代表人物。这里又分为资产阶级改良派和资产阶级革命派两个部分。资产阶级改良派介绍传播社会主义主要集中在清末这段时间，而资产阶级革命派则是辛亥革命前后传播社会主义的主力军。

资产阶级改良派的主要代表是康有为和梁启超。他们以变法图强为己任，不满足于洋务派只求西方军事技艺而不图政治改革的思想和实践，

① 参见邱军:《马克思主义在中国的传播》,《党史研究》1983年第2期。

认为这种变革是“舍本求末”。他们孜孜以求的是自上而下地进行以建立君主立宪国家为总目标的政治改革。正是在这种目标的导引下，为了开通民智，借鉴西方，他们对西方包括日本政治、经济、历史、哲学等学说和学派表现出了浓厚的兴趣。他们创办报刊，翻译西学书籍和日文著述，并对社会主义思想和运动给予了一定程度的关照。康有为吸收了西方社会主义的某些思想观点和中国的大同学说，著有《大同书》，以一种较为“隐晦”的方式为传播社会主义作出了重要贡献。梁启超是改良派中谈论社会主义最多的一个人。他不仅对于西方和日本的社会主义学说和运动给予了高度关注，而且是中国人在自己的著作中最早介绍马克思及其学说的人。与其老师康有为不同，他谈论社会主义是“公开”的、明白的。虽然其本意并不是主张在中国实行真正的社会主义，但不可否认的是，他在中国传播社会主义的过程中领风气之先、立下汗马功劳。从传播的目的来说，资产阶级改良派介绍社会主义总体上是为实现其政治目标服务的，主要是胁迫清政府实行君主立宪。梁启超曾直言不讳：“中国当时民族主义尚不暇及，何论于社会主义大同思想哉？曰：吾明知不能与骤致大国，而实欲立大同之基也。立大同之基何？曰：在迫朝廷专制政体为立宪政体。”[①]出于这样的目的，其受众群体，主要是赞同其改良观点的资产阶级知识分子和晚清政府的一些开明的当权者。当然，梁启超所论之社会主义在当时留日学生中、在资产阶级革命派中也曾产生了一定的影响，特别是以他为主同资产阶级革命派的论战，对社会主义影响的扩大更是起到了意想不到的作用。

资产阶级革命派谈论社会主义的人很多。其代表性人物孙中山、马君武、廖仲恺、宋教仁、冯自由、胡汉民、黄兴、戴季陶等前文也已作过专门介绍。中国资产阶级真正走上历史舞台的时候，也是西方资本主义国家贫富悬殊等弊端日渐显露的时候，同时还是西方诸国和亚洲日本社会主义思潮和运动蓬勃发展的时候。面对此情此景，中国资产阶级革命派一方面积极宣传资产阶级民主主义，重点是孙中山的“三民主义”，以求中国革命的成功；一方面又从社会主义学说中吸取养料，丰富其自身

① 梁启超:《秘密结社之机关报纸》,《新民丛报》第38—39合刊,1903年10月4日。

的“主义”，指导革命胜利后的社会建设。所以，他们传播社会主义的目的，更多的是出于预防资本主义的弊端，更好地实现中国的富强。正如孙中山和宋教仁后来所说的：“我国提倡社会主义，人皆斥为无病呻吟，此未知社会主义之作用也。处今日中国而言社会主义，即预防大资本家之发生可矣。”①“凡一主义之推行，每视其客体事物之现状如何以为结果，其客体事物之现状与其主义相适者，则其结果良，其客体事物之现状与其主义不相适者，则其结果恶。”当今中国不具备行“真正的社会主义”之条件，如行之，则“结果恶”。②由于资产阶级革命派介绍和研究社会主义是希望以此来补正“三民主义”，为建立资产阶级共和国奠定理论基础，因此其受众群体主要是一些主张革命的资产阶级和小资产阶级革命派知识分子。

第四，无政府主义者群体。这一群体当中的不少人同样是留学生。在清末民初的社会主义传播过程中，他们也是一个非常重要的群体。

在清末民初这段时间内，这一群体主要是指在日本东京和法国巴黎先后形成的两个无政府主义小团体。一是以张继、刘师培和何震夫妇为代表的、日本东京的无政府主义小团体——“讲习会派”或曰“《天义报》派”；一是以李石曾、张静江、吴稚晖等为代表的巴黎无政府主义小团体——“《新世纪》派”。除此以外，还有江亢虎、刘师复等人。无论是《天义报》派、《新世纪》派，还是江亢虎、刘师复等，他们宣传社会主义并不意味着其服膺社会主义，相反他们真正信奉的是无政府主义，或者说，在他们的心中只有无政府主义才是真正的社会主义。当然其中也有些人如江亢虎等认为社会主义又是一个十分庞杂的“主义”，其所言既不是真正的无政府主义，更不是真正的社会主义。由于无政府主义是“小资产阶级悲观绝望的产物”，所以他们所传播的社会主义的受众更多的是一些小资产阶级的知识分子、城市中受外国资本掠夺而濒临破产的商贩以及那些失业的无产者，特别是在青年学生中有较大的影响。

下面还要补充说明的是，当时西方来华人士（其中不少是传教士）在

① 《孙中山文集》上卷，团结出版社1997年版，第339页。

② 陈旭麓主编：《宋教仁集》上册，中华书局1981年版，第289页。

中国早期传播社会主义的过程中也做了一些有益的工作，虽然其主观动机并非如此。前文曾经提到过的《西国近世汇编》、《万国公报》等刊物的编译工作基本上都是一些西方来华人士完成的，《百年一觉》也是传教士李提摩太翻译的。在一定意义上，正是这些“资料”与前文所述的一些出使西方使臣的记录共同成为中国人最早了解和认识社会主义的主要来源。基于这种情况，这里再对西方来华人士介绍社会主义的有关情况作一补充。比如，由林乐知创办的《万国公报》的前身《中国教会新报》（1872年改为《教会新报》），于1871年曾报道过巴黎公社起义，并以法国官军“戡乱”的口气介绍了这次起义的情况。李提摩太除了翻译《百年一觉》等书外，1895年在其译作《泰西新史揽要》中也对巴黎公社起义作了介绍，而且更为详细，认为这次起义完全由法国与日耳曼两国政府签订城下之盟引起。只是该书对巴黎公社起义等作了歪曲的报道。书中把反对政府投降而结成“死党”的人称为“通用之党”。“通用”的意思是“他人有何财物，我亦可以取用，我特处于困穷耳，如有财有物，亦可任人通用，无稍吝惜”。书中强调，正是“通用之党”发动起义占领巴黎后“改民主之国为通用之国，掳掠抢劫无所不为”的行径，迫使“民主国”政府不得不出兵镇压。译作认为，这些“视杀人放火为儿戏”的“通用之贼”的行为“无异疯癫”。对巴黎公社起义的憎恶溢于言表，反映了作者和译者对起义群众赤裸裸的偏见。[①]另一个英国来华传教士傅兰雅在其翻译出版的《佐治刍言》中也涉及社会主义。该书由傅兰雅口译，应祖锡笔述，是一部较为系统的介绍西方政治思想的通俗读物，其译本在当时的中国曾产生了较大的影响。有关社会主义思想的介绍主要集中在第十八章“论平分产业之弊”中。该章开头先引用法国“一大工程家”的话说：“人积钱以为产业，与夺人财物以为己有者无异”。又说，法国有人云：“一国产业，必与一国人平分，令各人皆得等分，方为公道”等。接着作者对此发表评论道：“此种人皆因狃于虚名，而以平分产业为一视同仁之事，第博一时名誉，并不计其事可行与否，故往往著为

① 参见谈敏：《回溯历史——马克思主义经济学在中国的传播前史》上，上海财经大学出版社2008年版，第105页。

论说，使阅者心目为之一快。”其结果是“此论一出”，法国“愚妄之人，遂不肯认真作事，徒冀分人所有之财以为己用，而争夺攘窃之衅。从此开矣”。[①]与此相反，英国人“深悉国有产业，贫富皆能受益”，凡事讲求实际，不像法国人那样爱图虚名，“平分产业之事”他们“从不肯轻赞一辞”。作者和译者褒奖和批评的态度非常明确。接着该章列举了众多理由来反复论证“国家欲将富贵人产业平分百姓，其事极难办理”一说的正确性。诸如，说厂房和田亩一类的产业如果割裂平分，则会归于无用，或不便于耕种；产业如果平分之后，每人所得财务均属有限之数，价值昂贵的财产如楼宇、亭园、机器设备、古玩字画、科学仪器等将无从平分；平分产业还会造成现有财产的贬值和损坏，对于贫民并无多少益处，而且若无贫富之分，每一个人都作工求食，由此带来的结果是“工人既多，工价日减”，人人“受累无穷”；平分产业之法对国家来说则伤及国脉，“非过数百年不能复其元气”；“平产之害其最大者”，在于“将国内钱财分散，从此极难成聚”，同时会使通商贸易、制造一类的事情“一概停止”，财源枯竭，百姓无工可做，其艰苦更不堪设想；等等。总而言之，法国人谈论的平分产业之事，“皆系空虚荒谬之谈，断不能见诸事实”。[②]这里介绍的实际上是法国的空想社会主义，而作者和译者对其所持的批评态度则跃然纸上。另外，英国传教士艾约瑟翻译出版的《富国养民策》曾专门对西方国家的工会制度以及工人运动情况进行记载和分析；李提摩太在其翻译发表的《救世教益》中也涉及西方国家工人组织工会、举行罢工的情况。总之，西方来华人士在向中国介绍西学时，客观上涉及了一些西方社会主义思想和工人运动的情况，但是其对社会主义和工人运动的认识如果同清末出使西方的使臣比较，在对社会主义和工人运动所抱持的态度上依然有着较为明显的差别，中国人持同情的态度多一些，而西方来华人士对社会主义和工人运动总体上持否定态度的多，他们所观察和记录的“史实”也不及中国人之客观真实，与“信史”

① 姜义华编：《社会主义学说在中国的初期传播》，复旦大学出版社1984年版，第27页。

② 参见谈敏：《回溯历史——马克思主义经济学在中国的传播前史》上，上海财经大学出版社2008年版，第109—110页。

之间存在较大的差距。

以上四个主要群体对社会主义的介绍和研究，在时间上或先或后，影响的深度和广度也有差别，但正是他们对社会主义学说和运动的倾心介绍和宣传，共同成就了清末民初中国社会主义传播的“大合唱”，共同绘就清末民初社会主义在中国传播一道亮丽的风景线。不过，还要交代的是，上述对于传播者与受众所作的划分，只是相对意义上的。实际上的界限并不是那么截然分明，不仅传播者的身份有些是交叉的，对于受众来说更是很难明确区分。所以，基于这种“划分”所作的分析更多的是为了说明问题的逻辑上的需要。

二、传播渠道：两个主要区域和两种主要媒介

在传播学理论中，关于传播渠道的定义并不是那么清晰和统一。拉斯韦尔所说的传播渠道，特指传播媒介，即传播过程赖以实现的中介，是承载并传递信息的物理形式，包括物质实体和物理能。有关传播媒介的研究在传播学中更加关注的是大众传播媒介，主要包括报纸、杂志、广播、电视以及新兴的互联网媒体。对拉斯韦尔的这种认识，有人提出了不同的看法，认为传播媒介有异于传播渠道。英语“Channel”（渠道）一词，原意是指航道、水道、途径、门径、渠道等。在传播学中，它是指传播过程中传受双方沟通和交流信息的各种通道，如人际传播渠道，组织传播、大众传播渠道等。不同的传播渠道需用不同的传播媒介相配合，而不同的传播媒介又对不同的传播渠道进行定型。如人际传播渠道是人与人面对面的交流，决定了只能使用人体器官媒介和空气媒介。但是，信息一旦通过广播、电视传播，就又是大众传播渠道了。[①]为了更好地说明清末民初社会主义学说传播的总体特征，本节将“传播区域”也就是信息来源的“区域”置于传播渠道之中，与传播媒介一并考虑，之所以这样做，完全是出于分析问题方便的考虑。所以，在此所使用的传播渠道也就不是一个十分严格的传播学的概念。

① 参见邵培仁：《传播学》，高等教育出版社2000年版，第147页。

社会主义主要是从三个方向传入中国的，即西方、东方、北方，这是学术界普遍的看法。对于清末民初这一时期来说，有关社会主义的讯息则主要是从“西方”和“东方”两个渠道传入中国的。之所以如此，这是与近代中国的社会变迁紧密联系在一起的，它从一个方面反映了近代中国人走向世界、向先进国家学习的客观历史和心路历程。按照固有的历史发展逻辑，中国也将会缓慢地步入资本主义社会。可是，这一正常的进程首先被西方国家的侵略所打断。发生在1840年到1842年的鸦片战争是中国历史发展的分水岭。随着《南京条约》、《望厦条约》和《黄浦条约》的签订，并根据条约割让香港给英国，开放广州、厦门、宁波、上海为通商口岸，允许外国人在这些口岸传播宗教、建立学堂、开办医院等，关闭了一百多年的清王朝大门，终于被西方资本主义国家的大炮轰开了。自此以后，中国社会发生了两个方面的显著变化：一是被动地卷进了世界现代化的潮流，开启了中国走向现代化的历程；二是逐步沦为西方列强的殖民地和半殖民地，中国的社会性质发生了重大改变。前者使“西学东渐”再次出现成为可能。因为当封闭的国门被西方殖民主义者打开之后，中国的先进知识分子从睡梦中惊醒，看到西方资本主义国家经过一百多年的努力，已经在现代化的道路上突飞猛进，而中国在这段时间内由于自我封闭却一落千丈。因此，当他们寻求中国前途和出路问题的解决时，目光便自然而然地被西方文明所吸引。也正是在这种情势下，中国先进知识分子开始了向西方学习的探索过程，而这一进程则蕴涵着“西学东渐”和中国人学习西方国家的复杂性。一方面，由于中国处于殖民地和半殖民地的落后状态，所以由“西学东渐”而带来的中西文化交流事实上已不在平等格局之内；另一方面，这一时期中国人学习西方国家的过程又与民族救亡、国家独立、人民解放同步。为了救亡图存，捍卫国家主权，保证现代化的顺利进行，必须坚决反对西方殖民主义国家的侵略行径；而要真正做到这一点，又必须向西方殖民主义国家学习。中国先进的知识分子在向西方学习时一开始就面临着这种理智和情感的激烈碰撞，而这种情况又从一个方面决定了中国人对于社会主义学说的取舍，影响着他们对于社会主义的介绍和诠释。关于这个问题后文再作论述。

不管怎么说，自鸦片战争后先进的中国人开始主动向西方国家学习，这已是不争的事实。从林则徐的“开眼看世界”、魏源的“师夷长技以制夷”到洋务派的“中学为体、西学为用”，在清末民初中国先进知识分子那里“向西方学习”可谓是“一路高歌”。在那时，中国人的眼里只有欧美是先进的，“追欧逐美”是许多仁人志士的共同追求。正是在这样的背景下，“西学东渐”不仅在国门打开之后成为可能，而且成为一种潮流。从1843年到1860年，仅香港、广州、福州、厦门、宁波和上海六个城市就出版各类西书434种。“其中纯属宗教宣传品的有329种，占75.8%；属于天文、地理、数学、医学、历史、经济等方面的有105种，占24.2%。”[①]同时，中国开始向欧美国家派出留学生。1872年分批派出了詹天佑等120名留美幼童，1877年又陆续往欧洲派出严复等80名留欧学生。随着国门的打开，中国与西方国家的交往逐步加强，开始向一些西方国家派驻使臣。因为这些原因，当时中国人所获取的有关社会主义的信息，主要是一些欧美国家的情况。这可以从张德彝的《三述奇》、王韬的《普法战纪》、黎庶昌的《西洋杂志》、江南制造局的《西国近事汇编》等所刊载的内容得到印证。就是说，中国人是通过西方初识社会主义的，西方成为中国人传播和接受社会主义的最初来源和主要渠道。

不过，上述情况在1894年发生的中日甲午战争之后有了很大的改变。日本经过明治维新，实行开放政策，实现了“脱亚入欧”，步入了资本主义现代化国家的行列。中日甲午战争以中国的失败而告终，一向不被中国人放在眼里的日本把清廷打得大败。蒙受巨大创痛的中国人不得不重新审视和研究日本，加之晚清政府实行“新政”的推动等诸多原因，使得当时中国人学习西方的路径发生了改变，由主要向欧美学习转变为主要向东方的日本学习。维新派御史杨深秀指出：“泰西各学，自政治、律例、理财、交涉、武备、农工、商务、矿务，莫不有学。日本变法之始，遣聪明学生出洋学习，于泰西诸学灿然完备，中华欲游学而成，必自日

① 熊月之:《西学东渐与晚清社会》,上海人民出版社1994年版,第8页。

本始。”[①]杨深秀的这种看法几乎是当时所有中国人的共识。20世纪初，留学日本的高潮正是在这种背景下发生的。对于当时中国人的“留日热”，日本学者青柳笃恒曾作过生动的描述：“学子互相约集，一声‘向右转’齐步辞别国内学堂，买舟东去，不远千里，北自天津，南自上海，如潮涌来。每遇赴日便船，必制先机抢搭，船船满座。……总之分秒必争，务求早日抵达东京，此乃中国留学之实情也。”[②]与此同时，戊戌变法失败后，维新派首领康有为、梁启超等被迫亡命日本。1900年唐才常自立军起义失败后，又有一批反清志士流亡日本。20世纪初孙中山等资产阶级革命派领袖也屡次因发动武装起义受到晚清政府的通缉而到日本避难。在一定意义上，当时的日本可谓是中国先进知识分子的“避难所”，也是中国社会先进力量的聚集地和中国各种新思潮的发源地。一大批中国先进分子聚集日本，无疑为社会主义的传播提供了“主观”方面的有利条件。马克思主义的故乡在德国，社会主义的发祥地在欧洲，但日本却是东方最早迎来欧洲社会主义潮流的国家。当中国先进分子汇聚日本的时候，也是日本社会主义思潮和运动高涨的时候。这不能不施予中国先进知识分子以重要的影响。留日学生对日本社会主义者所著书籍的译介，梁启超和孙中山等资产阶级改良派与革命派对社会主义学说的介绍等，充分地说明日本是清末民初中国社会主义传播的第二个重要“基地”。如果说在19世纪末社会主义在中国的传播是“西风东渐”，那么在20世纪初，社会主义在中国的传播则是“东风西渐”。对于这种情形，毛泽东在《论人民民主专政》一文中曾作过生动而精辟的描述。他说：“自从一八四〇年鸦片战争失败那时起，先进的中国人，经过千辛万苦，向西方国家寻找真理。洪秀全、康有为、严复和孙中山，代表了在中国共产党出世以前向西方寻找真理的一派人物。那时，求进步的中国人，只要是西方的新道理，什么书也看。向日本、英国、美国、法国、德国派遣留学生之多，达到了惊人的程度。国内废科举，兴学校，好像雨后

①《约章成案汇览》卷32，游学门下。

②［日］实藤惠秀著，谭汝谦、林启彦译：《中国人留学日本史》，生活·读书·新知三联书店1983年版，第37页。

春笋，努力学习西方。我自己在青年时期，学的也是这些东西。这些是西方资产阶级民主主义的文化，即所谓新学，包括那时的社会学说和自然科学，和中国封建主义的文化即所谓旧学是对立的。学了这些新学的人们，在很长的时期内产生了一种信心，认为这些很可以救中国，除了旧学派，新学派自己表示怀疑的很少。要救国，只有维新，要维新，只有学外国。那时的外国只有西方资本主义国家是进步的，它们成功地建设了资产阶级的现代国家。日本人向西方学习有成效，中国人也想向日本人学。在那时的中国人看来，俄国是落后的，很少人想学俄国。这就是十九世纪四十年代至二十世纪初期中国人学习外国的情形。”①

以上是对清末民初社会主义学说传播两个主要区域的分析，下面考察两种主要媒介。媒介是传播学的核心概念之一，大致有两种含义：第一，它指信息传递的载体、中介物、工具或技术手段；第二，它指从事信息采集、加工、制作和传播的社会组织，即传媒机构。这两种含义指示的对象和领域是不同的，但无论哪一种意义上的媒介，都是社会信息系统不可或缺的重要环节和要素。对于媒介的这种理解，本书在绪论中已作了阐释。需要说明和补充的是，本书使用的媒介的含义主要是指第一种，即信息传递的载体、中介物、工具或技术手段，其中又侧重分析作为信息载体和中介物的书籍、报刊等出版物的情况。按照这样的限定和思路可见，在清末民初社会主义学说传播过程中起主要作用的传播媒介：一是书籍，一是报刊。在传播媒介类型中，它们均属于印刷媒介。与其他传播媒介相比，这种传播媒介具有鲜明的特点，如它借助于机器设备可以迅速而大量地印刷生产，容纳的信息多、内容广，读者可以自由地决定阅读时间、地点、速度和方式，可以较长时间地保存，随时取阅，反复研读，能适应不同读者的不同兴趣和要求，同时这种媒介的威望较高，专业性较强等。其不足在于，文化程度低、识字少的人和文盲无法充分使用和分享其中的信息。书籍、报刊等出版物这种传播媒介所具有的这些特点，不同程度地影响着清末民初社会主义学说传播的效果。

本书的前几章分别介绍了清末民初中国不同阶级阶层和群体对社会主

①《毛泽东选集》第4卷，人民出版社1991年版，第1469—1470页。

义学说的传播情况，从传播的媒介看，主要是书籍和报刊，就是说，在清末民初这段时间内，中国人主要是通过书籍和报刊的出版来介绍和宣传社会主义这一特征是非常明显的。无论是中国人初识社会主义，还是后来社会主义传播渐入高潮时，其情形都大致如此。中国人最早记录巴黎公社的情况，是张德彝的《三述奇》，可是他的手稿当时并没有出版，所以也就没有造成什么影响。从我们见到的史料看，中国人了解巴黎公社的有关讯息首先是从报刊这一媒介获知的。当巴黎工人起义时，刚从欧洲回国的王韬与精通外语的张宗良等合作，译写了大批报道，在香港的《华字日报》、《中外新报》等报上发表，从而使中国人获知了巴黎工人起义的粗略情况。稍后，王韬将这些报道加以编辑和补充，汇集成《普法战纪》十四卷，由中华印务总局于1873年刊刻发行。《普法战纪》的出版发行，进一步加深和扩大了人们对巴黎公社的了解。仅此一例，即从一定的程度上反映了书籍和报刊的出版之于社会主义学说传播的重要作用。社会主义在清末民初中国的传播经历了一个由国人初识社会主义逐步发展为较为广泛地传播社会主义的过程，而这一过程又是与有关社会主义书籍和报刊出版的逐步增多紧密联系在一起的。20世纪初是一个高潮，所以如此，与当时有关介绍社会主义的书籍和报刊的出版密切相关。一是留日学生，包括流亡日本的资产阶级改良派和革命派人士的译书热，使得大量介绍社会主义学说的日文书籍出版发行；二是大量的宣传新思想的报刊创刊发行，这些刊物登载了大量的介绍社会主义的文章。正因为如此，在当时兴起了传播社会主义的热潮。关于这方面的情况，前文已有叙述。总之，就像著名的传播学者麦克卢恩所说："媒介是一股解放的力量，因为它们能打破距离和孤立的藩篱，把人们从传统社会送到'伟大社会'中。"[①]他甚至认为，使人们生活真正发生变化的是那个社会的主导媒介，而不是其内容。"它们的影响如此之广，涉及个人、政治、经济、美学、心理学、道德、伦理及社会，无人能避免与之

① [美]韦拉伯·施拉姆著，金燕宁、蒋千红、朱剑红译：《大众传播媒介与社会发展》，华夏出版社1990年版，第134页。

接触，或免受其影响和改造。”[①]在清末民初中国社会主义传播过程中，书籍和报刊就是当时的“主导媒介”，以上论述从一个侧面说明了书籍和报刊在其中所起到的重要作用。近年来，从图书报刊的出版发行切入研究中国社会史、中共党史、马克思主义中国化等越来越受到学术界的重视，可能原因也在于此。图书、报刊物承载着时代的记忆，人们确确实实可以透过这个“窗口”寻找人类的记忆，编织和描绘过去那个时代沉淀的历史图景。

三、传播内容:浓厚的主观意识和日本的影响

从传播的内容看，分属于不同阶级阶层和群体的传播者对于社会主义各有侧重和取舍，且对错掺杂，具有浓厚的主观意识。清朝出使西方国家的外交官或随从翻译以及国内一些主张改革的地主阶级知识分子，他们对社会主义的传播大都是一般性的提及，影响不大，故在此不作详细的分析。不过要注意的是，他们对于社会主义的评价，也或多或少地反映了他们的阶级立场，如张述彝在《三述奇》中称巴黎公社起义社员为犯上作乱的“叛勇”，王韬在《普法战纪》中将起义的巴黎工人和国民自卫军称为“匪党”、“乱民”、“叛首”等就是证明。这些判断和认识，说到底还是他们所从属的那个阶级的基本特性在主观意识中的反映。

梁启超是资产阶级维新派传播社会主义的代表人物之一，在清末民初社会主义传播过程中，他所作出的贡献非一般人所能及，可是他对于社会主义的理解却存在着明显的偏差，而且刻下了深深的“主观”印记。他在1902年发表的《干涉与放任》一文就证明了这一点。在这篇文章中，他将社会主义的根本特征名之为“干涉主义”。所谓“干涉主义”，“谓当集权于中央，凡百皆以政府之力监督之，助长之，其所重者在秩序”。[②]但这种干涉主义也不是近代才有的，而是自古已然。“帝国主义者，干涉

① [美]斯蒂文·小约翰著，陈德民、叶晓辉、廖文艳译:《传播理论》，中国社会科学出版社1999年版，第579页。

② 李华兴、吴嘉勋编:《梁启超选集》，上海人民出版社1984年版，第202页。

主义之别名也。”[①]他认为，“社会主义者，其外形若纯主放任，其内质则实主干涉者也，将合人群使如一机器然，有总机以纽结而旋掣之，而于不平等中求平等。社会主义，其必将磅礴于二十世纪也明矣。”[②]此时的梁启超，虽然看好社会主义，但对社会主义的理解却极为简单，一言以蔽之，曰国家干涉与集权。到了1903年，他对社会主义的理解进了一步。他在《中国之社会主义》一文中说：“社会主义者，近百年来世界之特产物也。概括其最要之义，不过曰土地归公，资本归公，专以劳力为百物价值之原泉。”[③]这个理解可能受到了马克思主义一定的影响，可是这种影响很可能是从第二、第三手介绍材料得来的。“不过”二字，暴露了梁启超对社会主义的认识仍然极为有限。如他在同一篇文章的末尾就说：“中国古代井田制度，正与近世之社会主义同一立脚点。”[④]他一方面认为社会主义是近百年来世界的“特产物”，另一方面却又把它和中国古代的井田制混为一谈。因为了解得极为有限，所以就会概念不清，自相矛盾，并且以自己已有的知识去附会社会主义学说的内容。

前文已经说过，梁启超所奉行的社会主义实质上是一种改良社会主义，所以他始终不赞成孙中山的社会革命和以平均地权为主要内容的社会主义思想。他认为：“社会主义为高尚纯洁之主义，且主张开明专制中及政治革命后之立法事业，当参以国家社会主义的精神，以豫销将来社会革命之祸。”但是，“若夫社会主义中之极端的土地国有主义，吾所不取；今日以社会革命提倡国民，吾认为不必要；野心家欲以极端的社会革命主义与政治革命、种族革命同时并行，吾认其为煽动乞丐流氓之具。盖辨理的社会主义与感情的社会革命，决非同物。非必由人民暴动举行社会革命，乃可以达社会主义之目的，此吾所主张也。”[⑤]为什么如此？梁启超认为，近代中国最大的问题是建立民族国家，否则中国将无法生

① 李华兴、吴嘉勋编：《梁启超选集》，上海人民出版社1984年版，第203页。

② 李华兴、吴嘉勋编：《梁启超选集》，上海人民出版社1984年版，第203页。

③ 李华兴、吴嘉勋编：《梁启超选集》，上海人民出版社1984年版，第203页。

④ 李华兴、吴嘉勋编：《梁启超选集》，上海人民出版社1984年版，第204页。

⑤ 张枬、王忍之编：《辛亥革命前十年间时论选集》第2卷（上册），生活·读书·新知三联书店1963年版，第276页。

存下去，而要建立民族国家，只能实行开明专制，而不能马上就建立共和民主制度。出于同样的原因，革命更不可取，在中国这样缺乏国民意识的国家进行革命，只会带来社会的混乱，阻碍历史的正常发展。而孙中山平均地权的社会革命既与政治革命同时并行，势必引起社会破坏，社会中间阶层被消灭，而游民暴民横行天下，扰乱社会，现代国家永无建成之日。在此，梁启超所认为的，近代中国最大的问题是建立现代民族国家的看法有一定的道理，但他坚决反对孙中山的社会革命的态度，不能不说带有非常明显的他所从属的资产阶级改良派的主观痕迹。

与以梁启超为代表的资产阶级改良派相比较，以孙中山为代表的资产阶级革命派在对社会主义的诠释过程中也同样存在着问题。孙中山、朱执信重点介绍了科学社会主义思想；马君武重点介绍了社会主义政治经济学；宋教仁对社会主义革命学说表示出了高度的赞赏；廖仲恺重点介绍了社会主义发展的历史。不可否认，资产阶级国民党人在社会主义传播过程中曾作出了重大的贡献，就像毛泽东所说的，在中国“讲马克思主义，倒还是国民党在先”①。不过，由于历史和阶级的局限，他们在传播社会主义时，对社会主义也有曲解、误解和认识片面之处，蕴含着浓郁的借用社会主义来宣传自己的革命学说的主观用意，绝没有达到信仰社会主义特别是马克思主义的程度。以孙中山为例，他对社会主义的解释是，社会主义就是他所实行的民生主义，“社会主义，一言以蔽之，曰社会生计而已矣”。“社会主义者，人道主义也。人道主义，主张博爱、平等、自由，社会主义之精髓，亦不外此三者”。②可见，孙中山是从资产阶级世界观来看待社会主义的，他对社会主义的理解带有这个阶级所具有的主观痕迹。同时，孙中山还根据自己的理解，把马克思的社会主义与亨利·乔治的社会主义学说联系起来，说“亨氏与麦氏二家之说，表面上似稍有不同之点，实则互相发明，当并存者也”③。很显然，在孙中山那里并未将马克思主义的社会主义与其他社会主义区分开来。又如

① 毛泽东：《七大工作方针》，人民出版社1981年版，第6页。

②《孙中山文集》上卷，团结出版社1997年版，第328页。

③《孙中山文集》上卷，团结出版社1997年版，第333页。

朱执信，他曾被誉为“马克思主义在中国传播的拓荒者”[①]，是同盟会中“真正研究马克思主义的人”[②]。但他介绍和宣传社会主义的真正目的是给孙中山所倡导的社会革命提供借鉴，如他自己所说：“若持是遂谓社会革命不当与政治革命并行，则大非也。此于吾华之为革命所最当注意者也。”“要之，社会的运动以德意志为最，其成败之迹足为鉴者多，而其功实马尔克、拉萨尔、必卑尔等尸之。故不揣颛蒙，欲绍介之于我同胞。翔瞻博洽，所未敢云，所期者数子之学说行略，溥遍于吾国人士脑中，则庶几于社会革命犹有所资也。”[③]还如胡汉民，他曾是传播马克思主义的急先锋，但后来却成了反对马克思主义最彻底的人，究其原因，主要是其政治立场导致了他对社会主义学说的曲解和断章取义。其他宣传社会主义的资产阶级革命家的情形也大致如此。

代表小资产阶级利益、反映小资产阶级意志的无政府主义派，在宣传无政府主义时不仅涉及了马克思主义，而且在20世纪的最初几年，这一派别对社会主义的介绍和宣传与资产阶级改良派和革命派别相比丝毫不显得逊色。然而，它对社会主义包括马克思主义的解释同样充满着主观的偏见和误解。首先，他们把无政府主义看成是社会主义的一个“派别”，并认为只有无政府主义才是真正的社会主义，自己才是最彻底的社会主义者。这是对社会主义最大的误读和歪曲。无政府主义派别在传播无政府主义时涉及马克思主义，而且重点传播了马克思主义的阶级斗争理论，并企图以马克思主义的阶级斗争学说来论证和说明他们所从事的“排满”革命，这表明，早期无政府主义者在传播社会主义过程中的确有其独到的眼光。但是，他们没有也不可能真正懂得马克思主义的阶级斗争理论的内容，更不可能理解马克思主义的精髓要义和科学体系。所以，他们总是自觉和不自觉地在马克思主义与无政府主义之间寻求共同点，从而在对马克思主义的理解上只能继续着他们的误读。如刘师培指出：“吾等则谓社会主义多与无政府主义相表里”，并断言“社会主义必有趋

① 参见《中共党史文摘年刊 1982》，浙江人民出版社1984年版，第78页。

② 何香凝：《对于孙中山先生的片段回忆》，《人民日报》1956年10月29日。

③ 姜义华编：《社会主义学说在中国的初期传播》，复旦大学出版社1984年版，第352页。

向无政府主义之一日。若徒执社会主义而排斥无政府主义，此则偏于一隅之见耳，非吾等之所欲出也。”[①]不仅如此，中国无政府主义者还反对马克思主义的国家学说，指出：“既认国家之组织，致财产支配不得不归之中心也。由是共产之良法美意亦渐失其真。”[②]很显然，无政府主义传播的马克思主义实质上是无政府社会主义或无政府共产主义，其欺骗性和危害性更大。

社会主义在清末民初中国的传播，除了受到阶级阶层的局限、主观的误读外，另一个值得注意的现象是，深受日本这一“中转站”的影响。

中国人最初开始知道“社会主义”这个名词，大概是在20世纪初年。可是，这四个由英文“Socialism”意译而来的方块字，却并非中国人自己的创造，而是日本人的功劳。早在1870年，加藤弘之刊出的《真政大意》与西周撰写的《百学连环》两书，就率先介绍了“Socialism”和“Communism”这两种学说的内容，并分别意译为“会社之说”和“通有之说”。四年后，西周从汉语中转用“社会”[③]一语来形容世间人的各种集合状，随即，福地源一郎就将它直接用作英语“Society”一词的译语，并在几年后首先创造了“社会主义”这个词来意译“Socialism”。至此，“社会主义”这个词就成了日本人对“Socialism”的通用译语了。[④]中国人在向国内介绍和传播社会主义时，是从意译开始的，在广学会出版的《万国公报》上，社会主义被意译为“安民新学”、“养民学”、“安民之学”等。接着康有为采用“人群之说”、“合群之说”的译名。随后，梁启超兼采中、日文之意，把社会主义译为“人群主义”。他在《进化论革命者颉德之学说》一文中说：“赫胥黎亦曰：‘斯宾塞之徒，既倡个人主义，又倡社会主义（即人群主义）’。”[⑤]自此开始梁启超明确使用“社会主义”一

---

① 申叔（刘师培）：《欧洲社会主义与无政府主义异同考》，《天义报》第6卷，1907年9月。

② 申叔（刘师培）：《〈共产党宣言〉序》，《天义报》第16—19卷合册，1908年春季增刊。

③ “社会”一词最早见于宋朝程伊川《二程全书》中“乡民社会”一句，“社”本指土地之神，“社会”即指为祭神而举行的集会或集合。

④ 参见杨奎松、董士伟：《海市蜃楼与大漠绿洲——中国近代社会主义思潮研究》，上海人民出版社1991年版，第20页。

⑤ 梁启超：《进化论革命者颉德之学说》，《新民丛报》第18号，1902年10月16日。

词，此后，这一名词在中国广泛流传。中国人引用日本人创造的“社会主义”一词，从一个侧面说明了日本对于清末民初中国社会主义传播的重要影响。其实，这样的情况在当时非常普遍。德国学者李博对汉语中的马克思主义术语的起源曾作过专门研究。他在《汉语中的马克思主义术语的起源与作用：从词汇—概念角度看日本和中国对马克思主义的接受》一书中指出：“大约直到1919年，即‘五四运动’那一年，中国人对欧洲各社会主义流派的了解，包括对马克思、恩格斯创立的社会主义学说的了解几乎全部来自日语，或是欧洲语言原著的日文翻译，或是日语的社会主义著作。”[①]书中列举了“汉语借用自日语的术语”，包括“社会”、“社会主义”、“共产主义”、“革命”、“资本”、“资本家”、“资本主义”、“帝国主义”、“封建主义”、“封建制度”、“阶级”、“阶级斗争”、“生产”、“生产资料”、“生产方式”、“生产力”、“生产关系”、“生产率”、“劳动”、“劳动力”、“政治经济学”、“私有财产”、“农民”、“贫农”、“中农”、“富农”、“地主”、“人民”、“权力”、“政权”、“解放”、“思想”、“理论”、“唯物论”、“唯物主义”、“形而上学”、“矛盾”、“对立”、“对抗”、“不断革命”、“辩证法”、“价值”、“修正主义”、“改造”、“意识”、“意识形态”、“经济基础”、“上层建筑”、“无产者”、“无产阶级”、“知识分子”、“实践”等。“从日语中暂时借用，而后又被其他新词所代替的专门术语”，包括“劳动者”，原意为“工人”，后来译为“劳动的人”，“劳动阶级”（劳工阶级）由“工人阶级”代替；“独占”由“垄断”代替；“支配”由“统治”代替；“压抑”、“压制”由“压迫”代替；“有产者”、“有产阶级”由“资产者”、“资产阶级”代替；“小有产阶级”由“小资产阶级”代替；“中产阶级”由“中等资产阶级”代替；“独裁”由“专政”代替；“榨取”由“剥削”代替；“自觉”由“觉悟（的）”、“觉悟（性）”代替；“民众”和“大众”由“群众”代替；等等。[②]在中国

① [德]李博著，赵倩、王草、葛平竹译：《汉语中的马克思主义术语的起源与作用：从词汇—概念角度看日本和中国对马克思主义的接受》，中国社会科学出版社2003年版，第79页。

② [德]李博著，赵倩、王草、葛平竹译：《汉语中的马克思主义术语的起源与作用：从词汇—概念角度看日本和中国对马克思主义的接受》，中国社会科学出版社2003年版，“目录”第2—4页。

早期传播社会主义过程中，日本的重要影响从以上有关术语的引用可见一斑。

关于日本社会主义思想传播和社会主义运动兴起的情况，杨奎松、董士伟在《海市蜃楼与大漠绿洲——中国近代社会主义思潮研究》一书中曾作过比较详细的分析。书中指出：对于日本来说，社会主义思想的启蒙与资本主义的发展几乎是同步进行的。由于日本资本主义起步较晚，其生产规模和生产力发展水平远不及欧美资本主义国家，加上日本农业生产落后，政治经济领域中的封建关系仍然占支配地位，因此，当时日本的资本主义实际上处于一种畸形的发展过程之中。一方面，由于发展程度和生产力水平不高，贫富差距不大，所以日本国内劳资之间的矛盾和冲突，即所谓阶级斗争并不像欧美发达国家那么尖锐激烈；另一方面，由于当时的日本正处于资本原始积累和自由发展阶段，它又不能不急剧地引起日本社会阶级阶层分化的速度，并且以极端残酷的手段剥削工人，所以又不可避免地对日本社会的各个阶层形成了强烈的刺激。这种情况造成的结果有两种：一是日本一度出现不仅进步知识分子、青年学生、普通工人和市民，而且上层社会也有人对社会主义产生浓厚兴趣的现象，信奉和关注社会主义的人成分复杂。如开始时期的社会主义者相当多数是基督教徒，最早的也是最有影响的日本社会主义启蒙运动的杂志《国民之友》，就是基督教创办的。日本最早的社会主义研究会及后来的社会主义协会，以至社会民主党的发起人，多半也是基督教社会主义者。直至1906年，在日本警视厅统计的日本东京的14000名社会主义者中，工人只有3200名，学生7500名，其余社会各阶层人员3000余人，其中包括政治家50名、军人180余名、宗教人士60名、司法官10余名以及其他医师、教师和城市居民等。二是人们在理解和传播社会主义时有意无意地使自己的社会主义主张在很大程度上带有非常明显的改良主义的色彩，即试图以此来避免和预防资本主义发展所带来的弊病，或者找到一种救治资本主义经济不平等和贫富差距的理想药方。在1900年以前，日本宣传社会主义的主要著作，基本上是从基督教教义、人道主义和道德的角度来诠释社会主义的。如在日本社会主义研究会会长村井知至的《社会主义》一书中，作者就宣称："古代之基督教，代表近时之社会主义"，"近时之社会主义，阐发古代之基督教"[①]，作者明确主张：社会主义其实"尤在爱基督教的道德之真髓"，"实为停辛伫苦，洒血凝泪而成之一种活宗教也"[②]。1901年社会民主党的发起人主要是基督教徒，其方针也带有明显的改良主义的色彩。其宣言明确表示："帝国议会，是我们将来活跃的舞台，将来有一天，在国会中我党的议员能占多数的时候，就是实行我们理想的时机到来的时候。"1904年以后，这种情况仍无多大的变化。在幸德秋水起草的《致俄国社会党书》中，他们甚至公开地劝告俄国社会主义者"必须坚决排除使用武力，必须采用和平的手段"，"岂能因急于成事，而有时竟采用执戈而起，一举推翻政府之策"。1906年成立的日本社会党，也还明言要"在国法容许的范围内主张社会主义"。[③]

日本早期社会主义运动所表现出来的上述两个特征，对于中国早期社会主义者的影响非常明显。梁启超多次声称他所赞成的社会主义是改良主义，这固然由其资产阶级改良派的阶级属性所决定，然而，不可否认的是，他对社会主义这种定性或多或少地受到了日本社会主义者崇尚改良思想的影响。梁启超还说过："社会主义'实基督教平等博爱之教义'，'一为人人自由'，'二为平等'，'三为博爱'，'社会主义，即以救私人之过富过贫为目的者也。'"[④]梁启超对社会主义的这种理解，明显受日本社会主义者思想的影响。孙中山有没有受到日本早期社会主义的影响，目前还没有充分的证据，这也是学术界关于孙中山社会主义思想研究的一个"盲区"。不过，在我们看来，他关于平均地权的"温和式"的理解，以及他关于中国如何避免西方资本主义的"祸害"的选择，仍然可以见到日本社会主义者对于社会主义"温和式"诠释的影子。

---

① [日]村井知至著，侯士绾译：《社会主义》，1903年文明书局出版。转引自姜义华编：《社会主义学说在中国的初期传播》，复旦大学出版社1984年版，第265页。

②《社会主义思想在中国的传播》(资料选辑之二)中，中共中央党校科研办公室1987年版，第207页、第210页。

③ 转引自杨奎松、董士伟：《海市蜃楼与大漠绿洲——中国近代社会主义思潮研究》，上海人民出版社1991年版，第21—23页。

④ 转引自皮明庥：《近代中国社会主义思潮觅踪》，吉林文史出版社1991年版，第45页。

对于日本来说，1906年是其社会主义思潮和运动发展具有“转折”意义的一年。这一年，全日本的社会主义者人数已经达到大约25000人，也是在这一年，日本社会党成立，党员数达到200人，数月间就增长了10倍。这一年3月刊行的《社会主义研究》第一号上登载了马克思恩格斯的《共产党宣言》、李卜克内西的《马克思传》、考茨基的《恩格斯传》以及介绍第一国际历史的文章。随后几期更广泛地译载了恩格斯的《社会主义从空想到科学的发展》、倍倍尔的《政治的总同盟罢工论》和克鲁泡特金的《无政府主义哲学》等。该刊还同时介绍了当时欧洲社会主义运动中两大对立派别的政治观点。此时，日本著名社会主义活动家幸德秋水开始公开鼓吹“直接行动”，坚决反对合法斗争和走议会道路，力主用总同盟罢工的方式来争取社会主义。至此，日本社会主义运动的革命气氛明显高涨。1907年，日本的同盟罢工次数比上一年增长了4倍以上，达到了历史最高水平。而社会主义运动内部更进一步发生分化，以幸德秋水为代表的一派社会主义者由温和而至激烈，以至于逐渐倾向无政府主义。①日本社会主义思潮和社会主义运动的以上变化，在中国早期社会主义传播中也有反映，特别是在同盟会内部造成极大的反响，因厌恶专制、崇尚自由、感兴趣于激烈的彻底的革命手段，倾向于无政府主义的人越来越多，以刘师培、张继等为代表的同盟会会员模仿日本社会主义者的宣传形式，在日本创建了中国第一个社会主义讲习会，着手系统传播无政府主义，也由此开始无政府主义成为近代中国风靡一时的社会思潮。

社会主义在清末民初中国传播的时候，中国人对社会主义内容的解读也是“日本式”的。上文所提到的梁启超对社会主义赋予“基督教”意义的阐释，是“日本式”的，同样他们对马克思主义唯物史观的理解也是“日本式”的。日本早期社会主义者在说明资本主义必然灭亡，社会主义必然胜利的道理时，认为唯物史观就是经济史观，“说明社会上历史的变迁，注重在社会上物质的条件的变化”，因而不能解决历史上一切变迁问题。同样，中国留日学生也把马克思主义的唯物史观理解为“经济

① 参见杨奎松、董士伟：《海市蜃楼与大漠绿洲——中国近代社会主义思潮研究》，上海人民出版社1991年版，第49页。

决定命运论”或“经济史观”，认为“马氏的学说，全是一个时代的产物，我们现在不可拿这一个时代一种环境造成的学说，去解释一切历史，或者就那样整个拿来，应用于我们生存的社会”。事实上，“无论是经济组织改造到怎么好的地步，人心不改造仍是现在这样的贪得无厌，社会仍是没有改善的希望”。[①]

此外，20世纪初年，俄国虚无党人鼓吹的虚无主义和恐怖、暗杀的主张通过日本有关社团和报刊的宣传也深深地影响着中国早期传播社会主义的人。关于暗杀的宣传不仅成为当时资产阶级革命派和无政府主义报刊的一个重要内容，而且成为当时众多革命者的现实选择。不仅有刘师复等个人自发的暗杀活动，而且有有组织的集体的暗杀活动。仅同盟会专门执行暗杀任务的机构就达六个之多。这与当时日本社会主义者倾向于此也不无关系。

总之，日本的社会主义理论是不成熟的理论，社会主义运动也是不成熟的运动，而且其间掺杂了无政府主义、国家社会主义、社会改良主义等，这些也都被转述到了中国。中国人既从日本获得了社会主义的信息、知识和理论，也从日本不成熟的社会主义理论和运动中承受了消极影响。探讨清末民初中国社会主义传播过程中的日本影响，这是一个非常有意义的话题，以上的分析仅仅是初步的、粗略的，而要真正梳理清楚其中细节，还有待于下一步研究的深入。本书提出这个问题，所希望的是进一步引起人们的关注。

清末民初社会主义在中国的传播除了以上三个特征外，还有两个较为重要的方面需要作些补充。

第一，当时中国人传播社会主义特别是马克思主义有着浓厚而强烈的“学以致用”性。这一特征在资产阶级改良派、革命派和无政府主义者传播社会主义的过程中表现得较为明显。他们大多未把社会主义和马克思主义当作一种纯粹的“学术”，而是将其视为一种能够改造中国的“工具”。比如梁启超，他虽然以“新知”的形式为“启蒙”而介绍社会主义和马克思主义学说，但是他更多的是从“自身”的需要出发的。他将社

① 中国李大钊研究会编：《李大钊研究论文集》，人民出版社1999年版，第231—232页。

会主义和马克思主义学说融进自己的“新民说”之中，综合性地传播西方资本主义国家的自由、民主、进步思想，并借以发挥，鼓吹和倡导自己的观点以作为国民启蒙的武器。[①]朱执信作为资产阶级革命派传播社会主义和马克思主义的代表性人物之一，他对社会主义和马克思主义的介绍和宣传也是从服务于自身阶级需要出发的。他在《德意志社会革命家列传》一文中曾明确指出，之所以向国人介绍马克思等“数子之说”，目的在于“溥遍于国人士脑中，则庶几于社会革命犹有所资也”[②]。其实，不仅朱执信如此，孙中山等同盟会大多数成员也都是如此。当时他们宣传和介绍社会主义和马克思主义，其目的皆出于资产阶级革命的需要，是为了对资产阶级革命有所帮助而介绍和传播社会主义和马克思主义学说的。比如，他们对马克思主义阶级斗争学说的介绍，就迎合了资产阶级革命派宣传反清革命、反对改良主义的要求。同时，同盟会中的许多人介绍和宣传社会主义和马克思主义是旨在用这种“新学说”来论证孙中山的“三民主义”。如果将视域拓展一些看，他们对包括社会主义和马克思主义在内的西学的引进和介绍，也都是从维护资产阶级革命需要的角度出发的。当然，他们这样做也是可以理解的。无政府主义群体介绍传播社会主义与马克思主义与资产阶级改良派和革命派有细微的不同。总体上也具有“学以致用”性，不过，他们是把马克思主义当作社会主义的一个流派来看待的，只是他们更看重无政府主义，认为只有无政府主义才是真正的社会主义，无政府主义是比马克思主义更“革命”、更有用、更适合当时社会需要的学说。

第二，当时中国人传播社会主义和马克思主义“初始性”的“中国化”色彩。严格意义上的马克思主义中国化是从中国共产党创立以后开始的。但是，如果从文化交流和传播的角度看，外来文化进入中国并在中国传播的过程都伴随着一个中国化的问题。传播和中国化是紧密联系在一起的。如果不将外来文化的语言和内容转换为适合中国的形式，外

---

① 参见郭刚:《中国早期马克思主义的传播——梁启超与西学东渐》,人民出版社2010年版,第250—251页。

②《朱执信集》上,中华书局1979年版,第10页。

来文化就不能得以传播，至少是传播的效果会打折扣。佛教、基督教在中国的传播是这样，社会主义和马克思主义在中国的传播也是这样。社会主义和马克思主义在清末民初中国的传播，一开始主要是对西方社会主义运动有关信息的介绍，如张德彝、王韬等介绍巴黎公社的情况，基本不存在什么中国化的问题。到了梁启超、孙中山、“天义报派”和“新世纪派”介绍社会主义和马克思主义的时候，“中国化”的色彩开始逐步浓郁起来。梁启超、孙中山等在传播社会主义和马克思主义的时候，为考虑受众的接受程度，不仅先要通过学习、研究，理解社会主义和马克思主义，还要结合中国人的思维方式、语言习惯和实际需要，进行不同程度的加工制作，最终以一种符合中国人品位和阅读习惯的“中文”来表达。只有这样做，才能保证传播的内容为受众所认知和接受。这个过程在一定程度上体现了社会主义和马克思主义的中国化。当然，清末民初社会主义和马克思主义在中国传播的“中国化”，只是初步的、原始性的，更多的仅仅是一种“外化”，而不是“内化”。不过，正是这种“外化”为后来社会主义和马克思主义中国化作了前期性的铺垫和准备。随着辛亥革命的失败、十月革命的胜利，马克思主义和科学社会主义传入中国并不断扩大影响，经过与工人运动的结合产生了中国共产党，社会主义和马克思主义才有了真正意义上的中国化，而这种中国化才是毛泽东所讲的“彻头彻尾”和“彻里彻外”的中国化。

第七章　清末民初社会主义传播的社会效果和历史定位

效果是一切传播活动的试金石，是所有传播者的共同追求。没有效果亦无所谓传播。所谓传播效果，传播学的解释是，它位于传播过程的最后阶段,处在传播的末端，是诸种传播要素相互作用的集合效应，也是广大受众受到信息作用后的反应和在某些方面发生的具体变化。反应程度或变化的大小，一般来说也就是传播效果的大小，它包括认知的、情感的、态度的和行为的四个层面。传播效果是传播目的的最终体现，根据不同的划分标准，可分为不同类型：短期效果和长期效果、预期效果和非预期效果、积极效果和消极效果或者是正效果和负效果等。由于信息传播是一个庞杂的系统工程，其中有许多因素对传播效果发生影响，主要包括人的因素、讯息因素、媒介因素、环境因素，等等。由于它是所有传播者都非常看重的一个问题，所以在传播学中，也是最受重视、开掘最深、成果最丰的一个领域。对于本书来说，对清末民初社会主义传播的社会效果进行的分析也应是本书一个重要的组成部分。社会主义在中国的传播始于清末民初，其后经历了一个较长的过程，而且这个过程还在继续，如何在这一较长过程中给予“清末民初”这一时段社会主义在中国传播以较准确的定位，这也是本书必须回答的一个重要问题。

一、传播效果的综合评价及成因分析

对于传播效果的重要性，人们的认识是一致的。传播学强调它是“一切传播活动的试金石”。但是，要真正准确地把握和评判一种传播活动的效果则不是一件容易的事。一方面是因为影响传播效果的因素很多、很庞杂，另一方面是衡量一种传播活动的效果究竟如何的标准很难确定，而且不同的传播内容和传播目的，传播效果的评价原则也不一样，特别是某种观念、思想的传播，其传播效果更是难以衡量和测定。一般来说，如果传播的内容和传播的目的是推出一项新产品，那么效果评价应主要放在传播活动所产生的具体效果（销售额、市场占有率等）和效应（受欢迎的程度）的分析上；如果传播的内容和传播目的是推行某种新观念、新思想，那么传播效果评价的重点应是公众的认识、感情、态度和行为的转变，包括受众的世界观、人生观、思想、信仰、认识、志向、动机、行为准则和对新事物的态度等方面的变化幅度和变化方向等。社会主义的传播是一种新观念、新思想的传播，对其效果的评价也大致从以上方面着手考虑。概括地讲，有以下几个方面：

第一，由保守、渐进到激进的心理转换。著名学者余英时先生曾对中国近代思想史上的“激进”和“保守”给出了明确的定义。他说，“激进”和“保守”不是指某一特定学派或思想，而是一种“态度”和“倾向”。在现实生活中，人们对其过去或者说传统、对其现存的秩序和事物，不管如何都持有某种态度和倾向，如果列出这些态度和倾向，简单地说应该有三种：一是以守护过去和传统、维护现存的秩序和事物为主的态度和倾向，它的极致是反对对过去和传统、对现存的秩序和事物进行任何的改变，这种态度和倾向一般称之为保守主义。二是激烈地反叛传统、从根本上颠覆现存的秩序和事物的态度和倾向，并相信通过剧烈的变革（往往是通过暴力手段）即能够创造出一个崭新的世界和生活，这就是一般所说的激进主义。三是介于前二者之间的对过去和传统、对现存的秩序和事物既不保守又不激进的渐进改革的态度和倾向，相信通过非“伤筋动骨”的渐进改革就可以达到预期的目的。在清末民初的中国这三种态度和倾向虽然同时存在，但从总的变化趋向上看，却经历了由保守、渐进到激进的转化，而且激进主义一路高歌。“保守主义很难有什么立足点……就只有另外一股力量，就是激进的力量拼命地发展。基本上中国近百年是以‘变’：变革、变动、革命作为基本价值的。”[①]虽然余英时这个观点在学术界有争论，但它在一般意义上是成立的。引起这种转化和出现这种状况的原因有多个方面，而社会主义的传播则是其中一种重要的催化剂。自清末开始，中国曾经历了千年未有之大变局。伴随着这种大变局而来的是中国社会性质的改变、中华民族危机的逐步加重和中国的落后挨打。怎样挽救民族的危亡和实现国家的富强，显然照原样下去已不可能。面对这种情势，以龚自珍、林则徐、魏源等为代表的地主阶级改革派，开始抨击社会的黑暗和腐败。针对危机四伏，“日之将夕，悲风骤起”，清王朝已处于“衰世”的状态，他们主张变革，并引用《周易》的“穷则变，变则通，通则久”的“变易”史观，以论证其变革要求的合法性。同时他们提出“开眼看世界”，关注西方新的事物，翻译西书西报，编写《四洲志》、《海国图志》等，介绍世界历史、地理和域外的情况，引进西方先进技术，强调“师夷长技以制夷”。他们还批评了顽固分子所谓的“奇技淫巧”，指出“有用之物，即是奇技而非淫巧”，主张向西方学习。虽然他们的变革只是一种“渐进”式的，而且是在维护清王朝专制统治的大前提下，故而不可能有什么实质性的效果。但是相对于当时统治阶级所抱持的“不变”的“天朝上国”的心态和实践取向来说，它确实代表了一种新的变化，透露出一种新的讯息，给人以新的希望。自此以后，历经洋务派、资产阶级早期改良派、资产阶级维新派，至20世纪初，“渐进”的变革一直是清末开明统治者和先进知识分子主导性的价值追求。这种情况大致到了改良派和革命派论战以后才有了较大改变。从根本上说，催促这种转变的原因是温和的改良道路的失败。不过，毋庸置疑的是，它与当时社会主义思想的传播也有密切的关系。康、梁是改良派，他们介绍和传播社会主义的目的，总体上是想迫使晚清政府实行君主立宪，梁启超自始至终认定社会主义是一种改良主义，社会主义本身所具有的“革命”的、“战斗”的本性似乎被他抛弃得一干二净。然而要指出的是，社会主义对未来社会美好的构想仍然激励着他们为多年奋斗的目标而努力，他们主张并实践着的“渐进”改革

① 许纪霖：《二十世纪中国思想史论》上卷，东方出版中心2000年版，第419页。

的坚决态度本身就预示着一种“激进”。有一种观点说，“激进主义”属于“乌托邦改造工程”。[①]当我们把目光转向政治层面，转向社会变革的意识形态领域，我们可以发现，资产阶级改良派，特别是康有为这种“乌托邦”的想象和设计则非常明显。他在《大同书》中提出破除“国界”、“级界”、“产界”、“苦界”等九界，以实现“太平大同”的社会理想，追求着唯理主义的乌托邦境界，而他的大同思想显然受到了欧洲空想社会主义思想的影响。对于资产阶级革命派来说，他们“激进”的取向是十分鲜明的，促成这种“取向”的生成固然与改良道路的失败有直接的关系，而思想的原因则与他们所信奉的革命的进化论有关，与社会主义的影响也有关。孙中山本人关于民生主义的论述，虽然具有浓厚的“改良”成分，但这在总体上并不能掩盖其三民主义的“革命性”。同盟会其他成员，如朱执信对马克思主义阶级斗争理论的欣赏，更是表明了他对马克思主义革命理论的服膺。后来，在无政府主义那里，“理性的革命”则被“非理性革命”所替代，激进的价值追求一时成为当时相当多数人的共同选择。大概在1907年前后，日本社会主义运动的激进情绪，强有力地影响着在日本的相当一批中国革命者和青年学生，致使中国一些社会主义的崇拜者也逐渐随着日本社会主义运动的分化而在观点上出现分歧，就是同盟会内部，倾向无政府主义的也渐渐多了起来。对此，孙中山公开表明了自己的态度。他宣称，无政府论之理想至为高超纯洁，有类于乌托邦，但可望而不可即，颇似世上所谈之神仙世界。吾对神仙既不赞成，也不反对，故即以神仙视之可矣。[②]《民报》也专门发表文章，告诫大家认清社会主义与无政府主义的区别。《无政府党与革命党之说明》一文说：社会主义与无政府主义之间的重要区别有三：“第一，无政府主义在废灭政府，而社会主义则在利用政府也。”“第二，无政府主义无论于何国家，皆轻蔑政治，破坏法律，对于政府企为阴谋；社会主义则服从法律，维持善良之政府尊重生命，且为政治运动者也。”“第三，无政府主义之事业，蔑视法律之绝对的自己主义者也。社会主义之事业，

① 参见许纪霖:《寻求意义 现代化变迁与文化批判》,上海三联书店1997年版,第37页。

② 参见冯自由:《革命逸史》第3集,商务印书馆1947年版,第209—210页。

则平和而有秩序且博爱者也。”[①]显然，孙中山等资产阶级革命家并不想把自己的社会主义主张推向更为激进的程度上去。资产阶级革命派中的有些人甚至想将其“民生主义”同那个太容易让人引起联想的“Socialism”之间的等号抹去，[②]以免受到无政府主义这一更为激进的思想影响。可是，思想这个东西并不是靠一两个什么权威的解释就能让人接受和改变的。[③]不管孙中山和他的一些同事们怎样努力，无政府主义思潮还是成为1907年前后中国最主要的一种社会思潮，激进倾向和心态在当时相当一部分人中成为主流。

当然，在此我们并不是说，社会主义的传播必然引起人们朝着“激进”的方向滑去，科学社会主义仍然属于理性主义的范畴，不过当时人们对于科学社会主义并不真正地了解，而是把空想社会主义、虚无主义、无政府主义同科学社会主义混为一谈，所以以上分析我们也就没有对科学社会主义和其他形态的社会主义作严格的区分。如果要作这样区分的话，那么空想社会主义、虚无主义和无政府主义等才真正是“激进主义”的催化剂。

第二，近代中国启蒙运动的深入。所谓“启蒙”，从字面上说，是“开明”的意思，即“打破欺蒙，扫除蒙蔽，廓清蒙昧”，通俗地说，“就是解放人民头脑的束缚，教他们耳聪目明，教他们了解为什么，了解怎样做”[④]。启蒙运动是伴随资本主义兴起而生的思想运动，是一种通过新思想的传播而促使社会进步的运动。17到18世纪欧洲发生的资产阶级启蒙运动，因启发人们打破中世纪的黑暗，所以当它传入中国时，曾有人将其译作“黎明运动”。在清末民初的中国，当这种“黎明运动”开始的时候，社会主义也几乎同时传入中国。社会主义为启蒙运动增添了新的内容、新的旨趣、新的选择，而启蒙运动在很大程度上又为社会主义的传播铺平了道路。清末民初启蒙运动与社会主义的这种关系，说到底是由当时特定的

---

① 梦蝶生：《无政府党与革命党之说明》，《民报》第7号。

② 参见民意：《告非难民生主义者》（驳《新民丛报》第十四号《社会主义论》），《民报》第12号。

③ 参见杨奎松、董士伟：《海市蜃楼于大漠绿洲——中国近代社会主义思潮研究》，上海人民出版社1991年版，第50—51页。

④《何干之文集》第2卷，北京出版社1993年版，第1—2页。

历史条件造成的。在西方，启蒙思想家们所承担的历史使命是批判封建主义，而对资本主义的批判则是在空想社会主义出现后才开始的。中国则与此不同，当近代中国启蒙运动开始的时候，西方资本主义的弊端已经显现，西方国家贫富悬隔、劳资对抗、阶级对立的严重现实，使中国的启蒙思想家们一开始就不得不面临着这样的选择：一方面要努力为西方资产阶级思想学说辩护，为本国资本主义的发展开辟道路；一方面又不能不对资本主义采取一定程度的批判态度，力求预防和免除资本主义社会的弊端。由于中国启蒙运动和西方启蒙运动在形式和内容上的差别，决定了它在开始的时候就与社会主义的传播密切联系在一起，而且正是社会主义的"加盟"，推动了清末民初中国启蒙运动的深入。

自由主义是启蒙运动的助推器。在西方，人们对"自由主义"一词赋予了丰富的含义。"自由主义"（Liberaism）与"自由"（Liberty）既密切联系又有区别。"自由"意为"独立、自主、无阻碍"之意。海耶克在解释英文"Liberty"一词含义时说，它描述的是一种没有特殊的阻碍——其他人的强制状态，而"自由主义者"（Liberal）则由拉丁文"Liberalis"转化而来，包含有"尊重个体自由、思想宽融、有高尚的修养"等内容。所以"自由主义者"除信奉自由为一种社会理想之外，还兼有个人伦理道德上的意义，其核心思想是宽容与追求思想自由。由"Liberalis"还派生出"Liberalism"（自由主义），用来指称在17世纪英国资产阶级革命中产生，以后经过美国革命、法国革命进一步发展起来的社会思潮和社会运动。其著名思想人物有洛克、亚当·斯密、斯宾塞、穆勒、杜威等。[①] 在中国，严复是近代自由主义运动的真正开创者，也是维新启蒙运动的重要人物。清末民初，中国启蒙运动的发动与自由主义的滋生和发展密不可分。1895—1898年的维新运动在本质上是一次民族救亡运动，同时又是一次思想启蒙运动。在这场运动中活跃着两个思想派别，一个是以康有为、梁启超为代表的维新派人士，他们着眼于政治制度的变革；另一个则以严复为代表，注重的是思想启蒙。在维新运动中，这两个运动

① 参见胡伟希、高瑞泉、张利民：《十字街头与塔——中国近代自由主义思潮研究》，上海人民出版社1991年版，第5—6页。

是同步发展的，而且在思想上康、梁和严复等有不少的共同点。由此，历史学家们在讨论维新运动时往往对其不加区分，而统称为“维新改良运动”。其实，如果细细分析，他们之间无论在旨趣还是在基本观念上仍然有若干不同，同时在维新变法运动中，严复除了在《国闻报》上呼吁改革之外，也没有直接参与以康、梁为首的变法维新活动。但是，这两个运动都由民族危机加深所诱发，目的也都是为了救亡图存。这一点不仅对于确定维新运动的性质，而且对于了解中国近代自由主义的特征都具有重要意义。维新运动与自由主义的关系可以归结为两个方面：一方面西方自由主义观念是作为救亡图存的工具与手段引进到中国的，民族自救成为中国近代自由主义思想内容的重要部分；另一方面维新启蒙运动的发展又为启蒙运动的发展提供了机遇，同时又为自由主义运动的发展减少了阻力，从而成为启蒙运动的“助推器”。在维新运动逐步走向高潮的1895年，严复发表的文章并不多，主要有《论世变之亟》、《原强》、《辟韩》、《原强续篇》和《救亡决论》。在这些文章之中，严复围绕中西文化的对比，探讨中国积弱积贫之缘由，并提出改变中国落后面貌的三项要政：“一曰鼓民力，二曰开民智，三曰新民德。”1896年至1898年，严复把主要精力放到了《天演论》的翻译上。该书出版后立即引起轰动，成为受人们喜爱的经典译作。先前发表的五篇文章和《天演论》合起来构成了严复变法思想纲要，也集中展示了严复自由主义所具有的认识论上的实证主义、伦理观上的个体主义、历史观上的进化论、经济观上的放任主义等基本特征。这些思想特征对后来不止一代的中国近代自由主义者都产生了重要的影响。与严复从西方直接引进英国式的自由主义思想不同，谭嗣同则是将中国传统思想向近代自由主义方向推进的第一人，其代表性的作品是其所著、在其死后由梁启超整理出版的《仁学》一书。自严复、谭嗣同之后，中国近代自由主义的代表是梁启超。尽管梁启超的思想多变，而且即使在同一时期也往往是多种思想学说并存，但在其思想处于高峰时期的1902年至1903年间，他作为中国思想界的“骄子”，对推进自由主义在中国的发展作出了重要贡献，使这一主义在中国知识界引起了共鸣。到了1905年前后，由于日俄战争爆发、清政府立宪骗局的破产，拒俄、排满运动迅速发展，自由主义让位于民族主义。这种状况直到辛亥革命失败后又有了改变，而且随着新文化运动的开展，中国近代自由主义开始走向高潮。[①]中国启蒙运动发展的轨迹也大致如自由主义在中国的发展。

从历史的角度看，社会主义与近代自由主义并不矛盾，相反还是它的逻辑延伸。自由主义认为，所有人生而平等，均享有不可剥夺的自由的权利，这是天赋人权说的核心。既然人人生来平等，就没有任何人可以凌驾于他人之上，绝对的政治权力是不存在的，它必须服从人民制定的各种规则和法律，并受到制度的控制和制约。在经济上，自由主义者主张私有财产神圣不可侵犯，贸易自由，竞争自由，让市场来决定一切。自由主义认为，在这种经济制度下，人人都享有他的自由，都能得到公正的对待，社会才能实现真正的公平正义。可是事实证明，这只是一种美好的幻想。在资本主义制度下，财产权才是个人权力的真正的保障。由于自由主义主张私有财产神圣不可侵犯，所以人人自由和平等只是一种抽象的原则。另一方面，自由主义所要求的只是一种政治平等，这种平等是通过划一的公民身份来实现的，非政治的不平等只要不影响这个公民身份，就是被允许的。因此，自由主义所强调的政治平等仍只是一个纯粹形式的法律范畴。而社会主义则对这种政治平等的理想提出了挑战，并且延伸到了经济领域，主张财产公有制。自由主义的确唤起了人们对平等的渴望，但它是一种半途而废或残缺不全的学说，它并没有将自由平等和公平正义的理想伸展到人类生活的一切领域。社会主义不但要实现彻底的自由，而且要实现彻底的平等，并强调通过财产的公有保障这种自由平等和公平正义。[②]如前文所分析的，活跃于清末民初中国政治舞台的资产阶级改良派无疑是中国自由主义的先驱，尽管他们同样承认私有制存在的合理性，而且极力为私有制辩护。如梁启超指出："所谓规律，所谓公正，不过社会变迁直接之结果，而非如自然法家所云，别

① 参见胡伟希、高瑞泉、张利民：《十字街头与塔——中国近代自由主义思潮研究》，上海人民出版社1991年版，第22—34页。

② 参见张汝伦：《现代中国思想研究》，上海人民出版社2001年版，第247页。

有规律公正其物者，万古不易也。即如土地私有制度，实亦历史之产物。其在太古，土地虽属人类公有，及经经济上社会上几许变迁，为增进社会一般幸福起见，驯致认私有制度之必要。故否认自然法之存在，实今日思想家之公言，而土地自共有制度递嬗而为私有制度，实有历史之理由，而非可蔑弃者也。”①但是，与西方自由主义不同的是，他们在某种程度上能够认识到帝国主义腐朽的一面，能够清醒地看到西方国家所存在的严重社会问题和中国社会所面临的严重威胁，因而对西欧兴起的社会主义运动也抱持同情的态度，并且积极地投身于社会主义的宣传之中。康有为所歌颂的“大同”社会，实质上是指废除封建社会的身份等级制度，实行“无有臣妾奴隶，无有君主统治”意义上的平等，是在资本主义机器大工业基础上，建立的自由、平等、博爱的理想社会，这客观上是新兴资产阶级对高度工业化的资本主义社会的强烈向往，是对自由主义的讴歌。同时，康有为在《大同书》中也探究了今后中国工业发展过程中如何避免西方资本主义弊端的问题，进而凸显出其所受到的西方社会主义的影响，从而使清末资产阶级维新派的思想启蒙带有自由主义和社会主义的“双重痕迹”。在西方，启蒙思想家的使命就是进行思想的启蒙，发现永恒的理性、正义和真理，人的理性成了衡量一切的唯一尺度，强调一切事物都要经历理性审判台的审判。而在中国，由于受到社会主义的影响，他们开始意识到仅仅进行思想的革命是不够的，还必须重视经济制度的变革，认为只有这样才能根本解决社会问题。还在1903年梁启超就指出，社会要求变革的原因在于社会经济条件。他援引马克思在《资本论》中关于资本主义社会的经济危机的分析，然后说：机器工业发展以来，生产力骤增，而消费力岁进之速率不足以应之，于是生产过剩，失业人数增多，贫富两极日日冲突，社会问题随之产生，社会革命终将不可免。这说明，梁启超已自觉地从经济制度方面来寻找社会变革的原因，这是他比西方启蒙思想家进步的地方，也是清末启蒙运动所具有的新特质，而这种进步和新的特质又是与社会主义思潮的影响分不开的。

---

① 张枬、王忍之编:《辛亥革命前十年间时论选集》第2卷(下册),生活·读书·新知三联书店1963年版,第581页。

从1903年尤其是1905年以后，随着资产阶级维新思潮的高潮逐渐逝去，代替维新派推动清末启蒙运动向前发展的，是更为激进的资产阶级革命派和小资产阶级民主主义者。为了挽救民族的危亡，他们如饥似渴地寻求各种新的学说，以运用于社会的改造。由于资本主义的弊端已经显现，西方社会主义运动已经风起云涌，这就很自然地使他们在接受西方自由主义思想的同时，也从社会主义学说中吸取营养。就资产阶级革命派而言，一方面他们积极宣传民权，抨击专制，鼓吹革命，“杀身以易民权，流血以购自由”。邹容强调，革命乃天演之公理，是“由野蛮而进文明，除奴隶而进主人者也”。他表示，要树独立之旗，撞自由之钟，用革命行动扫除数千年之专制政体，收回我天赋之权利，换回我生来之自由。孙中山领导成立同盟会，确定“驱除鞑虏，恢复中华，建立民国，平均地权”的革命纲领。他热情宣传“自由、平等、博爱”和“民有、民治、民享”，并结合中国情况，提出了民族、民权、民生三大主义。另一方面他们又主动向国人介绍和宣传社会主义，并把社会主义作为克服资本主义社会弊端的医疗术，而且与资产阶级维新派相比，他们对于社会主义的理解显然更进了一步。比如，马君武称赞马克思的科学社会主义，对马克思主义的唯物史观作了当时条件下较为详尽和较为准确的理解和介绍，相当程度地承认阶级斗争是社会历史发展的动力。他还把近代社会主义思潮和中国古代大同思想加以区别，并对空想社会主义思想进行了一分为二的分析和批判。同时，他认为，作为启蒙运动者，其责任并不是引导群众原封不动地固守原有的思想文化传统，而是要将新的学说介绍给人民群众，使传统文化在新的条件下得到新的发展。“以今日中国文化之程度，进而与之言社会主义，其不惊疑却走也几希。虽然欧罗巴之世界，既有此种奇伟光明之主义，而忍使吾国之人，昧昧然不知其为何物，则亦非以输入文明为己任者之本心也。”[①]小资产阶级无政府主义的社会主义比资产阶级的社会主义更为激进，而且误读者更多。但是，他们反对强权压制，排斥任何形式的国家和政治组织，鼓吹个人的绝对自由，仇视私有制度，强调人的社会公平地位，主张权利和义务均

---

① 莫世祥编：《马君武集》，华中师范大学出版社2011年版，第92页。

等，并且破天荒地喊出了“行孔丘之革命”，强调“不自由，毋宁死”，认为“人之所以为人者，以有自由也。无自由而束缚于人者，牛马不若也。故有侵犯我之自由者，我必出死力以争之，我虽死而自由不死，故曰不自由，毋宁死。法律者，束缚人也，侵犯人之自由也。惟其束缚人，不合公理也，故反对之。使强权者无所掩饰以欺人愚人，而我得脱束缚，以伸我之自由。惟其侵犯人之自由，不合公理也，故消灭之，使强权者无所借以束缚人，而我得伸自由，以求其完全无缺”[①]。这些言论以更为坚决的态度和声音启发着中国人的心智，推动着中国的启蒙。尽管其自身是一种超越现实的理想主义，然其追求和皈依真理的坚定决心却令人钦佩。

从19世纪末到20世纪初，中国的启蒙运动还处于初期阶段，作为启蒙运动的先驱者的资产阶级以及小资产阶级思想家和政治家，无论是改良派还是革命派，都是把西方社会主义学说作为新思想的重要一种来介绍和传播的。这样，就把社会主义学说和他们所讴歌的自由、平等、博爱结合起来，使其自由主义的理念糅合了“社会主义”的厚重色彩。同时，由于他们对社会主义的传播，开启了在先进中国知识分子中谈论社会主义的风气，因此在清末民初思想界引起了反响。这种反响为后来的思想启蒙和社会主义的传播奠定了重要的基石。

第三，民主革命的发展和人们对于理想社会的追求。除了更早的一些清末外交官、地主阶级经世致用派知识分子等介绍社会主义仅限于一般性的提及，并意在警醒清朝统治者避免发生西方那样的工人“骚乱”外，资产阶级和小资产阶级代表们介绍和传播社会主义的矛头，主要是针对封建主义和资本主义弊端的。因此，他们对社会主义的宣传介绍对近代反帝反封建的民主革命无疑起到了积极作用。同时，他们对社会主义的探索、思考和研究，还反映了中国人民对美好社会制度的憧憬和向往，反映了中国人民对没有压迫没有剥削的理想社会的热烈追求，这也鼓励了以后包括中国共产党人在内的中国先进分子为达到这一目标，不忘初

① 张枬、王忍之编:《辛亥革命前十年间时论选集》第2卷(下册)，生活·读书·新知三联书店1963年版，第1025页。

心、孜孜以求。

清末民初的中国多灾多难，各种救国救民的方案纷纷出台又纷纷流产。这种情况呼唤着当时先进的知识分子以更深刻的方式和更广阔的视野去思考和探寻国家出路，呼唤着更新更有用的新思想的到来。社会主义就是这样一种新思想。清末民初的思想家和政治家们，除无政府主义者外，他们介绍和传播社会主义，主观上并不是想率领劳苦大众去推翻资本主义，而是在一定程度上把它作为一种批判的武器对当时中国的一切不平等制度进行批判。这种批判的内容主要集中在两个方面：一是对于清王朝封建专制统治的批判，特别是资产阶级和小资产阶级革命派在谈论社会主义时，明确地认为"中国今日之不平"主要源于"华夷颠倒"，认为此乃吾国家吾社会"生存竞争之敌"，"不去此大敌，社会将死于此国家矣"。他们设计的社会主义与资产阶级民主革命只是"稍有异同耳"，这种异同"犹行程之有远近"，实际的方向是一样的，而且"君主一层之理障，可以全撤。于是推倒满洲政府，固当毫无迟回，即建设共和民政，自必目为平常矣"。[①]事实上，当时绝大部分的资产阶级和小资产阶级思想家、政治家们，并没有把社会主义和资产阶级民主革命对立起来，相反却认为社会主义的宣传会对民主革命有促进作用，客观的结果也是这样。二是对资本主义制度不合理因素的批判，诸如贫富悬殊、劳资对立、道德沦丧、对外扩张、殖民侵略等。有的甚至认为，资本主义社会的丑恶根源将导致资本主义的灭亡。如邓实在《论社会主义》一文中指出："世界者，公共之世界也。世界之财产，公共所以谋公利公益之财产也，而使少数之资本家握之，遂至多数之人民陷于贫困，酿成恶风。其究也，终无以逃天行之淘汰，而同归消灭。""十九世纪之文明，既打破政权之不平等，二十世纪之文明，必将打破经济之不平等，此可预言也。"[②]尽管这些批判只是蜻蜓点水，但是他们对西方资本主义制度的不满，对劳动人民的同情，则在更大程度上起到了动员一切力量进行

---

① 张枬、王忍之编：《辛亥革命前十年间时论选集》第3卷，生活·读书·新知三联书店1967年版，第214—218页。

② 姜义华编：《社会主义学说在中国的初期传播》，复旦大学出版社1984年版，第65页。

资产阶级民主革命的作用。不仅如此，对社会主义的介绍和部分的吸收，还使中国的民主革命显现出鲜明的那个时代的特征。

对于未来美好社会的向往和追求，一直是激励先进中国人奋发向前的强大精神动力和努力实现的奋斗目标。以洪秀全为代表的清末中国农民阶级设想建立"太平天国"的理想社会。洪秀全在《原道觉世训》中说："乱极而治，暗极则光，天之道也，于今夜退而日升矣。""天下男人，尽是兄弟；天下女人，尽是姊妹。天下一家，共享太平"。1853年颁布的《天朝田亩制度》，主张平分土地，废除封建土地所有制，强调"凡天下田，丰荒相通，此处荒，则移彼丰处以赈此处荒，彼处荒，则移此丰处以赈彼处荒。务使天下共享天父上主皇上帝大福，有田同耕，有饭同享，有衣同穿，有钱同使，无处不均匀，无人不饱暖也"。但是，这个理想社会是建立在小资产阶级基础上的绝对平均主义，是不可能实现的空想。如列宁所指出的，这种希望以平分土地来实行社会主义，是一种"乌托邦"式的"幻想"，"同时又是农民群众广阔伟大民主运动高涨底伴侣和徵候"。[①]与洪秀全等农民阶级的代表不同，资产阶级改良派也曾描绘出在中国建立"大同"社会的美好蓝图，其主要思想集中体现在康有为的《大同书》之中。康有为构建的"大同"世界，虽然和太平天国一样强调公平正义，但却注入了社会化大生产等新的内容，更深入地批判了封建主义，同时也指出了资本主义社会的某些弊端，体现了近代空想社会主义的主要特征，比起洪秀全等农民阶级的空想社会主义已经迈出了一大步。它根据社会必然向前发展的历史进化论，提出了一个以高度物质文明为经济基础，以人人劳动和财产公有为基本原则，以政治民主、个人平等自由为社会结构的"大同"世界。这在一定程度上表达了中国先进分子和中国人民对封建专制的憎恨，对科学发达的希望，对人权民主的要求，对美好生活的渴望。[②]资产阶级革命派继承了太平天国的空想社会主义和朴素的革命思想。孙中山曾经说过，民生主义即贫富均等，不能

---

①《列宁文选》第1卷，外国文书籍出版局1949年中文版，第814页。

② 参见李泽厚：《中国近代思想史论》，人民出版社1979年版，第148页。

以富者压制贫者。这一主义在前数十年已有人行之，此人即洪秀全也。[①]孙中山还屡屡提到洪秀全和太平天国，强调自己的“民主主义”与先辈洪秀全等发起的革命事业相近或类似，自认为是他们事业的继承者。然而，资产阶级革命派对资本主义社会的弊端则有着比洪秀全、康有为等人更深刻的体验和认识，并且较明确地意识到社会主义战胜资本主义的历史必然性，于是科学社会主义、国家社会主义、民生社会主义、均贫富社会主义等各种各样的社会主义一齐涌现在资产阶级革命党人的杂志、文章之中，成为众多革命党人热议的话题。他们也以大同之世为最高目标，但却更鲜明地批判了资本主义，更具体地提出了解决土地问题和资本问题的方案，并和社会化大生产以及资产阶级民主主义联系在一起。他们对未来社会的设想虽然不如康有为的《大同书》具体、翔实，但在批判资本主义方面却比康有为更具体、更尖锐，可以说是比较典型的近代空想社会主义，正如有人所指出的：“是世界上最邻近马克思主义的最后的一种空想社会主义，它比法国的空想社会主义和俄罗斯革命民主主义的社会主义具有着更突出的革命实践的性格。”[②]无政府主义对于封建主义和资本主义的批判可谓是最彻底的，彻底得乃至错误，但是它对于未来美好社会的向往不仅与康有为的《大同书》和孙中山的社会主义具有明显的一致性，而且有过之而无不及。正是这样一些“社会主义”所展现出的美好社会，不断地激励着清末民初中国先进分子的理想追求，并最终与科学社会主义相衔接，从而找到了一条通往“大同”的路。在五四之后，中国先进分子最终把独立、富强、自由、平等的理想由西方资本主义国家转向北方的苏俄，由资本主义转向社会主义。社会主义代替了自由平等博爱的口号，成为中国共产党人率领中国人民进行民主革命的旗帜和接续奋斗的理想。

以上对传播效果的分析是从总体上说的，如果根据本节开头对传播效果类型所作的界定，那么上述分析讲的是总体上的积极效果或者说是正效果。实际上，不同的阶级阶层和群体对于社会主义的传播，由于其理

---

① 参见李泽厚:《中国近代思想史论》,人民出版社1979年版,第332页。

② 李泽厚:《中国近代思想史论》,人民出版社1979年版,第362页。

解不同、环境不同、目的不同等，其效果不可能一模一样。对于这种差别，上述分析已有所体现。要补充的是，出使西方国家的使臣和地主阶级改革派介绍西方社会主义虽很难说有什么十分明确的目的，但其结果却加速了清王朝的崩溃，所以这对于封建统治者来说，是一种明显的消极效果或者说是负效果，更不是一种预期效果。当然，清王朝的崩溃还有更为深刻的社会原因。资产阶级改良派传播社会主义的直接目的是推动清政府实行君主立宪，发展中国的资本主义。事实上，清政府在1901年到1905年间，也确实推出一系列“新政”，不过与改良派的要求和期待相差甚远，因此勉强算得上是直接的正效果和预期效果。资产阶级革命派传播社会主义是为了补充其民主主义理论，特别是其民生主义思想，为其革命和建设提供理论上的支持，革命派领导的革命确实也取得了一定意义上的成功，但是又没有建立起真正的资产阶级共和国。所以，他们之于社会主义的传播来说既有积极效果和正效果，又有消极效果或者说是负效果。无政府主义传播社会主义主要是为其无政府主义张目，而且确实推动了中国无政府主义走向高潮，对批判封建主义和资本主义也起到了一定的积极作用，但是最终还是偃旗息鼓。这说明他们的传播效果是暂时性的正效果和预期效果，并非一种长远的效果。只有到了五四以后，社会主义包括马克思主义在中国广泛传播，并在此基础上诞生了以马克思主义为指导的中国共产党，中国才真正迎来了光明的前景。社会主义在中国的传播不仅产生了积极效果和正效果，而且还被赋予了一种长远的意义。

二、社会主义传播进程中的“初级阶段”

社会主义在中国的传播，伴随着社会主义在中国的整个过程。对清末民初社会主义的传播该作怎样的历史定位，我们认为总的思路是将“清末民初”这一时段社会主义的传播置于社会主义在中国传播整个过程中去认识和把握。结论是：这一阶段是社会主义在中国传播总进程中的“初级阶段”。

首先，这是一个重要阶段。社会主义产生于欧洲、实践于俄国、发展和兴盛于中国。但是，中国的社会主义最早是从欧洲传入的，次之是日本，后来又主要是从俄国传入中国的。从传入这个理论和主义的进程看，中国不仅晚于俄国，也晚于日本，确乎姗姗来迟。这里面有着非常复杂的原因，诸如中国社会长期的闭关自守，中国经济政治文化落后，中国资本主义发展迟滞，中国工人阶级队伍的弱小，等等。不过，随着鸦片战争的爆发，中国被迫开放国门，中国人在深陷民族危机之中而寻找救国救民的出路时，最终还是接触到了西方的社会主义，而且一经接触便势不可挡，不仅使马克思主义成为中国共产党的指导思想，而且在这一思想指导下，中国走上了社会主义道路，在世界上高高举起了中国特色社会主义伟大旗帜，并取得了一系列的辉煌。中共十三大报告曾经指出："我国原来是一个半殖民地半封建的大国。从19个世纪中叶以来的一百多年间，经过各派政治力量的反复较量，经过旧民主主义革命的多次失败和新民主主义革命的最终胜利，证明资本主义道路在中国走不通，唯一的出路是在共产党领导下推翻帝国主义、封建主义、官僚资本主义的反动统治，走社会主义道路。"①这段话揭示了中国走社会主义道路的历史必然性。但是历史事实是，中国人从一开始"初识社会主义"到对于社会主义的一知半解，再到比较正确地认识和把握社会主义、最终将社会主义作为中国的根本出路的过程要比以上论述复杂得多、艰辛得多。皮明庥在其《近代中国社会主义思潮觅踪》一书中曾对这种复杂艰辛的情况进行了分析。他认为，在近代中国早期，中国先进分子对社会主义进行过艰难的探索，其过程大体上有三次高潮：

第一次是19世纪、20世纪之交，说得恰当一些，是1902年到1908年，以东渡日本的知识分子为主体，也包括旅欧的留学生，其中既有资产阶级维新派，又有资产阶级革命派，开展了一次颇具规模的社会主义著作的译介和社会主义思想的讨论活动。《新民丛报》、《民报》、《天义报》、《新世纪》等成为介绍和传播社会主义学说和运动的重要阵地。到辛亥革命前夕的1909年、1910年，这种讨论由热烈逐渐走向沉寂，深重

①《十三大以来重要文献选编》上，人民出版社1991年版，第10页。

的民族危机使人们把主要的力量投入到了保路运动、黄花岗起义，以及武昌起义的真刀真枪的民主主义革命斗争之中，暂时无暇顾及思想领域的活动。新思想的传播让位于实实在在的革命行动。

第二次讨论社会主义的热潮始于1911年10月武昌起义胜利到1913年袁世凯解散各政党时结束。当时，以孙中山从欧洲带回社会主义著作，并在国内演讲社会主义、社会革命，和江亢虎组织中国社会党，进行社会主义的讨论为主导，社会上出现了许多宣传社会主义的报刊，并建立了标榜社会主义的政党和劳工团体。但是，这次讨论社会主义的时间不长，而且是在亨利·乔治单税论和无政府主义的双轨上运行，因此在理论上并没有比第一次有更大的进步。不过这次讨论主要在国内进行，较之第一次主要是在国外留学生和流亡革命者中进行，影响和范围显然扩大了。

第三次社会主义探索兴起于十月革命，主要是1919年五四运动之后。这是一次更深入和更广泛的传播马克思主义和社会主义的运动。这个运动的开展，标志着一个旧时代的结束和一个新时代的到来。参加这次讨论的有早期共产主义知识分子，有国民党的理论家，有无政府主义者，还有一些政客混迹其间。从思想内涵看，涉及形形色色的社会主义流派。在这一片嘈杂的思想漩流中，以李大钊、陈独秀等为代表的早期共产主义知识分子新军突起。经过多种形式的论争，在政治上他们选择了走俄国十月革命的道路，在理论上他们确立了以阶级斗争为主线的科学社会主义观念，并接受了苏俄劳农专政的社会主义模式。这种探索在政治上、思想上、组织上为中国共产党的成立奠定了基础，为无产阶级革命事业在中国的开创拉开了帷幕，并且对我国社会主义事业产生深远的影响。李大钊、陈独秀等当时的确是引领时代步伐的先行者。①

中国人早期的社会主义探索主要集中在上述三个阶段，与此相对应其社会主义传播也主要经历了上述三个阶段。本书所研究的内容涉及的是其中的两个阶段，只是时间向前更延伸了一些。不管这一阶段有关社会主义的介绍和传播有多么幼稚和不足，它在中国社会主义传播史上都有着重要的意义，是一个非常重要的阶段。为什么说是一个重要阶段？除

① 参见皮明庥：《近代中国社会主义思潮觅踪》，吉林文史出版社1991年版，“序言”第7—9页。

了本节第一部分所作的三个方面的分析以外，概括地说还要作以下补充：其一，它初步介绍了西方社会主义的各种思想流派和活动讯息，使少数先进的中国人知道了巴黎公社起义和欧洲国家工人罢工的情况，不仅知道了圣西门、傅立叶、欧文这些空想社会主义者及其主要观点，而且还知道了马克思、恩格斯及其关于社会主义的主要观点。没有这些介绍和宣传，社会主义在中国的传播恐怕还要更晚一些。尽管资产阶级改良派和革命派对于社会主义理论和运动并不真正理解，他们所制定的救世方案也没有越出这个阶级阶层的局限和资本主义所能允许的范围，但是历史表明，早期社会主义的传播，丰富了资产阶级改良派和革命派的宣传，坚定了他们同封建顽固势力斗争的信念和信心。对于革命派来说，它还坚定了与改良派斗争的信念和信心。社会主义理论中反剥削反压迫的思想、公有制主张、暴力革命学说等不同程度地被资产阶级革命派和无政府主义者吸收和采用，充分反映了西方社会主义思想和运动对于东方民族民主革命的深远影响。孙中山等人的言行代表了当时先进的中国人向西方寻求真理的新动向。正如列宁所评价的："孙中山的纲领的字里行间都充满了战斗的、真诚的民主主义。它充分认识到'种族'革命的不足，丝毫没有忽视政治问题，或者说，丝毫没有轻视政治自由或容许中国专制制度与中国'社会改革'、中国立宪改革等等并存的思想。这是带有建立共和制度要求的完整的民主主义。它直接提出群众生活状况及群众斗争问题，热烈地同情被剥削劳动者，相信他们是正义的和有力量的。""我们现在看到的是真正伟大的人民的真正伟大的思想"，"这种战斗的民主主义思想首先是同社会主义空想、同使中国避免走资本主义道路即防止资本主义的愿望结合在一起的，其次是同宣传和实行激进的土地改革的计划结合在一起的。"[①]列宁对孙中山的上述评价从一个侧面肯定了社会主义之于中国资产阶级革命所产生的重要影响。其二，这一阶段的社会主义传播还有两点值得我们注意：一是虽然分属于不同阶级阶层的人对于社会主义学说和运动有着诸多误读，甚至曲解，但是他们，特别是资产阶级革命派的思想家和政治家们也或多或少地、程度不同地触及社

①《列宁选集》第2卷，人民出版社1995年版，第291—292页。

会主义的本质，对于科学社会主义给予了一定的肯定。二是除了清廷使臣和地主阶级改革派知识分子外，资产阶级改良派和革命派以及无政府主义者，他们在介绍和传播社会主义的同时，除了对中国封建制度腐朽给予了不同程度的批判以外，对于西方资本主义的弊端也进行了揭露，对于欧美工人运动表示了某种程度的同情，甚至提出了在中国实现社会主义的设想。上述两个方面结合在一起，共同为五四时期以及其后的科学社会主义的广泛传播作了一定的准备和铺垫，开启了社会主义特别是马克思主义在中国发展的序幕。

其次，这是一个“初级阶段”。说它是“初级阶段”，是因为相对于后面的社会主义在中国的传播，这一阶段的传播无论在内容的深度上还是影响的广度上与五四时期及其以后的传播相比，都有着重要而明显的差距。第一，从出版物的情况看，介绍性的译著多，马克思、恩格斯等经典作家的原著少。介绍性的译著除了上海的世界社出版了一些译自法文的社会主义作品外，主要是日本社会主义者的著作，例如前文介绍的有幸德秋水的《广长舌》、《社会主义神髓》，福井准造的《近世社会主义》，村井知至的《社会主义》，西川光次郎的《社会党》，久松义典的《近世社会主义评论》等。梁启超、马君武、朱执信、廖仲恺、宋教仁、胡汉民、戴季陶、刘师培、江亢虎、刘师复等人撰写的也大多是一些介绍性的文章，《新民丛报》、《民报》、《政艺通报》、《俄事警文》、《大陆》、《夏声》、《复报》、《江苏》、《浙江潮》、《天义报》、《新世纪》等报刊登载的文章也大致如此。至于马克思、恩格斯的原著只见到《天义报》第十五卷上发表的由“民鸣”翻译的《恩格斯关于〈共产党宣言〉1888年英文版序言》，第十六至十九卷四册合刊发表的由“民鸣”翻译的《共产党宣言》的第一章“资产者”和“无产者”部分，[①]以及同一期刊出的《女子问题研究》一文中摘录的恩格斯的《家庭、私有财产和国家的起源》第二章“家庭”的几个片段等，重点介绍的马克思主义的著作也只限于《共产党宣言》、《资本论》等少数几种，而且还不时出现一些常识性的错误，如1899年2月至5月，《万国公报》第121册至124册连载的，由英国传教士李提摩太节言、

① 未见发表中译全文。

中国人蔡尔康撰文的《大同学》一书的第一章就把马克思说成是英国人；马君武在《社会主义与进化论》一文末尾“附：社会党巨子所著书记”中将恩格斯所著的《英国工人阶级状况》误认为由马克思所著；[①]刘师培在《欧洲社会主义与无政府主义异同考》一文中也将恩格斯所著的《社会主义从空想到科学的发展》误作马克思所著。这些都反映出清末民初中国人对于社会主义、特别是马克思主义知之甚少的情况。

第二，对社会主义尤其是马克思主义理解上存在着偏差。这在前面的有关章节已作过一些介绍和分析。总之在整体上，清末民初传播社会主义的群体最终都没有认识和把握社会主义的真谛。维新派也好，革命派也好，无政府主义者也好，都是从自己的主观需要出发去选择社会主义的某些内容，而且充满着对社会主义的附会和误读。维新派炫耀一些“大同”的词句，把社会主义简单地理解为改良主义；革命派大多落入了亨利·乔治单税论的窠臼，往往把社会主义仅仅理解为经济问题，把马克思主义视为经济决定论；而那些激进主义分子则沉游在无政府主义的梦幻之中。清末民初社会主义的传播者们还不可能对于社会主义特别是马克思主义的科学社会主义作出正确的选择。正如有研究者所指出的："这一阶段社会主义理论的输入是直观的、粗浅的。社会主义学说的传播，从形式上说，是摄像式的、限于表层的；从内容上说，是未加诠释的、真伪混杂的。”[②]

另外，清末民初社会主义在中国的传播虽然已形成一定规模，但其影响仍然主要限于知识分子的范围之内，更没有像后来的五四时期那样成为一种广泛的思想运动和社会运动。这些特点，既是当时社会历史条件的真实反映，又是社会主义学说和运动在中国最初传播的缺憾所在。

本节第一部分叙述了社会主义在中国早期传播的三次探索和三个阶段，从中我们可以看出它们并非连续不断的。实际上，清末民初社会主义的传播并没有显现出直线上升的势头，到了1907年前后，无政府主义的风头已经盖过了社会主义。荣孟源的判断是合乎事实的：“1907年以

①《译书汇编》第11期，1903年。

② 欧阳跃峰：《社会主义学说在中国的早期传播》，《广州社会主义学院学报》2004年第1期。

后，《民报》中介绍社会主义的文章很少见，而介绍无政府主义的文章却增加了。”[①]对此，美国学者伯纳尔曾有一个统计，他将《民报》对社会主义的传播分为三个时期：1905年11月至1906年6月为第一时期，该报名义上为张继主编，实则由胡汉民、汪精卫、朱执信、汪东、宋教仁编撰，这一时期有谈论和称道社会主义的文章10篇，论述俄国革命和民粹主义的2篇，没有一篇介绍无政府主义的文章；1906年7月至1907年1月为第二时期，《民报》由章太炎主编，论及社会主义的2篇，无政府主义3篇，俄国民粹主义2篇；1907年3月至1908年10月，该报被日本当局查封，为第三时期，涉及无政府主义、民粹主义的共10篇，有关社会主义的一篇也没有。[②]造成这种情况的原因，皮明庥在《近代中国社会主义思潮觅踪》一书中是这样分析的。他指出：第一，同盟会内部的分裂。由于屡次武装起义的失败，特别是1906年至1907年间的起义失败后，在革命党人中曾存在沮丧情绪，使同盟会中的一些人欲另寻出路，其中有些激进分子走向极端，欲借助恐怖主义、暗杀手段来实现反清的政治目标。有些旅日的革命者又承受了中国民间的侠义传统和日本浪人的偏激性格，因而被无政府主义所吸引。第二，章太炎等主持了《民报》工作。1906年6月，章太炎《苏报》案出狱后去了日本，任《民报》主编。他本人虽然不是无政府主义者，但对无政府主义深感兴趣，从而导致《民报》在这方面的宣传扩大。1907年春，章太炎和刘师培完全控制了《民报》，刊物上有关无政府主义的文章明显增多，它的变化直接影响了众多中国留日学生态度的变化。第三，日本社会主义运动向无政府主义转变。日本著名的、也是对中国影响最大的社会主义者之一幸德秋水于1905年就显现出无政府主义的苗头，并一步步背离马克思主义和社会民主主义而走向无政府主义。1902年2月，实现了统一的日本社会党各派，在年会上出现了严重分歧，52名代表中，有22名是无政府工团主义者，有50人不再拥护社会民主主义。许多社会主义者皈依无政府主义，并把这种影响施

① 转引自皮明庥：《近代中国社会主义思潮觅踪》，吉林文史出版社1991年版，第98页。

② 参见[美]伯纳尔著，丘权政、符致兴译：《一九〇七年以前中国的社会主义思潮》，福建人民出版社1985年版，第198页。

加于同盟会之中。第四，俄国民粹派的影响。富有传奇色彩的俄国民粹派虚无党，直接或间接地与中、日革命党人发生着联系。1903年，杨笃生就开始仿效俄国虚无党，实施暗杀，进而在同盟会内部刮起了一阵暗杀风。这些都是无政府主义流风所向的结果。[①]上述分析是有道理的，不过我们以为除了这四个方面的原因外，最根本的还在于无政府主义与社会主义有着很深的内在渊源。正是这种内在的渊源，加上种种现实的原因，使得当时传播社会主义的人中有相当部分逐步滑向无政府主义。清末民初社会主义传播的直接趋向即是如此。

当然，后来情况也并不是无政府主义一路高歌，民国初年社会主义传播又出现了一次小小的高潮，可是无政府主义并没有销声匿迹，相反在规模和影响上随着民国初年国家的政治状况一天天坏下去而逐渐扩大，直到五四时期中国人真正找到马克思主义，无政府主义的影响才从中国思想舞台上渐渐逝去，清末民初社会主义传播在经过脱胎换骨式的改变后从此在中国真正扎根开花结果。正如毛泽东所说："中国人向西方学得很不少，但是行不通，理想总是不能实现。多次奋斗，包括辛亥革命那样全国规模的运动，都失败了。国家的情况一天一天坏，环境迫使人们活不下去。怀疑产生了，增长了，发展了。第一次世界大战震动了全世界。俄国人举行了十月革命，创立了世界上第一个社会主义国家。过去蕴藏在地下为外国人所看不见的伟大的俄国无产阶级和劳动人民的革命精力，在列宁、斯大林领导之下，像火山一样突然爆发出来了，中国人和全人类对俄国人都另眼相看了。这时，也只是在这时，中国人从思想到生活，才出现了一个崭新的时期。中国人找到了马克思列宁主义这个放之四海而皆准的普遍真理，中国的面目就起了变化了。""中国人找到马克思主义，是经过俄国人介绍的。……十月革命一声炮响，给我们送来了马克思列宁主义。十月革命帮助了全世界的也帮助了中国的先进分子，用无产阶级的宇宙观作为观察国家命运的工具，重新考虑自己的问题。走俄国人的路——这就是结论。"[②]

① 参见皮明庥:《近代中国社会主义思潮觅踪》,吉林文史出版社1991年版,第99—100页。

②《毛泽东选集》第4卷,人民出版社1991年版,第1470—1471页。

主要参考文献

文献史料

[1]马克思恩格斯选集(第1卷)[M].北京:人民出版社,1995.

[2]马克思恩格斯选集(第2卷)[M].北京:人民出版社,1995.

[3]马克思恩格斯选集(第3卷)[M].北京:人民出版社,1995.

[4]马克思恩格斯选集(第4卷)[M].北京:人民出版社,1995.

[5]列宁选集(第1卷)[M].北京:人民出版社,1995.

[6]列宁选集(第2卷)[M].北京:人民出版社,1995.

[7]列宁选集(第3卷)[M].北京:人民出版社,1995.

[8]列宁选集(第4卷)[M].北京:人民出版社,1995.

[9]毛泽东选集(第1卷)[M].北京:人民出版社,1991.

[10]毛泽东选集(第2卷)[M].北京:人民出版社,1991.

[11]毛泽东选集(第3卷)[M].北京:人民出版社,1991.

[12]毛泽东选集(第4卷)[M].北京:人民出版社,1991.

[13]蔡尚思,方行.谭嗣同全集 增订本(全二册)[M].北京:中华书局,1981.

[14]陈旭麓,郝盛潮,王耿雄,等.孙中山集外集[M].上海:上海人民出版社,1990.

[15]陈旭麓.宋教仁集(全二册)[M].北京:中华书局,1981.

[16]陈锡祺.孙中山年谱长编(全二册)[M].北京:中华书局,1991.

[17]丁凤麟,王欣之.薛福成选集[M].上海:上海人民出版社,1987.

[18]丁守和.辛亥革命时期期刊介绍(第1集)[M].北京:人民出版社,1982.

[19]丁守和.辛亥革命时期期刊介绍(第2集)[M].北京:人民出版社,1982.

[20]丁守和.辛亥革命时期期刊介绍(第3集)[M].北京:人民出版社,1983.

[21]丁守和.辛亥革命时期期刊介绍(第4集)[M].北京:人民出版社,1986.

[22]丁文江,赵丰田.梁启超年谱长编[M].上海:上海人民出版社,1983.

[23]方行,汤志钧.王韬日记[M].北京:中华书局,1987.

[24]冯桂芬.校邠庐抗议[M].郑州:中州古籍出版社,1998.

[25]傅兰雅.佐治刍言[M].上海:上海书店出版社,2002.

[26]高军,等.五四运动前马克思主义在中国的介绍与传播[M].长沙:湖南人民出版社,1986.

[27]葛懋春,蒋俊,李兴芝.无政府主义思想资料选(上册)[M].北京:北京大学出版社,1984.

[28]顾廷龙,叶亚廉.李鸿章全集(三)电稿三[M].上海:上海人民出版社,1987.

[29]广东省社会科学历史研究室.廖仲恺集[M].北京:中华书局,1983.

[30]广东省哲学社会科学研究所历史研究室,中国社会科学院近代史研究所中华民国史研究室.孙中山年谱[M].北京:中华书局,1980.

[31]广东省哲学社会科学研究所历史研究室.朱执信集(上集)[M].北京:中华书局,1979.

[32]广东省哲学社会科学研究所历史研究室.朱执信集(下集)[M].北京:中华书局,1979.

[33]郭嵩焘.伦敦与巴黎日记[M].长沙:岳麓书社,1984.

[34]郭嵩焘奏稿[M].长沙:岳麓书社,1983.

[35]郭廷以.郭嵩焘先生年谱[M].台北:“中央研究院”近代史研究所,1971.

[36]湖南省哲学社会科学研究所古代近代史研究室.宋教仁日记[M].长沙:湖南人民出版社,1980.

[37]姜义华.康有为全集(第3集)[M].上海:上海古籍出版社,1992.

[38]姜义华.社会主义学说在中国的初期传播[M].上海:复旦大学出版社,1984.

[39]近世社会主义[M].上海:广智书局,1903.

[40]康有为.大同书[M].北京:古籍出版社,1956.

[41]黎庶昌.西洋杂志[M].长沙:湖南人民出版社,1981.

[42]李凤苞.使德日记[M].北京:商务印书馆,1936.

[43]李国俊.梁启超著述系年[M].上海:复旦大学出版社,1986.

[44]李华兴,吴嘉勋.梁启超选集[M].上海:上海人民出版社,1984.

[45]李妙根.刘师培论学论政[M].上海:复旦大学出版社,1990.

[46]梁启超.新大陆游记[M].长沙:湖南人民出版社,1981.

[47]梁启超.饮冰室合集(全十二册)[M].北京:中华书局,1989.

[48]林代昭,潘国华.马克思主义在中国——从影响的传入到传播(上册)[M].北京:清华大学出版社,1983.

[49]林代昭,潘国华.马克思主义在中国——从影响的传入到传播(下册)[M].北京:清华大学出版社,1983.

[50]刘师培.刘申叔遗书(全二册)[M].南京:江苏古籍出版社,1997.

[51]刘锡鸿.英轺私记[M].长沙:湖南人民出版社,1981.

[52]马建忠.适可斋记言[M].北京:中华书局,1960.

[53]孟庆鹏.孙中山文集[M].北京:团结出版社,1997.

[54]莫世祥.马君武集(1900—1919)[M].武汉:华中师范大学出版社,1991.

[55]容闳.西学东渐记[M].徐凤石,恽铁憔,译.北京:商务印书馆,1934.

[56]尚明轩,余炎光.双清文集(上卷)[M].北京:人民出版社,1985.

［57］《社会主义思想在中国的传播》编写组．社会主义思想在中国的传播(资料选辑之一)上册［M］．北京：中共中央党校科研办公室，1985.

［58］史和，姚福申，叶翠娣．中国近代报刊名录［M］．福州：福建人民出版社，1991.

［59］舒新城．中国近代教育史资料(上册)［M］．北京：人民教育出版社，1961.

［60］舒新城．中国近代教育史资料(中册)［M］．北京：人民教育出版社，1961.

［61］舒新城．中国近代教育史资料(下册)［M］．北京：人民教育出版社，1961.

［62］宋庆龄选集(上卷)［M］．北京：人民出版社，1992.

［63］宋庆龄选集(下卷)［M］．北京：人民出版社，1992.

［64］孙中山选集［M］．北京：人民出版社，1956.

［65］谭汝谦．中国译日本书综合目录［M］．香港：香港中文大学出版社，1980.

［66］汤志钧．康有为政论集(全二册)［M］．北京：中华书局，1981.

［67］汤志钧．章太炎政论选集(全二册)［M］．北京：中华书局，1977.

［68］唐文权，桑兵．戴季陶集［M］．武汉：华中师范大学出版社，1990.

［69］王韬．扶桑游记［M］．台北：文海出版社，1971.

［70］王韬．弢园文录外编［M］．郑州：中州古籍出版社，1994.

［71］王韬．弢园文新编［M］．北京：生活·读书·新知三联书店，1998.

［72］幸德秋水．二十世纪之怪物帝国主义［M］．赵必振，译．上海：上海广智书局，1902.

［73］幸德秋水．广长舌［M］．中国国民丛书社，译．北京：商务印书馆，1903.

［74］熊月之．晚清新学书目提要［M］．上海：上海书店出版社，2007.

［75］薛福成．出使英法意比四国日记［M］．长沙：岳麓书社，1985.

［76］中国社会科学院近代史研究所中华民国史研究室，等．孙中山全集(第1卷)［M］．北京：中华书局，1981.

[77]中国社会科学院近代史研究所中华民国史研究室,等.孙中山全集(第2卷)[M].北京:中华书局,1982.

[78]中国社会科学院近代史研究所中华民国史研究室,等.孙中山全集(第3卷)[M].北京:中华书局,1984.

[79]魏源集(全二册)[M].北京:中华书局,1976年.

[80]夏东元.郑观应集(上册)[M].上海:上海人民出版社,1982.

[81]夏东元.郑观应集(下册)[M].上海:上海人民出版社,1988.

[82]苑书义,孙华峰,李秉新.张之洞全集[M].石家庄:河北人民出版社,1998.

[83]张德彝.随使法国记(三述奇)[M].长沙:湖南人民出版社,1982.

[84]章太炎全集[M].上海:上海人民出版社,1982.

[85]张枬,王忍之.辛亥革命前十年间时论选集(第1卷)[M].北京:生活·读书·新知三联书店,1960.

[86]张枬,王忍之.辛亥革命前十年间时论选集(第2卷)[M].北京:生活·读书·新知三联书店,1963.

[87]张枬,王忍之.辛亥革命前十年间时论选集(第3卷)[M].北京:生活·读书·新知三联书店,1977.

[88]郑振铎.晚清文选[M].上海:上海书店,1987.

[89]朱寿朋.光绪朝东华录(全五册)[M].北京:中华书局,1958.

[90]朱维铮.梁启超论清学史二种[M].上海:复旦大学出版社,1985.

专著类

[1]艾尔曼.从理学到朴学——中华帝国晚期思想与社会变化面面观[M].赵刚,译.南京:江苏人民出版社,1995.

[2]伯纳尔.一九〇七年以前中国的社会主义思潮[M].丘权政,符致兴,译.福州:福建人民出版社,1985.

[3]蔡尚思.中国思想研究法[M].北京:商务印书馆,1950.

[4]昌切.清末民初的思想主脉[M].北京:东方出版社,1999.

[5]陈安仁.中国政治思想史大纲[M].北京:商务印书馆,1933.

[6]陈龙.现代大众传播学[M].苏州:苏州大学出版社,2002.

[7]陈铭.龚自珍评传[M].南京:南京大学出版社,1998.

[8]陈旭麓.近代中国社会的新陈代谢[M].上海:上海人民出版社,1992.

[9]戴逸.简明清史(第1册)[M].北京:人民出版社,1980.

[10]岛田虔次.中国近代思维的挫折[M].甘万萍,译.南京:江苏人民出版社,2005.

[11]丁凤麟.薛福成评传[M].南京:南京大学出版社,1998.

[12]丁守和.中国近代思潮论[M].广州:广东人民出版社,2003.

[13]丁伟志,陈崧.中西体用之间:晚清中西文化观述论[M].北京:中国社会科学出版社,1995.

[14]杜石然,林庆元,郭金彬.洋务运动与中国近代科技[M].沈阳:辽宁教育出版社,1991.

[15]范小方,包东波,李娟丽.戴季陶传[M].北京:团结出版社,2007.

[16]方汉奇.中国近代报刊史(全二册)[M].太原:山西人民出版社,1981.

[17]费正清.剑桥中国晚清史1800—1911(上卷)[M].中国社会科学院历史研究所编译室,译.北京:中国社会科学出版社,1985.

[18]费正清.剑桥中国晚清史1800—1911(下卷)[M].中国社会科学院历史研究所编译室,译.北京:中国社会科学出版社,1985.

[19]费正清,赖肖尔.中国:传统与变革[M].陈仲丹,潘兴明,庞朝阳,译.南京:江苏人民出版社,1996.

[20]冯尔康,常建华.清人社会生活[M].沈阳:沈阳出版社,2002.

[21]冯天瑜.东方的黎明——中国文化走向近代的历程[M].成都:巴蜀书社,1988.

[22]冯天瑜,何晓明.张之洞评传[M].南京:南京大学出版社,1991.

[23]冯天瑜.明清文化史札记[M].上海:上海人民出版社,2006.

[24]冯自由.革命逸史(第2集)[M].北京:中华书局,1981.

[25]冯佐哲.清代政治与中外关系[M].北京:中国社会科学出版社,1998.

[26]傅乐诗,等.近代中国思想人物论 保守主义[M].台北:时报文化出版事业有限公司,1980.

[27]高放,黄达强.社会主义思想史(上册)[M].北京:中国人民大学出版社,1987.

[28]高放,黄达强.社会主义思想史(下册)[M].北京:中国人民大学出版社,1987.

[29]高瑞泉.中国近代社会思潮[M].上海:华东师范大学出版社,1996.

[30]高旺.晚清中国的政治转型:以清末宪政改革为中心[M].北京:中国社会科学出版社,2003.

[31]戈公振.中国报学史[M].北京:中国新闻出版社,1985.

[32]龚鹏程.近代思潮与人物[M].北京:中华书局,2007.

[33]龚书铎.社会变革与文化趋向:中国近代文化研究[M].北京:北京师范大学出版社,2005.

[34]沟口雄三.中国的思想[M].赵士林,译.北京:中国社会科学出版社,1995.

[35]沟口雄三.中国前近代思想的演变[M].索介然,龚颖,译.北京:中华书局,2005.

[36]顾长声.传教士与近代中国[M].上海:上海人民出版社,1981.

[37]顾卫民.基督教与近代中国社会[M].上海:上海人民出版社,1996.

[38]郭汉民.晚清社会思潮研究[M].北京:中国社会科学出版社,2003.

[39]郭汉民.中国近代思想与思潮[M].长沙:岳麓书社,2005.

[40]郭庆光.传播学教程[M].北京:中国人民大学出版社,1999.

[41]郭双林.西潮激荡下的晚清地理学[M].北京:北京大学出版社,2000.

[42]郭湛波.近五十年中国思想史[M].济南:山东人民出版社,1997.

[43]何香凝.回忆孙中山和廖仲恺[M].北京:中国青年出版社,1957.

[44]何晓明.百年忧患——知识分子命运与中国现代化进程[M].上海:东方出版中心,1997.

[45]侯外庐.中国思想通史(第4卷)[M].北京:人民出版社,1956.

[46]胡楚生.清代学术史研究[M].台北:台湾学生书局,1988.

[47]黄爱平,黄兴涛.西学与清代文化[M].北京:中华书局,2008.

[48]黄见德.西方哲学东渐史(上册)[M].北京:人民出版社,2006.

[49]黄见德.西方哲学东渐史(下册)[M].北京:人民出版社,2006.

[50]黄克剑.东方文化——两难中的抉择[M].南昌:江西人民出版社,1992.

[51]蒋俊,李兴芝.中国近代的无政府主义思潮[M].济南:山东人民出版社,1991.

[52]柯文.在传统与现代性之间——王韬与晚清革命[M].雷颐,罗检秋,译.南京:江苏人民出版社,1998.

[53]柯文.在中国发现历史——中国中心观在美国的兴起[M].林同奇,译.北京:中华书局,1989.

[54]黎难秋.中国科学翻译史[M].合肥:中国科学技术大学出版社,2006.

[55]黎仁凯.近代中国社会思潮[M].郑州:河南人民出版社,1996.

[56]李长莉.先觉者的悲剧——洋务知识分子研究[M].上海:学林出版社,1993.

[57]李华兴,张元隆,李海生.索我理想之中华:中国近代国家观念的形成与发展[M].合肥:安徽教育出版社,2005.

[58]李军林.文化的传播与超越——论邓小平对中国传统文化的继承与发展[M].长沙:湖南人民出版社,2005.

[59]李连科.中国哲学百年论争[M].北京:商务印书馆,2004.

[60]李其驹,王炯华,张耀先.马克思主义哲学在中国(从清末民初到中华人民共和国成立)[M].上海:上海人民出版社,1991.

[61]李喜成，元青.梁启超传[M].北京：人民出版社，1997.

[62]李喜所.中国留学史论稿[M].北京：中华书局，2007.

[63]李元授，陈扬明.新闻传播学[M].北京：新华出版社，2001.

[64]李元书.政治体系中的信息沟通：政治传播学的分析视角[M].郑州：河南人民出版社，2005.

[65]李泽厚.中国近代思想史论[M].北京：人民出版社，1979.

[66]梁启超.清代学术概论[M].北京：中国书籍出版社，2006.

[67]梁启超.中国近三百年学术史[M].天津：天津古籍出版社，2003.

[68]林代昭，潘国华.社会主义在中国的传播与实践[M].北京：北京大学出版社，1991.

[69]刘世军.近代中国政治文明转型研究[M].上海：复旦大学出版社，2000.

[70]刘小清，刘晓滇.中国百年报业掌故[M].南京：江苏人民出版社，2000.

[71]刘泽华，等.中国政治思想史研究[M].武汉：湖北教育出版社，2006.

[72]刘泽华.中国的王权主义：传统社会与思想特点考察[M].上海：上海人民出版社，2000.

[73]路哲.中国无政府主义史稿[M].福州：福建人民出版社，1990.

[74]罗荣渠.现代化新论——世界与中国的现代化进程[M].北京：北京大学出版社，1993.

[75]吕明灼.近现代中国思想史论[M].青岛：青岛出版社，2003.

[76]麻天祥.中国近代学术史[M].武汉：武汉大学出版社，2007.

[77]马洪林.康有为大传[M].沈阳：辽宁人民出版社，1988.

[78]马祖毅.中国翻译简史（“五四”运动以前部分）[M].北京：中国对外翻译出版公司，1984.

[79]茅家琦，等.孙中山评传[M].南京：南京大学出版社，2001.

[80]米歇尔·博德.资本主义史[M].吴艾美，杨慧玫，陈来胜，译.北京：东方出版社，1986.

[81]彭继红.传播与选择——马克思主义中国化的历程(1899—1921年)[M].长沙:湖南师范大学出版社,2001.

[82]彭明,程歗.近代中国的思想历程:1840—1949[M].北京:中国人民大学出版社,1999.

[83]皮明庥.近代中国社会主义思潮觅踪[M].长春:吉林文史出版社,1991.

[84]戚其章.晚清史治要[M].北京:中华书局,2007.

[85]戚其章.中国近代社会思潮史[M].济南:山东教育出版社,1994.

[86]钱穆.中国学术通义[M].台北:台湾学生书局,1984.

[87]萨孟武.中国政治思想史(增补三版)[M].台北:三民书局,1979.

[88]三石善吉.传统中国的内发性发展[M].余项科,译.北京:中央编译出版社,1999.

[89]桑兵.清末新知识界的社团与活动[M].北京:生活·读书·新知三联书店,1995.

[90]桑兵.晚清学堂学生与社会变迁[M].上海:学林出版社,1995.

[91]桑咸之.晚清政治与文化[M].北京:中国社会科学出版社,1996.

[92]尚明轩.廖仲恺传[M].北京:北京出版社,1982.

[93]尚明轩.孙中山传[M].北京:北京出版社,1979.

[94]邵培仁.传播学[M].北京:高等教育出版社,2000.

[95]申凡.当代传播学[M].武汉:华中科技大学出版社,2013.

[96]沈福伟.中西文化交流史[M].上海:上海人民出版社,1985.

[97]实藤惠秀.中国人留学日本史[M].谭汝谦,林启彦,译.北京:生活·读书·新知三联书店,1983.

[98]史华慈,等.近代中国思想人物论:自由主义[M].台北:时报文化出版事业有限公司,1982.

[99]舒新城.近代中国留学史[M].上海:中华书局,1933.

[100]斯蒂文·小约翰.传播理论[M].陈德民,叶晓辉,廖文艳,译.北京:中国社会科学出版社,1999.

[101]四川省社会科学院科学社会主义研究所.科学社会主义在中国

的实践[M].成都:四川人民出版社,1984.

[102]苏同炳.中国近代史上的关键人物[M].天津:百花文艺出版社,2007.

[103]苏中立,苏晖.执中鉴西的经世致用与近代社会转型[M].北京:中华书局,2004.

[104]唐宝林.马克思主义在中国100年(修订版)[M].合肥:安徽人民出版社,1998.

[105]陶季邑.论早期国民党人的社会主义思想[M].长沙:湖南师范大学出版社,1993.

[106]汪林茂.晚清文化史[M].北京:人民出版社,2005.

[107]汪学群,武才娃.清代思想史论[M].北京:中国社会科学出版社,2007.

[108]王尔敏.晚清政治思想史论[M].桂林:广西师范大学出版社,2005.

[109]王尔敏.中国近代思想史论[M].北京:社会科学文献出版社,2003.

[110]王汎森.晚明清初思想十论[M].上海:复旦大学出版社,2004.

[111]王炯华.胡汉民评传[M].武汉:湖北人民出版社,2008.

[112]王俊义,黄爱平.清代学术与文化[M].沈阳:辽宁教育出版社,1993.

[113]王荣国.中国思想与文化[M].长沙:岳麓书社,2004.

[114]王守常.20世纪的中国:学术与社会.哲学卷[M].济南:山东人民出版社,2001.

[115]王晓秋.近代中日文化交流史[M].北京:中华书局,1992.

[116]王兴国.郭嵩焘评传[M].南京:南京大学出版社,1998.

[117]王亚南.中国官僚政治研究[M].北京:中国社会科学出版社,1981.

[118]韦尔伯·施拉姆.大众传播媒介与社会发展[M].金燕宁,蒋千红,朱剑红,译.北京:华夏出版社,1990.

[119]吴剑杰.中国近代思潮及其演进[M].武汉:武汉大学出版社,1989.

[120]吴雁南,冯祖贻,苏中立,等.中国近代社会思潮1840—1949(第1卷)[M].长沙:湖南教育出版社,1998.

[121]夏晓虹.追忆康有为[M].北京:中国广播电视出版社,1997.

[122]夏晓虹.追忆梁启超[M].北京:中国广播电视出版社,1997.

[123]萧功秦.危机中的变革——清末现代化进程中的激进与保守[M].上海:上海三联书店,1999.

[124]萧公权等.近代中国思想人物论——社会主义[M].台北:时报文化出版事业有限公司,1982.

[125]萧公权.近代中国与新世界:康有为变法与大同思想研究[M].汪荣祖,译.南京:江苏人民出版社,1997.

[126]萧公权.近代中国与新世界:康有为变法与大同思想研究[M].汪荣祖,译.南京:江苏人民出版社,2007.

[127]萧公权.中国政治思想史[M].北京:新星出版社,2005.

[128]萧萐父,许苏民.明清启蒙学术流变[M].沈阳:辽宁教育出版社,1995.

[129]萧一山.清代通史[M].北京:中华书局,1986.

[130]熊月之.西学东渐与晚清社会[M].上海:上海人民出版社,1994.

[131]熊月之.中国近代民主思想史[M].上海:上海人民出版社,1986.

[132]徐善广,柳剑平.中国无政府主义史[M].武汉:湖北人民出版社,1989.

[133]徐宗勉,张亦工,徐思彦,等.近代中国对民主的追求[M].合肥:安徽人民出版社,1996.

[134]许纪霖.二十世纪中国思想史论(上卷)[M].上海:东方出版中心,2000.

[135]许纪霖.二十世纪中国思想史论(下卷)[M].上海:东方出版中心,2000.

[136]许纪霖.20世纪中国知识分子史论[M].北京:新星出版社,2005.

[137]许纪霖.寻求意义:现代化变迁与文化批判[M].上海:上海三联书店,1997.

[138]杨奎松,董士伟.海市蜃楼与大漠绿洲——中国近代社会主义思潮研究[M].上海:上海人民出版社,1991.

[139]叶再生.中国近现代出版通史(第2卷)[M].北京:华文出版社,2002.

[140]易惠莉.郑观应评传[M].南京:南京大学出版社,1998.

[141]余炎光.朱执信[M].上海:上海人民出版社,1984.

[142]于语和,庾良辰.近代中西文化交流史论[M].太原:山西教育出版社,1997.

[143]袁伟时.晚清大变局中的思潮与人物[M].深圳:海天出版社,1992.

[144]约瑟夫·阿·勒文森.梁启超与中国近代思想[M].刘伟,刘丽,姜铁军,译.成都:四川人民出版社,1986.

[145]曾东山.中西文化和哲学争论史[M].上海:华东师范大学出版社,1987.

[146]张岱年,程宜山.中国文化论争[M].北京:中国人民大学出版社,2006.

[147]张灏,等.近代中国思想人物论:晚清思想[M].台北:时报文化出版事业有限公司,1982.

[148]张灏.梁启超与中国思想的过渡:1890—1907[M].崔志海,葛夫平,译.南京:江苏人民出版社,1995.

[149]张灏.危机中的中国知识分子:寻求秩序与意义[M].高力克,王跃,译.北京:新星出版社,2006.

[150]张汝伦.现代中国思想研究[M].上海:上海人民出版社,2001.

[151]郑大华,邹小站.思想家与近代中国思想[M].北京:社会科学文献出版社,2005.

[152]郑大华,邹小站.西方思想在近代中国[M].北京:社会科学文献出版社,2005.

[153]郑剑顺.晚清史研究[M].长沙:岳麓书社,2003.

[154]中国社会科学院近代史研究所翻译室.近代来华外国人名辞典[M].北京:中国社会科学出版社,1981.

[155]钟家栋,王世根.20世纪:马克思主义在中国[M].上海:上海人民出版社,1998.

[156]钟叔河.从东方到西方——“走向世界丛书”叙论集[M].长沙:岳麓书社,2002.

[157]钟叔河.走向世界——近代中国知识分子考察西方的历史[M].北京:中华书局,1985.

[158]周葱秀,涂明.中国近现代文化期刊史[M].太原:山西教育出版社,1999.

[159]周鸿铎.政治传播学概论[M].北京:中国纺织出版社,2005.

[160]周辉湘.洋务思潮史论[M].长沙:湖南师范大学出版社,1996.

[161]邹振环.影响中国近代社会的一百种译作[M].北京:中国对外翻译出版公司,1996.

期刊类

[1]陈启源.论马君武对社会主义学说的初步评介[J].广西大学学报(哲学社会科学版),1995(2).

[2]迟三立.中国近代政治思想家的足迹[J].青海民族学院学报(社会科学版),1992(4).

[3]丁伟志.近代中国中西文化交流的历史特点[J].中国文化研究,1998(3).

[4]杜先菊.梁启超政治思想的发展变化[J].北京大学学报(哲学社会科学版),1988(5).

[5]耿云志.从革命党与立宪派的论战看双方民主思想的准备[J].近代史研究,2001(6).

[6]郝延军.简论宋教仁的社会主义观[J].西安联合大学学报,2001

(1).

[7]黄见德.论梁启超在中国传播西方哲学的启蒙意义[J].安徽师范大学学报(哲学社会科学版),1989(3).

[8]贾乾初.刘师培社会主义观试探[J].前沿,2006(10).

[9]江庆柏.随轺笔记(手稿)——一部惟一记录目击巴黎公社起义的中国日记[J].南京师范大学文学院学报,2002(1).

[10]蒋连华.社会主义学说在中国的初期传播[J].河北省社会主义学院学报,2002(4).

[11]荆世杰,丁兴富.论近代中国民主社会主义思潮[J].沈阳师范学院学报(社会科学版),2001(4).

[12]李光一.无政府主义在中国的传播及其破产[J].史学月刊,1981(2).

[13]李泓.谭嗣同的政治思想含有革命民主主义的因素[J].松辽学刊(社会科学版),1989(2).

[14]李军林.从"五W"模式看马克思主义在中国早期传播的特点[J].湖南师范大学社会科学学报,2007(1).

[15]李军林.论马克思主义在中国早期传播的传统文化基础[J].云南社会科学,2006(5).

[16]李军林.论马克思主义在中国早期传播过程中的媒介角色定位[J].社会科学辑刊,2007(3).

[17]李军林.马克思主义在中国的早期传播:十年研究述评[J].河北学刊,2005(6).

[18]李军林.中国传统文化与马克思主义的早期传播[J].史学集刊,2007(3).

[19]梁景和.梁启超与社会主义学说[J].首都师范大学学报(社会科学版),2005(4).

[20]刘宏.留法勤工俭学运动对引进马克思主义的贡献[J].河北学刊,2001(6).

[21]龙士云,王家武.朱执信与马克思主义的传播[J].湖南行政学院学

报，2003(6).

[22]罗列.马克思主义在中国早期的译介[J].求索，2006(1).

[23]罗志田.传教士与近代中西文化竞争[J].历史研究，1996(6).

[24]马小泉.五四以前无政府主义与科学社会主义之关系[J].史学月刊，1995(5).

[25]马祖毅.鸦片战争后五四运动前的翻译[J].安徽大学学报(社会科学版)，1979(1).

[26]欧阳跃峰.20世纪初革命派对马克思主义的介绍[J].安徽师范大学学报(人文社会科学版)，2007(2).

[27]欧阳跃峰.20世纪初立宪派对社会主义学说的介绍[J].广州社会主义学院学报，2006(2).

[28]欧阳跃峰.社会主义学说在中国的早期传播[J].广州社会主义学院学报，2004(1).

[29]欧阳跃峰.辛亥革命前无政府主义者对马克思主义的“业余宣传”[J].安徽师范大学学报(人文社会科学版)，2002(3).

[30]桑兵.晚清民国时期的国学研究与西学[J].历史研究，1996(5).

[31]史革新.唯物史观在我国早期的传播[J].史学史研究，2002(2).

[32]宋凌迁.试论朱执信对马克思主义的认识与传播[J].广西社会主义学院学报，2004(2).

[33]汤奇学.晚清政治思想超前发展述论[J].安徽史学，2004(1).

[34]汤志均.戊戌维新与学习西方[J].历史研究，1988(4).

[35]陶季邑.民主革命派对社会主义学说的传播[J].贵州社会科学，1997(6).

[36]陶季邑.民主革命派与马克思主义学说在中国的传播[J].暨南学报(哲学社会科学)，1997(3).

[37]陶季邑.社会主义思潮对早期国民党人的影响[J].贵州社会科学，1994(5).

[38]陶季邑.宋教仁对社会主义的探索[J].衡阳师专学报(社会科学)，1994(3).

[39]陶季邑.早期国民党人传播社会主义学说的历史地位[J].社会科学研究,1995(1).

[40]陶明兰.朱执信对社会主义的介绍与研究[J].高等函授学报(哲学社会科学版),2004年(3).

[41]汪建华.《大同书》对儒家传统政治思想的扬弃[J].船山学刊,2001(2).

[42]王铭.档案中所见社会主义思潮在中国传播的早期资料——北洋政府档案文件《京师警察厅详》考证[J].北京档案,2001(7).

[43]王明生.论十月革命前社会主义思潮在华传播的特征[J].江海学刊,2002(6).

[44]王平.论鸦片战争前后中国社会政治思想的变向[J].南京师大学报(社会科学版),1994(4).

[45]王少普.曾国藩洋务思想的形成、性质和作用[J].历史研究,1983(2).

[46]王涛.二十世纪初期中国选择马克思主义的社会动力[J].江西社会科学,2002(6).

[47]吴汉全.留学生与马克思主义在中国的传播[J].徐州师范大学学报(哲学社会科学版),2001(1).

[48]吴伟华.也谈廖仲恺社会主义思想发展之分期[J].南京政治学院学报,1996(1).

[49]吴雁南.刘师培的无政府主义[J].贵州社会科学,1981(5).

[50]吴泽,黄丽镛.魏源《海国图志》研究——魏源史学研究之二[J].历史研究,1963(4).

[51]吴忠礼.浅论资产阶级理论家朱执信的"社会主义"思想[J].宁夏社会科学,2002(1).

[52]谢正清.宋教仁对社会主义思想的传播和认识[J].益阳师专学报,1994(4).

[53]熊吕茂.近十年来廖仲恺研究综述[J].岭南学刊,1996(4).

[54]徐行.试论社会主义思潮在华传播的起始[J].南开学报,1999(2).

[55]许苏民.冲突与融合——西学东渐片论[J].学习与探索,1986(1).

[56]薛晖.清朝使臣记载的普法战争与巴黎公社[J].新疆师范大学学报(哲学社会科学版),2001(2).

[57]叶晓青.近代西方科技的引进及其影响[J].历史研究,1982(1).

[58]叶晓青.西学输入和中国传统文化[J].历史研究,1983(1).

[59]叶晓青.中国传统文化在近代[J].历史研究,1985(1).

[60]袁春艳.同盟会时期朱执信的社会主义思想探析[J].世纪桥,2001(3).

[61]张静如,齐卫平.论马克思主义在中国发展的引进阶段[J].中共党史研究,1998(3).

[62]张胜祖.社会主义学说和近代中国的启蒙运动[J].湘潭师范学院学报(社会科学版),2001(1).

[63]张艳国.20世纪初年中国社会主义思潮的动向[J].江西社会科学,1999(3).

[64]张艳国.19世纪社会主义思潮的西来及其中文译名的拟定[J].华中师范大学学报(人文社会科学版),1999(3).

[65]赵晓雷.论张之洞《劝学篇》的革命性和传统性[J].史学月刊,1989(6).

[66]赵行大.马克思主义在日本的传播及其特点[J].日本问题研究,1995(2).

[67]郑红娥,刘满飞.留日学生:社会主义思潮传入中国的主媒介[J].零陵师范高等专科学校学报,2001(2).

[68]钟少华.论清末“新学”[J].学习与探索,1996(1).

[69]周玉萍.中国近代政治思想的论争与西学传播[J].山西高等学校社会科学学报,2000(2).

[70]诸庆清.中国近代政治思想史研究的对象问题[J].杭州师范大学学报(社会科学版),1985(1).

后　记

本书是2014年度教育部人文社会科学项目的最终成果，是在我的博士论文《清末社会主义学说的传播》基础上修改补充而成的。2008年我完成博士学位论文答辩后，本想一鼓作气将书稿修改完善成书。后来，因为工作岗位和工作职务的变动，加之又承担了国家社科项目、省社科重点项目、国家社科重大项目子课题的研究任务，很难有时间静下心来，由此书稿的补充修改工作便一拖再拖，一晃已过了10年。如今呈现在读者面前的这本书，虽然我已经尽力，但自知仍有诸多不足，之所以呈现给读者，是因为我觉得已不能再无休无止地拖下去了。

对社会主义在中国早期传播进行研究，一直是我的一个心愿。这个心愿在马克思主义中国化研究成为马克思主义理论一级学科之下独立的二级学科以后更加强烈，除了绪论部分已经说明的理由外，更是基于我对马克思主义中国化早期历史的理解和认识。在开始的时候，中国人心中的社会主义是比马克思主义更为宽泛的概念，在社会主义早期传播过程中的很长一段时间，马克思主义是作为社会主义的一个流派来理解的。中国先进分子最终心系马克思主义也是在众多社会主义思潮和派别中经过反复比较甄别论争之后作出的慎重抉择。由于选择了马克思主义并努力将这一“主义”与中国工人运动结合，因而催生了中国共产党。在中国共产党诞生以后，严格意义上的马克思主义中国化才真正开始并逐渐展开，最终形成包括毛泽东思想、邓小平理论、“三个代表”重要思想、科学发展观、习近平新时代中国特色社会主义思想在内的中国的马克思主义，实现了马克思主义中国化一次又一次飞跃。到目前为止，学术界仍有一些人常常纠结甚至质疑马克思主义是否要中国化、能否中国化、中国化马克思主义是不是马克思主义等问题，答案当然是肯定的。然而，换一个角度理解，这些人的疑问无疑会引发我们思考另外一个问题，这个问题既不是马克思主义中国化“要不要”和“能不能”的问题，也不是中国化马克思主义“是不是”马克思主义的问题，而是在马克思主义中国化开始的时候，究竟是否受到了包括马克思主义在内的社会主义学说引进和传播的影响，事实上这种影响是存在的。在清末民初这种影响还不那么突出，到五四以后则非常明显了。由于当时中国人接受和传播马克思主义的渠道不同、途径不同，有的是从法国、有的是从日本、有的是从俄国，有的在国内，所以细细分析这些人对马克思主义的理解，彼此之间是有差异的，李大钊、陈独秀、毛泽东、周恩来、蔡和森、瞿秋白等对马克思主义的理解和关注的重点并不完全相同。由于这些不同，因而他们对马克思主义中国化的理解也不完全一致，“化”出来的成果也各有侧重和不同。我以为，梳理这些不同是对马克思主义中国化研究的深入，而要作这样的深入，就不能漠视社会主义（马克思主义）在中国早期传播史的研究。正是基于这样的认识，在思考我所在的马克思主义中国化研究学术团队建设时，便作出了着力于社会主义（马克思主义）在中国早期传播史和马克思主义中国化史两个方面研究的规划，而对传播史的研究则分成两个大的阶段，一是由清末至民初，一是由民初至五四。本书只是对社会主义（马克思主义）在中国早期传播第一个阶段研究的成果，接下去我们要研究的是社会主义（马克思主义）在中国早期传播的第二阶段的历史情况，虽然关于这一阶段的研究已经有了不少成果，但我以为也还有继续研究的空间。至于马克思主义中国化的历史，我的初步想法是撰写一部多卷本的通史类的著作，这方面的工作也已经开始。当然，完成这件事情还需要时间，也并非易事。但我相信，随着马克思主义理论一级学科授权点的获批和重点马克思主义学院建设的开展，依靠团队的力量，这一大家共同的学术“初心”一定会得以如愿。

首先要感谢我的博士导师王世华教授，正是因为有他的悉心指导，不仅使我顺利完成学业，通过答辩，也使本书最终成稿有了一个较好的基础。特别要感谢我的爱人曾小莉老师，这些年来，因为有了她的关心，才使我有时间和有心情做我的工作。本书在写作过程中曾得到安徽师范大学科研处、马克思主义学院，皖南医学院办公室、科研处、马克思主义学院，安徽中医药大学办公室、科技处、马克思主义学院领导与同事们的大力支持和帮助，安徽师范大学出版社社长张奇才教授、总编辑侯宏堂教授为本书顺利出版付出了诸多精力和心血。编辑陈艳、马飞飞为本书的校对和编排付出了很大努力，从文字、标点到注释，都作了认真推敲和修改，她们的付出为本书增色不少。

本书在写作时还参阅和吸收了学术界诸多研究成果，在此一并表示由衷的感谢！书中错漏，敬请广大读者批评指正！

王先俊

2018年12月31日